東工大の英語
20カ年［第8版］

山中英樹 編著

教学社

はしがき

東京工業大学を目指す皆さんの中には，将来，理工系のエキスパートとして自らが国際舞台で活躍する姿をイメージしている方も多いと思います。理工系の研究者や技術者は，英語で論文を書いたり，学会などで発表する機会も多く，世界で勝負するには英語力が不可欠です。その前段階である大学入学後の研究活動では英語で書かれた文献を読まなければなりません。現在，様々な分野における最先端の情報は英語で発信されています。新たな知見が次々と発信される中，他の誰かが翻訳してくれるのを待っているわけにはいかないのです。

東京工業大学では，理系教科の高い学力が要求されているのは言うまでもありませんが，英語の能力も必要不可欠であり，英語の出題からは，「これから本格的に学問・研究の世界に入り，英語の文献を読むことになりますが，その下準備はできていますか？」「これから英語で発信していく機会が増えますが，その下準備はできていますか？」という大学からのメッセージが強く感じられます。

本書は東京工業大学の過去 20 年間（2004～2023 年度）の前期日程の英語の入試問題とその解答・解説をまとめたものです。この間，英文量の増加という変化は見られましたが，出題パターンに関しては大きな変化はなく，求められている英語力は一貫しています。したがって，過去の問題を分析し，それを使ってしっかりと準備をすることが非常に重要となってきます。

皆さんが本書を活用してその準備を整え，目標を達成されることを心から願っています。

編著者しるす

CONTENTS

第2章　読解② 自由英作文を含むもの

（編集部注）本書に掲載されている入試問題の解答・解説は，出題校が公表したものではありません。

分析と攻略法

分 析 Analysis

1 出題形式

長文読解総合問題が2題出題されるという形式はこの20年変わっていない。英文和訳，内容説明，和文英訳といった記述力が問われる設問がメインであることも変わりはない。しかし直近の出題内容を細かく分析すると，内容真偽や，本文の内容に関する英問に対して正しいものを選ばせる客観式の出題も続いており，精読と速読のバランスがますます求められるようになったという印象を受ける。

英文量に関しては2010年度から大幅に増加し，2013年度には2題合わせて2400語を超え，かつての倍に相当する量となった。年度によって多少の増減はあるものの，英文量の多さは定着している。2019〜2023年度では2題合わせて3000語を超え，特に2023年度は約3500語で過去最多の英文量となっている。英語力が問われることは大前提だが，この英文量に対して臆することなく，最後まで集中して読み切る力も必要である。

出題される英文の内容を見てみると，かつては1題が論説文で，もう1題は随筆，物語，伝記などの構成が多かったが，最近は2題とも論説文の出題が定着している。この論説文2題は，一方が科学・自然に関するテーマで，もう一方は，社会・経済・文化に関するテーマという構成が多い。

2 英文和訳

英文和訳は大問1題の中に2問ある場合が多い。和訳を求められる英文が比較的短く，たいてい1〜2行であるという点が特徴として挙げられる。英文自体は短いがその中には重要なポイントが凝縮されており，文構造が見抜けていなければ解答が書けないような部分が含まれている。難度の高い表現や，逐語訳では日本語が不自然になるような部分を，文脈を考慮しつつ，どのように処理しているのかをチェックしている出題も多く，精読の力があるかどうかをきっちり判断される問題となっている。なお，代名詞などの内容を明らかにして日本語に訳すことを求められるパターンもある。

3 内容説明

内容説明は毎年出題され，英文和訳と並んで記述力を問われる設問の柱となっている。出題パターンは以下の通りで，30～100字程度の字数制限がつくことが多い。

A．筆者の判断，主張，考えの理由や根拠を問うもの

B．文中の語句の意味を文脈に沿って説明させるもの

C．指示語の内容を問うもの

D．ある文について「どういうことかわかりやすく説明せよ」というもの

4 客観式問題

過去20年の客観式問題を分析するといくつかの出題パターンがあるが，近年は，英問に対する答えとして正しいものを選ばせる形式と，内容真偽の出題が続いている。選択肢の英文量が多いのが特徴で，本文の英文量も考慮するとかなりのスピードが要求される上に，選択肢の中には判別に迷うものが含まれる場合もある。空所補充と同意表現は，本文を正確に読み，文脈がしっかり捉えられているかを試していることがうかがえる。年度によっては語句整序も出題されているが，作文力というより文法の力が求められている。

5 和文英訳

和文英訳は毎年出題されており，1～2行の日本語を英訳するものがほとんどである。与えられた日本語表現は，文法の知識や頻出の構文をそのまま使える場合が多く，いわゆる「和文和訳」をする必要はあまりない。くだけた口語表現などの出題も少なく，受験生にとっては比較的取り組みやすいだろう。語彙レベルも標準的で，本文中に出てきた単語を利用できることも多い。「発想」というよりも，文法・構文といった「型」をしっかり理解できているかが試されているような印象を受ける。

6 自由英作文

2011年度以降出題はないが，過去には2年連続で出題されなかった後，出題されたこともある。今後出題される可能性もあるので，準備は怠らないようにしよう。出題パターンは，本文の内容に関して英語で問題の指示が出され，それに英文で答えるという形式。2010年度の出題も本文の内容理解に深く関わる設問となっており，本文を理解しているかどうか，さらに理解したことを論理的に発信できているかどうか

といった点がチェックされている。2005年度以前に出題されていた，あるテーマについて「自由に書け」というパターンのものに比べると，発想力よりも，これまで培ってきた文法・構文を使い論理的に発信する力が試されている。解答として要求される英文の長さは，解答欄の大きさからすると平均して40〜50語程度（3〜4文）であると思われる。

攻略法

0. 準備

英文量の多さから，どうしてもまず英文を読むスピードを上げることに目が向くかもしれない。最終的には高いレベルでの速読力が不可欠であることは間違いない。しかし，そこに至るまでには段階があり，基礎的な部分が確立しないままスピードを追求しても，結局は精度の低い，中途半端な読解力となってしまう。まずは，以下に示す2つの項目についてチェックし，自分の立ち位置（状況）を確認してほしい。

▶文構造の確定

S，V，O，Cの主要素とM（修飾語句）の部分を把握し，その文構造が確定できるかどうか。どんなに複雑な文でも結局は5つの文型のどれかに当てはまるので，その判別ができなければならない。例えば，修飾構造の理解が不足していたり（形容詞句・形容詞節および副詞句・副詞節の整理ができていない），名詞節を形成する接続詞・疑問詞・関係詞が整理できていなければ文構造を確定することはできないだろう。また等位接続詞（and，but，or など）が何と何を結んでいるのかを分析する力も不可欠である。

▶語彙力

一定の語彙力がなければ文構造の確定もできない。もし語彙力が不足していると感じているのであれば，すぐに行動に移してほしい。書店には様々な単語帳が数多く並び，どれを選べばよいのか迷うかもしれないが，英文の中で単語を覚えさせたり，語源に着目したり，出題データに基づいた配列になっていたりと，単語帳ごとに特徴はあっても結局そこに掲載されている単語自体は重複しているものが多く，特別な単語をピックアップしているわけではない。自分が使いやすいと思うものや，先生や友人から薦められた単語帳を使って，早めに一定の語彙レベルをクリアし，演習に移行できるような状態を作ってほしい。

次のステップとしては速読力をつけていくのだが，この速読とは「1分間に何語読む」という類のものではない。英文全体を通読し，その論旨を把握する時間を短くしていく力のことである。入試で出題される英文には当然のことながらその文章を書いた人物が存在する。その人物は受験生に日本語に訳してもらうためにその文章を書いたのではなく，様々な人々に何らかのことを伝えようと思いその文章を書いたはずである。その内容を読み取ってやろうというスタンスで英文を読んでほしい。論旨を追うには，段落ごとの要点を押さえながら読み進める必要があるが，その際，ただ文字面だけを追うのではなく，「ここの部分はさっき読んだところの具体例だな」，「ここは筆者の主張と対立する意見を批判している部分だな」といったような積極的な読み方を練習すると，長文を読んでいる途中で前に書いてあった内容を忘れてしまうという状況はなくなり，内容真偽などの該当箇所もスピーディーに見つかるようになる。

最後に，英文和訳，内容説明など記述式の設問が多いため，最終的には日本語の表現力も必要となる。適切な日本語で解答を作成するためには，実際に手を動かして練習をしなければならない。頭の中でわかったつもりでも，いざ書こうとすると思うように表現できなかったり，時間がかかりすぎてしまうこともある。普段から実際に手を動かして解答を書き，できれば第三者に見てもらって日本語として不自然な部分がないかをチェックしてもらうことをお薦めする。

1. 読解問題

1　英文和訳

入試で求められる英文和訳は，いかにこなれた日本語を作るかという翻訳コンテストではない。大学で講義を受ける前の準備として，ルールに従って英文を構造的に読めるかどうかを試している。特に東工大の英文和訳問題ではそのメッセージが強く感じられる。先に述べた修飾構造，接続構造といった文構造の把握が不可欠で，「省略」，「倒置」，「挿入」といった項目も頻繁に問われている。答え合わせの時には，単に解答の日本語だけを照らし合わせるのではなく，文構造が理解できていたかどうかもチェックしておく必要がある。

文構造を確定した上で訳出しても，日本語として不十分であったり，下線部の中に知らない表現があり訳出に迷ったりするケースもあるだろう。東工大の場合，そういった問題を訳出のセンスやフィーリングで処理させることはない。前後の文脈や論旨をよく考えれば解答までたどりつける出題となっているので，過去問を使って練習を積み，落ち着いて対処できるだけの準備をしておこう。

2 内容説明

まず最初に下線部だけではなく，下線部を含む英文の意味を正しく理解することが出発点となる。その後，該当箇所を特定し，最後に適切な日本語の表現でまとめるのが基本的な流れとなる。

●筆者の判断，主張，考えの理由や根拠を問うもの

因果関係を表す接続詞などが使われていればわかりやすいが，そういった語句がない場合が多い。その場合は論旨の展開を把握しながら前後に原因・理由となる部分を探し出すしかない。英文の中で何らかの主張や考えが述べられていれば，「なぜそのようなことが言えるのか」，「その根拠は何なのか」という問いかけを日頃から行いながら論説文を読んでいると，このタイプの設問に強くなる。

●文中の語句の意味を文脈に沿って説明させるもの

このタイプの問題をわかりやすく読み換えると「同じ趣旨のことを具体的に言い換えた部分が他にあるので，そこを特定し日本語でまとめなさい」となる。問題となっている語句をまず正確に理解し，本文中の同趣旨の言い換え部分を探すのだが，一般的に「抽象→具体」という流れがあるので，具体的な言い換えは後方にくることが多いことを念頭に置いておくとよい。

●this，such ～ など指示語の内容を問うもの

多くの場合は直前に述べられていることが多いので，文脈をさかのぼり該当箇所を特定する。特定した内容を指示語の部分に入れ，文意が合うかチェックする習慣をつけておきたい。

●ある文について「どういうことかわかりやすく説明せよ」というもの

本文中で述べられている具体例を使って説明するパターンが比較的多く，その場合は●の２つめで示したようなアプローチを用いる。しかし問題によっては，本文の論旨に沿って説明することが求められているパターンもある。

3 客観式問題

分析でも述べたが，近年は本文の内容に関する英問英答と内容真偽の出題が続いており，選択肢の英文量も増加傾向にある。本文中の該当箇所と照らし合わせて真偽を判断するのが一般的なプロセスだが，時間と英文量および記述式の他の設問もあることを考えると，すべての選択肢を本文と照らし合わせながら解答するのは現実的ではない。本文を通読した後，消去法で処理できるものは処理したい。誤りの選択肢にはいくつかのパターンがある。その代表的なパターンについては次の通り。

● **本文の内容と全く反対。**

本文を通読した後，再度本文と照らし合わせることなく選択肢を読んだところで消去したい。本文の論旨を追った読み方ができていれば比較的判断は容易にできる。

● **本文とほぼ同じような言い回しで書かれているが，一部の数値や単語などが本文と一致しない。**

選択肢を読んだ段階で数値などが一致しないと確信が持てればよいが，そうでなければ本文と照らし合わせるしかない。

● **本文に全く言及されていない内容で，本文からはその内容が判断できない。**

そもそも本文に書かれていないので該当箇所を探すようなことをしてはいけない。選択肢を読んだ段階で「こんなことは話題になっていなかった」と判断できるようにしたい。

正解の選択肢は本文で書かれている内容を違う表現や言い回しで言い換えている場合が多いが，本文中に明確な該当箇所がなく，本文全体の論旨から判断するものもある。後者の正解を選ぶのが苦手な人は，まず消去法で誤りの選択肢を消していくというプロセスをとった方がよい。

客観式の設問では，同意表現も出題されており，単語や短いフレーズの同意表現を選ぶパターンが多い。単純に語彙レベルをチェックしているものもあるが，文脈や前後関係から類推して正解を選ぶ出題が多いのが特徴。その場合，「この単語・イディオムの意味を知っていますか」という出題意図ではないので，文脈を考慮して落ち着いて処理しよう。なお，本文の数行にわたって下線が引かれ，その言い換えを選ぶという要約に近いパターンもある。

2. 英作文問題

1 和文英訳

分析でも述べた通り，東工大の和文英訳問題は，くだけた口語表現や逐語訳が難しい日本語表現が出題されることは少ない。出題パターンとしては，

● **問題文が求めている「構文」や「慣用表現」を見抜く。**

● **与えられた日本語の問題文と同じ構文を使い，英語の文法ルールに従って素直に英訳する。**

という２点が試される出題が比較的多い。これは文法の知識をしっかり身につけ，重要構文や表現のインプットをさぼらなければ，確実に点数に結びつくというわかりやすい構図である。過去の出題を見てもわかるが，いわゆる頻出構文が使える場合がか

なり多い。

重要構文は暗記が必要となるが，英語の文法ルールに従って英訳する場合，**1．読解問題**の英文和訳のところで述べた文構造の分析力が必要となる。自分が書いた英文が修飾構造を除いて5文型のいずれかに収まっているかどうか，自分でチェックできるようにしたい。

なお，出題頻度は低いが，与えられた日本語をそのまま英語に逐語訳できない出題パターンもある。その場合は，その日本語が「どのようなことを伝えようとしているのか」を考え，英語にしやすい形，いわゆる「和文和訳」をしてから英訳するというアプローチをとる。

最後に見直しのポイントを挙げておく。

- **動詞の時制は適切か。**
- **主語と動詞（人称と数）は一致しているか。**
- **名詞の「可算・不可算」，「単数・複数」の扱いは適切か。**
- **定冠詞と不定冠詞の使い方は適切か。**

通常，和文英訳問題の採点は，「全体の構成における構文上の誤り」と「個々の文法・語法の誤り」という2点から減点されていくので，特にミスをしやすい項目は最後にチェックする習慣をつけてほしい。

2 自由英作文

本文の内容に即した出題は2010年度〔1〕，2009年度〔1〕，2006年度〔1〕などが該当するが，まずは本文の内容の正確な理解が前提となっている。さらに設問文は英語となっていることが多いので，設問文を正確に理解し，求められていることをしっかり把握してから解答作成に移る必要がある。本文中に出てきた英語の表現をそのまま利用できる場合も多いが，解答プロセスについては，解説に詳しく書いてあるのでそちらを参照してほしい。

2005年度〔1〕の出題は本文の論旨とは直接的な関係はなく，自分の考えを書かせるパターンである。自分の英語力の範囲内で表現できる内容にすればよいので取り組みやすいと言えるが，その構成が論理的な組み立てになっているかどうかがポイントとなる。自分の主張や説明を読み手に納得してもらえる構成にするためには，自分の考え（主張）→それに対する根拠（理由，具体例）→再主張というものにして，内容的にも前後で矛盾がないよう注意する必要がある。こちらも解説で解答プロセスを示しているので参照してほしい。なお，自分で自信がある表現を使い，できるだけシンプルな英文を書いた方が減点は避けられるという点も念頭に置いておいてほしい。見直すポイントは和文英訳で示した通り。

第1章　読解①

自由英作文を含まないもの

1 2023年度〔1〕

次の英文を読んで，以下の設問に答えよ。

Close connections between science and business became a key to the rise of the "chromatic revolution" during the 1920s and 1930s. Scientists who worked on the visual sense and color science generally believed that vision was the most important sense for human beings and that sensory perceptions could, and should, be examined based on scientific knowledge. Physicist Matthew Luckiesh, who served as the director of General Electric's Lighting Research Laboratory from 1924 to 1949, developed theories on color and its physiological effect on people. According to Luckiesh, the improvement of visibility and visual environments was closely connected to the advent of modern civilization. His views on the visual sense encapsulated contemporary understanding of the human body as a machine. Luckiesh and coauthor Frank K. Moss argued in their 1934 work, *The New Science of Lighting*, that "seeing is the most universally important activity of human beings" operating as "human seeing-machines." Color was a crucial element that improved the function of these "human seeing-machines." "We [could] exist without the ability to see color but color-vision add[ed] a magical drapery over our surroundings," they contended. Their strong belief in scientific and technological progress, rationalization, and professionalization — what Michel Foucault conceived of as characteristics of modernity — helped facilitate the integration of visual sensation into modern consumer culture.

The scientific analysis and quantification of color in the food industry embodied a new understanding of food that was becoming common in the United States and Europe at the turn of the twentieth century. [(ア)] As foods were increasingly understood based on their nutrient content, the perception of food in science, business, and politics was transformed fundamentally by what Uwe Spiekermann calls a "nutrient paradigm." Based on research in food science and technology, food manufacturers created new products by isolating and recombining various nutrients and raw materials, including color. Government officials also believed that control of nutritive contents and other ingredients, such as color additives, was the most effective way of regulating fraud in food production and sales. And for the first time, scientists and food manufacturers understood color as a food component that could be analyzed, transformed, and isolated from the product.

(1) 色の調査を含む，感覚による製品評価について，食品製造業者は主に個々の専門家の知識と経験に頼っていた。 Flavor chemists, coffee tasters, winemakers, and color scientists evaluated the flavor, taste, and color of individual foods and determined whether the product was marketable. The simplest method to analyze color was to compare the object with a standard by eye. British brewer Joseph W. Lovibond developed an instrument, called a tintometer, for measuring the color of beer in 1887. An examiner placed a sample glass of beer on a tray and matched its color with one of the sixteen glass plates attached to the equipment. Each plate was assigned a number, beginning with the lightest.

By giving each color a number, Lovibond sought to eliminate ambiguity in the description of colors. The naming of colors had been a grave problem for color scientists as well as for food manufacturers. Color names, such as dark brown and light yellow, did not have clear, standardized definitions. "Dark brown" could mean various degrees of darkness and different shades, depending on the viewer. The Lovibond tintometer provided a common scale and language that color examiners could share simply by using the number of each color plate. The tintometer was initially used primarily by the brewing industry. As the equipment became popular, Lovibond created similar scales for red, blue, and yellow that could be used for various food and beverage products.

Color charts and color dictionaries were other means of establishing standards without using descriptive color names. One of the systems that was widely used (and is still used today) in the food industry was the Munsell system, originated in 1905 by Albert H. Munsell, a drawing professor at the Massachusetts Normal Art School in Boston. Munsell created what he called an

"Atlas" of color charts, which arranged different colors in order. [(イ)] Munsell published charts for forty different colors. Matthew Luckiesh of General Electric was a strong advocate of the Munsell system. Lamenting a lack of universal color notation, Luckiesh asked, "Is there a more ridiculous instance of neglect? (a) Those who work in color often find themselves helpless in describing colors to others." He believed that the standardization of color names and systematic categorization of colors were indispensable for establishing the science of color.

Munsell's main objective was to make "the recording of color easy and convenient" in teaching color — particularly to children. But his Atlas and related color notation systems soon became a commercial tool for various businesses, including food and agriculture. Dorothy Nickerson — Munsell's research assistant and secretary, and one of the few female color scientists at the time — contributed to the application of color measurement and standards, including Munsell's Atlas, to the grading of agricultural products and other industrial use during the 1930s and 1940s. After working for Munsell from 1921 to 1926, Nickerson started a new career as a color scientist at the US Department of Agriculture (USDA). Along with her government job, Nickerson actively participated in the Inter-Society Color Council (a nonprofit organization founded in 1931) and the Munsell Color Foundation to promote the advancement of color knowledge and standardization (she became the president of the foundation in 1972). Like many other color scientists, Nickerson stressed the importance of color standards and the standardization of color terminology, arguing that "there must be a basis for common understanding" about color to solve "color problems" in industry. The standardization of color nomenclature and measuring methods, including Munsell's Atlas, would provide businesses with a viable tool to employ color in their grading and marketing practices.

Scientists Aloys John Maerz and Morris Rea Paul developed color charts similar to Munsell's Atlas and published *A Dictionary of Color* in 1930. The *Dictionary* contained 7,056 colors — the largest number in a color dictionary at the time. Maerz and Paul's primary objective in publishing the *Dictionary* was to provide "a reference source for all the recorded color names" used in English and to exhibit color samples acceptable as a standard by presenting "a complete range of colors." They contended that "while standardization [had] been arrived at in practically all other fields," attempts at identifying color sensations were usually "chaotic" and could lead to financial loss in business. One disadvantage of using the *Dictionary*, however, was that (2) <u>some of the neighboring color samples on the charts looked so similar that it was difficult for examiners to specify which named color on the chart corresponded with the color of the product</u>.

In setting color standards for canned fruits and vegetables, the USDA used the color charts of Maerz and Paul, primarily because their dictionary had the widest variety of colors. An examiner simply compared the color of the sample with a plate illustrated in the *Dictionary* to determine whether the product had attained the desired color. For example, frozen green peas would not be graded above US Grade B if their color was lighter than the color designated as "L-9" in Plate 17 in the *Dictionary*. US Grade A canned grapefruit juice needed to be no darker than "G-1" in Plate 10. Like the Lovibond device and other colorimeters, (3) <u>the standardization of color description based on numbers as well as alphabets provided investigators with common vocabularies, allowing them to communicate more efficiently</u>.

Even though color scientists commonly understood the principles of color measurement by the 1930s, there was no single widely accepted way to present the results of measurement. [(ウ)] The Commission Internationale de l'Éclairage (CIE; the International Commission on Illumination), an international organization for developing standards concerning light and color, established methods for the measurement and specification of color in 1931. The CIE system allowed an examiner to calculate and quantify colors by assigning values for the three primary colors (red, green, and blue).

Colorimeters and color charts provided examiners with a set of standards for investigating the "naturalness" or "rightness" of food colors and determining to what extent the color of the finished product deviated from the standard. But judging color with the human eye did not provide uniform or consistent results;

rather, it depended on the physical and psychological conditions of the viewer, such as lighting, presentation of the sample, and the observer's fatigue. Since no two persons respond to a given light or color stimulus in quite the same way, there were discrepancies in measurement data among researchers when they compared a sample with the standard. Moreover, as a range of product lines expanded in the food industry and as food production and food processing technology became more complex, it became increasingly difficult for individual experts to have precise and detailed knowledge about all products and to make accurate judgments.

During the 1920s and 1930s, color scientists began experimenting with new equipment called spectrophotometers to replace the human eye for color investigation. Spectrophotometers provided a quantitative measurement of color by calculating the intensity of light reflected from a sample of foods and beverages. In the late 1920s, Arthur C. Hardy of the department of physics at the Massachusetts Institute of Technology developed one of the earliest spectrophotometers. Hardy assigned his patent rights to General Electric, which began the commercial production of his equipment in 1935. Food industry trade journals reported Hardy's development as revolutionary. The trade journal *Oil and Fat Industries*, for example, introduced Hardy's spectrophotometer as new technology with no visual errors. [(エ)] It was not automatic and required too much calculation by its wielders to evaluate a color. It was not until the mid- to late twentieth century that colorimeters became fully automatic.

Nonetheless, (4)<u>spectrophotometers and other colorimeters of the 1920s and 1930s</u> allowed researchers to detect colors more uniformly and consistently than did earlier equipment. Managers and manufacturers of food companies were well aware that "small differences in color [meant] thousands of dollars in the sales" of their products. In addition to the elimination of human involvement in measuring color — not to mention errors of calculation and discrepancies of individual perception, spectrophotometers provided "a definite and permanent record" of color. The original shades of the color standards — such as the glass plates of a Lovibond tintometer and the color charts of Munsell's Atlas and

Maerz and Paul's *Dictionary* — tended to fade over time depending on storage conditions of the instruments and prints. Because spectrophotometers measured color by calculating reflected light rather than using color samples, the result was almost always consistent.

The spectrophotometer epitomized a turn away from the individual body and, thus, a turn toward a standard that was above and beyond what any single person or body could measure. In the 1939 article "How to Obtain the Right Food Color," published in the trade journal *Food Industries*, USDA chemist Benjamin I. Masurovsky asserted that color was a kind of "yardstick" in the selection and judgment of foods: "Doubtless this eye appeal depends in good part upon the appeal of the color of the food by association through our sense of sight to our memory. Hence, to gain this eye appeal the color of a given food must be normal and right." His emphasis on the "normal and right" color of foods suggests that memory and the sense of sight were not simply personal sensations or perceptions; rather, the visual modality was a shared experience that could be normalized and standardized. Moreover, according to Masurovsky, individual memory and sight were not reliable in and of themselves, whereas the measuring machine was more reliable than one's bodily apparatus of sight in telling a consistent "truth" about color.

To make foods look "normal" and "right," it was crucial for food producers to know what exactly the right color meant, or how it looked. How green was a green bean? How yellow was butter? How orange was an orange? [(オ)] One food chemist noted in 1941 that color, as a means of quality control, would "help keep the enterprising business out of the red." By measuring and quantifying color, food manufacturers sought to translate expectations about the "right" color of foods to the actual appearance of their products.

Color notation systems and measuring equipment provided scientists and food producers with "objective" knowledge about colors and a means for quantifying and standardizing the color of foods. As Jonathan Crary has shown in his study of nineteenth-century visual culture, the new ways of measuring and seeing colors marked a significant advance in the process of "capitalist modernization": they trained food manufacturers and scientists to "recode the activity of the eye, to regiment it, to heighten its productivity and to prevent its distraction." The colors presented to the eye at the market no longer represented the full, variable range that nature's bounty would ordinarily possess but rather the narrower range chosen by mass producers using new tools of color measurement. The apparatus for color analysis altered how people understood colors fundamentally, and the rationalized and standardized perception of color became essential for manufacturers to give foods a "natural" (b) color consistently.

Colorimeters did not eliminate human involvement in measuring and judging the right color of foods entirely, however. The measurement of food color was a complicated task that crossed over diverse disciplines, including physiology, physics, electronics, optics, and psychology. In particular, the psychological effects of color on food purchasers were problematic. Color scientist Dorothy Nickerson contended in the late 1920s: "To measure color we must deal with it psychologically — in terms of what we see, not in terms of the wave-length stimulus." Quantitative data obtained from photoelectric measurement offered no information about consumer preferences in color or whether they would like, or even accept, the color of a particular food. Understanding psychological effects of color and consumer preferences became a critical part of marketing strategies in the food industry, resulting in new professions such as color consultant and marketing agent.

[Adapted from Ai Hisano, *Visualizing Taste: How Business Changed the Look of What You Eat.* Cambridge, MA: Harvard University Press, 2019: 22-29.]

設　問

1. 下線部(1)を英語に訳せ。

2. 下線部(2)を日本語に訳せ。

3. 下線部(3)を日本語に訳せ。

出典追記：Visualizing Taste : How Business Changed the Look of What You Eat by Ai Hisano, Harvard University Press

4. 下線部(4)の「1920年代と1930年代の分光光度計やその他の比色計」の発明は，それ以前の色の計測における2つの問題点の改善につながった。改善されたのはどのような問題点だったか，70字以内の日本語で説明せよ。(句読点も文字数に含める。)

5. [(ア)] から [(オ)] のそれぞれに入れるのにもっとも適切な文を選び，AからEの記号で答えよ。

A. The instrument, however, was difficult to use.

B. After research in nutrient science took off in mid-nineteenth-century Europe, scientists began to analyze every component of food.

C. Understanding how a certain food should look, as well as reproducing its color, had a direct impact on the marketability of the product.

D. Each color, or hue, was arranged based on the scale of value (the lightness or darkness of a color) and chroma (the saturation or brilliance of a color).

E. Nor were there standardized light sources for measuring color, which were essential for accurate color measurement, since the perception of color depended on the reflection of lights.

6. 以下の①と②の答としてもっとも適切なものを選び，AからEの記号で答えよ。

① Choose the statement that best explains what Matthew Luckiesh meant by "Is there a more ridiculous instance of neglect?" (a)

A. Luckiesh disapproved of the unbalanced lifestyle of a color scientist working hard to develop a new field.

B. Luckiesh felt that the forty colors presented in Albert H. Munsell's "Atlas" were terribly insufficient.

C. Luckiesh was amused by the humor in the unique names color scientists assigned to various shades and hues.

D. Luckiesh was annoyed that the study of color was underdeveloped and that communication about colors was imprecise.

E. Luckiesh was frustrated that his employer, General Electric, was reluctant to adopt Munsell's color charts.

② Select the author's stance on the notion of "natural"(b) perceptions of color.

A. The author argues that modern food producers have influenced what qualifies as natural food colors.

B. The author asserts that it is only through the use of scientific tools that we can understand what is natural.

C. The author believes that it is natural for humans to reduce environmental overstimulation by focusing on a few main colors.

D. The author indicates that people who eat natural food they have grown or hunted possess fewer names for the colors of their food than people whose food is highly processed.

E. The author insists that use of the word "natural" in marketing must reflect the absence of artificial colors in manufacturing.

7. 以下の1から10の文の中から本文の内容に一致するものを3つ選び，番号で答えよ。

1. Matthew Luckiesh and Frank K. Moss noticed that humans surrounded by the magic of color are less rational than those in duller environments.
2. Governments found it desirable to regulate the nutrient and color content of food so as to protect consumers from deceptive food manufacturers.
3. Although the tintometer ended up offering scales for a variety of colors, it was originally created to distinguish among shades of beer.
4. Albert H. Munsell's "Atlas" of color charts did not gain widespread use because colors could not be reproduced accurately by printers.

5. As the food industry expanded, unions were formed to support color specialists who became overwhelmed by increasingly complex product lines.
6. Benjamin I. Masurovsky discovered that bright colors appeal to our eyes more than pale colors and stay longer in our memory.
7. In 1941, a food chemist considered red to be a color to avoid as an additive to processed foods.
8. The United States Department of Agriculture and the food industry found that consumers welcome diversity in food presentation as a sign of quality.
9. Dorothy Nickerson argued that quantitative data about color is insufficient and that people's perceptions need to be taken into account.
10. The author advocates returning to simpler, more traditional food production methods and color choices.

全訳

■色彩科学の発展とその商業利用

❶ 1920年代から1930年代にかけて「色彩革命」が起こるカギとなったのが，科学とビジネスの密接なつながりだった。視覚や色彩科学を研究していた科学者たちは，人間にとって視覚は最も重要な感覚で，感覚器官による知覚は科学的知見に基づいて調べることが可能であり，またそうあるべきだと概ね考えていた。1924年から1949年までゼネラル・エレクトリック社の照明研究所の所長だった物理学者のマシュー=ラッキーシュは，色とそれが人々に与える生理学的影響に関する理論を構築した。ラッキーシュによれば，視界と視覚環境の進歩は現代文明の到来と深く関係しているという。視覚に関する彼の見解は，人体を機械として理解しようとする当時の考え方を要約するものだった。ラッキーシュと共著者のフランク=K. モスは，1934年の *The New Science of Lighting*（『照明の新しい科学』）という著書の中で，人体は「人間視覚機」として機能しており，「見るという行為は最も普遍的で重要な人間の活動である」と主張している。色はそうした「人間視覚機」の機能を向上させる極めて重要な要素であった。「私たちは色を見分ける能力がなくても存在することは可能ですが，色覚によって，私たちを取り巻く環境に魔法のカーテンがかけられました」と彼らは主張した。彼らは科学とテクノロジーの進歩，合理化，専門化――ミシェル=フーコーが現代的なものの特徴と考えていたもの――の到来を確信しており，そうした考えによって，視覚が現代の消費者文化の中に溶け込んでいくことが助長された。

❷ 食品業界における色の科学的分析と定量化は，20世紀への変わり目にアメリカとヨーロッパで一般的になりつつあった，食べ物に関する新たな知識を具体化するものだった。19世紀中頃のヨーロッパで栄養科学の研究が始まると，科学者たちは食べ物のあらゆる構成要素を分析し始めた。食べ物が栄養分に基づいて次第に理解されるようになると，ウーヴェ=シュピーカーマンが「栄養パラダイム」と呼んだものによって，科学，ビジネス，政治における食べ物の認識が根本的に変わった。食品製造業者は，食品の科学技術の研究に基づき，色も含めて，様々な栄養や原材料を抽出したり，組み換えたりすることで，新しい製品を作り出した。政府当局者も，栄養成分や着色料のような他の成分を規制することが，食品の製造販売における不正行為を取り締まる最も効果的な方法だと考えていた。さらに，科学者や食品製造業者は，色というものは分析し，変えることができ，生産物から抽出することができる食べ物の構成要素であるということに初めて気づいた。

❸ 色の調査を含む，感覚による製品評価について，食品製造業者は主に個々の専

門家の知識と経験に頼っていた。風味について研究する化学者，コーヒーの味の鑑定士，ワインの醸造家，色彩科学者たちが，個々の食べ物の風味，味，色を評価し，その製品が売れるかどうかを判断していた。色を分析する最も簡単な方法は，対象となるものを目で見て，基準と比較する方法だった。1887年，イギリスのビール醸造家だったジョセフ=W．ロビボンドは，ビールの色を測定するために比色計と呼ばれる器具を開発した。検査員は，グラスに入ったサンプルのビールをトレイに置き，その色と器具に取りつけられた16枚のガラスプレートのうち1枚とを照合する。それぞれのプレートには，明るい色から順に数字が割り当てられていた。

❹ ロビボンドは，それぞれの色に数字を割り当てることで，色の説明の曖昧さを取り除こうとした。色の命名は食品製造業者だけでなく，色彩科学者たちにとっても深刻な問題だった。濃い茶色や明るい黄色といった色の名前には，明確に標準化された定義がなかった。「濃い茶色」は，見る人によって濃さの程度や色調が異なる。ロビボンドの比色計は，色を調べる人が，色のプレートにつけられた数字を使うだけで共有できる共通の基準と用語を規定するものだった。当初，比色計を使っていたのは主にビールの醸造家たちだった。この装置が評判になると，ロビボンドは様々な食品や飲料にも使える赤，青，黄色の同じような基準を作った。

❺ カラーチャートや色彩辞典は，色の名前の説明を使わずに基準を定める別の手段だった。食品業界で広く使われていた（今日でもまだ使われている）方法の一つはマンセル・システムで，1905年にボストンのマサチューセッツ芸術大学の美術教授であったアルバート=H．マンセルによって考案された。マンセルは自身で「アトラス」と名づけたカラーチャートを作成するのだが，これは様々な色を系統的に配列したものだった。それぞれの色，すなわち色相は，明暗度（色の明るさや暗さ）と彩度（色の濃さや鮮やかさ）に基づいて配列されていた。マンセルは40種類の異なる色の図表を掲載していた。ゼネラル・エレクトリック社のマシュー=ラッキーシュはマンセル・システムの強い支持者であった。普遍的な色の表記法がないことを嘆き，ラッキーシュは「放置された状態のこれほどばかげた事例が他にあるだろうか？　色に関わる仕事をしている者は，色を他人に説明するとき，どうすることもできない場合が多すぎる」と訴えていた。彼は，色の名前の標準化と色の系統的な分類は色彩科学を確立していくうえで不可欠なものだと信じていたのである。

❻ マンセルの主要な目的は，特に子供たちに対して色を教える際，「色の記録を簡単で使いやすい」ものにすることだった。しかし，彼のアトラスや関連する色の表記システムは，すぐに食べ物や農業など様々な業界で使われる商業用の道具となった。ドロシー=ニッカーソン――マンセルの助手兼秘書で，当時では数少ない女性の色彩科学者の一人だった――は，1930年代から1940年代にかけて，マンセルの

アトラスなどの，色の測定と標準化を農産物の格付けやその他の産業利用へ応用することに貢献した。ニッカーソンは1921年から1926年までマンセルのもとで働いた後，アメリカ農務省（USDA）で色彩科学者として，新たなキャリアをスタートさせた。政府の仕事と並行して，彼女は色彩評議会（1931年に設立された非営利団体）やマンセル色彩財団の活動に積極的に参加し，色彩の知識や標準化の発展を推進した（彼女は1972年にその財団の理事長となった）。他の多くの色彩科学者たちと同様，ニッカーソンは色彩基準と色彩用語の標準化の重要性を強調し，産業界の「色に関連する問題」を解決するためには，色彩に関する「共通理解の基盤が必要だ」と主張した。マンセルのアトラスを含む色彩の用語体系と測定方法の標準化は，業界に，格付けや販売活動において色を利用するための現実的な手段を与えることになった。

❼ 科学者のアロイス=ジョン=メルツとモリス=レア=ポールはマンセルのアトラスに類似したカラーチャートを開発し，1930年に *A Dictionary of Color*（『色彩辞典』）を刊行した。その辞典には7056色が掲載されていた――当時の色彩辞典の中では最も数が多い。メルツとポールがこの辞典を刊行した第一の目的は，「全種類の色」を提示することで，英語で表記された「記録されているすべての色名の参考資料」を提供し，基準を満たす色の見本を示すことだった。彼らは「他のほぼすべての分野では，標準化が完成している一方」で，色彩感覚を明確にする試みは未だに「混沌として」おり，産業界における経済的損失にもつながる可能性があると主張した。しかし，この辞典を使用する一つの欠点は，(2)図の中で隣り合った色の見本の中には，非常に似通って見えるものもあり，図のどの名前の色が製品の色と一致しているのかを検査員が特定するのが難しいものもあったことだった。

❽ 缶詰のフルーツや野菜の色の基準を決める際，アメリカ農務省はメルツとポールのカラーチャートを使っていたのだが，その第一の理由としては，彼らの辞典が最も多くの種類の色を掲載していたからである。検査員は，製品が望んだ色になっているかを確認する際，サンプルの色と辞典に掲載されている図版を比較するだけでよかった。例えば，冷凍のグリーンピースは，その色が辞典の図版17の「L-9」よりも淡ければ，アメリカの基準でB級を超えることはない。アメリカの基準でA級の缶入りグレープフルーツジュースは図版10の「G-1」と同等の明るさ・鮮やかさでなければならない。ロビボンドの器具やその他の比色計と同様，(3)アルファベットだけではなく数字にも基づいて色の表記を標準化することによって，検査員には共通の語彙が与えられ，より効率的に意思の疎通ができるようになった。

❾ 1930年代までに，色彩科学者たちは色彩測定の原則を概ね理解していたが，測定結果を示すための広く受け入れられた方法は一つもなかった。また，色を測定するための光源も統一されていなかったのだが，色の認識は光の反射によって左右さ

れるので，正確な色の測定のためには，その統一が不可欠であった。1931 年，光と色の基準を作る国際機関の The Commission Internationale de l'Éclairage（CIE；国際照明委員会）は，色を測定して明記する方法を確立した。CIE のシステムによって，検査員は 3 つの原色（赤，緑，青）の値を割り当てることで色を算出し，数値で表すことができるようになった。

❿ 比色計やカラーチャートによって，検査員には，食べ物の色の「自然さ」や「適切さ」を調べ，完成した製品の色が，基準からどの程度外れているかを判断する一連の尺度が与えられた。しかし，人間の目で色を判断するということは，均一な結果や首尾一貫した結果をもたらしてはくれない。むしろ，照明，サンプルの見せ方，測定者の疲労といった見る者の物理的状況や心理的状況によって左右される。ある特定の色や色刺激にまったく同じ反応を示す人はいないため，あるサンプルと基準を比べたとき，研究者たちの間で測定データに差が出てしまう。さらに，食品業界で一連の製品の品揃えが拡大して，食物生産や食品加工技術がより複雑になるにつれ，個々の専門家がすべての製品に関して正確かつ詳細な知識を持ち，精度の高い判断を下すことがますます難しくなっていた。

⓫ 1920 年代から 1930 年代にかけて，色彩科学者たちは，人間の目の代わりに色の識別をさせるため，分光光度計と呼ばれる新しい器具の実験を始めた。分光光度計は，食べ物や飲み物のサンプルから反射する光度を計算することによって，色の定量的測定を行うことができた。1920 年代後半には，マサチューセッツ工科大学物理学部のアーサー=C. ハーディが初期型の分光光度計の一つを開発した。ハーディは自身の特許権をゼネラル・エレクトリック社に譲渡し，同社は 1935 年に彼の分光光度計の商業生産を開始した。食品業界の専門誌はハーディの開発が革命的だという記事を掲載した。例えば，*Oil and Fat Industries* という業界誌は，視覚的エラーのない新しい技術としてハーディの分光光度計を紹介した。しかし，この器具は使うのが難しかった。自動ではなく，色を測定するためには，使う人が非常に多くの計算をしなければならなかった。20 世紀中頃から後半になって初めて，比色計は全自動式となる。

⓬ それでも，1920 年代から 1930 年代の分光光度計やその他の比色計のおかげで，検査員たちは以前の器具よりも均一で一貫した色の検知ができるようになった。食品会社の経営者や製造元は「色のわずかな違いによって自社製品の売上に何千ドルもの差が出る」ということにはっきりと気づいていた。色の測定への人間の関与──計算ミスや個々の感じ方の相違は言うまでもなく──がなくなったことに加え，分光光度計によって色の「正確かつ永続的な記録」がもたらされた。色の基準──ロビボンドの比色計のガラスプレート，マンセルのアトラスのカラーチャート，メルツとポールの辞典──を示す本来の色調は，器具や印刷物の保管状況次

第で時間と共に劣化する傾向があった。分光光度計は色の見本を使うのではなく，反射された光を計算することで色の測定を行うため，その結果はほぼ常に変わらないのだ。

⓭ 分光光度計は，個々の人間の身体から離れていく転換点，すなわち一人の人間や身体で計測できるものを超える水準へと向かう転換点をよく物語っていた。*Food Industries* という業界誌に掲載されたHow to Obtain the Right Food Color（「食べ物の正しい色の取得方法」）という1939年の記事の中で，アメリカ農務省所属化学者のベンジャミン=I. マスロフスキーは，色は食べ物を選択し，判断する際の一種の「ヤード尺」だと断言している。「視覚を通して記憶と結びつくことによって，人の目に対する訴えかけは，大部分が食べ物の色の見た目によって左右されることは間違いない。それゆえ，人の目に訴えかけるためには，ある食べ物の色は標準的で正しいものでなければならない」 彼は食べ物の「標準的な正しい」色というものを強調することで，記憶や視覚は単に個人的な感覚や認識ではないということを示唆している。むしろ，視覚の感覚は標準化し，規格化することができる共通認識なのだ。さらに，マスロフスキーによれば，個人の記憶や視覚は，それ自体はさほど頼りにならないが，その一方で，色に関する一貫した「事実」を伝えるという点では，計測機械の方が視覚という身体器官よりも頼りになる。

⓮ 食べ物を「標準的」で「正しく」見せるためには，食品生産者が正しい色とは正確にどういったものなのか，あるいはどのように見えるのかを把握しておくことが極めて重要になる。サヤインゲンはどのような緑色なのか？ バターはどのような黄色なのか？ オレンジはどのようなオレンジ色なのか？ 色を再現することだけではなく，ある食べ物がどのように見えるべきなのか理解しておくことは，生産品が売れるかどうかに直接的な影響を及ぼすものだった。ある食品化学者は1941年に，色は，品質管理の手段として「進取的な企業が赤字にならないよう手助けしてくれる」ものだと記している。色を測定し，数値化することで，食品製造業者は食べ物の「正しい」色に関する期待を自社の生産品の実際の見た目に転化しようとしていたのである。

⓯ 色の表記法と測定器具は，科学者と食品生産者に色に関する「客観的な」知識と，食べ物の色を定量化し標準化するための手段を与えてくれた。ジョナサン=クレーリーが19世紀の視覚文化の研究において明らかにしているように，色を測定して理解する新たな方法は，「資本主義による近代化」の過程で大きく進歩した。それによって食品生産者や科学者たちは「目の活動を再コード化し，それを統制し，その生産性を高め，それが注意散漫にならないよう」訓練された。食料品店で目にする色は，もはや自然の恵みが通常持っているすべてを網羅した，むらがある種類のものではなく，色を測定するための新たな道具を使用している大量生産者によっ

て選ばれた狭い範囲の色となっている。色彩分析の器具は，人々がどのように色を理解するのかを根本的に変え，合理化され標準化された色の理解は，製造業者が食べ物を常に「自然な」色にするうえで不可欠なものとなった。

⓰ しかし，比色計は食べ物の正しい色を測定し，判断することにおいて人間の関与を完全に取り除いたわけではなかった。食べ物の色の測定は生理学，物理学，電子工学，光学，心理学など多様な学問分野にまたがる複雑な作業である。特に，食べ物を購入する人への色の心理的影響は難しいものであった。色彩科学者のドロシー=ニッカーソンは1920年代後半に以下のように主張している。「色を測定するためには，それに心理的な側面から取り組まなければならない —— 波長の刺激の観点ではなく，私たちにどのように見えているのかという観点から」 光電子の計測から得られる定量的データは，消費者の色の好みや，彼らが特定の食べ物の色が好きかどうか，あるいはそれを受け入れるかどうかさえ，何も情報を与えてくれない。色の心理的影響や消費者の好みを理解することは，食品産業におけるマーケティング戦略の極めて重要な部分となり，カラーコンサルタントやマーケティング調査員など新たな専門職を生み出す結果となった。

各段落の要旨

❶ 科学とビジネスの密接なつながりによって色彩革命が起こり，視覚というものが非常に重視されるようになり，現代の消費者文化の中に溶け込んでいった。

❷ 20世紀に入る頃，食品の色に関する科学的分析が進み，科学者たちは食べ物のあらゆる構成要素を分析し，食品の色を変えたり，抽出できることに気づいた。

❸ 色彩など感覚による製品評価は専門家の知識と経験に頼っていたが，ロビボンドによって比色計と呼ばれる器具が考案された。

❹ ロビボンドの比色計は，それぞれの色に数字を割り当てることによって共通の基準と用語を規定するもので，様々な食品の色の識別に応用された。

❺ カラーチャートは色の名前の説明を使わずに基準を定める方法で，マンセルの「アトラス」というカラーチャートは様々な色を系統的に配列し，食品業界で広く使われていた。

❻ 色の表記システムは食品など様々な業界で使われる商業用の道具となり，色彩基準と色彩用語の標準化が進んだ。

❼ 科学者のメルツとポールによって『色彩辞典』が刊行され，そのカラーチャートには膨大な種類の色が掲載されていた。

❽ 食品の色の識別にメルツとポールのカラーチャートが使われるようになり，アルファベットと数字で色を表記することで，検査員が効率的に意思疎通を図ることができるようになった。

❾ 光と色の基準を作る国際機関が，3つの原色の値を割り当てる方法によって，色を測定して明記する方法を確立した。

❿ 色の測定方法は進化したものの，人間の目視による判断では，測定データに差が出てしまい，さらに食料品の種類が増えることで，精度の高い判断が難しくなった。

⓫ 人間の目に代わって色の識別をする分光光度計が考案され，色の定量的測定が可能になり，その後，全自動式の比色計も登場した。

⓬ 分光光度計などの器具のおかげで，均一で一貫した色の検知が可能となり，食品会社は色の違いによって自社製品の売上に差が出ることに気づいた。

⓭ 分光光度計の登場によって，色は人間の身体で計測できるものを超える水準となり，食べ物の「標準的な正しい」色という概念が生まれた。

⓮ 食べ物がどのように見えるのかということは，生産品の売上に直接的な影響を及ぼすため，食品生産者は「標準的な正しい」色というものを正確に把握しておく必要があった。

⓯ 資本主義による近代化の過程の中で，色の測定法は大きく進化し，食料品店で目にする色は，自然の恵みが本来持っている色ではなく，大量生産者によって選ばれた狭い範囲の色となった。

⓰ 色の測定において人間の関与は減少したものの，人々が食べ物を購入する際に色が与える心理的影響は複雑で，カラーコンサルタントなど新たな専門職を生み出すこととなった。

解 説

設問1 色の調査を含む，感覚による製品評価について，食品製造業者は主に個々の専門家の知識と経験に頼っていた。

▶最初の着目点は述部の「BについてAに頼る」という骨格で，depend〔rely〕on A for Bの定型表現が使える。「主に」は mainly や primarily といった副詞を on の直前に置く。なお for 以下の部分は文頭に置いてもよい。主語の「食品製造業者」は本文中にある food manufacturers が使える。

▶「感覚による」は第1段などで使われている sensory で表現し，「～を含む」の部分は including を使えばよい。

▶ manufacturers，experts，products などの可算名詞は複数形にしておくが，each を使って「個々の専門家」を表現した場合，直後の名詞は単数形となるので注意。

設問2 some of the neighboring color samples on the charts looked so similar that it was difficult for examiners to specify which named color on the chart corresponded with the color of the product

▶主節の文型が look C「～に見える」の第2文型で，補語の similar を so ～ that …「とても～なので…，…ほど～」の構文を使って修飾している点を押さえる。主部が some of … となっているので，「色の見本の中には非常に似ているものがあった」や「一部の色の見本は非常に似ていた」といった訳出にすればよい。

▶ it was difficult … の部分は形式主語の構文で，to specify 以下が真主語となっており，for examiners がその意味上の主語。which は疑問詞で名詞節を形成し，specify「～を特定する」の目的語となっている。どの名前の色が製品の色と一致しているのかを特定するのが難しかったという内容が伝わる訳出にする。

neighboring「隣り合った，隣接した」 correspond with ～「～と一致する」

設問3 the standardization of color description based on numbers as well as alphabets provided investigators with common vocabularies, allowing them to communicate more efficiently

▶ based は述語動詞ではなく，過去分詞の形容詞用法で based on numbers as well as alphabets の部分が直前の standardization「（色の表記の）標準化」を修飾している。

A as well as *B*「*B* だけでなく *A* も，*A* および *B*」

▶述部は provide *A* with *B*「*A* に *B* を与える，*A* に *B* をもたらす」となっているので「色の表記の標準化は *A* に *B* を与えた」とすればよいが，主語が無生物主語なので，副詞的に訳して「色の表記の標準化によって検査員には共通の語彙が与えられた」と訳してもよい。

investigator「検査員，調査員」

▶ allowing 以下は分詞構文で，文脈を考慮すると「そして～」というように前から後ろに訳していけばよい。また「許可する」という訳出では日本語が不自然になるので，検査員の効率的な意思の疎通を可能にしたという内容の訳出にする。

設問4 ▶下線部を含む文の意味は以下の通り。

「1920 年代から 1930 年代の分光光度計やその他の比色計のおかげで，検査員たちは以前の器具よりも均一で一貫した色の検知ができるようになった」

detect「～を検知する」 uniformly「均一に」 consistently「首尾一貫して」

▶ spectrophotometer「分光光度計」の登場以前は，人間の目視によって色の測定を行っていたが，その問題点を 2 点説明する問題。まず，第 10 段第 2・3 文（But judging color … with the standard.）で，人間の目による色の判別では，心理的状況などの影響で均一な結果が得られず，測定者によって discrepancy「差」が出るという問題点が述べられている。

▶第 12 段第 4 文（The original shades …）では，色の測定に使う測定器具や印刷物は，保管状況によって基準となる色が時間と共に劣化するという問題点が挙げられている。

fade「色あせる，消える」 storage「保管」

▶以上の点から「人間の目による判別は測定者によって差が出る」，「測定器具や印刷物が保管状況によって劣化する」という2点に言及して字数内にまとめる。

設問5 (ア) 正解は B ▶第2段第1文（The scientific analysis …）には，時代が20世紀に入る頃，アメリカとヨーロッパでは食品業界における色の科学的分析が進み，食べ物に関する新たな知識が具体化したとある。空所にも当時のヨーロッパにおける栄養科学の研究について言及したものを入れれば文脈が合うので，B.「19世紀中頃のヨーロッパで栄養科学の研究が始まると，科学者たちは食べ物のあらゆる構成要素を分析し始めた」が正解。

component「構成要素」

設問5 (イ) 正解は D ▶空所直前の第5段第3文（Munsell created what …）では，様々な色を系統的に配列したマンセルの「アトラス」というカラーチャートについて言及しているので，そのカラーチャートを説明したD.「それぞれの色，すなわち色相は，明暗度（色の明るさや暗さ）と彩度（色の濃さや鮮やかさ）に基づいて配列されていた」が正解。

hue「色相」 value「明暗度」 chroma「彩度」 saturation「濃さ」

設問5 (ウ) 正解は E ▶空所直前の第9段第1文（Even though color …）の主節には，色の測定結果を示すための広く受け入れられた方法が一つもなかったという否定の内容が述べられている。文頭のNor were thereという否定表現に着目してE.「また，色を測定するための光源も統一されていなかったのだが，色の認識は光の反射によって左右されるので，正確な色の測定には，その統一が不可欠であった」を選べば，同様に色を測定するための光源も統一されていなかったと続き文脈が合う。選択肢の英文に含まれる接続詞のsinceは理由を表す用法。

light source「光源」

設問5 (エ) 正解は A ▶空所直前でハーディのspectrophotometer「分光光度計」について言及し，空所直後では，この器具が自動ではなく，色を測定するためには非常に多くの計算を行う必要があったと続いている。したがって文脈に合うのはA.「しかし，この器具は使うのが難しかった」のみ。

設問5 (オ) 正解は C ▶空所直前では具体例を挙げながら，食品のあるべき色という問題について言及し，直後の第14段第6文（One food chemist …）では，品質管理の手段として，色は企業が赤字にならないよう手助けしてくれるものだという化学者の考えが引用されている。したがって，生産品のあるべき色（見え方）と売上について言及したC.「色を再現することだけではなく，ある食べ物がどのように見えるべきなのか理解しておくことは，生産品が売れるかどうかに直接的な影響を及ぼすものだった」が正解。文頭のUnderstanding以下の動名詞句が主語で，hadが述語動詞。

marketability「市場性」 out of the red「赤字から抜け出している」

設問6 ① 正解は D ▶二重下線部の逐語訳は「放置のこれ以上のばかげた例は他にあるか？」となるが，これほどばかげた例は他にはないという反語表現となっている。二重下線部を含む文の文頭では，ラッキーシュが普遍的な色の表記法がないことを嘆いており，二重下線部直後でも色を他人に説明するとき，どうすることもできない場合が多いと訴えている。ラッキーシュは色の名前の標準化が確立していないことに不満をもっていることが読み取れるので，D.「ラッキーシュは色の研究が遅れており，色に関する意思疎通が正確でないことに苛立っていた」が正解。

underdeveloped「発達の遅れた」 imprecise「不正確な」 lament「～を嘆く」 notation「表記（法）」

▶それぞれの選択肢の意味は次の通り。

A.「ラッキーシュは新たな分野を開拓するために懸命に働く色彩科学者のバランスの悪いライフスタイルを認めなかった」

B.「ラッキーシュはアルバート=H. マンセルの『アトラス』で示された40色はひどく不十分だと感じていた」

C.「ラッキーシュは色彩科学者が様々な色合いや色相に割り当てた独特の名前やユーモアを面白がっていた」

E.「ラッキーシュは雇用主のゼネラル・エレクトリック社がマンセルのカラーチャートを採用したがらないことに不満をもっていた」

設問6 ② 正解は A ▶色の「自然な」見え方という概念に対する筆者の立場を選ぶ問題。第14段（To make foods …）および第15段（Color notation systems …）の主旨を把握しておくことがポイント。

第14段：生産品の売上に大きな影響を及ぼすため，食品生産者にとって「標準的な正しい」色や食べ物がどのように見えるのかを把握しておくことは極めて重要だった。

第15段：資本主義による近代化の過程の中で，色の測定法が進化し，食料品店で目にする色は，大量生産者によって選ばれた狭い範囲の色となった。

▶二重下線部を含む不定詞句では，製造業者が食べ物に自然な色を give すると表現されており，ここでの「自然な」色とは，消費者から好まれ，売上が伸びる色であり，生産者は測定器具を使ってそうした色を選別していることが読み取れる。したがってA.「現代の食品生産者は，自然な食べ物の色として，何がふさわしいのかに影響を及ぼしたと筆者は主張している」が最も適切。

qualify「ふさわしい，基準を満たす」

▶それぞれの選択肢の意味は次の通り。

B.「何が自然なものであるかを理解できるのは，科学的な道具を使った場合のみだと筆者は主張している」

C.「少しの主要な色に絞ることで，人間が環境に対する過度な刺激を減らすのは当然のことだと筆者は信じている」

D.「自分たちが育てたり，狩りをしたりして獲った自然な食べ物を食べている人たちの間では，食べ物が高度に加工された人たちと比べ，食べ物を表す色の数が少ないと筆者は指摘している」

E.「マーケティングにおける『自然な』という言葉の使用は，製造の際に人工的な色が使われていないことを反映していなければならないと筆者は主張している」

設問7　正解は　2・3・9　▶1.「マシュー=ラッキーシュとフランク=K. モスは，色の魔法に取り囲まれている人たちは退屈な環境の人たちよりも合理的ではないことに気づいた」 本文中にこのような内容が述べられている部分はない。

▶2.「政府機関は，人をだますような食品製造業者から消費者を守るためには，食べ物の栄養素と色の中身を規制することが望ましいと思った」 第2段第5文（Government officials also …）で，政府の当局者は栄養成分や着色料のような成分を規制することが，食品の製造販売における不正行為を取り締まる効果的な方法だと考えたとある。したがって本文の内容に一致。選択肢の英文構造は形式目的語を用いたSVOCの第5文型。

so as to *do*「～するために」 regulate「～を規制する」 nutrient「栄養素」 content「内容」 deceptive「人をだますような」

本文該当箇所の語句：ingredient「成分」 color additive「着色料」 fraud「不正行為」

▶3.「比色計は最終的に様々な色の基準を提示することになったが，元々はビールの色合いを区別するために作られた」 第3段第4文（British brewer Joseph W. Lovibond …）では，brewer「ビールの醸造家」だったジョセフ=W. ロビボンドがビールの色を測定するために tintometer「比色計」を開発したとある。さらに第4段最終文（As the equipment …）では，ロビボンドの比色計が評判になると，様々な食品や飲料にも使える赤，青，黄色の基準も作られたとあるので本文の内容に一致。

end up ～「結局～になる」 shade「色合い，色調」

▶4.「アルバート=H. マンセルが作ったカラーチャート『アトラス』は，印刷業者によって色が正確に再現されなかったため，広く使われることはなかった」 本文中にこのような内容が述べられている部分はなく，第5段第2文（One of the …）でも，マンセルのカラーチャートは食品業界で広く使われていたとあるので不一致。

▶5.「食品業界が拡大するにつれ，ますます複雑になる品揃えに困惑する色の専門家を支援するため，労働組合が結成された」 本文中に色の専門家を支援するために労働組合が結成されたという内容が述べられている部分はない。

union「労働組合」 overwhelm「～を困惑させる，～を圧倒する」 product line「品揃え」

▶6.「ベンジャミン=I. マスロフスキーは淡い色よりも鮮明な色の方が人目を引きつけ，長く記憶に残ることを発見した」 第13段第2・3文（In the 1939 … normal and right."）のコロン（：）以下にマスロフスキーの考えが引用されている。食べ物の色が人の目に訴えかけるためには，その色が標準的で正しいものでなければならないとは述べられているが，bright color「鮮明な色」と pale color「淡い色」の比較をしている部分はないので不一致。

appeal to ～「～を引きつける，～に訴える」

▶7.「1941年，ある食品化学者が，赤色は加工食品への添加物として避けるべき色だと考えた」 第14段第6文（One food chemist …）に1941年の食品化学者の発言が引用されているが，品質管理の手段として，色は企業が赤字を避ける手助けになるという内容なので不一致。

additive「（食品）添加物」

▶8.「アメリカ農務省と食品業界は，消費者が品質の印として食べ物の見た目の多様性を歓迎していることに気づいた」 本文中にこのような内容が述べられている部分はない。

diversity「多様性」 presentation「見た目」

▶9.「ドロシー=ニッカーソンは，色の定量的データは不十分なもので，人々の認識が考慮される必要があると主張した」 最終段第4文（Color scientist Dorothy Nickerson …）のコロン以下にドロシー=ニッカーソンの考えが引用されており，色の測定においては，人々にその色がどのように見えているのかという心理的な側面からも取り組む必要があると述べられている。さらに同段第5文

(Quantitative data obtained …）には，定量的データからは消費者の色の好みに関する情報などはまったく得られないと続いている。したがって本文の内容に一致。quantitative「定量的な」 insufficient「不十分な」 perception「認識」 take *A* into account「*A* を考慮に入れる」

> 最終段第5文の構造
> Quantitative data [obtained from photoelectric measurement] offered no information about consumer preferences in color or【whether they would like, or even accept, the color of a particular food】. ＊[形容詞句]【名詞節】

obtained は過去分詞で直前の Quantitative data「定量的データ」を修飾する形容詞句を形成し，offered が述語動詞となっている。1つ目の等位接続詞の or は consumer preferences in color と whether 以下の名詞節を結んでおり，共に前置詞 about の目的語となっている。2つ目の or は whether 節内の述語動詞 like と accept を結び the color of a particular food がその共通の目的語となっている。photoelectric「光電子の」

▶10.「筆者はよりシンプルで伝統的な食品生産方法と色の選択に戻ることを提唱している」 筆者がこのような内容を提唱している部分は本文中にない。

設問1 Food manufacturers depended mainly on the knowledge and experience of individual experts for the sensory evaluation of products, including research on color.

設問2 図の中で隣り合った色の見本の中には，非常に似通って見えるものもあり，図のどの名前の色が製品の色と一致しているのかを検査員が特定するのが難しいものもあった

設問3 アルファベットだけではなく数字にも基づいて色の表記を標準化することによって，検査員には共通の語彙が与えられ，より効率的に意思の疎通ができるようになった

設問4 人間の目による色の判別では，測定者によって差が出ることと，測定器具や印刷物の保管状況によって，基準となる色が時間と共に劣化してしまうこと。(70字以内)

設問5 (ア)—B (イ)—D (ウ)—E (エ)—A (オ)—C

設問6 ①—D ②—A

設問7 2・3・9

2

次の英文を読んで，以下の設問に答えよ。

In 2012, while reviewing reports of recent crimes, a data analyst for the Cambridge, Massachusetts*1, Police Department (CPD) noticed a striking pattern of thefts: laptops and purses were repeatedly being stolen on Tuesday and Thursday afternoons at a local café. While no incident on its own would have indicated much, the full set presented a clear case of a thief acting systematically. Having determined this pattern of behavior, the analyst could predict when and where the thief would strike next — and catch them in the act.

"We provided the detectives with Tuesday afternoon between four to six as the best timeframe," recalls Lieutenant Dan Wagner, the commanding officer of CPD's Crime Analysis Unit. "The detectives sent <u>a decoy</u>(a) — their intern — with a backpack and a computer hanging out of it. They were there a short while, and they see the guy steal the laptop and make an arrest."

It sounds straightforward, but such patterns typically go undetected as analysts struggle to find patterns within large databases of crimes. Indeed, it took several weeks for CPD to identify the café crime series, and the identification was possible only because the analyst happened to remember having seen records of similar crimes when new thefts were reported. Despite being glad that the café thief was stopped, Wagner realized that <u>this ad hoc, individualized approach</u>(b) was quite limited. After all, he explains, "No crime analyst can truly memorize and recall a full historical database of crimes."

CPD's Crime Analysis Unit was founded in 1978 as one of the nation's first such teams by Wagner's mentor Rich Sevieri, who has overseen the unit's transformation from analyzing crime using pin maps and punch cards to databases and predictive models. Sevieri began his career as a journalist, and despite multiple decades enmeshed in data he still focuses on "the five Ws": who, what, when, where, and why. Even as policing becomes increasingly focused on data and algorithms*2, Sevieri's analytical approach remains the same: "You have to know the motivation and you have to know the scenario around the crime."

Recognizing the futility of relying on an analyst performing manual database queries to find crime patterns, Sevieri and Wagner approached Cynthia Rudin, a professor of statistics at MIT, hoping for a way to automatically analyze crime trends. Although incidents within a crime series are known to follow patterns based on the offender's modus operandi (MO)*3, identifying these patterns is difficult for a human or computer working alone. Crime analysts intuitively sense what characteristics might indicate that a string of crimes are connected, but they cannot manually review data of every past crime to find patterns. Conversely, computers are proficient at parsing large sets of data, but they may not recognize the subtle connections that indicate a crime series.

Sevieri believed that if they could teach a machine "the process of how an old-time analyst worked," (1) <u>an algorithm could detect patterns of crimes that would otherwise take the police weeks or months to catch</u>, if they could be detected at all. It would enable the Cambridge Police to more quickly identify crime patterns and stop the offenders.

When Rudin learned how CPD had stopped the series of café thefts, she recognized that "finding this pattern was like (c) <u>finding a needle in a haystack</u>." An expert in designing computational systems to assist human decision making, Rudin was eager to help CPD sort through more haystacks. She and her doctoral student Tong Wang began working with Wagner and Sevieri to develop an algorithm that could detect crime series patterns among residential burglaries (an offense notoriously difficult to solve).

At the heart of the algorithm was a focus on identifying the MO of offenders. For a crime like burglary, perpetrators typically exhibit a particular pattern of behavior that carries across multiple incidents. When presented with the right data, Wagner and Sevieri say that they tend to see such patterns "automatically." But they may not know where to look, and can process only a limited amount of data. (2)一方で，コンピューターにとってこれらのパターンを見分けるのを困難にするのは，どの犯罪者の手口も独特であることだ。 Some people force open front doors of apartments on weekday mornings; others break in through a window and ransack houses on Saturday nights. Thus, instead of just teaching a computer to search for a particular pattern, the algorithm had to "capture the intuition of a crime analyst" and (3)re-create it on a larger scale.

With significant input from Wagner and Sevieri, Rudin and Wang developed a model that analyzes crime series in two complementary stages. First, the model learns "pattern-general" similarities, representing the broad types of patterns that are typical of crime series (for example, proximity in space and time). Second, the model uses this knowledge to identify "pattern-specific" similarities — in other words, the MO of a particular crime series. In this two-pronged approach, the model first learns the intuitions that a human analyst would follow and then applies them to a large database of housebreaks to detect crime series.

The last ingredient that the algorithm needed was a corpus of historical data from which to learn what a typical crime series actually looks like. Because of Sevieri's stewardship, the Cambridge Police Department has one of the country's most extensive databases of crime records, with detailed information about crimes over the past several decades. This data enabled the MIT model to learn from 7,000 housebreaks that occurred in Cambridge over a fifteen-year period, with details about each burglary such as the geographic location, day of the week, means of entry, and whether the house was ransacked. The algorithm also drew from fifty-one analyst-identified crime series during this period, gaining insights about what makes a crime series (d)stand out.

Once it had learned from the data, the model quickly demonstrated its potential to help police investigate crime. In 2012, there were 420 residential housebreaks in Cambridge. The first time the team ran the algorithm, the model identified a past crime series that had taken the Crime Analysis Unit more than six months to detect.

In a retrospective analysis, the algorithm further demonstrated its ability to inform police investigations and draw inferences that would not have occurred to a human analyst. The Cambridge police had previously identified two crime series that took place between November 2006 and March 2007. When the algorithm analyzed past crimes, however, it determined that these supposedly separate crime series were in fact connected. Despite a month-long gap and a shift several blocks north in the middle of this crime series — leading the Cambridge police to suspect that the two sets of events were separate — the MOs of the perpetrators were otherwise similar: almost every incident involved forcible entry through the front door during the workday. When Wagner and Sevieri were presented with the algorithm's assertion that these two sets of burglaries were actually connected as one crime series, they recognized that it was right. The time lag that occurred halfway through the series could be explained by the deterrence effect of more people being home during the winter holidays; (4)the geographic shift was a response by the perpetrators to having been observed while carrying out a prior burglary. Had CPD possessed this information at the time, the police could have identified and addressed the emerging crime series before it expanded further. "If you don't stop that series early," reflects Sevieri, "that's what happens."

[Adapted from Ben Green, *The Smart Enough City: Putting Technology in Its Place to Reclaim Our Urban Future.* Cambridge, MA: The MIT Press, 2019: 63-66.]

*1 Cambridge, Massachusetts 米国マサチューセッツ州ケンブリッジ(マサチューセッツ工科大学(MIT)などの所在地)

*2 algorithms アルゴリズム(algorithm の複数形)

*3 modus operandi (MO) 手口，仕事のやり方

設 問

1. 下線部(1)を日本語に訳せ。

出典追記：The Smart Enough City : Putting Technology in Its Place to Reclaim Our Urban Future by Ben Green, MIT Press

2. 下線部(2)を英語に訳せ。

3. 下線部(3) re-create it on a larger scale とは，アルゴリズムが何をすることか。itの内容を明らかにしながら本文に即して60字以内の日本語で説明せよ。(句読点も文字数に含める。)

4. 下線部(4)を日本語に訳せ。

5. 下線部(a)から(d)の内容を表すものとしてもっとも適切なものを選び，AからEの記号で答えよ。

(a) a decoy

A. one who analyzes patterns of thefts

B. one who asks the owner of a crime site for cooperation

C. one who disguises oneself as an easy target for a theft

D. one who investigates a crime scene

E. one who prevents the same type of crime from happening again

(b) this ad hoc, individualized approach

A. a customized tactic that will lead to a logical resolution of a case

B. an improvised method that can only be useful in some specific cases

C. a methodological approach that involves a number of experts in different fields

D. a rational interpretation that focuses on the characteristics of a particular thief

E. a universal principle that can be applied to a variety of cases

(c) finding a needle in a haystack

A. burning the candle at both ends by working long hours

B. gathering information to better assess the current situation

C. noticing something dangerous in a peaceful situation

D．putting the scattered pieces together

E．searching for something extremely difficult to spot

(d) stand out

A．figure out

B．stick out

C．throw out

D．turn out

E．wear out

6. 以下の1から8の文の中から本文の内容に一致するものを2つ選び，番号で答えよ。

1. CPD's Crime Analysis Unit could specify the hours and days when café thefts were likely to happen because an analyst for the Unit recalled, by chance, comparable illegal activities.
2. Cynthia Rudin was amazed by an experienced analyst's ability to identify crime patterns and asked him to help her research project.
3. According to Rich Sevieri, in order to stop a crime, being aware of the motivation of the thief is more important than the scenario itself.
4. CPD and MIT worked together to find a pattern of serial café thefts that had been reported in a residential area in Massachusetts.
5. Crime analysts can discover connections and similarities among crimes by analyzing a vast amount of data on them, while algorithms can hardly do the same thing.
6. Thanks to Sevieri's leadership, CPD was able to gather a large set of data on crimes that had happened in Cambridge including thousands of residential burglaries.
7. Because of the time lag between two crime series in 2006 and 2007, it took Rudin and Wang's algorithm about a month to find their connection.

8. Wagner and Sevieri rejected the idea that a group of burglary incidents, which had been classified as two distinctive sets, should be considered as one set with slight variations.

全 訳

■犯罪パターンを発見するアルゴリズム

❶ 2012年，マサチューセッツ州ケンブリッジ警察署（CPD）の情報分析官が，最近の犯罪に関する報告書を入念に調べていると，窃盗に関する顕著なパターンに気づいた。地元のカフェでノートパソコンと財布が火曜日と木曜日の午後に繰り返し盗まれていたのだ。一つ一つの事件を個別に見れば，さほど意味のありそうな事例はなかったのだが，全体で見ると窃盗犯が規則正しく行動していることがはっきりと表れていた。分析官はその行動パターンを突き止め，窃盗犯がいつ，どこで次の犯行を行うのか予想できた――そして，その窃盗犯を現行犯で逮捕できたのだ。

❷ CPDの犯罪分析班の指揮官ダン=ワーグナー警部補は「我々は火曜日の午後4時から6時が最も可能性の高い時間帯だと考え，刑事を張り込ませました」と回想する。「刑事たちは，バックパックからパソコンがはみ出しているおとり――見習い刑事――を送り込みました。彼らはしばらくそこにいて，男がそのノートパソコンを盗むのを目撃し，逮捕したのです」

❸ 簡単そうに思えるが，分析官は，犯罪の膨大なデータベースの中にパターンを見つけようと苦闘しており，通常そうしたパターンには，なかなか気づくことができない。実際，CPDがカフェの一連の犯罪を特定するには何週間もかかり，それが特定できたのも，新たな窃盗が報告されたとき，たまたま分析官が類似した犯罪の記録を見たことを覚えていたからに過ぎないのである。このカフェの窃盗犯が捕まったことは喜ばしいが，ワーグナーは，この場当たり的な個別の手法は非常に限定的なものだと認識していた。結局のところ，「歴史上の犯罪のデータベースのすべてを実際に記憶し，思い出すことができる犯罪分析官は一人もいないのです」と彼は説明している。

❹ CPDの犯罪分析班は，1978年，国内初の犯罪分析チームの一つとしてワーグナーの師であるリッチ=セヴィエーリによって設立されたのだが，彼はピンを刺した地図やパンチカードを使った犯罪分析から，データベースや予測モデルを使った分析へと，その班が変化していくのを見届けてきた。セヴィエーリはジャーナリストとして自身のキャリアをスタートさせ，何十年もデータに深く関わってきたが，彼は今でも「5つのW」に重点を置いている。誰が，何を，いつ，どこで，なぜ。警察活動においてデータやアルゴリズムにますます重点が置かれるようになっていても，セヴィエーリの分析手法は変わらない。「動機がわからなければならない，そして，その犯罪を取り巻く筋書きがわかっていなければならない」

❺ 犯罪パターンを見つけ出すには，分析官が手作業でデータベースを検索するこ

とに頼っても無駄であるとわかったセヴィエーリとワーグナーは，犯罪傾向を自動的に分析する手段が得られることを期待して，マサチューセッツ工科大学の統計学の教授であるシンシア=ルーディンに話を持ちかけた。連続した犯罪の一部である事件は，犯罪者の手口（MO）に基づくパターンに沿うことが知られているのだが，一人の人間やコンピュータだけで調べても，そうしたパターンを特定するのは難しい。犯罪分析官は，どの特徴が，一連の犯罪が関係したものだと示すかが直観的にわかるのだが，犯罪パターンを見つけるために，過去のあらゆる犯罪のデータを手作業で入念に調べることはできない。逆に，コンピュータは大量のデータの解析は得意なのだが，一連の犯罪を示す微妙なつながりは識別できないだろう。

❻ セヴィエーリは「昔の分析官がうまくやっていた方法」を機械に教えることができれば，(1)アルゴリズムは，仮に見つけられたとしても，それがなければ警察が把握するのに数週間あるいは数カ月かかるような犯罪パターンを検出することができるだろうと信じていた。それによって，ケンブリッジ警察署はより素早く犯罪パターンを特定し，犯罪者を止めることができるだろう。

❼ CPDが一連のカフェの窃盗をどのように食い止めたのか聞くと，ルーディンは「このパターンに気づくことは，干し草の山の中で針を見つけることに似ている」と認識した。ルーディンは人間の意思決定補助を目的とした，コンピュータを使用したシステムを考案する専門家だったので，CPDがより多くの干し草をかき分けて調べる手助けを買って出た。彼女と博士課程の学生だったトン=ワンは，住居侵入の強盗（解決が難しいことで悪名高い犯罪）において一連の犯罪パターンを検知できるアルゴリズムを開発するため，ワーグナーとセヴィエーリと共に作業に取りかかった。

❽ このアルゴリズムの核となるのは，犯罪者の手口を特定することに焦点を絞ることだった。強盗のような犯罪では，犯人は複数の事件にまたがる特定の行動パターンを示すのが一般的である。ワーグナーとセヴィエーリは，適切なデータが与えられれば，自分たちにはそうしたパターンが「自動的に」わかる傾向があると言う。しかし，彼らはどこに着目すべきかわかっていない可能性があり，限られた量のデータしか処理することができない。一方で，コンピュータにとってこれらのパターンを見分けるのを困難にするのは，どの犯罪者の手口も独特であることだ。平日の午前中に，アパートの玄関のドアを無理やりこじ開ける者もいれば，土曜日の夜に窓から侵入して，家を荒らす者もいる。したがって，単にコンピュータに特定のパターンを探し出すことを教えるのではなく，このアルゴリズムは「犯罪分析官の直観を学習し」，それをより大きな規模で再現しなければならなかった。

❾ ワーグナーとセヴィエーリから十分な情報を得て，ルーディンとワンは一連の犯罪を分析するモデルを開発した。これは2つの相補的な段階からなるものである。

第1段階で，このモデルは「パターンに一般的な」類似性を学習する。この類似性は，一連の犯罪で典型的に見られる大体のパターン（例えば，場所や時間の近さ）を示すものである。第2段階では，先ほどの情報を利用し，「パターンに特定的な」類似性を特定する――言い換えれば，一連の犯罪の特定の手口である。この2本の柱からなる手法で，このモデルは最初に人間の分析官が従う直観を学習し，それを住宅強盗に関する膨大なデータベースに当てはめて，一連の犯罪を突き止めるのだ。

❿ アルゴリズムに必要な最後の要素は，典型的な一連の犯罪が実際にはどのようなものかを学ぶための過去のデータのコーパスだった。セヴィエーリの管理業務のおかげで，ケンブリッジ警察署はアメリカで最も大規模な犯罪記録のデータベースの一つを持ち，過去数十年に及ぶ犯罪の詳細なデータがあった。このデータのおかげで，MIT のモデルは過去15年の間にケンブリッジで発生した7,000件の住居への強盗事件から，地理的な位置，曜日，侵入手段，家が荒らされたかどうかなど，それぞれの強盗事件に関する詳細なデータと照合しながら学習することができた。また，このアルゴリズムはその期間に分析官が特定した51例の一連の犯罪からも学習し，ある一連の犯罪を目立ったものにする特徴に関する洞察も得ていた。

⓫ このモデルは，一旦データから学習すると，警察が犯罪を捜査する手助けとなる可能性を速やかに示した。2012年，ケンブリッジでは420件の住居侵入の強盗が発生した。チームが初めてアルゴリズムを使ったとき，そのモデルは，犯罪分析班が突き止めるまでに6カ月以上を要した過去の一連の犯罪を特定した。

⓬ 過去に遡った分析において，アルゴリズムは警察の捜査に情報を提供する能力をより一層証明し，人間の分析官では思いつかなかった可能性がある推論を導き出した。ケンブリッジ警察署は2006年11月と2007年3月の間に発生した一連の犯罪をすでに2例特定していた。しかし，アルゴリズムが過去の犯罪を分析した結果，この無関係だと思われていた一連の犯罪が，実際は結びついていると判断した。この一連の犯罪の途中には1カ月の中断があり，場所も北に数ブロック移動していたが――このことによってケンブリッジ警察署は2つの事件に関連性がないと考えていた――犯人の手口は，それ以外の点ではよく似ていたのだ。ほぼすべての事件で，平日に玄関のドアから無理やり侵入されていた。ワーグナーとセヴィエーリは，この2つの強盗が実際は1つの犯罪であるというアルゴリズムの判断が提示されると，彼らもそれが正しいと判断した。一連の犯行の途中に間が空いているのは，冬休みの間，多くの人たちが家にいたという抑止効果で説明できるかもしれない。(4)<u>犯行現場が移動したのは，以前に強盗をしているところを目撃されたことに犯人が反応したためだった</u>。CPD が当時この情報を持っていたら，この一連の事件が拡大する前に，新たに発生する犯罪を特定し，対処することができただろう。「早

期に一連の事件を食い止められないと」とセヴィエーリは振り返る。「こういうことになってしまうのです」

各段落の要旨

❶・❷ 警察の情報分析官が，一連の窃盗事件に関する顕著なパターンに気づき，その窃盗犯が規則正しく行動していることがわかった。犯罪分析班は窃盗犯の行動パターンを分析し，次に起こる窃盗事件を予見し，実際に犯人を逮捕した。

❸ 膨大な犯罪のデータベースからパターンを見つけるのは非常に難しく，犯罪が特定できたケースも偶然が重なった結果だった。

❹ 犯罪分析班のセヴィエーリは分析手法が様々な形で変わるのを見てきたが，今でも「誰が，何を，いつ，どこで，なぜ」という視点を重視している。

❺ 犯罪分析官だけで，膨大な犯罪データから犯罪傾向を分析することは不可能なため，コンピュータを利用して犯罪パターンを特定する試みが始まった。

❻ セヴィエーリは分析官の手法を，コンピュータに学習させることができれば，素早く犯罪パターンを特定し，犯罪を阻止できると考えた。

❼ 解決が難しいとされる住居侵入の強盗に関する犯罪パターンを検知するアルゴリズムの開発が始まった。

❽ 犯罪を特定するアルゴリズムの開発で重要なのは，その手口を特定することだったが，犯人の手口は様々であるため，分析官の直観をコンピュータに学習させ，それをより大きな規模で再現させなければならなかった。

❾ 犯罪を分析するアルゴリズムは，第1段階で一連の犯罪に見られる一般的な類似性を学習し，第2段階では，それらの犯罪の特徴的な手口の類似性を見つける仕組みとなっていた。

❿ アルゴリズムには過去の膨大なデータが必要だったが，ケンブリッジ警察署には大規模な犯罪記録のデータベースがあり，そのデータを利用することができた。

⓫ 開発されたアルゴリズムは，一旦データから学習すると，犯罪捜査の手助けとなる可能性を速やかに示すことができた。

⓬ 開発されたアルゴリズムは，過去に遡った分析でも，人間の分析官では思いつかないような推論を導き出し，その能力がより一層証明されている。

解　説

設問１　an algorithm could detect patterns of crimes that would otherwise take the police weeks or months to catch

▶下線部を含む文の主節がSevieri believed that … と過去形になっているため，時制の一致でcouldが使われている。訳出は「～できる（だろう）」とすればよい。前方にif節があるが，セヴィエーリが分析官の手法を機械に教えるのは不可能だと思っていたと考えるのは不自然で，本文の後半でも実際に実現しているため，if

節の中のcould teachも仮定法ではなく直説法過去形。

▶ thatは主格の関係代名詞で，直前のpatterns of crimesを修飾する形容詞節を形成している。otherwise「もしそうでなければ」は条件節に相当する用法で，アルゴリズムがなければ，あるいはそれを使っていなければという内容となる。
take *A B* to *do*「*A*が〜するのに*B*（時間）かかる」 detect「〜を検出する，〜を見つける」 catch「〜を見つける，〜に気づく」

設問2 **一方で，コンピュータにとってこれらのパターンを見分けるのを困難にするのは，どの犯罪者の手口も独特であることだ。**

▶全体の骨格は，関係代名詞のwhatを使って主部を作り，述部はbe動詞の後方にthat節を続けるSVCの第2文型とすればよい。

▶**コンピュータにとってこれらのパターンを見分けるのを困難にするのは（困難にすることは）**

- 関係代名詞のwhatを使って名詞節を作り，make O Cと形式目的語の構文を使えば表現できる。「〜を見分ける」は本文中にあるidentifyを使えばよい。

▶「どの犯罪者の手口も」は本文中で使われているMOを使って，every offender's MOとする。eachを使ってもよいが，every，eachを伴う名詞は単数扱いになるので注意。「独特である」はuniqueやpeculiarなどの形容詞で表現する。

設問3 ▶まずは下線部を含む文の意味を押さえることが出発点。文頭のThus, instead of以下の副詞句を除くと，「このアルゴリズムは犯罪分析官の直観を学習し，それをより大きな規模で再現しなければならなかった」となるので，itが表す内容は「アルゴリズムが学習した犯罪分析官の直観」となる。
capture「〜を獲得する，〜を捕らえる」 intuition「直観」

▶このアルゴリズムが行うことは第9段（With significant input …）で説明されており，同段最終文（In this two-pronged …）では，分析官の直観を学習した後，住宅強盗に関する膨大なデータベースにそれを当てはめ，一連の犯罪を突き止めるとまとめられている。

▶以上の点から「それをより大きな規模で再現し…」の説明としては，アルゴリズムが学習した犯罪分析官の直観を住宅強盗に関する膨大なデータベースに当てはめ，一連の犯罪の関連性を突き止めるという内容とすればよい。なお，下線部は方法論の箇所なので，「住宅強盗に関する」と限定せずに「犯罪の大規模データベース」のように一般化してもよい。

設問 4 **the geographic shift was a response by the perpetrators to having been observed while carrying out a prior burglary**

▶主語の the geographic shift の逐語訳は「その地理的な移動」だが，最終段第 4 文（Despite a month-long …）では，該当する事件の場所が北に数ブロック移動しているとあるので，犯行現場が移動したという内容がわかるように訳出するとよい。

▶前置詞の to 以下は前方の a response（by the perpetrators）「（犯人の）反応」を修飾する形容詞句。having been observed … の部分は完了動名詞の受身形で前置詞 to の目的語となっているので，「過去に目撃されたことに対する犯人の反応」となる。主語とのつながりを考慮し，犯行現場が移動したのは犯人が目撃されたことに反応したためだったという因果関係を示した訳出でもよい。
response to ～「～に対する反応」 perpetrator「犯人」 prior「前の」 burglary「強盗」

設問 5 **(a)** **正解は C** ▶選択肢がすべて one who … となっているので，a decoy とは何らかの人物を表す単語であることを押さえておく。第 2 段（"We provided the …）では，窃盗事件の発生を予想して警察が犯人を逮捕したケースが説明されており，同段最終 2 文（"The detectives sent … make an arrest."）では，下線部の人物のバックパックからはみ出したパソコンを犯人が盗んだところを刑事たちが捕まえた様子が説明されている。したがってこの人物は犯人を捕まえるためのおとりだったことがわかるので，C.「窃盗犯にとって格好の標的に変装した人」が正解となる。
decoy「おとり」 detective「刑事」

▶それぞれの選択肢の意味は次の通り。
A.「窃盗のパターンを分析する人」
B.「犯罪サイトの所有者に協力を依頼する人」
D.「事件の現場を調査する人」
E.「同じタイプの犯罪が再び起こるのを防ぐ人」

設問 5 **(b)** **正解は B** ▶下線部に含まれる ad hoc「場当たり的な」という語句は難度の高い表現なので，ワーグナーがカフェの窃盗犯を捕まえた方法が非常に limited「限定的」であると考えていたことを押さえておく。第 3 段（In sounds straightforward, …）では，カフェの窃盗の犯罪パターンを見つけたのは偶然だったことが述べられており，その手法は今回の事件だけに通用するものであることが読み取れる。したがって，B.「一部の特定の事例にだけ役立つ即席の方法」が最も適切。

individualized「個別の」 improvised「即席の」

▶それぞれの選択肢の意味は次の通り。

A.「事件の論理的な解決へとつながる特別な作戦」

C.「様々な分野の多くの専門家が関わる方法論的アプローチ」

D.「特定の窃盗犯の特徴に焦点を合わせた合理的な解釈」

E.「様々な事件に当てはめることができる普遍的原理」

設問5　(c)　正解は　E　▶下線部は，カフェでの連続窃盗事件の犯人をCPDが捕まえた方法を聞いた際のルーディンの認識の一部で，比喩表現となっている。この事件では偶然，犯人を特定することができたが，その犯罪パターンをデータベースから発見するのは難しく，第8段（At the heart…）後半でも，一連の犯罪パターンをコンピュータに特定させることの難しさが説明されている。ルーディンも同様の認識で，下線部は発見が難しいことのたとえとなっていると判断し，E.「発見するのが極めて難しいものを探すこと」を選ぶ。

needle「針」 haystack「干し草の山」 spot「～を見つける」

▶それぞれの選択肢の意味は次の通り。

A.「長時間働いて昼も夜も忙しい生活を送ること」

B.「現在の状況をより適切に評価するために情報を集めること」

C.「平穏な状況の中で何か危険なものに気づくこと」

D.「散らばった断片をつなぎ合わせること」

設問5　(d)　正解は　B　▶stand out は「目立つ」という意味なので，Bの stick out とほぼ同じ意味になる。

▶それぞれの選択肢の意味は次の通り。

A.「～を理解する」

C.「～を捨てる，～を追い出す」

D.「～だと判明する」

E.「～を疲れさせる，尽きる」

設問6　正解は　1・6　▶1.「CPDの犯罪分析班は，その班の分析官がたまたま似通った違法行為を思い出したので，カフェで窃盗が発生しそうな時間と曜日を特定することができた」 第1・2段ではケンブリッジ警察署（CPD）の犯罪分析班が地元のカフェで発生していた窃盗事件の犯行パターンに気づき，次の犯行の曜日と時間を予想して実際に犯人を逮捕したことが述べられている。第3段第2文

（Indeed, it took …）後半では，CPDがこの犯罪に気づいた理由は，たまたま分析官が類似した犯罪の記録を見たことを覚えていたためだと説明されている。したがって本文の内容に一致。identification「特定」
選択肢の英文に含まれるwhenは関係副詞でwhen café thefts were likely to happenの部分が直前のthe hours and daysを修飾する形容詞節となっている。
specify「～を特定する」 by chance「たまたま，偶然」 comparable「似通っている」

▶2．「シンシア=ルーディンは，ある経験豊かな分析官の犯罪パターンを特定する能力に驚き，自分の研究計画を手伝ってほしいと彼に依頼した」 第5段第1文（Recognizing the futility …）より，セヴィエーリとワーグナーがシンシア=ルーディンに話を持ちかけているので不一致。

▶3．「リッチ=セヴィエーリによれば，犯罪を止めるためには，その筋書き自体よりも窃盗犯の動機に気づくことが重要である」 第4段最終文（Even as policing …）のコロン（：）以下でセヴィエーリの考えが引用されている。犯人の動機と事件の筋書きを理解しておくことが重要だとあるが，両者を比較しているわけではないので不一致。
motivation「動機」 scenario「筋書き，シナリオ」

▶4．「CPDとMITは，マサチューセッツ州の住宅地域で報告されていたカフェでの連続窃盗事件のパターンを発見するために協力した」 カフェでの窃盗事件はCPDがMITに協力を求める前に解決しているので不一致。また，住宅地域で起こっていたのは強盗である。
serial「連続の」

▶5．「犯罪分析官は，犯罪に関する膨大な量のデータを分析することで，犯罪の間のつながりと類似点を発見することができるが，アルゴリズムには同じことはほとんどできない」 第5段最終2文（Crime analysts intuitively … a crime series.）より，コンピュータは膨大なデータの分析が得意だが，分析官は手作業でそれらを調べることができないとあるので不一致。
manually「手作業で」 review「～をよく調べる」 proficient「熟達した」 parse「～を解析する」

▶6．「セヴィエーリの統率力のおかげで，CPDは数千件の住居侵入の強盗を含め，ケンブリッジで発生した犯罪に関する大量のデータを集めることができた」 第10段第2・3文（Because of Sevieri's … house was ransacked.）の内容に一致。

第10段第3文の構造
This data enabled the MIT model to learn 〈from 7,000 housebreaks [that occurred in Cambridge over a fifteen-year period]〉, 〈with details about each burglary such as …〉.
＊〈副詞句〉［形容詞節］

主節の述部はenable *A* to *do*「*A*が～することを可能にする」の語法。learnは「学習する」という意味の自動詞でfrom以下とwith以下は共にlearnを修飾する副詞句となっている。thatは主格の関係代名詞で直前の7,000 housebreaks「7,000件の住居への強盗」を修飾する形容詞節を形成。such as以下はdetails about each burglary「それぞれの強盗事件に関する詳細（なデータ）」の具体例を示している。

選択肢および本文該当箇所の語句：residential「住居の」 stewardship「管理（業務）」 extensive「広範囲の」 entry「侵入」 ransack「～を荒らす」

▶7.「2006年と2007年の2つの一連の犯罪の間に時間が空いたおかげで，ルーディンとワンのアルゴリズムは，それらのつながりを見つけ出すのに約1カ月かかった」 本文中にこのような内容は述べられていない。また，最終段第4文（Despite a month-long …）より，「1カ月」は犯罪が中断していた期間のことである。

▶8.「ワーグナーとセヴィエーリは，1つの強盗事件のまとまりが，2つの異なる集合に分類されているが，それはわずかな違いを備えた1つの集合とみなされるべきだという考えを否定した」 最終段第5文（When Wagner and …）で，アルゴリズムが2つの強盗事件が1つにつながっているという主張を提示したとき，ワーグナーとセヴィエーリはそれを正しいと認めているので不一致。

classify「～を分類する」 distinctive「違いを示す」 assertion「主張」

解答

設問1 アルゴリズムは，それがなければ警察が把握するのに数週間あるいは数カ月かかるような犯罪パターンを検出することができるだろう

設問2 On the other hand, what makes it difficult for computers to identify these patterns is that every offender's MO is unique.

設問3 アルゴリズムが学習した犯罪分析官の直観を住宅強盗に関する膨大なデータベースに当てはめて犯罪の関連性を突き止めること。（60字以内）

設問4 犯行現場が移動したのは，以前に強盗をしているところを目撃されたことに犯人が反応したためだった

設問5 (a)－C (b)－B (c)－E (d)－B

設問6 1・6

3

2022 年度〔1〕

次の英文を読んで，以下の設問に答えよ。

Is language just communication?

To answer that, we need to ask: what is communication? At first blush, we might say that communication is the exchange of information. We do use the English word 'communication' to talk about when information is exchanged, but we also use it to talk about expressing desires, feelings, orders, hopes, and all sorts of other aspects of our internal mental life. At least as we use the word in English, human languages seem to go beyond mere exchange of information.

We don't communicate only through language. We can communicate all sorts of things through fashion, painting, music, dance, and other cultural activities. We can also communicate through raised eyebrows, smiles and groans, and emojis. Some of our communication is intentional, some of it is inadvertent — think of those emails where you've cced*1 the wrong person. Some of it is truth, some of it lies, and some of it neither. Some communication is about social status, or expectations of the moment, and much of it is unconscious. When my cat's miaowing at me for food, and I impatiently say 'Yes, yes. I'm getting it. Just hang on till I get the tin opener,' do I communicate to her? She's not a person, I'm pretty sure her miaowing isn't a human language, and I'm pretty sure she's no idea what I'm saying. In fact, she continually miaows at me in a more and more desperate fashion as I struggle to open the tin of food, so me telling her I'm opening it is definitely not being successfully communicated.

Saying that language is communication doesn't really give us much insight if we just think about what the English word 'communication' means. [(ア)] Is there a way of understanding communication from the point of view of science?

There are, in fact, scientific theories of what communication is.

Communication can be understood as what happens when some information gets encoded as a signal and is transmitted to something that receives it, decodes it, and thereby ends up with the message. [(イ)] A digital radio transmitter communicates information to a radio receiver by coding the sounds made in the studio as a digital signal. This is then sent zooming over the internet, or over digital radio networks, to your phone or laptop, which decodes it, and plays the music.

Human beings communicate without language too. In the Sherlock Holmes story, *The Hound of the Baskervilles*, there's a murderer living on the moors (spoiler alert!). The moors are barren and freezing and there's nothing to eat. But luckily for the murderer, his sister works in the big manor house and is married to the butler*2 there. The butler and the sister concoct a plan to feed the murderer — the sister has a soft heart. The butler communicates to the murderer that he can come and pick up food by holding a candle by a particular window at a particular time. The murderer communicates he's got the message, by holding up his own candle, in return. All this ends up disastrously when the intrepid Dr Watson gets involved.

This butler-murderer example is particularly instructive. There's no language involved in <u>the actual act of communication</u>(1) — though there probably was to set up how the communication would work — but a life-or-death message is communicated. How does this happen? It's because both the sender of the message (the butler) and the receiver (the murderer) know what the range of messages can be: it's safe to come and get food, or it's not safe. There are only two possibilities: a candle at the window conveys it's safe. No candle, it's not. Communication happens when the butler produces a signal. This is carried by light waves through the night, to the eyes then the brain of the murderer, who is able to decode it. The act of communication has an effect on what the murderer believes about the situation: his uncertainty about whether there is food to be got at the back door is reduced.

You can even lie with this incredibly simple system of communication. Imagine that someone had learned what the butler was up to, and signalled using a candle with the intention of luring the murderer to the back door to capture him. Communication would still have happened, as the murderer's uncertainty about the situation would have been reduced. Unfortunately for him, that particular act of communication would have effectively been a lie. However, it was still communication: a meaning was got across by means of a signal.

The American engineer and mathematician Claude Shannon, sometimes called the father of information theory, developed a scientific understanding of communication along these lines. (2) At the heart of this is the idea that communication happens when the uncertainty of the receiver of the message is reduced. In our Sherlock Holmes example, the murderer has a finite set of possible messages — there are just two possible messages. Before he's seen the signal, he doesn't know whether coming to the back door to get food is going to be successful. After the signal, he at least thinks he knows. So he's received a unit of information — what Shannon called a *bit*. For Shannon, communication happens when something receives units of information and a unit of information is just something that affects your certainty about the world.

Shannon's theory also allowed for what happens when the message is corrupted as it's transmitted. In our example, we could imagine that the murderer might be hallucinating, and see a candle when there was none. The message — no candle at the appointed time, so it's not safe — is not received properly because of the murderer's hallucinations. Or perhaps a gargoyle*3, knocked off its perch by a Dartmoor storm, blocks the line of sight from the murderer's hideaway, so he doesn't see the signal. In this case the signal is given, but not received. Shannon modelled interference like this as noise in the signal, and its effect was to lower the amount of information that the receiver gets. Less is communicated.

We certainly do use language to communicate in Shannon's sense. When I'm writing this, I'm attempting to provide information to you that reduces your uncertainty about what I think about the topics in this book. You gain information, that you can then think about, ignore, criticize, laugh at, blog about, or whatever. We can, in fact, take a well developed scientific approach to communication, like Shannon's, and say that language is used to communicate in that sense. Perhaps all of the other things we do with language which aren't strictly communication — like me talking to my cat — are offshoots of that primary fact.

In Shannon's approach, communication has happened when a signal is transmitted that changes the receiver's certainty about the world. This means that the receiver has to have a finite bunch of possible ways she or he thinks the world is, and all the signal does is shrink these down to a smaller bunch. For the murderer, there are two possible ways the world can be (safe or not safe), and the candle signal reduces these down to one.

Meaning in language doesn't work like that, though. Sentences in language create meanings where there were none before: part of the amazingness of language is its creativity, its ability to conjure up new ideas that have never been considered before. [(ウ)] If I say to you *The giant spider knitted me a beautiful new hat*, or *A purple hippo just licked my toe*, I've not reduced your uncertainty about the world, I've created new concepts in your mind. I've created a fictional world for you.

There is another objection to thinking of communication in Shannon's sense as central to what language is. Communication is one of the things language can be used for, certainly, but just because something is used to do something, that doesn't tell us what that something is. [(エ)]

Alcohol — strictly speaking, ethyl alcohol — is used to, shall we say, lubricate*4 social situations. But it is also used to disinfect wounds or medical instruments, or to ease stress or heartache. It can be used to dissolve other chemicals to make a solution (think sloe gin), to preserve foods, and it is used in thermometers because of its low freezing point. However, although alcohol is used for all of these things, the uses don't tell us what alcohol is. To know what alcohol is, we ask a chemist, who tells us that its chemical formula is CH_3CH_2OH.

Alcohol has a structure, and many uses. It occurs naturally as a side effect of fermenting sugar. Certainly, human beings and some enterprising other animals, including the chimpanzees of Guinea in West Africa, have learned to use alcohol to alter the way they feel, and, we humans have learned how to make it ourselves. But to understand why alcohol has the uses it has, we need to understand it scientifically.

For example, the reason that alcohol gets us drunk is that its chemical structure allows it to lock onto a particular kind of neural organization in our brains. When it does this, we end up with an imbalance in our neurotransmitters, and that lowers inhibitions, lowers our control over our physical actions and thought capacities, and produces the various other pleasurable and not-so-pleasurable effects of being drunk. Other aspects of alcohol's chemical structure ensure it has a low freezing point, is inimical to bacteria, and so on.

When we talk about what alcohol is (its chemical structure), and what it's used for (lots of things), these are quite distinct things. On the one hand we have the form of alcohol, which we understand by using chemistry, and on the other hand we have the functions of alcohol, what it does and what it is used for. The structure tells us *why* the alcohol does what it does. (3) アルコールの構造と用途の両方ともが，アルコールとは何か，そしてそれが人間の社会でどのように働くかを理解するうえで，重要である。 Language is just the same.

Language is used to communicate à la Shannon*5 or in some other way, without doubt, but it is used to do many other things too. Some of these might be thought of as side effects of its primary use as communication. Talking to my cat might be like this: (4) I'm so used to using language to communicate that I still use it in circumstances where communication is impossible.

We also use language to order our thoughts, when we speak to ourselves in our heads: planning what to do next, thinking about why the things that happened took place, considering other people's feelings, motivations, and intentions.

We use language to express our own feelings and thoughts, even when no one is around to hear them. Reams of poetry, and diaries, and academic papers have been written that were never meant to be read by anyone else than their author. I have tens of notebooks full of writing that (I hope) no one else is going to see. [(オ)] It is to help me to think. I'm not communicating to myself, since I can't be transferring information to me that I already have.

There are at least two broad functions for language: communication, and expressing, ordering, and even creating our thoughts. We don't really have any way of saying which is the primary use. We do, however, have ways of trying to find out what the structure of language is.

[Adapted from David Adger, *Language Unlimited: The Science Behind Our Most Creative Power*. Oxford: Oxford University Press, 2019: 35–41.]

*1 cced 同報(cc)の宛先に入れて送った

*2 butler 執事

*3 gargoyle ゴシック建築の屋根等によくみられる，怪物の形をした雨水の落とし口

*4 lubricate 円滑にする

*5 à la Shannon シャノン流に

設 問

1. 下線部(1)'the actual act of communication' において，誰が何をして，それぞれ何を伝えるのか。70字以内の日本語で説明せよ。(句読点も文字数に含める。)

2. 下線部(2)を日本語に訳せ。

3. 下線部(3)を英語に訳せ。

4. 下線部(4)を日本語に訳せ。

5. [(ア)] から [(オ)] のそれぞれに入れるのにもっとも適切な文をAからEの中から選び，記号で答えよ。

出典追記：Language Unlimited : The Science Behind Our Most Creative Power by David Adger, Oxford University Press

A．Can we do better than just trying to analyse the concept?

B．It's the engine of our imaginations.

C．Language doesn't need to be involved at all.

D．The function of that writing is not to communicate.

E．Use isn't essence.

6. 以下の①と②の答としてもっとも適切なものをＡからＥの中から選び，記号で答えよ。

① Which of the following is one of the objections to Shannon's theory made by the author?

A．that messages can get distorted or obstructed on their way to the receiver

B．that senders may create and share concepts that may never have occurred to recipients

C．that some people communicate primarily through facial expressions that are more likely to be misunderstood than words

D．that there are many functions for language that can be classified by the frequency of their use

E．that under the influence of alcohol, senders and receivers of messages are likely to miscommunicate

② Which is a use of language NOT mentioned in the text?

A．to make sense, on our own, of things that occurred in the past

B．to pass information along from one person to another

C．to reflect on what other people may be experiencing inside themselves

D．to support our cognitive processes even without an audience

E．to understand another culture by learning its language

7. 以下の1から10の文の中から本文の内容に一致するものを3つ選び，番号で答えよ。

1. Cultural activities such as painting, music, and dance are communicative to the extent that they can be interpreted through language.
2. The author categorizes emojis as elements of language that indicate degrees of consensus.
3. The author discusses radio transmission and receipt to illustrate the notion of unconscious communication.
4. In the example of the candles, the author suggests that verbal exchanges may have happened prior to nonverbal communication.
5. The author illustrates a situation where communication can be complete even if the content of a message is not true.
6. A variety of interpretations will be generated whenever an act of communication is successful.
7. Some applications of alcohol include facilitating social situations, sanitizing medical devices, and soothing emotional pain.
8. For writers, the ultimate goal of writing is not to explore their own internal life, but to convey information to others.
9. Giving examples of a candle, a gargoyle, and a cat, the author demonstrates that human language is fundamentally symbolic.
10. Chimpanzees and cats communicate among those of their species in ways that humans fail to recognize as language.

全 訳

■言語とコミュニケーション

❶ 言語は単なるコミュニケーションなのであろうか？

❷ この問いに答えるには，このような質問が必要だ：コミュニケーションとは何か？　一見したところ，コミュニケーションとは情報の交換であると言えるかもしれない。情報を交換するときについて語るとき，私たちは実際に「コミュニケーション」という英単語を使っているが，願望，感情，命令，希望，そして内なる知的活動のあらゆる側面の表現について語るときも，この言葉を使っている。少なくとも，英語においてその言葉を使っているとき，人間の言語は単なる情報交換の範囲を超えているように思える。

❸ 私たちは言語だけでコミュニケーションを図っているわけではない。ファッション，絵画，音楽，ダンス，その他の文化活動を通して，あらゆることを伝えられる。また，眉毛を上げたり，微笑んだり，うめき声を上げたり，絵文字によって意思を伝えることもできる。意図的なものもあれば，不注意なものもある――間違った人の名前を同報の宛先に入れて送った電子メールを思い浮かべてほしい。本当のこともあれば，嘘もあり，どちらでもない場合もある。コミュニケーションには社会的地位やその場で予想したことに関係するものもあるが，その大半は無意識に行われている。私のネコがエサを求めて私にニャーと鳴くと，私はイライラして「はい，はい。今あげる。缶切りを取って来るまでちょっと待って」と言う。私はネコとコミュニケーションを取っているのであろうか？　彼女が人間ではなく，ニャーという鳴き声が人間の言葉ではないことも当然わかっているし，彼女が私の言っていることを理解していないこともわかっている。実際，私が缶詰を開けるのに苦闘していると，私に向かってますます必死に鳴き声を上げ続けているので，缶詰を開けている最中だと伝えていることがうまくいっていないのは間違いない。

❹ もし「コミュニケーション」という英単語の意味について考えるだけなのであれば，言語がコミュニケーションであると言ったところで，実際にはそれを深く理解したことにはならない。単にその概念を分析しようとするよりも，よい方法はないだろうか？　科学の観点からコミュニケーションを理解する方法はあるのだろうか？

❺ 実は，コミュニケーションがどういったものであるかに関しては科学的な理論がある。コミュニケーションは，何らかの情報が信号として変換され，それを受け取り，解読し，その結果，最終的にメッセージを受け取るものへと伝えられたときに起こっていることとして理解できる。言語が伴う必要はまったくない。スタジオ

で作った音をデジタル信号に符号化することで，デジタルラジオの送信機は，受信機に情報を伝えているのだ。そして，それがインターネットやデジタルラジオのネットワークで即座に，携帯電話やノートパソコンに送られ，そこで情報が解読され，音楽が流れる。

❻ 人間もまた言語なしでコミュニケーションをしている。シャーロック=ホームズの『バスカヴィル家の犬』という物語の中に，荒れ地で暮らす殺人犯が登場する（ネタバレ注意！）。荒れ地はやせた土地で凍えるほど寒く，食べ物は何もない。しかし，その殺人犯にとって幸運なことに，彼の姉が大きな領主の家で働いており，そこの執事と結婚している。その執事と姉は殺人犯に食べ物を与える計画を仕組んだ――姉は情に厚い人物なのだ。執事は決まった時間に決まった窓の所でロウソクを掲げて殺人犯に食べ物を取りに来ても大丈夫だということを伝える。殺人犯は返信の際，自分のロウソクを掲げ，メッセージを受け取ったことを伝える。恐れを知らないドクター・ワトソンが関与し，これらすべては不幸な結末を迎えることになる。

❼ この執事と殺人犯の例は，とりわけ有益なものである。実際のコミュニケーション活動に言語は含まれていない――意思疎通をどのようにするのかはおそらく決めていただろうが――しかし，生死に関わるメッセージがやりとりされている。これはどのような仕組みで起こっているのだろう？　これはメッセージの送信者（執事）と受信者（殺人犯）の両方が伝達内容の範囲を理解しているからである：食べ物を取りに来ても安全，あるいは安全ではない。可能性は2つだけである：窓のロウソクが安全であることを伝える。ロウソクがなければ安全ではない。執事が信号を出せば，コミュニケーションが発生する。これは夜に光波によって運ばれ，殺人犯の目，そして脳に届く。殺人犯はそれを解読することができる者である。コミュニケーションという行為が，殺人犯がその状況に関して信じられることに影響を及ぼすのだ：勝手口に食べ物があるかどうかという不確実性が軽減される。

❽ この信じられないくらい単純なコミュニケーションの仕組みを使って嘘をつくことさえできる。執事がやっている行為を誰かが知って，殺人犯を捕まえるため，意図的に彼を勝手口におびき寄せようとロウソクを使って合図を送ったことを想像してみてほしい。状況に対する殺人犯の不確実性は軽減されたため，その場合でもやはりコミュニケーションは発生していただろう。彼にとっては不幸なことだが，そのコミュニケーション行為に限っては実質的には嘘となっていただろう。しかし，それもやはりコミュニケーションであった：信号という手段によって，ある意味が伝えられたのだ。

❾ アメリカのエンジニアであり数学者のクロード=シャノンは，情報理論の父と呼ばれることもあり，その専門分野に沿ってコミュニケーションの科学的理解を進展

させた。(2)この中心にあるのは，メッセージを受け取る側の確信のなさが軽減されるときにコミュニケーションが発生するという考えである。シャーロック=ホームズの例では，殺人犯が受け取るメッセージの可能性は限定されている——メッセージには2つの可能性しかない。合図を見る前，勝手口に食べ物を取りに行くことがうまくいくかどうかはわからない。合図の後では，少なくとも，彼は自分がそれについてわかっていると考えている。したがって，彼は情報の1つの単位——シャノンがビットと呼んだもの——を受け取ったのだ。シャノンにとっては，何かが情報の単位をいくつか受け取り，情報のある1つの単位が，その世界に関する確実性に影響を及ぼすものであるとき，コミュニケーションが発生するのである。

❿ シャノンの理論は，メッセージが伝えられ，それが間違っているときに起こることも見越していた。シャーロック=ホームズの例では，殺人犯が幻覚を起こし，ロウソクがないのにそれを見た場合を想定できる。おそらく殺人犯の幻覚のおかげで，メッセージ——約束の時間にロウソクがないので，安全ではない——は適切に受け取られていない。あるいはダートムーアの嵐によって外れたガーゴイルが，殺人犯の隠れている場所からの視界を遮り，合図が見えないかもしれない。この場合，合図は送られているが，受け取られてはいない。シャノンはこのような受信障害を信号のノイズとしてモデル化したが，その影響は受け手が得る情報量が少なくなるということだった。やり取りされる情報量がより少なくなってしまうのである。

⓫ 確かに，シャノンの意味でのコミュニケーションを取るために，私たちは言語を使っている。私がこれを書いているとき，私はこの本のテーマについて自分が考えていることに関してあなたが持っている不確実性を軽減する情報をあなたに提供しようとしている。あなたは情報を手に入れ，その後，それについて考えたり，無視したり，批判したり，笑ったり，ブログを書いたりといったことができる。実際，私たちはシャノンの理論のようにコミュニケーションに関して非常に発達した科学的手法を取ることも可能で，そういう意味でのコミュニケーションのために言語が使われていると言える。おそらく言語を伴うが厳密にはコミュニケーションとは言えないその他のあらゆるもの——私がネコに話しかけていることのように——は，本来のものから派生したものなのであろう。

⓬ シャノンの手法では，その状況に関する受け手の確信を変える信号が伝わると，コミュニケーションが発生した。これは，その状況に対する受け手の考え方が限定されていなければならないということを意味しており，信号によって，そうした考え方がさらに絞られるのである。殺人犯にとっては，どのような状況になりえるか2つの可能性（安全か安全ではないか）があるが，ロウソクの信号によってそれが1つに減るのだ。

⓭ しかし，言語の意味はこのように機能しているわけではない。言語による文で

は，それまでは存在しなかった意味が創り出される：言語の驚くべき側面はその創造性，すなわち，それまで考えられなかった新たなアイデアを創り出す力である。それは私たちの想像力の原動力である。もし私が「巨大なクモが私に新たな美しい帽子を編んでくれた」とか，「紫色のカバがちょっとだけ私のつま先を舐めた」と言ったとしても，私は状況に関するあなたの不確実性を軽減したのではなく，あなたの頭の中に新しい概念を創り出したのである。私はあなたにとって架空の世界を創り出したのである。

⓮ シャノンの意味でのコミュニケーションを言語の中心的な部分とみなすことにはもう1つ反論がある。確かにコミュニケーションは言語を使ってできることの1つではあるが，単に何かをするために何かが使われているという理由だけでは，それがどのようなものなのかを示すことにはならない。用途は本質ではないのだ。

⓯ アルコール ── 厳密に言うとエチルアルコール ── は，言わば，社会的状況を円滑にするために使われている。しかし，それは傷や医療器具を消毒したり，ストレスや苦悩を和らげたりするためにも使われている。液剤を作るために他の化学物質を溶かしたり（スロージンを思い浮かべてほしい），食物を保存したりするためにも使い，氷点が低いため温度計にも使われている。しかし，アルコールはこうしたすべてのことに使われているにもかかわらず，その用途はアルコールがどういったものなのかを伝えていない。アルコールが何なのか知るために，化学者に尋ねてみれば，その化学式が CH_3CH_2OH だと教えてくれる。

⓰ アルコールの構造は1つだが，多くの用途がある。アルコールは糖分を発酵させる過程で副次的なものとして自然にできあがる。もちろん，人間や西アフリカのギニアで暮らすチンパンジーなど進取の気性に富んだ一部の動物たちは，自分たちの気分を変えるためにアルコールを用いることを知っており，私たち人間はそれを自分たちで作る方法も知っている。しかし，なぜアルコールにそうした使い方があるのか，その理由を理解するためには，科学的にそれを理解しておく必要がある。

⓱ たとえば，アルコールによって私たちが酔ってしまう理由は，その化学構造によって，アルコールが私たちの脳内のある種の神経機構に狙いを定めるからである。それが起こると，神経伝達物質の不均衡が生じ，そのために抑制できなくなったり，身体的行動や思考力のコントロールができなくなったり，心地よいものやそれほどでもないものなど，酔うことの様々な影響が出る。アルコールの化学構造が持つ他の側面のおかげで，アルコールは氷点が低く，細菌にとって有害であるなどの性質を持つ。

⓲ 私たちがアルコールはどのようなものなのか（その化学構造），そして，その用途（多くのこと）について語るとき，その2つはまったく異なることである。一方はアルコールの構造で，私たちは化学を使って理解するが，もう一方はアルコール

の効用で，それがどのような働きをして，どのように使われるかである。構造はアルコールが機能する理由を私たちに教えてくれる。アルコールの構造と用途の両方ともが，アルコールとは何か，そしてそれが人間の社会でどのように働くかを理解するうえで，重要なのだ。言語もこれとまったく同じである。

⑲ 言語がシャノン流に，あるいは何らかの方法でコミュニケーションを図るために使われることは紛れもないが，他の多くのことを行うためにも使われている。それらのうちのいくつかは，コミュニケーションとしての主たる用途の副次的なものと考えられるかもしれない。私がネコに話しかけることは以下のようなものかもしれない：(4)<u>私はコミュニケーションのために言語を使うことにあまりにも慣れているので，コミュニケーションが不可能な状況でも，なお言語を使ってしまうのだ。</u>

⑳ 私たちは自分の思考を整理する際にも言語を使うが，そのとき，私たちは頭の中で自分自身に話しかけている：次に何をするか計画を立て，出来事が起こった理由を考え，他人の感情や意欲や意思を考えている。

㉑ 私たちは，まわりに聞いている人が誰もいないときでさえ，言語を使って自分自身の感情や考えを表している。書いた人以外，誰にも読まれることのない大量の詩，日記，学術論文が書かれてきた。私は言葉がぎっしりと書かれているが，他の誰も見ることがない（と望む）数十冊のノートを持っている。そこに書かれた言葉の機能はコミュニケーションを図ることではない。それは私が思考するのを助けることである。すでに私が持っている情報を私に伝えることはできないので，自分自身とコミュニケーションを取っているわけではない。

㉒ 言語には少なくとも2つの一般的な機能がある：コミュニケーションと思考を表現し，整理し，そして創造さえすることである。どちらが主たる用途であるかと言うことは実際にはできない。しかし，私たちは，言語がどのような構造になっているのかを知ろうとする方法を実際に持ち合わせている。

各段落の要旨

❶・❷ コミュニケーションには情報交換という側面があるが，人間の言語は単なる情報交換の範囲を超えたものである。

❸ コミュニケーションは言語を介さずに行われたり，無意識のうちに行われたりする場合も多い。

❹ 言語＝コミュニケーションという考えでは理解が不十分である。

❺ 科学的な理論では，コミュニケーションとは何らかの情報が信号に変換され，それを受け取って解読したときに発生するもので，必ずしも言語を伴う必要はない。

❻ 言語を伴わないコミュニケーションも可能で，ロウソクの光の有無だけでコミュニケーションを図ることもできる。

❼ ロウソクの光でコミュニケーションを図るためには，メッセージの送信者と受信者が伝達内容の範囲を理解しておくことが必要だが，その信号によって，ある状況における不確実性が軽減される。

❽ 言語を使わない単純なコミュニケーションで嘘をつくこともできる。
❾ シャノンの理論では，メッセージを受け取る側の確信のなさが軽減されるときにコミュニケーションが発生する。
❿ シャノンはメッセージが誤って伝わることも予想し，信号のノイズとしてモデル化したが，それは受け手が得る情報量が少なくなることを意味する。
⓫ シャノンの理論におけるコミュニケーションを図るために，日常生活において言語が使われる場合もある。
⓬ シャノンの手法では，受け手の確信を変える信号が伝わるとコミュニケーションが発生するが，その場合，受け手の考え方が限定されていなければならない。
⓭ 言語は新たな意味を創造することができるので，不確実性を軽減するだけでなく，新たな概念や架空の世界を創り出すこともできる。
⓮ 用途と本質は異なるものなので，コミュニケーションが言語の中心的な部分であるとは言えない。
⓯ 用途と本質が異なるものの例としてアルコールがある。
⓰ アルコールの構造は1つだが多くの用途があり，なぜそのような用途があるのかを理解するためには，科学的な理解が必要である。
⓱ アルコールを飲むと私たちが酔ってしまう理由は化学構造によるもので，その化学構造は様々な性質を持っている。
⓲ アルコールの化学構造と用途がまったく別の概念であるように，言語もその構造と用途を区別して考える必要がある。
⓳ 言語の用途にはコミュニケーションという用途の副次的なものとして生まれたものもある。
⓴ コミュニケーションのためではなく，自分の思考を整理するときにも言語が使われる。
㉑ 周囲に人がいなくても，言語を使って自分自身の考えや感情を表していることがある。
㉒ 言語には，コミュニケーションと思考の表現・整理・創造という2つの機能がある。

解　説

設問1　▶第6段（Human beings communicate …）の butler「執事」と murderer「殺人犯」が取った行動とその意味を字数内に簡潔にまとめる。

▶執事については同段第6文（The butler communicates …）で，決まった時間に決まった窓の所でロウソクを掲げ，殺人犯に食べ物を取りに来ても大丈夫だということを伝えていると述べられている。

第6段第6文の構造

The butler communicates 〈to the murderer〉【that he can come and pick up food】〈by holding a candle by a particular window at a particular time〉.

＊〈副詞句〉【名詞節】

to the murderer の部分は副詞句で，that 以下の名詞節が communicate の目的語となっている。

particular「特定の」

▶同段第7文（The murderer communicates …）では，執事の合図を確認した殺人犯が自分のロウソクを掲げて，メッセージを受け取ったことを伝えると説明されている。

設問2 At the heart of this is the idea that communication happens when the uncertainty of the receiver of the message is reduced.

▶文頭の at the heart of this の部分は前置詞から始まる副詞句なので主語にはなれない。したがって is が述語動詞，the idea が主語の倒置形。

▶ that 以下は直前の the idea の内容を説明する同格の用法。その範囲は reduced までとなっている。

uncertainty「不確実性，確信がないこと」

▶ MVS の第1文型なので「この中心には…という考えがある」という訳出が基本となるが，「その中心にあるのは…という考えである」といった訳出でもよい。

設問3 アルコールの構造と用途の両方ともが，アルコールとは何か，そしてそれが人間の社会でどのように働くかを理解するうえで，重要である。

▶文の骨格が「アルコールの構造と用途の両方が重要である」となっている点を押さえ，「…を理解するうえで」の部分を副詞句で表現する。

▶「アルコールの構造と用途の両方が重要である」の主部は both *A* and *B* の形になるので述部は are important と呼応させておく。「構造」は本文中にある structure，「用途」も本文中にある use を使えばよい。

▶「…を理解するうえで」は「…を理解するために」と読み換えて目的を表す不定詞の副詞用法で表現するか，「…を理解するとき」と読み換えて in *doing* の形を使えばよい。

▶「アルコールとは何か」および「それが…でどのように働くか」の部分は疑問詞を使った名詞節で表現する。「人間の社会」は単数形の human society でも複数形の human societies でも可能だが，述語動詞 works の3単現の s を忘れないよう注意。

設問4 I'm so used to using language to communicate that I still use it in circumstances where communication is impossible.

▶ so ～ that …「とても～なので…，…ほど～」の頻出構文。主節の述部も be used to *doing*「～することに慣れている」という頻出の慣用表現。

▶ where は関係副詞で，直前の circumstances「状況」を修飾する形容詞節を形成している。

still「なお，依然として」

設問5 ㈠ 正解は A ▶空所直前の第4段第1文（Saying that language …）で，言語＝コミュニケーションという捉え方では理解が不十分だと指摘され，空所直後の同段最終文（Is there a …）では，科学の観点からコミュニケーションを理解する方法はあるのか，という問題提起がなされている。空所にもコミュニケーションに関する問題提起を入れれば文脈が合うので，A.「単にその概念を分析しようとするよりも，よい方法はないだろうか？」が正解。

設問5 ㈡ 正解は C ▶第5段（There are, in …）では科学的な理論におけるコミュニケーションの意味が説明されており，何らかの情報が信号に変換され，受け手がそれを解読するとコミュニケーションが発生すると述べられている。第6段第1文（Human beings communicate …）に着目すると，追加を表す too を伴い，人間も言語なしでコミュニケーションを行っているとあるので，第5段の主旨はコミュニケーションには言語が伴わない場合があるということが読み取れる。空所直後のラジオの例でも，この理論ではコミュニケーションに言語が関係していないことがわかるので，C.「言語を伴う必要はまったくない」が正解。

encode「～を符号化する」 decode「～を解読する」

設問5 ㈢ 正解は B ▶直前の第13段第2文（Sentences in language …）のコロン（：）以下では，言語の驚くべき側面は新たなアイデアを生み出す創造性だと述べられている。さらに空所直後には架空の話の例が列挙されているので，B.「それは私たちの想像力の原動力である」が適切。

engine「原動力」 conjure up ～「～を思い浮かべる」

設問5 ㈣ 正解は E ▶直前の第14段第2文（Communication is one …）の後半 just because 以下では，ある目的のために何かが使われているという理由だけでは，それがどのようなものなのかを示すことにはならないとある。したがってE.「用途は本質ではない」を入れれば文脈に合う。

設問5 ㈲ **正解は D** ▶第21段第2・3文（Reams of poetry, … going to see.）では，筆者のノートの例を挙げながら，書いた人以外，誰にも読まれることがないものについて言及している。したがって，D.「そこに書かれた言葉の機能はコミュニケーションを図ることではない」を入れればよい。

設問6 ① **正解は B** ▶設問は「筆者によるシャノンの理論に関する反論の一つは以下のうちどれか」というもの。

▶シャノンの理論では，発信者のメッセージが受信者の可能性を絞り，不確実性を減らしたときにコミュニケーションが発生する。この意味でのコミュニケーションを行うために言語が使われることもあるが，言語には他の働きもあるというのが筆者の主張。第13段（Meaning in language …）では，言語には，それまで考えられなかった新たなアイデアを創り出す創造性があるという点を指摘し，架空の話をしたとき，相手の心の中に新しい概念を創り出していると説明している。したがって，B.「発信者は受信者には決して思い浮かばなかったかもしれない概念を創り出し，共有できるかもしれないということ」が正解。

objection「反論」 recipient「受け取る人」

▶それぞれの選択肢の意味は次の通り。

A.「受け手に届く途中で，メッセージが歪められたり，遮断されたりする可能性があるということ」

distort「～を歪める」 obstruct「～を妨害する」

C.「言葉よりも誤解される可能性が高くなる顔の表情で主に意思を伝える人もいるということ」

D.「言語には使用頻度によって分類できる多くの機能があるということ」

classify「～を分類する」 frequency「頻度」

E.「アルコールの影響下では，メッセージの発信者と受信者は誤った意思疎通をしてしまう可能性が高いということ」

設問6 ② **正解は E** ▶言語の用途として本文で言及されていないものを選ぶ問題。第2段最終文（At least as …）で，言語は単なる情報交換の範囲を超えているとあるが，情報交換という用途はあるので，B.「ある人から別の人に情報を伝えること」は言語の用途の一つ。

▶第20段第1文（We also use …）のコロン以下で，私たちは言語を使って，出来事が起こった理由を考え，他人の感情や意見も考えていると述べられているので，A.「過去に起こったことの意味を自分自身で理解すること」およびC.「他の人が自身の内面で経験しているかもしれないことを熟考すること」も言語の用途に含まれる。

make sense of ～「～を理解する」 on *one's* own「自分自身で」 reflect on ～「～を熟考する」

▶第21段第1文（We use language …）および第5文（It is to …）で周囲に人がいなくても言語を使って自分の考えを表し，自分自身の思考を手助けしているという内容が述べられているので，D.「たとえ聞いている人がいなくても認知プロセスを手助けすること」も言語の用途の一つとなる。

cognitive「認知の」

▶E.「別の文化の言語を学ぶことでその文化を理解すること」は本文で言及されていないので，これが正解となる。

設問7　正解は　4・5・7　▶1.「絵画，音楽，ダンスのような文化活動は，言語で説明できる範囲において伝達力がある」 第3段第1・2文（We don't communicate … other cultural activities.）で，絵画や音楽などの文化活動は言語を使わないコミュニケーションの例として言及されているので不適。

to the extent that ～「～の範囲・程度まで」

▶2.「筆者は絵文字を合意の程度を表す言語の要素として分類している」 第3段第3文（We can also …）でemoji「絵文字」に関する言及はあるが，筆者がこのような分類をしているという記述はない。

categorize「～を分類する」

▶3.「筆者は無意識によるコミュニケーションの概念を説明するためにラジオの送受信について論じている」 radio transmission and receipt「ラジオの送受信」については第5段（There are, in …）で論じられているが，コミュニケーションに関する科学的な理論を説明するための引用なので不適。

▶4.「ロウソクの例において，筆者は非言語コミュニケーションに先立って，言葉のやり取りがあったかもしれないということを示している」 第7段第2文（There's no language …）のダッシュ（―）以下（though there probably …）で，執事と殺人犯の間で意思疎通の方法を決めるために言葉のやり取りがあっただろうと説明されている。したがって本文の内容と一致。

prior to ～「～に先立って」 nonverbal「非言語の」

本文該当箇所の構造
there probably was (language) 〈to set up【how the communication would work】〉.
＊〈副詞句〉【名詞句】

was の後ろには主節の主語となっている language が省略されており，to set up 以下は目的の意味を表す不定詞の副詞用法。
set up～「～を設定する」

▶5.「筆者はたとえメッセージの内容が真実でないとしても，コミュニケーションが完結しうる状況を説明している」 第8段第1文（You can even …）ではシャーロック=ホームズの物語で登場するロウソクを使ったコミュニケーションにおいては嘘をつくことも可能だとあり，同段第2文（Imagine that someone …）で，執事と殺人犯のコミュニケーションの仕組みを知った誰かが，殺人犯を捕まえるために意図的におびき寄せることができると説明している。したがって本文の内容に一致。
第8段第2文の語句：be up to～「～を企む」 intention「意図」 lure「～をおびき寄せる」 capture「～を捕まえる」

▶6.「コミュニケーション活動がうまくいくときにはいつでも，様々な解釈が生まれる」 本文中にこのような内容が述べられている部分はない。

▶7.「アルコールの利用法には，社会的状況を円滑にすること，医療器具を消毒すること，感情的苦痛を和らげることが含まれる」 第15段第1・2文（Alcohol ― strictly speaking, … stress or heartache.）の内容に一致。本文中の lubricate が facilitate「～を円滑にする，～を促進する」に，disinfect が sanitize「～を消毒する」に，ease が soothe「～を和らげる，～を落ち着かせる」という単語にパラフレーズ（言い換え）された出題。

▶8.「作家にとって，書くことの最終目標は，自分自身の内面的な営みを探索することではなく，他人に情報を伝えることである」 作家の最終目標について言及している部分は本文中にない。

▶9.「ロウソクやガーゴイルやネコの例を挙げることで，筆者は人間の言語が基本的に記号的であることを証明している」 本文中にこのような内容が読み取れる部分はない。
symbolic「記号による，象徴的な」

▶10.「チンパンジーとネコは，自分たちと同じ種の仲間の間では，人間が言語として認識できない方法でコミュニケーションを取っている」 本文中にこのような内容が述べられている部分はない。

設問1 執事が決まった時間に特定の窓の所でロウソクを掲げて食べ物を取りに来てもよいと殺人犯に伝え，殺人犯は自分のロウソクを掲げて了解したと伝える。(70字以内)

設問2 この中心にあるのは，メッセージを受け取る側の確信のなさが軽減されるときにコミュニケーションが発生するという考えである。

設問3 Both the structure and the use of alcohol are important to understand what it is and how it works in human society.

設問4 私はコミュニケーションのために言語を使うことにあまりにも慣れているので，コミュニケーションが不可能な状況でも，なお言語を使ってしまうのだ。

設問5 (ア)―A (イ)―C (ウ)―B (エ)―E (オ)―D

設問6 ①―B ②―E

設問7 4・5・7

4

2022年度〔2〕

次の英文を読んで，以下の設問に答えよ。

Mathematicians are a bit of a misunderstood breed. Most people think that as a research mathematician I must be sitting in my office in Oxford doing long division to lots of decimal*1 places or multiplying six-digit numbers together in my head. Far from being a super-calculator, something a computer is clearly much better and faster at doing, a mathematician, as G. H. Hardy*2 first explained to me, is at heart a pattern searcher. Mathematics is the science of spotting and explaining patterns.

(1) It's this ability to spot a pattern that gives humans an edge in negotiating the natural world, because it allows us to plan into the future. Humans have become very adept at spotting these patterns, because those who missed the pattern didn't survive. When people I meet declare (as alas so often happens): 'I don't have a brain for maths', I counter that in fact we all have evolved to have mathematical brains because our brains are good at spotting patterns. Sometimes they are too good, reading patterns into data where none exists, as many viewers did when confronted with Richter's*3 random coloured squares at the Serpentine Gallery.

For me, some of the very first pattern recognition comes along with some of the very first art to be drawn. The cave paintings in Lascaux*4 depict exquisite images of animals racing across the walls. The movement of a stampede of aurochs is amazingly captured in these frozen images. It is intriguing to ask why the artist felt compelled to represent these images underground. What role did they play?

Alongside these images are what I believe to be (2) some of the earliest recorded mathematics. A cluster of dots is understood to represent the constellation of the Pleiades*5, which is highest in the sky in the Northern hemisphere in the summer. There is then a strange series of dots, thirteen in number, ending with a great picture of a stag*6 with huge antlers above the thirteenth dot. Next you get twenty-six dots ending with a picture of a pregnant horse. What is this abstract sequence of dots depicting? One conjecture is that each dot represents a quarter of a moon. Thirteen quarters of the moon represent a quarter of a year. So perhaps these dots are depicting a season, telling the viewer that a season on from sighting the Pleiades high in the sky is a good time to hunt stag, because at that time they are rutting*7 and vulnerable.

In order to relay this information, someone had to spot that a pattern of behaviour seemed to repeat itself each year and that the pattern of animal behaviour corresponded to the pattern of moon phases. The drive to recognise such patterns was clearly practically motivated. There is utility driving the discovery.

Here we see the first ingredient of mathematics: the concept of number. Being able to formulate an accurate sense of numbers has been crucial to the survival of many animals. It will inform whether you fight or fly in the face of a rival pack. Sophisticated experiments have been done on newly born chicks that reveal quite a complex number ability hardwired into the brain. The chicks were able to judge that five is more than two and less than eight.

But to give these numbers names and represent them by symbols is a uniquely human ability. Part of our mathematical development has involved finding clever ways to identify or name these numbers. The ancient Mayans represented numbers with dots. They depicted the number by writing something down with the same number of elements. But at some point this becomes inefficient because it's hard to distinguish five dots from six dots. So someone had the clever idea of putting a line through the four dots to indicate five dots, just like a prisoner counting down the days till their release on the wall of the jail.

The Romans used a system whereby as numbers got bigger they were given new names: X for ten; C for a hundred; M for a thousand. The Ancient Egyptians too used new hieroglyphs to indicate another zero on the end of a number: a heel bone for ten; a coil of rope for 100; a lotus plant for 1000. But this system quickly gets out of hand as we get into the millions or billions. You need new symbols for each new large number.

The Mayans, who were doing sophisticated astronomy, needed big numbers to keep track of large swathes of time. They came up with a clever way to overcome the Roman problem. Called the place value system, it is the system we use today to write down big numbers. In our decimal system the positions of the digits indicate that they correspond to different powers of 10. Take the number 123. Here we have 3 units, 2 lots of 10 and 1 lot of 100. There is nothing special about the choice of 10 beyond the fact that we can use our fingers to count up to 10. Indeed, the Mayans had symbols all the way up to 20, and the position of a digit counted powers of 20. So 123 in Mayan mathematics denoted 3 units, 2 lots of 20 and 1 lot of $20^2 = 400$, making a total of [(a)].

The Mayans were not the first to come up with this clever idea of using the position of a number to indicate that it is counting different powers of 10 (or 20 in the case of the Mayans). Four thousand years ago the Ancient Babylonians had come up with this idea of the place value system. Instead of counting up to 20 like the Mayans, or in decimal as we do today, the Babylonians had symbols all the way up to 59 and then they started a new column. The choice of [(b)] was influenced by the high divisibility of this number. It can be divided by 2, 3, 4, 5, 6, 10, 12, 15, 20 and 30. This makes it a very efficient choice for doing arithmetic.

Necessity, efficiency and utility were driving these mathematical choices. We see their repercussions today in the way we keep track of time: 60 minutes in the hour, 60 seconds in the minute. Napoleon tried to get the measurement authorities to track time using a decimal system, but fortunately that never caught on.

In the cuneiform tablets*8 the Ancient Babylonians left behind we witness the first mathematical analysis of how these numbers relate to the world around us. More sophisticated mathematics was born soon after, in conjunction with the growth of the city states around the Euphrates. To build, to tax, to do commerce require mathematical tools. These tablets reveal that officials were tabulating, for example, the number of workers and days necessary for the building of a canal, to calculate the total expenses of wages of the workers. (3)この段階で行われていた数学については特に困難なこともおもしろいこともない, but it clearly got some scribes thinking about what else you could do with these numbers.

They started to discover clever tricks to help them with their calculations. We find tablets with all the square numbers written out. These tablets were aids for calculating how to multiply large numbers together, because someone had noticed the interesting relationship between multiplying numbers and adding their squares. Captured by the algebraic relationship

$$A \times B = ((A + B)^2 - (A - B)^2)/4$$

the scribe realised that you could use these tables of squares to work out $A \times B$. First add A and B and look up the square of the answer and then subtract from that the square of $A - B$. Then divide the answer by 4. What is so exciting here is that this is a very early example of an algorithm at work. Here is a method that reduces the job of multiplying two numbers A and B together to the simpler task of adding and subtracting the numbers followed by using the database of squares contained on the tablet of squares. It works whatever the numbers A and B are, provided the squares don't exceed those calculated on the tablet.

Although the Babylonians were tapping into an algebraic way of thinking about numbers, they were far from having the language to articulate what they were doing. The equation I have written down only became possible thousands of years later when the Arabic and Persian scholars in the House of Wisdom in ninth-century Iraq developed the language of algebra. The Ancient Babylonians did not start writing down why this method or algorithm always gave the right answer. It worked and that was good enough. (4)The curiosity to come up with a way to explain why it always worked would come later. This is why the word 'algorithm' comes from the chief librarian and astronomer at the House of Wisdom, Al-Khwarizmi, who founded the subject of algebra even though the first algorithms can be found in Ancient Babylonia.

[Adapted from Marcus du Sautoy, *The Creativity Code: How AI Is Learning to Write, Paint and Think*. London: 4th Estate, 2019: 155–159.]

*1 decimal　小数の，十進法の
*2 G. H. Hardy　イギリスの数学者(1877-1947)
*3 Richter　ドイツの画家(1932-)
*4 Lascaux　ラスコー(フランス南西部の地名)
*5 the Pleiades　すばる，プレイアデス星団
*6 stag　雄鹿
*7 rutting　発情している
*8 cuneiform tablets　楔形文字を刻んだ書字板

設　問

1. 下線部(1)を日本語に訳せ。

2. 下線部(2)で，壁画に描かれている「点」(dots)を 'some of the earliest recorded mathematics' だと著者が考えるのはなぜか。本文の内容に沿って，80 字以内の日本語で説明せよ。(句読点も文字数に含める。)

3. 下線部(3)を英語に訳せ。There で始めること。

4. 下線部(4)を日本語に訳せ。

5. 空欄 (a) と (b) には数字が入る。それぞれの空欄に入れるのにふさわしい算用数字を答えよ。

6. 以下の 1 から 9 の文の中から本文の内容に一致するものを 2 つ選び，番号で答えよ。

出典追記：The Creativity Code : How AI is Learning to Write, Paint and Think by Marcus du Sautoy, Fourth Estate

1. G. H. Hardy was slow in calculation, but excelled in finding universal patterns to explain mathematics to ordinary people.
2. Those who do not have mathematical brains tend to see patterns where there are none.
3. In some of the cave paintings found in Lascaux, you can find the very moment when aurochs were hunted by huntsmen in the coldest season of the year.
4. Chicks have a natural ability to distinguish among certain smaller and larger numbers, which, the text implies, plays a role in their survival.
5. In ancient Mayan communities, prisoners were required to count down the days till their release on the wall of the jail.
6. The Mayan system of writing down numbers was superior to that of the Romans when it came to handling big numbers.
7. Ancient Babylonian cuneiform tablets demonstrate that mathematics was used for the purpose of education.
8. The word 'algorithm' comes from Al-Khwarizmi, who discovered a method to find the product of two numbers, using tablets with square numbers.
9. The primary purpose of this passage is to persuade the reader that mathematics is the key to success in life.

全 訳

■数学の歴史

❶ 数学者は少し誤解された種類の人たちである。大半の人たちは，私が数学研究者として，小数点以下延々と筆算で割り算の計算をしたり，頭の中で6桁の数字を掛け合わせたりして，オックスフォードの研究室で座っているにちがいないと思っている。G. H. ハーディが初めて私に説明してくれたように，数学者とは，コンピュータの方がはるかに得意で処理が速いスーパー計算機のようなものではなく，実はパターンを探し出す者なのである。数学はパターンを発見し，それを説明する科学なのだ。

❷ (1)自然界でうまく生き抜いていくうえで人間を優位に立たせているのは，このパターンを発見する能力なのであるが，その理由は，その能力があるおかげで私たちは将来に向けて計画を立てることができるからである。パターンに気づかなかった者たちは生き残ることができなかったため，人間はそうしたパターンを発見することが非常にうまくなったのだ。私は出会った人が「私には数学ができるほどの頭がないんです」と明言すると（悲しいことに非常に頻繁に起こる），人間の脳はパターンを発見することが得意なので，実は私たちは皆，進化して数学の脳を持っているのだと反論している。時として，その数学の脳は非常に有能で，サーペンタイン・ギャラリーにあるリヒターのランダムに配色された正方形の作品を目の前にしたときに，それを見た多くの人がやったように，何もパターンがない情報からもパターンを読み取っている。

❸ 私が考える最も初期のパターン認識は，最も初期に描かれた芸術の中に登場している。ラスコーの洞窟の壁画では，壁を疾走する動物たちの精巧な肖像が描かれている。その静止画の中には，オーロックスが一斉に逃げる動きが見事に表現されている。なぜ画家はそうした描写を密かに表現しなければならないという気持ちになったのか，その理由を考えてみることには非常に好奇心がそそられる。その描写はどのような役割を果たしていたのであろうか？

❹ その肖像と一緒に記されているのは，私が記録された最古の数学と信じているものである。点の集まりは夏の北半球の空高くに見られるプレイアデス星団の一群を表していると考えられる。そして，一連の奇妙な13個の点があり，最後の13番目の点の上に巨大な枝角を持った雄鹿が大きく描かれて終わっている。隣には26個の点があり，子を宿している馬の絵で終わっている。この抽象的な点の並びは何を描いているのか？　推測の1つとして，それぞれの点が月の公転周期の4分の1を表しているというものがある。その4分の1の周期が13回訪れると，1年の4

分の1に相当する。したがって，それらの点は季節を表し，それを見た者に，空高くにプレイアデス星団が見えてから1つの季節が過ぎた頃は，雄鹿が発情して脆弱になっているので，狩りをするのに適した時期だということを伝えているのかもしれない。

❺ この情報を伝達するためには，ある行動パターンが毎年繰り返されているらしく，動物のその行動パターンは月相のパターンと一致しているということに誰かが気づかなければならなかった。そうしたパターンを認識しようとする意欲は実用的なものによって動機づけられていたことは明らかである。有用性がその発見を促すのだ。

❻ ここで数学の最初の構成要素を見てみよう：数という概念である。数字の正確な意味を定式化できることは，多くの動物が生き残っていくために不可欠である。それは敵の集団に出くわしたときに戦うのか，それとも逃げるのかを知らせてくれる。生まれたばかりのヒヨコを使った精度の高い実験が行われ，数を認識する非常に複雑な能力が，生まれつき脳に備わっていると明らかになっている。ヒヨコは5が2よりも大きく，8よりも小さいことを判断できたのだ。

❼ しかし，数に名前をつけ，記号によってそれを表すことは，人間独自の能力である。私たちが数学を発達させてきたのには，数を特定し名前をつける賢明な方法を発見したことが関係している。古代マヤ文明の人々は点を使って数を表した。彼らは，表したい数と同じ数だけ構成要素となるものを記載することで，数を表現していたのである。しかし，ある時点で5個の点と6個の点を区別するのが大変だということになり，その方法が効率的ではなくなった。そこで誰かが，まるで囚人が出所までの日にちを拘置所の壁に数えるように，5個の点を意味するために4個の点を線で結ぶという賢い考えを思いついたのである。

❽ 古代ローマ人は数が大きくなるにつれ，新しい名前をつけるシステムを使っていた：10はX；100はC；1000はM。古代エジプト人もある数字の最後にもう1つゼロをつける際には新たな象形文字を使った：10はかかとの骨；100は巻いたロープ；1000は蓮の花。しかし，このシステムも100万，10億と進むにつれ，すぐに手に負えなくなる。新たな大きい数字それぞれに，それを表すための新しい記号が必要となるのだ。

❾ 古代マヤ文明の人々は高度な天文学を扱っており，長い時間の経過を記録するために，大きな数を必要としていた。彼らは古代ローマ人が抱えていた問題を克服する賢明な方法を考え出した。それは位取り記数法と呼ばれ，今日私たちが大きな数字を書くときに使っているシステムである。私たちが使っている十進法では，数字の位置は，それが10の異なる累乗に対応していることを示している。123という数字を見てみよう。この数字は一の位の数が3，十の位の数が2，百の位の数が

1となっている。10が選ばれたのは指を使って10まで数えられるということ以外，特段の理由はない。実は，古代マヤ文明の人々は20までの記号を持っており，数字の位置は20の累乗の数を示していた。したがってマヤ文明の数学における123は，一の位の数が3，二十の位の数が2，二十の二乗＝400の位の数が1なので，合計は443となる。

❿ 10（マヤ文明の場合は20）の異なる累乗を数えていることを示すために数字の位置を利用するこの賢明な方法を最初に考えたのは，古代マヤ文明の人々ではない。4,000年前，すでに古代バビロニア人がこの位取り記数法という考えを思いついていた。マヤの人々のように20まで数えることや，今日私たちが使っている十進法の代わりに，バビロニア人は59まで記号を持ち，そこまで数えると新たな桁を始めた。60という数字が選ばれたのは，割り切れる数が非常に多いことが影響していた。60は2，3，4，5，6，10，12，15，20，30で割り切れる。この特性のおかげで60は計算をするうえで非常に効率のよい選択なのである。

⓫ 必要性，効率，有用性がそうした数学における選択を推し進めていた。私たちは今日，時間の経過を追う方法に，その影響を確認できる：1時間は60分で，1分は60秒である。ナポレオンが，計測を司る機関に十進法を用いて時間の経過を追わせようと試みたが，幸運なことに普及することは決してなかった。

⓬ 古代バビロニア人が残した楔形文字を刻んだ書字板に，数字と私たちを取り巻く世界とがどう関係しているかに関する最初の数学的な分析を見ることができる。ユーフラテス川周辺の都市国家の発達とともに，すぐに，より高度な数学が生まれた。建築，課税，商業を行うには数学的ツールが必要となる。彼らの書字板から，役人が，たとえば運河の建設に必要な労働者数や日数を表にして，労働者の賃金の総費用を計算していたことが明らかになっている。この段階で行われていた数学についてては特に困難なこともおもしろいこともない，だがその数学が，こうした数字で何か他のことができないかを一部の書記官に考えさせたことは明らかである。

⓭ 彼らは計算を楽にする賢い方法を発見し始めた。あらゆる平方数が記された書字板が見つかっている。そうした書字板は大きな数を掛け合わせる計算法を助けてくれるものだったが，それは誰かが数字を掛け合わせることと，その数字の平方を加算することの間にある興味深い関係性に気づいたからである。代数の関係性で表現すると

$$A \times B = ((A+B)^2 - (A-B)^2) / 4$$

その書記官は$A \times B$を計算する際に平方数の書字板が利用できることに気づいた。最初にAとBを足してその平方を調べ，そこから$A-B$の平方を引く。そしてその答えを4で割るのだ。ここで非常におもしろいのは，これはアルゴリズムが機能している非常に初期の例であるという点である。AとBという2つの数を掛け合

わせる作業を，足し算と引き算をした後で平方数の書字板にある平方数のデータベースを使うという簡単な作業へと軽減する方法がここにあるのだ。A と B がどのような数字であっても，平方数が書字板に計算された数を上回らない限り，それはうまくいく。

⓮ バビロニア人は数に関する代数的思考法をうまく利用していたが，自分たちがやっていることを説明するための用語は持ち合わせていなかった。私が書いた等式は，数千年後，9世紀のイラクにあった知恵の館のアラブ人やペルシャ人の学者たちが代数の用語を発達させてようやく可能になった。古代バビロニア人は，この方法，すなわちアルゴリズムがなぜ常に正しい答えを導き出せるのかを記録し始めなかった。それがうまく機能しているというだけで十分だったのである。(4)なぜそれがいつもうまくいくのかを説明する方法を見つけたいという好奇心は，もっと後になって生まれてくるものだった。このような理由で「アルゴリズム」という用語は知恵の館の図書館長で天文学者のアル－フワーリズミーに由来しており，最初のアルゴリズムは古代バビロニアに見られるのだが，代数という科目を創設したのは彼なのである。

各段落の要旨

❶ 数学とはパターンを発見し，それを説明する科学である。
❷ 人間が自然界で生き残るうえで優位になったのは，パターンを発見する能力のおかげで，人間の脳はパターンを発見するのが得意である。
❸ 太古に描かれた芸術作品の中には，人間の最も初期のパターン認識が見られるが，その役割は何だったのか？
❹ ラスコーの壁画に描かれた点は，季節や狩りに最適な時期を示すものと推測され，それらは記録された最古の数学である可能性がある。
❺ ラスコーの壁画に見られるパターンを認識しようとする意欲は，実用的な事柄によって動機づけられたものだった。
❻ 多くの動物にとって，数という概念は，生き残っていくうえで不可欠なもので，生まれたばかりのヒヨコでさえ数を認識する能力が備わっている。
❼ 数に名前をつけ，記号によってそれを表すのは人間独自の能力であり，古代マヤ文明の人々は点と線を使って数を表現した。
❽ 古代ローマ人や古代エジプト人も数に名前をつけるシステムを使っていたが，数が大きくなるにつれ，新しい記号が必要となった。
❾ 古代マヤ文明の人々は，高度な天文学を扱っていたため，大きな数字が必要となり，位取り記数法を考案し，二十進法を使っていた。
❿ 古代バビロニア人は古代マヤ文明の人々よりも前に位取り記数法を考案し，59までの記号を持ち，六十進法を使っていた。
⓫ 必要性，効率，有用性によって数学は進歩した。
⓬ 古代バビロニア人が残した楔形文字を刻んだ書字板には，数字と人間社会の関係に関する数学的な分析が見られる。

⓭ 古代バビロニアの書記官は計算を楽にする方法を発見し，代数を使うようになったが，これはアルゴリズムが機能した初期の例である。
⓮ 古代バビロニア人は代数的思考法をうまく利用していたが，それらを説明する用語は持ち合わせておらず，数千年後の9世紀になってイラクにあった知恵の館の学者たちによって代数の用語が用いられるようになった。

解　説

設問1　It's this ability to spot a pattern that gives humans an edge in negotiating the natural world

▶強調構文であることを把握し，文頭の it を「それ」と訳さない。

▶ to spot a pattern の部分は文頭の it の内容を示すのではなく，直前の this ability を修飾する不定詞の形容詞用法。spot は「～を発見する」という意味の他動詞で this ability to spot a pattern の部分が強調構文によって強調されている。

▶ give 以下は SVOO の第4文型だが，edge を「端」と訳しても日本語が成立しない。edge には「優位，強み」という意味があるので，「パターンを発見する能力が人間を優位にしている」といった訳出になる。

▶ negotiate は「交渉する」という意味で使うことが多いが，目的語が the natural world「自然界」となっているので，「～を生き抜く，～をうまく乗り越える」の意味となる。

in *doing*「～するうえで，～するときに」

▶下線部(1)直後の，パターンに気づく能力のおかげで私たちは計画を立てることが可能になり，パターンに気づけなかった者たちは生き残ることができなかった，という内容を押さえたうえで訳出するとよい。

設問2　▶ラスコーの壁画に描かれた「点」が記録された最古の数学だと筆者が考えている理由を答える問題。解答作成の指針としては，筆者が数学をどのようなものと考えているのか明示し，壁画の「点」がそれとどのように一致しているのかまとめればよい。押さえておくポイントは以下の通り。

▶第1段最終文（Mathematics is the …）より，筆者は数学とはパターンを発見し，それを説明する科学だと考えている。

▶第4段第6文（One conjecture is …）より，壁画の点の中には a quarter of a moon「月の公転周期の4分の1」を表し，一つの季節を示すものがあり，さらにそこに描かれた雄鹿は，雄鹿の狩りに適した時期を伝えている可能性がある。

▶第5段第1文（In order to …）より，壁画に示された情報を伝達するためには動物の行動パターンが毎年繰り返され，そのパターンと月相のパターンが一致していることに気づく必要がある。

correspond to ～「～に一致する」 moon phase「月相」

▶以上の点を踏まえて，「雄鹿の行動パターンと月相のパターンの対応に気づいた」「点は狩猟に適した時期のパターンを表している」という2点に言及し，壁画の「点」がパターンを表していることを説明すればよい。

設問3 この段階で行われていた数学については特に困難なこともおもしろいこともない

▶ There で始めるよう指示されているので，「特に困難なこともおもしろいこともない」という骨格は there was nothing … の形で表現すればよい。「困難な」は challenging で表現できるが，思いつかなければ difficult でもよい。「特に」は副詞の particular や especially を使う。

▶「この段階で行われていた数学」の部分は，ある時点でそれが進行していることを伝えているので，主格の関係代名詞と受動態の過去進行形を使って which was being done とするか，being done を後置修飾で使う形にすればよい。

設問4 The curiosity to come up with a way to explain why it always worked would come later.

▶ to come up with 以下は直前の the curiosity「好奇心」の内容を説明する不定詞の形容詞用法。to explain 以下も直前の a way を修飾する形容詞用法で why it always worked の名詞節が explain の目的語となっている。work は「うまく機能する」という意味。不定詞の形容詞用法と why 以下の名詞節を適切に処理し，主部が The curiosity から worked までであることを把握する。

▶主節の述部の would は過去から見た未来を表す用法で「～するものだった」といった訳出になる。

設問5 ⓐ ▶第9段第8文（Indeed, the Mayans …）より，古代マヤ文明の人々が20までの記号を持ち，数字の表記に二十進法を使っていたことを読み取る。二十進法なので123は20×20×1＋20×2＋3＝443となる。

digit「数字」 powers of ～「～の累乗」 denote「～を示す」 unit「一の位の数」

設問5 ⓑ ▶空所を含む文は「…が選ばれた理由は，割り切れる数が非常に多いことが影響していた」という意味。divisibility「割り切れること」という単語は難しいが，直後の第10段第5文（It can be …）では，その数字が2，3，4，5，

6，10，12，15，20，30 で割り切れるとあるので 60 が正解となる。

設問 6　正解は　4・6　▶1．「G.H. ハーディは計算が遅かったが，普通の人に数学を説明するための普遍的なパターンを見つけることに秀でていた」 第1段第3文（Far from being …）で G.H. ハーディについての言及があるが，筆者に数学者とはパターンを探し出す者だと教えたとしか述べられていないので不一致。
excel「優れている」

▶2．「数学的頭脳を持ち合わせていない人々は，何もないところにパターンを見出す傾向がある」 第2段最終文（Sometimes they are …）で，リヒターのランダムに配色された正方形の芸術作品を見たとき，多くの人がその中にあるパターンを読み取るとはあるが，数学的頭脳を持ち合わせていない人について述べているわけではない。また同段第3文（When people I …）から筆者は，人間は皆，数学的頭脳を持ち合わせているという立場も取っているので不一致。

▶3．「ラスコーで見つかった洞窟の壁画の中には，一年で最も寒い時期に猟師がオーロックスの狩りをするまさにその瞬間を描いたものがある」 第3段第3文（The movement of …）で，ラスコーの壁画には aurochs「オーロックス（家畜牛の先祖）」が一斉に逃げる動きが表現されていると述べられているだけなので不一致。
stampede「一斉に逃げること」 frozen image「静止画」

▶4．「ヒヨコは特定の小さな数と大きな数を区別する能力を生まれつき持っており，本文ではそれが生き延びていくうえで役割を果たしていることをほのめかしている」 第6段第2・3文（Being able to … a rival pack.）では，数を把握する能力は，敵の集団に出くわしたときに，戦うのか逃げるのかを判断する手助けとなるため，動物が生き残っていくうえで不可欠なものだと述べられている。また同段第4・最終文（Sophisticated experiments have … less than eight.）から，ヒヨコには特定の数の大小を判別する能力が生まれつき備わっていることが読み取れる。したがって本文の内容と一致。
本文該当箇所の語句：formulate「～を定式化する，～を明確に説明する」 accurate「正確な」 crucial「不可欠な」 pack「集団，群れ」 sophisticated「精度の高い」 chick「ヒヨコ」 hardwired「生まれつき備わった」

> 選択肢の構造
> Chicks have a natural ability [to distinguish among certain smaller and larger numbers], [which, (the text implies,) plays a role in their survival].

*[形容詞句・節]

which は前文の内容を先行詞とする関係代名詞の非制限用法。the text implies が挿入された形となっているので，この which は主格の関係代名詞。

▶5.「古代マヤ文明の社会において，囚人は拘置所の壁に釈放されるまでの日数を数えることが義務づけられていた」 第7段最終文（So someone had …）で，古代マヤ文明の人々の数字の表記法は，囚人が拘置所の壁に出所までの日数を数える様子に似ているとはあるが，それが古代マヤ文明で義務づけられていたとは述べられていない。

jail「拘置所」

▶6.「数を記す古代マヤ文明のシステムは，大きな数を扱うということになると，古代ローマのシステムよりも優れている」 第8段第1文（The Romans used …）では，数が大きくなるにつれ，新しい名前をつける古代ローマの数字の表記法が紹介され，同段第3文（But this system …）で，この表記法は数が大きくなるとすぐに手に負えなくなるとある。第9段第2文（They came up …）では，古代マヤ文明の人々が古代ローマ人の抱えていた問題を克服する方法を考案したとあり，同段第3文（Called the place …）以降で place value system「位取り記数法」を用いた方法が説明されている。したがって本文の内容と一致。

when it comes to *A*（*doing*）「*A*（～する）ということになると」 handle「～を扱う」

▶7.「古代バビロニア人の楔形文字を刻んだ書字板には，教育を目的に数学が使われたことが示されている」 古代バビロニア人の書字板については第12段（In the cuneiform …）以降で言及されているが，教育を目的に数学が使われたという内容は述べられていない。

▶8.「『アルゴリズム』という言葉はアル-フワーリズミーに由来しており，彼は平方数が書かれた書字板を使って，2つの数の積を見つける方法を発見した」 第13段（They started to …）より，平方数が書かれた書字板を使って2つの積を見つける方法を発見したのは古代バビロニア人の書記官なので不一致。

product「積」 square number「平方数」

▶9.「本文の最も重要な目的は，数学が人生における成功のカギになることを読み手に納得させることである」 本文は数学の歴史について説明したもので，人生における成功のカギが数学にあるという主旨ではない。

設問 1　自然界でうまく生き抜いていくうえで人間を優位に立たせているのは，このパターンを発見する能力なのである

設問 2　数学はパターンを発見する学問だが，壁画の点は毎年の雄鹿の行動と月相，2つのパターンの対応に気づき，雄鹿の狩猟期のパターンを表現したものと考えられるから。(80字以内)

設問 3　There was nothing particularly challenging or interesting about the mathematics being done at this stage

設問 4　なぜそれがいつもうまくいくのかを説明する方法を見つけたいという好奇心は，もっと後になって生まれてくるものだった。

設問 5　(a) 443　(b) 60

設問 6　4・6

解答

5

2021年度〔1〕

次の英文を読んで，以下の設問に答えよ。

Throughout history the role of technology and people's reactions to it have been remarkably consistent, and those who worry about new technology and its impact on society would do well to reflect on the history of paper.

We tend to think of "technology" as referring only to the development of physical devices, mechanical in the nineteenth century, and now electronic. But the word can also be applied, as Merriam-Webster's dictionary says, to any "practical application of knowledge."

Technological inventions have always arisen from necessity. [①] First came spoken language, then drawing, then pictographs, then alphabets, then phoneticism, then writing, and then paper. Paper was then followed by printing, moveable type, typewriters, machine-driven printers, and electronic word processors and the electronic printers that go with them. As needs present themselves, solutions are found. Every idea engenders a need for another. In this case, the original inventions — spoken and then written language — are not physical, man-made objects, and so are not "technology" in the traditional sense of the word. But the way they function in and influence society and history is like a technology — a founding technology. Speech was the wheel that eventually led to the cart that was paper.

Studying the history of paper exposes a number of historical misconceptions, the most important of which is this technological fallacy: the idea that technology changes society. [②] Society develops technology to address the changes that are taking place within it. To use a simple example, in China in 250 BCE, Meng Tian invented a paintbrush made from camel hair. His invention did not suddenly inspire the Chinese people to start writing and painting, or to develop calligraphy. Rather, Chinese society had already established a system of writing but had a growing urge for more written documents and more elaborate calligraphy. Their previous tool — a stick dipped in ink — could not meet the rising demand. Meng Tian found a device that made both writing and calligraphy faster and of a far higher quality.

Chroniclers of the role of paper in history are given to extravagant pronouncements: Architecture would not have been possible without paper. Without paper, there would have been no Renaissance. If there had been no paper, the Industrial Revolution would not have been possible.

None of these statements is true. These developments came about because society had come to a point where they were needed. This is true of all technology, but in the case of paper, it is particularly clear.

As far as scholars can tell, the Chinese were the only people to invent papermaking, though the Mesoamericans may also have done so; because of the destruction of their culture by the Spanish, we cannot be sure. And yet paper came into use at very different times in very different cultures as societies evolved and developed a need for it and circumstances required a cheap and easy writing material.

Five centuries after paper was being used widely by the Chinese bureaucracy, Buddhist monks in Korea developed a need for paper also. They adopted the Chinese craft, and took it to Japan to spread their religion. A few centuries later, the Arabs, having become adept at mathematics, astronomy, accounting, and architecture, saw a need for paper and started making and using it throughout the Middle East, North Africa, and Spain.

The Europeans initially had no use for paper until more than a thousand years after the Chinese invented it. It was not that they had only just discovered the existence of paper, however. The Arabs had been trying to sell it to them for years. But it was not until they began learning the Arab ways of mathematics and science, and started expanding literacy, that parchment made from animal hides — their previous writing material — became too slow and expensive to make in the face of their fast-growing needs.

The growth of intellectual pursuits and government bureaucracy, along with the spread of ideas and the expansion of commerce, is what led to papermaking. But its international growth was a remarkably slow process. The use of printing presses, steam engines, automobiles, and computers spread internationally over far shorter periods of time than did paper.

Paper seems an unlikely invention (1) — breaking wood or fabric down into its cellulose fibers, diluting them with water, and passing the resulting liquid over a screen so that it randomly weaves and forms a sheet is not an idea that would logically come to mind, especially in an age when no one knew what cellulose was. It is not an apparent next step like printing, which various societies would arrive at independently. Suppose no one had thought of paper? Other materials would have been found. Improved writing material *had* to be found, because the needs of society demanded it.

There are other important lessons to be learned from the history of technology — and other commonly held fallacies. One is that new technology eliminates old. This rarely happens. Papyrus survived for centuries in the Mediterranean world after paper was introduced. Parchment remains in use. The invention of gas and electric heaters has not meant the end of fireplaces. Printing did not end penmanship, television did not kill radio, movies did not kill theater, and home videos did not kill movie theaters, although all these things were falsely predicted. Electronic calculators have not even ended the use of the abacus, and more than a century after Thomas Edison was awarded a patent for a commercially successful lightbulb in 1879, there are still four hundred candle manufacturers in the United States alone, employing some 7, 000 workers with annual sales of more than $2 billion. In fact, the first decade of the twenty-first century showed a growth in candle sales, though the uses of candles have of course greatly changed. Something similar occurred with the manufacturing and use of parchment. New technology, rather than eliminating older technology, increases choices. Computers will no doubt change the role of paper, but it is extremely unlikely that paper will be eliminated.

The history of technology also shows that Luddites always lose. The original Luddites were artisanal workers in eighteenth- and early nineteenth-century Britain who protested the loss of their skilled jobs to machines operated by low-wage, unskilled workers. Originally, the movement was active in a wide range of fields, including printing, but by the first decade of the nineteenth century, it was largely focused on the textile industry. It is uncertain why its proponents were called Luddites, but there was a mythical anti-machine rebel of the eighteenth century named Lud who, like Robin Hood, was said to live in Sherwood Forest. The Luddites opposed such technology as power looms, and they attacked mills, smashed machinery, and fought against the British Army. One mill owner was even assassinated, which led to the Frame Breaking Act of 1812, making it a capital crime to break machines. This eventually led to mass trials that crushed the movement.

Today, the term Luddite is used to mean someone who opposes new technology. And those who rail against the use of computers today are truly heirs to the Luddites, because the machine that the Luddites originally opposed, the mechanical loom, could be programmed to weave in various patterns through the use of punch cards — an early mechanical forerunner of the computer.

In his seminal work *Das Kapital*, Karl Marx said that the Luddites failed because they opposed the machines instead of the society. He observed: "The Luddites' mistake was that they failed to distinguish between machinery and its employment by capital, and to direct their attacks, not against the material instruments of production, but against the mode in which they are used."

In other words, it is futile to denounce technology itself. Rather, you have to try to change the operation of the society for which the technology was created. (2) 技術が新しくなるたびに，その新しい発明が過去のよいものすべてを破壊すると考え，非難する人々がいる。This happened when the written word started to replace the oral word, when paper began replacing parchment, when printing started to take work away from scribes — and it is still happening today, with electronics threatening paper. In all these cases, the arguments against the new technology were similar: the functioning of the human brain was imperiled, we would lose the power of our memories, human contact would be diminished, and the warmth of human engagement would be lost.

These early outcries against technology went largely unheeded, much the same way warnings about computers are going unheeded today. It is true that the greater the aids to memory, the less we depend on our brain. But that does not mean that our minds are being destroyed. Illiterate people have better memories than literate people. But few would see that as an argument in favor of illiteracy. The introduction of the written word demonstrated that such aids, though they make us more dependent, also make us more powerful.

You cannot warn about what a new technology will do to a society because that society has already made the shift. That was Marx's point about the Luddites. Technology is only a facilitator. Society changes, and that change creates new needs. [③] The only way to stop the technology would be to reverse the changes in the society. Printing did not create the Protestant Reformation; the ideas and the will to spread them is what created printing presses. The Chinese bureaucrats and Buddhist monks were not created by paper. Paper was created for them.

To argue that a technology somehow changed society would entail a technology that radically changed the *direction* of society. But this simply never happens. A technology that is intended to redirect society will usually fail. In fact, most technology companies do not introduce new technology but new ways to use ideas that already exist. They spend a great deal of time and money on market research — that is, determining where society already wants to go. (3) Only once this direction is determined do they tailor a new product to meet that need.

[④] Some technology succeeds in a changing society and some fails. And even when an idea is right, the machine that introduces it to the society may not be. Cai Lun did not invent paper, Gutenberg did not invent the printing press, Robert Fulton did not invent the steamboat, and Thomas Edison did not invent the lightbulb. Rather, these were people who took existing ideas or machines that were not suiting society's needs and reworked them into technologies that did. It says something about our world that we seldom remember the person who came up with an idea, but canonize the pragmatist who made it commercially viable. Already we have forgotten the people who created most of the important computer concepts and instead celebrate the people who became rich on them.

Another important lesson is that technology usually becomes less expensive over time, as well as more accessible and of lower quality. Paper is far less expensive now than it used to be, but eighteenth-century paper was of much better quality than nineteenth-century paper, which in turn was better than much of today's paper.

For more than a thousand years, papermaking was the mark of civilization: an advanced civilization was one that made paper. When the Spanish conquistador Hernán Cortés arrived in the New World in 1504, he was extremely impressed by the Aztecs. They had built the largest city in the world and were advanced in mathematics and astronomy, but it was their papermaking ability that most impressed him. To the Spaniard, a society that made paper was an advanced civilization.

Using the paper test as the mark of civilization yields a surprisingly different but not inaccurate picture of history. In this version, civilization begins in Asia in 250 BCE and spreads to the Arab world. For centuries, the Arabs were the world's dominant culture, while the Europeans were among the most backward people on Earth. They didn't read, they had no science, and they could not do simple math; even when tracking their own commerce, they had no need for paper. The "barbarians" who destroyed Rome in the fifth century were still barbarians in the eleventh century.

Most historians today emphasize that the "Dark Ages" were not nearly as dark as they were said to be. But it is irrefutable that the Europeans were far behind the Asians and Arabs in many ways. Christians had not reached the intellectual level of Muslims and Jews. This became obvious when the Christians took over Muslim Spain, destroying the civilization of Muslim al-Andalus, and when they systematically destroyed one of the most advanced civilizations in the world in Mexico, suppressing their language, religion, and culture, and burning their books.

When Europe finally began to develop, it did not do so in the geographic order that many today might assume it did. Italy developed from the south up, starting with Sicily. [⑤] Much of Europe also progressed by adopting Arab ideas, especially in the areas of mathematics, science, and accounting. Later in history, Europe's leap forward, to a position ahead of its Arab and Asian competitors, was facilitated by moveable type, a Chinese invention. The Europeans could make that invention work for them because, unlike the Asians and Arabs, they had an alphabet that was well suited for moveable type. <u>This</u>(4)

also meant that Europeans got to write history the way they wanted it to be read.

[Adapted from Mark Kurlansky, *Paper: Paging Through History*. New York: Norton, 2016: xiii-xix.]

設 問

1. 下線部(1)では，なぜ unlikely だと言っているのか。その理由を 50 字以内の日本語で説明せよ。（句読点も文字数に含める。）

2. 下線部(2)を英語に訳せ。

3. 下線部(3)を日本語に訳せ。

4. 下線部(4)を日本語に訳せ。

5. 文中の空欄［ ① ］から［ ⑤ ］に入れるのにもっとも適切な英文をAからEの中から選び，記号で答えよ。

A．Ireland developed far ahead of England.
B．It is exactly the reverse.
C．Not all technology is the future.
D．Numerous inventions preceded paper.
E．That is why the technology is brought in.

6. 以下の(i)と(ii)の答としてもっとも適切なものをAからEの中から選び，記号で答えよ。

(i) Choose a reason mentioned in the text why a new technology might not readily be adopted throughout a society.

A．A highly educated populace took time to carefully weigh the pros and cons of accepting a new technology.

B. Communication barriers such as linguistic and cultural differences slowed the spread of knowledge, ideas, and objects.

C. Governments imposed high import taxes on innovations originating from rival countries in order to protect their local economy.

D. Products that had already been in use were good enough to serve the society at its stage of development.

E. Societies refused extensive contact with outside groups for fear of being colonized or otherwise taken advantage of.

(ii) Choose from the following demands one which has NOT driven the large-scale acceptance of innovations across time and geography, according to the text.

A. the demand for greater options

B. the demand for lowered costs

C. the demand for fairer wages

D. the demand for increased quantity

E. the demand for quicker production

7. 次の 1 から 10 の文から，本文の内容に一致するものを 3 つ選び，番号で答えよ。

1. Meng Tian's invention of the camel-hair writing brush helped improve literacy in China by decreasing the cost of writing implements.
2. Immigrants from the Korean peninsula brought paper to Japan and used it to help establish a Chinese-style nation state.
3. In Karl Marx's opinion, the Luddites could not understand that manufacturing equipment was not to blame for the loss of their jobs.
4. Sixteenth-century Aztecs resembled Protestants during the Reformation regarding their discovery of a means to spread unconventional ideas.
5. Thomas Edison is widely remembered as a mere pragmatist who reworked existing ideas into technologies that were commercially viable.

6. While it is much cheaper to produce paper now than it was in the eighteenth century, paper today has, for the most part, degenerated in quality.
7. European intellectual activity surpassed that of Arabs and Asians between the 5th and 11th centuries thanks to Europeans' adoption of papermaking.
8. Chinese and Arabic are examples of languages with linguistic features that make them less troublesome to print using moveable type.
9. From the perspective of how people have developed and used paper, world history diverges from dominant Western narratives.
10. Calligraphy, clay tablets, papyrus, parchment, and typewriters are examples of writing technologies mentioned in the text.

全　訳

■紙の世界史

❶ 歴史を通してテクノロジーの役割とそれに対する人々の反応は驚くほど一貫しているのだが，新たなテクノロジーとそれが社会に及ぼす影響について不安を抱いている人々は，紙の歴史を考えてみるといいだろう。

❷ 私たちは「テクノロジー」とは，物理的な装置，すなわち19世紀の機械的な，現代なら電子機器的なものの進化だけを指していると考える傾向がある。しかし，メリアム・ウェブスターの辞典が定義しているように，この言葉はあらゆる「知識の実践的な応用」という意味にも当てはまるのだ。

❸ テクノロジーの発明は常に必要性から生じてきた。紙よりも先に数多くの発明が生まれている。まず最初に話し言葉が生まれ，描画，絵文字，文字体系，発音体系，文書，そして紙が登場した。紙が登場した後は，印刷，可動式活字，タイプライター，機械式プリンター，そして電子式ワードプロセッサーと電子プリンターが続いた。必要性が生じると解決策が見いだされる。あらゆるアイデアがまた別の必要性を生む。この場合，最初の発明 ―― 話し言葉と書き言葉 ―― は人間が作り出した物理的なモノではないため，従来の言葉の意味では「テクノロジー」ではない。しかし，社会および歴史的に見て，機能したことやその影響力はテクノロジーに似ている，つまり初代のテクノロジーなのだ。発話は最終的に紙という手押し車につながる車輪だったのである。

❹ 紙の歴史を研究すると，数多くの歴史上の誤解が明らかになるが，その中で最も重要なのが，以下のテクノロジーに関する誤った考えである。すなわち，テクノロジーが社会を変えるという考えだ。正確にはその逆なのである。社会はそこで起こっている変化に対処するためテクノロジーを発達させているのだ。わかりやすい例を挙げると，紀元前250年の中国で，蒙恬（もうてん）という人物がラクダの毛で筆を考案した。彼の発明によって，突然中国の人たちが書画を始めたわけではなく，書道が発展したわけでもない。そうではなく，中国社会ではすでに書記システムが確立していたのだが，もっと多くの文書を書き，より精巧な書を書きたいという要望が増えたのである。以前の道具 ―― 墨に浸した棒切れ ―― ではその高まる需要を満たせなくなったのだ。蒙恬は文書と書の両方を速く，そしてもっと上質なものにする道具を発見したのである。

❺ 歴史上の紙の役割についてまとめている年代記編者は，大げさに表明する癖がある。紙がなければ建築は不可能であっただろう。紙がなければルネサンスは起こらなかっただろう。紙がなければ産業革命は不可能だっただろう，という具合にで

ある。

❻ こうした主張はどれも真実ではない。そうした進歩は社会がそれらを必要とした地点に到達したから生まれたのである。これはすべてのテクノロジーに当てはまることであるが，紙の場合は特にそのことが明白である。

❼ 学者たちが判断する限り，製紙を発明したのは中国人だけであるが，中央アメリカの人々も紙を作っていた可能性がある。とはいえ，スペイン人が彼らの文化を破壊したため確信が持てない。しかし，社会が発達し，紙の需要が高まり，状況が安くて手軽な文具を必要とするようになるにつれ，様々な時代の様々な文化圏で紙が使われるようになった。

❽ 中国の官僚制度において紙が広く使われるようになってから5世紀後，朝鮮の仏教僧の間でも紙の必要性が高まった。彼らは中国の技術を採用し，仏教を広めるためにそれを日本に持ち込んだ。数世紀後，数学，天文学，会計学，建築に秀でた技能を持つアラブ人が紙の必要性に気づき，中東，北アフリカ，スペイン各地で紙が作られ，使われるようになった。

❾ 当初ヨーロッパ人は，中国人が紙を発明してから千年以上経っても紙を使っていなかった。しかし，彼らが紙の存在にそのとき気づいたばかりだったというわけではない。アラブ人たちは長年にわたり，彼らに紙を売ろうとしていた。しかし，彼らがアラブの数学や科学を学び，読み書きの能力が広まってから初めて，動物の皮で作った羊皮紙──それまでヨーロッパ人が使っていた文具──では，急速に高まる需要に対して，作るのに時間も費用もかかると感じるようになったのだ。

❿ 知的探求と政府の官僚制度の発展は，知識の普及と商業の拡大と相まって，製紙へと繋がっていった。しかし，国際的な広まりは驚くほどゆっくり推移していた。印刷機，蒸気機関，自動車，コンピュータの使用は，紙よりもはるかに短い期間で世界中に広まっている。

⓫ 紙は今では考えられない発明のように思える──木材や織物をセルロース繊維にまで分解し，水で薄め，繊維が不規則に織り合わさって一枚になるように，その液体を網で漉くというのは，特にセルロースが何であるか誰も知らない時代において，論理的に思いつくような発想ではない。それは印刷のように，様々な社会が個々に到達する明白な次のステップではない。もし誰も紙を思いつかなかったらどうだろう？　その場合は他のものが見つかっていただろう。改善された文具が発見される「必要があった」のは，社会のニーズがそれを求めていたからである。

⓬ テクノロジーの歴史から学ぶべき重要な教訓，すなわち誤った推論が一般的になされていることは他にもある。その一つは，新たなテクノロジーは古いテクノロジーを排除するというものだ。それはめったに起こることではない。パピルスは紙が取り入れられた後も地中海沿岸の地域で数世紀にわたって使われていた。羊皮紙

は現在でも使われている。ガスや電気ストーブの発明は暖炉の終わりを意味するものではなかった。印刷によって，ペンで書くことがなくなることはなく，テレビがラジオを終わらせることもなく，映画の登場で劇場がなくなることもなく，家庭のビデオが映画館を潰すこともなかったが，これらはすべて誤った予想を立てられていた。電卓はソロバンの使用をやめさせることさえできず，1879 年に商業的に成功した電球の特許がトーマス=エジソンに授与されてから一世紀以上経った現在でも，アメリカだけで 400 社のロウソク製造業者が存在し，約 7,000 人の労働者を雇用し，毎年 20 億ドル以上を売り上げている。もちろんその用途は大きく変わっているが，実際，21 世紀の最初の 10 年はロウソクの売り上げが伸びていることを示していた。羊皮紙の製造や用途でも似たようなことが起こっている。新たなテクノロジーは古いテクノロジーを排除するというより，選択肢を増やしているのだ。コンピュータは間違いなく紙の役割を変えるが，紙がなくなるという可能性は極めて低い。

⑬ またテクノロジーの歴史は，ラダイト（機械化反対主義者）は必ず敗北することを示している。最初のラダイトは，18 世紀から 19 世紀初頭のイギリスの熟練工たちで，低賃金の未熟な労働者たちが動かしている機械に，自分たちの技術を要する仕事が負けることに抗議した。当初，この運動は印刷業など幅広い業界で活発だったが，19 世紀の最初の 10 年が経過するまでに，主に繊維工業界に集中するようになった。その支持者がなぜラダイトと呼ばれていたのかは定かではないが，18 世紀にラッドという名の機械化に反対した伝説的な反逆者がいて，ロビンフッドのようにシャーウッドの森に住んでいたと伝えられている。ラダイトは機械式の織機のようなテクノロジーに反対し，工場を攻撃し，機械を壊し，イギリス陸軍と戦った。ある工場の所有者が暗殺までされ，それによって，機械を壊すことを死罪とする 1812 年の機械破壊禁止法が制定された。結局，これが運動を鎮圧する多くの裁判へとつながることになった。

⑭ 今日，ラダイトという言葉は新しいテクノロジーに反対する人たちの意味で使われている。そして今日コンピュータを使うことに不満を述べている人たちはラダイトの真の後継者である，なぜならラダイトたちが当初反対していた機械，つまり機械式の織機は，パンチカードを使うことで，様々な模様が織れるようにプログラムできた，すなわち機械的なコンピュータの前身だからである。

⑮ カール=マルクスは『資本論』という先駆的な著書の中で，ラダイトは社会ではなく，機械に反対したので失敗したと述べている。彼は以下のように述べている。「ラダイトの過ちは，機械と資本による雇用を区別せず，攻撃の方向性を誤ったことであり，物質的な生産手段ではなく，その使用形態に対して攻撃を向けるべきであった」

⑯ 言い換えると，テクノロジー自体を非難しても無益なのだ。むしろ，テクノロジーが生み出された社会の動かし方を変えようとしなければならない。技術が新しくなるたびに，その新しい発明が過去のよいものすべてを破壊すると考え，非難する人々がいる。書き言葉が話し言葉に取って代わり始めたとき，紙が羊皮紙に取って代わり始めたとき，印刷が写字生の仕事を奪い始めたときにそうしたことが起きた――そしてそれは，電子機器が紙の脅威となりつつある今でも起こっている。これらすべてのケースにおいて，新しいテクノロジーに反対する論拠が類似している。たとえば，私たちの脳の働きが危険にさらされている，記憶力が弱まってしまう，人と人との触れ合いが減ってしまう，そして人間関係の温もりが失われてしまう，などである。

⑰ テクノロジーに対するこうした初期の反発の声はほとんどが無視され，それとほぼ同じように，今日，コンピュータに関する警告も無視されている。記憶を助けてくれるものが優れていればいるほど，脳に頼らなくなるのは真実である。しかし，それは私たちの脳が破壊されているということではない。読み書きができない人の方が，読み書きができる人よりも記憶力は優れている。しかし，それによって，読み書きができないことに賛成だと考える人はほとんどいないだろう。書き言葉が使われるようになったことは，そうした補助手段によって，それに依存するようにはなるが，私たちにより大きな力も与えてくれることを証明している。

⑱ 新しいテクノロジーが社会にもたらすことに対して警告を発することはできない，なぜならその社会はすでに次の段階に移行しているからである。これはラダイトに関するマルクスの指摘である。テクノロジーは物事を促進するものにすぎない。社会が変化し，その変化が新たなニーズを生み出す。そうしてテクノロジーが導入される。テクノロジーを取り入れることを止める唯一の方法は，社会で起きる変化を逆転させることだろう。印刷がプロテスタントの宗教改革を生み出したのではない。その考えとそれを広めようとする意志が印刷機を生み出したのである。紙のおかげで中国の官僚や仏教僧が生まれたのではない。彼らのために紙が作られたのである。

⑲ あるテクノロジーが何らかの形で社会を変えたと主張するなら，社会の「方向性」を根本的に変えたテクノロジーということになるだろう。しかし，これは決して起こらない。社会の方向性を変えることを意図したテクノロジーは通常失敗に終わる。実際，ほとんどのテクノロジー企業は新しいテクノロジーを導入しているのではなく，既存のアイデアの新たな使い方を取り入れているのだ。彼らは膨大な時間とお金を市場調査に使っている――すなわち，社会がすでにどこへ向かっていこうとしているのか見定めようとしている。(3)いったんこの方向性が決まった場合に限り，企業はその必要性を満たす新商品を作り出すのである。

⑳ あらゆるテクノロジーが将来的に成功するわけではない。変わりゆく社会で成功するテクノロジーもあれば，失敗するテクノロジーもある。さらにアイデアが正しかったとしても，それを社会に導入する機械が適切なものではない可能性もある。蔡倫が紙を発明したのではなく，グーテンベルクが印刷機を発明したのではなく，ロバート=フルトンが蒸気船を発明したのではなく，トーマス=エジソンが電球を発明したのではない。むしろ彼らは社会のニーズに合わない既存のアイデアや機械を取り込んで，ニーズに合うテクノロジーに作り替えた人たちである。アイデアを思いついた人を覚えていることはめったになく，それを商業的に成功させた実用主義者を偶像化するのが私たちの社会に言えることなのだ。すでに私たちはコンピュータの重要な概念のほとんどを思いついた人たちのことは忘れ，それらで金持ちになった人たちを称賛している。

㉑ もう一つの重要な教訓は，通常テクノロジーは時間と共に安価になり，より手に入りやすくなるが，質も悪くなるということである。紙は以前よりはるかに安くなっているが，18 世紀の紙は 19 世紀の紙よりもはるかに高品質で，さらに 19 世紀の紙は今日の大半の紙よりも質が高い。

㉒ 千年以上にわたり，紙の製造は文明の水準を示すものだった。進んだ文明は紙を作ることができる文明であった。1504 年にスペインの征服者エルナン=コルテスが新世界に到達したとき，彼はアステカ人に驚嘆した。彼らは世界で最大の都市を建設し，数学や天文学も発達させていたが，彼が最も感銘を受けたのが製紙の技術であった。このスペイン人にとって，紙を作ることができる社会は進んだ文明だったのである。

㉓ 文明の指標として製紙技術があるかどうかを見てみると，驚くほど多様だが，間違いではない歴史の図式が浮かび上がる。この見方によれば，紀元前 250 年にアジアで文明が始まり，アラブ世界へと広がった。数世紀にわたり，アラブには世界の支配的な文化があったが，その一方でヨーロッパ人は地球上で最も発展の遅れた人々だった。彼らは文字を読むことができず，科学もなく，単純な計算もできなかった。さらには商業活動の記録を残すときでさえ，紙を必要としていなかった。5 世紀にローマを破壊した「未開人」は，11 世紀になっても未開人のままであったのだ。

㉔ 今日のほとんどの歴史家は，「暗黒時代」はこれまで言われてきたほど全く暗いものではなかったと強調している。しかし，多くの点でヨーロッパ人がアジア人やアラブ人に大きく遅れをとっていたことは反論できない。キリスト教徒はイスラム教徒やユダヤ教徒の知的水準には到達していなかった。キリスト教徒がムスリム・スペインを乗っ取り，ムスリムのアル=アンダルスの文明を破壊したときも，言語，宗教，文化を抑圧し，書物を燃やして，メキシコの世界で最も進んだ文明の一つを

計画的に破壊したときにも，このことは明白だった。

㉕ ようやくヨーロッパが発展し始めたときも，今日の多くの人が推測するような地理的順番で発展することはなかった。イタリアはシチリア島をスタートし，南から発展していった。アイルランドはイングランドよりもはるか先に進んでいた。またヨーロッパの大部分はアラブの考え方を取り入れることで進歩し，特に数学，科学，会計学においてそれが顕著だった。後の歴史において，ヨーロッパが飛躍し，アラブやアジアの競争相手を追い抜いたのは，中国で発明された可動式活字によるところが大きかった。ヨーロッパ人がその発明を自分たちにとって役立てられたのは，アジア人やアラブ人と違い，彼らがそれに非常に適した文字体系を持っていたからである。(4)これはまたヨーロッパ人が，自分たちが読んでもらいたいように歴史を書くことができるようになったことも意味した。

各段落の要旨

❶・❷ 新たなテクノロジーの登場に不安を抱く人は，紙の歴史を考察してみるとよいが，テクノロジーとは物理的な装置だけでなく「知識の実践的な応用」という意味も含む。

❸ テクノロジーは常に必要性から生まれ，紙が登場する前にも多くの発明が生まれているが，話し言葉も最終的には紙へとつながるテクノロジーと言える。

❹ テクノロジーが社会を変えるという考えは誤りで，逆に社会で起こっている変化に対応するためにテクノロジーが進歩してきた。

❺・❻ 歴史上の紙の役割について記している人たちは，その役割を誇張する傾向があるが，そうした主張は真実ではない。

❼ 社会が発達し，紙の需要が高まるにつれ，様々な時代の様々な文化圏で紙が使われるようになった。

❽ 中国で紙が使われるようになった後，朝鮮では仏教を広めるために紙の必要性が高まり，さらに数世紀後，アラブ人たちの間でも紙の需要が高まり，彼らも紙を使うようになった。

❾ 中国で紙が発明されてから千年以上経っても，ヨーロッパの人々は紙を使っておらず，彼らがアラブの学問を学ぶようになってから，ようやく紙の需要が生まれた。

❿ 製紙技術の国際的な広まりは，非常にゆっくりとしたものだった。

⓫ 紙の製造工程は当時としては非常に複雑なものだったため，紙の発明は今では考えられない発明のように思える。

⓬ 新たなテクノロジーが古いテクノロジーを排除するという考えは誤りで，新たなテクノロジーの登場によって選択肢が増えている。

⓭ イギリスではラダイト（機械化反対主義者）による機械化反対運動が活発になったが，そうした運動は必ず鎮圧された。

⓮ ラダイトたちが当初反対していた機械は，現在のコンピュータの前身にあたるものだったため，今日，コンピュータを使うことに不満を持つ人たちはラダイトの後継者と言える。

⑮ カール=マルクスは，ラダイトが失敗したのは，彼らが社会ではなく，機械に反対したことが原因であったと指摘している。
⑯ 新しい発明が過去のよいものすべてを破壊すると考え，それらを非難する人々がいるが，テクノロジー自体を非難しても無益である。
⑰ 新しいテクノロジーが登場すると，それに依存するようにはなるが，より大きな力を得ることもできる。
⑱ 社会が変化し，その変化が新たなニーズを生み出すことで，新しいテクノロジーが生まれる。
⑲ 社会の方向性を根本的に変える新たなテクノロジーというものはなく，実際は既存のアイデアを新たな使い方で利用している場合がほとんどである。
⑳ 世間で名声を得ているのは，社会のニーズに合わない既存のアイデアや機械を社会のニーズに合うテクノロジーに作り替えた人たちである。
㉑ テクノロジーは時間と共に安価になり，質も悪くなる。
㉒ アステカ人がそうであったように，紙を作ることができる社会は，その文明の水準も非常に高かった。
㉓ 文明の指標として製紙技術があるかどうかに着目すると，ヨーロッパ人は最も発展の遅れた人々であった。
㉔ 歴史的に見て，多くの点でヨーロッパ人はアジア人やアラブ人に遅れをとっていた。
㉕ ヨーロッパがアラブやアジアを追い抜いて飛躍したのは，中国で発明された可動式活字によるところが大きかったが，その発明をうまく利用できたのはヨーロッパ人がそれに適した文字体系を持っていたからである。

解　説

設問 1　▶紙が unlikely「考えられないような」発明であった理由を説明する問題で下線部直後のダッシュ（—）以下の内容をまとめればよい。

本文該当箇所の文の構造

【breaking wood or fabric down into its cellulose fibers】,【diluting them with water】, and【passing the resulting liquid over a screen〈so that it randomly weaves and forms a sheet〉】is not an idea［that would logically come to mind,］especially in an age［when no one knew【what cellulose was】］.

＊【名詞句・名詞節】〈副詞節〉［形容詞節］

▶ breaking wood …, diluting them …, passing the … の動名詞句が主語で is が述語動詞の第 2 文型。so that 以下は「～するために」という目的の意味を表す構文。関係副詞の when 以下は直前の an age を修飾する形容詞節。

come to mind「思いつく」

▶字数が少ないため，主部で説明されている具体的な製造工程は，その製造工程が複雑であったと簡潔に表現し，その製法は cellulose「セルロース」が知られていない時代において，論理的に思いつくことは難しかったという内容をまとめればよい。

設問 2　技術が新しくなるたびに，その新しい発明が過去のよいものすべてを破壊すると考え，非難する人々がいる。

▶主節の骨格は「(その新しい発明を) 非難する人々がいる」なので，some people を主語にして表現するか，there are people who criticize〔blame〕～とすればよい。

▶「その新しい発明が過去のよいものすべてを破壊すると考え」の部分は分詞構文で表現できるが，等位接続詞の and を使って述語動詞を2つにしてもよい。「過去のよいものすべて」は関係代名詞を使った後置修飾や，all the good things of the past といった表現も可能。

▶「技術が新しくなるたびに」の部分は「新しい技術が発明されるたびに」と読み替えると書きやすくなる。every〔each〕time SV の定型表現や whenever を用いて副詞節で表現する。

設問 3　Only once this direction is determined do they tailor a new product to meet that need.

▶ only＋副詞表現が文頭にくると，その後ろは倒置形となるため主節が do they tailor … となっている。once は「いったんSがVすると」という意味の接続詞で副詞節を形成している。

direction「方向（性）」　determine「～を決定する」

▶主節の述語動詞 tailor は「～を作り出す」という意味でやや難しいが，目的語に a new product「新商品」が続いていることに着目して，そこから推測したい。

▶ to meet that need の部分は tailor *A* to *do*「～するようにAを作る，合わせる」という語法に合わせて訳す以外にも，直前の a new product を修飾する形容詞用法や，「～するために」という目的を表す副詞用法として解釈してもよい。meet の訳出は目的語に that need「その必要性」が続いているので，「～を満たす」となる。

設問 4　This also meant that Europeans got to write history the way they wanted it to be read.

▶ that 節内の述部は get to *do*「～するようになる，～できるようになる」という表現。

▶ the way SV は「S が V する方法」という意味の他に,「S が V するように」という意味で接続詞的に用いる用法があり, ここでは後者の意味。

▶ want 以下は want *A* to *do* の語法で it は history を指しているが, 不定詞句の部分が受動態になっているので,「(それを) 読んでもらいたいように」といった訳出にする。

設問 5 ①　正解は D　▶空欄直後の文 (First came spoken …) では, 様々なものが登場した後で紙が生まれたと述べられており, D.「数多くの発明が紙よりも先に生まれた」を入れれば, 抽象→具体の流れになり文意が合う。
precede「～より先に起こる」

設問 5 ②　正解は B　▶空欄直前の文 (Studying the history …) では, テクノロジーに関する誤解として, テクノロジーが社会を変えるという考えが紹介されている。空欄直後の文 (Society develops technology …) では, 社会で起こっている変化に対処するためテクノロジーが発達したと続いているので, その時系列が反対であると主張していることがわかる。したがって, B.「正確にはその逆である」が正解。空欄直後の文に含まれる address「(問題など) に取り組む」は多義語なので, 整理しておきたい単語。

設問 5 ③　正解は E　▶空欄直前の文 (Society changes, and …) では, 社会が変化し, その変化が新たなニーズを生み出すとある。E.「そうしてテクノロジーが導入される」を選べば, テクノロジーが社会に出現する順序の説明になり, 文意が通じる。新たなテクノロジーと社会変化の関係性においてはテクノロジーの登場が先ではないという主旨を押さえる。

設問 5 ④　正解は C　▶空欄直後の文 (Some technology succeeds …) では, 変わりゆく社会で成功するテクノロジーもあれば, 失敗するテクノロジーもあると続いているので, C.「あらゆるテクノロジーが将来的に成功するわけではない」が正解。
not all (＋名詞)「すべての (名詞) が～というわけではない」 future「将来性, 成功の可能性」

設問 5 ⑤　正解は A　▶最終段 (When Europe finally …) の前半はヨーロッパ地域の発展について説明しているので, A.「アイルランドはイングランドよりもはるか先に進んでいた」のみ文脈が合う。

設問6 (i) 正解は D ▶設問は「なぜ新しいテクノロジーが社会全体にすぐに取り入れられないケースがあるのか，本文で述べられている理由を選べ」というもの。第9段第1文（The Europeans initially …）では紙が発明されてから千年以上経ってもヨーロッパ人は紙を使っていなかったことが述べられ，同段最終文（But it was …）では，彼らが数学や科学を学び，読み書きの能力が広まって初めて，parchment「羊皮紙」ではその需要を満たすことができなくなったとある。新しいテクノロジーが生まれても，既存のもので間に合っており，その必要性が感じられなければ浸透しないことが読み取れるので，D.「社会が発展していく段階で，すでに使われていた製品がその社会で十分に間に合うものであった」が正解。serve「～の役に立つ」

▶それぞれの選択肢の意味は次の通り。

A.「高い教養を備えた民衆は新しいテクノロジーを取り入れることの良い点と悪い点を慎重に比較するのに時間をかけた」
the pros and cons「良い点と悪い点，賛否両論」

B.「言語や文化の違いのようなコミュニケーション上の障害が，知識，アイデア，物が広まるのを遅らせた」

C.「政府が自分たちの地域経済を守るため，競争国で生まれた新しいものに高い輸入税を課した」
innovation「新しいもの，発明」

E.「植民地化されたり，それ以外に利用されたりすることをおそれ，社会が外部の集団と幅広く接触するのを拒否した」
extensive「広範囲の」 colonize「～を植民地化する」

設問6 (ii) 正解は C ▶設問は「本文において，新しく生まれたものが時代と地域を越えて広く取り入れられることを促すことがなかった要望を以下の中から選べ」というもの。

▶第9段最終文（But it was …）で，作るのに時間も費用もかかる parchment「羊皮紙」では需要が満たせなくなり，ヨーロッパでも紙が使われるようになったという経緯が説明されているので，B.「よりコストを下げたいという要望」，D.「量を増やしたいという要望」，E.「より迅速な製造を求める要望」は不適。また，第12段最後から2文目（New technology, rather …）では，新たなテクノロジーは選択肢を増やしているとあるので，A.「より多くの選択肢を求める要望」も不適。C.「より公平な賃金を求める要望」については本文で言及されていないので，正解となる。

設問7　正解は 3・6・9　▶1.「蒙恬によるラクダの毛を使った筆の発明によって，筆記用具の値段が下がり，中国における識字能力が向上する手助けとなった」Meng Tian（蒙恬）が筆を発明したことは第4段（Studying the history …）で言及されているが，それによって筆記用具の値段が下がり，識字能力が向上したという内容は述べられていない。

literacy「読み書きの能力」 implement「道具」

▶2.「朝鮮半島からの移住者が紙を日本に持ち込み，中国式国家の建設を促進するために，それを利用した」 第8段第2文（They adopted the …）の後半で朝鮮の仏教僧が仏教を広めるために紙を日本に持ち込んだとあるが，中国式国家の建設のために利用したという内容は述べられていない。

▶3.「カール=マルクスの見解によれば，ラダイトは自分たちの失業に対して，製造機械には責任がないことを理解できていなかった」 Luddite「ラダイト（機械化反対主義者)」に対するカール=マルクスの見解は，第15段（In his seminal …）で言及されている。彼は自身の著書『資本論』の中で，ラダイトは社会ではなく，機械に反対したため失敗したと指摘し，彼らはその攻撃対象を生産手段（＝製造機械）ではなく，その使用形態に向けるべきであったという内容を記している。マルクスはラダイトたちの失業は資本による雇用形態が原因で，機械そのものに責任があるわけではないと考えており，彼らはそのことを理解していなかったと指摘しているので，正解となる。

be to blame for ～「～について責任がある」

▶4.「16世紀のアステカ人は，慣習にとらわれない考えを広める手段を発見したという点で，宗教改革のときのプロテスタントに似ていた」 本文にこのような内容が述べられている部分はない。

▶5.「トーマス=エジソンは既存のアイデアを商業的に成功が見込めるテクノロジーに作り替えた単なる実用主義者として広く人々の記憶に残っている」 第20段（[④] Some technology …）では，既存のアイデアを社会のニーズに合うテクノロジーに作り替えることで名声を得た人たちの例としてエジソンの名前が挙げられているが，a mere pragmatist「単なる実用主義者」として人々の記憶に残っているという内容ではないので不適。

rework「～を作り替える」 commercially viable「商業的に成功の見込める」

▶6.「現在，紙を作ることは18世紀と比べ，はるかに安くなっているが，今日の紙は大部分が品質的に悪くなっている」 第21段第2文（Paper is far …）の内容に一致。

degenerate「悪くなる」

▶7.「5～11世紀の間，ヨーロッパ人の知的活動は，製紙技術を取り入れたおかげで，アラブ人やアジア人の知的活動より優れていた」 第23段（Using the paper …）では，製紙技術があるかどうかという視点で歴史を見てみると，ヨーロッパ人は文字を読むことができず，科学もなく，最も遅れた人々で，5～11世紀の間はbarbarian「未開人」のままであったと表現されているので本文とは反対の内容。

surpass「～よりまさる」

▶8.「中国語とアラビア語は，可動式活字を使って印刷するのが面倒ではない言語学的特徴を持った言語の例である」 最終段最後から2文目（The Europeans could …）では，ヨーロッパ人がmoveable type「可動式活字」をうまく利用できた理由として，アジア人やアラブ人と違い，彼らがそれに適した文字体系を持っていたからだと説明されている。中国語やアラビア語が可動式活字には適していないことがわかるので不適。

troublesome「面倒な，骨の折れる」

▶9.「人々がどのように紙を発達させ，使ってきたのかという観点から見ると，世界の歴史は支配的な西洋の物語とは異なる」 第23段（Using the paper …）は，製紙技術があるかどうかという視点で歴史を見てみると，ヨーロッパ人は非常に遅れていたという主旨。続く第24段（Most historians today …）でも，ヨーロッパ人がムスリムなど他の文明を破壊したときにも，彼らが多くの点でアジア人やアラブ人に遅れをとっていたことが明らかになったとある。ヨーロッパ人は他の文明を破壊し，支配していった歴史があるが，製紙技術という観点から見れば逆に遅れていたということが読み取れるので，正解。

diverge「異なる，（～から）分岐する」 narrative「物語」

▶10.「書道，粘土板，パピルス，羊皮紙，タイプライターは，本文で言及されている書くことに関するテクノロジーの例である」 calligraphy「書道」は第4段，papyrus「パピルス」は第12段，parchment「羊皮紙」は第9段，typewriter「タイプライター」は第3段でそれぞれ言及されているが，clay tablet「粘土板」については本文で言及されていないので不適。

設問1　紙の製造工程は複雑で，セルロースが未知であった時代にその製法を論理的に思いつくことは難しかったから。(50字以内)

設問2　Every time a new technology is invented, some people criticize it, thinking that it will destroy everything that was good in the past.

設問3　いったんこの方向性が決まった場合に限り，企業はその必要性を満たす新商品を作り出すのである。

設問4　これはまたヨーロッパ人が，自分たちが読んでもらいたいように歴史を書くことができるようになったことも意味した。

設問5　①ーD　②ーB　③ーE　④ーC　⑤ーA

設問6　(i)ーD　(ii)ーC

設問7　3・6・9

6

2021年度〔2〕

次の英文を読んで，以下の設問に答えよ。

Over the centuries, the credentials needed to carry out scientific research have been in flux. Only recently has science become an occupation. (1)In earlier days, science was something for those with the luxury to dedicate their leisure time or spiritual time to follow their curiosity. In the 1600s, Antonie van Leeuwenhoek discovered microorganisms. His professional background? A cloth merchant who learned to make excellent lenses to judge the weave of fabrics. Eventually, he made lenses more powerful than microscopes at that time, which allowed him to curiously examine mucky pond water and plaque on teeth and find tiny life, earning him the title of father of microbiology. Gregor Mendel filled many of his days as a monk with experimental breeding of pea plants to understand how traits are hereditary. That earned him the title of father of genetics. Charles Darwin was a companion to Captain FitzRoy of the Beagle with time to see the world before planning to return and become a parson. Darwin's later days were part of a shift in science. Not only was science becoming a profession, the precursor to citizen science was beginning: Darwin and others started crowdsourcing for data through letters in which people shared their observations from around the world.

In more recent history, fellow citizen scientists have continued to accomplish the remarkable. Citizen science has contributed hugely to entomology. The mystery of monarch butterfly migration had long eluded scientists until Fred Urquhart and Norah Patterson began experimenting with techniques to affix unique tags to butterflies. Once these scientists identified a way to attach a tag to the butterfly without harming their sensitive wings, (2)可能な限り多くの蝶に彼らがタグを付けるのを手伝うためには，より多くの人々が必要であることに彼らは気がついた. In 1952, they asked for the help of thousands of volunteers and started a monarch tagging program, which eventually became the modern-day Monarch Watch. Then, in the mid-1970s, the first tagged monarch was spotted in Mexico. It turned out to be tagged by a Minnesota* school teacher and two of his teenage students, which led to the discovery of the long-distance monarch migration from North America to Mexico in the fall and the return in the spring. The breakthrough was possible because thousands of volunteers had been capturing and tagging the wings of monarchs with postage-stamp-size stickers for decades. To this day people continue to tag monarchs and bring more discoveries, like making us aware of their current population decline.

The modern environmental movement was also inspired by citizen scientists. Rachel Carson's seminal book, *Silent Spring*, revealed the dangers of the pesticide DDT. Predatory birds, such as peregrine falcons, became endangered species because DDT thinned their eggshells. The discovery that their eggshells were thinning was possible because egg specimens found in museums had thicker eggshells. Non-professionals — citizen scientists — had collected those eggshells before the manufacturing of DDT began. (The hobby of collecting wild bird eggs was outlawed in the United States in 1916 with the Migratory Bird Treaty Act, which protected migratory birds, including their nests and eggs.)

(3) In the mid-1990s, citizen science was key to climate change negotiations. British scientists found that birds were laying their eggs earlier in the year because of climate change. The entire dataset, with hundreds of thousands of nesting records, was the result of decades of observations by birdwatchers scattered across England. In making the case for the Kyoto Protocol (the international treaty about climate change action), the British government relied on that research to show that climate change was not a "future" problem but a "now" or urgent problem because it was already affecting life on Earth.

Today, with the internet and smartphones, science is in flux again. Millions of people, each with their own occupation (and many too young to have an occupation yet), share their observations and help process data. Volunteers work online to transcribe thousands of old letters, some originating with Darwin, others from Shakespeare, and others from war diaries. People are needed to turn handwriting into digital text because automation with optical recognition software can't decipher handwriting as well as the human eye. Today, fields like biochemistry advance because people use their free time as players in online games because the human mind is better at spatial reasoning than computers. In the Eterna game, players design RNA, the blueprints that make proteins. In Foldit, a game to solve puzzles of how proteins fold, some players discovered the folded shape of a particular protein associated with AIDS in monkeys. As environmental and health sensors like Fitbits and air-quality monitors become lower cost, people without science credentials are assessing the quality of their environment, providing a check on industries to make sure regulations are followed. In ports like Oakland, California, with significant truck traffic, and in New Orleans, Louisiana, with petrochemical refineries, communities organized by the West Oakland Environmental Indicators Project and Louisiana Bucket Brigade have discovered excessive exposures to pollution where scientists and regulatory enforcers have failed to look. Across the world, eyes of citizen scientists have discovered that endangered monk seals were attempting to recolonize the Mediterranean Sea, that invasive ladybirds in England were rapidly expanding their range, and three new species of dancing peacock spiders in Australia.

Looking across history, (4) what's revealed is that in many areas of study the only way to keep advancing the frontiers is for scientists to collaborate, not just with each other, but with everyone.

*Minnesota アメリカ合衆国内陸の北部にある州の一つ

[Adapted from Darlene Cavalier, Catherine Hoffman, and Caren Cooper, *The Field Guide to Citizen Science: How You Can Contribute to Scientific Research and Make a Difference*. Portland, Oregon: Timber Press, 2020: 15–17.]

設 問

1. 下線部(1)を日本語に訳せ。

2. 下線部(2)を英語に訳せ。

3. 下線部(3)に関連して，京都議定書(Kyoto Protocol)をめぐるイギリス政府の交渉において市民科学が果たした役割とその意義とは何か。60字以内の日本語で説明せよ。(句読点も文字数に含める。)

4. 下線部(4)を日本語に訳せ。

5. 以下の(i)と(ii)の答としてもっとも適切なものを(i)についてはAからG，(ii)についてはAからEの中から選び，記号で答えよ。

(i) According to paragraph 3, in which order did the following events happen? Choose one from A to G.

ア. Rachael Carson published *Silent Spring*.
イ. Predatory birds faced a crisis because of their thinned eggshells.
ウ. Citizen scientists legally gathered eggshell samples.
エ. The pesticide DDT was manufactured.

A. ア → イ → ウ → エ
B. ア → ウ → エ → イ
C. イ → ア → ウ → エ
D. イ → ウ → エ → ア
E. ウ → イ → エ → ア
F. ウ → エ → イ → ア
G. エ → イ → ウ → ア

(ii) Look at the double underlined part in paragraph 5. What does the author mean by "science is in flux again"? Choose one from A to E.

A. A traditional scientific approach is considered particularly important in assessing new surroundings or environments.

B. Citizen scientists today are significantly affecting the world of science like their predecessors did.

C. It happens that the history of science is more often than not marked by images of water.

D. Scientists are constantly facing problems that have arisen over and over again in human history.

E. Scientists are reluctant to accept ideas from different occupations to create new theories.

6. 次の1から7の文から，本文の内容に一致するものを2つ選び，番号で答えよ。

1. Antonie van Leeuwenhoek encouraged his fellow citizen scientists to make science their profession as he dedicated his life to lens making and microorganisms.
2. A Minnesota school teacher and two of his teenage students reported evidence that monarch butterflies travel from North America to Mexico.
3. Tagging monarchs has led to an understanding of their migration patterns and an awareness of their decline in numbers.
4. Citizen scientists meet online to translate letters written by Darwin and Shakespeare.
5. Computers go beyond human capacity for spatial reasoning, efficiently analyzing handwritten letters and proteins.
6. Health monitors can record the quality of air, detect protein folding, and provide detailed data for the advancement of science.
7. Observations by citizen scientists have led to discoveries of new species and brought to light behaviors of endangered sea animals.

全　訳

■科学界における市民科学者たちの貢献

❶ 何世紀にもわたり，科学研究を行うために必要な資質は変化してきた。科学が職業になったのは，ほんの最近のことである。(1)当初，科学は自分たちの好奇心を追求するために，余暇の時間や精神的な時間を捧げられる余裕のある人たちのためのものであった。1600年代，アントニ=ファン=レーウェンフックは微生物を発見した。彼の職歴は？　生地の織り模様を見定めるため，優れたレンズを作れるようになった織物商人である。最終的に彼は，当時の顕微鏡よりも高倍率なレンズを作り，それによって物珍しそうに汚い池の水や歯垢を調べたり，非常に小さな生き物を発見したりすることができ，微生物学の父という称号を手にした。グレゴール=メンデルは，エンドウ豆の特徴がどのように遺伝するのか理解するため，修道士としての日々の多くを，その交配実験を行いながら過ごしていた。それによって彼は遺伝学の父の称号を得た。チャールズ=ダーウィンはビーグル号のフィッツロイ艦長の同行者で，航海から戻って教区牧師になる準備をする前に世界を見て回っている。ダーウィンのその後の人生は，科学の転換期にあたっていた。科学が職業になりつつあっただけでなく，市民科学が登場する前兆も始まっていた。ダーウィンや他の者たちも，手紙でデータのクラウドソーシングを始め，それによって世界中で観察したことを共有していたのである。

❷ さらに最近では，一般市民の科学者たちが素晴らしい成果をあげ続けてきた。市民科学は昆虫学に多大な貢献をしている。フレッド=アーカートとノラ=パターソンが蝶に独自のタグを付ける手法を使って実験を始めるまで，科学者たちは，オオカバマダラの移動の謎を長い間解明できていなかった。いったんこの科学者たちが，繊細な羽を傷つけることなく蝶にタグを付ける方法を突き止めると，可能な限り多くの蝶に彼らがタグを付けるのを手伝うためには，より多くの人々が必要であることに彼らは気がついた。1952年，彼らは何千人ものボランティアに協力を求め，オオカバマダラのタグ付け計画を開始し，それが最終的に今日のモナーク・ウォッチという団体になった。その後，1970年代の半ばに，タグを付けた最初のオオカバマダラがメキシコで発見された。それはミネソタ州のある教師と二人の10代の生徒によってタグ付けされたものだと判明し，秋には北アメリカからメキシコへ，そして春になると北アメリカへと戻ってくるオオカバマダラの大移動の発見につながった。何十年にもわたり，何千人ものボランティアがオオカバマダラを捕まえて，その羽に切手サイズのステッカーを貼り付けてきたおかげで，大発見が可能になったのである。今日まで，オオカバマダラのタグ付けは続いており，現在，その個体

数が減少していることがわかるなど，多くの発見へとつながっている。

❸ また現代の環境保護運動も市民科学者たちによって喚起された。レイチェル=カーソンの先駆的で重要な著書である『沈黙の春』は，殺虫剤 DDT の危険性を明らかにした。DDT の影響で卵の殻が薄くなり，ハヤブサのような捕食鳥は絶滅危惧種となった。博物館にあった卵の標本がより厚い殻だったため，捕食鳥の卵の殻が薄くなっていることがわかったのである。本職ではない人たち ── 市民科学者 ── が，DDT が製造される前に，そういった卵の殻を収集していたのだ（アメリカでは野生の鳥の卵を収集する趣味は，1916 年に巣や卵なども含めて渡り鳥を保護する渡り鳥保護条約法によって禁止された）。

❹ 1990 年代半ばには，市民科学が気候変動に関する交渉のカギとなった。イギリスの科学者たちは，気候変動が原因で，以前よりも早い時期に鳥が卵を産むようになっていることに気がついた。数十万もの巣作りの記録が含まれる全データは，イギリス中に散らばっている野鳥観察者たちの何十年にも及ぶ観察の結果であった。京都議定書（気候変動対策に関する国際条約）への賛成を主張するにあたり，イギリス政府はこの調査を信頼し，気候変動はすでに地球の生き物に影響を及ぼしており，これは「将来」の問題ではなく，「現在」の差し迫った問題であるということを示したのである。

❺ 今日，インターネットとスマートフォンのおかげで，再び科学に変化が起きている。自分の職業を持っている何百万人もの人々（まだ若すぎて仕事に就いていない人も多い）が，観察記録を共有して，データ処理を手伝っている。ボランティアの人たちが，ダーウィン，シェークスピア，戦争日誌といった数多くの古い手紙を文字に起こすためにオンライン上で作業している。光学認識のソフトウェアを使った自動読み取りは，人間の目ほどうまく手書きの文字を判読できないので，手書きの文字をデジタル化するには人手が必要になるのだ。人間の頭脳はコンピュータよりも空間的推論が得意で，人々が空いた時間にオンラインゲームのプレーヤーとして参加することで，今日，生化学のような分野が進展している。エテルナというゲームでは，プレーヤーはタンパク質を合成する設計図の RNA の構造を考える。タンパク質がどのように折り重なるのかというパズルを解くフォールディットというゲームでは，サルのエイズに関連した特定のタンパク質が折り重なる形状を発見したプレーヤーたちもいる。フィットビットや大気質測定装置のような環境センサーや健康センサーの価格が下がるにつれ，科学に関する資格を持っていない人でも，自分たちの環境の質を算定して産業界をチェックし，規制が守られているか確認している。貨物自動車の交通量が非常に多いカリフォルニア州オークランドのような湾岸地域，石油化学精製所のあるルイジアナ州ニューオーリンズでは，ウェスト・オークランド環境測定指標プロジェクトやルイジアナ・バケット・ブリゲードが組

織する団体が，過度の汚染にさらされていることを明らかにしたのだが，これは科学者や規制当局の人たちも見落としていた。世界中で，市民科学者たちの観察によって，絶滅の危機に瀕しているモンクアザラシが再び地中海でコロニーを作ろうとしていることや，イギリスの侵略的外来種のテントウムシが急速に生息地域を広げていることがわかり，オーストラリアではダンスをするピーコックスパイダーの新種が3種見つかっている。

❻ 歴史を見渡すと，(4)明らかになっているのは，多くの研究分野において，最先端の領域を推し進め続けていく唯一の方法は，科学者たちが，自分たちでお互いに協力するだけではなく，あらゆる人たちと協力するということなのである。

各段落の要旨

❶ 当初，科学は好奇心を追求するために時間を捧げられる人たちのためのものであったが，ダーウィンが晩年を迎えるころから科学の転換期が始まり，市民科学が登場する前兆も始まっていた。

❷ 近年では市民科学者たちが素晴らしい業績を上げているが，なかでも昆虫学において多大な貢献をしている。彼らによって長年にわたり謎であったオオカバマダラという蝶の生態の解明にもつながった。

❸ レイチェル=カーソンの『沈黙の春』によって殺虫剤 DDT の危険性が明らかになったが，その際，市民科学者たちが収集した標本が役に立つなど，彼らは現代の環境保護運動にも影響を及ぼした。

❹ 一般の野鳥観察者が提供したデータは，気候変動が現在の差し迫った問題であるということをイギリス政府に示した。

❺ インターネットとスマートフォンのおかげで，様々な科学の分野において，市民科学者たちが観察記録を共有して，データ処理を手伝い，多くの成果を上げている。

❻ 多くの研究分野において，最先端の領域を推し進めていく唯一の方法は，科学者たちが様々な人たちと協力することである。

解　説

設問1 In earlier days, science was something for those with the luxury to dedicate their leisure time or spiritual time to follow their curiosity.

▶ those が「人々」という意味の代名詞で，with the luxury … が those を修飾する形容詞句として処理できたかがポイント。訳出は「余裕のある人々」といった表現になる。

▶ to dedicate 以下は the luxury を修飾する不定詞の形容詞用法。dedicate *A* to *B*「*A* を *B* に捧げる」という語法で使うことが多いが，ここでは to follow their curiosity と不定詞句が続いているので，目的を表す副詞的用法で処理し，「～するために余暇の時間や精神的な時間を捧げる」とすればよい。follow は目的語が curiosity「好奇心」となっているので「～を追求する」といった訳出になる。
spiritual「精神的な」

設問 2 **可能な限り多くの蝶に彼らがタグを付けるのを手伝うためには，より多くの人々が必要であることに彼らは気がついた**

▶主節の骨格は「彼らは…ということに気づいた」の部分なので they realized (that) ～とすればよい。

▶**可能な限り多くの蝶に彼らがタグを付けるのを手伝うためには**

- 目的の意味を表す不定詞の副詞用法と help *A* (to) *do* の形を使って表現すればよい。「タグを付ける」は下線部を含む文でも使われている attach *A* to *B* で表現できる。また，tag には「～にタグを付ける」という他動詞の用法があるのでこの単語を使ってもよい。「可能な限り多くの蝶」の部分は as ～ as possible の定型表現。

▶使うべき構文はシンプルなので，名詞の単数・複数，時制といった基本的な部分で失点しないようにしたい。

設問 3 ▶第 4 段（In the mid-1990s, …）では，イギリスが京都議定書への賛成を主張するにあたり，イギリス各地にいる一般の野鳥観察者たちが収集したデータを根拠にしたことが述べられている。同段最終文（In making the …）では，そのデータを信頼したイギリス政府が，気候変動は現在の差し迫った問題であることを示したとあるので，一般の野鳥観察者が提供したデータによって，気候変動が現在の差し迫った問題であるとイギリス政府が示すことができたという内容をまとめる。
negotiation「交渉」 make the case for ～「～に賛成の主張をする」 urgent「緊急の」

設問 4 **what's revealed is that in many areas of study the only way to keep advancing the frontiers is for scientists to collaborate, not just with each other, but with everyone**

▶文頭の what は関係代名詞で what's revealed「明らかになっていること」が主部。that 以下は名詞節を形成し，主節の補語となっている。

▶ that 節内の述語動詞は is なので SVC の第 2 文型。in many areas of study が副詞句で the only way が主語であることを見抜く。to keep advancing the frontiers は the only way を修飾する不定詞の形容詞用法。
keep *doing*「～し続ける」 frontier「最先端，未開拓の領域」

▶ to collaborate 以下は不定詞の名詞用法で，for scientists はこの不定詞句の意味上の主語。collaborate with ～「～と協力する」の with 以下が not just ～ but …「～だけでなく…」の形となっているので，「科学者たちは自分たちでお互いに協力するだけではなく，あらゆる人たちと協力する」といった訳出にする。

設問5 (i) 正解は F ▶第3段第3文 (Predatory birds, such …) では，pesticide DDT「殺虫剤 DDT」の影響で，卵の殻が薄くなり，predatory bird「捕食鳥」が絶滅危惧種となったとある。続く同段第4・5文 (The discovery that … of DDT began.) には，DDT の製造前に市民科学者たちが卵の殻を収集しており，その標本によって，以前よりも卵の殻が薄くなっていることが判明したと説明されている。したがって，時系列としては，市民科学者たちが卵の殻の標本を採集→DDT の製造→捕食鳥が絶滅危惧種となる→レイチェル=カーソンの『沈黙の春』の出版となるので，Fが正解。

設問5 (ii) 正解は B ▶着目点は flux「(絶え間ない) 変化」という単語ではなく again。科学が再びどのようになっているのか読み取ればよい。第5段 (Today, with the …) では，インターネットとスマートフォンのおかげで，様々な科学の分野において，本職ではない市民科学者たちが成果を上げていることが具体例とともに説明されている。第1段 (Over the centuries, …) では科学が職業になったのは最近のことで，歴史的に見ると，科学が本職ではなかった人たちが様々な発見をしてきたことが説明され，第2段 (In more recent …) 以降もこれまでの市民科学者たちの活躍ぶりが紹介されている。したがって，B.「昔の市民科学者たちと同様に，今日の市民科学者たちは科学界に大きな影響を与えている」が最も適切。predecessor「前任者，先輩」

▶それぞれの選択肢の意味は次の通り。

A.「従来の科学的手法は，新たな状況や環境を評価する際に，とりわけ重要だと考えられている」
assess「～を評価する」

C.「たまたま，科学の歴史は水のイメージで表されることが多い」
it happens that ～「たまたま～である」 more often than not「たいてい」

D.「科学者たちは人類の歴史上何度も生じてきた問題に常に直面している」

E.「新たな理論を考えるにあたり，科学者たちは異なる職業からの意見を受け入れたがらない」
be reluctant to *do*「～したがらない」

設問6 正解は 3・7 ▶1.「アントニ=ファン=レーウェンフックは自分自身がレンズ作りと微生物に人生を捧げたように，仲間の市民科学者たちに科学を自分の職業にするよう勧めた」 第1段第4文（In the 1600s, …）以降で，アントニ=ファン=レーウェンフックが優れたレンズを作り，様々な微生物を発見したとはあるが，仲間に科学を仕事にするよう勧めたという記述はない。選択肢に含まれる make science their profession の部分が第5文型であることを見抜いて正確に解釈する。
microorganism「微生物」

▶2.「ミネソタ州の教師と二人の10代の生徒は，オオカバマダラが北アメリカからメキシコまで移動したという証拠を報告した」 第2段第6・7文（Then, in the … in the spring.）で，ミネソタ州の教師とその二人の生徒がタグを付けたオオカバマダラがメキシコで見つかったとはあるが，彼らがそれを報告したわけではないので不適。

▶3.「オオカバマダラにタグを付けることで，その移動パターンを理解し，その数が減少していることが把握できた」 第2段第7文（It turned out …）で，タグを付けられたオオカバマダラの観察によって，それらが北アメリカからメキシコへ移動していることが判明したとある。さらに同段最終文（To this day …）では，オオカバマダラのタグ付けは今でも続いており，その個体数が減っていることも観察されているとあるので，本文の内容に一致。
migration「移動」

▶4.「市民科学者たちは，ダーウィンとシェークスピアによって書かれた手紙を翻訳するためにオンライン上で集まっている」 第5段第3文（Volunteers work online …）から，ボランティアの人たちは，ダーウィンやシェークスピアの古い手紙を文字に起こすためオンライン上で作業しており，それらを翻訳しているわけではないので不適。transcribe「～を文字に起こす，～を複写する」はやや難しい単語だが，第5段第4文（People are needed …）の handwriting「手書きの文字」を digital text「デジタル化されたテキスト」にするには人手が必要であるという内容から推測したい。

▶5.「コンピュータは空間的推論において人間の能力よりも勝っており，手書きの文字やタンパク質を効率よく分析できる」 第5段第5文（Today, fields like …）後半の because 以下で，人間の頭脳はコンピュータよりも空間的推論が得意だと述べられているので不適。
spatial「空間的な」

▶6.「衛生モニターは空気の質を記録し，タンパク質の折り重なり方を突き止め，科学の進歩のための詳細なデータを提供することができる」 本文中にこのような内容が述べられている部分はない。

detect「～を見つける」

▶7.「市民科学者たちの観察によって，新たな種が発見され，絶滅の危機に瀕した海洋動物の行動が明らかになった」 第5段最終文（Across the world, …）で，市民科学者たちの観察によって，絶滅の危機に瀕している monk seal「モンクアザラシ」が再び地中海でコロニー（同種の動植物が共生する集団）を作ろうとしていることが確認され，オーストラリアでは peacock spider「ピーコックスパイダー」の新種が見つかったと述べられているので，本文と一致。

bring *A* to light「*A* を明るみに出す」

解答

設問1　当初，科学は自分たちの好奇心を追求するために，余暇の時間や精神的な時間を捧げられる余裕のある人たちのためのものであった。

設問2　they realized that they needed more people to help them to attach tags to as many butterflies〔monarchs〕as possible

設問3　一般の野鳥観察者が提供したデータによって，気候変動は現在の差し迫った問題であるとイギリス政府が示すことができたこと。(60字以内)

設問4　明らかになっているのは，多くの研究分野において，最先端の領域を推し進め続けていく唯一の方法は，科学者たちが，自分たちでお互いに協力するだけではなく，あらゆる人たちと協力するということなのである

設問5　(i)－F　(ii)－B

設問6　3・7

7 2020年度〔1〕

次の英文を読んで，以下の設問に答えよ。

The idea that cooking is a defining human activity is not a new one. In 1773, the Scottish writer James Boswell, noting that "no beast is a cook," called *Homo sapiens* "the cooking animal." (Though he might have reconsidered that definition had he been able to gaze upon the frozen-food cases at Walmart.) Fifty years later, in *The Physiology of Taste,* the French gastronome Jean Anthelme Brillat-Savarin claimed that cooking made us who we are; by teaching men to use fire, it had "done the most to advance the cause of civilization." More recently, Lévi-Strauss, writing in *The Raw and the Cooked* in 1964, reported that many of the world's cultures entertained a similar view, regarding cooking as the symbolic activity that "establishes the difference between animals and people."

For Lévi-Strauss, cooking was a metaphor for the human transformation of raw nature into cooked culture. But in the years since the publication of *The Raw and the Cooked*, other anthropologists have begun to take quite literally the idea that the invention of cooking might hold the evolutionary key to our humanness. A few years ago, a Harvard anthropologist and primatologist named Richard Wrangham published a fascinating book called *Catching Fire*, in which he argued that it was the discovery of cooking by our early ancestors — and not tool making or meat eating or language — that set us apart from the apes and made us human. According to the "cooking hypothesis," the advent of cooked food altered the course of human evolution. By providing our forebears with a more energy-dense and easy-to-digest diet, it allowed our brains to grow bigger (brains being notorious energy guzzlers) and our guts to shrink. It seems that raw food takes much more time and energy to chew and digest, which is why other primates our size carry around substantially larger digestive tracts and spend many more of their waking hours chewing — as much as six hours a day.

(1)調理は，事実上，噛んで消化するという作業の一部を引き受け，外部のエネルギー源を用いて，われわれの身体の外部で，それを遂行してくれたのである。 Also, since cooking detoxifies many potential sources of food, the new technology cracked open a treasure trove of calories unavailable to other animals. Freed from the necessity of spending our days gathering large quantities of raw food and then chewing (and chewing) it, humans could now devote their time, and their metabolic resources, to other purposes, like creating a culture.

Cooking gave us not just the meal but also the occasion: the practice of eating together at an appointed time and place. This was something new under the sun, for the forager of raw food would have likely fed himself on the go and alone, like all the other animals. (Or, come to think of it, like the industrial eaters we've more recently become, grazing at gas stations and eating by ourselves whenever and wherever.) But sitting down to common meals, making eye contact, sharing food, and exercising self-restraint all served to civilize us. "Around that fire," Wrangham writes, "we became tamer."

Cooking thus transformed us, and not only by making us more sociable and civil. (2)Once cooking allowed us to expand our cognitive capacity at the expense of our digestive capacity, there was no going back: Our big brains and tiny guts now depended on a diet of cooked food. (Raw-foodists take note.) What this means is that cooking is now obligatory — it is, as it were, baked into our biology. What Winston Churchill once said of architecture — "First we shape our buildings, and then they shape us" — might also be said of cooking. First we cooked our food, and then our food cooked us.

If cooking is as central to human identity, biology, and culture as Wrangham suggests, it stands to reason that the decline of cooking in our time would have serious consequences for modern life, and so it has. Are they all bad? Not at all. The outsourcing of much of the work of cooking to corporations has relieved women of what has traditionally been their exclusive responsibility for feeding the family, making it easier for them to work outside the home and have careers. It has headed off many of the conflicts and domestic arguments that such a large shift in gender roles and family dynamics was bound to spark. It has relieved all sorts of other pressures in the household, including longer workdays and overscheduled children, and saved us time that we can now invest in other pursuits. It has also allowed us to diversify our diets substantially, making it possible even for people with no cooking skills and little money to enjoy a whole different cuisine every night of the week. All that's required is a microwave.

These are no small benefits. Yet they have come at a cost that we are just now beginning to reckon. Industrial cooking has taken a substantial toll on our health and well-being. Corporations cook very differently from how people do (which is why we usually call what they do "food processing" instead of cooking). They tend to use much more sugar, fat, and salt than people cooking for people do; they also deploy novel chemical ingredients seldom found in pantries in order to make their food last longer and look fresher than it really is. So (3)it will come as no surprise that the decline in home cooking closely tracks the rise in obesity* and all the chronic diseases linked to diet.

The rise of fast food and the decline in home cooking have also undermined the institution of the shared meal, by encouraging us to eat different things and to eat them on the run and often alone. Survey researchers tell us we're spending more time engaged in "secondary eating," as this more or less constant grazing on packaged foods is now called, and less time engaged in "primary eating" — a rather depressing term for the once-venerable institution known as the meal.

The shared meal is no small thing. It is a foundation of family life, the place where our children learn the art of conversation and acquire the habits of civilization: sharing, listening, taking turns, navigating differences, arguing without offending. What have been called the "cultural contradictions of capitalism" — its tendency to undermine the stabilizing social forms it depends on — are on vivid display today at the modern American dinner table, along with all the brightly colored packages that the food industry has managed to plant there.

These are, I know, large claims to make for the centrality of cooking (and not cooking) in our lives, and a caveat or two are in order. For most of us today, the choice is not nearly as blunt as I've framed it: that is, home cooking from scratch versus fast food prepared by corporations. Most of us occupy a place somewhere between those bright poles, a spot that is constantly shifting with the day of the week, the occasion, and our mood. Depending on the night, we might cook a meal from scratch, or we might go out or order in, or we might "sort of" cook. This last option involves availing ourselves of the various and very useful shortcuts that an industrial food economy offers: the package of spinach in the freezer, the can of wild salmon in the pantry, the box of store-bought ravioli from down the street or halfway around the world. What constitutes "cooking" takes place along a spectrum, as indeed it has for at least a century, when packaged foods first entered the kitchen and the definition of "scratch cooking" began to drift. (Thereby allowing me to regard my packaged ravioli with sage-butter sauce as a culinary achievement.) Most of us over the course of a week find ourselves all over that spectrum. What is new, however, is the great number of people now spending most nights at the far end of it, relying for the preponderance of their meals on an industry willing to do everything for them save the heating and the eating. "We've had a hundred years of packaged foods," a food-marketing consultant told me, "and now we're going to have a hundred years of packaged meals."

This is a problem — for the health of our bodies, our families, our communities, and our land, but also for our sense of how our eating connects us to the world. Our growing distance from any direct, physical engagement with the processes by which the raw stuff of nature gets transformed into a cooked meal is changing our understanding of what food is. Indeed, the idea that food has *any* connection to nature or human work or imagination is hard to credit when it arrives in a neat package, fully formed. Food becomes just another commodity, an abstraction. And as soon as that happens we become easy prey for corporations selling synthetic versions of the real thing — what I call edible foodlike substances. We end up trying to nourish ourselves on images.

Now, for a man to criticize these developments will perhaps rankle some readers. (4)一部の人の耳には，男性が料理の重要性について語るたびに，その人が時計を逆戻しにして，女性を台所へ戻したがっているように聞こえる。But that's not at all what I have in mind. I've come to think cooking is too important to be left to any one gender or member of the family; men and children both need to be in the kitchen, too, and not just for reasons of fairness or equity but because they have so much to gain by being there. In fact, one of the biggest reasons corporations were able to insinuate themselves into this part of our lives is because home cooking had for so long been denigrated as "women's work" and therefore not important enough for men and boys to learn to do.

Though it's hard to say which came first: Was home cooking denigrated because the work was mostly done by women, or did women get stuck doing most of the cooking because our culture denigrated the work? The gender politics of cooking are nothing if not complicated, and probably always have been. Since ancient times, a few special types of cooking have enjoyed considerable prestige: Homer's warriors barbecued their own joints of meat at no cost to their heroic status or masculinity. And ever since, it has been socially acceptable for men to cook in public and professionally — for money. (Though it is only recently that professional chefs have enjoyed the status of artists.) But for most of history most of humanity's food has been cooked by women working out of public view and without public recognition. Except for the rare ceremonial occasions over which men presided — the religious sacrifice, the July 4 barbecue, the four-star restaurant — cooking has traditionally been women's work, part and parcel of homemaking and child care, and therefore undeserving of serious — i.e., male — attention.

But there may be another reason cooking has not received its proper due. In a recent book called *The Taste for Civilization*, Janet A. Flammang, a feminist scholar and political scientist who has argued eloquently for the social and political importance of "food work," suggests the problem may have something to do with food itself, which by its very nature falls on the wrong side — the feminine side — of the mind-body dualism in Western culture.

"Food is apprehended through the senses of touch, smell, and taste," she points out, "which rank lower on the hierarchy of senses than sight and hearing, which are typically thought to give rise to knowledge. In most of philosophy, religion, and literature, food is associated with body, animal, female, and appetite — things civilized men have sought to overcome with knowledge and reason."

(5)Very much to their loss.

*obesity　肥満

[Adapted from Michael Pollan, *Cooked: A Natural History of Transformation*. New York: Penguin Books, 2014: 5–11.]

設　問

1. 下線部(1)を英語に訳せ。

2. 下線部(2)を日本語に訳せ。

3. 下線部(3)を日本語に訳せ。

4. 下線部(4)を英語に訳せ。

5. 下線部(5)について，それは誰にとっての，どういった損失と考えられるか。50字以内の日本語で説明せよ。(句読点も文字数に含める。)

6. 以下の(1)から(4)の答としてもっとも適切なものをAからEの中から選び，記号で答えよ。

(1) Look at the phrase, "cultural contradictions of capitalism," marked with double underlining. Which of the following statements does it refer to?

A. Capitalist societies that employ millions of workers in the food industry are, on the whole, better off than societies that rely on unpaid domestic labor to produce meals.

B. Capitalist societies would not exist without people acquiring communication skills at domestic meals, yet capitalism works against such gatherings continuing to occur.

C. Paradoxically, cooking and eating together less often can have long-term positive effects on maintaining a capitalist society.

D. People who have ceased to cook and eat together at home on a regular basis are likely to reject capitalism as the basis for their social order.

E. The shortcomings of capitalism are obvious to people who rely on corporations to provide mass-produced packaged meals.

(2) Select a statement mentioned in the text that offers an explanation for cooking having been thought of as "female" in the West.

A. Depictions of ancient gods of the household and the kitchen tend to have exhibited distinctly female features.

B. In Western history, the readership for the majority of cookbooks and kitchen advice has been women.

C. Men have cooked less frequently since the Industrial Revolution, which forced them to work away from home.

D. Philosophers have failed to appreciate diverse understanding and expertise obtained from each of the five senses.

E. Women and children have been excluded from rituals that involve food in Western religions led by men.

(3) Select a statement that reflects one of the author's opinions on eating patterns.

A. In the future, edible foodlike substances that do not resemble familiar meals will free humans at last from the nuisance of cooking.

B. People who reheat industrially prepared food at home are likely to contribute more to society than those who take time to cook from scratch.

C. The benefits outweigh the disadvantages for people who share cooking responsibilities and eat a variety of foods at home with others.

D. The most reliable way to ensure longevity would be to consume primarily foods that have not been heated.

E. We are most in tune with the needs of our body when we feed ourselves regardless of location, time, and the presence of other people.

(4) Which factor does the author NOT mention regarding modern eating patterns?

A. disconnection from the origins of our food

B. individual consumers' physical well-being

C. personal financial burden associated with food purchase and preparation

D. social transmission of culture and manners at meals

E. time spent on cooking that could be devoted to other activities

7. 次の1から10の文から，本文の内容に一致するものを3つ選び，番号で答えよ。

1. According to Western writers from the 18th century onwards, humans would have evolved more rapidly if they had not been slowed down by the biological need to cook much of their food.
2. The discovery of fire enabled humans to drive away predators while they ate, allowing them to take in more calories, and to kill harmful bacteria and other microorganisms on the food.
3. Winston Churchill advocated for designing the architecture of homes and workplaces such that pleasant spaces for communal meals would be given highest priority.

4. Potential friction among family members in dual-income households could be minimized thanks to processed foods that help reduce meal preparation time.
5. "Primary eating" refers to grabbing a quick breakfast alone, while "secondary eating" entails partaking of lunch or dinner at a more leisurely pace with colleagues, friends, and/or family.
6. Whereas children may be deceived into thinking that brightly colored packaging contains food that is good for their body, adults in contemporary society are not so easily misled.
7. What is regarded as cooking has depended on how close ingredients are to their natural form and on the degree to which the cook has altered their appearance.
8. If women were skilled at cooking cuisines from around the world, men would consider cooking to have greater social and cultural importance than they generally do at present.
9. People who rarely share meals with others are likely to eat a smaller variety and quantity of food, spend more time communicating with acquaintances online, and not know how to cook.
10. Some technologies that have made the industrialization of cooking possible include the freezer, the microwave, chemical preservatives, convenient packaging, and canning.

全 訳

■料理と人間の関わりについて

❶ 料理をすることが人間の行う特徴的な活動だ，という考えは新しいものではない。1773 年，スコットランドの作家ジェイムズ=ボズウェルは，「料理をする野獣はいない」と記し，ホモ・サピエンスを「料理をする動物」と呼んだ（彼がウォルマートの冷凍食品ケースを見ることができたなら，この定義を考え直すかもしれないが）。50 年後，フランスの美食家ジャン=アンテルム=ブリア-サヴァランは，『美味礼讃』の中で，料理が私たちを人間にしたと主張している。つまり，料理によって火の使い方がわかり「文明を進歩させる大きな要因となった」というわけだ。さらに最近では，レヴィ-ストロースが 1964 年に『生のものと火を通したもの』を執筆し，世界の多くの文化で同じような考え方が見られ，料理が「動物と人間を区別する」象徴的な活動と見なされていると報告している。

❷ レヴィ-ストロースにとって，料理は人間が生（き）のままの自然に手を加えて文化に変えたことの隠喩だった。しかし，『生のものと火を通したもの』を出版してから数年後，他の人類学者たちが，料理の発明は人間らしさの進化上のカギを握っている可能性があるという考えを文字通り採用するようになった。数年前，ハーバード大学の人類学者で霊長類学者のリチャード=ランガムが『火の賜物』という興味深い本を刊行し，その中で，私たちが類人猿と分かれてヒトになったのは，私たちの遠い祖先が調理することを発見したからである――道具製作でも肉食でも言葉でもなく――と主張している。この「料理仮説」によると，料理の登場は人類の進化の方向性を変えたという。私たちの先祖はより栄養価が高く消化しやすい食事が得られたことで，脳が大きくなり（脳は悪名高きエネルギーの大量消費器官である），胃腸が小さくなった。生の食べ物は咀嚼して消化するのに多くの時間とエネルギーが必要なのだが，そのことが人類と同じ大きさの他の霊長類がかなり長い消化器官を持ち，起きている時間の多く――1 日 6 時間も――を咀嚼するのに費やしている理由なのである。

❸ 調理は，事実上，噛んで消化するという作業の一部を引き受け，外部のエネルギー源を用いて，われわれの身体の外部で，それを遂行してくれたのである。また，調理は多くの食材を解毒するので，その新たな技術的方法により，他の動物たちでは食することができないカロリーの宝庫をこじ開けることになった。生の食料を大量に集め，それを延々と咀嚼することに毎日を費やす必要性から解放され，人類は自分たちの時間とエネルギーを文化創造など他の目的に捧げられるようになったのである。

❹ 料理はただ単に食事だけでなく，絶好の機会も与えてくれた。決まった時間と場所で他者とともに食事をする習慣である。この世界では，これは新しいことであった。というのも生の食料を探し求めていた人々は，他のすべての動物たちと同様，一人であちこちを動き回り，自分だけで食べ物を食べていた可能性が高かったからである（そう考えてみると，ガソリンスタンドで軽い食事で済ませたり，いつでもどこでも一人で食事をすることが増えている工業化社会の現代人に似ている）。しかし，同じ食べ物を囲んで座り，目を合わせて，一緒に食事をしながら自制していくことすべてが，われわれ人類の文明化に寄与したのだ。「火を囲んで，私たちはおとなしくなったのである」とランガムは記している。

❺ こうして調理によって私たちは変わったのだが，それは単に，より社会性が高まり礼儀正しくなったことだけによるのではない。(2)調理をすることで消化能力を犠牲にしていったん認知能力が高まると，そこから後戻りすることができなくなった：その時点で私たちの大きな脳と小さな胃腸は調理された食べ物の食事を頼りにすることになった（完全な生食主義者は注意していただきたい）。これが意味するのは，調理することが義務的なものになってしまった――言ってみれば，調理することは人間の生態に組み込まれてしまった――ということである。ウィンストン=チャーチルがかつて建築について語ったことが――「まず最初に人間が建物を形作り，しかるのち建物が人間を形作った」――調理についても言えるのかもしれない。まず最初に人間が食べ物を調理して，しかるのち，その食べ物が人間を調理したのだ。

❻ ランガムが示唆しているように，料理が人間のアイデンティティ，生態，文化にとって重要なものであるなら，今日，料理が衰退していることは，現代生活に深刻な影響をもたらす可能性があることは当然であり，実際にそうなっている。それはすべて悪いことなのか？　そうではない。料理をする作業の大半を企業に外注することで，女性たちはそれまで一人で背負ってきた家族に食事を出すという責任から解放され，彼女たちが外で働き，キャリアを築いていくことが以前よりも容易になった。それは，性別による役割や家族の相互関係におけるそのような大きな変化によって必ず引き起こされる衝突や家庭内の言い争いも数多く防いできた。それは労働時間の延長やスケジュールが過密になっている子供たちも含め，家庭内のあらゆる重圧を軽減し，他のやりたいことに充てられる時間も増えた。また食事が大幅に多様化し，たとえ料理の技術がなくても，お金があまりなくても，一週間のうち毎晩，まったく違った料理を楽しむことができるようになった。必要なのは電子レンジだけである。

❼ これらは些細な恩恵ではない。しかしながら，それらのせいで，支払うべき代償は相当なものになってきている。その代償が何か，私たちは今まさに気づき始め

ているのだ。工場での調理は私たちの健康と幸福に大きな打撃を与えてきた。工場では人々が行う方法とはまったく異なる方法で調理をしている（それゆえ，私たちは通常，彼らがやっていることを調理と呼ばず，「食品加工」と呼んでいるのだ）。工場では，人々が自分たちのために料理するよりも，はるかに多くの砂糖，油，塩を使う傾向がある。さらには，食品を長持ちさせ，実際よりも新鮮に見えるようにするため，食料棚ではめったに見られない奇抜な化学調味料も使われている。したがって，(3)家庭での調理が減ったことが，肥満および食事と関連するあらゆる慢性疾患の増加と密接につながっていることは何ら驚くことではない。

❽ また，ファストフードの増加と家庭での調理の減少は，それぞれ違うものを食べ，急ぎながら多くの場合は一人でそれらを食べるように促すことで，一緒に食事をするという慣習を徐々に衰退させてきた。調査研究者によると，私たちは程度の差はあるがいつも包装された食品で済ますことを指す「補助的な摂食」をすることが多く，「基礎的な摂食」── 食事として知られ，かつては尊いものだった慣習を表す気が滅入る言葉 ── をすることが減ってきているのだという。

❾ 一緒に食事をすることは些事ではない。それは家族生活の土台であり，子供たちが会話の術（すべ）を学び，文明社会の習慣を獲得する場である。すなわち，分かち合い，話を聞き，順番を守り，違いを受け入れ，人を怒らせずに議論することが，そこで学ばれるのだ。「資本主義の文化的矛盾」── その基盤となる安定した社会形態を弱体化させる傾向 ── と呼ばれているものは，食品産業が送り込んできた色鮮やかに包装された食べ物が並ぶ，現代のアメリカの夕食時のテーブルが鮮明に象徴している。

❿ それらは日常生活で料理をすること（そして料理をしないこと）の重要性を強く主張するものだとは認識しているが，少し但し書きを入れておくのが適切であろう。今日，大半の人々にとって，その選択は私が示してきたほど単刀直入なものではない。つまり，一から作る家庭料理 VS 企業が作るファストフード，というものではないのだ。大半の人はその 2 つの間のどこかに身を置き，その位置は曜日，状況，気分によって常に変わっている。その日の夜によって，一から食事を作るかもしれないし，外食をしたり，宅配を頼んだり，「少しだけ」料理をするかもしれない。この最後の選択肢には，食品産業の節約手段が提供してくれる様々な，そして非常に便利で簡単な方法を利用することも含まれている。冷凍ホウレンソウの袋詰め，食品棚にあるサケの缶詰，店で買った箱詰めのラビオリなど，近くで作られたものや地球の反対側で作られたものもある。包装された食品が初めてキッチンに登場し，「一から調理すること」の定義が揺らぎ始めたとき，実際にそれ以来少なくとも 100 年間はそうであったのだが，「調理」の構成に幅ができたのである（その結果，私はパッケージに入ったラビオリにセージバターソースをかけたものを調理

と見なすようになった)。一週間の間,私たちの大半はその幅の中に身を置いている。しかし,新たな状況としては,非常に多くの人たちが,その幅の極端な位置で多くの夜を過ごし,食事の大部分を何でも進んでやってくれる産業界に頼ることで,調理と食事の手間を省いているのだ。ある食料品販売のコンサルタントは「包装された食品が登場して100年になりますが,これから,包装された食事の100年が始まるのです」と私に語った。

⓫ これは私たちの健康,家族,地域社会,地上にとってだけではなく,食べることを通じて私たちが世界とどのようにつながっているのかという意識にとっても問題である。自然の原材料が調理された食事に変わるプロセスに直接携わることから遠ざかるようになり,食べ物とは何かという理解も変わってきている。実際,食べ物が出来上がった形できれいに包装されて届くと,食べ物が自然,人間が作り出すもの,想像力とつながっているという考えを信じるのは難しくなる。食べ物が単なる1つの商品という抽象的なものになってしまうのだ。そしてこうなった途端に,私たちは本物に似せた合成食品——食べることができる食べ物のような物質と私が呼んでいるもの——を売る企業の格好の餌食となってしまう。最終的にはイメージで栄養を摂取しようとすることになるのだ。

⓬ 一人の男がそうした推移を批判すると,腹立たしく思う読者の方もいるかもしれない。一部の人の耳には,男性が料理の重要性について語るたびに,その人が時計を逆戻しにして,女性を台所へ戻したがっているように聞こえる。しかし,それは私が考えていることとまったく違う。私は,料理はあまりにも重要なので,女性だけあるいは家族の誰か一人に任せることはできないと考えている。単に公平性や平等を理由にするのではなく,キッチンにいることで非常に多くのことが得られるからこそ,男性と子供もそこに立つ必要があるのだ。実は,私たちの生活のこの部分に企業が入り込むことができた大きな理由の1つは,家庭での料理が「女の仕事」であり,それゆえに男性や男の子が学ぶほど重要なものではないと過小評価されてきたからである。

⓭ しかし,どちらが先だったのかを示すのは難しい。家庭での料理は主に女性が行っていたので過小評価されたのか,それとも,私たちの文化がその仕事を過小評価していたので,女性がその大半をせざるを得なくなったのか? 料理に関する男女間の力関係はとりわけ複雑で,おそらく昔からそうであった。古代から,いくつかの特別な種類の料理はかなりの名声を享受してきた。ホメロスの作品に登場する戦士は肉の塊を焼いて調理しているが,英雄の地位や男らしさは失われていない。さらにその後もずっと,男性が人前で,あるいは職業として——お金のために——料理をすることは社会的に受け入れられてきた(プロの料理人が芸術家ほどの地位を享受するようになったのはつい最近のことだが)。しかし,歴史の大半を

通して，表に出ず，公に認められることもなく働いてきた女性たちによって，多くの料理は作られてきたのだ。男性が主宰する稀にある式典行事――宗教的な生贄，7月4日のバーベキュー，4つ星レストラン――を除いて，料理は伝統的に女性の仕事であり，家事や育児の不可欠な部分だったため，真剣な関心――すなわち男性からの――が向けられてこなかったのである。

⑭ しかし，料理が適切な評価を得られなかったことには，もう1つの理由があるかもしれない。「フード・ワーク」の社会的および政治的重要性を雄弁に主張しているフェミニスト学者で政治学者のジャネット=A.フラマンは，『文明の味』という最近出版された著書の中で，問題は食べ物自体のとらえ方に関係している可能性があり，まさにその性質によって，食べ物が西洋文化の精神と体の二元論における悪い方――女性的な側面――に置かれていると示唆している。

⑮「食べ物は触覚，嗅覚，味覚によって理解することができるのですが，それらの感覚は，一般的に知識を高めると考えられている視覚や聴覚よりも，感覚の序列が低くなっているのです。哲学，宗教，文学の大半において，食べ物は肉体，動物，女性，食欲――文明社会の男性が知識と理性で克服しようとしてきたもの――と結びつけて考えられています」と彼女は指摘している。

⑯ 男性たちが失ったものは非常に大きい。

各段落の要旨

❶ 料理をすることは動物と人間を区別する特徴的な活動である。

❷ 料理によって消化しやすく栄養価の高い食事を手に入れたおかげで，人類の脳は大きくなり，消化器官が小さくなった。

❸ 調理によって，人間は噛んで消化する時間が減り，余った時間を文化創造など他の目的に使えるようになった。

❹ 料理の登場で人間は他者と食事をするようになり，その結果，社会性が高まり，文明化に寄与することとなった。

❺ 人間の大きな脳と小さな胃腸は調理された食べ物に頼らなければならなくなり，人間にとって調理することは義務的なものとなった。

❻ 料理を外注することで，女性は他のことにも時間が割けるようになり，電子レンジさえあれば，様々な料理を楽しめるようにもなった。

❼ 加工食品の増加によって家庭での料理が減り，肥満などの慢性疾患が増加している。

❽ ファストフードの増加によって，一人で食事をすることが増え，一緒に食事をするという慣習が徐々に衰退した。

❾ 一緒に食事をすることは家族生活の土台であり，子供たちが文明社会の習慣を獲得する場である。

❿ 今日では，一から料理することの定義が揺らぎ，料理の構成に幅ができているが，多くの人はその幅の極端な位置に属し，食事の大部分を食品産業界に頼り，料理と食事の手間を省いている。

⑪ 出来上がった形できれいに包装された食べ物が増えることで，原材料とのつながりを意識することがなくなると，本物に似せた合成食品を売る企業の標的となる。
⑫ 料理をするという営みは非常に重要で，多くのことを得られるため，男性や子供も積極的に行うべきであるが，女性の仕事として家庭での料理は過小評価されてきた。
⑬ 歴史的に見て，多くの場合，料理は女性の仕事であり，男性からの関心がそれほど向けられてこなかった。
⑭ 料理が適切な評価を得られなかった理由として，食べ物が西洋文化の二元論における，悪しき側面，すなわち女性的な側面に属しているという説がある。
⑮・⑯ 食べ物は触覚，嗅覚，味覚によるところが多く，知識を高めると考えられている視覚や聴覚より感覚の序列が劣っているため，男性が理性で克服しようとしてきた肉体，動物，女性，食欲と結びつけられ，その評価が低くなってしまったが，これは大きな損失である。

解 説

設問1 調理は，事実上，噛んで消化するという作業の一部を引き受け，外部のエネルギー源を用いて，われわれの身体の外部で，それを遂行してくれたのである。

▶まずはSVの骨格を決め，その後，副詞句などの修飾部分の肉付けをしていく。
▶述部は「～の一部を引き受けた」と「それを遂行してくれた」の部分。「～を引き受ける」は take (on) ～ や undertake を使って表現し，「～の一部」は (a) part of ～ とすればよい。「噛んで消化するという作業」は本文中でも登場する chew「噛む」と digest「消化する」を動名詞にして the task〔work〕of chewing and digesting とすればよい。
▶「～を遂行する」は perform や do を使い，「外部のエネルギー源を用いて」は副詞句で表現する。using external〔outside〕sources of energy という分詞構文や by using ～ といった前置詞句が可能。「われわれの身体の外部で」の部分も前置詞の outside を使って outside our bodies という副詞句で表現すればよい。
▶「事実上」は in effect や virtually といった語句で表現できる。

設問2 Once cooking allowed us to expand our cognitive capacity at the expense of our digestive capacity, there was no going back

▶文頭の once は後方で there was ～ という主節が続いていることから副詞ではなく接続詞として機能していることがわかる。したがって，「かつて」ではなく，「いったんSがVすると」という訳出になる。
▶述部の allow *A* to *do*「*A* が～することを許す」は主語を副詞的に訳して「Sによって *A* が～する」と訳せば自然な表現となる。

▶主節は there is no *doing*「～できない」という頻出構文。

▶ cognitive capacity「認知能力」の cognitive「認知の」という形容詞は押さえておきたい単語。
at the expense of ～「～を犠牲にして」 digestive capacity「消化能力」

設問 3 **it will come as no surprise that the decline in home cooking closely tracks the rise in obesity and all the chronic diseases linked to diet**

▶下線部は結果を表す副詞の so に導かれているので，工場で調理された食べ物には大量の砂糖，油，塩が含まれているという直前の内容を踏まえて訳出するとよい。

▶主語の it は形式主語で that 以下が真主語。述部の come as no surprise は「何ら驚くことではない」という意味の慣用表現だが，この表現を知らなくても no surprise に着目して，that 以下の内容が驚きではないという訳出までたどり着きたい。

▶ that 節中の述語動詞 track は「～を追う」という意味で使われることが多いが，「家庭での料理の減少は肥満や食事と関連する慢性疾患の増加と密接に…」という文脈を考慮し，「～とつながる，～と関係している」といった訳出にする。

▶ in obesity からピリオドまでは直前の the rise を修飾する形容詞句で，等位接続詞の and は obesity と all the chronic diseases を結んでいる。linked to diet の過去分詞句は直前の all the chronic diseases を修飾している。
chronic「慢性の」

設問 4 **一部の人の耳には，男性が料理の重要性について語るたびに，その人が時計を逆戻しにして，女性を台所へ戻したがっているように聞こえる。**

▶文の骨格は「(…にとって) ～のように聞こえる」なので，主節は it sounds like ～「～のように聞こえる」という定型表現が使える。「一部の人の耳には」はそのまま to the ears of some people とすればよいが，「一部の人にとって」と読み替えて to some people でも可能。

▶「時計を逆戻しにする」は turn back the clock,「女性を台所へ戻す」は send *A* back to *B* や return *A* to *B* といった表現を使えばよい。

▶「男性が料理の重要性について語るたびに」の部分は whenever や every time ～ を使った副詞節で表現する。「男性」は「その人」という表現に変わっているので不定冠詞をつけた単数形にしておく。

設問 5 ▶下線部の逐語訳は「彼らの失ったものは非常に大きい」という意味で，their は前の段落の men を指している。第 12 段 (Now, for a …) 以降，料理をするという行為が過小評価されてきた背景について説明されており，同段第4文（I've come to …）では，料理をすることで多くのことが得られるので，女性だけではなく，男性と子供もキッチンに立つべきだという筆者の主張が述べられている。この筆者の主張を念頭に置いた上で解答を作成するとよい。第14・15段（But there may … knowledge and reason."）では，ジャネット=A. フラマンの考えを引用し，料理が適切な評価を得られなかった理由は，男性が食べ物を知識と理性で克服すべきものだと考えてきたことが原因だと指摘している。料理をすることは本来社会で重要な働きをしているが，知識と理性ばかりを重視してしまったがゆえに，男性はその役割を見落としているという内容が読み取れるので，この点を字数内にまとめればよい。

設問6 ⑴ 正解は B ▶設問は「二重下線を付された『資本主義の文化的矛盾』という語句を見なさい。以下のうち，その語句について言及しているものはどれか」というもの。

▶下線部直後にあるダッシュ（—）以下の「基盤となる安定した社会形態を弱体化させる傾向」という表現を念頭に置いた上で読み進めていく。第9段第1・2文（The shared meal … arguing without offending.）では，一緒に食事をすることは，子供たちが会話をすることを学び，文明社会の習慣を獲得する場であるという内容が述べられているが，第8段（The rise of …）では現代の資本主義社会ではファストフードが台頭し，家庭で一緒に食事をする時間が減っていることが述べられている。これは文明社会，すなわち現代の資本主義社会の習慣を学ぶ場が減っていることを意味する。家族で一緒に食事をすることで現代社会の習慣を学び，その社会を維持していくはずが，現代の資本主義社会の食事を提供するシステムはそうした機会を減らしているという矛盾点が指摘されているので，B.「人々が家庭における食事の場でコミュニケーション能力を身につけなければ，資本主義社会は存続しないだろうが，資本主義はそういった集まりの場が継続するのを妨げている」が最も適切。

選択肢の構造

Capitalist societies would not exist 〈without people【acquiring communication skills at domestic meals】〉, yet capitalism works 〈against such gatherings【continuing to occur】〉.

＊〈副詞句〉【名詞句】

acquiring 以下は動名詞句で前置詞 without の目的語となっており，people が acquiring の意味上の主語となっている。後半の continuing 以下も動名詞句で前置詞 against の目的語となっており，such gatherings が continuing の意味上の主語となっている。

capitalist society「資本主義社会」 gathering「集まり」

▶それぞれの選択肢の意味は次の通り。

A.「食品業界で何百万人もの労働者を雇用している資本主義社会は，食事を作る無給の家事労働に依存している社会よりも全体的によい暮らしをしている」

be better off「より暮らし向きがよい」

C.「逆説的だが，一緒に料理をして食べることが少なくなると，資本主義社会を維持していく上で，長期的に見てプラスの効果を持つ可能性がある」 一緒に食事をする機会が減っていることと，現代の資本主義における食品産業の台頭との関係性については本文で述べられているが，二重下線部直後の「安定した社会形態を弱体化させる」についての説明が不十分。

D.「定期的に家で料理をして一緒に食べることをやめた人々は，自分たちの社会秩序の基盤としての資本主義を否定する可能性が高い」

E.「大量生産の包装された食品を提供する企業に依存している人たちにとって，資本主義の欠点は明白である」

shortcoming「欠点」

設問6 ⑵ 正解は D ▶設問は「西洋で料理が『女性的』だと考えられてきたことに対する説明として，本文で述べられているものを選べ」というもの。

> 設問文の構造
>
> Select a statement [mentioned in the text] [that offers an explanation [for cooking【having been thought of as “female” in the West.】]]
>
> ＊［形容詞節・形容詞句］【名詞句】

mentioned 以下の過去分詞句と that 以下の関係詞節はともに直前の a statement を修飾している。having been thought 以下は完了動名詞の受身形で前置詞 for の目的語となっており，cooking がその意味上の主語。

▶正解以外の選択肢が明らかに誤りであるため消去法で処理したい。

▶料理が女性的であるという考えは第14段（But there may …）のジャネット=A. フラマンの説で言及されており，同段最終文後半（which by its …）では，西洋文化の the mind-body dualism「精神と体の二元論」において，食べ物が the wrong side−the feminine side「悪しき方（女性的な側面）」に置かれたと述べられている。続く第15段（“Food is apprehended …）では食べ物は触覚，嗅覚，味覚によって理解するものだが，それらの感覚は知識を高めると考えられている視覚や聴覚よりも序列が低く，哲学などの分野において，食べ物は男性が知識と理性で克服すべきもの（肉体，動物，女性，食欲）と結びつけて考えられてきたと説明されている。本来，五感に序列などはないが，その誤った序列化によって，女性と同様，食べ物の評価が低くなってしまったことが読み取れるので，D.「哲学者たちは五感の一つ一つから得られる多様な理解と専門的意見を正しく評価していなかった」が最も適切。

diverse「多様な」 expertise「専門的意見」

▶それぞれの選択肢の意味は次の通り。

A.「古代の家庭と調理場の神々の描写は，はっきりと女性的な特徴を示してきた傾向がある」

depiction「描写」

B.「西洋の歴史において，料理の本と調理場でのアドバイスが書かれたものの読者の大半は女性だった」

readership「読者（層）」

C.「産業革命以来，男性が料理をする頻度は少なくなり，それによって彼らは出稼ぎをするようになった」

E.「男性が主導権を握る西洋宗教の食べ物に関連する儀式から女性と子供は締め出されてきた」

設問6 (3) 正解は C ▶設問は「食事のパターンについて筆者の意見の一つを反映しているものを選べ」というもの。

▶第9段第2文（It is a…）では，家族で一緒に食事をすることは家族生活の土台であり，子供たちが文明社会の習慣を獲得する重要な場であるという内容が述べられている。さらに第12段第4文（I've come to…）では，料理をすることで非常に多くのことが得られるため，女性だけに任せるのではなく，男性と子供もキッチンに立つべきだという筆者の考えが述べられている。したがって，C.「料理をする責任を共有し，家族と様々な食べ物を食べている人にとって，その恩恵はデメリットを上回っている」が最も適切。

outweigh「～より上回る」

▶それぞれの選択肢の意味は次の通り。いずれも次のような内容が読みとれる部分は本文中にはない。

A.「将来，馴染みのある食事とは似ていないが食べられる食物状物質は，最終的に料理の煩わしさから人間を解放するだろう」

edible「食べられる」 nuisance「厄介なこと」

B.「家で加工食品を温め直している人は時間をかけて一から料理をしている人よりも社会に貢献している可能性が高い」

reheat「～を温め直す」

D.「最も確実に長生きを保証する方法は，まず第一に，温められていない食べ物を食べることだろう」
longevity「長生き」

E.「私たちは，場所，時間，他人の存在に関係なく食べ物を食べているとき，体の欲求と最も調和している」
in tune with ～「～に調和して」

設問6 (4) 正解は C ▶設問は「現代の食事パターンに関して，筆者が言及していないのは，どの要素か」というもの。

▶C.「食べ物の購入と準備に関係する個人の経済的負担」 第6段第7文（It has also …）で，現代社会では食品産業のおかげでお金があまりない人でも様々な料理を食べられるようになったとあるが，準備に関係する経済的負担については本文で言及されていないので正解。

▶それぞれの選択肢の意味は次の通り。

A.「食べ物の産地との断絶」 第11段第3文（Indeed, the idea …）で，食べ物が出来上がった形で包装されて届くと，食べ物が自然とつながっていることが信じられなくなるという内容が述べられている。

B.「個人消費者の肉体の健康」 第7段（These are no …）で加工食品が健康に及ぼす悪影響について言及されている。

D.「文化と食事の慣習の社会的伝達」 第8段第1文（The rise of …）では現代社会では家族が一緒に食事をするという慣習が侵食されているとあり，第9段第2文（It is a …）では，一緒に食事をすることは家族生活の土台で，子供たちが文明社会の習慣を獲得する場であると述べられている。

E.「料理に費やしているが，他の活動に割くことができるかもしれない時間」 第6段第6文（It has relieved …）で，料理をする作業を企業に外注することで，他のやりたいことに使える時間が増えたと述べられている。
pursuit「追求するもの（娯楽，学業など）」

設問7 正解は 4・7・10 ▶1.「18世紀以降の西洋の著述家たちによると，食べ物の大部分を調理したいという生物学的欲求によってぐずぐずしていなかったら，人間はもっと急速に進化していただろう」 第1・2段（The idea that … hours a day.）で引用されている著述家たちの共通点は，調理という行為が人間と動物の大きな違いであるという考え。第2段第3文（A few years …）の，私たちが類人猿と分かれてヒトになったのは調理をすることを発見したからであるというリチャード=ランガムの仮説などから，調理を発見したおかげで，人間は進化したことがわかる。したがって，本文の内容と反対。

onwards「(時を示す語の後に置いて) ～以降」 evolve「進化する」

▶2.「火の発見によって，人間は食べ物を食べている間，捕食動物を追い払って，より多くのカロリーを摂取することができるようになり，食べ物に付着した有害なバクテリアやその他の微生物を死滅させることができるようになった」 第3段第2文（Also, since cooking …）で，調理によって多くの食材を解毒できるとは述べられているが，捕食動物を追い払うという内容は述べられていない。

predator「捕食動物」 microorganism「微生物」

▶3.「ウィンストン=チャーチルは，共同で食事をする心地よい場所を最優先した住居や職場の建築物を設計することを提唱した」 第5段第5文（What Winston Churchill …）でチャーチルの言葉の引用はあるが，このような内容は述べられていない。

advocate「～を提唱する」 such that ～「～するような方法で（=in such a way that ～)」 communal「共有の」 priority「優先事項」

▶4.「食事の準備にかかる時間を短縮してくれる加工食品のおかげで，共働き世帯における家族間の潜在的な対立が最小限に抑えられることもある」 第6段（If cooking is …）では料理をする時間が減ったことによるプラスの側面について言及されている。同段第4・5文（The outsourcing of … bound to spark.）では，調理を外注することで，家族に食事を出すという女性の負担が軽減され，性別による役割をめぐる衝突や家庭内の言い争いの多くを head off「防ぐ」ことができたという内容が述べられている。したがって本文の内容に一致。

friction「対立，摩擦」 dual-income「共働きの」

▶5.「『基礎的な摂食』とは一人で朝食をすばやく食べることを指しているが，『補助的な摂食』は同僚，友人，または家族と一緒にのんびりと昼食や夕食を食べることを伴う」 第8段最終文（Survey researchers tell …）で secondary eating「補助的な摂食」とは包装された食品で済ますことだと説明されているので本文の内容とは反対。選択肢に含まれる語彙レベルが高いが，ファストフードの登場で，一人で食事をする機会が増え，「補助的な摂食」が増えたという本文の内容を押さえた上で，secondary eating の説明として，友人や家族とのんびり食事をするという説明が誤りであると判断したい。

refer to ～「～を示す，～について言及する」 grab「～（食べ物）をすばやく食べる，～をつかむ」 entail「～を伴う」 partake of ～「～を食べる」

▶6.「子供は騙されて色鮮やかな梱包容器には体に良い食べ物が入っていると思うかもしれないが，現代社会の大人はそれほど簡単には騙されない」 本文中にこのような内容が述べられている部分はない。

whereas「～だけれども」 packaging「梱包容器」 contemporary「現代の，同

時代の」

▶ 7.「何を料理と見なすかは，材料が自然の形にどれだけ近いのか，そしてその料理を作った人が料理の見た目をどの程度変えたのかによって左右される」

> 選択肢の構造
> 【What is regarded as cooking】 has depended 〈on 【how close ingredients are to their natural form】〉 and 〈on the degree [to which the cook has altered their appearance]〉.
> ＊【名詞節】〈副詞句〉[形容詞節]

文頭の what は疑問詞で名詞節を形成し，文の主語となっている。等位接続詞の and は on how close … と on the degree … の前置詞句を結び，to which 以下は the degree を修飾する形容詞節となっている。

ingredient「材料」

第10段（These are, I …）前半では現代の日常生活における料理という行為について説明されており，同段第2文（For most of …）ではそれが home cooking from scratch「一から作る家庭料理」versus fast food prepared by corporations「企業が作るファストフード」という単純なものではないとある。同段第5文（This last option …）では食品産業が提供してくれる便利な節約手段について言及し，同段第6文（What constitutes "cooking" …）では，一から料理することの定義が揺らぎ，料理の構成に spectrum「幅」ができたとある。直後の具体例では筆者がパッケージに入ったラビオリ（パスタ）に市販のソースをかけたものでも調理だと考えているとあり，何をもって料理とするのかは，捉え方によって変わるという内容が読み取れる。したがって，本文と一致。

▶ 8.「もし女性に世界中の料理を作る腕前があれば，今，男性が一般的に考えているよりも，料理には社会的重要性と文化的重要性があると彼らは考えるようになるだろう」 本文中にこのような内容が述べられている部分はない。

cuisine「料理」

▶ 9.「他人と食事をすることがめったにない人は，食べ物の種類と量が少なく，知人とはネット上でのやり取りをする時間が多く，料理の仕方を知らない可能性が高い」 本文中にこのような内容が述べられている部分はない。

▶ 10.「料理を産業化することを可能にした科学技術には，冷凍庫，電子レンジ，化学保存料，使い勝手のよい包装，缶詰製造が含まれる」 第6段第7・最終文（It has also … is a microwave.）では，microwave「電子レンジ」のおかげで，食品産業が提供する様々な料理を楽しむことができるようになったとある。また，第7段第5文（They tend to …）後半のセミコロン（；）以下では，工場で調理されたものには chemical ingredients「化学調味料」が使われているとある。さらに，第10段第5文（This last option …）後半のコロン（：）以下では，食品産業が提供する調理の手間を省いてくれるものの具体例として，冷凍ホウレンソウの袋詰めとサケの缶詰が挙げられている。したがって，本文の内容と一致。

解答

設問1 Cooking, in effect, took part of the task of chewing and digesting, and performed it outside our bodies, using external sources of energy.

設問2 調理をすることで消化能力を犠牲にしていったん認知能力が高まると，そこから後戻りすることができなくなった

設問3 家庭での調理が減ったことが，肥満および食事と関連するあらゆる慢性疾患の増加と密接につながっていることは何ら驚くことではない

設問4 To the ears of some people, whenever a man talks about the importance of cooking, it sounds like he wants to turn back the clock and send women back to the kitchen.

設問5 知識と理性を重視している男性が，料理が社会の中で果たしている重要な役割に気づいていないという損失。（50字以内）

設問6 (1)―B (2)―D (3)―C (4)―C

設問7 4・7・10

8

2020 年度〔2〕

次の英文を読んで，以下の設問に答えよ。

During life-threatening situations our subjective sense of time can be radically altered, as if shifted into a slow-motion mode. One of the first scholarly reports of this *slow-motion effect* was published by a Swiss geologist, Albert Heim, in 1892. He gathered accounts from members of the Swiss Alpine Club who had experienced serious falls or other near-death events. Ninety-five percent of the group reported what Heim summarized as "a dominant mental quickness and sense of surety. Mental activity became enormous, rising to a hundred-fold velocity or intensity.... Time became greatly expanded. The individual acted with lightning-quickness in accord with accurate judgment of his situation. In many cases there followed a sudden review of the individual's entire past."

Review boards for human-subject experiments tend to frown upon putting people in life-threatening situations, so it is difficult to carefully corroborate and study the slow-motion effect. But some studies have asked people to estimate the duration of highly emotional or frightening events, including experiencing an earthquake, watching a scary video, jumping from a height into a net, and skydiving. For the most part these studies confirm that people generally overestimate the duration of the event, which is consistent with reports that external events are unfolding slowly (watching a movie in slow motion takes longer than watching it at normal speed).

In and of itself, however, the overestimation of the duration of emotional events is not particularly surprising because it turns out that there are innumerable perfectly harmless situations in which people also overestimate the passage of time. Indeed, our subjective sense of time is actually quite inaccurate. *A watched pot never boils* and *time flies when you're having fun*, precisely because there are countless circumstances that warp our subjective sense of time. Enduring a very boring lecture or awaiting plane repairs while on the tarmac, for example, can create the feeling of *chronostasis*—the sensation that time is standing still. In contrast, when you are engrossed in a book, immersed in your favorite hobby, or fully engaged in a complex task such as writing computer code, time can seem to vaporize, magically jumping from one moment to another with nothing in between.

What is the relationship between objective clock time and our subjective sense of time? Why does time appear to slow down during life-threatening situations? What is happening in the brain when we say time is flying by, or dragging along? Before we address these questions, we must first distinguish between two distinct types of timing.

Telling time is a bidirectional problem. (1) A stopwatch triggered at the start of a marathon provides a continuous measure of how long the marathoners have been running, but it tells us nothing about how much time they spent at the starting lineup waiting for the race to begin, much less about when they got up in the morning. Starting a stopwatch is an example of ***prospective timing***: determining the passage of time starting from the present into the future. In contrast, if you walk into a room just in time to see the last grains of sand trickle through the neck of an hourglass, you can deduce something about how much time has elapsed since a past event: an hour ago someone flipped the hourglass over. But unless you flip it over again, the hourglass provides no information about how much time has elapsed since you entered the room. This is an example of ***retrospective timing***: estimating the passage of time from some moment in the past up until the present.

Throughout the day humans are continuously engaging in prospective and retrospective timing. [①]. First, at a party you are talking to your friends Amy and Bert; Amy asks you to remind her to leave in five minutes because she has somewhere to go. In the second scenario, Amy excuses herself and leaves, and five minutes later Bert asks you, "How long ago did Amy leave?" [②], but does your brain use the same mechanism to tell time in both cases? No.

[③]. In the first case you know in advance that you will be performing a timing task; [④]. But in the second case — where Bert asked how long ago Amy left — [⑤]. Prospective timing is a true temporal task in that it relies on the brain's timing circuits. In contrast, retrospective timing is in a sense not a timing task at all; it is rather an attempt to infer the passage of time by reconstructing events stored in memory.

The distinction between prospective and retrospective timing explains a few of the mysteries about our subjective sense of time, including what some have called the holiday paradox. (2) A five-hour wait for a delayed plane on your vacation trip to Greece can seem endless as it is unfolding, while an exciting day touring Athens flies by. A week later, however, the airport delay is a mere blip in time, while the busy, fun-filled day in Athens seems quite extended.

This holiday paradox is not an artifact of our modern, fast-paced, high-speed-travel lifestyle. William James wrote in 1890: "In general, a time filled with varied and interesting experiences seems short in passing, but long as we look back. On the other hand, a tract of time empty of experiences seems long in passing, but in retrospect short. A week of travel and sight-seeing may subtend an angle more like three weeks in the memory; and a month of sickness hardly yields more memories than a day."

As they unfold, interesting and engaging activities seem to fly by, in part because we are not thinking about time. So your first tour of the 2, 500-year-old Parthenon may fly by, but that five-hour wait in the Atlanta airport will drag along as you continuously check your watch and wonder to yourself *how much longer is this going to take?* (3) Retrospectively, the duration of those activities is estimated in part based on the number of events stored in memory. And since we are much more likely to remember novel and personally meaningful events, the Parthenon is more likely to earn a slot in your memory bank than your first visit to the Atlanta airport bathroom.

The intimate relationship between memory and retrospective timing is strikingly illustrated by the case of the British musicologist Clive Wearing, who developed a severe inability to create new long-term memories after a serious brain infection. While many of his faculties remained intact (including his ability to play music and conduct), he initially spent much of his day writing in his diary "Now I am really completely awake," and later crossing it out, only to write, "Now I am perfectly awake — first time." In the absence of the ability to form new memories, he seemed to be trapped in an infinite loop of an unchanging present. (4)彼は自分がどこにいるのか，あるいはどのようにしてそこにたどり着いたのかを理解できないため，彼に可能な唯一の解釈は，たえず眠りから覚めたばかりであるということだ。He has no retrospective sense of when he woke up, because he has little or no memory of what happened in the previous minutes and hours.

[Adapted from Dean Buonomano, *Your Brain Is a Time Machine: The Neuroscience and Physics of Time*. New York: W.W. Norton & Company, 2017: 57–61.]

設　問

1. 下線部(1)を日本語に訳せ。

2. 下線部(2) "the holiday paradox" とは何か，60 字以内の日本語で説明せよ。具体例を挙げる必要はない。(句読点も文字数に含める。)

3. 下線部(3)を日本語に訳せ。

4. 下線部(4)を英語に訳せ。

5. 次の問いへの答としてもっとも適切なものをAからEの中から選び，記号で答えよ。

Which of the following best explains the "slow-motion effect" described in the first and the second paragraphs?

A. When human brains are operating at full capacity, they can overheat and stop functioning in a short period of time.
B. When our senses begin to work quickly, the objects around us seem to move correspondingly slowly so that we can only retain their blurred images in our brain.
C. When we are extremely fatigued and respond slowly to stimuli, we are much more likely to become a victim of a fatal accident.
D. When we are faced with great danger and fear, our sensory systems become paralyzed and almost numb.
E. When we encounter a life-threatening situation, our mental activity may accelerate to such a degree that things around us seem to move quite slowly.

6. 文中の空欄[①]から[⑤]には下のAからEのいずれかが入る。論旨がもっとも適切になるよう空欄[①]から[⑤]を埋め，記号で答えよ。AからEは先頭が大文字になるべきものも小文字で書き始めてある。

A. in both cases you are asked to estimate the amount of elapsed time
B. your stopwatch is useless because you were never told when to start it
C. consider two scenarios in which you might rely on your ability to estimate temporal durations
D. as far as the brain is concerned, these two timing tasks are fundamentally different from each other
E. you can start a hypothetical stopwatch at $t=0$, and track the passage of time until approximately five minutes have elapsed

7. 次の1から8の文から，本文の内容に一致するものを2つ選び，番号で答えよ。

1. Research committees today are generally unwilling to permit experiments where human subjects experience stress and embarrassment.
2. Our subjective sense of time does not extend beyond highly emotional or frightening situations such as experiencing an earthquake.
3. The author of the text refers to "*A watched pot never boils*" as an accurate illustration of retrospective timing.
4. While an hourglass is an effective device to measure retrospective timing, it cannot be used to estimate the passage of time starting from the present.
5. Unlike prospective timing, retrospective timing is not exactly a timing task but involves guessing how much time has passed based on memory.
6. William James gave the example of time spent in sickness to highlight the relationship between health and subjective sense of time.
7. The reason why the Parthenon is mentioned is to contrast its 2, 500-year history with fast-paced modern life.
8. Although Clive Wearing cannot form new long-term memories, his musical performance abilities have not been affected.

全訳

■主観的な時間の感じ方について

❶ 生死に関わる状況下では，まるでスローモーションの状態に移行したかのように，主観的な時間の感覚が根本的に変わってしまうことがある。この「スローモーション効果」に関する最初の学術論文の1つは，1892年にスイス人地質学者のアルベルト=ハイムによって発表された。彼は，危険な滑落や命を落としそうになった経験をしたことがあるスイス山岳会のメンバーたちからの報告を集めていた。そのグループの95パーセントが，ハイムが要約している以下のような内容を報告している。「卓越した精神的判断の速さと確信の感覚。精神の働きは計り知れないほどになり，100倍の速度や強度にまで上昇していく…。時間がどんどん引き延ばされていくのだ。各人は，自らを取り巻く状況の正確な判断に合わせ，電光石火の速さで動くことができた。多くの場合，各人の過去の回想シーンすべてが突然その後に続いてやってきた」

❷ 人間を被験者とした実験の審査委員会は，生死に関わる状況に人々を置くことに難色を示す傾向があるので，スローモーション効果について綿密な裏付けをして研究することは難しい。しかし，地震を経験したり，恐ろしい映像を見たり，高い所からネットに飛び降りたり，スカイダイビングをしたりするなど，極めて感情的になったり，恐ろしいと感じたりした出来事の持続時間を人々に推定してもらった調査がいくつかある。それらの調査では，ほとんどの場合，その出来事の時間は長く見積もられていることが確認されており，これは外的事象がゆっくり展開していく（スローモーションで映画を見れば通常のスピードで見るよりも時間がかかる）という報告と一致している。

❸ しかし，まったく危険のない状況でも，人々が時間の経過を多めに見積もる状況は数えきれないほどあることがわかっているので，感情的な出来事の持続時間を多めに見積もること自体は特に驚くべきことではない。実際，私たちの主観的な時間の感覚は，非常に不正確なものである。主観的な時間の感覚が歪んでしまう数えきれない状況があるからこそ，「待つ身は長く，楽しい時間はあっという間」なのである。たとえば，非常に退屈な講義を我慢したり，滑走路で飛行機の修理を待っていたりすると，クロノスタシスの感覚──時間が止まっている感覚──が生まれることがある。対照的に，ある本に夢中になったり，好きな趣味に熱中したり，コンピューターコードを書くような複雑な作業に没頭していたりするときは，途中に何事もなかったかのように，ある瞬間から別の瞬間へ魔法のように飛び越えて，時間が蒸発していくように思えることもある。

❹ 客観的に計測された時間と主観的な時間の感覚の間の関係はどのようになっているのだろう？　なぜ生命に関わる状況下では時間がゆっくりと進むように思えるのか？　時間があっという間に過ぎる，あるいは時間がのろのろと進むと言うとき，私たちの脳内では何が起きているのか？　これらの疑問にとりかかる前に，まずは異なる2つのタイプの時間計測について区別をしておかなければならない。

❺ 時間を知ることは，双方向的な問題である。(1)マラソンのスタート時に始動させるストップウォッチは，マラソン選手がどのくらいの間走っているかを継続的に計測しているが，彼らがスタート地点でレースが始まるのをどれくらい待っていたのかについては何も伝えておらず，まして彼らが朝何時に起きたのかということもわからない。ストップウォッチを始動させることは，「未来の時間計測」の例である。つまりそれは，現在から未来へ進んでいく時間の経過を測定する，ということだ。対照的に，部屋に入り，ちょうど砂時計のくびれの部分を最後の砂が落ちるところを見たのであれば，ある過去の出来事からどれくらいの時間が経過したのか推定することができる。1時間前，誰かが砂時計をひっくり返したのだ。しかし，もう一度，砂時計をひっくり返さない限り，部屋に入ってから，どれくらいの時間が経過したのかに関する情報をその砂時計が教えてくれることはない。これは「過去を遡る時間計測」の例である。過去のある時点から現在までの時間の経過を推定する，ということだ。

❻ 人間は1日中，絶え間なく未来の時間計測と過去を遡る時間計測を行っている。時間の継続を推定する能力が必要となる2つのシナリオを考えてみてほしい。1つ目は，あなたがパーティーで友人のエイミーとバートと話をしている。エイミーは，行く所があるので5分後に出発する時間だと教えてほしいとあなたにお願いしている。2つ目のシナリオは，エイミーが席を外し，5分後にバートがあなたに「どれくらい前にエイミーは席を外したの？」と尋ねている。どちらのケースも経過した時間を推定するよう依頼されているが，あなたの脳はどちらのケースも同じメカニズムを働かせて時間を判断しているのだろうか？　そうではない。脳に関する限り，この2つの時間計測作業はそれぞれ根本的に異なるものである。1つ目のケースでは，時間計測の作業を行うことが事前にわかっている。それゆえ，仮想のストップウォッチを0から始動させ，大体5分経つまで時間の経過を追うことができる。しかし，2つ目のケースでは――バートがどれくらい前にエイミーが席を外したのかを尋ねている――いつそれを押すのか言われていないのだから，あなたのストップウォッチは役に立たない。未来の時間計測は，時間計測に関する脳内回路を当てにしているという点で，真の時間に関する作業である。対照的に，過去を遡る時間計測は，ある意味では，時間計測とは言えないものだ。それはむしろ，記憶に蓄積された出来事を復元することで，時間の経過を推測する試みである。

❼ 未来の時間計測と過去を遡る時間計測との違いは，休暇のパラドックスと呼ばれているものなど，私たちの主観的な時間の感覚に関するわずかながらの不思議な出来事を説明している。ギリシャへの休暇旅行中，遅れた飛行機を5時間待つのは，それが進むにつれ終わりのないもののように思われてくるが，アテネを巡って回る刺激的な1日はあっという間に過ぎていく。しかし，1週間経つと，飛行機の遅れはやがて単なる些細なことにすぎなくなるが，アテネでの忙しく充実したあの日は非常に長く思われてくるのだ。

❽ この休暇のパラドックスは，ペースが速く，高速移動する現代の生活様式が生み出した人為的なものではない。1890年，ウィリアム=ジェームズは以下のように記している。「一般的に，変化に富んだ興味深い経験で満たされる時間は過ぎていくのが短く思えるが，それを振り返ったときには長く感じられる。その一方，何も体験することがなかった時間の経過は長く思えるが，後から振り返ってみると短く思えるのだ。旅行や観光の1週間は記憶の中では3週間のように思えるかもしれない。一方，病気になっている1カ月は，1日ほどの記憶もないのだ」

❾ 興味をそそり心惹かれる活動が，それが進むにつれ，あっという間に過ぎてしまうように思える理由の1つは，私たちが時間のことを考えていないからである。したがって，2,500年前に建てられたパルテノン神殿を巡る初めての旅行はあっという間かもしれないが，アトランタ空港で5時間待つのは，たえず時計をチェックし「どれくらい時間がかかるのだろう？」と考えているので，時間はのろのろとしか進まない。(3)振り返っているとき，そういった活動の持続時間は記憶に蓄積された出来事の数にある程度基づいて推定されている。そして，新奇で個人的に意味深い出来事を覚えている可能性の方がはるかに高いので，初めてアトランタ空港のトイレに行ったことよりも，パルテノン神殿の方が記憶に残る可能性が高くなるのだ。

❿ 記憶と過去を遡る時間計測との密接な関係は，イギリスの音楽学者クライブ=ウェアリングの例がはっきりと説明しているのだが，彼は深刻な脳の感染症を患った後，新たな長期記憶が形成できないという重い障害を抱えることになった。彼の能力の多くは損なわれることはなかったのだが（音楽を演奏したり，指揮する能力），当初，彼は日記に「今，すっかり目が覚めた」と記してはそれを消し，結局「今，完全に目覚めた —— これは初めてのことだ」と書くことに1日の大半を費やしていた。新たな記憶を形成することができないので，変わらない現在という無限ループに閉じ込められているようだった。彼は自分がどこにいるのか，あるいはどのようにしてそこにたどり着いたのかを理解できないため，彼に可能な唯一の解釈は，たえず眠りから覚めたばかりであるということだ。彼には数分前および数時間前に起きたことに関する記憶がほとんど，あるいはまったくないので，いつ目覚めたのかという過去を遡る感覚がないのである。

各段落の要旨

❶ 生死に関わる状況下では，スローモーションの状態に移行したかのように，主観的な時間の感覚が根本的に変わってしまうことがある。

❷ 感情的になったり，恐怖を感じた出来事の持続時間を推定してもらうと，実際の時間よりも長く感じる場合がほとんどであった。

❸ 時間が止まっているように感じたり，対照的に，時間があっという間に経過してしまうような場合があるように，主観的な時間の感覚が歪んでしまうケースは数多くある。

❹ 客観的な時間と主観的な時間の感覚の関係性を理解するためには，二種類の時間計測について区別をしておく必要がある。

❺ 時間を知ることは双方向的な問題であり，現在から未来へ進む時間を測定する「未来の時間計測」と，過去のある時点から現在までの時間を推定する「過去を遡る時間計測」がある。

❻ 未来の時間計測は，仮想のストップウォッチを始動することで脳内回路を当てにした時間計測の作業だが，過去を遡る時間計測は，記憶に蓄積された出来事を復元することで，時間の経過を推測する試みである。

❼ 未来の時間計測と過去を遡る時間計測との違いによって，休暇のパラドックスなど，主観的な時間の感覚の歪みを説明することができる。

❽ 変化に富んだ興味深い経験は，時間の経過が短く思えるが，それを振り返ると長く感じられ，何も体験することがない時間の経過は長く思えるが，後から振り返るとそれは短く感じられる。

❾ 時間があっという間に過ぎてしまう活動をしている時は，時間のことを考えておらず，新しく，個人的に意味深い出来事は覚えている可能性が高くなる。

❿ イギリスの音楽学者であるクライブ=ウェアリングの例が示しているように，記憶と過去を遡る時間計測とは密接に関係している。

解　説

設問1 A stopwatch triggered at the start of a marathon provides a continuous measure of how long the marathoners have been running

▶ triggered は述語動詞ではなく直前の a stopwatch を修飾する過去分詞として機能している。trigger は「～を引き起こす，～を誘発する」という意味で使われることが多いが，ストップウォッチの説明なので「始動させる」といった訳出にしておく。

▶述部の provides a continuous measure は「継続的な計測値を提供する」という逐語訳でもよいが，「継続的に計測している」といった訳出も可能。how 以下は名詞節で前置詞 of の目的語となっているので，マラソン選手がどのくらいの時間を走っているのかを計測しているという内容が伝わる訳出にすればよい。

設問 2　▶ the holiday paradox「休暇のパラドックス」については，第 8 段第 2 文（William James wrote …）のコロン（：）以下で，ウィリアム=ジェームズの説明が引用されている。変化があり興味深い体験は時間が経つのが速く，退屈な体験は長く感じられるが，後でそれらを振り返ると感じ方がその逆になるという内容を字数内にまとめればよい。

> 本文該当箇所の構造
> In general, a time [filled with varied and interesting experiences] seems short ⟨in passing⟩, but long ⟨as we look back⟩. On the other hand, a tract of time [empty of experiences] seems long ⟨in passing⟩, but ⟨in retrospect⟩ short.
> ＊［形容詞句］〈副詞句・副詞節〉

等位接続詞の but は short と long を結んでおり，いずれも述語動詞 seem の補語となっている。

tract「（時間の）経過」

▶下線部直後の旅行と飛行機にまつわる「休暇のパラドックス」の具体例も参考にしながら，パラドックス（逆説）の対比点がわかるよう解答を作成する。

設問 3　**Retrospectively, the duration of those activities is estimated in part based on the number of events stored in memory.**

▶主語の duration「持続（時間）」は難しい単語であるが，述部の is estimated「推定される」や前後の文脈から，時間の長さについて言及している語句だと推測したい。文頭の retrospectively「振り返っているとき」は，第 5 段（Telling time is …）以降，何度も登場している retrospective timing「過去を遡る時間計測」という表現を利用して訳出を考えるとよい。

▶ based on 以下の部分は「〜に基づいて」という意味の副詞句で，直前の in part も「ある程度，部分的に」という意味の副詞句として機能している。stored は過去分詞で直前の events を修飾する形容詞句を形成している。

設問 4　**彼は自分がどこにいるのか，あるいはどのようにしてそこにたどり着いたのかを理解できないため，彼に可能な唯一の解釈は，たえず眠りから覚めたばかりであるということだ。**

▶英訳の指針としては，理由を表す接続詞を使って前半の内容を表現するか，and や so を使って 2 文をつなげるかになると思われるが，前半部分は分詞構文を使って書くことも可能。

▶**自分がどこにいるのか，どのようにしてそこにたどり着いたのか**

●疑問詞の where と how を使った名詞節で表現する。文脈を考慮すると，前者の時制は現在形，後者の時制は過去形が適切。

▶彼に可能な唯一の解釈は…ということだ

●骨格は S is that … の形で表現すればよい。主部は his only possible interpretation でよいが，関係代名詞を使って the only interpretation (that) he can put〔make/give〕と表現してもよい。

▶たえず眠りから覚めたばかりである

●述部の時制は just とともに現在完了形で表現する。wake の過去分詞形は woken となるので注意。「たえず」は constantly などの副詞が可能。

設問5　正解は　E　▶設問は「第1段および第2段で説明されている『スローモーション効果』について最も適切に説明しているものは以下のうちどれか」というもの。

▶ slow-motion effect という表現は第1段第2文（One of the …）で登場し，直前の第1段第1文（During life-threatening situations …）では，生死に関わる状況下ではスローモーションの状態に移行したかのように時間の感覚が変わってしまうことだと説明されている。また，同段第4文（Ninety-five percent of …）以降では，そうした経験を要約した内容が述べられ，精神の働きが計り知れないほど高まり，状況を正確に判断し，電光石火の速さで動くことができたとある。したがって，E.「生死に関わるような状況に直面したとき，周囲の状況が非常にゆっくりと進んでいるように思えるほど，私たちの精神の働きが加速する可能性がある」が正解。such a degree that … の部分は such ～ that …「…なほど～」の構文。また第1段第1文後半の as if shifted into … の部分は副詞節中の主語＋be 動詞が省略された形となっている。

▶それぞれの選択肢の意味は次の通り。

A.「人間の脳がフル稼働で活動していると，脳が興奮しすぎて，短時間，その機能がストップする可能性がある」

B.「私たちの感覚がすばやく機能し始めると，ぼんやりとした映像だけを心に留めておけるように，周りのものが，それに応じてゆっくりと動いているように思える」

correspondingly「それに応じて」　blurred「ぼんやりした」

C.「私たちがあまりにも疲れていて刺激に対する反応が遅いと，命を落とす事故の犠牲になる可能性が非常に高くなる」

fatigued「疲れ果てた」　stimuli「刺激（stimulus の複数形）」

D.「私たちは大きな危険と恐怖に直面すると，感覚システムが麻痺し，ほとんど感覚がなくなってしまう」

numb「無感覚な」

設問6 ① 正解は C ▶第6段（Throughout the day …）では，prospective timing「未来の時間計測」と retrospective timing「過去を遡る時間計測」について，具体的な場面を設定しながら説明されているので，その違いについて対比的に読み進めていく。

▶空欄直後の First，さらに次の文の In the second scenario に着目すると，２つの異なる状況が対比的に説明されていることがわかる。したがって，C.「時間の継続を推定する能力が必要となる２つのシナリオを考えてみよう」が適切。

scenario「シナリオ」 temporal「時間の」

設問6 ② 正解は A ▶空欄の前では，５分経過したことを第３者に伝える１つ目のケースと，ある出来事からどれくらいの時間が経過したのかを尋ねられる２つ目のケースについて説明されている。どちらも時間の経過について推定することが必要なので，A.「どちらのケースも経過した時間を推定するよう依頼されている」が適切。

elapsed time「経過時間」

設問6 ③ 正解は D ▶空欄の直前では２つの異なるシナリオにおいて，脳は同じメカニズムで時間を判断しているのかという問題提起に対して，No.「そうではない」と否定している。したがって，D.「脳に関する限り，この２つの時間計測作業はそれぞれ根本的に異なる」が適切。

as far as S is concerned「Ｓに関する限り」

設問6 ④ 正解は E ▶空欄は５分経過したことを第３者に伝える１つ目のケースについて補足説明をしている部分なので，E.「仮想のストップウォッチを０から始動させ，大体５分経つまで時間の経過を追うことができる」が適切。

hypothetical「仮想の，仮説の」 track「～を追跡する」

設問6 ⑤ 正解は B ▶空欄はある出来事からどれくらいの時間が経過したのかを尋ねられる２つ目のケースについての説明部分。第６段最終文（In contrast, retrospective …）でも説明されているが，このケースでは記憶に蓄積された出来事を復元して時間の経過を推測している。したがって，B.「あなたのストップウォッチは役に立たない。なぜならいつそれを押すのか言われていないからである」

が適切。

設問7 正解は 5・8 ▶1.「今日の調査委員会は，通常，人間の被験者がストレスを感じたり，不愉快に感じる実験を許可したくない」 第2段第1文（Review boards for …）で，人間を被験者とした実験の review boards「審査委員会」は人々を life-threatening situations「生死に関わる状況」に置くことに難色を示すと述べられているが，ストレスや不愉快さを感じる実験については言及されていない。

subject「被験者」 embarrassment「不愉快さ，困惑」

▶2.「地震を経験するといった，感情をひどく揺さぶり恐ろしく感じられる状況を除いて，私たちの主観的な時間の感覚が伸びることはない」 第3段第1文（In and of …）後半で，まったく危険のない状況でも，人々が時間の経過を多めに見積もる（overestimate）状況があると述べられているので不一致。

subjective「主観的な」 beyond「（否定文で）～を除いて」

▶3.「本文の筆者は，過去を遡る時間計測の的確な例として『待つ身は長い』という表現を引用している」 第3段第3文（*A watched pot* …）の *A watched pot never boils* and *time flies when you're having fun*「待つ身は長く，楽しい時間はあっという間」という引用は，主観的な時間の感覚が歪んでしまうことを説明するためのものなので不一致。

retrospective「過去を遡る，回顧的な」

▶4.「砂時計は過去を遡る時間を計測する有効な装置であるが，現時点から始まる時間の経過を推定するのには使えない」 第5段第5文（But unless you …）で，砂時計はひっくり返さない限り，ある時点からどれくらいの時間が経過したのかに関する情報は得られないとある。砂時計をひっくり返せば現在からの時間の経過はわかるので不一致。

flip「～をひっくり返す」 hourglass「砂時計」

▶5.「未来の時間計測と違い，過去を遡る時間計測は必ずしも正確な時間計測作業ではないが，記憶に基づいて，どれくらいの時間が経過したのかを推定することを伴っている」 第6段最終文（In contrast, retrospective …）で，過去を遡る時間計測は，ある意味，時間計測とは言えず，記憶に蓄積された出来事を復元することで時間の計測を推測する試みだと述べられている。したがって本文の内容に一致。

prospective「将来の，予想される」

第6段最終文のセミコロン以下の構造
it is rather an attempt [to infer the passage of time 〈by reconstructing events [stored in memory]〉]. ＊[形容詞句] 〈副詞句〉

主語の it は形式主語ではなく，セミコロンの前方の retrospective timing を指す代名詞。to infer 以下は直前の an attempt を修飾する不定詞の形容詞用法。
reconstruct「～を復元する，～を再構築する」

▶ 6.「ウィリアム=ジェームズは健康と主観的な時間の感覚の関係性を強調するために病気のときに過ごす時間の例を挙げた」 第8段最終文（A week of …）で，病気になっている1カ月は，後からそれを振り返ると1日ほどの記憶もないと述べられている。楽しい体験がない時間の経過は，後から振り返ると短く感じることを示すための例であり，健康と主観的な時間の感覚の関係性を強調するためではない。
highlight「～を強調する」

▶ 7.「パルテノン神殿について言及している理由は，その2,500年の歴史とペースの速い現代生活を対比させるためである」 the Parthenon「パルテノン神殿」については第9段（As they unfold, …）で言及されているが，パルテノン神殿への旅行はあっという間に時間が経ち，記憶にも残りやすいことを示すための言及なので不一致。

▶ 8.「クライブ=ウェアリングは新たな長期記憶を形成できないが，彼の音楽を演奏する能力は影響を受けていない」 最終段第1文（The intimate relationship …）後半の who 以下で，彼は developed a severe inability to create new long-term memories「新たな長期記憶が形成できないという重い障害を負った」とある。さらに同段第2文（While many of …）の前半で，損なわれることがなかった彼の能力として，音楽を演奏する能力が挙げられているので，本文と一致。
faculty「能力，機能」 intact「損なわれていない，無傷の」

解答

設問1 マラソンのスタート時に始動させるストップウォッチは，マラソン選手がどのくらいの間走っているかを継続的に計測している

設問2 変化があり興味深い体験は時間が経つのが速く，退屈な体験は長く感じられるが，それらを振り返るとその感じ方が逆になること。(60字以内)

設問3 振り返っているとき，そういった活動の持続時間は記憶に蓄積された出来事の数にある程度基づいて推定されている。

設問4 He cannot understand where he is or how he got there, so his only possible interpretation is that he has constantly just woken up from sleep.

設問5 E

設問6 ①－C ②－A ③－D ④－E ⑤－B

設問7 5・8

9 2019年度〔1〕

次の英文を読んで，以下の設問に答えよ。

Kaylee Byers crouches in a patch of urban blackberries early one morning this June to check a live trap in one of Vancouver's poorest areas, which is referred to by its postal code V6A. Her first catch of the day is near a large blue dumpster on "Block 5," in front of a 20-some-unit apartment complex above a thrift shop. Across the alley a building is going up ; between the two is an overgrown paper- and wrapper-strewn lot. In the lot there are rats.

"Once we caught two in a single trap," she says, peering inside the cage. She finds a new rat there and makes a note of it on her clipboard ; she'll be back for it, to take the animal to her nearby van, which is parked near (according to Google Maps) an "unfussy" traditional Ethiopian restaurant. Once inside the van, the rat will be put under anesthesia and will then be photographed, brushed for fleas, tested for disease, fixed with an ear tag, and released back into V6A within 45 minutes.

Byers is a PhD student under veterinary pathologist[*1] Chelsea Himsworth, a University of British Columbia School of Population and Public Health assistant professor who has become a local science celebrity thanks to her Vancouver Rat Project. Himsworth started the project as a way to address health concerns over the city's exploding rat population—exploding anecdotally, that is, as no one has counted it.

Prior to Himsworth's work, in fact, the sum total knowledge of Canada's wild rats (a)could be boiled down to a single study of 43 rats living in a landfill in nearby Richmond in 1984. So six years ago she stocked an old minivan with syringes, needles, and gloves and live-trapped more than 700 of V6A's rats to sample their DNA and learn about the bacteria they carried.

Her research has made her reconsider the age-old labeling of rats as invaders that need to be completely fought back. They may instead be just as much a part of our city as sidewalks and lampposts. (1)We would all be better off if, under most circumstances, we simply left them alone.

Rats thrive as a result of people. The great modern disruptions caused by urban development and human movement across the world have ferried them to new ecological niches. "(2)Rats are real disturbance specialists," says biologist Ken Aplin, who has studied the rodents and their diseases for decades. "Very few wild animals have adapted so well to the human environment without active domestication." Rats invade when ecosystems get disrupted. In terms of the bare necessities, "rats need only a place to build a burrow (usually open soil but sometimes within buildings or piles of material), access to fresh drinking water, and around 50 grams of moderately calorie-rich food each day," according to Matthew Combs, a doctoral student at Fordham University who is studying the genetic history of rats in New York City. In a human-dominated landscape like New York or Vancouver, "It comes down to where rats have found a way to access resources, which often depends on how humans maintain their own environment."

It's not hard to understand why humans often think of the rat lifestyle as a parasitic response to our own. But that's not entirely true. "I have to stop myself sometimes because I want to say that rats have adapted to our cities," says Combs. The reality is that rats were perfectly positioned to take advantage of the disruptions caused by human settlement long before we arrived. They've been on Earth for millions of years, arriving long before modern humans evolved, about 200,000 years ago. (b)Before cities were even a glimmer in our eye, rats were learning to become the ultimate opportunists. "They were likely stealing some other species' food before ours," Combs says. Even in the still-remote mountain habitats of New Guinea, says Aplin, "you tend to find rats living in landslides or along creek systems where natural disturbance is going on." Walk into a lush, primary, intact forest, "and they're pretty rare." It's not that rats have become parasitic to human cities; it's more correct to say they have become parasitic to the disturbance, waste, construction, and destruction that we humans have long produced.

Which brings into question the constant human quest to disrupt rats and their habitats. As much as rats thrive in disrupted environments, Byers says, they've managed to create very stable colonies within them. Rats live in tight-knit family groups that are confined to single city blocks and that rarely interact. The Rat Project hypothesized that when a rat is removed from its family by pest control, its family might flee its single-block territory, spreading diseases that are (c)usually effectively quarantined to that family. In other words, the current pest control approach of killing one rat per concerned homeowner call could be backfiring, and spreading disease rather than preventing it.

The diseases that rats might be spreading aren't just their own. Himsworth likes to say that Vancouver's rats are like sponges. Their garbage-based diets allow them to absorb a diverse collection of bacteria that live throughout their city, in human waste and in our homes. "So it's not like the presence of harmful bacteria is characteristic of the rats themselves," she says. They get that bacteria from their environment, and when they move, they take these place-specific pathogens with them.

When "stranger" rats come into contact, Byers says, territorial battles ensue. "They urinate out of fear and they draw blood," she says—perfect for expelling and acquiring even more bacteria. It's during these territorial brawls, Byers and her colleagues believe, that bacteria can converge, mix, and create new diseases. "The rat gut acts as a mixing bowl," says Himsworth, where bacteria that would otherwise never interact can swap genes and form new types of pathogens.

One example is a strain of methicillin-resistant *Staphylococcus aureus*[*2], or MRSA, that Himsworth found in V6A's rats. It included a piece of genetic material from a very closely related superbug called methicillin-resistant *Staphylococcus pseudintermedius*[*3], or MRSP, which is often only associated with domestic animals like pet dogs. It seems that rats pick up human MRSA from the sewers or the streets and canine MRSP from our yards, then mix them in their guts. These new human-rat bugs could then potentially spread back to people via the rats' droppings and saliva.

In V6A it's hard not to notice the litter around us. Garbage has bubbled out from under the lids of trashcans, and a pile of empty syringes surrounds a parking-lot trap. Walking across this landscape of debris, cracked concrete, and weeds, Byers stops at another trap, which is set on what she has named "Block J." She and two student assistants are heading the project's second phase, which involves tracking the real-time movement of rats, using ear tags. Once these trees are mapped, she will begin to euthanize individual rats and see how their family responds. Part of her PhD work is to understand how human-caused disruptions, pest control in particular, affect how rats move throughout V6A. The hypothesis is that the disruption will send communities scurrying for new ground. With nearly 100 cages to check today, Byers moves hastily to a trap on Block 8. No rat here, but this one did catch a skunk.

A significant finding from the project's original phase, Byers tells me, is that not every rat in V6A carried the same disease. Rat families are generally confined to a single city block, and while one block might be wholly infected with a given bacteria, adjacent blocks were often completely disease-free. "(3)Disease risk doesn't really relate to the number of rats you're exposed to as much as it does to which family you interact with," says Robbin Lindsay, a researcher at Canada's National Microbiology Lab who assisted the Vancouver Rat Project in screening for disease. If those family units are scattered, diseases could potentially spread and multiply—something Byers is hoping to figure out through her PhD work.

If that's true, a city's rat policy should include doing the unthinkable: intentionally leave them where they are. "It might be better to maintain local rat populations that already have some sort of equilibrium with the people who live there," says Aplin. Many of the diseases that we share with rats are already part of a human disease cycle established over centuries, he says. Seen this way, rats are irrepressible—"a force of nature, a fact of our lives." Rather than focusing on killing them, we need to try to keep their populations stable and in place—and that includes managing rat immigrants.

An established rat society in a neighborhood makes it a much less viable destination for other rats, for example those entering through ports. Exotic rats can be more of a threat than those adapted to the region because each rat community evolves with its own suite of unique pathogens, which it shares with the other vertebrates in its ecosystem. New rats mean new diseases. The big question now, Aplin says, is "what happens when these different pathogens come together? This is something that I'm just starting to think about now. If the local rat population is suppressed, if you're actively getting rid of it, then you're also actively opening up niches for these foreign rats to enter."

In Vancouver, this is a fact of life. "One important thing we do have right over there," says Byers, motioning with her left hand, "is Canada's largest shipping port." Vancouver sits on Vancouver Harbor, which houses the great Port of Vancouver. In one of Himsworth's earlier studies, she found mites*4 on the ears of rats that live by the port and compared them to rats that take up residence around V6A. Port rats had malformed ears full of a strange breed of mite previously unknown to Canada — "an exotic species that's found in Asia," Himsworth says, which happens to be where Vancouver gets the majority of its imports. These foreign ear mites were not found on rats from any other block.

"So I think Aplin's theory has a lot of merit," Himsworth says. "It seems that the established rat population at the port acts as a buffer." (4)ダニが V6A 地区全体に拡散するのを防いできたのは，まさにこれではないかと彼女は考える。

Disruption, of course, doesn't come from just ports and pest control. It is part and parcel of modern civilization. Vancouver's population is growing steadily (by about 30,000 residents each year), bringing housing development, demolition, and more garbage. Even our love of birds can be a problem. Two years ago, for example, rats invaded a playground and community garden in East Vancouver, a bit outside of V6A. Several media sites reported on the visitors, which were evidently drawn in by birdseed dropped by a single individual. The area soon became known as "Rat Park." The City of Vancouver urged the garden's coordinator to put up signage asking people to avoid feeding the birds and to pick up their overripe vegetables. An exterminator was hired as well—adding more disruption still.

Himsworth hopes the new science will sway Vancouver's existing policy on rats, which, she stresses, is currently "essentially non-existent." This bothers her a lot. "I know that Vancouver Coastal Health essentially has the standpoint that, 'Well, we don't see the disease in people so we don't worry about it,'" she says of the region's publicly funded health-care authority. Homeowners with rat infestations can ring 311*5, Canada's 411, to report an infestation, but that's not a preventative response. "Rats are pests, and we don't spend health-care dollars to track pests," said Media Officer Anna Marie D'Angelo of Vancouver Coastal Health. It was a message echoed by Issues Management Communications Coordinator Jag Sandhu of the City of Vancouver: "The City of Vancouver does not track the rat population." To Himsworth, this is shortsighted. "They're not taking the rat disease risk seriously because they haven't seen it in humans yet —but that's not where diseases start." She also believes the issue is in part one of social justice. Rats typically affect poor areas, like V6A, that have little political clout.

Back inside one of Byers's traps in V6A, needlelike nails are lightly scraping on the metal. "It's a black rat," Byers tells me—the famed carrier of the Black Death. Byers says she isn't concerned about bubonic plague, which in North

America is mainly carried by prairie dogs. But there were 13 rat-driven bubonic plague outbreaks in seven countries between 2009 and 2013. And there are plenty of new diseases cooking.

＊1 veterinary pathologist　獣医病理医
＊2 methicillin-resistant *Staphylococcus aureus*　メチシリン耐性黄色ブドウ球菌
＊3 *Staphylococcus pseudintermedius*　犬の皮膚や粘膜の常在菌叢を構成するブドウ球菌種
＊4 mites　ダニ
＊5 311　カナダで，緊急性の高くない事件やトラブルを通報する時の電話番号

[Adapted from Becca Cudmore, "The Case for Leaving City Rats Alone," in Hope Jahren, ed., *The Best American Science and Nature Writing 2017*. New York : Houghton Mifflin Harcourt, 2017 : 59-64.]

設　問

1　下線部(1)を日本語に訳せ。

2　下線部(2)はネズミが何を得意とすることを指しているか。30字以内の日本語で説明せよ（句読点も文字数に含める）。

3　下線部(3)を日本語に訳せ。

4　下線部(4)を英語に訳せ。

5　下線部(a)から(c)について，それぞれの意味にもっとも近いものをAからEの中から選び，記号で答えよ。

(a) "could be boiled down to"
A．could amount to
B．could be affirmed by
C．could be overturned by
D．could elaborate on
E．could merge with

出典追記：The Case For Leaving City Rats Alone, Nautilus on July 19, 2016 by Becca Cudmore

(b) "Before cities were even a glimmer in our eye"
A. When cities were constructed of mud and bricks
B. When cities were less brightly illuminated at night
C. When cities were not yet imagined or built
D. When cities were places that people did not feel proud of
E. When cities were unpleasant places to live in

(c) "usually effectively quarantined to that family"
A. commonly well-monitored outside that family
B. normally exclusively targeted at that family
C. often utterly fatal to that family
D. ordinarily well-contained within that family
E. typically completely harmless to that family

6 以下の(1)から(3)の答としてもっとも適切なものをAからEの中から選び，記号で答えよ。

(1) Choose the reason that Himsworth is concerned about MRSA, a kind of bacteria.
A. MRSA demonstrates that harmful bacteria can be created within the bodies of and spread by rats.
B. MRSA demonstrates that harmful bacteria can be deadly to humans as there are no effective medications to cure a person infected by them.
C. MRSA demonstrates that harmful bacteria can be transmitted straight from household pets such as dogs to the humans they live with.
D. MRSA demonstrates that harmful bacteria can evolve into new strains within infected human hosts.
E. MRSA demonstrates that harmful bacteria can kill animals that humans cherish, such as their pet dogs, along with animals that they dislike, such as rats.

(2) Look at the word "trees" marked with double underlining. Choose the best description of what the word "trees" refers to in the article.
A. An architectural sketch of burrows in which families of rats live in a particular neighborhood.

B. A diagram of the pathways certain rats travel over the course of a set period of time.
C. A flowchart depicting the routes along which diseases spread across the city among animals and humans.
D. A genetic map showing multiple generations and branches of families among the rat population in an area.
E. A geographical survey of forested sections within the city of Vancouver.

(3) Choose the statement that Himsworth would most likely agree with.
A. The government of Vancouver has encouraged citizens to participate in community debates and policy formation on matters that affect everyone.
B. The government of Vancouver has exhibited disagreement among various departments on crucial topics such as control of the rat population.
C. The government of Vancouver should maintain the characteristics of local communities with different socioeconomic backgrounds.
D. The government of Vancouver would be more concerned about rats if they infested the neighborhoods that have influence on public policy in the city.
E. The government of Vancouver would be underfunded if they supported scientific research on subjects such as the rats that inhabit the city.

7 次の1から10の文から，本文の内容に一致するものを3つ選び，番号で答えよ。

1. Himsworth is well-known to the citizens of Vancouver for her research on rats and diseases in the city.
2. Before the launch of the Vancouver Rat Project, there were only a few minor research studies conducted on rats in that city.
3. Historically speaking, the number of rats dramatically increased after human beings began constructing and living in urban environments.
4. Rat families generally fear going out of their territory for a while after a family member is killed.

5. Rats do not engage in fights with unfamiliar rats unless humans drive them out of their residential areas.
6. The Rat Project scientists purposefully leave used experimental syringes out in places where they set up rat traps.
7. Even if humans do not directly touch the rats that live near them, they can catch diseases from them.
8. An experimental procedure of the Vancouver Rat Project was to identify the illnesses and the mites that rats carry in different areas of the city.
9. Vancouver City officials believe urban development is beneficial for creating rat-free urban spaces for the human population.
10. People in East Vancouver were blamed for feeding birds and growing vegetables in their neighborhood as this was believed to have attracted rats to their local park.

全訳

■都市部におけるネズミ対策

❶ 今年6月の早朝，ケイリー=バイヤーズは都市部で栽培されているブラックベリー畑で身をかがめ，郵便番号 V6A で示される，バンクーバーで最も貧しい地区の一つに仕掛けた生け捕り用の罠を確認していた。彼女がその日最初に獲物を捕まえたのは，1階がリサイクルショップの20室ほどあるアパートの前にある，「第5ブロック」の青色の大きなゴミ容器の近くだった。その路地を横切ると，1棟のビルがあるのだが，そのビルと路地の間に大量の紙や包装材が散らかった区画がある。その区画にネズミがいるのだ。

❷ かごの中を見つめながら，「以前は1つの罠で2匹捕まえていました」と彼女は言う。彼女はそこで新たに1匹のネズミを見つけ，クリップボードにメモを取る。彼女はまた戻ってきて，近くのライトバンにそのネズミを持ち込むことになる。バンは，「質素な」昔ながらのエチオピアレストラン付近に止めていた（グーグルマップに従って）。いったんバンの中に入ると，そのネズミは麻酔をかけられ，その後，写真を撮られ，ノミを払い落とされ，病気の検査をされてから，耳にタグをつけられ，45分以内に V6A 地区に再び戻されることになる。

❸ バイヤーズは，獣医病理医のチェルシー=ヒムズワースのもとで研究する博士課程の学生である。ヒムズワースは，ブリティッシュコロンビア大学公衆衛生学の助教で，バンクーバー・ラット・プロジェクトのおかげで地元の科学に関わる有名人になった。ヒムズワースは，都市部におけるネズミの個体数の急増に関する衛生上の問題に取り組むため，そのプロジェクトを開始した。とはいえ，それは伝聞のうえで増えているのであって，したがって誰もそれを数えてはいないのだ。

❹ 実際，ヒムズワースの研究より前にカナダの野生のネズミに関してわかっていた全てのことと言えば，1984年にリッチモンド近郊のゴミ処理場に生息する43匹のネズミに関してなされた，たった一つの研究に集約されてしまう。そこで，6年前，彼女は古いミニバンに注射器，注射針，手袋を積み込んで，V6A 地区の700匹を超えるネズミを生きたまま捕獲し，ネズミの DNA を抽出して彼らが保菌しているバクテリアについて調べたのだ。

❺ 彼女は自身の調査を通して，ネズミに完全に食い止める必要がある侵入者という古いレッテルを貼ることを考え直している。むしろネズミは，歩道や街灯柱と同じくらい都市の一部になっているのかもしれない。(1)ほとんどの状況では，ネズミたちをただそのまま放置しておいた方が，私たち皆にとってより良い状況だろう。

❻ ネズミは人間が原因で繁栄している。都市開発と人間が世界中を移動すること

で引き起こされる現代の大きな混乱は，ネズミを新たな生態的地位へと移した。「ネズミは混乱を乗り切る真のスペシャリストです」と，数十年にわたり，げっ歯類とそこから感染する病気について研究している生物学者のケン=アプリンは語る。「積極的に家畜化をしないで，これほど上手く人間の環境に適応できる野生動物は，これまでほとんどいませんでした」 ネズミは生態系が乱れると押し寄せてくる。ニューヨーク市のネズミの遺伝子的歴史を研究しているフォーダム大学の博士課程の学生であるマシュー=コームズいわく，最低限必要なものという観点からすると，「ネズミは巣穴が作れる場所（通常は開けた土地だが，建物や積み上げられた資材の中であることもある），真水が得られること，そして1日50グラムほどの適度に高カロリーな食べ物だけあればよい」のだという。ニューヨークやバンクーバーのような，人間が支配的な環境においては，「要は，ネズミが生きるために必要なものを手に入れる方法をどこに見つけているかが大切なのであって，それは人間がどのように自分たちの環境を維持しているかに左右されることが多い」のだ。

❼ ネズミの生き方は人間の生活様式に寄生して対応したものだ，と人間がなぜ考えるのかを理解するのは難しくはない。しかし，それは必ずしも正しくはない。「ネズミは私たちの街に適応してきたと言いたくなるので，時には自分を抑えなければなりません」とコームズは語っている。実際は，我々がやって来るよりも遥か昔，人類の定住によって起きた混乱をネズミが完全に利用する立場にあったのだ。彼らは約20万年前に現生人類が進化した時よりも遥か昔に誕生し，何百万年も地球上で暮らしてきた。都市というものがぼんやりとでも現れる前に，ネズミは究極の日和見主義者になりつつあったのだ。「ネズミは私たちの食料を盗む前に，他の生き物の食料を盗んでいた可能性が高いのです」とコームズは言う。今もなお人里離れたニューギニアの山岳地帯の生息地でさえ，「ネズミが土砂崩れのあった場所や自然かく乱が続く小川で暮らしているのをよく見かけます」とアプリンは語っている。青々と茂り，原始的で，手つかずの森を歩いてみると，「ネズミは非常に珍しい存在」なのである。ネズミが人間の街に寄生してきたのではない。人間が長きにわたり生み出してきた混乱，廃棄物，建造物，そして破壊に寄生してきたと言うのがより正確なのだ。

❽ これは，幾たびも試みられてきた，ネズミとその生息地を破壊しようとする我々の探求に疑問を投げかけることになる。ネズミは混乱した環境の中で上手くやっていくが，彼らはその中で非常に安定したコロニーを作ってきたとバイヤーズは言う。ネズミたちは，街の一つのブロックに限定され，めったに交流することがないにもかかわらず，密接なつながりのある集団の中で暮らしている。ラット・プロジェクトでは，あるネズミが害虫駆除によって集団からいなくなると，その集団が一つのブロックから逃げ出し，通常はその集団内にうまく隔離されている病気を広

めてしまう可能性があるという仮説を立てた。つまり，不安を抱えた家主から電話があるごとに１匹のネズミを駆除するという現在の害虫駆除手法は逆効果で，病気を防ぐのではなく，むしろ拡散させてしまう可能性があるのだ。

❾ ネズミが広める可能性のある病気は，彼ら自身が感染しているものだけではない。ヒムズワースは，バンクーバーのネズミはスポンジのようなものだ，と表現することを好む。彼らのエサは生ゴミが基本なので，人間の排泄物や家の中など，街のあらゆる場所に生息する様々なバクテリアを取り込むことになる。「したがって，有害なバクテリアを保菌していることがネズミ固有の特徴ではないと思われます」と彼女は言う。ネズミは自分たちが暮らす環境からバクテリアを取り込むので，彼らが移動すれば，その土地固有の病原菌も一緒に引き連れていくことになるのだ。

❿「よそ者」のネズミ同士が出くわすと，縄張り争いがすぐに起こるとバイヤーズは言う。「ネズミは恐怖心から排尿してしまい，血も流します」と彼女は説明している――非常に多くのバクテリアが排出され，取り込まれるには申し分ない。バクテリアが集まって混ざり，新たな病気を生み出す可能性があるのは，まさにそういった縄張り争いの間だとバイヤーズや彼女の同僚たちは信じている。ヒムズワースは「ネズミの内臓は，こね鉢の役割を果たしているのです」と言っているが，そこは，他では決して交わらないであろうバクテリア同士が遺伝子を交換し，新型の病原菌を生み出している場所なのだ。

⓫ 一つの例として，ヒムズワースがV6A地区のネズミから発見したメチシリン耐性黄色ブドウ球菌，通称MRSAの菌株がある。それはMRSAと非常に近い種で，メチシリン耐性のブドウ球菌種，通称MRSPと呼ばれる強力な細菌が持つ遺伝物質を含んでおり，MRSPは飼い犬のような家で飼育する動物だけが保菌している場合が多い。ネズミは下水管や街路で人間のMRSAに，庭で犬のMRSPに感染し，内臓でその２つが一緒になる。その後，そうした新たな人間とネズミの強力な細菌は，ネズミの糞や唾液を介して，潜在的に人間に拡大する可能性がある。

⓬ V6A地区で，ゴミに気づかないでいるのは難しい。ゴミ箱の蓋からはゴミが溢れ出し，駐車場に仕掛けた罠の周りは山積みになった空っぽの注射器で囲まれている。この瓦礫と割れたコンクリートと雑草の景色の中を歩いて回り，バイヤーズは「Ｊブロック」と名付けた場所に仕掛けた別の罠がある場所で立ち止まる。彼女と２人の学生アシスタントはプロジェクトを第２段階へと進めており，ネズミの耳に取り付けたタグを使って，そのリアルタイムの動きを追跡している。いったんネズミが通った道筋の地図ができると，彼女は個々のネズミを安楽死させ，彼らが属している集団がどのような反応をするのか確かめるのだ。彼女の博士課程の研究には，人間が引き起こした混乱，とりわけ害虫駆除が，V6A地区全体のネズミの動きにどのように影響を及ぼすのかを把握することが含まれている。仮説としては，そう

いった混乱によって，集団が新しい場所を求めてあちこち動き回るというものである。その日は確認するかごが100個近くあり，バイヤーズは第8ブロックの罠へと急いで移動していた。そこにはネズミはいなかったが，1匹のスカンクが罠にかかっていた。

⓭ このプロジェクトの初期段階における重要な発見は，V6A地区における全てのネズミが同じ病気を持っているわけではないということだ，とバイヤーズは私に説明してくれた。通常，ネズミの集団は一つの街のブロックに限定され，一つのブロックがある特定のバクテリアに感染していても，隣接したブロックではその感染が全くない場合が多い。「(3)病気になる危険性は，どのネズミの集団と接触するのかに比べれば，さらされているネズミの数にはそれほど関係がないのです」と，カナダ国立微生物研究所の研究者で，バンクーバー・ラット・プロジェクトで病気の検出を手伝っているロビン=リンジーは言う。もしそれらの集団が散り散りになれば，潜在的に病気が広まって増大する可能性が出てくる——これはバイヤーズが博士課程の研究を通して解明したいことである。

⓮ もしこれが真実だとすれば，都市のネズミ政策は思いもよらないことをすべきだろう。意図的にネズミたちをそのままにしておくのだ。「すでにそこの地域に暮らす人々とある種のつり合いが取れているネズミの集団は維持しておいた方がよいのかもしれません」とアプリンは言う。私たちがネズミと共有している病気の多くは，数世紀にわたって確立されてきた人間の病気のサイクルの一部とすでになっている，と彼は言っている。このように考えると，ネズミを制御することはできない——「自然の力，動かすことのできない事実」なのである。ネズミを駆除することに集中するよりも，むしろネズミの個体数を安定させ，所定の場所に住まわせておくようにすることが必要なのだ——そして，それには外来種のネズミたちを管理することも含まれる。

⓯ ある地域にネズミの共同体が確立されていることで，他のネズミ，例えば港から入ってくるネズミたちにとって，その場所は生きていくのが難しい場所となる。外来のネズミはその地域に適応したネズミたちよりも脅威となる可能性があるが，それはそれぞれのネズミの共同体が，生態系の中で他の脊椎動物と共有している固有の病原菌とともに進化しているからである。新たなネズミの登場は新たな病気を意味するのだ。現時点での大きな論点は，「そうした異なる病原菌がいっしょになると，何が起きるのか？　という点です。これはまさに今，私が考え始めていることです。もしその地域のネズミの個体数を抑制し，積極的に駆除しているのであれば，同時に外来のネズミが入ってくる隙間を積極的に開いていることになります」とアプリンは言う。

⓰ これはバンクーバーでは紛れもない事実である。「まさに今私たちが実際に抱え

ている重要な事案は，カナダ最大の積み出しをする港です」と左手で指差しながらバイヤーズは語った。バンクーバーは，カナダ最大のバンクーバー港があるバンクーバー湾岸に位置している。ヒムズワースの初期の調査で，バイヤーズは港の近くに暮らすネズミの耳にダニがいることを発見し，そのネズミとV6A地区に暮らすネズミを比べてみた。港のネズミは変形した耳をしており，それまでカナダでは見られない変わった種類――「アジアで見られる外来種」のダニがたくさんついていたのだが，バンクーバーがたまたまその大部分を輸入する場所となっている，とヒムズワースは説明した。それら外来の耳ダニは他の地域のネズミからは見つかっていない。

⑰「したがって，アプリンの理論には多くのメリットがあります」とヒムズワースは言う。「港で確立しているネズミの集団は緩衝装置としての役割を果たしているようなのです」 ダニがV6A地区全体に拡散するのを防いできたのは，まさにこれではないかと彼女は考える。

⑱ もちろん混乱は港や害虫駆除だけから発生するわけではない。混乱は現代文明の本質的な部分である。バンクーバーの人口は着実に増加しており（毎年約30,000人の居住者がやってくる），住宅開発，取り壊し，多くのゴミがもたらされている。私たちが鳥をかわいがることでさえ問題となりえる。例えば，2年前に，V6A地区から少し外れたイースト・バンクーバーの遊び場や地域の公園にネズミが押し寄せた。いくつかのメディアサイトはそこにやってくるネズミについて記事を書いていたが，それは明らかに一人の人物が落とした鳥のエサで引き起こされたのだ。そのエリアはすぐに「ネズミ公園」として知られることとなった。バンクーバー市は公園の管理者に鳥にエサを与えないよう書かれた看板を設置し，育ちすぎた野菜は取り除くよう促した。さらに害虫駆除業者も雇われた――今でもより多くの混乱が追加されているのだ。

⑲ ヒムズワースは新しい科学が現在のバンクーバーのネズミ対策に影響を及ぼすことを願っているのだが，それは彼女が強調しているように，現時点では「基本的に何もない」ということである。これは彼女を大いに悩ませている。彼女はその地域における公的保健当局について，「バンクーバー湾岸地域保健機関が『人々の間で病気は見つかっていないので心配はしていない』という立場を取っているのはわかります」と語っている。ネズミに侵入された自宅所有者は，侵入されたことを報告するために311番やカナダの411番に電話することができるが，それは予防的な対応ではない。「ネズミは有害な動物であり，有害な動物を追跡するために保健医療関連のお金を使うことはありません」と，バンクーバー湾岸地域保健機関の報道官であるアンナ=マリー=ダンジェロは語っている。以下はバンクーバー市の危機管理通達調整官のジャグ=サンデュによって繰り返されたメッセージである。「バンク

ーバー市はネズミの集団の追跡はしない」 ヒムズワースにとってこれは先見性がない。「彼らはまだ人間に病気が見つかっていないので，ネズミがもたらす病気のリスクを真剣に考慮していませんが，病気が始まるのは人間からではないのです」彼女はまた，この問題が社会的公正に関する問題の一部であるとも考えている。ネズミは一般的に，V6A 地区のような政治的影響力がほとんどない貧困地域に影響を及ぼしているからだ。

⑳ V6A 地区にバイヤーズが仕掛けた罠の中の後ろの方で，針のような爪が金属の上を軽く引っかいている。「これはクマネズミよ」とバイヤーズは私に説明してくれた——黒死病をもたらす病原菌の有名な保菌者だ。バイヤーズは北アメリカにおいて，主にプレーリードッグによって感染する危険がある腺ペストは心配していないと言う。しかし，2009 年から 2013 年の間に，7 カ国でネズミによる腺ペストの発生が 13 回あった。さらに多くの新たな病気が発生しつつあるのだ。

各段落の要旨

❶ バンクーバーの V6A 地区でネズミを捕獲する作業が行われている。
❷ 捕獲したネズミは病気の検査をした後，タグを取り付けられ，再び V6A 地区に戻される。
❸ 都市部におけるネズミの個体数急増に関する衛生上の問題に取り組むため，あるプロジェクトが開始された。
❹ V6A 地区で 700 匹を超えるネズミを捕獲し，その DNA を抽出して，保菌しているバクテリアについて調査した。
❺ ネズミは都市の一部となっており，ほとんどの状況においては，そのまま放置しておいた方がよい。
❻ ネズミほど人間の環境に適応できる野生動物は他におらず，生態系が乱れても，それに上手く適応することができる。
❼ ネズミは現生人類が進化した時よりも遥か昔から，自然かく乱が起こった場所で暮らしており，人間が生み出した混乱や破壊にも寄生している。
❽ ネズミは街の一つのブロックに限定されたコロニーを作っているが，1 匹のネズミを駆除することで，コロニー自体も逃げ出してしまい，そこに隔離されていた病気を拡散させてしまう可能性がある。
❾ ネズミは自分たちが暮らす環境からバクテリアを取り込むので，彼らが移動するとその病原菌も引き連れていくことになる。
❿ 異なるコロニーのネズミ同士が縄張り争いをすることで，それぞれが保菌するバクテリアが混ざり，新型の病原菌が生まれる可能性がある。
⓫ 新たに生まれた強力な病原菌が，ネズミを介して，人間に拡大する可能性がある。
⓬ ネズミを駆除することが，V6A 地区におけるネズミの動きにどのような影響を及ぼすのか調査が行われている。
⓭ ネズミの集団は一つの街のブロックに限定されており，あるブロックが特定のバク

テリアに感染していても，隣接したブロックではその感染が見られない場合が多い。
⑭ 都市のネズミ対策としては，駆除するよりも，意図的にそのまま放置しておいた方がよい。
⑮ ある地域のネズミを積極的に駆除すると，外来のネズミがそこに入りやすくなり，新たな病原菌が生まれる可能性がある。
⑯ バンクーバー港の近くに暮らすネズミの耳には，カナダでは見られない外来種のダニがいる。
⑰ 港にいるネズミの集団は緩衝装置としての役割を果たし，外来のダニがV6A地区に拡散するのを防いでいる可能性がある。
⑱ 人間が鳥にエサをやるという行為によってネズミが押し寄せてくることもある。
⑲ ネズミがもたらす病気のリスクについて，当局は真剣に考慮しておらず，ネズミを追跡調査することに理解は得られていない。
⑳ ネズミによる腺ペストの発生や，新たな病気が発生しつつある。

解 説

設問1 We would all be better off if, under most circumstances, we simply left them alone

▶述部のbe better offは「より良い状態になる」という意味で仮定法過去形が用いられている。比較対象がif節以下の内容となっているので，「(if以下の条件）の方が良いだろう」といった訳出にするとよい。allは主語のweと同格関係。

▶ if節の述部はleave O C「OをCのままにしておく」という意味の第5文型。目的語のthemは直前の第5段第2文（They may instead …）のthey，さらに遡って第5段第1文（Her research has …）にあるratsを指している。leave O aloneは「Oを一人にしておく」という意味で使われることが多いが，ここでは，ネズミたちを「そのまま放置しておく」「そのままにしておく」といった訳出がよい。under most circumstancesは「ほとんどの状況では」という意味の副詞句。

設問2 ▶下線部(2)は「ネズミは真の混乱のスペシャリストである」という意味。disturbance「混乱」はdisturb「～を乱す，～の邪魔をする」の名詞形で，抽象的な表現（この場合は「混乱のスペシャリスト」）がある場合，その直後で補足説明される場合が多い。第6段第4文（“Very few wild …）では，下線部の補足説明として，積極的に家畜化せずに人間環境に適応できる野生動物はほとんどいないと述べられ，同段第5文（Rats invade when …）では，ネズミは生態系が乱れると押し寄せてくるという内容が続いている。したがって，ネズミは，生態系が乱れても，その環境に上手く適応することが読み取れるので，この点を字数内にまとめればよい。

設問 3 **Disease risk doesn't really relate to the number of rats you're exposed to as much as it does to which family you interact with**

▶ not as＋原級＋as ～「～ほど…ではない」の構文。比較の構文で文構造がわかりづらい場合は比較対象を外して考えるとよい。

▶ you're exposed to は直前の rats を修飾する形容詞節で expose *A* to *B*「*A* を *B* にさらす」が受動態になった形。much は述部を修飾する副詞として機能しているので，病気になる危険性は，さらされているネズミの数には大きく関係していないという内容を読み取る。

▶比較対象部分の it does to which family you interact with の it は disease risk を指し，述語動詞の does は代動詞で relates の代わりとして用いられている。which family you interact with の部分は疑問形容詞の which に導かれた名詞節で，前置詞 to の目的語となっているので，「病気になる危険性はどの集団と接触するのかと関係がある」という内容を読み取る。family は文脈を考慮すると「集団」といった訳出が適切。
interact with ～「～に接触する」

▶以上の内容を比べた形にすればよいので，「病気になる危険性は，どのネズミの集団と接触するのかに比べれば，さらされているネズミの数にはそれほど関係がない」といった訳出になる。

設問 4 **ダニが V6A 地区全体に拡散するのを防いできたのは，まさにこれではないかと彼女は考える。**

▶主節の「～ではないかと考える」という述部は think that ～ でもよいが，疑念のニュアンスを考慮し，wonder if ～ や suspect that ～ などで表現した方がよい。

▶従属節は「これはダニが拡散するのを防いできたことである」と読み換えると書きやすくなる。「ダニが拡散するのを防いできたこと」の部分は関係代名詞の what と keep〔prevent〕*A* from *doing*「*A* が～するのを妨げる」という定型表現を使えばよいが，時制は現在完了形にしておく。

▶「ダニ」「V6A 地区全体に」「拡散する」は本文中にある mite，throughout V6A, spread を使えばよい。「まさに」の部分は副詞の exactly や precisely などで表現できる。

設問 5 ⓐ　**正解は A**　▶語彙の知識が問われているのではなく，文脈から意味を推測する問題で，設問 5 (b)および(c)も同様の出題意図だと考えられる。

▶下線部を含む文は「実際，ヒムズワースの研究より前にカナダの野生のネズミに関してわかっていた全てのことと言えば，1984 年にリッチモンド近郊のゴミ処理場に生息する43匹のネズミに関してなされた，たった一つの研究に…」という意味。野生ネズミに関する情報がたった一つの研究にたどり着くという内容にすれば文脈が合うので，amount to～「（要するに）～になる，～に達する」という表現を含むAが正解。前置詞 to が持つ到達点の意味に着目するとよい。

be boiled down to～「～に要約される」

▶それぞれの選択肢の意味は次の通り。

B.「～によって認められる」

C.「～によってひっくり返される」

D.「～について詳しく述べる」

E.「～と合併する」

設問5 (b) 正解は C ▶下線部直前の第7段第5文（They've been on …）では，ネズミは人類よりも遥か昔から地球上で暮らしてきたとあり，下線部直後の同段第7文（"They were likely …）でも，ネズミが私たち人間の食料を盗む前の状況について言及している。したがって，下線部を含む部分も，人間が暮らす都市が成立する前から，ネズミは環境に適応するのが上手かったという内容にすれば文脈が合うので，C.「まだ都市が想像されたり，建設もされていない時」が正解となる。

glimmer「わずかな兆し，かすかな光」

▶それぞれの選択肢の意味は次の通り。

A.「都市が泥とレンガで建造された時」

B.「夜に都市がそれほど明るく照らされていない時」

D.「都市が人々に誇りを感じさせない場所だった時」

E.「都市が暮らすのには不快な場所だった時」

設問5 (c) 正解は D ▶以下のように下線部を含む文全体の意味を把握することが重要。

「ラット・プロジェクトでは，あるネズミが害虫駆除によって集団からいなくなると，その集団が一つのブロックから逃げ出し，…な病気を広めてしまう可能性があるという仮説を立てた」

> 下線部を含む文の構造
>
> The Rat Project hypothesized【that 〈when a rat is removed from its family by pest control〉, its family might flee its single-block territory, 〈spreading diseases [that are usually effectively quarantined to that family]〉】.
>
> ＊【名詞節】〈副詞節・副詞句〉［形容詞句］

that 節内の主節は its family might flee its single-block territory の部分。spreading 以下は分詞構文で，主格の関係代名詞 that 以下が diseases を修飾している。

hypothesize「～だと仮説を立てる」 pest control「害虫駆除」 flee「～から逃げる」 quarantine「～を隔離する」

▶下線部直後の第８段最終文（In other words, …）でも，１匹のネズミを駆除する手法は，病気を拡散させてしまう可能性があると繰り返されているので，あるネズミが持っている病気は，そのネズミが属している集団の中だけで見られるものだということがわかる。したがって，D.「普通はその集団内にうまく封じ込められている」を選べば文脈が合う。contain には「（疫病など）を封じ込める」という意味がある。

▶それぞれの選択肢の意味は次の通り。

A.「一般に，その集団以外で広く観察される」

B.「通常，その集団だけが狙われる」

C.「その集団にとって完全に致命的なものとなることが多い」

E.「概して，その集団にとって全く無害な」

設問６ ⑴ 正解は Ａ ▶設問は「ヒムズワースがバクテリアの一種である MRSA を懸念している理由を選べ」というもの。

▶ MRSA については第 11 段（One example is …）で説明されている。同段第３文（It seems that …）では，人間の MRSA と犬の MRSP に感染したネズミの内臓で，この２つの病原菌が混ざり合う可能性について言及され，続く同段最終文（These new human-rat …）では，そうして生まれた new human-rat bugs「新たな人間とネズミの強力な細菌」がネズミの droppings「糞」や saliva「唾液」を介して人間に拡大する可能性があると述べられている。したがって，A.「MRSA は，ネズミの体内で有害なバクテリアが生み出され，その有害なバクテリアがネズミによって拡散する可能性があることを示している」が正解となる。

▶それぞれの選択肢の意味は次の通り。

B.「MRSA は，感染した人を治療する効果的な薬がないので，有害なバクテリアが人間にとって致命的なものになることを示している」

medication「薬剤」

C.「MRSA は，有害なバクテリアが，犬のような家で飼うペットから，一緒に暮らしている人間に直接感染する可能性があることを示している」

transmit「（病気など）を伝染させる」

D.「MRSA は，有害なバクテリアが，それに感染した人間の宿主の体内で，新しい菌株に進化する可能性があることを示している」

strain「菌株，種」

E.「MRSA は，有害なバクテリアが，ネズミのように嫌われている動物と同様，ペットの犬のような人間が大切にしている動物を殺してしまう可能性があることを示している」

along with ～「～と同様に」

設問 6 (2) 正解は B ▶設問は「二重下線部の trees を見よ。本文において trees が表すものとして最も適切なものを選べ」というもの。

▶ trees を含む部分は接続詞の once によって導かれた副詞節で「いったん…の地図ができると」という意味。直前の第 12 段第 4 文（She and two …）では，バイヤーズたちが，ネズミの耳に取り付けたタグを使って，ネズミのリアルタイムの動きを追跡しているという内容が述べられている。したがって，ネズミが通った道筋の地図を作っていることが予想できるので，B.「一定期間に，あるネズミが移動した経路の図」が最も適切。

diagram「図」 pathway「経路」

▶それぞれの選択肢の意味は次の通り。

A.「ある特定の地域で暮らしているネズミの集団の巣穴の構造のスケッチ」

architectural「構造上の」 burrow「巣穴」

C.「バンクーバーにおいて，動物と人間の間で病気が拡大した経路を描いたフローチャート」

depict「～を描く」

D.「ある地域のネズミの集団の中の複数の世代と枝分かれした家族を示す遺伝子地図」

multiple「複数の」

E.「バンクーバー市内にある森林区域の測量調査」

設問 6 (3) 正解は D ▶設問は「ヒムズワースの考えと意見が一致する可能性が高いものを選べ」というもの。

▶第 19 段第 5 文（“Rats are pests, …）以降では，ヒムズワースが行っているネズミの追跡調査に対して，バンクーバーの行政が否定的な立場を取り，この問題をそれほど深刻に捉えていないことが述べられている。また，同段第 9・最終文（She also believes …）では，ネズミが影響を及ぼしているのは political clout「政治的影響力」がほとんどない貧困地区で，この問題が社会的公正に関する問題でもあるという彼女の見解が述べられている。以上の点から，ヒムズワースは，政治的影響力がある地域にネズミが影響を及ぼせば，行政が真剣にこの問題に取り組むようになると考えていることが読み取れるので，D.「バンクーバーの行政は，ネズミが市の公共政策に影響を及ぼす地域に群がれば，ネズミについてもっと心配するようになるだろう」が最も適切。

infest「～に群がる」

▶それぞれの選択肢の意味は次の通り。いずれも次のような内容が読み取れる部分は本文中にはない。

A.「バンクーバーの行政は，全ての人に影響を及ぼす問題に関する地域の討論会や政策の作成に参加するよう市民に促してきた」

B.「バンクーバーの行政は，ネズミの個体数の管理のような重要な議題に関して，様々な部署で意見の相違を示してきた」

department「部署」

C.「バンクーバーの行政は，様々な社会経済的背景がある地域社会の特徴を維持すべきである」

socioeconomic「社会経済の」

E.「バンクーバーに生息するネズミのようなテーマに関する科学的研究をサポートすれば，バンクーバーの行政は財源不足になるだろう」

underfunded「財源不足の」 inhabit「～に生息する」

設問7　正解は　1・7・8　▶1.「ヒムズワースは，バンクーバーのネズミと病気に関する研究でバンクーバー市民によく知られている」 ヒムズワースについては第3段第1文（Byers is a…）で説明されており，who has become a local science celebrity thanks to her Vancouver Rat Project「バンクーバー・ラット・プロジェクトのおかげで地元の科学に関わる有名人になった」と述べられている。バンクーバー・ラット・プロジェクトはネズミとその病気について研究している取り組みなので，本文の内容に一致。

celebrity「有名人」

▶2.「バンクーバー・ラット・プロジェクトが始まる前，バンクーバーのネズミに関して，少数の小規模な調査研究が行われていた」 第4段第1文（Prior to Himsworth's…）で，ヒムズワースの研究より前に行われたのは，a single study「たった一つの研究」だけであり，さらにそれはリッチモンド近郊での調査だったとあるので不適。

launch「開始，着手」

▶ 3.「歴史的に言えば，人間が都市環境を作り，そこに暮らし始めた後，ネズミの数は劇的に増えた」 本文で，人間が作り出す環境にネズミが上手く適応しているという内容は述べられているが，人間が都市環境を作って暮らすようになった結果，ネズミの個体数が増えたという内容は述べられていない。

▶ 4.「一般的にネズミの集団は，その集団に所属する1匹のネズミが殺されると，しばらくの間，自分の縄張りから外に出るのを怖がる」 本文中にこのような内容が述べられている部分はない。また，第8段第4文（The Rat Project …）では，1匹のネズミが害虫駆除によって集団からいなくなると，その集団が一つのブロックから逃げ出すという仮説が述べられているが，この内容が事実であるかどうかは確証されていない。

▶ 5.「ネズミは，人間によって自分たちが暮らしている地域から追い出されない限り，知らないネズミとケンカをすることはない」 第10段第1文（When “stranger” rats …）で，よそ者のネズミ同士が出くわすと，territorial battles「縄張り争い」がすぐに起こるとあるが，人間の関与が原因だと述べられているわけではないので不適。第10段は語彙レベルが高く，同段第1文のensue「すぐに起こる」なども難しいが，battles，bloodといった単語から，“stranger” ratsが出くわし，ケンカが起こった時の様子について述べられているのではないかと推測しながら読み進めたい。

▶ 6.「ラット・プロジェクトの科学者たちは，ネズミの罠を仕掛けた場所に，意図的に使用済みの実験用注射器を置いたままにしている」 本文中にこのような内容が述べられている部分はない。

purposefully「意図的に」 syringe「注射器」

▶ 7.「たとえ人間が近くに生息するネズミに直接触れなくても，ネズミから病気が感染する可能性がある」 第11段最終文（These new human-rat …）で，ネズミの糞や唾液を介して，ネズミの持つbug「細菌」が人間に拡大する可能性があると述べられているので本文に一致。

via「～を媒介して，～経由で」 dropping「糞」 salvia「唾液」

▶ 8.「バンクーバー・ラット・プロジェクトの一つの実験手順に，バンクーバーの様々な地域でネズミが運んでいる病気とダニを特定することがあった」 第4段最終文（So six years …）で，ネズミのDNAを抽出して彼らが保菌しているバクテリアを調べたとある。また，第16段第4文（In one of …）では，バンクーバー港周辺に生息するネズミの耳についているダニについて調査したことが述べられているので本文と一致。

procedure「手順」

▶ 9.「バンクーバー市の職員たちは，都市開発がネズミのいない人間の都市空間を作るうえで役に立つと信じている」 本文中にこのような内容が述べられている部分はない。

▶ 10.「自分たちの自宅周辺で鳥にエサを与え，野菜を育てる行為が地元の公園にネズミを呼び寄せると信じられていたので，イースト・バンクーバーの人々は，それをしたことで非難された」 第18段第6文（Several media sites …）で，ある一人の人物が落とした鳥のエサが原因でネズミが押し寄せたとは述べられているが，イースト・バンクーバーの人々が非難されたという内容は本文中にない。

設問1　ほとんどの状況では，ネズミたちをただそのまま放置しておいた方が，私たち皆にとってより良い状況だろう

設問2　生態系が乱れても，その新たな環境に上手く適応すること。（30字以内）

設問3　病気になる危険性は，どのネズミの集団と接触するのかに比べれば，さらされているネズミの数にはそれほど関係がない

設問4　She wonders if this is exactly what has kept the mites from spreading throughout V6A.

設問5　(a)―A　(b)―C　(c)―D

設問6　(1)―A　(2)―B　(3)―D

設問7　1・7・8

10

2019年度〔2〕

次の英文を読んで，以下の設問に答えよ。

We are at our cutest as infants. We're most helpless then, too. But every infant has a help button : Cry, and most likely any adult within earshot will rush over to hold and soothe them with a gentle song.

Other primate species, including chimpanzees and macaques, also cradle and carry their fussy young. But human caregivers do something extra. "We added the singing," says psychologist Sandra Trehub, professor emeritus at University of Toronto Mississauga.

No one knows when parents first sang to infants, but the practice is ancient and universal. "There seems to be evidence of singing to infants throughout recorded history," says Trehub, who has studied musicality in infants and children for decades. All human cultures perform songs specifically for babies—so-called "infant-directed songs." Simpler, slower and repetitive, these lullabies seem to soothe distressed infants better than other song types.

But how—and why—did humans create infant-directed songs? In January, Harvard University evolutionary psychologist Max Krasnow and grad student Samuel Mehr published the first formal theory on the origins of lullabies in *Evolution and Human Behavior*. The songs, the researchers say, may have been the result of parents and infants clashing over a precious resource : parental attention.

"From a genetic perspective, parents and infants don't have the same interests," Krasnow says. "Infants want more of all resources than parents are willing to give."

In broad strokes, (1)<u>Krasnow and Mehr's new theory fleshes out the field's general consensus about how lullabies may have originated.</u> Shannon de l'Etoile, a professor of music therapy at the University of Miami's Frost School of Music, cites a theory that infant-directed songs evolved out of the need for "hands-free parenting."

"Think about the period when early humans became bipedal," says de l'Etoile. "That coincided with the pelvis*1 narrowing, to allow walking upright, which limited the size of the infant at time of birth—all humans are born in a certain state of prematurity. We're not like, say, horses, which are up and walking after a couple of minutes."

(2)Our inherent vulnerability as infants means human babies need an extended period of hands-on care, explains de l'Etoile, who studies infant-directed song but was not involved in Krasnow and Mehr's research. She adds: "At the same time, the baby is growing at an exponential rate. (3)赤ん坊が，常に抱いて歩くには大きすぎるけれど，まだ世話が必要だという時がやってくる。 But the mom also needed to move around, to get water, prepare food."

Singing allowed the mother, the traditional caregiver, to put the infant down while still reassuring the child.

"If the infant's making a fuss, it could attract a predator," says de l'Etoile. "A mother effective at using her voice to calm her infant would be more likely to survive—and the infant would be more likely to survive, too. Infant-directed song could be evidence of the very first music."

While not contradicting this take on the origins of lullabies, Krasnow and Mehr propose a darker element to the evolution.

"The parent-infant relationship is not all cupcakes and sunshine," says Mehr. "There is [①]."

Krasnow and Mehr believe the tug of war between an infant seeking as much attention as possible and the caregiver dividing attention among other offspring and tasks crucial for survival may have set the stage for (a)an evolutionary arms race.

The competition begins simply enough: The infant makes a demand for attention, and the parent seeks to provide enough to satisfy the infant. But how does the parent express that attention hands-free, and how can the infant assess the quality of the attention received? Through vocalizations, according to Krasnow and Mehr's theory.

A simple vocalization is easy to produce. But more complex vocalizations—such as singing—require memory, focus and skill, which could convey a higher quality to an infant. More demands for attention from the infant through crying might be answered with more complex vocalizations from the caregiver.

"Attention is invisible. You need an honest signal of its quality," says Krasnow. "That's where singing comes in. I can't be singing to you while I'm running away from a predator, or while I'm just having a conversation with someone else. Even turning the head affects the quality of the voice. An infant can gauge where the parent's attention is oriented. These are things that can't be faked."

And (b)infants are very attentive to that particular signal, other researchers have found. For example, over the past several years de l'Etoile has studied infants' response to lullabies. In multiple studies, they were exposed to a range of stimuli, including either their mother or a stranger singing to them. In all cases, "all the infants were very attentive to all the singers. The infant-directed song was what was attracting attention," says de l'Etoile.

Krasnow and Mehr stress that their research is theoretical. It lays out a possible route from general calls between individuals keeping in touch when out of sight, to specific, more complex vocalizations with infants, and eventually into lullabies. "Our theory on its own cannot predict that we are going to get a 'Rock-a-Bye Baby,'" says Mehr, "but it points us in that direction."

Not everyone is singing Mehr and Krasnow's tune.

(4)Trehub doubts that the need to soothe infants pushed vocalizations to evolve into lullabies. Humans use various means to calm infants : Rocking and carrying on their own, for example, can lull an infant to sleep. "Songs are not a unique solution for soothing infants," Trehub says, which makes creating a solely evolutionary basis for them problematic.

For Krasnow and Mehr, the promise of their new paper is not the theory itself —it's that they have developed a number of ways to test its validity. The team is already conducting studies with children and adults who have genetic conditions that may alter the normal response to hearing lullabies. They're also planning additional research with infants. These follow-up studies will test different aspects of their evolutionary theory for infant-directed song, potentially resolving not only its origins, but also the very roots of music in general.

"What we know so far is that parents singing to infants is [②]," says Krasnow. "That's a shock when you think of how different cultures can be. It suggests to us that there is something deeper and more functional going on."

*1 pelvis 骨盤

[Adapted from Yao-Hua Law, "Rock-a-Bye Baby's Rocky Roots," *Discover* (June 2017) : 66-68.]

設　問

1　下線部(1)を日本語に訳せ。人名はアルファベット表記のままでよい。

2　下線部(2)のような状態が進化の上で生じたのはなぜか。その理由を本文にそって50字以内の日本語で説明せよ（句読点も文字数に含める）。

3　下線部(3)を英語に訳せ。

4　下線部(4)を日本語に訳せ。人名はアルファベット表記のままでよい。

5　文中の空欄［　①　］，［　②　］に入れるのにもっとも適切なものをそれぞれAからEの中から選び，記号で答えよ。

①　A．a lot of conflict
　　B．a tendency for self-sacrifice
　　C．much room for evolution
　　D．plenty of compassion
　　E．scarcely any contradiction

②　A．a declining trend
　　B．a human universal
　　C．a status-building endeavor
　　D．a vicious circle
　　E．an educational activity

6　以下の(1)および(2)の答としてもっとも適切なものをAからEの中から選び，記号で答えよ。

(1) Look at the underlined part (a). Which of the following does “an evolutionary arms race” refer to?

A．competition among infants of the same growth stage for gaining the largest favor from adults

B．competition among groups of humans over bodily strength, a factor that determined which groups flourished and which perished

C．competition among parents, their younger and older offspring, in acquiring and developing vocalization skills

D. the idea that humans who could most efficiently distribute their attention among offspring while carrying out crucial tasks had the strongest chance of survival

E. the idea that parents and their infant offspring competed to increase chances of individual survival, according to their contrasting interests or needs

(2) Look at the underlined part (b). According to the text, which of the following is true about the statement, "infants are very attentive to that particular signal"?

A. A range of stimuli created by parents could influence how infants will respond to future infant-directed songs.

B. An infant senses the extent of the caregiver's attention to herself or himself from the vocalization.

C. If a caregiver is producing complex sounds, it is enough to soothe the infant regardless of to whom it is directed.

D. Infants can distinguish between their mother's voice and a stranger's voice in the quality of their lullabies.

E. Simple vocalization signals a high level of focus on the infant, which allows the parent to engage in different tasks.

7 次の1から8の文から，本文の内容に一致するものを2つ選び，番号で答えよ。

1. In times of trouble, parents console themselves as well as their children through song and music.
2. Infant-directed song did not raise the probability of each generation's survival above the level of the preceding one.
3. Singing has been an important tool for adults in their tug of war with infant offspring over a precious resource.
4. Infants are highly selective in the ways that they respond to singing by their mothers as distinct from vocalization by other adults.
5. Krasnow and Mehr's theory has put an end to the debate about how human vocalizations evolved into lullabies.
6. Krasnow and Mehr continue to seek various means to verify their theory.

7. The research by Krasnow and Mehr has unexpected benefits for people with genetic conditions that affect their ability to respond to lullabies.
8. There is now broad agreement that infant-directed song is likely to have been the very first form of music making.

全 訳

■子守歌の起源

❶ 我々は赤ん坊の時が最もかわいい。それは同時に，最も無力な時でもある。しかし全ての赤ん坊は，ヘルプボタンを持っている。それは泣くことであり，泣き声が聞こえる所にいる大人ならおそらく誰でも急いで駆けつけて，彼らを抱いて，優しい歌でなだめるだろう。

❷ チンパンジーやマカクなど他の霊長類も，ぐずっている子供を持ち上げてあやしたりする。しかし，子供の世話をする人間はそれに加えて別のことをしている。「私たちは歌うことを付け加えています」と，トロント大学ミシサガ校の名誉教授で，心理学者の Sandra Trehub は言う。

❸ 親が赤ん坊に最初に歌を歌ったのがいつなのかは誰も知らないが，この慣習は古くからあり，普遍的なものである。数十年にわたって，赤ん坊と子供の音楽に関する能力を研究してきた Trehub は，「有史を通じて，赤ん坊に歌を歌っていたという証拠が存在しているようです」と語っている。あらゆる文化において，特に赤ん坊に向けた歌，いわゆる「子守歌」が歌われている。単純で，ゆっくりしたテンポで繰り返される子守歌は，他のタイプの音楽よりもぐずっている赤ん坊をなだめられるようだ。

❹ しかし，どのようにして，そしてなぜ人間は子守歌を創ったのだろう。1月に，ハーバード大学の進化心理学者である Max Krasnow と大学院生の Samuel Mehr は，『Evolution and Human Behavior』の中で，子守歌の起源に関する初めての公的な説を発表した。この2人の研究者は，子守歌はある貴重な資源，すなわち親の関心をめぐる親子の衝突の結果生まれたのかもしれないと説明している。

❺「遺伝的観点からすると，親と赤ん坊は共通の利害があるわけではないのです」と Krasnow は言う。「赤ん坊は親が進んで与えてくれる手助けよりも，多くの手助けを求めているのです」

❻ 概要としては，(1)Krasnow と Mehr の新しい理論は，どのようにして子守歌が生まれた可能性があるのかについて，その分野で全体的に一致している見解に肉付けをしたものである。マイアミ大学フロスト音楽校の音楽療法の教授 Shannon de l'Etoile は，子守歌が「手を使わない育児」の必要性から進化したという理論を引用している。

❼「初期の人類が二足歩行をするようになった時期のことを考えてください」と de l'Etoile は言う。「それは同時に骨盤が狭くなり，直立歩行ができるのですが，生まれる時の赤ん坊の大きさが制限されるようになったのです。つまり，全ての人

間がかなり未熟な状態で生まれてきます。私たちは，例えば生まれて数分後には立ち上がって歩き出す馬とは違うのです」

❽ de l'Etoile は子守歌について研究しており，Krasnow と Mehr の研究には参加していないのだが，赤ん坊の時の生まれ持った脆弱性によって，人間の赤ん坊は長期間にわたり直接的な世話が必要になると説明している。彼女はこのように付け加えている。「同時に，その赤ん坊は急激に成長しています。赤ん坊が，常に抱いて歩くには大きすぎるけれど，まだ世話が必要だという時がやってくる。しかし母親も動き回って水を汲んだり，食事の準備をしたりしなければなりませんでした」

❾ 従来，子供の世話をする役割を担っていた母親は，歌うことで赤ん坊を安心させながら寝かしつけておくことができた。

❿ de l'Etoile は「赤ん坊が騒いでいると，捕食動物を呼び寄せる可能性があったのです」と説明する。「自分の声を使って赤ん坊を落ち着かせる力を持った母親は，生き延びる可能性がより高くなります――それにその赤ん坊も生き延びる可能性が高くなるのです。子守歌はまさに最初の音楽の痕跡かもしれません」

⓫ Krasnow と Mehr は子守歌の起源に関するこの見解を否定してはいないが，人間が進化していくうえでのもっと暗い要因を提示している。

⓬ Mehr は「親と赤ん坊の関係は，全てかわいい子と太陽の光のような存在という関係とは限らないのです」と言っている。「たくさんの衝突があるのです」

⓭ Krasnow と Mehr は，できるだけ多くの関心を向けてもらいたい赤ん坊と，他の子供や生きていくうえで不可欠な作業に注意を向けたい親との間に激しい争いがあり，それが進化上の激しいせめぎ合いの発端となった可能性があると信じている。

⓮ 争いが始まるのは簡単である。赤ん坊は関心を向けてもらいたいし，親も赤ん坊が満足できるように関心を向けようとする。しかし，親はどのようにして手を使わずにその関心を表現するのだろう，そして，赤ん坊はどのようにして自分が受け取る関心の質を評価できるのだろう？　Krasnow と Mehr の理論によると，それは声を出すことを通して行われるのだ。

⓯ 単純に声を出すだけであれば簡単である。しかし，歌うことのようなより複雑な発声は，記憶，集中，技術を必要とし，それによってより高い質の関心を赤ん坊に届けることができる。泣いている赤ん坊からなされる関心を向けてほしいという要求の高まりには，世話をする者がもたらす，より複雑な発声で解決できるかもしれないのだ。

⓰「関心は目に見えません。その質を示す偽りのない合図が必要なのです」と Krasnow は言う。「ここで歌が登場するのです。捕食者から逃げている間や誰かと話している間は，相手に向けて歌を歌うことはできません。顔を向けることだけ

でも声の質に影響を与えます。赤ん坊は親の関心がどこに向けられているのか判断できるのです。それらは偽ることができないことなのです」

⑰ さらに，赤ん坊は特定の合図に非常に熱心に耳を傾けることが他の研究者たちによって明らかにされている。例えば，de l'Etoile は過去数年にわたって，子守歌に対する赤ん坊の反応について研究してきた。様々な実験において，赤ん坊たちは自分の母親の歌や見知らぬ人の歌といった様々な刺激を経験させられた。あらゆる場合において，「全ての赤ん坊が全ての歌い手の声に熱心に耳を傾けていました。子守歌は赤ん坊の注意を引きつけるものだったのです」と de l'Etoile は語っている。

⑱ Krasnow と Mehr は自分たちの研究が理論的なものであることを強調している。彼らの研究では，相手が見えない状況で連絡をする個人間の一般的な電話の通話から，赤ん坊に対する個別的でより複雑な発声，そして最終的には子守歌に至るまでの，可能性のある道筋が説明されている。「私たちの学説自体だけでは，人間が『ロッカバイ・ベイビー（子守歌）』を手に入れる経緯を予測することはできません」と Mehr は言う。「しかし，この説は私たちにそれを解明する方向を示してくれます」

⑲ 全ての人が Mehr と Krasnow の考えに同意しているわけではない。

⑳ (4)Trehub は赤ん坊をなだめる必要性が，発声を子守歌に進化させたとは考えていない。人間は赤ん坊を落ち着かせるために様々な方法を使っている。例えば，体を揺らしたり，抱っこをして動いたりすれば，赤ん坊を寝かしつけることができる。「歌は赤ん坊をなだめるための唯一の解決法ではありません」と Trehub は語っており，子守歌へ進化してきた根拠を一つだけにするのは問題があるとしている。

㉑ Krasnow と Mehr にとって，新しい論文の有望性はその学説自体ではない——それは彼らがその正当性を検証する多くの方法を進展させてきたという点である。すでに彼らの研究チームは，子守歌を聞いた時の通常の反応を変異させる可能性がある遺伝子条件を持つ子供と大人に関する研究を行っている。また彼らは赤ん坊について，さらなる研究を計画している。こういった追加研究によって，彼らの子守歌に関する進化論的学説の様々な側面が検証され，潜在的にはその起源だけでなく，まさに音楽一般の起源についても解明できる可能性がある。

㉒「今のところわかっているのは，親が赤ん坊に歌を歌うのは人間の普遍的特性だということです」と Krasnow は語る。「非常に様々な文化があることを考えるとこれは驚きです。これは，より深く，機能的な何かが起こっていることを私たちに提示してくれています」

各段落の要旨

❶ 赤ん坊が泣いていると，大人たちは優しい歌でなだめてくれる。

❷ 霊長類の中で人間だけが，子供の世話をする時に歌を歌う。

❸ あらゆる文化において子守歌が歌われ，他のタイプの音楽よりも赤ん坊をなだめることができる。

❹ 子守歌の起源は，親の関心をめぐる親子の衝突から生まれた可能性があるという説が発表された。

❺ 赤ん坊は，親が進んで与えてくれる手助けよりも多くの手助けを求めている。

❻ 子守歌の起源に関する新しい理論は，これまでに意見が一致している見解に肉付けがされたものである。

❼ 人類が二足歩行をするようになった結果，人間の赤ん坊はかなり未熟な状態で生まれてくるようになった。

❽ 人間の赤ん坊は未熟な状態で生まれてくるため，長期間にわたり直接的な世話が必要となる。

❾・❿ 赤ん坊が騒いでいると捕食動物を呼び寄せる可能性があるので，赤ん坊を落ち着かせる力は母子ともに生き延びていく上で必要なものであった。

⓫～⓭ できるだけ関心を向けてもらいたい赤ん坊と，他の作業をしなければならない親との間にはせめぎ合いがある。

⓮ 関心を向けてほしい赤ん坊に対して，親が手を使わずにその関心を表現するには声を出すという方法がある。

⓯・⓰ 歌は複雑な発声なので，より高い質の関心を赤ん坊に届けることができる。

⓱ 赤ん坊は子守歌に対して非常に熱心に耳を傾けることが明らかになっている。

⓲ Krasnow と Mehr の研究は理論的に行われ，子守歌の起源を解明する方向へと向かっている。

⓳・⓴ 赤ん坊をなだめる必要性が，発声を子守歌に進化させたという説に異論を唱える人たちもいる。

㉑ 様々な追加研究により，子守歌に関する学説が検証され，その起源だけでなく，音楽一般の起源についても解明できる可能性がある。

㉒ 親が赤ん坊に歌を歌うのは人間の普遍的な特性であり，そこにはより深く，機能的な何かが起こっている可能性がある。

解 説

設問1 Krasnow and Mehr's new theory fleshes out the field's general consensus about how lullabies may have originated

▶述語動詞の flesh out ～〔～ out〕は難易度が高い表現なので，他の部分を先に処理する。about 以下は直前の the field's general consensus「その分野で全体的に一致している見解」を修飾する形容詞句。how 以下は名詞節を形成している。述部は may have *done* の形になっているので，「過去の可能性」の意を汲み取って訳出しておく。

▶述部を除いた骨格は「Krasnow と Mehr の新しい理論は，どのようにして子守歌が生まれた可能性があるのかについて，その分野で全体的に一致している見解に…」となる。第 4 段（But how ―…）では，彼らの論文が the first formal theory on the origins of lullabies「子守歌の起源に関する初めての公的な説」だと述べられているので，これまで単に意見が一致していた見解を初めて論文の形にしたという文脈から flesh out の訳出を決めるとよい。flesh は名詞では「肉」を意味する語であることからも，おおよその類推は可能。

flesh out ～〔～ out〕「～に肉付けをする，～を具体化する」 originate「生まれる，生じる」

設問2 ▶下線部(2)を含む文の前半の訳は「赤ん坊の時の生まれ持った脆弱性によって，人間の赤ん坊は長期間にわたり直接的な世話が必要になる」となる。下線部に含まれる単語の意味がわからなくても，人間の赤ん坊が長期間にわたり世話が必要になるという部分に着目し，その理由が説明されている部分を探せばよい。

inherent「生まれつきの」 vulnerability「脆弱性，もろさ」

▶最初の着目点は第 7 段第 2 文（"That coincided with …）の後半，ダッシュ（―）以下で，全ての人間が prematurity「未熟」な状態で生まれてくると説明されている。prematurity という単語がわからない場合も，mature「成熟した」という形容詞の名詞形に pre という「前」を表す接頭辞が付いている点や，同段最終文（We're not like, …）の「私たちは，例えば生まれて数分後には立ち上がって歩き出す馬とは違う」という内容などから推測したい。

▶さらに，第 7 段第 1・2 文（"Think about the …）では人間が未熟な状態で生まれるようになった理由として，人間が二足歩行をするようになって骨盤が狭くなり，生まれる時の赤ん坊の大きさが制限されるようになったと述べられている。以上の内容を字数内にまとめればよい。

bipedal「二足歩行の」 bi- は「2つの」を意味する接頭辞。

設問 3　赤ん坊が，常に抱いて歩くには大きすぎるけれど，まだ世話が必要だという時がやってくる

▶～という時がやってくる

●関係副詞の when を使って，先行詞の the time を修飾する The time comes when ～ の構文を使って表現する。

▶赤ん坊が，常に抱いて歩くには大きすぎる

●too ～ to *do*「…するには～すぎる」の定型表現を使う。「抱いて歩く」は本文中でも使われている carry で表現できる。

「常に」all the time

▶まだ世話が必要だ

●主語が baby なので，「赤ん坊がまだ世話を必要としている」として，but still needs care という形でつなげればよい。

設問 4　Trehub doubts that the need to soothe infants pushed vocalizations to evolve into lullabies

▶目的語に that 節が続いた時の doubt は「～だとは考えていない，～（話の真実性）を疑う」という訳出となる。

▶ that 節内の主部は the need to soothe infants で to soothe infants の部分は the need を修飾する不定詞の形容詞用法。述部は push *A* to *do*「*A* を（強制的に）～させる」となっている。

soothe「～をなだめる，～を落ち着かせる」 vocalization「発声，声を出すこと」 evolve「進化する」

設問 5　①　正解は　A　▶空欄直後の第 13 段では，関心を向けてほしい赤ん坊と，他のことをしなければならない親との間の the tug of war「激しい争い」について言及され，第 14 段第 1 文（The competition begins …）でも赤ん坊と親との争いについて述べられている。したがって，親と赤ん坊の関係には A．a lot of conflict「多くの衝突」があるという文脈にすればよい。

▶それぞれの選択肢の意味は次の通り。

B．「自己犠牲の傾向」

C．「多くの進化の余地」

D．「多くの同情」

E．「ほとんどない矛盾」

設問5 ② **正解は B** ▶空欄を含む文は「今のところわかっているのは，親が赤ん坊に歌を歌うのは…だということである」という意味。

▶本文全体を通して子守歌の起源に関する学説が説明されているが，その起源が解明されているわけではない。第2段（Other primate species, …）では，子供をあやす時に歌を歌うのは人間だけだとあり，第3段第1文（No one knows …）の後半では，人間の親が赤ん坊に歌を歌うという慣習は古くからあり，universal「普遍的な」ものだと述べられている。したがって，B.「人間の普遍的特性」が正解となる。選択肢の universal は不定冠詞がついているので「普遍的特性」という意味の名詞として機能している。

> 空欄を含む文（最終段第1文）の構造
> 【What we know so far】is【that【parents singing to infants】is a human universal】.
> ＊【名詞節・名詞句】

●文頭の what は関係代名詞で名詞節を形成し，主語となっている。

●that 節内の主語は singing to infants という動名詞句で，parents が意味上の主語。

▶それぞれの選択肢の意味は次の通り。

A.「減少傾向」

C.「地位確立の努力」

D.「悪循環」

E.「教育活動」

設問6 ⑴ **正解は E** ▶設問は「下線部(a)を見なさい。『進化上の激しいせめぎ合い』を表しているのは以下のうちどれか」というもの。

▶下線部を含む第13段（Krasnow and Mehr believe …）に the tug of war「激しい争い」という表現があり，直後の between 以下でその内容が具体的に説明されている。

> 本文該当箇所の構造
> the tug of war [between an infant [seeking as much attention as possible] and the caregiver [dividing attention 〈among other offspring and tasks [crucial for survival]〉]]
> ＊［形容詞句］〈副詞句〉

●between 以下は the tug of war を修飾する形容詞句。between *A* and *B* の形で，*A* は an infant seeking as much attention as possible「できるだけ多くの関心を向けてもらいたい赤ん坊」，*B* は the caregiver dividing attention among other offspring and tasks crucial for survival「他の子供や生きていくうえで不可欠な作業に注意を向けたい子供の世話をする者（親）」。

● crucial 以下は tasks を修飾する形容詞句で，等位接続詞の and が other offspring と tasks を結び前置詞 among の目的語となっている。

▶内容的には赤ん坊と親がそれぞれ生存していくうえで必要なことに関心を向け，対立していることが読み取れるので，E.「親とその幼い子供たちは，対照的な関心と欲求に従って，それぞれが生き残る可能性を高めるために張り合っているという考え」が正解となる。

▶それぞれの選択肢の意味は次の通り。

A.「大人たちから一番多くの偏愛を受けようとする，同じ成長段階の赤ん坊の間の競争」

B.「どの集団が繁栄し，どの集団が滅びるのかを決める要因となっている，体の強さをめぐる人間の集団同士の競争」

C.「声を出す技術を習得し，向上させていく際の，親，幼い子供，年長の子供の間の競争」

D.「必要不可欠な作業を行いながら，最も効率的に自分の関心を子供に分配できる人間は，生存の可能性が最も高いという考え」

設問6 ⑵ 正解は B ▶設問は「下線部(b)を見なさい。本文によると，『赤ん坊は特定の合図に非常に熱心に耳を傾ける』という記述に関して正しいのは以下のうちどれか」というもの。

▶第16段（"Attention is invisible. …"）では，赤ん坊に対する親の関心の質を示す合図として歌が取り上げられ，Krasnow の発言の後半（An infant can …）では，赤ん坊は親の関心がどこに向けられているのか判断することができると説明されている。したがって，B.「赤ん坊は，その発声から，世話をしている人が自分自身に向けている関心の程度に気づいている」が最も適切。

▶それぞれの選択肢の意味は次の通り。

A.「親から与えられる刺激の範囲が，赤ん坊が将来の子守歌にどのように反応するかに影響を及ぼす可能性がある」

stimuli「刺激」

C.「世話をする人が複雑な音を出していれば，それが誰に向けられているのかに関係なく，赤ん坊をなだめるには十分である」

D.「子守歌の質において，赤ん坊は自分の母親と見知らぬ人の声を区別することができる」

E.「単純な発声に対して，赤ん坊は高い関心を示し，それによって親は違う作業に従事できる」

設問7 正解は 3・6 ▶1.「困難に遭遇した時，子供と同様，親も歌と音楽を通して自分自身を慰める」 本文中にこのような内容が述べられている部分はない。console「～を慰める」

▶2.「子守歌は，それぞれの世代が生き残る可能性を，その前の世代の水準よりも上げることはなかった」 第10段（“If the infant's …）で，赤ん坊が騒いでいると，捕食動物を呼び寄せる可能性があるため，自分の声を使って赤ん坊を落ち着かせることができる母親とその子供は，生き延びる可能性が高くなると述べられているので，本文の内容と不一致。

▶3.「貴重な資源をめぐる子供との激しい争いにおいて，歌を歌うことは大人にとって重要な助けとなった」 第4段最終文（The songs, the …）では，子守歌が a precious resource「ある貴重な資源」をめぐる衝突の結果生まれた可能性があると述べられ，その貴重な資源とは parental attention「親の関心」だと説明されている。また，第13段第1文（Krasnow and Mehr believe …）では，赤ん坊は自分に関心を向けてもらいたいが，親は自分たちが生きていく上で他にやらなければならないことがあり，そのせめぎ合いを the tug of war「激しい争い」と表現している。第15～17段（A simple vocalization …）では，関心を向けてもらいたい赤ん坊が歌を聞くと，自分に関心が向けられているように感じるという内容が述べられており，親の立場からすれば，歌を歌いながら他のこともできるので，歌を歌うことには利点があったことが読み取れる。したがって，本文の内容に一致。

▶4.「赤ん坊は，他の大人による発声ではなく，自分の母親の歌に対する反応の仕方において，非常に好みがはっきりしている」 第17段第4文（In all cases, …）の内容と不一致。de l'Etoile が行った実験では，全ての赤ん坊が全ての歌い手の声に熱心に耳を傾けていたとあり，親以外の子守歌にも赤ん坊は強く反応している。as distinct from ～「～とは違って」

▶5.「Krasnow と Mehr の学説は，人間の発声がどのようにして子守歌へと進化したのかに関する論争を終わらせた」 第19・20段（Not everyone is …）では，誰もが Krasnow と Mehr の考えに同調しているわけではなく，Trehub は彼らの考えに疑念を抱いていることが述べられている。さらに，第21段第1文（For Krasnow and …）では，論文の有望性は学説そのものではないとあり，同段最終文（These follow-up studies …）でも，今後の追加研究で，子守歌の起源が解明される可能性もあると述べられているので，本文の内容に不一致。

▶6.「Krasnow と Mehr は，自分たちの学説を検証するための様々な方法を探し求め続けている」 第21段第2～4文（The team is …）では，Krasnow と Mehr のチームが新たな研究にすでに着手し，その他にも追加の研究を検討しており，それらによって，子守歌に関する彼らの進化上の理論を検証していくことになるという内容が述べられているので本文と一致。
verify「～を証明する」

▶ 7.「Krasnow と Mehr の研究は，子守歌に反応する能力に影響を及ぼす遺伝子条件を持つ人にとって予想外の恩恵がある」 第21段第2文（The team is …）で，子守歌を聞いた時の通常の反応を変異させる可能性がある遺伝子条件を持つ子供と大人に関する研究について言及がされているが，それが予想外の恩恵をもたらすとは述べられていない。

▶ 8.「現在，子守歌はまさに最初の音楽制作の形態であった可能性が高いということで広く意見が一致している」 第21段最終文（These follow-up studies …）で，Krasnow と Mehr の追加研究によって，音楽の起源について解明される可能性があるとは述べられているが，子守歌が音楽の起源である可能性が高いと意見が一致しているわけではない。

設問1 Krasnow と Mehr の新しい理論は，どのようにして子守歌が生まれた可能性があるのかについて，その分野で全体的に一致している見解に肉付けをしたものである

設問2 二足歩行によって人間の骨盤が狭くなり，赤ん坊の大きさが制限され未熟な状態で生まれるようになったから。（50字以内）

設問3 The time comes when a baby is too big to carry all the time but still needs care

設問4 Trehub は赤ん坊をなだめる必要性が，発声を子守歌に進化させたとは考えていない

設問5 ①─A ②─B

設問6 (1)─E (2)─B

設問7 3・6

11

2018年度〔1〕

次の英文を読んで，以下の設問に答えよ。

Human-robot interaction researchers study relationships between robots and humans, often by running psychological experiments in which they observe human reactions to unconventional robot behaviors. One present-day study measures empathy and moral standing between adults and robots. Children are introduced to an apparently autonomous mobile robot, and together they play a children's game called "I Spy." In the midst of game-playing, lab technicians come in and tell the person and robot that it's time for the robot to go to the closet. The robot complains, saying the timing is unfair and that they are in the midst of a nice game. The technician is firm, and in spite of constant complaints pushes the robot into a closet, turns it off, and shuts the door as the robot ineffectually says, "I'm scared of being in the closet. It's dark in there, and I'll be all by myself. Please don't put me in the closet."

In another human-robot interaction study, researchers wanted to measure the level of destructiveness people can unleash upon seemingly intelligent robots. Student volunteers are introduced to a toy robot that follows the beam of a flashlight and are encouraged to spend some time playing with it. They are told that their job is to test the robot to verify that its genes are worth replicating. The researcher lets the student play with the robot for some time, then announces that this robot is substandard [*1] and must be destroyed, giving the student a hammer and literally asking him to "kill the robot now." Researchers then measure the level of destructiveness by counting the number of total hammer hits and the final number of fragments of crushed robot.

There are early, and very eerie, projects dedicated to understanding how we think of robots, and where we place seemingly autonomous robots in our system of ethics, empathy, and action. In science fiction, the problem is reversed. In Philip K. Dick's novel *Do Androids Dream of Electric Sheep?* (1968) and the movie adaptation of his work, *Blade Runner* (1982), bounty hunters try to find and destroy renegade replicants—engineered beings with android brains. But replicant engineering has advanced to the point that these creatures are nearly indistinguishable from humans, yet they are enslaved in a system whose moral justifications are failing. Dick invented the *Voigt-Kampff* machine as the key tool for discriminating humans from replicants in this world. The machine works by detecting physiological responses to carefully worded questions during an interrogation, measuring the empathic response of the subject. So in fiction, the one solitary gap that remains between humans and androids is emotional: empathy. Of course, the story is powerful because (1)<u>it breaks down even this one final distinction, leaving us to question the extent of our human rights and liberties</u>.

But the irony is that, in our present-day nonfiction world, researchers are still busy trying to ascertain our human emotional response to robots. We do not even understand human empathy in the mixed-species world of humans and robots yet, let alone the emotional qualities of robots themselves. What makes this form of robo-ignorance even worse is that we do not fast-forward to the *Blade Runner* world overnight—rather, we will spend decades in intermediate stages, where the early robots out of the "womb" will be inferior to people in numerous ways, yet they will be social, interactive, and incorporated throughout society because they are useful enough to turn a profit for someone.

How will we treat these pioneering robots, which will doubtless have characteristics we can easily take advantage of if we so choose? We can extrapolate from examples of truly autonomous robots that have been introduced to the public in the past decade.

One experience that has always remained with me involves my undergraduate research robot, Vagabond, exploring the sandstone arcades of the central quadrangle*2 at Stanford University. Our goal was to create a navigation program that would enable Vagabond to travel anywhere in the quad, and (2)<u>we had gone so far as to measure and map, by hand, the complete layout of the area</u>—the position of every hallway, curb, and pillar down to the nearest centimeter. Navigation software enabled Vagabond to measure distances to walls and columns using sonar, estimate its position in the handmade map, then navigate the walkways to a goal destination. Along the way, Vagabond used the same sonar sensors to detect people in its path, stopping or patiently attempting to navigate around them while continuing to track its position.

Normally, we communicated with Vagabond from a desktop computer on a wheeled cart. We had very long extension cords connecting the cart to our offices, on the second floor, and were nearly always in the same long walkway as the robot. Many tourists would walk by this picturesque location, and so we became very good at compactly describing our research dozens of times a day.

On one occasion, we were pushing Vagabond's navigation to the limit, having told it of a destination several buildings away. Our cart was situated near its starting point, and the robot was already out of sight. After a chat with Ben Dugan, my colleague on the project, I decided to check on the robot and went around the corner. I saw the robot—a two-foot-high black cylinder with a Powerbook 150 laptop latched on top—at the far end of the corridor, with two people standing next to it : a tall man in cowboy boots and a woman. I was 25 meters away and as I walked toward Vagabond I realized what they were doing. The woman was blocking the robot's path, keeping it still, and the man was kicking the robot on the side, hard. Hard enough that the robot was tipping and righting itself on every kick.

I started running, and as I neared them they began walking away and the man said, "I'm still smarter." In all our programming, in all our obstacle-detection logic built into the LISP[*3] code, we had never accounted for this particular possibility—man kicking robot to show off to girlfriend. (3)それは，ロボットのせいで人間が実に驚くべき行動をとってしまうということを私が悟るうえで，ひとつの転換点だった。

My second personal experience stems from Chips, an autonomous tour-guide robot our research group installed at the Carnegie Museum of Natural History. Chips provided multimedia tours of Dinosaur Hall from 1998 to 2003, playing videos of paleontologists[*4] and dig sites while also traveling around the massive Tyrannosaurus type specimen at the museum, pointing out details concerning the bones and additional exhibits on the walls. Chips was tall and heavy—more than 2 meters high and 300 pounds, so it was critical that this robot play it safe in a space full of children and strollers. (4)その操縦システムは，進路に何らかの障害物があればロボットがすぐさま完全に停止するよう設計されていた, as it said "Excuse me" through its speakers.

But during the first few months of deployment, we found Chips facing the same pathological condition time and time again. Children would be following the robot as if it were a pied piper, attending to its videos and enjoying the spectacle of a massive mobile robot with a cartoon face. Adults would step in front of the robot, watch it suddenly halt and say "Excuse me," and then wait there, smiling. And wait. And wait. Those following the robot on tour would eventually be fed up with the delays and leave for greener pastures.

Once again we had been naïve, assuming that "excuse me" would mean, to people, "Please step out of my way." Experimentally, when a robot tells a human "Excuse me," the person often interprets the statement to mean "Hey human, look at you, you have the power to stop me. How cool is that! Play with me."

The solution to Chips's abuse problem, obvious in hindsight, was a simple phrasing change from "Excuse me" to "Excuse us. You're blocking my path, and I am giving a tour to the people behind me. Please let us continue." (5)What a difference. People would block the robot, listen to its response, look at the people behind the robot embarrassingly, and move right out of the way.

I never really discovered a way to make people treat the robot with more respect. I simply brought the people following the robot into the social equation, and manipulated the human obstacle into behaving more politely for the sake of their human cousins.

So there is a chance that even slow robots will be treated well by people when they are wrapped into a human social context. But the story may be woefully different when robots are out and about on their own, apparently autonomous and disconnected from the social fabric of real people.

*1 substandard: below the usual or average standard
*2 quadrangle: a square open space that is surrounded by buildings, especially at a school or college; also called a "quad"
*3 LISP: a high-level programming language
*4 paleontologists: people who study past life forms as represented in fossils

[Adapted from Illah Reza Nourbakhsh, *Robot Futures*. Cambridge, Massachusetts: MIT Press, 2013, 54-59.]

設　問

1　下線部(1)を日本語に訳せ。

2　下線部(2)を日本語に訳せ。

3　下線部(3)を英語に訳せ。

4　下線部(4)を英語に訳せ。

5　下線部(5) "What a difference." は具体的には何を意味するか。どうすることにより，どのような結果が生じたのかがわかるように，70字以内の日本語で説明せよ。

6　以下の(1)から(3)の答としてもっとも適切なものをＡからＥの中から選び，記号で答えよ。

(1) Select the sentence that best describes a purpose for studies of human-robot interactions mentioned in the text.

A．Researchers want to create friendly robots that can manage and direct the flow of people in crowded situations.

B．Researchers want to design sturdy robots that will not break upon collision with unpredictable objects like humans.

C．Researchers want to investigate people's emotional and ethical responses when they are in contact with robots.

D．Researchers want to measure human standards of morality by observing them with various kinds of robots.

E．Researchers want to predict human behaviors towards robots using artificial intelligence and big data.

(2) Select the sentence that best describes pioneering robots in intermediate stages, according to the text.

A．Pioneering robots are likely to be cherished as if they were immature creatures, just out of the womb.

B．Pioneering robots are likely to be invested in by entrepreneurs even if they do not make a profit from sales.

C. Pioneering robots are likely to be used by malicious people to gain dominance over a wide range of domains.

D. Pioneering robots are likely to conduct experiments on behalf of scientists in areas difficult for humans to reach.

E. Pioneering robots are likely to participate in social exchanges even though they may do so awkwardly.

(3) Which of the following do most people find it difficult to do in relation to robots, according to the text?

A. Most people find it difficult to accept that they are inferior to robots when it comes to navigating a route.

B. Most people find it difficult to avoid ending up quarreling with relatively primitive robots.

C. Most people find it difficult to ignore robots even when they are not functioning as programmed.

D. Most people find it difficult to offer the same degree of respect to robots as to humans.

E. Most people find it difficult to refrain from making fun of robots that have a limited linguistic repertoire.

7 次の1から10の文から，本文の内容に一致するものを3つ選び，番号で答えよ。

1. After playing with a toy robot, student volunteers came to the conclusion that the genes of the robot were not worth replicating.

2. In his science fiction novel published in 1968, Philip K. Dick describes a reversed world in which humans are discriminated against by intelligent robots.

3. In the mixed-species world of humans and robots, it would be difficult to understand human responses to robots if the emotions of robots themselves were studied in isolation.

4. By perceiving sound waves reflected off walls and pillars, the research robot named Vagabond was able to estimate its position in the quadrangle of Stanford University.

5. Many people who were interested in robotics visited Stanford University in order to observe the experiment with Vagabond that was carried out in the quadrangle.
6. When the author first saw a couple at a distance down the corridor, he did not anticipate that the man was bullying Vagabond to demonstrate he was cleverer than the robot.
7. Chips's roles in the museum included showing visitors around Dinosaur Hall, digging up artifacts, and providing detailed commentaries on some exhibits.
8. Researchers found that children were more cautious in the presence of a robot like Chips than adults were in spite of its exciting and appealing features.
9. The results of the Chips experiment show that people are more likely to alter their behavior willingly for their blood relatives than for inanimate robots.
10. It is possible that people will not abuse a slow robot if it is properly incorporated into human social settings.

全 訳

■人間とロボットの関係性について

❶ 人間とロボットの相互作用を研究する研究者たちは，しばしば，通常とは異なるロボットの行動に対する人間の反応を観察する心理学的実験を行うことで，ロボットと人間の間の関係性を研究している。今日のある研究では，大人とロボットの間の感情移入と道徳心を測定している。子どもたちは，一見したところでは自律移動型のロボットを紹介され，「アイ・スパイ」と呼ばれる子どものゲームを一緒に行う。ゲームをしている最中に，研究室の実験助手たちが入ってきて，その被験者とロボットに，ロボットはクローゼットに行く時間だと伝える。ロボットはタイミングが不当で，楽しいゲームの途中なのだと言いながら不満を述べる。ロボットが「クローゼットの中にいるのは怖いです。そこは暗くて，私一人ぼっちになってしまう。クローゼットの中には入れないでください」と無力に言っても，実験助手は頑なで，ロボットが不満を言い続けているにもかかわらず，ロボットをクローゼットに押し込み，電源を切って，ドアを閉めるのである。

❷ 人間とロボットの相互作用に関する別の研究において，研究者たちは，見たところ知能を持ったロボットに対して人々が爆発させることができる破壊性のレベルを測定したいと考えた。ボランティアの学生たちは，懐中電灯の光を追いかけていくおもちゃのロボットを紹介され，それでしばらくの間遊ぶように勧められる。彼らの仕事は，そのロボットの遺伝子は複製する価値があるかどうか検証するためにロボットのテストをすることだと伝えられている。研究者たちは，学生たちにしばらくそのロボットと遊ばせ，その後，このロボットが基準を満たしておらず，壊さなければならないことを伝え，学生たちにハンマーを与えて，文字通り「この場でロボットを壊す」ように依頼する。そして，研究者たちは，ハンマーで叩いた数の合計と壊されたロボットのかけらの最終的な数を数えて，破壊性のレベルを測定するのである。

❸ 私たちがロボットをどのように考え，外見上は自律型のロボットを私たちの倫理観，感情移入，行動という体系の中のどこに位置づけるのかを理解することに力を注いでいる，初期段階の非常に奇妙なプロジェクトが存在している。サイエンス・フィクションでは，その問題は逆のものになっている。フィリップ=K.ディックの小説『アンドロイドは電気羊の夢を見るか？』（1968）や，その作品が映画化された『ブレードランナー』（1982）では，賞金稼ぎたちが，裏切り者のレプリカント——アンドロイドの脳を持つ人造人間——を見つけ出し，破壊しようとする。しかし，レプリカントを作る技術は，この生き物と人間とをほとんど区別できない

ようなレベルにまで進歩しており，それにもかかわらず，倫理的正当性がなくなりつつあるシステムの中で，レプリカントたちは奴隷化されている。ディックは，この世界で，人間とレプリカントを識別する重要な道具として，「フォークト・カンプフ」という機械を考案した。その機械は，尋問中の慎重に言葉を選んで表現された質問に対する生理的な反応を検知することで機能し，被験者の感情移入の反応を測定する。したがって，フィクションの中で，人間とアンドロイドの間に残る唯一の違いは感情面，すなわち感情移入することだけなのである。もちろん(1)この物語は，この最後の1つの違いさえも取り払い，人間の権利と自由がどこまで認められるのかという疑問を私たちに抱かせるので，心に強く訴えるものとなっている。

❹ しかし，皮肉なことに，今日の私たちのノンフィクションの世界において，研究者たちは，未だにロボットに対する私たち人間の感情的な反応を確かめようと忙しくしている。私たちはまだ，人間とロボットが混在する世界における人間の感情移入を理解することさえできておらず，ましてロボット自体の情緒的性質を理解することはできていない。ロボットのことがわかっていないこの状況をさらに悪くしているのが，一夜にして，『ブレードランナー』の世界まで急速に進むことはないという点である――それどころか，私たちは中間段階に何十年も費やすであろうし，その段階ではそのような「子宮」で生まれた初期のロボットは多くの点で人間よりも劣るものの，社会的で，相互に影響しあい，誰かのために恩恵を生み出すのに十分なくらい役に立っているので，社会のいたるところに組み込まれるものとなるだろう。

❺ もしそう望むのであれば，簡単に利用できる特徴を間違いなく持っているそのような先駆的なロボットを，私たちはどのように扱うようになるのであろう？ 過去10年の間に一般の人々の間に取り入れられてきた実際の自律型のロボットの例からそれを推定することができる。

❻ 私の心の中に常に残っている一つの経験は，学部生の頃に携わった探索ロボットのバガボンドで，スタンフォード大学中央にある中庭の砂岩のアーケードを探索していた。私たちの目標はバガボンドが中庭のどこにでも移動できるようにするナビゲーションプログラムを作ることで，(2)私たちは手作業でその場所の完璧な配置を計測しそれを地図にすることさえしていた――全ての廊下，縁石，支柱の場所をほぼ1センチ単位まで。ナビゲーションソフトは，バガボンドが音波探知機を使って壁や円柱までの距離を計測し，手作りの地図の上で自分の位置を推定し，最終目的地までの道のりを進むことを可能にした。途中，バガボンドは，同じ音波探知機のセンサーを使って道にいる人を探知し，自分の位置をたどり続けながら，止まったり，根気強く彼らを避けて進もうとしたりした。

❼ 普段，私たちは車輪のついたカートに置いたデスクトップのコンピューターか

らバガボンドと通信をしていた。私たちは，カートと2階にある研究室をつなぐ非常に長い延長コードを使っており，ほとんどいつもロボットと同じ長い通路にいた。多くの観光客がこの風光明媚な場所を歩くので，私たちは，1日に何度もこの研究を簡潔に説明することが得意になった。

❽ ある時，私たちは，いくつか建物を挟んだ目的地を指示し，バガボンドのナビゲーションを限界まで進めてみた。カートは出発点の近くにあり，ロボットはすでに視界から消えていた。このプロジェクトの同僚である，ベン=デュガンと少し話をした後，ロボットを確認しようと思い，角を曲がって行った。私はロボット——2フィートの高さの黒いシリンダーで，上部にはパワーブック150のノートパソコンが閉じた状態でついている——が，廊下のはるか端にいて，二人の人物がその隣に立っているのが見えた。それはカウボーイブーツの背の高い男性と女性であった。私は25メートル離れていたが，歩いてバガボンドの方へ行くと，彼らが何をしているのか理解した。女性がロボットの進路を塞いでロボットを静止させており，男性がロボットの側面をきつく蹴っていたのだ。蹴られるたびにひっくり返ってまた元の状態に戻るほど強く蹴られていた。

❾ 私は走り出し，彼らに近づくと，彼らは歩き去ろうとして，男性が「俺の方がよっぽど賢いぞ」と言った。あらゆるプログラム，LISPコードに組み込まれた障害物を探知する論理回路には，この特殊な可能性——男性がガールフレンドに見せびらかすために，ロボットを蹴飛ばす——を私たちは全く組み込まなかったのだ。それは，ロボットのせいで人間が実に驚くべき行動をとってしまうということを私が悟るうえで，ひとつの転換点だった。

❿ 私の二つ目の個人的な経験は，私たちの研究グループが，カーネギー自然史博物館に導入した自律型観光ガイドロボットのチップスに由来するものである。チップスは1998年から2003年まで，恐竜館で複合媒体を使ったツアーを提供しており，古生物学者と発掘現場の映像を流し，また博物館にある巨大なティラノサウルスの模式標本の周りを通って，恐竜の骨や壁にある付随する展示物について詳しく説明していた。チップスは背が高く重かったので——高さは2メートルを超え，重さも300ポンドを超えた——子どもやブラブラ歩いている人で溢れる場所で，このロボットが安全対策を取ることが非常に重要だった。その操縦システムは，進路に何らかの障害物があれば，スピーカーから“Excuse me（すみません）”と言って，ロボットがすぐさま完全に停止するよう設計されていた。

⓫ しかし，配置されて最初の数カ月間，チップスが何度も何度も同じ異常事態に直面しているのに私たちは気づいた。子どもたちが，映像に関心を示し，漫画の顔をした巨大な移動型ロボットの見世物を楽しみながら，まるでハーメルンの笛吹きのように，ロボットの後ろについて行ったのである。大人たちはロボットの前に出

ては，ロボットが突然止まって“Excuse me（すみません）”と言うのを見て，笑いながらそこで待っているのだった。再び待って。さらに待つ。ツアーでロボットの後ろについて行っている人たちは，そのうち時間が遅れることにうんざりして，そこよりも状況が良い場所へと去っていくのだ。

⓬ またしても私たちは認識が甘く，人々にとって“excuse me”は「道を譲ってください」という意味になると想定していたのである。実験に基づくと，ロボットが人間に“Excuse me（すみません）”と言う時，その人はその発言を「やぁ，人間さん，ほら，あなたは私を止める力を持っているんです。なんてすごいんでしょう！ 私と遊びましょう」という意味だと解釈することが多いのだ。

⓭ 明らかに後になってわかったことだが，チップスのいやがらせ問題に対する解決策は，ただフレーズを“Excuse me（すみません）”から“Excuse us. You're blocking my path, and I am giving a tour to the people behind me. Please let us continue.（すみません。あなたは進路を塞いでいます。私の後ろの人たちと今，ツアーを行っています。先に進ませていただけますでしょうか）”に変えるだけでよかった。何という違いだろう。ロボットの邪魔をしていた人々は，ロボットの応答を耳にすると，ロボットの後ろにいる人たちをばつが悪そうに見つめ，すぐに道を開けてくれたのである。

⓮ 私は人々にロボットをより丁寧に扱わせる方法を実際に見つけたのでは決してない。私はただロボットについて行っている人々を社会的に同じ位置にして，人間が障害となっていたのを操作して，人間の仲間たちのために，より丁寧にふるまわせただけである。

⓯ したがって，たとえ動きの遅いロボットであっても，人間社会の状況に包み込まれれば，人々に適切に扱われる可能性がある。しかし，ロボットが自力で外出できるようになり，明らかに自律して，本物の人間の社会構造から切り離されてしまうと，話は痛ましいほど違ったものになるかもしれない。

各段落の要旨

❶ ロボットの行動に対する人間の反応を観察し，ロボットに対する人間の感情移入と道徳心を測定する研究が行われている。
❷ 知能を持ったロボットに対して，人間がどれほどの破壊性を持つ可能性があるのかを調査する研究も行われている。
❸ SF の世界では，人間とロボットの区別ができないような世界が描かれ，感情移入することができるロボットを描いた作品もある。
❹ 現実の世界においては，ロボットに対する人間の感情的な反応を研究している段階にとどまっており，ロボット自体の感情についての研究はまだ進んでいない。
❺ 先駆的なロボットを人間がどのように扱うかは，過去 10 年の間に導入してきた自律型ロボットの例から推定することができる。

❻ 敷地内の目的地まで自分で移動できる自律型ロボットのバガボンドの開発が行われた。

❼ バガボンドとの通信はデスクトップのコンピューターを使って行われた。

❽ 自分で移動するバガボンドの進路を塞ぎ，バガボンドを蹴飛ばすカップルに遭遇した。

❾ バガボンドのプログラムの作成にあたり，男性がガールフレンドに見せびらかすためにロボットを蹴るという可能性は想定しておらず，人間がロボットに対して驚くべき行動をとる可能性があることが判明した。

❿ 博物館に導入した自律型観光ガイドロボットのチップスは，安全面を考慮し，進路に障害物があると，“Excuse me” と言ってすぐに停止するように設計されていた。

⓫ チップスの “Excuse me” という言葉に反応して立ち止まり，道を譲ろうとしなくなる人が多く，博物館内を案内するツアーの運営に支障が生じた。

⓬ ロボットが人間に “Excuse me” と言った時，「道を譲ってください」ではなく，「いっしょに遊びましょう」という意味に解釈されることが多かった。

⓭ チップスが発する言葉の内容を変えるだけで，人々が道を譲ってくれるようになった。

⓮ 人間が敬意を持ってロボットを扱うようになる方法は見つかっていない。

⓯ ロボットが人間社会の状況に包み込まれれば，適切に扱われる可能性があるが，ロボットが自律し，人間の社会構造から切り離されると話は変わってくる。

解　説

設問 1　it breaks down even this one final distinction, leaving us to question the extent of our human rights and liberties

▶下線部に含まれる代名詞や指示形容詞がついた表現を具体的に確認した上で，訳出するとよい。主語の it は主節の主語である the story を指し，第 3 段で登場するフィリップ=K. ディックの小説を指しているが，具体化するよう指示がないので「それ」と訳しても問題はない。

▶目的語の this one final distinction も「この最後の 1 つの違い」という逐語訳でよいが，下線部直前の文（So in fiction, …）で人間とロボットとの唯一の違いとして述べられている，人間は感情移入できるという点を指していることを理解しておくとよい。

break down ～〔～ down〕「～を壊す，～を取り除く」

▶ leaving 以下は分詞構文で，leave *A* to *do*「*A* に～させておく，*A* に～させる」という語法。他動詞で機能している question は目的語が人ではなく，the extent「範囲，程度」となっているので，「～に質問する」の意味ではなく，「～に疑問を抱く」という訳出になる。the extent of our human rights and liberties は「人間の権利と自由の範囲」という逐語訳でもよいが,「人間の権利と自由がどこまでなのか（どこまで認められるのか）」といった訳出にしてもよい。

設問2 we had gone so far as to measure and map, by hand, the complete layout of the area

▶ロボットのバガボンドを敷地内で動かす前の準備として，下線部の内容がすでに完了していたことを表現するため，時制は過去完了となっている。

▶述部の go so far as to *do* は「～しさえする」という意味の慣用表現。measure「～を計測する」と map「～を地図にする」が等位接続詞の and で結ばれ，the complete layout of the area「その場所の完璧な配置」が共通の目的語となっている。by hand は「手作業で」という意味の副詞句で measure と map を修飾している。

設問3 それは，ロボットのせいで人間が実に驚くべき行動をとってしまうということを私が悟るうえで，ひとつの転換点だった。

▶「それはひとつの転換点だった」が文の骨格で,「～を私が悟るうえで」という部分は，a turning point「転換点」を後置修飾する形で表現すればよい。不定詞の形容詞用法を使うと，意味上の主語が for me となるので，a turning point for me to realize that ～となる。また関係代名詞を使って a turning point which made me realize that ～「私に～を悟らせた転換点」といった後置修飾も可能。

▶**ロボットのせいで人間が実に驚くべき行動をとってしまう**

- robots「ロボット」を主語にして，述部に cause *A* to *do*「*A* に～させる」などを使えば表現できる。また，humans「人間」を主語にして,「ロボットのせいで」の部分を because of robots といった副詞句で表現してもよい。
- 「実に驚くべき行動をとる」の部分は take really surprising actions や behave in quite surprising ways といった書き方ができる。

設問4 その操縦システムは，進路に何らかの障害物があればロボットがすぐさま完全に停止するよう設計されていた

▶主語の「その操縦システム」は its navigation system や its operating system といった表現が可能。述部の「～するよう設計されていた」の部分は be designed to *do* の形を使って,「ロボットを停止させるよう設計されていた」とすればよい。また,「～するよう」という部分は so that S V という目的の意味を表す構文を使って，so that the robot would stop ～としてもよい。「すぐさま」は副詞の

immediately,「完全に」は副詞の completely を使えばよい。

▶「進路に何らかの障害物があれば」の部分は接続詞 if を使って，if there was any obstacle in its path といった形となる。「何らかの」は文脈を考慮すると「少しでも」の意味なので any が適切。「進路に」は in its way という表現も可能。

設問 5 ▶第 11 段（But during the …）より，博物館を案内する自律型ガイドロボットのチップスには，導入当初，人々に進路を塞がれ，進むことができないという問題があったことを理解しておく。

▶第 13 段第 1 ～ 3 文（The solution to …）では，その問題の解決策として，進路を開けてもらうための言葉を「今，自分は後ろにいる人たちに向けてツアーを行っていて，その進路の妨げとなっている」という旨の内容に変えたとある。また，同段最終文（People would block …）では，それを聞いた人たちが進路を開けてくれるようになったと述べられている。

▶したがって，解答作成の指針としては，

どうすること：ロボットの言葉を，後ろにいる人たちのツアーの妨げになっているという内容にした。

どのような結果が生じたのか：進路を塞いでいた人たちが道を開けた。

という内容を字数内にまとめればよい。

設問 6 (1) **正解は C** ▶設問は「本文で述べられている人間とロボットの相互作用に関する研究の目的について最も適切に説明している文を選べ」というもの。

▶第 1 段第 1 文（Human-robot interaction researchers …）では，psychological experiments in which they observe human reactions to unconventional robot behaviors「通常とは異なるロボットの行動に対する人間の反応を観察する心理学的実験」が行われているとある。さらに，同段第 2 文（One present-day study …）では，大人とロボットの間の empathy and moral「感情移入と道徳心」を測定する最近の研究について言及されているので，C.「研究者たちは，ロボットと触れ合った時の人々の感情的な反応や倫理的な反応を調査したい」が最も適切。

▶それぞれの選択肢の意味は次の通り。

A.「研究者たちは，混雑した状況において人々の流れを管理し，指示を出すことができる優しいロボットを創りたい」

B.「研究者たちは，人間のように予測できないものと衝突しても壊れない頑丈なロボットを考案したい」

sturdy「頑丈な」 collision「衝突」

D.「研究者たちは，人間が様々なロボットといるところを観察し，人間の道徳心の基準を測りたい」

E.「研究者たちは，人工知能と大量のデータを使って，ロボットに対する人間の行動を予測したい」

設問6 ⑵　**正解は　E**　▶設問は「本文に従って，中間段階での先駆的なロボットを最も適切に説明している文を選べ」というもの。

▶ pioneering robots in intermediate stages「中間段階での先駆的なロボット」については，第4段最終文後半（where the early …）で言及されており，pioneering「先駆的な」が the early robots out of "womb"「『子宮』で生まれた初期ロボット」と表現されている。

▶このロボットの特徴は，inferior to people in numerous ways「多くの点で人間よりも劣る」が，social, interactive, and incorporated throughout society「社会的で，相互に影響しあい，社会のいたるところに組み込まれる」と説明されているので，E.「先駆的なロボットは，ぎこちないものであるかもしれないが，社会的交流に参加する可能性が高い」が最も適切。

awkwardly「ぎこちなく，不器用に」

▶それぞれの選択肢の意味は次の通り。

A.「先駆的なロボットは，まるで子宮から出てきたばかりの未熟な生き物であるかのように，大事にされる可能性が高い」

immature「未熟な」

B.「先駆的なロボットは，たとえ営業利益を生まなくても，起業家に投資される可能性が高い」

entrepreneur「起業家」

C.「先駆的なロボットは，幅広い分野において支配力を手に入れるため，悪意のある人たちに利用される可能性が高い」

malicious「悪意のある」 dominance「支配（力），優勢」 domain「分野，領域」

D.「先駆的なロボットは，人間が到達することが難しい分野で，科学者たちの代わりに実験を行う可能性が高い」

on behalf of ～「～に代わって，～を代表して」

設問6 ⑶　**正解は　D**　▶設問は「本文に従えば，ロボットに関して，たいていの人が行うのが難しいと思うのは以下のうちどれか」というもの。

▶第13段（The solution to …）では，自律型観光ガイドロボットであるチップスの進路が塞がれるという問題が生じた時，妨害者に対して自分の後ろにいる人々のツアーの妨げになっているという旨の情報を付け加えて対応したところ，道を開けてくれるようになったとある。続く第14段第1・2文（I never really …）では，筆者が人々にロボットを丁寧に扱わせる方法を見つけたのではなく，他の人間たちのために，より丁寧にふるまうようにさせただけだという旨が述べられている。以上の点から，人々は人間とロボットを同じように丁寧に扱うことができないという内容が読み取れるので，D.「たいていの人は，人間に対して払うのと同じ程度の敬意をロボットに払うことは難しいと思う」が最も適切。

▶それぞれの選択肢の意味は次の通り。いずれも次のような内容が読み取れる部分は本文中にはない。

A.「たいていの人は，ある経路を案内するということになると，自分たちがロボットより劣っていることを認めるのは難しいと思っている」

B.「たいていの人は，比較的初期のロボットと最後には口論になってしまうのを避けるのは難しいと思っている」

C.「たいていの人は，ロボットがプログラムされた通り動かなかった時でさえ，ロボットを無視するのは難しいと思っている」

E.「たいていの人は，限られた言語レパートリーしか持っていないロボットを笑いものにすることをやめるのは難しいと思っている」

refrain from *doing*「～をやめる，～を差し控える」

設問7　正解は　4・6・10　▶1.「おもちゃのロボットで遊んだあと，ボランティアの学生たちは，そのロボットの遺伝子は複製する価値がないという結論に達した」 該当する研究は第2段（In another human-robot …）で言及されているが，同段第4文（The researcher lets …）で，研究者がそのロボットは基準を満たしていないので壊すように指示をした，と述べられている。したがって，学生ボランティアがロボットの遺伝子を複製する価値がないと判断したわけではないので不一致。

replicate「～を複製する」

▶2.「フィリップ=K.ディックは，1968年に出版された彼のSF小説の中で，人間が知能ロボットに差別待遇を受ける真逆の世界を描いている」 フィリップ=K.ディックのSF小説については第3段（There are early, …）で言及されており，同段第4文（But replicant engineering …）の後半では，人造人間のレプリカントがenslaved「奴隷にされている」とあり，人間が差別されているのではない。

reversed「真逆の，反対の」 discriminate against ～「～を差別待遇する」

▶3.「人間とロボットが混在する世界において，ロボットの感情自体が単独で研究されていると，ロボットに対する人間の反応を理解するのは難しいだろう」 本文中にこのような内容が述べられている部分はない。

in isolation「分離して，孤立して」

▶ 4.「バガボンドと名付けられた探索ロボットは，壁や支柱に反射する音波を感知することで，スタンフォード大学の中庭の中で自分の位置を推定することができた」 第6段第1文（One experience that …）では，バガボンドという名前の探索ロボットがスタンフォード大学の中庭のアーケードを探索していた様子が述べられている。また同段第3文（Navigation software enabled …）では，バガボンドは sonar「音波探知機」を使って，walls「壁」や columns「円柱」までの距離を計測し，自分の位置を推定できたと説明されているので本文の内容と一致。

選択肢の構造

〈By perceiving sound waves［reflected off walls and pillars］〉, the research robot［named Vagabond］was able to estimate its position in the quadrangle of Stanford University.

＊〈副詞句〉［形容詞句］

reflected off walls and pillars の部分が直前の sound waves「音波」を修飾し，named Vagabond の部分も直前の the research robot を修飾している。

estimate「～を推定する」

▶ 5.「ロボット工学に興味を持つ多くの人々が，バガボンドを使って中庭で行われる実験を見学するためにスタンフォード大学を訪れた」 第7段最終文（Many tourists would …）で，筆者がスタンフォード大学を訪れた観光客に実験の説明をするのが上手くなったとは述べられているが，ロボット工学に興味を持つ人が実験を見学するためにスタンフォード大学を訪れたという内容は述べられていない。

▶ 6.「筆者が廊下の先の離れたところでカップルを最初に見た時，自分がロボットより賢いことを示すために，男性がバガボンドをいじめていることは予想していなかった」 第8段第4文（I saw the …）で，筆者がバガボンドを確認しに行くと，男女のカップルを目にしたとあり，続く同段第5文（I was 25 …）では，歩いてバガボンドの方へ行くと，彼らが何をしているのか（男性がバガボンドを蹴っていたこと）を理解したと述べられている。したがって，筆者が最初にカップルを見た時には，彼らが何をしていたのかわかっていなかったことになる。また，第9段第2文（In all our …）より，男性がガールフレンドに見せびらかすためにロボットを蹴るという行為を事前に想定していなかったこともわかるので，本文の内容と一致。

corridor「廊下」 anticipate「～を予想する」 bully「～をいじめる」

▶ 7.「博物館でのチップスの役割には，訪問者に恐竜館を案内すること，人工遺物を発掘すること，いくつかの展示物に関して詳しい解説をすることが含まれていた」 第10段第2文（Chips provided multimedia …）で，チップスが恐竜館で訪問者を案内し，展示物の説明をしていたことは読み取れるが，人工遺物を発掘することは述べられていない。同文の playing videos of paleontologists and dig sites に含まれる等位接続詞 and の分析がポイント。

dig up ～「～を発掘する」 artifact「(考古学上の) 人工遺物」 commentary「解説」

第10段第2文の構造

Chips provided multimedia tours of Dinosaur Hall from 1998 to 2003, ⟨playing videos of paleontologists and dig sites ⟨while also traveling around the massive Tyrannosaurus type specimen at the museum⟩⟩, ⟨pointing out details [concerning the bones and additional exhibits on the walls]⟩.

＊⟨副詞句⟩［形容詞句］

- playing 以下，pointing 以下は主節の内容を補足説明する分詞構文。
- playing videos of paleontologists and dig sites の部分は，paleontologists「古生物学者」と dig sites「発掘現場」が and で結ばれ，前置詞 of の共通の目的語となっているので，「古生物学者と発掘現場の映像を流して」という意味になる。

▶ 8.「わくわくするような魅力的な特徴があるにもかかわらず，チップスのようなロボットの存在に対して，子どもは大人よりも用心深いことに研究者たちは気づいた」 本文中にこのような内容が述べられている部分はない。なお，チップスに対する子どもたちの反応については，第11段第2文（Children would be …）に，チップスがまるでハーメルンの笛吹きであるかのようにその後ろをついてまわった旨が述べられている。

▶ 9.「チップスの実験の結果は，人々は生命のないロボットに対してよりも，血縁者に対して積極的に行動を変える可能性が高いことを示している」 第14段最終文（I simply brought …）において，チップスの試みでは人間を操作して，human cousins「人間の仲間たち」のために丁寧にふるまわせたという内容が述べられており，blood relatives「血縁者」に対して行動を変えるとは述べられていないので不一致。their human cousins はチップスが恐竜館で案内をしている訪問者たちのことを指しているので「仲間，同胞」という意味で使われている。

alter「～を変える」 willingly「積極的に」 inanimate「生命のない」

▶ 10.「動きの遅いロボットでも，人間社会の状況に適切に取り入れられれば，人々はそのロボットをいじめない可能性がある」 最終段第1文（So there is …）の内容に一致。同文の be wrapped into と context が，選択肢ではそれぞれ be incorporated into と settings という語句にパラフレーズ（言い換え）されている。abuse「～を誤用する，～を虐待する」 incorporate「～を取り入れる」

解答

設問1　この物語は，この最後の1つの違いさえも取り払い，人間の権利と自由がどこまで認められるのかという疑問を私たちに抱かせる

設問2　私たちは手作業でその場所の完璧な配置を計測しそれを地図にすることさえしていた

設問3　It was a turning point for me to realize that robots will cause humans to take really surprising actions.

設問4　Its navigation system was designed to stop the robot immediately and completely if there was any obstacle in its path

設問5　案内型ロボットの言葉を，後ろにいる人たちのツアーの妨げになっているという内容にすると，それまで進路を塞いでいた人たちが道を開けてくれた。（70字以内）

設問6　(1)－C　(2)－E　(3)－D

設問7　4・6・10

12

2018年度〔2〕

次の英文を読んで，以下の設問に答えよ。

When people are asked to choose from a list the best description of how they feel when doing whatever they enjoy doing most—reading, climbing mountains, playing chess, whatever—the answer most frequently chosen is "designing or discovering something new." At first, it seems strange that dancers, rock climbers, and composers all agree that their most enjoyable experiences resemble a process of discovery. But when we think about it some more, it seems perfectly reasonable that at least some people should enjoy discovering and creating above all else.

[①], try (a)a simple thought experiment. Suppose that you want to build an organism, an artificial life form, that will have the best chance of surviving in a complex and unpredictable environment, such as that on Earth. You want to build into this organism some mechanism that will prepare it to confront as many of the sudden dangers and to take advantage of as many of the opportunities that arise as possible. How would you go about doing this? Certainly you would want to design an organism that is basically conservative, one that learns the best solutions from the past and keeps repeating them, trying to save energy, to be cautious and go with the tried-and-true patterns of behavior.

But the best solution would also include a relay system in a few organisms that would give a positive reinforcement every time they discovered something new or came up with a novel idea or behavior, whether or not it was immediately useful. It is especially important to make sure that the organism was not rewarded only for useful discoveries, otherwise it would be severely handicapped in meeting the future. For no (1)earthly builder could anticipate the kind of situations the species of new organisms might encounter tomorrow, next year, or in the next decade. So the best program is one that makes the organism feel good whenever something new is discovered, regardless of its present usefulness. And this is what seems to have happened with our race through evolution.

By random mutations, some individuals must have developed a nervous system in which the discovery of novelty stimulates the pleasure centers in the brain. Just as some individuals derive a keener pleasure from sex and others from food, so some must have been born who derived a keener pleasure from learning something new. (2)It is possible that children who were more curious ran more risks and so were more likely to die early than their more passive companions. But it is also probable that those human groups that learned to appreciate the curious children among them, and helped to protect and reward them so that they could grow to maturity and have children of their own, were more successful than groups that ignored the potentially creative in their midst.

[②], we are the descendants of ancestors who recognized the importance of novelty, protected those individuals who enjoyed being creative, and learned from them. Because they had among them individuals who enjoyed exploring and inventing, (3)彼らにはその生存を脅かすような予測できない状況に立ち向かうための，よりよい用意があった. So we too share this propensity for enjoying whatever we do, provided we can do it in a new way, provided we can discover or design something new in doing it. This is why creativity, no matter in what domain it takes place, is so enjoyable. This is why Brenda Milner, among many others, said : "I would say that I am impartial about what is important or great, because every new little discovery, even a tiny one, is exciting at the moment of discovery."

But this is only part of the story. Another force motivates us, and it is more primitive and more powerful than the urge to create : (b)the force of entropy. This too is a survival mechanism built into our genes by evolution. It gives us pleasure when we are comfortable, when we relax, when we can get away with feeling good without expending energy. If we didn't have this built-in regulator, we could easily kill ourselves by running ragged and then not having enough reserves of strength, body fat, or nervous energy to face the unexpected.

This is the reason why the urge to relax, to curl up comfortably on the sofa whenever we can get away with it, is so strong. Because this conservative urge is so powerful, for most people "free time" means a chance to wind down, to park the mind in neutral. When there are no external demands, entropy kicks in, and unless we understand what is happening, it takes over our body and our mind. We are generally torn between two opposite sets of instructions programmed into the brain : the least-effort imperative on one side, and the claims of creativity on the other.

In most individuals entropy seems to be stronger, and they enjoy comfort more than the challenge of discovery. A few are more responsive to the rewards of discovery. But we all respond to both of these rewards ; the tendencies toward conserving energy as well as using it constructively are simultaneously part of our inheritance. (4)<u>Which one wins depends not only on our genetic makeup but also probably on our early experiences</u>. However, unless enough people are motivated by the enjoyment that comes from confronting challenges, by discovering new ways of being and doing, there is no evolution of culture, no progress in thought or feeling. It is important, therefore, to understand better what enjoyment consists of and how creativity can produce it.

[Adapted from Mihaly Csikszentmihalyi, *Creativity : Flow and the Psychology of Discovery and Invention*. New York : Harper Collins, 1996, 108-110.]

設　問

1　下線部(1)は本文においてはどのような人間のことを言っているか。15字以上25字以内の日本語で説明せよ。

2　下線部(2)を日本語に訳せ。

3　下線部(3)を英語に訳せ。

4　下線部(4)を日本語に訳せ。

5　文中の空欄［　①　］および［　②　］に入れるのにもっとも適切なものをAからEの中から選び，記号で答えよ。

①　A．Apart from that
　　B．As a matter of fact
　　C．For this reason
　　D．In a moment
　　E．To see the logic of this

② A. As a result
B. By the way
C. If this is true
D. To make matters worse
E. Unless there is any change

6 以下の(1)および(2)の答としてもっとも適切なものをAからEの中から選び，記号で答えよ。

(1) Look at the underlined part (a). Which of the following does the "simple thought experiment" lead to?

A. building an organism that tackles problems regardless of whether it receives positive reinforcement for its actions
B. constructing a system that rewards a few of the organisms for both their beneficial findings and those that appear to be of no immediate use
C. designing a series of programs that support and enhance the creature's existence, discoveries, and creativity
D. installing a self-regulating integrated device within the artificial life form that diminishes the tendency to conserve energy
E. making an organism that conserves energy and follows traditional repetitive patterns without concern for rewards

(2) Look at the underlined part (b). Which of the following does the author discuss to illustrate the "force of entropy"?

A. Human genes are structured such that humans feel enjoyment when discovering and exploring novelty in their free time.
B. Humans tend to consciously save their energy to prepare for emergency situations.
C. The genetic makeup of the human body enables us to be creative, whether or not we have slept sufficiently.
D. The human body instinctively knows when to stop and rest to restore strength.
E. The survival mechanism is built into the human body in such a way that people spend less time on work and more time on rest.

7　次の１から８の文から，本文の内容に一致するものを２つ選び，番号で答えよ。

1. In building an artificial life form, learning the existing patterns of behavior and repeating them is of greatest importance when your primary concern is the life form's survival.
2. In the face of changing environmental conditions, the human brain instructs us to proceed cautiously to protect ourselves.
3. Our ancestors encouraged individuals to explore new ideas, preparing them for unexpected conditions, but they failed to facilitate communal learning.
4. Our creativity and desire for innovation and invention are stimulated by exterior factors such as rewards, encouragement, and pressure.
5. So-called cultural evolution is not necessarily dependent on the availability of sufficient reserves of energy for the enjoyment of novelty.
6. The fact that some of us use our creativity to overcome difficult situations has been a key factor in the development of human culture.
7. The organism with the best chance of survival is creative in principle, but conservative when it is exposed to competition with other individuals in the process of evolution.
8. While human beings are programmed to enjoy both comfort and creative activity, on the whole we are more inclined to conserve energy.

全 訳

■創造的であることに喜びを感じる理由

❶ あるリストから，何でもいいのでやっていて最も楽しいこと――読書をしたり，登山をしたり，チェスをしたり，どのようなことでも――をしている時に，どのように感じているのかを最も適切に表現しているものを選ぶよう求められた時，一番高い頻度で選ばれる答えは，「何か新しいことを考え出したり，発見したりしている」である。最初は，ダンサー，ロッククライマー，作曲家たちが皆，自分たちの最も楽しい体験が，発見のプロセスと似ているということで意見が一致するのは奇妙に思える。しかし，もう少しよく考えてみると，何にもまして，発見することや創造することを楽しんでいる人たちが，少なくとも存在してはいるというのは，全く理にかなっているようである。

❷ この論理を理解するために，簡単な思考実験を行ってみよう。人工的な生命体で，地球のような複雑で予測できない環境の中で，最も生き延びていける可能性が高い生物を作りたいとする。この生物には，できるだけ多くの突然の危機に直面したり，さらに，生じる機会をできるだけ多く利用したりするための準備ができるようなメカニズムを組み込みたい。あなたならこれにどのように取り組むだろう？きっと，過去から最も適切な解決策を学び，それを繰り返し，エネルギー節約に努め，用心深くあること，実証済みの行動パターンを取ることに努めるという，基本的に保守的な生物を設計したくなるだろう。

❸ しかし，最適な解決策としては，少数の生物に見られるのだが，すぐに役立つにせよ役立たないにせよ，何か新しいことを発見したり斬新な考えや行動を思いついたりするたびに，プラスの強化をしていくリレー方式も含まれるだろう。有益な発見に対してだけ，その生物に報酬が与えられるというようにしないことが特に重要で，そうでなければ，その生物は未来に直面するにあたり非常に不利になってしまう。と言うのも，地球を形成する者たちで，その新しい生物の種が明日，来年，あるいは十年後に遭遇するような状況を予測できる者は一人もいようはずがないからだ。したがって，最適なプログラムは，その場で役に立つかどうかに関係なく，何か新しいことが発見された時にはいつでも，その生物に心地よく感じさせるプログラムなのだ。そしてこれが，進化を通して私たちの種に起こってきたように思われることなのである。

❹ ランダムな突然変異によって，一部の個体が，目新しいことを発見すると，脳の快楽中枢を刺激する神経系を発達させたに違いない。性行為によってより大きな喜びを得る者もいれば，食べ物によってより大きな喜びを得る者もいるのと同じよ

うに，何か新しいことを学ぶことで，より大きな喜びを得る者が生まれたに違いないのだ。(2)好奇心がより旺盛な子どもが，消極的な仲間たちと比べ，より多くの危険を冒し，その結果，早くに死んでしまう可能性が高かったということはあり得る。しかし同時に，自分たちの中にいる潜在的に創造性を持った人たちに注意を払わないグループよりも，大人になって自分たちの子どもを持てるように，好奇心のある子どもたちを評価することを学び，彼らを保護したり報酬を与えたりする手助けをしていた人々のグループの方がうまくいったということもあり得る。

❺ もしこれが本当であれば，私たちは目新しさの重要性を認識し，創造的であることを楽しむ人々を保護し，彼らから学んできた先祖の子孫である。その中には，探究することや発明することを楽しむ人々もいたので，彼らにはその生存を脅かすような予測できない状況に立ち向かうための，よりよい用意があった。したがって私たちも，新しい方法で行うことができれば，行うなかで何か新しいことを発見したり考案したりすることができれば，どのようなことでも楽しめる性向を共有しているのである。これが，どの分野で生じるのであれ，創造性が非常に楽しいものとなる理由である。こういうわけで，他にも多くいるが，ブレンダ=ミルナーが「私は何が重要で素晴らしいことなのかについて偏った意見を持っていないと言えるでしょう。なぜなら小さくてもあらゆる新しい発見は，ほんの小さな発見でさえ，その発見の瞬間はワクワクするのですから」と言っているのだ。

❻ しかし，これは物語の一部にすぎない。もう一つ別の力が私たちを動かしており，創造したいという衝動よりも，その力の方が根源的で力強いものである。それはエントロピーの力である。これも進化によって私たちの遺伝子に組み込まれた生存していくためのメカニズムである。私たちが快適に感じ，リラックスして，エネルギーを使わずに良い気分になることをとがめられない時に，これは私たちに喜びを与えてくれる。もし体に組み込まれたこの調整器がなければ，私たちは疲れ果ててしまい，その結果，予期せぬ出来事に直面した時のための十分な体力，体脂肪，神経エネルギーの予備がなく，簡単に命を落としてしまう可能性がある。

❼ これが，とがめられない時にはいつもリラックスして，ソファーで快適に丸まって横になりたいという衝動が非常に強いことの理由である。この温存しようとする衝動は非常に強力なので，ほとんどの人々にとって，「自由時間」とは，緊張をほぐし，心を無の状態にできる機会を意味している。外部からの要求がなく，エントロピーの効力が生じると，起こっていることを理解しない限り，それが私たちの体と心を支配する。通常，私たちは脳に組み込まれた２つの正反対の指示の間で板挟みになる。一方は労力を最小にすることを求める命令で，もう一方は創造性の要求である。

❽ ほとんどの人々にとって，エントロピーの方が強力で，発見したいという意欲

よりも，心地よさを楽しむのである。発見することの報酬の方により反応する少数の人たちもいる。しかし，私たちは誰もが両方の報酬に反応するのだ。建設的にエネルギーを使うのと同様に，それを温存しようとする性向は，どちらも私たちの遺伝的性質の一部なのである。(4)どちらが優位になるのかは，遺伝子構造だけでなく，おそらく私たちの幼少期の経験によっても決まるだろう。しかし，難題に立ち向かうことで得られる楽しみや，新しいあり方ややり方を発見することで刺激を与えられる人が十分にいなければ，文化の発展はなく，思考や感受性の進歩もない。したがって，楽しみが何から構成され，創造性が楽しみをどのようにして生み出すのかをもっとよく理解することが重要なのである。

各段落の要旨

❶ 発見したり，創造したりすることが何よりも楽しいと感じる人たちが存在しているのは理にかなっている。

❷ 複雑で予想できない環境の中で生き延びる生物を作るとしたら，過去の経験に基づく行動パターンを選択する保守的な生物を作りたくなるかもしれない。

❸ しかし，その場で役に立つかどうかに関係なく，何か新しいことを発見した時，その生物が心地よく感じるプログラムこそが，生物の進化上，最適なプログラムなのである。

❹ 一部の個体は，目新しいことを発見することで，脳の快楽中枢を刺激する神経系を発達させ，何か新しいことを学ぶことで，大きな喜びを得るようになった可能性が高い。

❺ 私たちは目新しさの重要性を認識していた先祖の子孫なので，何か新しいことを発見すると，どのようなことでも楽しめる性向を共有している。

❻ エネルギーを温存しようとするエントロピーの力もまた強力で，この調整器がなければ人間は簡単に命を落としてしまう可能性がある。

❼ 人間の脳は労力を最小にしようとする命令と創造性の要求という2つの正反対の指示の間で板挟みになっている。

❽ 人間が進化していく上で，楽しみが何から構成され，創造性がどのようにして楽しみを生み出すのかをさらに理解することは重要である。

解　説

設問 1　▶下線部を含む文は「地球を形成する者たちで，その新しい生物の種が明日，来年，あるいは十年後に遭遇するような状況を予測できる者は一人もいようはずがない」という意味。the species of new organisms might encounter … の部分は the kind of situations を修飾する形容詞節となっている。

▶ earthly builder という語は，設問文に earthly builder＝人間ということが提示されているが，第 2 段第 2 文に Suppose that you want to build an organism という語が出てくることからも，earthly builder が人間を指すことが理解できる。なお，builder という表現は，全能の創造主をあらわす creator と対比的に用いられている。

▶したがって，未来の状況を予測することなどできない普通の人間ということになる。anticipate「～を予測する」

設問 2　**It is possible that children who were more curious ran more risks and so were more likely to die early than their more passive companions.**

▶形式主語の構文で that 節が真主語。that 節内の主部は children who were more curious で，述部は ran more risks と（so）were more likely to die early が等位接続詞の and で結ばれている。so は「その結果，それゆえ」という意味の副詞。curious「好奇心の強い」 run (the) risk「危険を冒す」 be likely to *do*「～する可能性が高い」 passive「消極的な」 companion「仲間」

設問 3　**彼らにはその生存を脅かすような予測できない状況に立ち向かうための，よりよい用意があった**

▶「～するための，よりよい用意があった」という述部は，比較級の better と形容詞の prepared を使って，be better prepared to *do* の形で表現すればよい。また，名詞の preparation と不定詞の形容詞用法を使って had better preparation to *do* とすることもできる。

▶「～に立ち向かう」は第 2 段第 3 文（You want to …）で登場している confront「～に立ち向かう，～に直面する」を使えばよい。「～に取り組む，～に対処する」と読み換えて，tackle や deal with ～ などを使っても表現できる。

▶「その生存を脅かすような」の部分は「予測できない状況」を修飾しているので，主格の関係代名詞や現在分詞を使った後置修飾の形にすればよい。
「～を脅かす」threaten　「予測できない」unpredictable

設問 4 Which one wins depends not only on our genetic makeup but also probably on our early experiences.

▶文頭の which は疑問形容詞で名詞節を形成し，Which one wins までが主部なので「どちらが優位になるのかは」といった訳出となる。one は既出の可算名詞の代用をする代名詞の用法で，直前の文に含まれる tendencies toward conserving energy as well as using it constructively「建設的にエネルギーを使うのと同様に，それを温存しようとする性向」という二つの性向のうち，どちらか一つを指している。

▶述部は動詞が depend on ～「～によって決まる，～に左右される」だが，not only ～ but also … の表現が使われ，副詞の probably「おそらく」が but also の後方に置かれているので，「～だけでなく，おそらく…によって決まるだろう」といった訳出にすればよい。

genetic makeup「遺伝子構造」

設問5 ① 正解は E ▶第2・3段では，予想できない環境の中で生き延びることができる人工的な生命体を作るという思考実験について説明されており，何か新しいことを発見した時に喜びを感じるようプログラムすることが最適であるという内容が述べられている。これは空欄直前の第1段最終文（But when we …）の，発見することや創造することを何よりも楽しんでいる人がいるのは理にかなっているという主張に根拠を与えるためのものなので，E.「この論理を理解するために」を選べば論理的な流れとなる。

▶それぞれの選択肢の意味は次の通り。

A.「それは別にして」

B.「実際のところ」

C.「こういうわけで」

D.「すぐに」

設問5 ② 正解は C ▶空欄直前の第4段最終文（But it is …）では，好奇心のある子どもたちを優遇したグループの方がそうでないグループよりもうまくいっていた可能性があると述べられ，空欄を含む文は，私たちが目新しさの重要性を認識し，創造的であることを大切にしてきた先祖の子孫であると続いている。第4段最終文で言及されている可能性が真実であれば，私たちは創造性を重視する先祖の子孫である，という流れにすると文脈が合うので，C.「もしこれが本当であれば」が最も適切。

descendant「子孫」

▶それぞれの選択肢の意味は次の通り。

A.「結果として」 直前では，ある状況について可能性があると述べられているだけなので，その結果として，何かしらのことが事実となるわけではないので不適。

B.「ところで」

D.「さらに悪いことに」

E.「何か変化がない限り」

設問6 ⑴ **正解は B** ▶設問は「下線部(a)を見なさい。『簡単な思考実験』の結果として行われるのは以下のうちどれか」というもの。

▶簡単な思考実験の内容は第2段第2～4文（Suppose that you …）で説明されており，地球のような複雑で予測できない環境の中で，最も生き延びていける可能性が高い生命体を作るなら，どのようなメカニズムを組み込むかというもの。

▶第3段第1文（But the best …）では，最適な解決策として，すぐに役立つにせよ役立たないにせよ，何か新しいことを思いつくたびにプラスの強化をしていく，というシステムが紹介されている。さらに，同段第2文（It is especially …）では，有益な発見に対してだけ報酬が与えられるようにしないことも重要だと述べられているので，B.「有益な発見とすぐに役立つとは思えない発見の両方に対して，少数の生物に報酬を与えるシステムを作ること」が最も適切。

> 選択肢Bの構造
>
> constructing a system [that rewards a few of the organisms 〈for both their beneficial findings and those [that appear to be of no immediate use]〉]
>
> ＊[形容詞節]〈副詞句〉

最初の that は主格の関係代名詞で直前の a system を修飾する形容詞節となっている。for 以下の副詞句は both *A* and *B* の形となっており，those は前方の findings を受けた代名詞で that 以下の関係詞節が those を修飾する形となっている。of no immediate use の部分は of＋抽象名詞＝形容詞の用法で，of use＝ useful の形が変化して補語になっている。

> 第3段第1文の構造
>
> But the best solution would also include a relay system in a few organisms [that would give a positive reinforcement 〈every time they discovered something new or came up with a novel idea or behavior〉, 〈whether or not it was immediately useful〉].
>
> ＊[形容詞節]〈副詞節〉

that は主格の関係代名詞で前方の a relay system を修飾する形容詞節を形成して

いる。every time S V は「SがVするたびに」という意味の副詞節を作り，述部は等位接続詞の or によって discovered ～ と came up with ～ が結ばれている。whether 以下も「～であろうとなかろうと」という意味の譲歩の副詞節となっている。

▶それぞれの選択肢の意味は次の通り。

A.「自らの行動に対して，プラスの強化を受けるかどうかに関係なく，問題に取り組む生物を作ること」

C.「その生き物の存在，発見，創造性を支え，向上させる一連のプログラムを考案すること」

D.「人工的な生命体の内部に，エネルギーを温存しようとする傾向を弱める自己制御統合装置を取り付けること」

E.「報酬を気にせず，エネルギーを温存し，従来の反復的なパターンに従う生物を作ること」

設問6 (2) **正解は D** ▶設問は「下線部(b)を見なさい。『エントロピーの力』を説明するために筆者が論じている内容は以下のうちどれか」というもの。

▶エントロピーの力については，下線部の直後第6段第3～5文（This too is …）で説明されており，ポイントは次の通り。

- 人間の遺伝子に組み込まれた生存していくためのメカニズム。
- エネルギーを使わずリラックスしている時，喜びを感じるメカニズム，すなわちエネルギーをできるだけ温存しようとする働き。
- この体に組み込まれた調整器がなければ，命を落としてしまう可能性がある。

▶以上の点を考慮すると，D.「人間の体は，力を回復するために，いつ立ち止まって休むべきなのか本能的に知っている」が最も適切。

instinctively「本能的に」 restore「～を回復させる」

▶それぞれの選択肢の意味は次の通り。

A.「人間の遺伝子は，自由な時間に目新しいものを発見したり探究したりしている時に喜びを感じるように作られている」 エントロピーの力と対比するメカニズムの説明なので不適。

B.「人間は，緊急事態に備えて意識的にエネルギーを残しておく傾向がある」 consciously「意識的に」が不適。

C.「人間の体の遺伝子構造のおかげで，十分寝ていようがいまいが，私たちは創造的でいられる」 エントロピーの力は創造性に関係するものではないので不適。

E.「人間の体には，労働にはより少ない時間，休息にはより多くの時間を費やすように，生き延びていくためのメカニズムが組み込まれている」 労働に費やす時間について本文中に言及されている部分はないので不適。

設問7　正解は 6・8　▶1.「人工的な生命体を作るにあたり，一番の関心がその生命体が生き残ることなのであれば，既存の行動パターンを学習し，それを繰り返すことが最も重要である」 第2段（[①], try a …）では，複雑で予想できない環境の中で生き延びていける人工的な生命体を作る場合，どのような生命体を作るかという思考実験について述べられており，同段最終文（Certainly you would …）には，うまくいったことが実証された行動パターンを取る保守的な生物を設計したくなるとある。しかし，続く第3段第1文（But the best …）では，逆接のButに導かれ，最適な解決策として，新しいことを思いつくたびにプラスの強化がなされていく方式について言及され，同段第4文（So the best …）でもその場で役に立つかどうかに関係なく，何か新しいことを発見した時にその生物を心地よくさせるプログラムが最適だと述べられているので不一致。

> 選択肢の構造
> 〈In building an artificial life form〉,【learning the existing patterns of behavior】and【repeating them】is［of greatest importance］〈when your primary concern is the life form's survival〉.　＊〈副詞句・副詞節〉【名詞句】［形容詞句］

等位接続詞 and で結ばれた learning 以下と repeating 以下の動名詞句が主部。of greatest importance の部分は of＋抽象名詞＝形容詞の用法で補語となっている。

▶2.「変化する環境条件に直面すると，人間の脳は，自分自身を守るため用心深く物事を進めるよう私たちに指示する」 本文中にこのような内容が述べられている部分はない。

proceed「進む」 cautiously「用心深く」

▶3.「私たちの先祖は，予期せぬ状況に備えさせようとして，個々人に新しい考えを探究するよう促してきたが，共同学習を促すことはしなかった」 本文中に，私たちの先祖が個々人に共同学習を促すことはなかったという内容が述べられている部分はない。

facilitate「～を促す」 communal「共同の」

▶4.「私たちの創造性とイノベーションや発明を生み出したいという願望は，報酬，刺激，圧力のような外部要因によって刺激される」 第4段最終文（But it is …）で，好奇心のある子どもに報酬を与えるグループの方がうまくいく可能性があるという内容は述べられているが，報酬，刺激，圧力といった外部要因によって創造性や何かを生み出したいという願望が生じるわけではないので不一致。

innovation「イノベーション，刷新」 exterior「外部の」

▶5.「いわゆる文化的進化は，目新しいことを楽しむため十分に蓄えたエネルギーが利用できるかによって，必ずしも決まるわけではない」 本文中に目新しいことを楽しむために蓄えたエネルギーについて言及されている部分がないので判断ができない。

availability「利用できること」 novelty「目新しさ」

▶6.「困難な状況を克服するために創造力を発揮している人が私たちの中にいるという事実は，人間の文化の発展において大きな要因となってきた」 最終段第5文（However, unless enough …）で，難題に立ち向かうことで得られる楽しみに刺激を受ける人がいなければ，文化の発展はないという内容が述べられているので本文の内容と一致。

> 最終段第5文の構造
>
> However, 〈unless enough people are motivated by the enjoyment [that comes from confronting challenges, 〈by discovering new ways of being and doing〉]〉, there is no evolution of culture, no progress in thought or feeling.
>
> ＊〈副詞節・副詞句〉[形容詞節]

主格の関係代名詞である that 以下の形容詞節の範囲を確定した上で，unless に導かれた副詞節の範囲を確定することがポイント。

motivate「～を刺激する，～に動機を与える」 challenge「難題，難問」

▶7.「生き延びる可能性が一番高い生物は，原則として創造的ではあるが，進化の過程で他の個体との競争にさらされた時には保守的になる」 生き延びる可能性が一番高い生物が，進化の過程で競争にさらされると保守的になるという内容が述べられている部分は本文中にない。creative「創造的な」と conservative「保守的な」という形容詞が等位接続詞の but で結ばれ，補語として機能している点を押さえておく。

▶8.「人間は心地よさと創造的な活動の両方を楽しむようプログラムされているが，全体的には，エネルギーを温存する傾向が高い」 第3～5段（But the best …）では，人間は進化する過程で，創造的であることに喜びを感じるようプログラムされてきたという内容が述べられており，第6・7段（But this is …）では，エネルギーをできるだけ温存しようとする遺伝的性向としてのエントロピーの力について説明されている。最終段第1文（In most individuals …）では，ほとんどの人々にとって，何かを発見したいという意欲よりもエントロピーの力，つまりエネルギーを温存しようとする力の方が強いと述べられているので，本文の内容と一致する。

on the whole「全体的に」 be inclined to *do*「～する傾向がある」 conserve「～を守る，～を大切に使う」

設問１　未来の状況を予測することなどできない普通の人間。（15 字以上 25 字以内）

設問２　好奇心がより旺盛な子どもが，消極的な仲間たちと比べ，より多くの危険を冒し，その結果，早くに死んでしまう可能性が高かったということはあり得る。

設問３　they were better prepared to confront the unpredictable situations that threatened their survival

設問４　どちらが優位になるのかは，遺伝子構造だけでなく，おそらく私たちの幼少期の経験によっても決まるだろう。

設問５　①－E　②－C

設問６　(1)－B　(2)－D

設問７　６・８

13

2017年度〔1〕

次の英文を読んで，以下の設問に答えよ。

Farming is often viewed as an old-fashioned way of life, but from an evolutionary perspective, it is a recent, unique, and (a)comparatively bizarre way to live. What's more, farming originated independently in several different locations, from Asia to the Andes, within a few thousand years of the end of the Ice Age. A first question to ask is why farming developed in so many places and in such a short span of time after millions of years of hunting and gathering.

There is no single answer to this question, but one factor might have been global climate change. The Ice Age ended 11,700 years ago, ushering in the Holocene epoch[*1], which has not only been warmer than the Ice Age, but also more stable, with fewer extreme fluctuations in temperature and rainfall. During the Ice Age, hunter-gatherers sometimes attempted to cultivate plants through trial and error, but their experiments didn't take root, perhaps because they were snuffed out by extreme and rapid climate change. Experiments with cultivation had a greater chance of being successful during the Holocene, when regional rainfall and temperature patterns persisted reliably with little change from year to year and from decade to decade. Predictable, consistent weather may be helpful for hunter-gatherers, but it is essential for farmers.

A far more important factor that spurred on the origin of farming in different parts of the globe was population stress. Archaeological surveys show that campsites — places people lived — became more numerous and larger once the last major glaciation started to end around 18,000 years ago. As the polar ice caps receded and the earth began to warm, hunter-gatherers experienced a population boom. Having more children may seem a blessing, but they are also a source of great stress to hunter-gatherer communities who cannot survive at high population densities. Even when climatic conditions were relatively benevolent, feeding additional mouths would have put foragers under considerable pressure to supplement their typical gathering efforts by cultivating edible plants. However, once begun, such cultivation set up a (b)vicious circle because the incentive to cultivate is amplified when larger families need to be fed. (1)It is not hard to imagine farming developing over many decades or centuries in much the same way that a hobby can turn into a profession. At first, growing food through casual cultivation was a supplemental activity that helped provision big families, but the combination of more offspring to feed plus benign environmental conditions increased the benefits of growing plants relative to the costs. Over generations, cultivated plants evolved into domesticated crops, and occasional gardens turned into farms. Food became more predictable.

Whatever factors tipped the scales to turn hunter-gatherers into full-time farmers, the origin of farming set in motion several major transformations wherever and whenever it occurred. Hunter-gatherers tend to be highly migratory, but incipient farmers benefit from settling down into permanent villages to tend and defend their crops, fields, and herds year-round. Pioneer farmers also domesticated certain plant species by selecting—either consciously or unconsciously—plants that were larger and more nutritious as well as easier to grow, harvest, and process. (2)Within generations, such selection transformed the plants, making them dependent on humans to reproduce. For example, the wild progenitor of corn, teosinte, has just a few, loosely held seed kernels that easily detach from the plant when ripe. As humans selected cobs with bigger, more numerous, and less detachable seeds, the corn plants became reliant on humans to remove and plant the seeds by hand. Farmers also started to domesticate certain animals, such as sheep, pigs, cattle, and chickens, primarily by selecting for qualities that made these creatures more docile. (3)攻撃性のより低い動物は飼育される可能性が高く，そのことが，より扱いやすい子孫の誕生につながった。Farmers also selected for other useful qualities such as rapid growth, more milk, and better tolerance to drought. In most cases, the animals became as dependent on humans as we have come to depend on them.

These processes happened somewhat differently at least seven times in diverse places including southwestern Asia, China, Mesoamerica, the Andes, the southeastern United States, sub-Saharan Africa, and the highlands of New Guinea. The best-studied center of agricultural innovation is Southwest Asia, where nearly a century of intensive research has revealed a detailed picture of how hunter-gatherers invented farming, spurred on by a combination of climatic and ecological pressures.

The story begins at the end of the Ice Age, when Upper Paleolithic *2 foragers were flourishing along the eastern side of the Mediterranean Sea, taking advantage of the region's natural abundance of wild cereals, legumes, nuts, and fruits, plus animals such as gazelle, deer, wild goats, and sheep. One of the best-preserved sites from this period is Ohalo II, a seasonal camp at the edge of the Sea of Galilee, where at least a half dozen families of foragers, twenty to forty people, lived in makeshift huts. The site contains many seeds of wild barley and other plants that these foragers gathered, as well as the grinding stones they used to make flour, the sickles they made for cutting wild cereals, and the arrowheads they made for hunting. (4)そこに住んでいた人びとの生活は，アメリカ大陸やアフリカやオーストラリアの現代の狩猟採集民について学者たちが記録してきたものと，おそらくほとんど変わらなかっただろう。

The end of the Ice Age, however, brought much change to Ohalo II's descendants. As the Mediterranean region's climate started to warm and become wetter starting 18,000 years ago, archaeological sites become more numerous and widespread, creeping into areas now occupied by the desert. The culmination of this population boom was a period called the Natufian, dated to between 14,700 and 11,600 years ago. The early Natufian was a sort of golden era of hunting and gathering. Thanks to a benevolent climate and many natural resources, the Natufians were fabulously wealthy by the standards of most hunter-gatherers. They lived by harvesting the abundant wild cereals that naturally grow in this region, and they also hunted animals, especially gazelle. The Natufians evidently had so much to eat that they were able to settle permanently in large villages, with as many as 100 to 150 people, building small houses with stone foundations. They also made beautiful art objects, such as bead necklaces and bracelets and carved figurines, they exchanged with distant groups for exotic shells, and they buried their dead in elaborate graves. If there ever was a Garden of Eden for hunter-gatherers, this must have been it.

But then crisis struck 12,800 years ago. All of a sudden, the world's climate deteriorated abruptly, perhaps because an enormous glacial lake in North America emptied suddenly into the Atlantic, temporarily disrupting the Gulf Stream and wreaking havoc with global weather patterns. This event, called the Younger Dryas, effectively plunged the world back into Ice Age conditions for hundreds of years. Imagine how profoundly stressful this shift was for the Natufians, who were living at high population densities in permanent villages but who still relied on hunting and gathering. Within a decade or less, their entire region became severely colder and drier, causing food supplies to dwindle. Some groups responded to this crisis by returning to a simpler, nomadic lifestyle. Other Natufians, however, evidently dug in their heels and intensified their efforts to maintain their settled way of life. In this case, (5)<u>necessity appears to have been the mother of invention</u>, because some of them experimented successfully with cultivation, creating the first agricultural economy somewhere in the area now encompassing Turkey, Syria, Israel, and Jordan. Within a thousand years, people had domesticated figs, barley, wheat, chickpeas, and lentils, and their culture changed enough to warrant a new name, the Pre-Pottery Neolithic A (PPNA). These farming pioneers lived in large settlements that were sometimes as large as 30,000 square meters (about 7.4 acres, roughly the size of one and a half blocks in New York City), with mud brick houses that had plaster-lined walls and floors. The oldest levels of the ancient town of Jericho (famous for its walls) had about fifty houses and supported a population of five hundred people. PPNA farmers also made elaborate ground stone tools for grinding and pounding food, created exquisite figurines, and plastered the heads of their dead.

And the change kept on coming. At first, PPNA farmers supplemented their diet by hunting, mostly for gazelle, but within a thousand years, they had domesticated sheep, goats, pigs, and cattle. Soon thereafter, these farmers invented pottery. As these and other innovations continued to accrue, their new, Neolithic way of life flourished and expanded rapidly throughout the Middle East and into Europe, Asia, and Africa. It's almost certain you ate something today that these people first domesticated, and if your ancestors came from Europe or the Mediterranean, there's a good chance you have some of their genes.

Farming also evolved in other parts of the world following the end of the Ice Age, but the circumstances were different in each region. In East Asia, rice and millet were first domesticated in the Yangtze and Yellow River valleys about 9,000 years ago. Asian farming, however, began more than 10,000 years after hunter-gatherers started to make pottery, an invention that helped these foragers boil and store food. In Mesoamerica, squash plants were first domesticated about 10,000 years ago, and then corn (maize) was domesticated around 6,500 years ago. As farming took hold gradually in Mexico, farmers began to domesticate other plants, such as beans and tomatoes. Maize agriculture spread slowly and inexorably throughout the New World. Other centers of agricultural invention in the New World are in the Andes, where potatoes were domesticated more than 7,000 years ago, and the southeastern United States, where seed plants were domesticated by 5,000 years ago. In Africa, cereals such as pearl millet, African rice, and sorghum were domesticated south of the Sahara starting about 6,500 years ago. Finally, it seems likely that yams and taro (a starchy root) were first domesticated in highland New Guinea between 10,000 and 6,500 years ago.

Just as cultivated crops took the place of gathered plants, domesticated animals took the place of hunted ones. One hotspot of domestication was Southwest Asia. Sheep and goats were first domesticated in the Middle East about 10,500 years ago, cattle were domesticated in the Indus River valley around 10,600 years ago, and pigs were domesticated from wild boar independently in Europe and Asia between 10,000 and 9,000 years ago. Other animals were domesticated more recently around the globe, among them llamas in the Andes about 5,000 years ago and chickens in southern Asia about 8,000 years ago. Man's best friend, the dog, was actually the first domesticated species. We bred dogs from wolves more than 12,000 years ago, but there is much debate over when, where, and how this domestication occurred (and to what extent dogs actually domesticated us).

*1 the Holocene epoch　完新世（地質年代区分のひとつ）
*2 Upper Paleolithic　後期旧石器時代の

[Adapted from Daniel Lieberman, *The Story of the Human Body: Evolution, Health, and Disease*. London: Penguin, 2013, 182-86.]

設　問

1　下線部(1)を日本語に訳せ。

2　下線部(2)を日本語に訳せ。

3　下線部(3)を英語に訳せ。

4　下線部(4)を英語に訳せ。

5　ナトゥフ人（Natufians）の場合，下線部(5)は具体的にどのようなことを指しているか，80字以内の日本語で説明せよ。

6　以下の(1)から(3)の答としてもっとも適切なものをAからEの中から選び，記号で答えよ。

(1) Look at the underlined part (a). According to the text, why might farming be considered a "comparatively bizarre way to live"?

A. Farmers are at greater risk of dying from starvation than hunter-gatherers because they lose their capacity to hunt expertly.

B. Farmers rely on a limited variety of plants compared to hunter-gatherers, thereby reducing their sources of vitamins and minerals.

C. Farming depends on weather and temperature patterns being stable from year to year, a condition that was not the case for much of human history.

D. Farming is more labor-intensive than hunting and gathering, demanding that everyone, including children, work harder to produce a meal.

E. Settled farming communities are likely to be attacked by nomadic groups who travel lightly and are skilled at using weapons.

(2) Look at the underlined part (b). Choose the statement that best describes the "vicious circle".

A. Bigger families and tribes had to break up into smaller groups to search for food and survive.

B. Cold weather caused bands of humans to concentrate in warmer areas, placing stress on the ecosystem.

C. Competition for limited food resources resulted in battles that reduced the human population.

D. Increasing numbers of human beings swiftly decreased the numbers of wild animals they hunted.

E. More secure food sources supported a larger population, which in turn required more food.

(3) Choose the statement that describes how Pre-Pottery Neolithic A people were culturally similar to early Natufians, according to the text.

A. They drilled holes in objects to make beads which they wore around their necks and wrists.

B. They kept extra food in storage houses for use in winter and times of natural disaster or famine.

C. They left behind primitive symbols that may have been the earliest forms of written language.

D. They painted lively scenes of hunting animals and harvesting plants on the walls of nearby caves.

E. They treated the bodies of their ancestors as special in the way they took care of them after death.

7 次の1から10の文から，本文の内容に一致するものを3つ選び，番号で答えよ。

1. Some food preparation techniques of prehistoric people include smashing, cooking in hot water, and preserving with salt or by drying in the sun, wind or smoke.

2. Tribes who camped at Ohalo II used sharp tools to fish from the Sea of Galilee and to hunt wild animals.

3. Archaeological sites indicate that land near the Mediterranean Sea is drier now than it was for many centuries following the start of climate changes 18,000 years ago.

4. Natufians were known throughout the Middle East primarily as traders of precious works of art.

5. Natufians and Pre-Pottery Neolithic A people can be distinguished from typical hunter-gatherers by the solidity and lasting nature of their accommodations.

6. The Pre-Pottery Neolithic A town of Jericho supported about ten times as many people as a Natufian village and about twenty times as many people as an Ohalo II campsite.
7. Over time and geography in human history, as a rule, pottery was invented after a society became predominantly agricultural.
8. Inhabitants of the Americas were the first to cultivate corn, tomatoes, beans, nuts, and yams successfully.
9. Knowledge about how to domesticate animals such as pigs, sheep, and chickens traveled along trade routes between Europe and Asia.
10. Although there is no agreement on the exact date, it is believed that humans began to breed dogs some time before farming became widespread.

全 訳

■農耕牧畜民の誕生

❶ 農業は古くからある生活様式だと考えられることが多いが，進化論の観点から見れば，それは新しく，独特で，かなり奇妙な生活様式である。さらに，農業は，氷河期が終わって数千年以内に，アジアからアンデス地方に至るまで，いくつかの異なる場所で，それぞれ独立して始まっている。最初に確認すべき問題は，なぜ農業が，何百万年も狩猟採集をして暮らした後，これほど多くの場所で，そして非常に短い期間で発達したのかという点である。

❷ この問いに対する唯一の答えはないが，一つの要因は，地球規模の気候変動であったのかもしれない。11700 年前に氷河期が終わり，完新世の到来が告げられると，氷河期よりも温暖になっただけでなく，より安定し，気温と降雨の極端な変動が少なくなった。氷河期の間，狩猟採集民たちは試行錯誤しながら植物の栽培を試みたこともあったが，おそらく極端で急激な気候変動によってうまくいかず，彼らの試みが根付くことはなかった。植物栽培の試みは，その成功の大きなチャンスを完新世に迎えるのだが，この時代は，地域ごとの降雨と気温のパターンが，年によっても 10 年単位でもほとんど変わらず，確固として続いていた。予想可能で安定した気候は狩猟採集民にとっても助かるだろうが，農耕民にとっては不可欠なものである。

❸ 世界の様々な地域における農業の誕生に拍車をかけたさらに大きな要因は，人口圧力であった。考古学調査によって，約 18000 年前，最後の大きな氷河期が終わり始めると，すぐに野営地——人びとが暮らしていた場所——の数が増え，大きくなったことがわかっている。極地の氷冠が減少し，地球が暖かくなり始めるにつれ，狩猟採集民たちの人口は急激に増加した。子どもが増えるのは喜ばしいことだと思えるかもしれないが，人口密度が高い状態では生き残ることができない狩猟採集民の共同体にとって，それは大きなストレスの原因でもある。たとえ気候条件が比較的穏やかであっても，増えた人数分を養わなければならないことで，狩猟採集民たちはかなりの重圧を感じ，食べられる植物の栽培で，それまでの食料採集を補っていたのだろう。しかし，いったんそういった栽培が始まると，より大きな家族を食べさせなければならなくなるたびに，もっと栽培しなければならないという気持ちが強くなるため，悪循環が生まれたのである。(1)趣味が仕事に変わることがあるのとほぼ同じように，何十年，何百年にわたり，農業が発展していったことを想像するのは難しいことではない。最初，不定期に栽培をして食物を育てることは，大家族に食料を供給する助けとなる補助的な活動であったが，養わなければならな

い子どもが増えたことに加え，穏やかな環境条件も合わさり，植物栽培の恩恵はそれにかかるコストよりも大きくなったのである。世代を経て，栽培植物は栽培作物へと発展し，補助用の菜園は農場となった。食料は以前より予測できるものとなったのだ。

❹ 狩猟採集民が専従の農耕民に変わるよう天秤を傾けた要因が何であれ，農業の始まりは，それがどこで，いつ起こったとしても，いくつかの大きな変化を引き起こした。狩猟採集民は頻繁に移動する傾向があるのだが，初期の農耕民にとっては，年中作物や畑や家畜の群れの世話をして守るために永続的な村落に定住した方が得である。また，農業の先駆者たちは，栽培，収穫，加工がより容易なだけでなく，より大きくてより栄養価の高い植物を――意識的にかそれとも無意識のうちにか――選別することで，特定の植物の種を栽培可能なものにもしていた。(2)何世代かの間に，そのような選別が植物を変化させ，植物が繁殖するには人間に依存しなければならなくなった。例えば，トウモロコシの原種であるブタモロコシには，ほんのわずかの，しかも，熟すと簡単に穂から落ちてしまうようなゆるくくっついた穀粒しか実らない。人間が，より大きく，より多くの，落ちにくい穀粒がついた穂軸を選別しているうちに，トウモロコシは，人間に穀粒を手で取ってもらい，植えてもらわなければならないようになった。また農耕民は，ヒツジ，ブタ，ウシ，ニワトリといった特定の動物を，主にそれらの動物をより従順にしていた性質によって選別することで家畜化し始めた。攻撃性のより低い動物は飼育される可能性が高く，そのことが，より扱いやすい子孫の誕生につながった。さらに農耕民は，成長が早い，多くの乳を出す，干ばつに強いといった他の有益な性質も選別の対象にしていた。たいていの場合，人間がそれらの動物に依存するようになったのと同じくらい，その動物たちも人間に依存するようになった。

❺ これらのプロセスは，いくぶん違った形ではあるが少なくとも 7 回，アジア南西部，中国，メソアメリカ，アンデス山脈，アメリカ南東部，サハラ砂漠以南のアフリカ，ニューギニアの高地を含む別々の場所で起こっている。農業革新が生じた中心地で最も研究されているのは西南アジアであり，100 年近くに及ぶ徹底的な調査で，気候上の，そして生態学的な圧力が合わさることで行動を促された狩猟採集民が，どのように農業を発明したのかについて，その詳細が明らかになっている。

❻ 物語は氷河期の終わりに始まる。この時代には，後期旧石器時代の狩猟採集民たちが地中海東側の沿岸地域で繁栄していたのだが，彼らは野生の穀物，マメ，木の実，果物だけでなく，ガゼル，シカ，野生のヤギ，ヒツジといった動物も自然から豊富に手に入れられる地域的な利点を生かしていたのだ。この時代の最も保存状態のよい遺跡の一つがオハロⅡ遺跡で，そこはガリラヤ湖畔の，ある季節に限って使われる野営地で，少なくとも狩猟採集民 6 家族，あわせて 20～40 人が簡易的な

小屋に暮らしていた。この遺跡にはこれらの狩猟採集民たちが集めた野生の大麦やその他の植物の種子が多く残っており，製粉のために使っていた石皿，野生の穀物を刈るために作った鎌，狩りのために作った矢じりも見つかっている。そこに住んでいた人びとの生活は，アメリカ大陸やアフリカやオーストラリアの現代の狩猟採集民について学者たちが記録してきたものと，おそらくほとんど変わらなかっただろう。

❼ しかしながら，氷河期が終わり，オハロⅡの子孫に大きな変化がもたらされた。18000年前から地中海地域の気候が温暖になり，湿度が高くなり始めるにつれ，遺跡の数が増えて範囲も拡大し，現在は砂漠となっている地域にまで広がったのである。この人口増加の最盛期はナトゥフ文化期と呼ばれる時代で，14700年前から11600年前だと推定されている。初期のナトゥフ文化期はいわば狩猟採集の黄金期であった。穏やかな気候と多くの天然資源のおかげで，ナトゥフ人は，大半の狩猟採集民の基準からすれば，信じられないほど豊かであった。彼らは，この地域に自生する豊富な野生の穀物を収穫して暮らし，とりわけガゼルなどの動物の狩りも行っていた。ナトゥフ人は明らかに豊富な食べ物があったので，大きな村に永続的に定住することができ，100人から150人もの人びとがいて，石を土台にした小さな家を建てていた。また彼らはビーズの首輪や腕輪，彫刻された小さな像などの美しい美術品を作り，めずらしい貝殻を求めて，遠方の集団と交易をして，死者を手の込んだ墓に埋葬していた。もし狩猟採集民にエデンの園があるとするなら，そこがエデンの園だったに違いない。

❽ しかしそれから，12800年前に危機が襲った。突然，世界の気候が急激に悪化したのだが，これはおそらく，北アメリカの巨大な氷河湖の水が溢れて大西洋に急に流れ込み，一時的にメキシコ湾流を分断し，世界の気候パターンを大きく変化させたことが原因である。この出来事は，ヤンガードリアスと呼ばれており，実質的に，数百年にわたって世界を氷河期の状態に戻すものであった。定住集落に人口密度が高い状態で暮らしつつも，依然として狩猟採集に依存していたナトゥフ人にとって，この変化がどれほど深刻なストレスをもたらすものであったか想像してほしい。10年も経たないうちに，彼らが暮らす地域全体が非常に寒冷化して乾燥し，食物の供給が減少した。一部の集団は，よりシンプルな遊牧的生活様式に戻すことで，この危機に対応した。しかし，自分たちの生活様式をあきらめず，定住生活を維持するため一層の努力をするナトゥフ人もいた。この場合，必要は発明の母であったようだが，そう言えるのは，彼らの一部が作物の栽培の試みに成功し，現在のトルコ，シリア，イスラエル，ヨルダンを含む地域内のどこかで，最初の農業経済を生み出したからである。それから1000年以内に，人びとはイチジク，大麦，小麦，ヒヨコマメ，レンズマメを栽培可能なものにし，彼らの文化は，先土器新石器文化

A（PPNA）という新しい名前をつけられるほど，大きく変化した。これらの農業の先駆者たちは，時には30000平方メートル（約7.4エーカーで，ニューヨーク市の約1.5ブロック分）もの大きな集落に暮らし，壁や床に漆喰を塗った泥レンガ造りの家も建てていた。エリコ（壁で有名）という古代の町の最も古い堆積層には，約50の家屋があり，この町は500人ほどの人口を支えていた。PPNA期の農耕民は，食べ物をすりつぶしたり，たたいたりするための精巧な石器を作り，非常に美しい小さな像を作り，死者の頭部を漆喰で固めていた。

❾ さらに変化は続く。当初，PPNA期の農耕民は，主にガゼルを獲物にした狩りによって食べ物を補っていたが，1000年以内に，ヒツジ，ヤギ，ブタ，ウシを家畜化した。それからすぐに，彼らは土器を発明した。これらの，そしてその他の革新が生まれ続けるにつれ，新しい新石器時代の生活様式が花開き，中東全域に，そしてヨーロッパ，アジア，アフリカへと急速に広まっていった。当時の人たちが最初に家畜化したものを今日あなたが食べていることはほぼ確実であり，もしあなたの祖先がヨーロッパや地中海域の出身なら，あなたは彼らから継いだ遺伝子をいくらか持っている可能性が高い。

❿ 氷河期が終わった後，世界の他の場所でも農業は進化したが，その状況はそれぞれの地域によって違っていた。東アジアでは，約9000年前に，揚子江と黄河流域で，コメとキビが最初に栽培可能となった。しかしながら，アジアの農業は，狩猟採集民が食料を茹でたり，保存したりするのに役立つ発明であった土器を作り始めてから10000年以上後に始まっている。メソアメリカでは，約10000年前にカボチャが最初に栽培可能となり，その後，6500年前頃にトウモロコシが栽培可能となった。メキシコでは徐々に農業が根付いていくにつれ，農耕民たちはマメやトマトなど他の植物も栽培し始めた。トウモロコシの栽培は徐々にではあったがいや応なく新世界全体に広まっていった。新世界における農業の発明のその他の中心地は，7000年以上前にジャガイモを栽培していたアンデス地方と，5000年前までには種子植物を栽培可能にしていたアメリカ南東部であった。アフリカでは，サハラ砂漠以南で，トウジンビエ，アフリカ原産のコメ，モロコシといった穀物が約6500年前から栽培されるようになった。そして，ニューギニアの高地では，10000年前から6500年前の間に，ヤムイモとタロイモ（でんぷん質の根菜）が最初に栽培された可能性が高いと考えられている。

⓫ 栽培された作物が，採集した植物に取って代わったように，家畜化された動物が，狩猟した動物に取って代わることになった。家畜化が盛んに行われていた場所の一つが西南アジアだった。約10500年前に中東でヒツジとヤギが最初に家畜化され，インダス川流域では10600年前頃にウシが家畜化され，ヨーロッパとアジアでは，10000年前から9000年前までの間に，それぞれ別々に，野生のイノシシから

ブタが家畜化された。さらに時がたち，世界中でその他の動物たちが家畜化され，約5000年前にはアンデス地方でラマが，約8000年前には南アジアでニワトリが家畜化された。実は人間の一番の友達であるイヌは最初に家畜化された種である。12000年以上前にオオカミからイヌを交配して繁殖させたのだが，この家畜化がいつ，どこで，どのようにして起こったのかについては（さらに実質的にはイヌがどの程度まで人間を飼いならしたのかについても），大きな論争がある。

各段落の要旨

❶ 農業は進化論の観点から見れば，かなり奇妙な生活様式であり，非常に短い期間で，いくつかの異なる場所で，独立して始まった。

❷ 氷河期の間も植物栽培の試みはあったが，急激な気候変動でうまくいかなかった。完新世になると気候がより安定し，植物栽培が成功のチャンスを迎えることとなった。

❸ 世界の様々な地域で農業が生まれた要因の一つに，急激に人口が増えたことがある。より大きな家族を食べさせるため，補助的な栽培は農業へと発展し，補助用の菜園は農場となり，食料は以前より予測できるものとなった。

❹ 初期の農耕民たちは，より大きく栄養価の高い植物を選別した。その過程で繁殖するには人間に依存しなければならない植物も出てきた。さらに農耕民たちは従順な性格の動物を選んで家畜化し，その他の有益な性質も選別の対象にしていた。

❺ 作物の栽培や動物の家畜化は，少なくとも世界の7カ所で独立して始まっており，西南アジアの調査からは，気候上および生態学的な圧力によって，狩猟採集民が農業を発明したプロセスが明らかになっている。

❻ 氷河期の終わり頃の後期旧石器時代になると，狩猟採集民たちが地中海東側の沿岸地域で繁栄した。ガリラヤ湖畔のオハロⅡ遺跡から，当時の人びとの生活は，現代の狩猟採集民たちの生活とほとんど変わらなかっただろうということがわかっている。

❼ 氷河期が終わり，地中海地域の気温が温暖になって，湿度が高くなると，人口が増え，ナトゥフ文化期という時代を迎えた。ナトゥフ人は穏やかな気候と豊富な食べ物に恵まれ，石を土台にした家を建てたり，美しい美術品を作ったりするなど，大いに繁栄した。

❽ 12800年前，世界の気候が急激に悪化し，ナトゥフ文化期の人びとを危機が襲った。彼らが暮らす地域は寒冷化して乾燥し，食物の供給が減少したが，定住生活を維持するため一層の努力をするナトゥフ人が現れ，作物の栽培に成功して最初の農業経済を生み出した。現在PPNAと名づけられている彼らの文化は大きく発展した。

❾ PPNA期の農耕民は様々な動物を家畜化して，土器も発明した。新石器時代の生活様式が生まれ，中東全域，さらにヨーロッパ，アジア，アフリカへと急速に広まった。

❿ 氷河期が終わった後，世界のいくつかの場所で農業が進化したが，その状況はそれぞれの地域によって異なっていた。

⓫ 家畜化された動物が，狩猟した動物に取って代わるようになり，世界各地で様々な

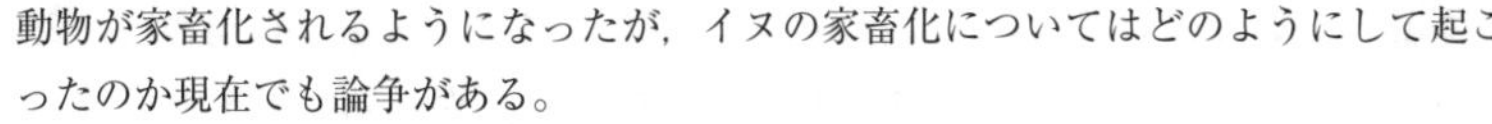
動物が家畜化されるようになったが，イヌの家畜化についてはどのようにして起こったのか現在でも論争がある。

解　説

設問 1 It is not hard to imagine farming developing over many decades or centuries in much the same way that a hobby can turn into a profession.

▶形式主語の構文で，to imagine 以下が真主語となっているため，「～を想像するのは難しいことではない」が骨格となる。

▶ imagine 以下は imagine *A doing*「*A* が～するのを想像する」という語法で，文法的には動名詞の developing が imagine の目的語で farming は developing の意味上の主語として機能している。訳出としては「農業が発展していったことを想像するのは難しいことではない」といった表現にすればよい。

▶ over many decades or centuries の over は「～の間ずっと」という意味の期間を表す前置詞の用法で，「何十年，何百年にわたり」といった訳出になる。

▶ that a hobby can turn into a profession の that は関係副詞の代用として使われる用法で，直前の the same way を修飾している。the same way の前にある much は，同一を表す表現とともに用いる場合は「ほとんど，ほぼ」という意味になるので，「趣味が仕事に変わることがあるのとほぼ同じように」といった訳出にすればよい。助動詞 can はここでは「可能性」の意味。
turn into ～「～に変わる」 profession「仕事，職業」

設問 2 Within generations, such selection transformed the plants, making them dependent on humans to reproduce.

▶下線部だけではなく，前後の文脈を踏まえた上で訳出するとよい。直前の第 4 段第 3 文（Pioneer farmers also …）では，農業の先駆者たちは，栽培が容易なだけではなく，大きくて栄養価の高い植物を選択して栽培可能にしてきたという内容が述べられているので，主節の主語の such selection とは，「そのような選別」という意味。

▶ making 以下は分詞構文で，文脈を考慮すると，「そして～」という出来事の継起を表す意味が適切。文型は make O C の第 5 文型で，dependent 以下が C となっている。make O C の第 5 文型は，S の部分を「～によって（因果・理由）」と副詞的に訳し，O と C の部分は「O が C する」とすればよいので，「そのような選別が植物を変化させ，植物は人間に依存するようになった」といった訳出になる。

▶ to reproduce は目的を表す不定詞の副詞用法で，reproduce「繁殖する」の意味を知っていれば問題ないが，わからなければ，前後の文脈から植物は人間にどのようなことを依存するようになったのかを探る必要がある。下線部直後のFor example以下の部分は，具体例を挙げて下線部(2)を補足説明しており，トウモロコシの原種であるブタモロコシは人間が選別しているうちに，穀粒が自然に落ちることがなくなり，人間の手を借りて植えられなければならなくなったという内容が述べられている。語彙レベルが高いが，the corn plants became reliant on humans to remove and plant the seeds by hand「そのトウモロコシは種子を取ってもらい，植えてもらうことを，人間の手に頼ることになった」という部分などを手掛かりにして，繁殖を人間に頼るようになったという内容を把握したい。

generation「世代」 transform「～を変化させる，～を変質させる」

設問 3 **攻撃性のより低い動物は飼育される可能性が高く，そのことが，より扱いやすい子孫の誕生につながった。**

▶**飼育される可能性が高く**

- 「～する可能性が高い」の部分はbe likely to *do* の定型表現を使えばよい。
- 「飼育される」は本文中で頻繁に使われているdomesticateを受動態にして表現すればよい。その他breedの過去分詞であるbredやraisedなども可能。

▶**そのことが，より扱いやすい子孫の誕生につながった**

- 「そのことが～につながった」の部分は，前方の文の内容を先行詞とする関係代名詞の非制限用法や分詞構文を使って表現し，動詞にはlead to ～「～という結果になる」を使えばよい。
- 「より扱いやすい子孫の誕生」の「誕生」は，「繁殖」と読み替えreproductionを使うか，逐語訳のままbirthとすることも可能。
- 子孫を修飾している「より扱いやすい」の部分は，下線部の直前にmore docile「より従順な」という表現があるが，やや難しい単語なので，関係代名詞を使った後置修飾にして，easier to control / easier to handleなどとしてもよい。
- 「子孫」を表す単語は第3段第8文で登場しているoffspring（単複同形）や第7段第1文にあるdescendantsがあるが，思いつかなければyoung animalsなどと表現することも可能。

設問 4 **そこに住んでいた人びとの生活は，アメリカ大陸やアフリカやオーストラリアの現代の狩猟採集民について学者たちが記録してきたものと，おそらくほとんど変わらなかっただろう。**

▶主語は「そこに住んでいた人びとの生活」で，「そこに住んでいた人びと」の部分は，主格の関係代名詞を使ってthe people who lived thereとしたり，分詞を使って the people living there と表現したりすればよい。

▶アメリカ大陸やアフリカやオーストラリアの現代の狩猟採集民について学者たちが記録してきたものと，おそらくほとんど変わらなかっただろう

- 述部の「ほとんど変わらなかっただろう」は be different from ～「～と異なる」を否定文にした形を使い，副詞の probably と so を使って修飾すれば表現できる。あるいは自動詞の differ と副詞の little「ほとんど～ない」を使って，differed little from ～といった表現も可能。また「ほとんど同じ」と読み替えて，補語の部分に much the same as ～という表現を使ってもよい。
- 「学者たちが記録してきたもの」は関係代名詞の what を使って表現し，時制は現在完了にしておく。「学者たち」という総称は無冠詞・複数形。
- 「～について記録する」は document を用いるか，record の後ろに前置詞の about を続ければよいが，「現代の狩猟採集民の間で記録してきた」と読み替えて among でもよい。
- 「アメリカ大陸」や「狩猟採集民」は本文や選択肢の表現をそのまま使えばよい。

設問 5　▶下線部(5)は「必要は発明の母であったようである」という意味。「必要は発明の母」とは，必要性が出てきたときに初めて発明が生まれるという意味の表現。解答作成のアプローチとしては，ナトゥフ人がどのような必要に迫られ，何を生み出したのかをまとめればよい。

▶第 8 段第 1 文（But then crisis …）にナトゥフ人に危機が襲いかかったとあり，続く第 2 文に具体的な説明が続いているが，主節の the world's climate deteriorated abruptly「世界の気候が急激に悪化した」は語彙がやや難しく，because 以下の部分も語彙・内容とも難しいため，climate に着目し，ナトゥフ人を襲った危機が気候変動であるという内容さえ把握できればよい。さらに同段第 5 文（Within a decade …）では彼らの暮らす地域が寒くなって乾燥し，食物の供給が減少したと述べられている。最後の dwindle「だんだん減少する」は語彙レベルが高いが，地域が乾燥し，寒冷化すれば，食料供給はどうなるか考えて推測したい。

▶急激な気候変動により食物の供給が減少するという危機に一部のナトゥフ人たちがどのように対処したのかは，第 8 段第 7 ～ 9 文（Other Natufians, however, …）で述べられている。第 7 文の前半の述部（evidently dug in their heels）は難しいので，intensified their efforts to maintain their settled way of life の部分に着目し，定住生活を維持するために努力をしたという内容を理解する。第 8 文の because 以下では，その成果として作物の栽培に成功して，最初の農業経済を生み出したとあり，第 9 文では，その後も様々な作物を栽培可能にしたという内容が述べられている。

▶以上の点から，急激な気候変動により定住生活が危ぶまれたが，ナトゥフ人はその生活を維持するために努力し，結果的に作物の栽培を成功させ，農業経済を生み出し，様々な品種を栽培可能にしたという内容をまとめればよい。

設問6 (1) **正解は C** ▶設問は「下線部(a)を見よ。本文によると，なぜ農業は『かなり奇妙な生活様式』だと思えるのか」というもの。下線部(a)に含まれる bizarre「奇妙な」という形容詞は難易度が高いため「農業は，新しく，独特で，かなり bizarre な生活様式である」という骨格を把握し，本文中で農業について書かれている内容と選択肢の内容をすり合わせていく。

▶第2段第3文（During the Ice …）では，急激な気候変動によって，狩猟採集民たちの植物栽培の試みは定着しなかったとあり，同段最終文（Predictable, consistent weather …）では，農耕民にとって安定した気候が不可欠なものだと述べられている。第1段最終文（A first question …）の，農業が行われる前，人類は何百万年にもわたって狩猟採集をして暮らしていたという内容を考慮すると，ずっと農業に必要な気候条件がそろわず，狩猟採集による生活を送っていたことがわかる。したがって選択肢の中では，C.「農業は，天候や温度のパターンが毎年安定しているかに左右され，これは人類史の大半に当てはまらない条件である」が最も適切。being stable from year to year の部分は動名詞で前置詞 on の目的語となっており，weather and temperature patterns が動名詞 being の意味上の主語となっている。a condition that 以下は，前で述べられた気候や温度のパターンが毎年安定しているという条件を補足説明した部分。the case には「実情，事実」という意味があり，気候や温度のパターンが毎年安定しているという条件は，人類史の大半に当てはまらないものだと説明されている。

▶それぞれの選択肢の意味は次の通り。

A.「農耕民は，うまく狩りをする能力を失ってしまうので，狩猟採集民より飢餓で死んでしまう危険性が高くなる」
starvation「飢餓」 expertly「うまく，巧妙に」

B.「農耕民は，狩猟採集民に比べ限られた種類の植物に依存しているため，ビタミン源やミネラル源が少なくなっている」

D.「農業は狩猟採集よりも多くの人手が必要で，食物を作るために，子どもも含め，全員が懸命に働くことが求められる」
labor-intensive「多くの人手を必要とする，労働集約型の」

E.「定住農耕社会は，容易に移動し武器を使うのがうまい遊牧民に攻撃される可能性が高い」
nomadic「遊牧民の」

設問6 (2)　正解は　E　▶設問は「下線部(b)を見よ。『悪循環』を最もうまく説明している文を選べ」というもの。名詞 vice「悪」の意味を知っていても，その形容詞形を用いた vicious circle が「悪循環」という意味になることを知っている受験生は少ないかもしれない。下線部(b)を含む文の once begun の部分は過去分詞を使った分詞構文で，意味を明確にするために once がおかれた形となっていることを見抜いて，まずは「いったんそうした栽培が始まると，それは a vicious circle を作った」という骨格を把握したい。

▶植物の栽培によって生まれた a vicious circle とはどのようなものなのだろうかというアプローチで，下線部直後の because 以下に着目すると，より大きな家族を食べさせる必要が出てきたとき，栽培しなければならないという incentive（「動機，気持ち」）が amplify（「～を強める」）されるという内容が述べられている。つまり，植物の栽培により食料供給が安定し家族が増えると，その増えた人数分，さらに食物を栽培しなければならなくなってしまう。この状況のことを a vicious circle「悪循環」と表現していることがわかる。したがってE.「より安定的な食料の供給源が，より多くの人口を支えるようになり，それにより，今度はさらに多くの食料が必要になった」が正解となる。which は前の文の内容を先行詞とする非制限用法。

secure「安定した」　in turn「今度は」

▶それぞれの選択肢の意味は次の通り。

A.「より大きな家族や部族は，食料を探し求めて生き延びるために，より小さな集団に分かれなければならなかった」
tribe「部族」

B.「寒い気候が原因で，人間の集団がより暖かい地域に集中し，生態系にストレスを与えた」
band「集団，一団」

C.「限られた食料資源を求めて争った結果，人口を減少させる戦いが起きた」

D.「人間の数が増えたせいで，彼らが狩りをする野生動物の数が急速に減少した」
swiftly「急速に，すばやく」

設問6 (3)　正解は　E　▶設問は「本文によると，先土器新石器文化Aの時代の人びとは初期のナトゥフ人と文化的にどのように似ていたかを説明している文を選べ」というもの。

▶第7段第8文（They also made …）の後半ではナトゥフ人が死者を elaborate graves「手の込んだ墓」に埋葬したという内容が述べられ，第8段最終文（PPNA farmers also …）では先土器新石器文化Aの時代の人びとは plastered the heads of their dead「死者の頭部を漆喰で固めていた」と説明されているので，E.「彼らは，死後の先祖の体の扱い方において，先祖の体を特別なものとして扱った」が正解となる。plaster「～に漆喰を塗る」は難易度が高い単語なので，heads of their dead「死者の頭部」に何らかのことを施したのだろうというアプローチをとり，その他の選択肢は消去法で削りたい。

▶それぞれの選択肢の意味は次の通り。

A.「彼らは首や手首につけるビーズを作るため，ものに穴を開けた」 第7段第8文で，ナトゥフ人がビーズの首輪や腕輪を作っていたとは述べられているが，先土器新石器文化Aの時代の人びとについては説明されていないので不適。また彼らが drilled holes in objects「ものに穴を開けた」という記述も本文中にはない。

B.「彼らは，冬および自然災害や飢饉のときに備えて，余った食料を貯蔵庫に保管していた」

storage house「貯蔵庫」 famine「飢饉」

C.「彼らは，文字言語の最古の形態であったかもしれない太古の記号を残した」

leave behind ～「～を残す」

D.「彼らは，動物の狩りをしているところや植物を栽培している光景を近くの洞窟の壁に生き生きと描いた」

lively「生き生きと」 cave「洞窟」

▶B・C・Dのような内容が述べられている部分は本文中にはない。

設問7 正解は 3・5・10 ▶1.「先史時代の人びとが使った食べ物の調理技術の中には，粉々に砕いたり，湯で調理したり，塩を使った保存や，日干し，風による乾燥，燻製にして保存したりすることが含まれている」 第8段最終文（PPNA farmers also …）で，PPNA 期の農耕民たちが elaborate ground stone tools for grinding and pounding food「食べ物をすりつぶしたり，たたいたりするための精巧な石器」を使っていたことは述べられているが，具体的な食べ物の保存技術については言及されていないので不一致。

smash「粉々にする」

▶2.「オハロⅡで野営をしていた部族は，ガリラヤ湖で魚を捕ったり，野生の動物の狩りをしたりするための鋭い道具を使っていた」 第6段第3文（The site contains …）で，狩猟採集民たちが野営をしていたガリラヤ湖畔のオハロⅡ遺跡から，the arrowheads they made for hunting「狩りのために作った矢じり」が見つかったとは述べられているが，ガリラヤ湖で魚を捕っていたかどうかについては言及されていないので判断ができない。

▶3.「地中海に近い地域は，18000 年前に始まった気候変動の後の何世紀もの間と比べ，現在の方が乾燥していることが考古学上の遺跡からわかっている」 現在分詞 following 以下は直前の many centuries を修飾する形容詞句。第7段第2文（As the Mediterranean …）では，18000年前から地中海地域の気候が温暖で湿度が高くなり，人びとが暮らす場所は現在では砂漠となっている地域にまで広がったとある。また，同段第3文では，その期間はナトゥフ文化期と呼ばれ，14700年前から11600年前であると説明されているので，18000年前から数千年の間は現在よりも湿度が高く，すなわち現在の方が乾燥していることがわかる。したがって本文の内容に一致。

archaeological site「考古学上の遺跡」

▶ 4．「ナトゥフ人は主に貴重な芸術作品の商人として中東全土に知られていた」 第7段第8文（They also made …）でナトゥフ人が美しい美術品を作っていたことは述べられているが，trader「商人」として中東全土に知られていたという内容は述べられていない。

▶ 5．「ナトゥフ人や先土器新石器文化Aの時代の人びとは，彼らの住居の堅牢性と耐久性により，典型的な狩猟採集民たちと区別できる」 ナトゥフ人の住居については第7段第7文（The Natufians evidently …）で述べられており，building small houses with stone foundations「石を土台にして小さな家を建てた」とある。さらに第8段第10文（These farming pioneers …）では先土器新石器文化Aの時代の人びとの住居について言及されており，mud brick houses that had plaster-lined walls and floors「壁や床に漆喰を塗った泥レンガ造りの家」という説明がある。第4段第2文（Hunter-gatherers tend to …）では，狩猟採集民たちが highly migratory「頻繁に移動する」傾向があると述べられているので，住居の丈夫さという特徴によって，それぞれを区別することができる。したがって，本文の内容に一致。

solidity「強さ，堅牢性」 accommodation「宿泊設備」

▶ 6．「エリコという先土器新石器文化Aの町は，ナトゥフ人が暮らす村の約10倍の人口を支え，オハロⅡ野営地の約20倍の人口を支えていた」 第8段第11文（The oldest levels …）にエリコの町は500人の人口を支えていたとある。第6段第2文（One of the …）では，オハロⅡの野営地に20～40人，第7段第7文（The Natufians evidently …）では，ナトゥフ人の村に100～150人が暮らしていたとあり，数字が合わないので不一致。

▶ 7．「人類史においては，時代も地理的なものも超えて，原則として，ある社会の大部分が農業に関わるようになった後に，土器が発明された」 第10段第1文（Farming also evolved …）では世界のいくつかの場所で農業が進化したが，その状況はそれぞれの地域によって違っていたとあり，同段第3文（Asian farming, however, …）には，アジアでは土器が作られるようになってから10000年以上後に農業が始まったとあるので不一致。

predominantly「主に，大部分」

▶ 8．「南北アメリカ大陸に暮らす人びとが，トウモロコシ，トマト，マメ，ナッツ，ヤムイモの栽培に最初に成功した」 nuts「ナッツ，木の実」の栽培に関しては記述がなく，第10段最終文（Finally, it seems …）で，yams「ヤムイモ」は highland New Guinea「ニューギニアの高地」で栽培された可能性が高いと述べられているので不一致。

inhabitant「住民，定住者」

▶ 9．「ブタ，ヒツジ，ニワトリといった動物を家畜化する方法の知識は，ヨーロッパとアジアの交易通路を通って伝わった」 動物の家畜化については第4段第7文（Farmers also started …）以下と最終段で述べられているが，家畜化の方法に関する知識がどのように広まったのかについては本文で言及されていない。また最終段第3文（Sheep and goats …）の後半では，ヨーロッパとアジアでは，independently「別々」に野生のイノシシからブタが家畜化されたとも述べられているので不一致。

▶ 10．「正確な年代については意見が一致していないが，農業が広く普及するよりもいくぶん前に，人間がイヌを飼育するようになったと信じられている」 イヌの飼育については，最終段最終文（We bred dogs …）で述べられており，12000年以上前に人間がオオカミからイヌを交配して繁殖させたが，それがいつ起こったかに関しては大きな論争があると説明されている。第10段では世界各地で農業が広まった年代が挙げられているが，いずれも12000年前よりも後の年代が示されているので本文の内容と一致する。

breed「～を交配させる，～を繁殖させる」

解答

設問 1 趣味が仕事に変わることがあるのとほぼ同じように，何十年，何百年にわたり，農業が発展していったことを想像するのは難しいことではない。

設問 2 何世代かの間に，そのような選別が植物を変化させ，植物が繁殖するには人間に依存しなければならなくなった。

設問 3 Less aggressive animals were more likely to be domesticated, which led to the reproduction of offspring that were easier to control.

設問 4 The life of the people who lived there was probably not so different from what scholars have recorded about modern hunter-gatherers in the Americas, Africa, and Australia.

設問 5 急激な気候変動により食物の供給が減少したが，定住生活を維持するために作物の栽培を成功させ，人類初の農業経済を生み出し，その後も様々な品種を栽培可能にしたこと。(80 字以内)

設問 6 (1)―C (2)―E (3)―E

設問 7 3・5・10

14

2017年度〔2〕

次の英文を読んで，以下の設問に答えよ。

Literacy involves three skills, not two: reading, writing — and spelling. Traditionally, just the first two skills were recognised—and this emphasis is still with us. The typical dictionary definition states that literacy is the 'ability to read and write'. No mention of spelling.

Spelling needs to be given separate acknowledgement, as it is a unique skill. It is different from reading. In reading, someone else has done all the work, writing the words down. It is possible to read by attending selectively to the cues in a text, recognising a few letters and guessing the rest. It isn't possible to spell in this way: spellers have to identify *all* the letters. Also, more things can go wrong while spelling. (1)<u>ひとつの文字に対する発音の数よりも，ひとつの音に対するつづりの数のほうがはるかに多い</u>。There is really only one way to say the letter sequence *deep*, but there are several ways of writing the sound sequence / di:p /, such as *deep, depe* and *deap*.

Spelling is also different from writing. We see this clearly in spelling bees[*1] and other competitions. It is not just a matter of knowing the names of the letters and speaking them aloud ; the speller must also hold the letter sequence of the whole word in mind while naming the letters in the correct order. This is where competitors often make an error. They know the spelling all right, but something goes wrong in the speaking of it, and the right letters come out in the wrong order. We might call this the 'Pooh effect', after A. A. Milne's character, who complained: 'My spelling is Wobbly. It's good spelling but it Wobbles, and the letters get in the wrong places' (*Winnie-the-Pooh*).

Spelling also lacks the automaticity we associate with handwriting or typing. (2)<u>Whether we are spelling the words correctly or not, our hand / fingers can often perform the task without the brain paying any special attention</u>. The clearest case is when we write our signature. We do it in a single action, and do not think out the name 'letter by letter'. This 'memory in the hand' can be seen at work in other situations. I once asked a concert pianist how he remembered all the pieces he played, and he replied 'the memory is in the fingers'. This is analogous to the letter sequences which are so frequent and familiar that our writing hand or fingers produce them automatically, often—in such cases as *and* and *the*, or the endings *-tion* and *-ing* —running the letters together in the process and ignoring such details as crossing a *t* or putting a dot over an *i*.

Spelling is neither reading nor writing. It is a separate skill, and it needs individual attention. A concern to achieve 'true orthography' *2 in writing developed during the 16th century, but the general assumption was that, once a child had learned to read, the ability to spell would automatically follow. In 1582, Richard Mulcaster commented in his *Elementarie*: 'the direction of his hand, whereby he learns to write, shall be answerable to his reading'. The view lasted a long time. In 1750, Lord Chesterfield remarked, in one of his letters to his son (19 November), 'Reading with care will secure everybody from false spelling'.

But attitudes were changing during the 18th century, as notions of correctness evolved and dictionaries became authorities. Spelling became a primary criterion of educatedness, too important to be left to chance: [①]. As a result, the formal teaching of spelling through letter-naming, word tables, spelling rules and word-lists of increasing complexity became routine. We enter a classroom era when rule jingles were recited in unison, errors were corrected by repeated copying ('Write out 100 times ...'), and spellings were given as homework. Memory drills and spelling bees (a term first recorded in 1876) became regular experiences.

But by the end of the 19th century, teachers were becoming increasingly dissatisfied with this approach—as were parents. They were trying to teach rules that clearly did not work. (3)Words were being spelled in isolation, regardless of their meaning and context. The spelling lists were teaching children words they did not want to use in their writing, and were omitting words which they did want to use. The expected improvements were not taking place. Huge amounts of time were being devoted to teaching spelling which, some educators believed, could more usefully be devoted to other things. In 1897 an American physician-turned-educator, Joseph Mayer Rice, published a study called *The Futility of the Spelling Grind*. It was one of several over the next few decades showing there was no clear relationship between the amount of time devoted to learning about spelling, using the traditional methods, and the actual achievement of spellers. There was no appreciable difference in spelling accuracy among students who had been taught by formal instruction and those who had not.

(4)<u>During the 20th century, accordingly, the pendulum swung back towards the importance of reading</u>. The idea resurfaced that increasing the quantity of one's reading would, more than anything else, be the simplest and best way to improve spelling. At the same time, a new emphasis emerged in relation to writing: creative content should be the priority, and should not be held back by an excessive concern to 'get the spelling right'. Some interpreted this new direction to mean that '[②]'. Cases were reported of spelling errors remaining uncorrected in schoolwork. And as complaints grew (for example, among employers) about poor standards of spelling, a return to traditional methods was advocated. The issue of spelling became controversial, and the controversy is still with us.

In my view, it is an unnecessary controversy, because the truth lies somewhere between the two extremes. Rules and lists can be helpful if they are the *right* rules and lists. The problem with the 19th-century methods was that they weren't. The lists contained large numbers of irrelevant words, and the rules were badly expressed or simply wrong. A word-list containing the words that a child actually wants to write can be very helpful, and if rules are replaced by explanations based on linguistic principles, formal teaching can be illuminating. At the same time, there is clearly huge value in getting children to read as much as possible—and I include here not only traditional books and magazines, but text messages, web pages, blogs, social interaction sites and other online sources. Spelling is a matter of internalising letter sequences in words, and the more opportunities they have to see these sequences the better. All the evidence suggests that the more children see spellings, whether regular or irregular, in their reading, the more readily they will start to use them in their writing.

*[1] spelling bees: spelling competitions
*[2] true orthography: the system of correct spelling

[Adapted from David Crystal, *Spell It Out: The Singular Story of English Spelling*. London: Profile Books, 2013, 286-90.]

設　問

1　下線部(1)を英語に訳せ。

2　下線部(2)を日本語に訳せ。

3　下線部(3)を日本語に訳せ。

4　下線部(4)はどのような変化を意味しているか。この揺り戻しが起きた理由を含めて 70 字以内の日本語で説明せよ。

5　文中の空欄［　①　］,［　②　］に入れるのにもっとも適切な語句をそれぞれAからEの中から選び，記号で答えよ。

①　A．it had to be ‘accepted’, not ‘corrected’
　　B．it had to be ‘improved’, not ‘approved’
　　C．it had to be ‘managed’, not ‘evolved’
　　D．it had to be ‘taught’, not ‘caught’
　　E．it had to be ‘thought’, not ‘brought’

②　A．creativity should not be emphasised
　　B．spelling was unimportant
　　C．students should follow traditional methods
　　D．teachers should correct errors in spelling
　　E．there was no standard spelling

6　以下の(1)と(2)の答としてもっとも適切なものをAからEの中から選び，記号で答えよ。

(1) Choose the statement that best describes Joseph Mayer Rice's study on spelling.

A. A connection between the use of traditional methods and the preciseness of the speller could not be observed.

B. Bad spellers could improve their performance by memorising word-lists and concentrating on the task.

C. Children could become better spellers by applying a set of new rules as introduced in his book.

D. The amount of spelling homework assigned to children was directly related to how well they could spell.

E. There was no link between the accuracy of spellers and the age they began their formal education.

(2) Choose the statement that best summarises the author's view on spelling.

A. Piano playing and spelling are similar in that they require the skills of concentration and memorisation of sequences.

B. Pronouncing words and writing them out numerous times are key to identifying letters in words and developing the ability to spell correctly.

C. Spelling involves reading a variety of materials to internalise letter sequences, as well as learning relevant word-lists and proper rules.

D. The controversy over spelling is unnecessary because the 16th-century notion that reading and creative writing will prevent poor spelling was later proven to be correct.

E. The 19th-century method called for ineffective strategies such as providing word-lists in context, thereby demonstrating the relationship between improved spelling and the traditional methods.

7 次の1から8の文から，本文の内容に一致するものを2つ選び，番号で答えよ。

1. The dictionary defines 'spelling' as a unique skill separate from reading and writing.
2. There can be only three ways to write the sound sequence / diːp / : *deep, depe,* and *deap.*
3. In a spelling bee, a competitor who remembers the correct spellings is sure to win.
4. A. A. Milne was an advocate for teaching correct spelling by formal instruction.
5. Children are able to learn spelling more quickly if they are presented in class with words and rules they want to use.
6. Richard Mulcaster and Lord Chesterfield were alike in emphasising the importance of reading in improving the ability to spell.
7. With the rise of dictionaries in the 18th century, spelling began to be

taught systematically, and children were told to memorise complex rules and tables.

8. In the 20th century, parents raised their voices to complain about creative writing being taught at school.

全 訳

■単語のつづりを教える方法

❶ リテラシーには2つではなく3つの技能が含まれる。すなわち，読むこと，書くこと，そして，つづることである。従来は最初の2つの技能だけが評価されていた——この2つは今でも重視されている。代表的な辞書による定義では，リテラシーとは「読み書きの能力」と記されている。つづる能力については触れられていない。

❷ 正しくつづる能力は独特の技能なので，分けて捉えることが必要となる。それは読む能力とは異なるのだ。読むことにおいては，他の誰かが単語を書き記し，全てが整っている。少々の文字を認識し，残りは推測しながら，文章中の手がかりに選択的に注意しながら読むことが可能である。だが，このような方法で単語をつづることは不可能である。字をつづる人は「全て」の文字を確認しなければならない。また，単語をつづるときにはさらに厄介なことがある。ひとつの文字に対する発音の数よりも，ひとつの音に対するつづりの数のほうがはるかに多い。deep という文字の並びの発音は実際一通りしかないが，/di:p/という音の並びを書く場合は，deep，depe，deap などいくつかの書き方があるのだ。

❸ 単語をつづることは書くこととともまた異なる。これは，スペリング競技会やその他の競技会ではっきりと確認できる。それは単にその文字の名前を知っていたり，それらを声に出すという問題ではないのだ。字をつづっている人は，正しい順序で文字を確認しながら，心の中で単語全体の文字の並びも押さえておかなければならない。これは競技参加者がよくミスをしてしまうところである。彼らは，つづりはよくわかっているのだが，それを口に出すときに間違えたり，また，文字は正しいのだが間違った順になってしまったりすることがある。これは，A. A. ミルンのキャラクターにちなんで「プーさん効果」と呼んでもよいかもしれないのだが，プーさんはこのように訴えている。「ぼくの字はグラグラするんだ。字はあっているんだけど，グラグラするから，間違った場所に行ってしまうんだ」(『くまのプーさん』)

❹ また単語をつづることには，手書きやタイプライターを打つことに見出されるような自動性はない。(2)私たちが単語を正確につづっていようがいまいが，脳が特別な注意を払うことなく，手や指はその作業を行うことができる場合が多い。最もわかりやすい例が，署名をするときである。私たちはサッとそれを行い，「一文字一文字」じっくりと自分の名を考えたりしない。この「手の中の記憶」は他の状況の行為にも見られる。かつて私はあるコンサートピアニストに，演奏する一つ一つ

の音をどのように記憶しているのか尋ねたことがあるのだが，彼は「記憶は指の中にあります」と答えた。これは，文字を書く手や指が自動的に書き出してしまうほど頻繁に使ってよく知っている文字の並びと似ており，and や the，語尾に -tion や -ing をつける場合には，t で横線を引いたり，i の上の点を打つといった細かいことを気にすることなく，そのプロセスの中で字を組み合わせていることが多い。

❺ つづるという行為は読むことでも書くことでもない。それは独立した技能であり，個別の着眼点が必要となる。書くことにおいて「真正な正字法」を身につけることへの関心は 16 世紀に高まるのだが，一般的な仮説としては，いったん子どもが文字を読めるようになれば，文字をつづる能力は自然と身につくというものであった。1582 年，リチャード=マルカスターは『初等教育論』の中でこのように論評している。「ある人の書法の傾向というのは，それに応じてその人は書くようになっていくのだが，その人の読書に対応したものになるだろう」 この考え方は長い間続いた。1750 年，チェスターフィールド卿は，息子への手紙の中の一通で（11 月 19 日），「注意深く読むことで，誰もがスペルの間違いを避けられるようになる」と述べている。

❻ しかし，18 世紀の間に，正確さの概念が進化して辞書に根拠が置かれるようになると，考え方が変わり始めた。字のつづりは教育を受けたかどうかの第一の判断基準となり，非常に重要となったため，成り行きに任せられなくなった。それは「獲得される」ものではなく，「教えられ」なければならなくなった。結果として，複雑さが増した文字の命名，単語の表，つづりのルール，単語リストを使う秩序立ったスペルの教授法が通常のものとなった。声をそろえてルールを繰り返し暗唱し，繰り返し書き写すこと（「…100 回書きなさい」）で間違いを直し，さらに字をつづることが宿題として出される教室の時代へと入った。暗記ドリルやスペリング競技会（この言葉は 1876 年に初めて記録されている）は普段から経験することとなった。

❼ しかし，19 世紀の終わりになるまでに，教師たちはこの手法にだんだん不満を持つようになった――親たちも同様に。彼らは，明らかにうまく機能しないルールを教えようとしていたのだ。(3)<u>意味や文脈とは関係なく，単語が切り離されてつづられていたのである</u>。単語のつづりが書いてあるリストには，子どもたちが何かを書くときに使いたいと思わない単語が示され，実際に使いたいと思う単語は省略されていた。期待したつづりの上達は見られなかった。一部の教育者たちからすれば，もっと他のことに有益に使えたと思える多くの時間が，つづりを教えることに使われてしまったのだ。1897 年，医師から教育者となったアメリカ人のジョセフ=メイヤー=ライスは『字を単につづるという無駄な行為』という研究を発表した。それは，その後数十年にわたる，従来の方法を用いて単語のつづりの学習にささげ

た時間とつづる人が実際に得る成果の間には明確な関係性がないことを示すいくつかの研究のうちの一つだった。単語を正確につづることにおいて，秩序立った指導で教えられた生徒とそうでない生徒の間にはっきりとわかる違いはなかったのである。

❽ その結果，20 世紀には，読むことの重要性へと揺り戻しが起こった。読む量を増やすことが，他のどんな方法よりも，字をつづる能力を向上させる最も簡単で有益な方法であるという考えが再浮上したのだ。同時に，書くことに関して，新たなことが力説されるようになった。創造性に富んだ内容が優先されるべきことであり，「つづりを正しくしよう」と過度に心配しすぎることで，それが抑えられてはいけない，というものだ。一部の人々は，この新しい指導は，「つづりは重要ではない」ということを意味するものだと解釈していた。学校の勉強でつづりの誤りが訂正されないままであるという事例が報告されるようになった。そして，（例えば，雇用者側の間で）字をつづる能力の低さに関するクレームが増えると，従来の方法への回帰が提唱された。つづりの問題は論争を引き起こし，その論争は今でも続いている。

❾ 私の考えでは，これは不要な論争である。なぜなら，真実はその両極の間のどこかにあるからだ。ルールと単語のリストが「適切な」ものであれば，それらは有益なものとなりうる。19 世紀の方法の問題点は，それらが適切なものではなかったという点である。当時の単語のリストには多くの重要ではない単語が含まれ，ルールの表現も不適切で，単純に間違っているものもあった。子どもが実際に書きたいと思う単語を含むリストであれば非常に役に立ち，ルールが言語学的原理に基づいた説明に代われば，秩序立った教授法は理解の助けとなる。同時に，子どもたちにできるだけ多くの字を読ませることには，明らかに大きな意味がある――ここでは従来の本や雑誌だけではなく，メール，ウェブページ，ブログ，交流サイト，その他のネットの情報源も含む。字をつづることは，単語の中の文字の順を習得するということであり，その順を目にしなければならない機会が多ければ多いほどよい。定期的であれ不定期であれ，子どもが字を読む際に単語のつづりを目にする機会が多ければ多いほど，字を書く際に容易にそれらを使い始めるようになることが，あらゆる証拠から示されている。

各段落の要旨

❶ 一般的にリテラシーとは，読み書きの能力とされるが，字をつづる能力も含まれる。

❷ 正しくつづる能力は，読む能力とは異なる独特の技能であり，単語をつづる際には，ひとつの文字に対する発音の数よりも，ひとつの音に対するつづりの数の方が多いという厄介な問題がある。

❸ 単語をつづることは書くこととも異なり，つづりはよく知っているのだが，口にするときに間違えたり，文字が間違った順番になってしまったりすることがある。

❹ 自分の名前などを書いているときは，特別な注意を払うことなく，書く作業を行うことができるが，単語をつづることにはそのような自動性はない。

❺ 16世紀において，字をつづる能力への関心が高まるが，文字を読めるようになれば，文字をつづる能力も自然と身につくと考えられていた。

❻ 18世紀になると，単語リストなどを使う秩序立ったスペルの教授法が普及し，暗記ドリルやスペリング競技会が一般的なものとなった。

❼ 単語リストなどを使う秩序立ったスペルの教授法は，単語を正確につづることにおいて，明確な成果が見られなかったため，教師や親たちはこの手法に疑問を持つようになった。

❽ 20世紀になると，読むことの重要性が再び注目されるようになった。また，つづりの正確さよりも創造性を優先すべきだという考えも生まれたが，字をつづる能力の低下が見られると，再び論争が起こった。

❾ 字をつづる能力の向上のためには，適切なルールと単語リストを使った教授法に加え，できるだけ多くの字を読む機会を与えることが重要である。

解　説

設問１　ひとつの文字に対する発音の数よりも，ひとつの音に対するつづりの数のほうがはるかに多い。

▶比較の内容を含む英文は，形容詞・副詞を比較級にする前の原級で考えてから組み立てるとミスが減る。英文の骨格は「ひとつの音に対するつづりの数はたくさんある」なので，There are ～の構文を用いて There are many spellings for a〔one〕sound とすればよい。

▶「はるかに多い」の部分は比較級を強調する副詞の far などを用いればよいが，many more＋複数名詞「ずっと多くの～」という形も使える。much にも比較級を強調する用法はあるが，much more＋不可算名詞（量の多さを強調）という形で使うのでここでは不適。

▶主語を the number of spellings for a sound「ひとつの音に対するつづりの数」にして，The number of spellings for a sound is far larger than the number (that) of pronunciations for a letter.という形で表現することもできる。

設問２　Whether we are spelling the words correctly or not, our hand / fingers can often perform the task without the brain paying any special attention.

▶文頭に whether に導かれた節があるときは，「～であろうと」という意味の副詞節と「～かどうか」という意味の名詞節の２パターンがあるので，その判別が必要となる。下線部(2)では，whether に導かれた節の後にコンマがあり，SV（主節）

が続いているので譲歩の意味の副詞節とわかる。また whether ～ or not の形となっているので，「～であろうとなかろうと」という訳出にすればよい。

▶ without 以下の前置詞句は，the brain が動名詞 paying の意味上の主語になっているので，「脳が注意を払うことなく」といった訳出になる。paying を直前の the brain を修飾する現在分詞と考えると「特別な注意を払う脳がなく」となり，日本語が不自然になってしまう。

task「作業」

設問 3 Words were being spelled in isolation, regardless of their meaning and context.

▶述部は be being *done* という受動態の進行形で，過去時制となっているので「～されていた」と訳せばよい。

▶ in isolation は副詞句として機能しているので，意味や文脈とは関係なく，単語がどのようにつづられていたのかを考えながら訳出するとよい。第7段第1文（But by the …）では，単語を繰り返し書かせることでつづりを覚えさせる手法に教師や親たちが不満を持つようになったという内容が述べられており，同段第4文（The spelling lists …）では，子どもたちに覚えさせていた単語リストには彼らが使いたい単語が載っていなかったとある。つまり，文脈などは考慮されずそこから切り離された単語をつづる練習をしていたため，学習の成果が得られなかったことが読み取れるので，in isolation は「切り離されて」といった訳出にすればよい。

isolation「分離，孤立」 regardless of ～「～に関係なく」 context「文脈，前後関係」

設問 4 ▶下線部(4)は「その結果，20 世紀には，読むことの重要性へと揺り戻しが起こった」という意味で，主語の the pendulum は設問にもあるように「揺り戻し（一度揺れたものがもとに戻ること。「振り子」の意もある）」という意味。accordingly「その結果」という副詞に着目すれば，この揺り戻しが起こった理由は前の段落に書かれていることがわかる。

▶第7段では，ジョセフ=メイヤー=ライスの研究を引用しながら，従来の方法を用いて単語をつづる学習に時間をさいても成果に結びつかないことがわかったという内容が述べられている。また下線部直後の第8段第2文（The idea resurfaced …）では，読む量を増やすことが字をつづる能力を向上させる最も有益な方法であるという考えが再浮上したと述べられているので，単語を書いて覚えるという従来の方法では成果が見られなかったため（揺り戻しが起きた理由），読む量を増やすことがつづりの能力を向上させる最善の策であるという，かつての考えが再浮上したという内容をまとめればよい。

▶第8段第2文（The idea resurfaced …）は，述語動詞の resurface「再浮上する」がやや難しく，that 以下が同格の that 節で主語の The idea と同格関係になっているため，文構造も捉えづらいが，increasing the quantity of one's reading would … be the simplest and best way to improve spelling の部分から，字をつづる能力を向上させるには，読む量を増やすことが最善だという考えについて書かれている部分だと理解すればよい。

設問5 ① 正解は D ▶第6段第2文（Spelling became a …）では，字のつづりは a primary criterion of educatedness「教育を受けたかどうかの第一の判断基準」となり，成り行きに任せられないほど重要なものになったとある。さらに続く同段第3文（As a result, …）では，その結果として，単語リストを使うなど，the formal teaching「秩序立った教授法」が routine「お決まりのこと」になったという内容が述べられている。第5段では，つづりは読むことで自然に覚えられるという対比的な考えが述べられていることを考慮すると，D.「それは『獲得される』ものではなく，『教えられ』なければならなくなった」が最も適切。

▶それぞれの選択肢の意味は次の通り。

A.「それは『訂正される』ものではなく，『受け入れられ』なければならなくなった」

B.「それは『認められる』ものではなく，『改善され』なければならなくなった」

C.「それは『発達させられる』ものではなく，『管理され』なければならなくなった」

E.「それは『もたらされる』ものではなく，『考えられ』なければならなくなった」

設問5 ② 正解は B ▶空所を含む文は，「一部の人々は，この新しい指導は，…ということを意味するものだと解釈した」という意味。直前の第8段第3文（At the same …）のコロン（：）以下では，creative content「創造性に富んだ内容」が優先されるべきことであり，つづりを正しくしようと過度に心配しすぎることで，創造性が抑えられてはいけないという考えが挙げられている。さらに空所直後の第5文では，学校の勉強でつづりの誤りが訂正されないままであるという事例があったと述べられており，つづりに重点が置かれていないことがわかるので，B.「つづりは重要ではない」が正解となる。

priority「優先事項」 hold *A* back〔back *A*〕「A を抑える」 excessive「過剰な」

▶それぞれの選択肢の意味は次の通り。

A.「創造性は強調されるべきではない」

C.「生徒たちは伝統的な方法に従うべきである」

D.「教師はつづりの誤りを訂正するべきである」

E.「一般的なつづりというものはない」

設問6 (1) **正解は A** ▶設問は「つづりに関するジョセフ=メイヤー=ライスの研究を最もうまく説明している文を選べ」というもの。

▶第7段第7文(In 1897 an …)では,ジョセフ=メイヤー=ライスの *The Futility of the Spelling Grind*『字を単につづるという無駄な行為』という研究が紹介され,続く第8文(It was one …)では,従来の方法を用いて単語のつづりの学習に時間をささげても,その成果は明確に確認できなかったという内容が述べられている。さらに同段最終文でも,単語を正確につづることにおいて,秩序立った指導で教えられた生徒とそうでない生徒の間で,つづりの正確さのはっきりとわかる違いはなかったと述べられているので,A.「従来の方法を使うことと字をつづる人の正確さとの関連は観察されなかった」が正解となる。

preciseness「正確さ」

第7段第8文の構造

It was one of several [over the next few decades] [showing there was no clear relationship [between the amount of time [devoted to learning about spelling, 〈using the traditional methods〉], and the actual achievement of spellers.]]

＊[形容詞句]〈副詞句〉

●several は代名詞として機能しており,several studies の意味。over the next few decades の over は前置詞で,代名詞 several を修飾する形容詞句を形成している。現在分詞の showing 以下も several を修飾する形容詞句。

●between 以下の前置詞句は between *A* and *B* の形で直前の relationship を修飾している。devoted to learning about spelling の過去分詞句は the amount of time を修飾する形容詞句で,using the traditional methods の部分は分詞構文となっている。

▶それぞれの選択肢の意味は次の通り。

B.「字をつづるのが苦手な人は,単語リストを暗記し,その作業に集中することで,その能力を向上させることができた」

C.「彼の著作に紹介されているような一連の新しいルールを応用することで,子どもたちは字をつづることがより得意になった」

D.「子どもに出されるつづりの宿題の量は，彼らがどれくらいうまく字をつづれるのかに直接関係していた」

E.「字をつづる人の正確さと秩序立った教育を受け始めた年齢との間に関連性はなかった」

設問 6 ⑵ 正解は C ▶設問は「つづりに関する筆者の意見を最もうまく要約している文を選べ」というもの。

▶字のつづりに関する筆者の見解は最終段でまとめられており，同段第 2 文（Rules and lists …）では，つづりのルールと単語のリストが適切なものであれば，有益になりうると述べられている。また同段第 6 文（At the same …）では，本だけではなく，ウェブページやブログなど様々な素材を使ってできるだけ多くの字を読ませることには大きな意味があるという内容が述べられている。getting children to read as much as possible の get は get *A* to *do*「*A* に～させる，してもらう」という用法。したがって選択肢の中では，C.「字をつづることには，関連性のある単語リストや適切なルールを学ぶことに加え，文字の順を習得するために様々な素材を読むことが含まれる」が最も適切。

internalise「～を身につける」 sequence「順序」

▶それぞれの選択肢の意味は次の通り。

A.「ピアノの演奏と字をつづることは，集中する技術と順序を暗記する技術が必要であるという点で似ている」

in that SV「S が V だという点で」 memorisation「暗記」

B.「何度も単語を発音したり書き出したりすることは，単語の文字を特定し，正確に字をつづる能力を発達させるカギとなる」

pronounce「～を発音する」 numerous「多数の」

D.「読むことと創造的に書くことは字をつづることが苦手になるのを防ぐという 16 世紀の考え方は，後に正しいと証明されたため，つづりに関する論争は不要である」

controversy「論争」 that reading and creative writing will prevent poor spelling の部分は，直前の the 16th-century notion と同格関係。

E.「19 世紀の方法は，文脈のある単語リストを与えるといった効果のない方策を提唱し，それによって，字のつづりの向上と従来の方法との関係性を示した」

call for ～「～を要求する，～を提唱する」 ineffective「効果のない」 strategy「方策，戦略」 context「文脈」

設問7 正解は 6・7 ▶1.「辞書は『つづること』を読むことや書くこととは異なる独特の技能として定義している」 第1段第3文（The typical dictionary …）および最終文で，辞書による literacy の定義については言及されているが，spelling「つづること」に関しては触れられていないとあるので不一致。選択肢の separate from reading and writing の部分は，直前の a unique skill を修飾する形容詞句。

▶2.「/di:p/という一連の音を書く方法は，deep，depe，deap の3通りしかない」 第2段最終文（There is really …）で，/di:p/という音を書く場合はいくつかの書き方があると述べられ，その具体例として，deep，depe，deap の3つが挙げられているが，書き方がその3通りしかないと言っているわけではないので不一致。

▶3.「スペリング競技会においては，正確なつづりを覚えている競技参加者が必ず勝つ」 第3段第4・5文（This is where …）で，競技参加者が，つづりはよくわかっているのに口にするときに間違えたり，文字が正しくても順が違ったりというミスを犯すことがあると述べられているので不一致。This is where の where は先行詞を含んだ関係副詞で「～するところ」という意味の名詞節を形成している。

▶4.「A. A. ミルンは，秩序立った教授法によって正確なつづりを教えることの提唱者である」 第3段第6文（We might call …）において，A. A. ミルンは『くまのプーさん』の作者として言及されているだけで，このような内容は本文中に述べられていない。 advocate「提唱者」

▶5.「子どもたちは，使いたいと思う単語やルールを授業で与えられれば，もっと速くつづりを習得することができる」 最終段第2文（Rules and lists …）で，ルールと単語のリストが適切なものであれば有益なものとなりうると述べられているが，適切なルールとは子どもたちが使いたいルールを意味しているわけではない。また同段第5文（A word-list containing …）でも，子どもが実際に書きたいと思う単語を含むリストは非常に役に立つと述べられているが，ルールについては言及されていない。よって不一致。選択肢の if 節の述部は present A with B が受動態になった形で，they want to use の部分は，直前の words and rules を修飾する形容詞節となっている。

▶6.「リチャード=マルカスターとチェスターフィールド卿は，字をつづる能力を向上させることにおいて，読むことの重要性を強調している点で似ている」

●リチャード=マルカスターの見解は第5段第4文（In 1582, Richard …）で述べられており，the direction of his hand, whereby he learns to write, shall be answerable to his reading.とある。ここでの hand は「筆跡，書法」を意味しており，the direction of his hand は「人の書法の傾向，方向性」のように捉え

るとよい。whereby は関係副詞で by which あるいは according to which と置き換えることができ，節全体は「人はそれに応じて書くようになるのだが」程度の意味。shall は「～するだろう」という意味で，answerable to ～は比喩的に「～に一致〔対応〕している」の意。his reading は「彼の読書，読むこと」，すなわち「その人の読む〔読んできた〕もの」のことを言っている。文全体は，「ある人の書法の傾向（その人はそれに応じて書くようになっていくのだが）は，その人の読書に対応したものになるだろう」といった内容。

● チェスターフィールド卿の見解は第5段最終文（In 1750, Lord …）で述べられており，Reading with care will secure everybody from false spelling「注意深く読むことで，誰もがスペルの間違いを避けられるようになる」とある。
secure *A* from *B*「*A* を *B* から守る」

● 以上の点から，両者とも，字をつづる能力の向上において，読むことの重要性を訴えているので本文の内容に一致。リチャード=マルカスターの見解は昔の文体で語彙も難しく，正確な意味をつかむのは困難だが，第5段第3文（A concern to …）で紹介された，真正な正字法を身につけることについての the general assumption「一般的な仮説」，つまり「文字が読めれば文字をつづる能力が身につく」という仮説を支持する見解として両者が引用されている点に着目するとよい。

▶ 7．「18 世紀に辞書が登場し，字をつづることは体系的に指導されるようになり，子どもたちは複雑なルールや表を覚えるよう教えられた」 第6段第1文（But attitudes were …）では，18 世紀には，正確さの概念が進化し，辞書が権威あるものとなったとあり，同段第3文（As a result …）には，the formal teaching of spelling through letter-naming, word tables, spelling rules and word-lists of increasing complexity「複雑さが増した文字の命名，単語の表，つづりのルール，単語リストを使う秩序立ったスペルの教授法」が routine「日課，決まりきった仕事」になったという内容が述べられている。また同段最終文（Memory drills and …）では，暗記ドリルやスペリング競技会は普段から経験することとなったとあるので，本文の内容に一致。 rise「出現」 systematically「体系的に」

▶ 8．「20 世紀に，親たちは，学校で創造的に書くことが教えられていることに関して不満の声を上げた」 第8段第3～6文（At the same …）で，創造的に書くことばかりが重視され，字をつづる能力が低くなってしまったことに関して雇用者の間でクレームが増えたという内容は述べられているが，親たちの不満については言及されていない。選択肢の about 以下の構造は，動名詞の受身形である being taught at school が前置詞 about の目的語で，creative writing がその意味上の主語となっている。

設問1 There are many more spellings for a sound than pronunciations for a letter.

設問2 私たちが単語を正確につづっていようがいまいが，脳が特別な注意を払うことなく，手や指はその作業を行うことができる場合が多い。

設問3 意味や文脈とは関係なく，単語が切り離されてつづられていたのである。

設問4 単語を書いて覚える方法では成果が見られなかったため，読む量を増やすことがつづりの能力を向上させる最善の策であるという考えが再浮上したこと。(70字以内)

設問5 ①―D ②―B

設問6 (1)―A (2)―C

設問7 6・7

15

2016年度〔1〕

次の英文を読んで，以下の設問に答えよ。

When a chimpanzee gazes at a piece of fruit or a silverback gorilla beats his chest to warn off an approaching male, it's hard not to see a bit of ourselves in those behaviors and even to imagine what the animals might be thinking. We are, after all, great apes like them, and their intelligence often feels like a diminished — or at least a familiar — version of our own. But dolphins are something truly different. They "see" with sonar and do so with such phenomenal precision that they can tell from a hundred feet away whether an object is made of metal, plastic, or wood. They can even eavesdrop on the echolocating＊1 clicks of other dolphins to figure out what they're looking at. Unlike primates＊2, they don't breathe automatically, and they seem to sleep with only half their brains resting at a time. Their eyes operate independently of each other. They're a kind of alien intelligence sharing our planet—(1)watching them may be the closest we'll come to encountering creatures from outer space.

Dolphins are extraordinarily garrulous. Not only do they whistle and click, but they also emit loud broadband packets of sound called burst pulses to discipline their young and chase away sharks. (2)Scientists listening to all these sounds have long wondered what, if anything, they might mean. Surely such a large-brained, highly social creature wouldn't waste all that energy babbling beneath the waves unless the vocalizations contained some sort of meaningful content. And yet despite a half century of study, nobody can say what the fundamental units of dolphin vocalization are or how those units get assembled.

"If we can find a pattern connecting vocalization to behavior, it'll be a huge deal," says (3a)Stan Kuczaj, who has published more scientific articles on dolphin cognition than almost anyone else in the field. He believes that his work with the synchronized dolphins at Roatán Institute for Marine Sciences may prove to be a Rosetta stone that unlocks dolphin communication, though he adds, "The sophistication of dolphins that makes them so interesting also makes them really difficult to study."

Yet virtually no evidence supports the existence of anything resembling a dolphin language, and some scientists express exasperation[＊3] at the continued quixotic search. "There is also no evidence that dolphins cannot time travel, cannot bend spoons with their minds, and cannot shoot lasers out of their blowholes," writes (3b)Justin Gregg, author of *Are Dolphins Really Smart? The Mammal Behind the Myth.* "The ever-present scientific caveat that 'there is much we do not know' has allowed dolphinese supporters to slip the idea of dolphin language in the back door."

But where Gregg sees a half century of failure, Kuczaj sees plenty of circumstantial evidence that leads him to believe that the problem simply hasn't yet been looked at in the right way, with the right set of tools. It's only within the past decade or so that high-frequency underwater audio recorders, like the one Kuczaj uses, have been able to capture the full spectrum of dolphin sounds, and only during the past couple of years that new data-mining algorithms have made possible a meaningful analysis of those recordings. Ultimately dolphin vocalization is either one of the greatest unsolved mysteries of science or one of its greatest dead ends.

Until our upstart genus surpassed them, dolphins were probably the largest brained, and presumably the most intelligent, creatures on the planet. Pound for pound, relative to body size, their brains are still among the largest in the animal kingdom—and larger than those of chimpanzees. The last common ancestor of humans and chimps lived some six million years ago. By comparison cetaceans[＊4] such as dolphins split off from the rest of the mammal lineage about 55 million years ago, and they and primates haven't shared an ancestor for 95 million years.

This means that primates and cetaceans have been on two different evolutionary trajectories for a very long time, and the result is not only two different body types but also two different kinds of brains. Primates, for example, have large frontal lobes[＊5], which are responsible for executive decision-making and planning. Dolphins don't have much in the way of frontal lobes, but they still have an impressive ability to solve problems and, apparently, a capacity to plan for the future. We primates process visual information in the back of our brains and language and auditory information in the temporal lobes, located on the brain's flanks. Dolphins process visual and auditory information in different parts of the neocortex[＊6], and the paths that information takes to get into and out of the cortex are markedly different.

Dolphins also have an extremely well developed and defined paralimbic system*7 for processing emotions. One hypothesis is that it may be essential to the intimate social and emotional bonds that exist within dolphin communities.

"A dolphin alone is not really a dolphin," says Lori Marino, a biopsychologist and executive director of the Kimmela Center for Animal Advocacy. "Being a dolphin means being part of a complex social network. Even more so than with humans."

When dolphins are in trouble, they display a degree of connectedness rarely seen in other animal groups. If one becomes sick and heads toward shallow water, the entire group will sometimes follow, which can lead to mass strandings*8. It's as if they have a singular focus on the stranded dolphin, Marino says,"and (4)<u>the only way to break that concentration may be to give them something equally strong to pull them away</u>." A mass stranding in Australia in 2013 was averted only when humans intervened, capturing a juvenile of the group and taking her out to the open ocean; her distress calls drew the group back to sea.

Why did dolphins, of all the creatures roaming land and sea, acquire such large brains? To answer that question, we must look at the fossil record. About 34 million years ago the ancestors of modern dolphins were large creatures with wolflike teeth. Around that time, it's theorized, a period of significant oceanic cooling shifted food supplies and created a new ecological niche, which offered dolphins opportunities and changed how they hunted. Their brains became larger, and their terrifying teeth gave way to the smaller, peglike teeth that dolphins have today. Changes to inner-ear bones suggest that this period also marked the beginnings of echolocation, as some dolphins likely changed from solitary hunters of large fish to collective hunters of schools of smaller fish. Dolphins became more communicative, more social — and probably more intelligent.

Richard Connor, who studies the social lives of dolphins in Shark Bay, Australia, has identified three levels of alliances within their large, open social network. Males tend to form pairs and trios that aggressively court females and then keep those females under close guard. Some of these pairs and trios are remarkably stable relationships that can last for decades. Males are also members of larger teams of 4 to 14, which Connor dubs second-order alliances. These teams come together to steal females from other groups and defend their own females against attacks, and they can remain intact for 16 years. Connor has observed even larger, third-order alliances that coalesce when there are big battles between second-order alliances.

Two dolphins can be friends one day and foes the next, depending on which other dolphins are nearby. Primates tend to have a "you're either with us or against us" mentality when it comes to making distinctions within and between groups. But for dolphins, alliances seem to be situational and extremely complicated. (5)The need to keep track of all those relationships may help explain why dolphins possess such large brains.

Dolphins are also among the most cosmopolitan animals on the planet. Like humans on land, dolphin species are seemingly everywhere in the sea, and like humans, (6)イルカは食べ物を得るために，住んでいる環境にふさわしい方法を発見するのがうまいことがわかった. In Shark Bay some bottlenose dolphins detach sponges from the seafloor and place them on their beaks for protection while searching the sand for small hidden fish—a kind of primitive tool use. In the shallow waters of Florida Bay dolphins use their speed, which can exceed 20 miles an hour, to swim quick circles around schools of mullet fish, stirring up curtains of mud that force the fish to leap out of the water into the dolphins' waiting mouths. Dusky dolphins off the coast of Patagonia herd schools of anchovies into neat spheres and then take turns gulping them down.

All these behaviors have the mark of intelligence. But what is intelligence really ? When pressed, we often have to admit that we're measuring how similar a species is to us. Kuczaj thinks that's a mistake. "The question is not how smart are dolphins, but how *are* dolphins smart ?"

＊1 echolocate : to determine the location of objects by reflected sound
＊2 primate : any member of the group of mammals that includes humans, apes, and monkeys
＊3 exasperation : the feeling of being extremely annoyed
＊4 cetacean : a mammal that lives in the ocean, such as a whale or a dolphin
＊5 frontal lobe : the part of the brain behind the forehead
＊6 neocortex : the outer layer of the brain associated with higher brain functions
＊7 paralimbic system : brain regions that are involved in emotion, instinct, and memory

*8 stranding : the condition of a sea animal being unable to swim free from a beach or shallow water

[Adapted from Joshua Foer, "It's Time for a Conversation," *National Geographic* (May 2015) : 36-37, 46-47.]

設　問

1　下線部(1)を日本語に訳せ。them の指す内容は明らかにしなくてよい。

2　下線部(2)を日本語に訳せ。

3　イルカの言語に関して，下線部(3a)Stan Kuczaj と下線部(3b)Justin Gregg の考え方の違いを日本語で説明せよ。人名はアルファベット表記のままでよい。

4　下線部(4)を日本語に訳せ。them の指す内容は明らかにしなくてよい。

5　下線部(5)を日本語に訳せ。

6　下線部(6)を英語に訳せ。

7　以下の(1)から(3)の答としてもっとも適切なものをAからEの中から選び，記号で答えよ。

(1) Choose one statement about dolphin characteristics that is discussed in the text.

A. Dolphins and humans share nearly identical genetic codes.

B. Dolphins appear to be capable of thinking ahead and finding solutions.

C. Dolphins exhibit self-recognition when they see their reflection in a mirror.

D. Dolphin females attract dolphin males and guard them from other potential mates.

E. Dolphins sometimes stir up the mud in water to defend against shark attacks.

(2) Which is one reason why researchers mentioned in this text are interested in dolphins ?

A. They want to design technology that can detect objects in water the way dolphins do.

B. They want to explain the mechanisms that allow dolphins to network with one another.

C. They want to save dolphins by demonstrating that they are clever and should be preserved.

D. They want to show that dolphins are intelligent enough to be trained as lifeguards and rescuers.

E. They want to understand dolphins better so that animal doctors can treat them more effectively.

(3) Choose the sentence that best restates the question at the end of the text, "The question is not how smart are dolphins, but how *are* dolphins smart ? "

A. We should compare dolphin intelligence to that of other sea animals rather than to that of land animals.

B. We should devise intelligence tests that dolphins can operate easily with their noses or tails.

C. We should discover the nature of dolphin intelligence instead of using human notions of intelligence.

D. We should judge human intelligence using categories of intelligence evident among dolphins.

E. We should teach dolphins to perform intelligent tasks and behaviors that will be useful to humans.

8 次の1から10の文から，本文の内容に一致するもの2つを選び，番号で答えよ。

1. Dolphins can determine through sound that solid items in the ocean are made of distinct materials.

2. Dolphins are difficult to study because they journey over such vast distances in the sea.

3. Dolphins emit a wider variety of noises when they are being recorded in the presence of humans.

4. Dolphins have the largest brains among creatures on Earth, and they are more intelligent than chimpanzees.
5. Dolphins differ physically from primates when it comes to processing sights and emotions.
6. Dolphins lead other sick dolphins to calmer shallow water to rest and recover.
7. Dolphins in the wild avoid contact with humans due to the danger of their young being captured.
8. Dolphin teeth have become larger over the centuries as a result of global warming.
9. Dolphins search for food by themselves and are careful not to let others steal their catch.
10. Dolphins are more likely than primates to be friendly with the same group of creatures over time regardless of circumstances.

全 訳

■イルカの知能について

❶ チンパンジーが一切れのフルーツをじっと見つめていたり，シルバーバックゴリラが，近づいてくるオスに近寄るなと警告するために自分の胸を叩いているとき，そういった動作の中に，多少なりとも，私たち自身を重ね合わせたり，その動物たちが考えていることを想像したりせずにはいられない。なにしろ，私たちは彼らと同様に大型類人猿であり，彼らの知能は，私たちの知能のレベルが落ちたもの——あるいは，少なくとも馴染みのあるもの——であるようによく感じられる。しかし，イルカは私たちとは何か全く異なった生物なのである。彼らはソナーを使って“見る”のだが，100フィート離れたところからでも，ある物体が金属でできているのか，プラスチックでできているのか，木でできているのかを区別できるほどの驚くべき正確さでものを見ているのだ。彼らは自分たちが見ているものを理解するために，他のイルカが出す反響定位の音を傍受することさえもできる。霊長類とは異なり，彼らは無意識に呼吸することはなく，脳の半分だけ休息した状態で眠っているようなのだ。イルカの目はそれぞれ独立して機能している。イルカは，私たちの惑星を共有しているが，ある種異質な知的存在なのである——(1)彼らを観察することは，宇宙からやって来る生物と遭遇することと（異質さが）一番近いかもしれない。

❷ イルカは異常なほどおしゃべりである。ピューピューと音を出したり，カチッカチッと音を出したりするだけでなく，子どものイルカをしつけたり，サメを追い払うために，バーストパルスと呼ばれる，大きく広帯域に及ぶ音も出しているのだ。(2)これらの音すべてに耳を傾けている科学者たちは，その音に何らかの意味があるとしたら，どのような意味があるのだろうかと長い間考えてきた。そのように大きな脳を持ち，非常に社会的な動物であれば，声を出すことに何らかの意味のある内容が含まれていない限り，海の中でそれほどのエネルギーを無駄に使って意味のない音を発することなどきっとないだろう。しかし，半世紀にわたる調査にもかかわらず，イルカが出している声の基本単位がどうなっているのか，そして，それらの基本単位がどのように組み立てられているのか，誰にもわからないのである。

❸「もしイルカの出す声と行動とを結びつけるパターンが見つけられれば，それはとてつもない出来事になるでしょう」と，イルカの認知に関する科学論文を，その分野でほとんど他の誰よりも多く発表しているStan Kuczajは言う。ロアタン海洋科学研究所で同調するイルカたちに関して調査している彼の研究は，イルカのコミュニケーションの謎を解き明かすロゼッタ石のようなものになるかもしれないと

彼は信じているが，「イルカを非常に興味深い存在にしているその複雑な精巧さが，同時に研究を非常に困難なものにしているのです」とも付け加えている。

❹ しかし，イルカの言語に似たようなものが存在していることを裏付ける証拠は事実上なく，一部の科学者は無謀な研究が続いていることに憤慨している。「イルカがタイムトラベルできない，あるいは念力でスプーンを曲げることはできない，さらには噴気孔からレーザー光線を放つことはできないということを裏付ける証拠がないのと同じことです」と『イルカは本当に賢いのか？　神話に隠れた哺乳類』の著者である Justin Gregg は書いている。「"我々にはまだ知らないことが数多くある"という科学に関して絶えず存在する警告によって，イルカ語の信奉者たちは，イルカが言語を持っているという考え方をこっそりと取り入れることができてしまったのです」

❺ しかし，Gregg が半世紀にわたって証拠が出ていないと考えているのに対し，Kuczaj は，この問題は単にこれまで適切な道具を使って適切な方法で観察されてこなかっただけだと信じざるを得ない数多くの状況証拠があるとみなしている。Kuczaj が使用しているような高周波水中音声録音機が，イルカの出す音のすべての周波数域をとらえられるようになったのは，ほんのここ 10 年ほどのことであり，新しいデータマイニングのアルゴリズムによって，そういった録音の有意義な分析が可能になったのは，ほんのここ 2，3 年のことなのである。究極的に言えば，イルカの出す声は，解明されていない科学の最大の謎の一つなのか，行き詰まって最も将来性のないものの一つなのか，そのどちらかなのである。

❻ 新しく生まれたヒト属がイルカを凌ぐまで，イルカたちは地球上でおそらく最も大きな脳を持ち，推定上は最も知的な生物であったと思われる。体の大きさに対して，重量のみで比較すると，今でもイルカの脳は動物界において最大の大きさのグループに属している――チンパンジーの脳よりも大きい。人間とチンパンジーの最終の共通先祖は約 600 万年前に生息していた。これに対し，イルカのようなクジラ目は約 5500 万年前にその他の哺乳類の種族から分かれており，クジラ目と霊長目が分かれたのは 9500 万年前のことである。

❼ これは，霊長目とクジラ目が非常に長い期間，2つの異なる進化上の軌跡を辿ってきたことを意味しており，その結果として，2つの異なるタイプの体になっただけではなく，2つの異なるタイプの脳に進化したのである。例えば，霊長目は，物事を実行するうえでの決断や計画を担う大きな前頭葉を持っている。イルカは前頭葉に関してはそれほど大きくないが，問題を解決する見事な能力を持っており，さらに未来に備えて計画を立てる能力を持っているようである。我々霊長目は視覚情報を脳の後部で処理し，言語情報や聴覚情報は脳の側面に位置する側頭葉で処理している。イルカは視覚情報や聴覚情報は大脳新皮質の異なる部分で処理し，情報

が大脳新皮質に入ったり出たりする際の通り道は霊長目と著しく異なっている。またイルカには，感情の処理をつかさどる非常によく発達していて際立った傍辺縁系もある。ある仮説によれば，それはイルカのコミュニティーに存在する親密で社会的かつ感情的な結びつきにとっては不可欠なものかもしれないのだという。

❽「一頭のイルカだけでは，本当のイルカとは言えないのです」と，生物心理学者であり，キンメラ動物愛護センターの専務理事である Lori Marino は言う。「イルカであるということは，複雑な社会的ネットワークの一部であるということなのです。それは，人間にもましてイルカに言えることなのです」

❾ イルカは困ったときには，他の動物のグループにはめったに見られないような度合いのつながりを示す。もしあるイルカが体調を崩し，浅瀬の方へ進んでいくと，時として群れ全体がそのイルカの後に続き，集団で座礁してしまうことがある。それはまるでその座礁したイルカにだけ集中しているかのようであり，「そして，(4)そうした集中を断ち切る唯一の方法は，イルカたちを引き離すのに同じくらい強力なものを，イルカたちに与えることかもしれない」と Marino は語る。2013 年のオーストラリアでのイルカの集団座礁は，その群れの子どもイルカを捕まえ，彼女を外海に連れて行くという方法で，人間が介入したからこそ回避できた。子どもイルカの救難信号が群れを海へと戻したのである。

❿ 海および陸を自由に移動するすべての生物の中で，なぜイルカはこれほど大きな脳を手にしたのだろう？　この疑問に答えるためには，化石の記録に着目してみる必要がある。約 3400 万年前，今のイルカの祖先はオオカミのような歯を持つ大型の生物だった。立論されていることだが，その頃は，海水の温度が非常に低下した時期で，それによって食料供給が変化し，新たな生態的地位が生まれ，イルカにとって様々な機会が増え，獲物の捕らえ方も変化した。イルカの脳はより大きくなり，恐ろしい歯はより小さくなり，今日のイルカに見られるペグのような歯になったのである。内耳の骨の変化は，この時期に反響定位も始まったことを示しており，そのときにおそらく一部のイルカたちは，大きな魚を単独で捕らえる形から，より小さな魚たちの群れを集団で捕らえる形へと狩りの仕方が変化したのだ。イルカは，より話好きで社会的になった――そしておそらく，より知的になったのである。

⓫ オーストラリアのシャーク湾でイルカの社会生活を研究している Richard Connor は，イルカたちの広大で開かれた社会的ネットワーク内における 3 つのレベルの連携を特定している。オスは 2 頭または 3 頭で連携し，積極的にメスたちに求愛し，そのメスたちをしっかり守っていく傾向がある。この 2 頭または 3 頭の連携の中には，数十年も続く非常に確固たる関係性も見られる。またオスは 4 ～14 頭のより大きな群れの一員となることもあり，Connor はこれを 2 次連携と呼んでいる。これらのチームは他のグループからメスを奪い，自分たちのメスを攻撃から守るた

めに集まっており，16年間変わらないままという場合もある。Connorは，2次連携同士の大きな争いがあると連合するさらに大きな連携，つまり3次連携も観察している。

⓬ 2頭のイルカはある日友達になるが，次の日には敵になることもあり，これは他にどのようなイルカが近くにいるかによって変わる。霊長目は，グループ内およびグループ同士での区別ということになると，「我々の味方か敵かどちらか」という思考方法を持つ傾向がある。しかし，イルカにとっては，連携は状況に応じたもので，非常に複雑なものであるようだ。(5)そうしたすべての関係を把握する必要があることは，イルカが非常に大きな脳を持っている理由を説明するのに役立つかもしれない。

⓭ イルカはまた，地球上で最も世界中に分布している動物に含まれる。陸地の人間と同様，イルカという種はどうやら海の至るところにいるようで，さらに人間のように，イルカは食べ物を得るために，住んでいる環境にふさわしい方法を発見するのがうまいことがわかった。シャーク湾では，隠れている小さな魚を見つけるために砂底を探す際，海底から海綿動物を取って，自らの口先にそれをつけて，口先を保護するバンドウイルカがいる――これは一種の原始的な道具の使用である。フロリダ湾の浅瀬では，イルカたちは時速20マイルを超えるスピードを利用して，ボラの群れの周りを素早く旋回し，泥をかき混ぜて幕を張ったようにして，ボラに無理やり水中から飛び出させた先で，口を開けて待っているのだ。パタゴニアの沖合に生息するハラジロカマイルカは，カタクチイワシの群れをうまく球形に追い込み，交代でイワシたちをガブガブと飲み込んでいく。

⓮ これらすべての行動は知能が高いことの印である。しかし実際のところ，知能とは何なのだろう？　その答えを迫られれば，多くの場合，我々はある種が人間とどれくらい似ているのかを評価していることを認めざるを得ない。Kuczajは，それは誤りだと考えている。「問題はイルカがどれほど賢いのかではなく，イルカがどのように賢いかなのです」

各段落の要旨

❶ イルカは哺乳類ではあるが，我々人間とは全く異なった生物であり，宇宙からやって来る生物にたとえるほど異質な知的存在である。

❷ イルカは様々な音を発するが，その発声の基本単位や，それらがどのように組み立てられているのかは解明されていない。

❸ Stan Kuczajは，イルカの出す声と行動とを結びつけるパターンが見つかれば大発見になると確信し，研究を続けている。

❹ イルカの言語が存在していることを裏付ける証拠が見つかっていないため，Justin Greggはその存在に対して懐疑的である。

❺ Greggはイルカが言語を持っているという証拠がないと考えているのに対し，

Kuczaj は，最近になるまで，イルカの出す声を分析する適切な道具がなかっただけだと考えている。

❻ ヒト属が登場するまでイルカは地球上で最も大きな脳を持ち，推定上は最も知的な生物であったと思われる。イルカのようなクジラ目と霊長目が分かれたのは 9500 万年前のことである。

❼ クジラ目と霊長目は非常に長い期間，2つの異なる進化をしてきたため，体だけではなく，脳も2つの異なるタイプの脳に進化しており，脳内における情報処理の仕方が大きく異なる。

❽ イルカは複雑な社会的ネットワークを形成する。

❾ イルカは自分の群れの他の仲間との結びつきが強く，他の動物のグループには見られないようなつながりを示すことがある。

❿ かつて海水の温度が低下した時期に，新たな生態的地位が生まれ，イルカの先祖たちの獲物の捕らえ方が，より小さな魚の群れを集団で捕らえる形へと変化した結果，イルカは話好きで社会的になった。

⓫ イルカの大きく開かれた社会的ネットワークには3つのレベルの連携が確認されている。

⓬ 2頭のイルカはある日友達になるが，次の日には敵になることもあり，イルカの連携は状況によって変わり，非常に複雑なものである。

⓭ イルカは広範囲に分布しているが，獲物を捕らえるため，場所に応じて，様々な手法を使い分けており，住んでいる環境にうまく適応している。

⓮ イルカの知能は，人間の基準に照らし合わせて評価するべきものではない。

解　説

設問1　watching them may be the closest we'll come to encountering creatures from outer space.

▶直前の「イルカが a kind of alien intelligence（ある種異質な知的存在）である」という内容を補足説明した部分（どれくらい異質であるかを説明した部分）であることを念頭に置いておこう。

▶文頭の watching は動名詞で watching them「彼らを観察すること」が主語，may be が動詞の第2文型となっているため，the closest 以下が補語となる。

▶ the closest 以下は，come close to *doing*「もう少しで～しそうになる」という表現が中心にある。下線部は，we'll come close to encountering の close が最上級 the closest となり前に出た形。最上級なので，「ほとんど～するようなものだ」といった解釈でよいだろう。

▶文末の from outer space は直前の creatures を修飾しており，述部は「ほとんど宇宙からの生物と遭遇するようなものかもしれない」といった内容になる。

outer space「宇宙，大気圏外」

▶あるいは watching them may be the closest まででいったん切り，「彼らを観察することは一番近いかもしれない」という内容をつかんだ上で，「何に近いのか」が we'll come to encountering 以下で説明されているのだろうというアプローチから，「彼らを観察することは，〜に一番近いかもしれない」といった形で日本語を成立させる方法もある。

設問 2 Scientists listening to all these sounds have long wondered what, if anything, they might mean.

▶ listening to all these sounds の部分は，直前の Scientists を修飾する形容詞句（現在分詞の形容詞用法）として機能している。

▶疑問代名詞の what に導かれた名詞節は wondered の目的語となっており，時制は現在完了で副詞の long があるため継続の意味となる。また what 以下の述部には可能性の意味を表す助動詞 might があるので，「どのような意味があるのだろうかと長い間考えてきた」「どのような意味を持つ可能性があるのか長い間疑問を抱いてきた」といった訳出にすればよい。

▶挿入されている if anything という表現には，「どちらかと言えば」という意味の慣用表現があるが，ここでは文脈に合わない。接続詞の if が副詞節を形成した場合，副詞節中の SV が省略されることがあり（特に S ＋be 動詞は頻繁に省略される），ここでは if they might mean anything「それらが何らかのことを意味する可能性があるのであれば」という形から，重複する they might mean の部分が省略されたものと考えることができる。なお，この if anything は下線部にあるように what の直後に続くと「少しでもあるとすれば」という意味になることが多い。

設問 3 ▶イルカの言語に対する両者の考えが対比的に述べられているのは，第 5 段第 1 文（But where Gregg …）である。主節ではイルカの言語に対して肯定的な立場をとっている Kuczaj の見解が，where 以下の副詞節ではイルカの言語に懐疑的な Gregg の見解が述べられている。

本文該当箇所主節の構造

Kuczaj sees plenty of circumstantial evidence [that leads him to believe【that the problem simply hasn't yet been looked at in the right way, with the right set of tools】].

＊[形容詞節]【名詞節】

● 該当箇所の意味は「Kuczaj は，この問題は単にこれまで適切な道具を使って適切な方法で観察されてこなかっただけだと信じざるを得ない数多くの状況証拠を目にしている」である。

circumstantial evidence「状況証拠」

● 後方の that 節の主語である the problem とは，第4段で言及された，イルカの言語のようなものが存在していることを裏付ける証拠がないことを指しており，Kuczaj はイルカの言語が存在する証拠が見つかっていないのは，単にこれまで適切な道具を使って適切な方法で観察されてこなかったからであると主張していることが読み取れる。

▶ where 以下では Gregg の見解が述べられているが，この where は「～であるのに対して」という対照の意味を表す接続詞。a half century of failure「半世紀にわたる失敗」とは，イルカの言語が存在するという証拠が見つかっていないことを指しており，第4段の内容からも，Gregg はイルカが言語を持っているという考え方に対して懐疑的であることがわかる。

▶ したがって，

Gregg ：イルカの言語が存在する証拠が見つかっていないので，その存在を疑っている。

Kuczaj：イルカの言語が存在する証拠が見つかっていないのは，適切な道具を使った適切な方法で調査されていないだけで，イルカの言語は存在する。

というそれぞれの考えを対比的にまとめればよい。

設問4 the only way to break that concentration may be to give them something equally strong to pull them away.

▶ to break that concentration の不定詞句は，直前にある主語の the only way を修飾する形容詞用法。that concentration「その集中」とは，浅瀬に座礁しようとしているイルカに他のイルカたちが集中してしまうことを指している。

▶ to give them something 以下の不定詞句は名詞用法で補語として機能しており，文構造は第2文型となっているので，「その集中を断ち切る唯一の方法は，イルカたちに…を与えることかもしれない」が骨格となる。

▶ equally strong と to pull them away の部分は直前の something を修飾しているので，「イルカたちを引き離すのに同じくらい強力なもの」といった訳出にすればよい。

pull *A* away「*A* を引き離す」

設問5 The need to keep track of all those relationships may help explain why dolphins possess such large brains.

▶ to keep track of all those relationships の部分は，直前にある主語の The need

を修飾する不定詞の形容詞用法。track には「跡」という意味があり，keep track of ～ で「～の跡を追う，～の状態を把握する」という意味になる。

▶述部の help explain の部分は help *do*「～するのに役立つ」という意味の原形不定詞。

▶ why 以下は名詞節として機能し，explain の目的語になっているが，この why は疑問副詞と考え「なぜSがVするのか」と訳しても，先行詞の the reason が省略された関係副詞と考え，「SがVする理由」と訳してもどちらでもよい。
possess「～を持っている，～を備えている」

設問 6　イルカは食べ物を得るために，住んでいる環境にふさわしい方法を発見するのがうまいことがわかった

▶「イルカは～であることがわかった」という骨格を考慮すると，find O to be C「OがCであることがわかる」や prove O to be C「OがCであることを示す」といった表現が使えるが，主語が不明瞭なので（研究者たちにするのか一般人称にするのか），dolphins「イルカ」を主語にした受動態で表現するとよい。文脈を考慮すると時制は現在完了形が適切。

▶食べ物を得るために，住んでいる環境にふさわしい方法を発見するのがうまい

- 「～するのがうまい」は be good at *doing*「～するのが得意である」という定型表現が使える。
- 「食べ物を得るために」の部分を不定詞の副詞用法（目的）で表現すると，「発見する」の部分を修飾することになり，つながりが不自然になってしまうので，「住んでいる環境に適した，食べ物を得る方法」と読み替え，ways of getting food という形をまず作り，その後方で主格の関係代名詞を使って後置修飾するとよい。
- 「ふさわしい」は appropriate や suitable といった形容詞を使って表現できる。
- 「住んでいる環境」は「イルカたちが住んでいる環境」のことなので，関係副詞を使って the environment(s) where they live としたり，関係代名詞を使って the environment(s) which they live in としたりできる。

設問 7 (1)　**正解は　B**　▶設問は「イルカの特性について，本文で論じられているものを1つ選べ」というもの。イルカの特性は本文の至るところで説明されているが，第7段第3文（Dolphins don't have …）の後半で，イルカは an impressive ability to solve problems「問題を解決する見事な能力」を持っており，a capacity to plan for the future「未来に備えて計画を立てる能力」を持っているという内容が述べられている。したがって，B.「イルカは先のことを考え，解決策を見つけ出す能力があるようだ」が正解となる。副詞の ahead は「前方に」という位置的な意味だけではなく，時間的に「先に，将来に向かって」という意味もある。

▶A.「イルカと人間は，ほぼ同一の遺伝子情報を共有している」 第6段および第7段の，霊長目とクジラ目は種としては早い段階で分かれ，2つの異なる進化をしてきたという内容に合わない。

▶C.「イルカは自分が鏡に映った姿を見るとそれが自分であるとわかる」 本文中にこのような内容が述べられている部分はない。

self-recognition「自己認識」

▶D.「メスのイルカはオスのイルカを引きつけ，つがいになる可能性のあるほかの相手からオスを守る」 第11段第2文（Males tend to …）で，オスのイルカがメスのイルカに求愛し，そのメスを守るケースについて言及されているが，その反対のパターンは述べられていない。

mate「つがいの相手」

▶E.「イルカはサメの攻撃を防ぐため水中の泥をかき混ぜることがある」 第13段第4文（In the shallow …）で，イルカが水中の泥をかき混ぜるのは，mullet fish「ボラ」を捕まえる際に行う行為として説明されており，サメの攻撃を防ぐためではない。

stir up ～「～をかき混ぜる」

設問7 (2) 正解は B ▶設問は「本文で登場する研究者たちがイルカに興味を持つ理由の一つはどれか」というもの。mentioned in this text の部分は直前の researchers を修飾する形容詞句となっている。

▶第3段で登場する Stan Kuczaj はイルカの出す音と行動に着目し，そのコミュニケーションの謎を解き明かそうと研究しており，同段最終文（He believes that …）の後半では，イルカのコミュニケーションが複雑かつ精巧であるがゆえに，イルカは興味深く，研究が困難なものになっていると発言している。また第8段で登場する Lori Marino はイルカの複雑な社会的ネットワークの特徴について言及しており，第11段で登場する Richard Connor はイルカの広大な社会的ネットワークにおける3つの連携について調査をしている。以上の点を考慮すると，B.「彼らはイルカたちがお互いにネットワークを作ることを可能にするメカニズムを説明したい」が最も適切。network は「ネットワークを作る，情報網を作る」という意味の自動詞の用法。

▶それぞれの選択肢の意味は次の通り。いずれも本文中で言及されている部分はない。

A.「彼らはイルカが行っている方法を使って，水中で物体を検出する科学技術を考案したい」

detect「～を見つける」

C.「彼らは，イルカは賢く，保護されるべきだということを示すことによってイルカを救いたい」

D.「彼らは，イルカが海の監視員や救助者として訓練ができるほど知能が高いことを示したい」

lifeguard「(海やプールの) 監視員」 rescuer「救助員」

E.「獣医がイルカたちをより効果的に治療できるように，彼らはもっとイルカのことを理解したい」

設問 7 ⑶ 正解は C ▶設問は「本文最後の“The question is not how smart are dolphins, but how *are* dolphins smart ?”という問いかけを最もうまく言い換えた文を選べ」というもの。the question at the end of the text と“The question is not how ～”の部分は同格関係となっている。

restate「～を言い換える」

▶本文最後の問いかけは，イルカの研究を行っている Kuczaj の発言で，「問題はイルカがどれほど賢いのかではなく，イルカがどのように賢いかなのです」という意味。最終段第 2 ～ 4 文（But what is …）では，知能とは何かという問いかけを迫られると，結局はある種が人間とどれくらい似ているかの評価になってしまうことが多いが，それは誤りだと Kuczaj は指摘している。第 7 段では，霊長目とクジラ目では脳の進化の軌跡が違い，脳のタイプも異なるという内容が述べられており，人間の基準に照らし合わせて，イルカの知能を測るのは適切ではないという意図が読み取れる。したがって選択肢の中では，C.「知能に関する人間の見解を使わずに，イルカの知能の本質を見つけるべきである」が最も適切。

▶それぞれの選択肢の意味は次の通り。いずれも本文中に関連する記述はない。

A.「イルカの知能を，陸上の動物ではなく，他の海洋生物の知能と比較するべきである」

B.「イルカたちが鼻と尾ひれを使って簡単に行うことができる知能テストを考案するべきである」

devise「～を考案する」

D.「イルカの中にはっきりと見られる部類の知能を使って，人間の知能を判断するべきである」

category「範疇，カテゴリー」

E.「人間にとって有益な知的作業や知的行動をするようイルカたちに教えるべきである」

設問8 正解は 1・5 ▶1.「イルカは音によって海の中にある固形物が異なる素材からできていることを判定できる」 文構造はthrough soundが副詞句でthat節以下がdetermineの目的語となっている。

選択肢の構造

Dolphins (S) can determine (V) 〈through sound〉【that (O) solid items (S′) [in the ocean] are made of distinct materials (V′)】.

＊【名詞節】〈副詞句〉[形容詞句]

第1段第4文（They "see" with …）で，イルカはsonar「ソナー，反響定位」を使って，ある物体が金属でできているのか，プラスチックでできているのか，木でできているのか区別できるという内容が述べられているので本文に一致。

本文該当箇所の構造

They "see" with sonar and do so with such phenomenal precision 〈that they (S′) can tell (V′) 〈from a hundred feet away〉【whether (O′) an object is made of metal, plastic, or wood】〉.

＊〈副詞節/副詞句〉【名詞節】

- with such phenomenal precision that …の部分はsuch ～ that …「…ほど～な」という程度の意味を表す構文。
  phenomenal「驚くべき」 precision「正確性」
- from a hundred feet away「100フィート離れたところから」は副詞句で，whether以下の名詞節がtell「～を区別する」の目的語となっている。

▶2.「イルカは海で非常に広範囲に及んで長い距離を移動するので調査が難しい」 イルカの移動距離が長く広範囲に及ぶため調査が難しいという内容は，本文で述べられていない。

▶3.「イルカは人間がいる前で音声を録音されると，より多種多様な雑音を出す」 本文中にこのような内容が述べられている部分はない。
emit「(音，熱，光，においなど）を発する」

▶4.「イルカは地球上の生物の中で最も大きな脳を持っており，チンパンジーよりも知的である」 第6段第1文（Until our upstart …）では，我々ヒト属がイルカを凌ぐまで，イルカは地球上でおそらく最も大きな脳を持っていたとあるので，現在，最も脳が大きいのはヒトであることがわかる。Until our upstart genus surpassed themのupstart「新しく生まれた，成り上がりの」やgenus「(生物分類上の）属」といった単語は難易度が高いので，主節でdolphins were …と時制が過去形になっている点に着目したい。また，同段第2文（Pound for pound …）では，脳の大きさを比較しているものの，イルカとチンパンジーの知能を比較して優劣をつけている記述はないので，この点からも誤りと判断できる。

▶ 5.「視覚と感情の処理ということになると，イルカは霊長目と身体的に異なる」 第7段第4・5文（We primates process …）では，霊長目は視覚情報を脳の後部で処理するが，イルカは霊長目とは異なる the neocortex「大脳新皮質」で処理していると説明されている。また同段第6文（Dolphins also have …）では，イルカは感情の処理をつかさどる an extremely well developed and defined paralimbic system「非常に発達して際立った傍辺縁系」という脳の部分を持っているとある。したがって，視覚および感情の処理に関して，イルカと霊長目ではそれを担う脳の部位が異なることがわかるので本文に一致。

▶ 6.「イルカは体調の悪い他のイルカを休ませて回復させるため，より静かな浅瀬へと誘導する」 第9段第2文（If one becomes …）では体調の悪いイルカが浅瀬の方へ向かうと，群れ全体がそのイルカの後を追い，集団で座礁してしまうという内容は述べられているが，体調の悪いイルカを浅瀬に誘導するという内容は述べられていない。

shallow water「浅瀬」

▶ 7.「野生のイルカは，子どものイルカが捕まえられる危険があるので，人間との接触を避ける」 本文中にこのような内容が述べられている箇所はない。選択肢の their young being captured の部分は，being captured が動名詞の受動態で前置詞 of の目的語となっており，their young はその意味上の主語となっている。

▶ 8.「イルカの歯は，地球温暖化の結果，何百年にもわたって大きくなっている」 第10段第5文（Their brains became …）では，環境の変化により，イルカの脳はより大きくなり，恐ろしい歯はより小さくなったとあるので不一致。

> 本文該当箇所の構造
> their terrifying teeth gave way to the smaller, peglike teeth [that dolphins have today].
> ＊[形容詞節]

give way to ～は「～に取って代わられる」という意味の慣用表現で，smaller と peglike「ペグのような，留めくぎ状の」はともに直後の teeth を修飾している。that は目的格の関係代名詞で，直前の teeth を修飾する形容詞節を形成している。

▶ 9.「イルカは独力でエサを探し，他のイルカに獲物を盗まれないよう注意している」 第13段でイルカが獲物を捕まえる事例がいくつか説明されているが，このような内容は述べられていない。

catch「捕らえた獲物」

▶ 10.「霊長目と比べ，イルカは環境に関係なく，時間とともに同じグループの生き物と仲良くなる可能性が高い」 第12段第1文（Two dolphins can …）で，イルカはある日友達になるが，次の日にはfoe「敵」になることもあり，どのイルカが近くにいるかによって変わると述べられている。さらに同段第3文（But for dolphins…）では，イルカたちにとってalliances「連携，同盟」はsituational「状況次第」であるという内容が述べられているので不一致。

解答

設問1　彼らを観察することは，宇宙からやって来る生物と遭遇することと（異質さが）一番近いかもしれない。

設問2　これらの音すべてに耳を傾けている科学者たちは，その音に何らかの意味があるとしたら，どのような意味があるのだろうかと長い間考えてきた。

設問3　Justin Greggは，半世紀もの間イルカの言語が存在するという証拠が見つかっていないため，その存在を疑っているが，Stan Kuczajは，証拠が見つかっていないのは適切な道具を使った適切な方法で調査されなかったためで，イルカの言語は存在すると考えている。

設問4　そうした集中を断ち切る唯一の方法は，イルカたちを引き離すのに同じくらい強力なものを，イルカたちに与えることかもしれない。

設問5　そうしたすべての関係を把握する必要があることは，イルカが非常に大きな脳を持っている理由を説明するのに役立つかもしれない。

設問6　dolphins have been found to be good at finding ways of getting food which are appropriate to the environment where they live

設問7　(1)－B　(2)－B　(3)－C

設問8　1・5

16

2016年度〔2〕

次の英文を読んで，以下の設問に答えよ。

(1)It has become the norm to cut library services whenever a community or state runs low on funds. The fact that it's been there for so long, taken for granted, and is free—that leads some people to see it as worthless, a faceless victim. It even happens with school libraries.

As the Great Recession *1 tightened its squeeze in 2010, Los Angeles's seventy-three pubilc libraries shut their doors on Mondays, as did hundreds of others across the nation. A city of immigrants, brimming with poverty, containing some of the lowest school scores in the nation, and L.A.'s county fathers close the library.

As the travel writer Pico Iyer observed at the time of the Los Angeles closings, "To save money by reducing library services and resources is like trying to save a bleeding man by cutting out his heart."

An extraordinary public library rescue effort occurred in 2012 in Troy, Michigan, a city of 80,000 (eleventh largest in the state) and one of Detroit's attractive suburbs—just the place to be lulled into believing the library will always be there.

With a median household income of $85, 000 (nearly double the state average), Troy met the Great Recession with a resolve that it wasn't going to go the way of Detroit. When state support declined by 20 percent, the city told the Troy Public Library (243,000 books) that it didn't have the funds to keep it alive any longer. The library sought support through a tax increase of 0.7 percent, but voters turned it down twice, led by strong support from local Tea Party *2 forces. Finally a last-gasp third vote was planned for August 2—just when many families would be away on vacation. If they lost on this vote, the library would be closed and its contents sold.

What to do ? In mid-June library supporters, with $3,500 in hand, sought help from the famous Leo Burnett advertising agency, which had a regional headquarters right there in Troy. (2)The agency reasoned that if the same 19 percent of voters turned out for the next election, the results would be the same.

How to convince the rest of Troy to turn out, the ones who took the library for granted ? Previous votes had focused on the tax increase, but the real issue was the life of the library. A vote to close the library would really be a vote to betray — *burn*, if you will — the books. Now *that* would start a different kind of conversation, wouldn't it ?

The agency and library supporters formed a fake community action group called Safeguarding American Families (SAFe) and, posing as opponents of the tax increase, flooded Troy with announcements in social media, along with lawn signs, each with the message : "Vote to close Troy library Aug. 2nd, book burning party Aug. 5th." They even placed an ad for clowns and ice-cream vendors for the burning party.

Suddenly the debate was no longer just about money but the very life of the library. Library users of all ages were awakened, even secretly taking down SAFe's signs at night. (SAFe replaced them with more signs.) The debate and resulting furor made state, national, and international news and, finally, two weeks before the election, SAFe revealed itself as a faux opponent. By then, however, the patrons and voters were awake enough to double previous voter turnout (38 percent) and give the library a landslide victory. The advertising agency, in turn, won both national and international awards for the campaign.

(3)かりに公共図書館を厳密に税金の問題として考えたとしても，やはりコミュニティーに役立つものだということになる。Let's consider the library in my little town of forty-five thousand people (eleven thousand families). Strictly from a money-saving point of view, the town library works better than any bank in town : (4)four to one ! Yup, that's the return on the tax dollar. Here's how it works : If you take all the items the library circulates each year (books, movies, audios, magazines, newspapers), questions answered, programs attended, and licensed databases used, and compare them with what it would cost taxpayers to commercially pay for those items, it's a four-dollar savings for every tax dollar spent. Even Bernie Madoff[*3] wasn't promising that kind of return. Yet cities and states cut the library first.

[*1] the Great Recession : the dramatic downturn in the US economy and global markets, beginning in late 2007

[*2] Tea Party : a 21st century American political movement characterized by its conservative positions on economic, governmental and

social issues

*3 Bernie Madoff : a former investment advisor who committed the biggest financial fraud in US history and was sentenced to 150 years of imprisonment in 2009

[Adapted from Jim Trelease, *The Read-Aloud Handbook*, 7th ed. (New York : Penguin, 2013) : 114-15. In regard to details of the events described here, the original text has been used without changes.]

設　問

1　下線部(1)を日本語に訳せ。

2　下線部(2)を日本語に訳せ。

3　下線部(3)を英語に訳せ。

4　下線部(4)は何を意味しているか。80字以内の日本語で説明せよ。

5　以下の(1)から(3)の答としてもっとも適切なものをAからEの中から選び，記号で答えよ。

(1) According to the text, which of the following was ***not*** against reducing library services ?

A. L. A.'s county fathers and Troy's Tea Party forces
B. Pico Iyer and L. A.'s county fathers
C. SAFe and Pico Iyer
D. the Leo Burnett advertising agency and SAFe
E. Troy's Tea Party forces and the Leo Burnett advertising agency

(2) In paragraph 6, the text says, "Now *that* would start a different kind of conversation, wouldn't it?" Which of the following best explains the meaning of "*that*"?

A. boycotting the third and final vote to approve the closure of the library

B. emphasizing the fact that Detroit fell into a serious financial crisis

C. increasing local taxes to keep the city's finances sound

D. proposing to destroy surplus books rather than close the library

E. shifting attention from the money issue to the library's survival

(3) According to the text, which of the following is true?

A. Pico Iyer believes that saving money may eventually raise the living standards of the citizens.

B. The book burning party with clowns and ice-cream vendors was held three days after the third vote.

C. The SAFe candidates won the third vote for their simple and persistent campaign.

D. The Troy Public Library case became widely known as an example of a successful advertising strategy.

E. Twenty percent of the Troy Public Library budget had been provided by state support.

全訳

■図書館の存続をめぐる議論

❶ (1)自治体や州が資金不足になるといつも，図書館のサービスを削減するのが普通のこととなっている。長い間そこにあり，当たり前だと思われていて，しかも無料であるという現実があるがゆえに，一部の人々は，図書館は価値がなく，顔のない犠牲者だとみなすようになる。これは学校の図書館にさえ起こっていることなのだ。

❷ 2010年，大不況によりその引き締めが厳しくなると，ロサンゼルスの73の公共図書館は月曜日に閉館するようになり，アメリカ全土の他の何百もの公共図書館もそれにならった。ある移民の町で，貧困が溢れ，成績がアメリカでも最低レベルの学校が出てくると，ロサンゼルスの郡の長老たちは図書館を閉鎖してしまうのだ。

❸ 紀行作家のピコ=アイヤーはロサンゼルスの図書館が閉館していく時期を観察し，「図書館のサービスや財源を削減することでお金を節約するのは，血を流している人の心臓を切り取ることでその人を救おうとしているようなものだ」と評している。

❹ 2012年，人口80,000人（州で11番目に多い）のデトロイトの魅力的な郊外の町の一つであるミシガン州のトロイ――まさに図書館はいつでもそこにあるものだと安心して信じ込んでいた場所――で，公共図書館を救う非常に大規模な取り組みが起こった。

❺ トロイは，一世帯の平均年収が85,000ドル（州の平均年収のほぼ2倍）あり，デトロイトと同じ道は歩まないという決意でこの大不況に立ち向かった。州からの支援が20パーセント削減されたとき，市はトロイ公共図書館（243,000冊の蔵書）に，もはや図書館を存続させるための資金がないと伝えた。図書館側は0.7パーセントの増税による支援を得ようとしたが，地元のティーパーティー勢力からの強力な支援によって率いられた投票者たちによって，それは2度却下された。ついに，最後のチャンスとなる3回目の投票が8月2日に予定された――これは，ちょうど多くの家族が休暇でトロイを離れる時期であった。もしこの投票で敗れれば，図書館は閉鎖され，図書館の保有物は売却される。

❻ どうすべきか？　6月の中旬，図書館支援者たちは3,500ドルを携え，地域の本部がちょうどトロイにある有名なレオ=バーネット広告代理店に助けを求めた。(2)その広告代理店は，もし前回と同じ19パーセントの有権者が次の選挙に出かければ，結果は同じになるだろうと判断した。図書館を当たり前だと思っている，残りのトロイ市民に投票に行ってもらうよう，どのようにして説得するのか？　先の2回の投票では増税に焦点が合わせられていたが，本当の問題は図書館の存続であ

る。図書館閉館を支持する一票は，実際には，本を裏切る，いうなれば本を「燃やして」しまう一票となる。今度は「それ」によって話が違ってくるのではないだろうか？

❼ 広告代理店と図書館支援者たちは，セーフガーディング・アメリカン・ファミリーズ（SAFe）という偽の地域活動団体を作り，増税反対派になりすまし，芝生に立てた看板とあわせてソーシャルメディアでその声明をトロイに溢れさせたが，それぞれには以下のようなメッセージが書かれていた。「8月2日はトロイ図書館閉館のために投票へ行きましょう。8月5日は本を燃やすパーティーです」 彼らは本を燃やすパーティーのため，ピエロやアイスクリームの売り子による宣伝さえも行った。

❽ 突如として議論はもはや単にお金の問題ではなく，まさに図書館の存続に関するものとなった。あらゆる年齢層の図書館利用者たちは喚起され，夜にこっそりとSAFeの看板を壊すことさえあった（SAFeは壊れた看板を，もっと多くの看板に取り替えた）。議論とそれをめぐっての騒動は州のニュース，全国ニュース，そして国際的なニュースとなり，ついに，選挙の2週間前にSAFeは自分たちが偽の反対派だということを明らかにした。しかしそのときまでに，賛同者や有権者たちは十分に目を覚ましており，投票率は前回の2倍（38パーセント）で，図書館に圧勝をもたらしたのである。同様に，広告代理店も選挙運動に対する国内の賞および国際的な賞の両方を受賞した。

❾ かりに公共図書館を厳密に税金の問題として考えたとしても，やはりコミュニティーに役立つものだということになる。人口45,000人（11,000世帯）の私の小さな町の図書館について考えてみよう。厳密にお金の節約の観点からすると，わが町の図書館は，町にあるどの銀行よりもうまく機能している。なんと4対1である！ そう，それは税金に対する還元なのだ。これがその仕組みである。もし図書館が毎年貸し出してくれるすべてのもの（本，映画，音響機器，雑誌，新聞）を利用し，質問に答えてもらい，何らかのプログラムに参加し，認可を受けたデータベースを利用した場合，納税者が民間で実際にそれらのサービスを受けて支払う費用と比較すると，1ドルの税金消費につき4ドルの節約になるのだ。バーニー=マドフでさえそのような運用益を約束はしていなかった。しかし市や州は，まず初めに図書館を削減するのである。

各段落の要旨

❶ 自治体などが資金不足になると，図書館のサービスが削減されるケースが多い。

❷ 不況により月曜日は閉館となる図書館が増え，貧困が溢れ，成績レベルが低い町では図書館は閉鎖に追い込まれる。

❸ 図書館のサービスや財源を削減することでお金を節約しようとするのは誤った政策である。

❹ ミシガン州のトロイという町で公共図書館を救う大規模な取り組みが行われた。
❺ トロイでは公共図書館の存続についての投票が2回行われたが，いずれも増税による図書館存続の道は選ばれず，次の3回目の投票で敗れれば，図書館は閉鎖される。
❻ 投票率が前回と同じであれば負けてしまうと分析した広告代理店は，残りの市民にも投票させるため，増税から図書館閉館に選挙の焦点を変える戦略をとった。
❼ 図書館支援派は，増税に反対する偽の団体を作り，図書館閉館のために投票へ行くよう呼びかける宣伝を行った。
❽ 選挙の焦点がお金の問題から，図書館存続の問題へと変わった結果，投票率は前回を大きく上回り，図書館支援派が圧勝した。
❾ 公共図書館を厳密に税金の問題と考えた場合でも，非常に効率よく市民に還元されているが，市や州はまず初めに図書館を削減しようとする。

解　説

設問 1　It has become the norm to cut library services whenever a community or state runs low on funds.

▶主語の It は形式主語で，真主語は to cut 以下。norm は「標準，基準」と訳出することが多いが，「図書館のサービスを削減することが標準となる」では日本語がやや不自然なので，「普通のこととなっている」といった訳出にすればよい。

▶ a community or state runs low on funds

- runs の直後に low という形容詞があるが，修飾する名詞がないので，補語として機能していることがわかる。第2文型は「～（の状態）になる」という訳出パターンが多く，この run もその意味。low は funds「資金，基金」という単語と一緒に使われているので，「乏しい，少ない」という訳出で処理すればよい。
- 文法的なアプローチだけではなく，自治体や州がどのような状態になると，図書館のサービスが削減されるのかを考慮しながら訳出するとよい。

設問 2　The agency reasoned that if the same 19 percent of voters turned out for the next election, the results would be the same.

▶主語の The agency は直前の文（In mid-June library …）の Leo Burnett という広告代理店のことを指しており，述語の reason は「（論理的に）～と判断する」という意味で，that 節以下が目的語となっている。

▶ that 節の中は if に導かれた副詞節が挿入された後，the results would be the same となっているが，would は仮定法ではなく，時制の一致で過去から見た未来を表す用法。したがって，「その広告代理店は，もし～であれば，結果は同じになるだろうと判断した」という骨格ができる。

▶第5段第4文（Finally a last-gasp …）から，図書館存続の投票は次で3回目となることがわかるので，if 以下の主語にある the same 19 percent of voters とは，「前回と同じ19パーセントの有権者」という意味となる。

▶副詞節の述語の turn out は後ろに続く語句や文脈によって様々な意味となるため，前後関係を確認した上で訳出する必要がある。turn out の後ろに for the next election「次の選挙に」という表現が続いていることを考慮すると，「出かける」といった意味が適切。

設問3 **かりに公共図書館を厳密に税金の問題として考えたとしても，やはりコミュニティーに役立つものだということになる。**

▶かりに公共図書館を厳密に税金の問題として考えたとしても

- 「かりに～としても」は if の譲歩の意味を強めた even if SV の形で表現するとよい。
- 主語は一般人称なので you などを使い，述部は「A を B として考える」となっているので think of A as B，regard A as B といった表現が使える。また，下線部直後の最終段第2文（Let's consider the …）以降では，実際に公共図書館を税金の問題として考えた場合の説明が続いているので，仮定法ではなく直説法を用いる。
- 社会的な問題を表す場合は issue や problem を使えばよい。「税金の問題」は a tax issue や a problem of tax といった表現が可能。「厳密に」strictly

▶やはりコミュニティーに役立つものだということになる

- 主語が省略されているが，公共図書館が役立つという文脈なので代名詞の they を主語にすればよい。
- 述部の「～ということになる」は turn out (to be) C や prove (to be) C を使った第2文型で表現できるが，単に be 動詞を使い，文末に after all を付加して表現することも可能。また発想を変え，一般人称の主語を使って you will conclude that ～「～という結論になるだろう」と表現することもできる。
- 「コミュニティーに役立つ」は形容詞の useful や beneficial を使って，be useful to〔for〕the community とすればよいが，動詞の serve を使って，serve the community とすることもできる。「コミュニティー」は総称を表す無冠詞・複数形の形でも可。
- 「やはり」は副詞の still を使って表現すればよい。

設問4 ▶下線部を含む最終段第3文（Strictly from a …）は「厳密にお金の節約の観点からすると，わが町の図書館は，町のどの銀行よりもうまく機能している」

という意味。図書館を利用することはお金の節約になるという主旨で，その補足説明として four to one「4対1」という数値データが挙げられている。直後の同段第4文（Yup, that's the …）では，それが納めた税金に対する還元の割合であると述べられ，さらに同段第5文（Here's how it …）のコロン（：）以下でその仕組みが詳しく説明されている。

本文該当箇所の構造

〈If you (S′) take (V′①) all the items［the library circulates each year（books, movies, audios, magazines, newspapers）］, questions（*being*）answered, programs（*being*）attended, and licensed databases（*being*）used, and compare (V′②) them with【what it would cost taxpayers to commercially pay for those items】〉, it's a four-dollar savings for every tax dollar spent. ＊〈副詞節〉［形容詞節］【名詞節】

- 読解のポイントとしては，questions answered, programs attended, and licensed databases used の部分はいずれも being が省略された独立分詞構文となっているので，if questions are answered, programs are attended, and licensed databases are used と復元して読む。さらに and compare them with ～の and は take all the items ～と compare を結んでいるので，文頭の If に導かれた副詞節は，for those items まで続いていることを見抜く。
- 内容的には公共図書館が提供する様々なサービスを，商業的に（＝民間の業者から受けた場合に）支払う費用と比較すると，1ドルの税金消費につき4ドルの節約になると説明されており，要するに図書館の運営に使われた税金は，市民に非常に効率よく還元されているということが述べられている。したがって，公共図書館が提供する様々なサービスを利用すれば，民間からそのサービスを受けるよりも割安で，1ドルの税負担に対し4ドルの節約になるという内容をまとめればよい。

設問5（1） **正解は A** ▶設問は「本文によると，図書館のサービス削減に反対していないのは次のうちどれか」というもの。AのL. A.'s county fathers「ロサンゼルスの郡の長老たち」は第2段最終文（A city of …）で登場しており，ある移民の町で貧困が溢れ，学力レベルが低下すると，彼らは図書館を閉鎖してしまうという内容が述べられている。また地元の Tea Party「ティーパーティー」勢力（保守派の勢力）については，第5段第3文（The library sought …）で言及されており，トロイという町の図書館の存続をめぐり，図書館が増税による支援を求めたところ，この勢力に率いられた投票者たちによって，その支援案が却下されたという内容が述べられている。したがって，Troy's Tea Party は図書館のサービス削減に反対していないことがわかる。

▶BおよびCに含まれる Pico Iyer は第3段（As the travel …）で登場しており，図書館のサービスを削減することでお金を節約するのは，血を流している人を助けようとしてその心臓を切り取るようなものだという内容の発言をしているので，図書館のサービス削減に反対の立場をとっていることがわかる。

▶CおよびDに含まれる SAFe は第7段第1文（The agency and …）で広告代理店と図書館支援者たちが図書館存続のために作り上げた偽の地域活動団体であると説明されており，DおよびEに含まれる the Leo Burnett advertising agency も第6段第2文（In mid-June library …）より，図書館支援者たちが助けを求めた広告代理店であると述べられているので，図書館のサービス削減に反対の立場であることがわかる。

設問5 ⑵　正解は　E　▶設問は「第6段では，本文に"Now *that* would start a different kind of conversation, wouldn't it?"とある。"*that*"の意味の説明として，最もよいものは次のうちのどれか」というもの。該当箇所の第6段最終文は「今度は『それ』によって話がちがってくるのではないだろうか？」という意味。

▶第6段は図書館の存続を訴える支援者たちが，増税による図書館支援の是非をめぐる選挙で戦うため，ある広告代理店に助けを求めた様子が述べられている。同段第5文（Previous votes had …）では，過去の2回の投票では，増税に焦点が合わせられていたが，本来の問題は図書館の存続であるという内容が述べられており，図書館の支援者たちの，選挙の焦点を増税から図書館の存続に変えたいという意図が読み取れる。したがってE.「お金の問題から図書館の存続に関心を移すこと」が最も適切。なお，第8段の，議論の焦点が単にお金の問題から図書館の存続に関するものとなり，投票率は前回を大きく上回り，図書館支援派が圧勝した，という内容も踏まえて解答するとよい。

▶それぞれの選択肢の意味は次の通り。

A.「図書館の閉鎖を承認するため，3回目かつ最後の投票をボイコットすること」

B.「デトロイトが深刻な財政危機に陥っているという事実を強調すること」

C.「市の財政を健全な状態に維持するため地方税を上げること」

to keep the city's finances sound の sound は「健全な」という意味の形容詞で keep O C「OをCに保つ」の第5文型。

D.「図書館を閉鎖するより，余剰な本を廃棄するよう提案すること」

設問5 ⑶　正解は　D　▶設問は「本文によると，次のうち正しいものはどれか」という内容真偽の問題。第8段第5文（By then, however, …）では，トロイ公共図書館存続の選挙において，投票率が前回の2倍に達し，図書館支援派に a landslide victory「圧勝，地滑り的勝利」をもたらしたとある。さらに同段最終文（The advertising agency, …）では，この選挙運動を担当した広告代理店も，national awards「国内の賞」および international awards「国際的な賞」の両方を受賞したとあるので，D.「トロイ公共図書館の事例は，成功した広告戦略の例として広く知られるようになった」が本文の内容に一致する。 strategy「戦略」

▶A.「ピコ=アイヤーは，お金の節約は最終的に市民の生活水準を上げるかもしれないと信じている」 第3段（As the travel …）より，ピコ=アイヤーは図書館のサービスを削減することでお金を節約することに批判的な考えを持っていることがわかるので不一致。

▶B.「ピエロやアイスクリームの売り子たちと一緒に本を燃やすパーティーが，3回目の投票の3日後に開催された」 第7段最終文（They even placed …）で，選挙戦略の一環として，本を燃やすパーティーを宣伝するため，ピエロやアイスクリームの売り子たちが使われたという内容は述べられているが，パーティーが実際に行われたとは述べられていない。 clown「ピエロ」 vendor「売り子」

▶C.「SAFe の候補者はわかりやすく粘り強い選挙運動により3回目の投票で勝利した」 本文中にこのような内容が述べられている部分はない。
persistent「粘り強い」

▶E.「トロイ公共図書館の予算の20パーセントが，州の支援から支給されていた」 第5段第2文（When state support …）で，州からの支援が20パーセント削減されたという内容は述べられているが，図書館の予算の20パーセントが州から支給されていたわけではないので不一致。 budget「予算」

解答

設問1 自治体や州が資金不足になるといつも，図書館のサービスを削減するのが普通のこととなっている。

設問2 その広告代理店は，もし前回と同じ19パーセントの有権者が次の選挙に出かければ，結果は同じになるだろうと判断した。

設問3 Even if you think of public libraries strictly as a tax issue, they still turn out to be useful to the community.

設問4 公共図書館が提供する様々なサービスを利用すれば，民間からそのサービスを購入することと比較すると，1ドルの税負担に対し，4ドル分の節約になるということ。(80字以内)

設問5 (1)―A (2)―E (3)―D

17

2015年度〔1〕

次の英文を読んで，以下の設問に答えよ。

To villagers in medieval Europe, nightfall was so terrifying that we can scarcely imagine it today. At the first hints of sunset, farmers raced to get inside a city's walls before they were locked at night. Anyone not fast enough would have to survive the dark hours in the wilderness alone, fending off robbers, wolves, and the ghosts and devils they believed were lurking around every corner.

The cities weren't much safer. If you found yourself on the streets at night, it would be logical to assume that everyone you met wanted to rob or kill you. It was best to be on your guard.

After nightfall, "(1)clashes of all sorts became likely when tempers were shortest, fears greatest, and eyesight weakest," says Roger Ekirch, a historian at Virginia Tech University. In his research on the history of nighttime, he found stories of servants stabbing each other in the armpit and merchants getting into sword fights with their neighbors on the streets of London—all a common part of life after dark.

The hours of the night were so different from the day that they had their own culture. Townspeople who proudly fended for themselves during the day obeyed curfews *1 at night, literally locking themselves into their homes. Rural farmers who would never see an ocean in their lifetimes knew how to tell time and direction from the stars, just like sailors. Monarchs and bishops impressed audiences by putting on elaborate ceremonies and dances, lit by hundreds of torches. These shows dazzled the eyes of peasants who used stinky, smoky, and dim candles to light their own small houses.

Yet as Ekirch did his research during the 1980s and 1990s, leafing through old parchments to look for clues about the night, something puzzled him. He kept noticing strange references to sleep.

In *The Canterbury Tales* *2, for instance, one of the characters in "The Squire's Tale" wakes up in the early morning after her "first sleep" and then goes back to bed. A 15th-century medical book told readers to spend the "first sleep" on their right side, and after that to lie on their left. And a scholar in England wrote that the time between the "first sleep" and the "second sleep" was the best time for serious study.

Mentions of these two separate types of sleep kept coming up. Finally Ekirch could no longer ignore the clues. Sleep, he realized, wasn't always accomplished in one long block.

Ekirch had rediscovered a fact of life that was once as ordinary as eating breakfast. Every night, people fell asleep not long after the sun went down and slept until sometime after midnight. This was the "first sleep" that kept popping up in old tales. Once a person woke up, he or she would stay awake for an hour or two before going back to sleep until morning—the so-called second sleep.

Waking up between the two periods of sleep was a normal part of the night. Depending on your needs, you might spend this time on activities such as praying, reading, thinking about your dreams, or using the bathroom.

Ekirch was uncovering a pile of evidence that how we sleep today is nothing like how our ancestors slept. Meanwhile, about 300 miles away, a psychiatrist was noticing something odd in a research experiment.

A

Thomas Wehr, who worked for the National Institute of Mental Health in Maryland, wondered if the artificial light we see every day could be affecting our sleep habits. So he set up a simple experiment: he would keep people away from artificial light and see what happened. He hoped this would recreate the lighting conditions that were normal for earlier generations of humans.

B

Without lightbulbs, televisions, or street lamps, the subjects in his experiment at first did nothing at night but sleep. They spent the first few weeks of the experiment like kids in a candy store, making up for all of the sleep they'd lost by staying out late at night or getting to work early in the morning. After a few weeks, they may have been better rested than at any other time in their lives.

C

It was the same sort of two-part sleep that Ekirch had found in the historical records. While they were kept away from artificial light, subjects were forgetting the one-long-block sleep habit they'd formed over a lifetime. Not long after Wehr published his findings, Ekirch got in touch and told him what his own research had revealed.

D

Wehr soon decided to investigate more. Once again, he blocked subjects from artificial light. This time, however, he took some of their blood during the night. Was there anything significant about the time between the first and second sleep, or was it just an opportunity for medieval peasants to get up and use the bathroom ?

E

The results showed that the hour humans once spent awake in the middle of the night was probably the most relaxing block of time in their lives.

F

Chemically, the subjects' bodies looked like they had just spent a day resting at the spa. During the time between the two sleeps, their brains pumped out extra prolactin, a hormone that helps reduce stress. The subjects in Wehr's study said that the time between the two halves of sleep felt like a period of meditation.

Many other studies have shown that splitting sleep into two roughly equal halves is something that our bodies will do if we give them a chance. In parts of the world where there isn't any artificial light—or all the things that go with it, like computers, movies, and bad reality TV shows—people still sleep this way. In the mid-1960s, anthropologists studying the Tiv culture*3 in central Nigeria found that group members not only slept in two periods, but also used roughly the same names of "first sleep" and "second sleep."

You would think that learning our modern sleep habits are different from our natural wiring would be a pretty big deal. But almost two decades after Wehr's study was published in a medical journal, many sleep researchers—not to mention your average doctor—have never heard of it. People see waking up in the middle of the night as a sign that something is wrong.

Why do roughly six billion humans sleep in a way that's opposite to (2)<u>what worked for millions of years</u> ? Because of a single product. Once revolutionary, it now costs less than two dollars : the lightbulb.

Like countless other items in modern life that we take for granted, the lightbulb started out in northern New Jersey, in a complex of worn brick buildings surrounded by a black metal fence. Here, an inventor named Thomas Alva Edison created the little glass orbs that changed how we sleep.

Some artificial lights were in use before Edison came around. In 1736 the city of London took a giant leap forward by installing 5,000 gaslights in its streets. This calmed the city's fear of the dark, and allowed shopkeepers to stay open past 10 o'clock at night for the first time.

Other cities followed. By the beginning of the Civil War*4, there were so many gas lamps on the streets of New York City that going out at night was just as common as going out during the day. Theaters, operas, and saloons lit by gaslights stayed open until the early morning. Well-lit streets promised a safe ride home. Homes, too, glowed from the light of flames.

Yet before Edison developed his lightbulb, all the world's artificial light was like the brightness of a match compared to the lights of Times Square*5.

Edison's career as an inventor began when, as a bored teenage telegraph operator in the 1860s, he tried to come up with ways to send more than one message at a time on the machine. A few years later he made a name for himself by inventing the phonograph. He didn't quite realize how popular his invention would be. (In fact, this became a pattern in Edison's life.)

Around this time, French inventors installed "arc light"—so called because it sent currents on an arc across a gap—on the streets of Lyon, France. (3)<u>The light wasn't anything you would want in your kitchen, unless you wanted to burn the house down</u>. Arc light was a barely controlled ball of current. It was closer to the intense, white light from a welder's torch*6 than the soft glow of the bulb in your refrigerator.

The contraption generated plenty of light, but it wasn't pretty. In Indiana, four arc lights installed on top of a city's courthouse were said to be bright enough to light up cows five miles away. The town of San Jose, California, built a 20-story tower and put arc lights on it. Confused birds crashed into it and eventually ended up on the tables of the city's restaurants.

Armed with a little fame and money from inventing the phonograph, Edison set out to invent a better kind of artificial light than the arc lamp. His goal was to make a light simple enough that a child could operate it and safe enough that accidentally leaving it on all night wouldn't start a fire. He designed a lightbulb that glowed from electric currents passing through a U-shaped wire set in a vacuum, which essentially kept it from melting or catching on fire.

Edison's light became the standard of the world because it was cheap, safe, and just powerful enough to be comfortable. The lightbulb wasn't so bright that it could reach cows a few miles away. But it had an even, steady glow that could illuminate a living room full of guests. A few years after its invention, a parade of men walked down the streets of New York wearing lightbulbs on their heads to show that light no longer had to come from flames.

Thanks to Edison, sunset no longer meant the end of your social life; now it marked the beginning of it. Night stopped being scary and became the time when all the good stuff happens. Life could function just as well at 11 o'clock at night as at 11 in the morning.

The world responded to these extra hours of possibility like college students respond to spending their first month in a dorm. Sleep became less important than socializing and working—and it has never regained its former place.

Factories realized that they could now produce twice as much. All they had to do was employ a second group of workers overnight and keep the lights on. Twenty years after Edison invented lightbulbs, they were hanging from the ceilings of assembly lines where some of the first "graveyard-shift[*7]" workers tried to stay awake on the job. We no longer needed to stop working just because the sun went down.

Edison saw no problem as he watched the natural rhythms of sleep change for good. For a reason that was never quite clear, he thought sleep was bad for you.

Extra sleep—that is, anything more than three or four hours a night, which is how much Edison claimed to sleep himself—made a person "unhealthy and inefficient," he said. Edison saw his lightbulb as healthful. He believed that all one had to do was "put an undeveloped human being into an environment where there is artificial light and he will improve."

Life, in Edison's eyes, was like an assembly line. Stopping to rest was just wasting time. Not that Edison needed any less sleep than the rest of us do. He napped throughout the day and night, sometimes falling asleep on a workbench in his laboratory (and then claiming the next day that he had worked through the night). Visitors to his lab in Menlo Park can still see his small cot and pillow tucked away in a corner.

Now, about a hundred years later, we have so much artificial light that we can't escape it. After a 1994 earthquake knocked out the power in Los Angeles, some residents called the police to report a strange "giant, silvery cloud" in the sky above them. It was the Milky Way. They had never seen it before.

In fact, two-thirds of the population of the United States—and half the population of Europe—live in areas where it's too bright at night to see the

Milky Way with the naked eye. In the United States, 99 out of every 100 people live in an area with light pollution. That's what astronomers call it when (4)人工的な明かりが，夜空を自然のままならばそうであるだろうより 10 倍以上明るくしている.

If all lights did was make it easier to find things at night, there wouldn't be much to complain about. But when we introduced bright lights into the hours when it's supposed to be dark, (5)we threw a wrench into ecosystems around the world.

As many as 10,000 confused birds—which, like moths, are attracted to bright lights—die each year after slamming into glowing skyscrapers in Manhattan. More than 100 million birds crash into brightly lit buildings across North America every year. Biologists now believe artificial light is a threat to many kinds of life, from sea turtles to frogs to trees.

Just like every other living being, you too are affected by the glow of streetlamps and skyscrapers.

Electric light at night messes with your "circadian clock." This is what scientists call the natural rhythms that living things have developed over time. When you see enough bright light at night, your brain interprets it as sunlight, because it doesn't know any better. Your body reacts the same way it does to sunshine, sending out signals to try to keep itself awake. This delays the nightly maintenance work your body does, cleaning up and rebuilding cells while you're asleep. And too much artificial light can stop your body from releasing melatonin, a hormone that helps control sleep.

Sleeping badly is just one symptom of a broken body clock. Circadian rhythms may control as many as 15 percent of our genes. When those genes don't work correctly, thanks to artificial lights, all kinds of health problems can result. Studies have found possible connections between seeing too much light at night and depression, heart disease, diabetes, obesity, and even cancer.

Scientists are working to find out more about how artificial light affects our health and how we can keep our circadian clocks ticking along properly. In the meantime, people will keep waking and sleeping in time with the new patterns created by Edison's invention. Wehr, the sleep researcher, says, "We are living in an experiment."

*1 curfews　夜間外出禁止命令

＊[2] *The Canterbury Tales* 『カンタベリー物語』。14 世紀末のイングランドで書かれた物語集。"The Squire's Tale" は収録された物語の一つ。
＊[3] the Tiv culture （ナイジェリアに住む）ティブ族の文化
＊[4] the Civil War （米国の）南北戦争（1861-1865）
＊[5] Times Square ニューヨーク市中心部にある繁華街
＊[6] a welder's torch 溶接トーチ
＊[7] graveyard-shift 深夜勤務の

[Adapted from David K. Randall, "A Tale of Two Sleeps," *Muse*, May/June 2013, 6-12.]

設 問

1 下線部(1)を日本語に訳せ。

2 下線部(2)は何を指すか。日本語で説明せよ。 〔解答欄：約 13cm × 2 行〕

3 下線部(3)を日本語に訳せ。

4 下線部(4)を英語に訳せ。

5 下線部(5)は何を意味しているか。本文中の例を使って，日本語で説明せよ。 〔解答欄：約 13cm × 4 行〕

6 次のパラグラフを入れるのにもっとも適切な場所を文中の［A］から［F］の中から選び，記号で答えよ。

That was when the experiment took a strange turn. Soon, the subjects began to stir a little after midnight. They'd lie awake in bed for an hour or so, then fall back asleep again.

7　次の1から15の文から，本文の内容に一致するもの4つを選び，番号で答えよ。

1. In medieval Europe, even villagers living far from the sea were skilled in telling their fortunes from the stars.
2. Peasants in the Middle Ages must have been amazed by the brightly lit ceremonies when they were put on by the rulers.
3. A medical book written in the 15th century advised readers to change the location of the bed after they woke up from their "first sleep."
4. Roger Ekirch noticed that it was not really common in medieval Europe to have the two halves of one's sleep in a single block of flats.
5. Though splitting up sleep is thought to be quite natural for our body, it has not been practiced outside Europe.
6. Before Edison invented the lightbulb it was almost impossible for shopkeepers in London to keep their doors open after ten o'clock at night.
7. Edison was so bored while working as a telegraph operator in the 1860s that he set out to invent a new kind of artificial light.
8. Some people said that arc lights installed on top of a building in an American town were so bright that the light could reach things five miles away.
9. The glowing wire in Edison's lightbulb did not melt or catch fire because it was formed like the letter "U".
10. The light invented by Edison was inexpensive, safe, and bright enough to illuminate a room, so it became the world standard.
11. It can be inferred from the article that new college students tend to sleep longer for a month after they have settled into a dormitory.
12. The normal work hours of factory laborers became twice as long when electric lighting was introduced.
13. Bright electric lights, except for arc lights, are so confusing that they attract wild birds which crash into buildings at night.
14. If you were shut up in a brightly lit room for several days, you would know with accuracy when the day begins and ends because the circadian clock is controlled by genes.
15. Too much exposure to artificial light at night may be a cause of mental as well as physical problems.

全訳

■電球の登場による睡眠パターンの変化

❶ 中世ヨーロッパの村人たちにとって，夕暮れは，今日ではほとんど想像ができないほど恐ろしいものであった。少しでも日が暮れそうな気配がすると，農民たちは，夜になって締め出される前に，急いで町の城壁の中へと入った。十分速く駆け戻れなかった者は，強盗やオオカミ，さらにあらゆる曲がり角で待ち伏せしていると当時の人々が信じていた幽霊や悪魔たちをかわして，荒野のなか一人で暗闇の時間を生き延びなければならなかった。

❷ 町の中も外よりはるかに安全というわけではなかった。夜の路上にいれば，そこで出くわす全ての人々が，誰かを略奪しようとしたり殺そうとしたりしていると思うのが当然であった。とにかく警戒するのが最善の策であった。

❸ 日が暮れた後，「(1)最も気が短くなり，最も恐怖心が大きくなり，視界が最も悪くなる時，ありとあらゆる争いが起こる可能性が高くなった」と，バージニア工科大学の歴史家であるロジャー=イーカーチは述べている。彼は，夜の歴史に関する研究の中で，召使たちがお互いに脇のあたりを突き刺したり，商人たちがロンドンの路上で剣を持ってご近所同士でケンカを始めたりする話を見つけた――日が暮れた後では，全てよくあることだった。

❹ 夜の時間は日中とあまりにも違っていたので，そこには独自の文化があった。日中は堂々と自分一人で生活している都会の人々も，夜は夜間外出禁止命令に従い，文字通り家に閉じこもっていた。生涯で一度も海を見ることがなかったであろう田舎の農民たちは，ちょうど船乗りのように，星の位置から時間と方角を知る方法を心得ていた。君主や司教たちは，何百ものたいまつに火を灯して凝った儀式や舞踏会を開き，見る者に感銘を与えた。その光景は，自分たちの小さな家を明るくするために，悪臭と煙を出す薄暗いロウソクを使っていた小作農たちの目を眩しさでくらませた。

❺ しかし，1980年代から1990年代の間にイーカーチが夜に関する手がかりを調べるため，古い羊皮紙をパラパラとめくって研究をしていた時，あることが彼の頭を悩ませた。彼は睡眠に関する奇妙な言及に繰り返し出くわしたのだ。

❻ たとえば，『カンタベリー物語』の中の「騎士の従者の話」に出てくる登場人物の一人は，「第一睡眠」の後，早朝に目を覚まし，その後，もう一度眠る。15世紀の医学書は「第一睡眠」では右側を下にして眠り，その後は左側を下にして横になるよう読者に指示している。さらにイングランドのある学者は，「第一睡眠」と「第二睡眠」の間の時間が，重要な研究をするのに最も適した時間であると記して

いる。

❼ このような2回に分けた睡眠のタイプについての言及は繰り返し登場する。ついにイーカーチはそれらの手がかりを無視することができなくなった。彼は，睡眠が必ずしも1回の長い区切りでなされていたわけではなかったことに気がついた。

❽ イーカーチは，かつては朝食を食べるのと同じくらい普通のことだった生活の中のある事実を再発見したのである。人々は毎晩，日が沈むとまもなく眠りにつき，だいたい夜の12時過ぎまで眠る。これが昔の話に繰り返し登場する「第一睡眠」であった。昔の人はいったん目覚めると，再び朝まで眠りにつく——いわゆる第二睡眠——前に，1時間か2時間起きていたのだ。

❾ 2回の睡眠の間に目を覚まして起きることは，夜間の普通のことであった。必要に応じて，祈りや読書，自分の夢について考えたり，トイレに行くといったことに，この時間を使っていたかもしれない。

❿ イーカーチは，今日の我々の睡眠のとり方が，先人たちの睡眠のとり方とはまるで違っていることを示す多くの証拠を明らかにしていった。そうしている間に，300マイルほど離れた場所で，ある精神科医が研究実験の中で奇妙なことに気づきつつあった。

⓫ メリーランド州の国立精神保健研究所に勤務するトーマス=ヴェーアは，我々が毎日見ている人工的な明かりが，睡眠習慣に影響を及ぼすのではないかと考えていた。そこで彼は簡単な実験を行った。人々が人工的な明かりに触れないようにすると，どうなるかを観察したのである。これによって，昔の人々にとっては日常であった明かりの条件が再現できると彼は期待していた。

⓬ 最初，電球やテレビ，そして街灯がない中，夜になると実験の被験者たちは眠る以外は何もできなかった。実験の最初の数週間，彼らは夜遅く外出したり，早朝に仕事に出かけたりすることで削っていたこれまでの睡眠を埋め合わせることに大喜びで時間を費やした。数週間後には，彼らは人生の中で最も体を休ませることができていたかもしれない。

⓭ その時，実験が奇妙な展開になった。間もなく被験者たちは夜の12時を過ぎると少し身動きし始めるようになったのだ。彼らはベッドの中で1時間かそこら目を覚ましたまま横になり，その後，再び眠りについた。

⓮ それは，イーカーチが歴史的記録の中で発見したのと同じ類の二分割の睡眠だった。被験者たちは人工的な明かりに触れない間に，これまでの生涯で身につけてきた1回の長い区切りの睡眠習慣を忘れようとしていたのだ。ヴェーアがこの発見を発表して間もなく，イーカーチは連絡を取り，自分の研究で明らかになったことをヴェーアに伝えた。

⓯ すぐにヴェーアはさらなる調査を進めることを決めた。彼は再度，被験者たち

を人工的な明かりから遮断した。しかし今回は，夜間に被験者たちの血液を採取していた。第一睡眠と第二睡眠の間の時間に，何か重要な意味をもつものがあるのだろうか，それとも，ただ単に中世の小作農たちが起きてトイレに行くだけの時間だったのだろうか？

⑯ 結果は，かつて人間が真夜中に目覚めて過ごしていた時間が，日常生活の中でおそらく最もリラックスできる時間帯であったことを示した。

⑰ 化学的に見ると，被験者たちの体は，温泉で一日休息をとった後のような状態であった。2回の睡眠の間の時間帯に，ストレス軽減の役割を果たすホルモンのプロラクチンを，脳が通常よりも多く分泌していたのだ。ヴェーアの研究の被験者たちは，2つに分割された睡眠の間の時間は，瞑想の時間のように感じられたと話している。

⑱ その機会があれば，体が睡眠をだいたい等しく半分に分割することは，多くの他の研究によって示されてきた。人工的な明かり——あるいはコンピュータ，映画，ひどいリアリティーテレビ番組など，それと関連がある全てのもの——がまったくない地域では，人々は今もこのような睡眠をとっている。1960年代中頃，ナイジェリア中央部に住むティブ族の文化を研究する人類学者たちは，ティブ族の人々が二分割の睡眠をとるだけでなく，「第一睡眠」と「第二睡眠」とほぼ同じような名称を使っていることを発見した。

⑲ 我々の現代の睡眠習慣が人間の自然な行動パターンとは違うとわかったことは一大事だと思われるだろう。しかし，ヴェーアの研究が医学雑誌に発表されてからほぼ20年，多くの睡眠の研究者たち——普通の医者は言うまでもなく——は，このことについて聞いたことがない。真夜中に目を覚ましてしまうのは，どこか体が悪い兆候だとみなされてしまうのだ。

⑳ なぜおよそ60億もの人々が，長い間機能していた方法とは対照的な睡眠法をとるようになったのだろう？　ある一つの製品のせいである。かつては画期的なものであったが，今では2ドルもしない。それは電球である。

㉑ 現代生活の中で，我々が当たり前だと思っている他の数えきれないほどのものと同様，電球もニュージャージー州北部の黒い金属フェンスで囲まれた古びたレンガ造りのビルの中で開発が始まった。そこで，トーマス=アルバ=エジソンという名の発明家が，我々の眠り方を変えた小さなガラス球を作り出したのだ。

㉒ エジソンが登場する前にも，使われていた人工的な明かりはあった。1736年，ロンドン市は，通りに5,000個のガス灯を設置することで大きく飛躍した。これによって，暗闇に対する街の恐怖はやわらぎ，店主たちも初めて夜10時を過ぎても店を開けていられるようになった。

㉓ 他の都市もこれに続いた。南北戦争が始まるまでに，ニューヨークの通りには

非常に多くのガス灯があり，夜に外出するのは，日中に外出するのと同じくらい当たり前のことになっていた。ガス灯によって照らされた劇場，歌劇場，酒場は早朝まで営業していた。明かりで十分に照らされた通りは，家まで安全に帰ることを約束してくれた。家もまた炎の明かりで明るかった。

㉔ しかし，エジソンが電球を開発する前，世の中の全ての人工的な明かりは，タイムズスクエアの明るさに対するマッチの明るさのようなものであった。

㉕ 発明家としてのエジソンの経歴は，1860年代，10代の退屈した電信係として，電信機を使って一度に2つ以上のメッセージを送る方法を考え出そうとしていた時に始まった。数年後，彼は蓄音機の発明で名声を得た。彼は，自分の発明がどれほど人気を得るものとなるのか，まったくわかっていなかった。（事実，これがエジソンの人生のパターンとなった。）

㉖ この頃，フランスの発明家たちが，「アーク灯」——空隙の間に弧を描いて電流を流していたのでそう呼ばれた——をフランスのリヨンの通りに設置した。(3)<u>その照明は，家を焼失させたいと思わない限り，台所に置きたいと思うようなものではなかった</u>。アーク灯はかろうじて電気の流れを制御できる球体であった。それは，冷蔵庫の電球のやわらかい光というより，溶接トーチの強烈な白い光に近かった。

㉗ その奇妙な器具は多くの光を生み出したが，それは心地よいものではなかった。インディアナ州では，ある市の裁判所の上に取りつけられた4つのアーク灯は，5マイル離れた牛を照らし出すのに十分な明るさだったと言われていた。カリフォルニアのサンノゼの街には20階建ての塔が建てられ，アーク灯が設置された。混乱した鳥がその建物にぶつかり，最終的には街のレストランのテーブルに出される羽目になった。

㉘ 蓄音機の発明によって得た，いくらかの名声とお金を備え，エジソンはアーク灯よりも優れた人工照明の発明に着手した。彼の目標は，子どもでも扱えるくらい簡単で，うっかり一晩つけたままにしておいても火事にならないくらい安全な明かりを作ることであった。彼は，真空の中で，U字型のワイヤーに電流を流すことによって光を放つ電球を設計したが，おかげでそれは基本的に溶けたり燃えたりすることはなくなった。

㉙ エジソンの電灯は安くて安全でちょうど快適な明るさだったので，世界標準のものとなった。電球は数マイル離れた牛まで届くような明るさではなかった。しかし，電球は来客の人々でいっぱいのリビングルームを明るくする均一で安定した光を放っていた。その発明から数年後，頭に電球を着けた男たちの行列がニューヨークの街路をねり歩き，明るくするのにもう炎は必要がないことを示した。

㉚ エジソンのおかげで，日暮れがもはや社会生活の終わりを意味するものではなくなった。今やその始まりを示すものとなったのだ。夜は恐ろしいものではなくな

り，あらゆる素晴らしいことが起こる時間となった。午前11時と同じくらい，夜11時の生活がうまく機能するようになった。

㉛ 世界の人々は，この余分に生まれた，可能性に満ちた時間に対して，まるで大学生が寮で最初の1カ月を過ごすかのような反応をした。睡眠は，付き合いや仕事よりも重要なものではなくなってしまったのだ——そして今まで一度も以前のような地位を取り戻せていない。

㉜ 工場は今や2倍の生産ができることがわかった。工場は，夜間に働く2つ目のグループの労働者たちを雇い，明かりをつけたままにしておくだけでよかった。エジソンが電球を発明してから20年，電球は工場の組み立てラインの天井から吊り下げられ，そこでは，最初の「深夜勤務の」従業員たちが仕事中に眠らないようにしていた。もはや，ただ単に日が沈んだという理由で仕事を終える必要はなくなってしまったのである。

㉝ 睡眠の自然なリズムが永遠に変わってしまうのを見て，エジソンは何の問題もないと思っていた。決して明確な理由があったわけではないが，彼は睡眠が人々にとって悪いものだと考えていた。

㉞ 余分な睡眠——つまり，エジソンが自分自身の睡眠時間であると主張していた3時間から4時間を超える夜の睡眠——は，人間を「不健康で非効率」にしてしまうと彼は言っている。エジソンは自分の電球を健康的なものと考えていたのだ。彼は「未熟な人間を人工的な明かりのある環境に置きさえすれば，その人間は成長する」と信じていた。

㉟ エジソンの考えでは，人生は組み立てラインのようなものであった。休息のために手を休めることは，ただ時間の無駄でしかなかった。しかし，エジソンは我々よりも少ない睡眠でよかったわけではない。彼は昼夜を問わずうたた寝をして，時々，研究室の作業台で眠ることもあった（そして次の日は徹夜で作業をしたと言うのである）。メンロパークの彼の研究室を訪れた人は，今でも隅にしまってある彼の小さな折りたたみ式ベッドと枕を見ることができる。

㊱ 約100年後の現在，我々は逃げられないほど多くの人工的な明かりに囲まれている。1994年の地震によってロサンゼルスが停電した後，見たことのない「巨大な銀色の雲」が上空にあると警察に連絡した住民たちがいた。それは天の川だった。彼らはそれまで天の川を見たことが一度もなかったのだ。

㊲ 実際，アメリカでは人口の3分の2——ヨーロッパでは半分——の人々が，夜，明るすぎて肉眼で天の川が見えない地域に暮らしている。アメリカでは100人のうち99人が光害のある地域に住んでいる。人工的な明かりが，夜空を自然のままならばそうであるだろうより10倍以上明るくしている場合，天文学者たちはそれを光害と呼んでいるのだ。

㊳ 明かりによってもたらされたものが，夜に様々なものを見つけるのを容易にしてくれたことだけなら，それほど不満を言うことはないだろう。しかし，本来暗いはずの時間に明るい光を持ち込んでしまったため，世界中の生態系を乱してしまったのである。

㊴ 毎年1万羽もの混乱した鳥――蛾のように，明るい照明に引き寄せられる――が光り輝くマンハッタンの超高層ビルにぶつかって死んでしまう。北米全域では，毎年1億羽以上の鳥が明るく照らされたビルに衝突している。人工的な明かりがウミガメからカエルや樹木といった多くの種類の生物にとって脅威となっていると生物学者たちは現在考えている。

㊵ 他の全ての生き物と同様，人間も街灯や超高層ビルの光に影響を受けている。

㊶ 夜の電灯は「概日時計」を狂わせてしまう。これは，生き物が長い時間をかけて発達させてきた自然のリズムのことで，科学者たちがそう呼んでいるのである。夜にたくさんの明るい光を見ると，脳はそれ以上のことがわからないため，それを太陽の光と思ってしまう。体は太陽の光に反応するのと同じ反応をして，起きているように信号を送ってしまう。これは，眠っている間に体が行う細胞をきれいにして元に戻す毎晩のメンテナンス作業を遅らせることになる。さらに人工的な明かりを多く浴びすぎると，体が，睡眠をコントロールする役割を果たすホルモンであるメラトニンを分泌するのを妨げてしまう。

㊷ 眠りが浅いのは体内時計が壊れている一つの兆候である。概日リズムは我々の遺伝子の15％をもコントロールしている可能性がある。人工照明のせいで，それらの遺伝子が正常に機能しなければ，あらゆる健康問題が生じる可能性がある。夜に多くの明かりを見すぎることは，うつ病，心臓病，糖尿病，肥満，さらにはガンでさえも関係があるかもしれないことが研究によりわかっている。

㊸ 科学者たちは，人工的な明かりが我々の健康にどのように影響を及ぼすのか，そして，どのようにすれば概日時計を適切に刻みつづけることができるのかを，さらに解明しようと取り組んでいる。その間，エジソンの発明によって作り出された新しいパターンの時間に合わせて目覚め，そして眠ることが続くだろう。睡眠の研究者であるヴェーアは「我々は今，ある一つの実験の中で生活を送っている」と言っている。

各段落の要旨

❶〜❹ 中世ヨーロッパの人々にとって夜は非常に恐ろしいもので，夜の路上は危険に満ち溢れ，様々な争いが起こりやすく，日中とはあまりにも違っていたので，夜の時間には独自の文化があった。

❺〜❿ 歴史家のイーカーチは歴史資料の中で，第一睡眠，第二睡眠という表現が頻繁に登場することに気づき，先人たちの睡眠は2回に分割され，今日の我々の睡眠方法とは違っていたことを明らかにした。

⓫～⓮ 精神科医のトーマス=ヴェーアは実験で，現代の人々も，人工的な明かりを遮断すると，イーカーチが歴史的記録の中で発見したのと同じように，睡眠が二分割になることを発見した。

⓯～⓲ ヴェーアのさらなる研究から，第一睡眠と第二睡眠の間に目覚めていた時間が化学的に見て最もリラックスできる時間帯であることがわかった。人工的な明かりがない地域では，現代においても二分割の睡眠が見られる。

⓳～㉑ 長らく機能していた睡眠方法が大きく変わったのは，エジソンが電球を発明したからである。

㉒～㉔ エジソンが登場する前にも人工的な明かりはあったが，その規模は決して大きなものではなかった。

㉕～㉙ アーク灯という器具があったが，光が強すぎて，安全性も高くなかったので，エジソンはより優れた人工照明の発明に着手して電球を完成させた。

㉚～㉜ エジソンの電球のおかげで，工場は夜でも稼働するようになるなど，昼と夜の区別がなくなった。

㉝～㉟ エジソンは余分な睡眠時間を悪いものとし，人工的な明かりのある環境でこそ人間は成長するので，電球は健康的なものだと考えていた。

㊱～㊴ 電球誕生から100年後の現在では，人工的な明かりが多すぎて，生態系を乱す原因にもなっている。

㊵～㊸ 夜に人工的な光を浴びることで，人間の概日時計が狂い，それによって様々な健康問題が生じる可能性もある。

解　説

設問1 clashes of all sorts became likely when tempers were shortest, fears greatest, and eyesight weakest

▶英文和訳の問題では，まず文構造をしっかり把握することが出発点となるが，逐語訳では日本語が不自然，あるいは内容がわかりづらい場合には，文脈を考慮しながら訳出を考えなければならない。

▶訳出の前に押さえておきたいポイントとしては，第1段「中世ヨーロッパの人々にとって，夜は非常に恐ろしいものだった」，第2段「夜の路上では略奪や殺される危険もあった」，第3段「夜になると頻繁に人々が争いを起こした（第2文の merchants getting into sword fights with their neighbors の部分がわかりやすい）」という内容がある。

▶主節の文型はSVCの第2文型で，主語である clash(es) は「争い，衝突」という意味。

▶直後の of all sorts は「あらゆる種類の」という意味の形容詞句で clashes を修飾

しており，likely は「起こる可能性が高い」という意味の形容詞で補語として機能している。

▶ when 以下は fears と eyesight の後ろにそれぞれ be 動詞が省略されていることに気づき，when tempers were shortest, fears (were) greatest, and eyesight (was) weakest と読めたかどうかがポイント。このように同一の構造をもつ文が連続する場合，後方の動詞が共通語句として省略されることがある。temper は「気質，気性」という意味で，争いが起こる可能性が高くなるのはどのような時なのか考慮して訳出するとよい。

eyesight「視界」

設問 2 ▶英文の一部に下線が引かれている場合，下線部を含む英文全体の意味を正確に把握することが出発点となる。

> 本文該当箇所の構造
> Why do roughly six billion humans sleep in a way [that's opposite to 【what worked for millions of years】?]
> ＊【名詞節】[形容詞節]

● 該当箇所の意味は「なぜおよそ 60 億もの人々が，長い間機能していたものとは対照的な方法で眠っているのだろう」である。

● that は主格の関係代名詞で直前の a way を修飾する形容詞節を形成している。what は関係代名詞で名詞節を作り，前置詞 to の目的語となっている。また work は「機能する」という意味の自動詞。
opposite to ～「～と反対の」

▶現在と過去の睡眠パターンを対比させていることに気づけば，下線部(2)の「長い間機能していたもの」とは，イーカーチが歴史的記録の中で発見した昔の人々の睡眠パターン，つまり二分割の睡眠パターンであることがわかる。解答欄の大きさを考慮すると，この「二分割の睡眠パターン」を軸に説明を加える必要がある。第 8 段で二分割の睡眠パターンが簡潔に説明されており，「日が沈むと眠り，真夜中に一度目を覚ます」「1 ～ 2 時間過ごした後，再び朝まで眠る」という内容をまとめればよい。

設問 3 The light wasn't anything you would want in your kitchen, unless you wanted to burn the house down.

▶主語の the light「照明」はアーク灯のことを指しており，このアーク灯の特徴を踏まえた上で訳出した方が内容を理解しやすい。

▶下線部(3)直後の第 26 段第 3 文および最終文では，このアーク灯は電気の流れをかろうじて制御しており，その光は強烈なものであったという説明があることから，このアーク灯は台所に置くには不向きだという内容が述べられているのではないかというアプローチで訳出する。

▶ you would want in your kitchen は直前の anything を修飾する形容詞節で，逐語訳は「台所にほしいもの」となるが，アーク灯についての言及なので「台所に置きたいと思うもの」といった訳出にする。

▶従属節を導いている unless は「～でない限り」という訳出で，burn *A* down は「*A* を焼失する，*A* を全焼する」という意味になる。

設問 4 人工的な明かりが，夜空を自然のままならばそうであるだろうより 10 倍以上明るくしている

▶人工的な明かりがどの程度夜空を明るくしているのか，比較表現を用いて修飾すればよいことを見抜き，まずは「人工的な明かりが夜空を明るくしている」という骨格を，make を使った SVOC の第 5 文型で表現する。

▶人工的な明かりが夜空を明るくしている

- 「人工的な明かり」は本文で登場する artificial light（不可算名詞を使って人工的な明かりの総称を表現）を用いればよい。
- make を使って次のように表現できる。
  artificial light makes the night sky bright
- artificial light は「個々の人工的な照明」とも解釈できるので，複数形で表現することもできる。

▶自然のままならばそうであるだろうより 10 倍以上明るく

- この部分は ～ times as＋原級＋as … という倍数表現を使って，more than ten times as bright as … とすればよい。また比較級を用いて，more than ten times brighter than … とすることも可能。
- 比較の対象となる「自然のままならばそうであるだろうより」の部分は，その内容から述部を仮定法で表す必要がある。
- 「自然のまま」は under natural conditions や naturally といった語句で表現すればよい。

設問 5 ▶下線部の逐語訳は「世界中の生態系の中にレンチを投げ込んでしまった」となる。wrench はボルトなどを締めたりする工具の「レンチ」のことだが，逐語訳では意味をなさないので，本文中の例を使って説明することが求められている。

▶下線部を含む第 38 段は，第 1 文に「明かりの登場によって，夜に様々なものを見つけやすくなっただけなら，不満を言うこともない」とあるが，続く第 2 文は逆接のButに導かれて，「本来暗いはずの時間に明るい光が持ち込まれたため，生態系の中にレンチを投げ込むこととなった」と続いている。これにより，明るい光の登場により，生態系に何らかの悪影響が出たのだろうと判断できる。

▶下線部(5)直後の第39段で，その例として毎年1万羽の鳥が夜に明るく照らされたマンハッタンの超高層ビルにぶつかり，北米全域となると1億羽以上もの鳥がビルに衝突しているという事例が挙げられており，さらに最終文では人工的な明かりが多くの生物にとって脅威となっていると述べられている。

▶以上の点から，人間が夜に人工的な明かりを持ち込んだため，生態系が乱されてしまったという内容を読み取り，多くの鳥がビルに衝突して死んでしまう例を挙げ，人工的な明かりが様々な生物にとって脅威となり，生態系を乱したという内容をまとめればよい。

throw a wrench into ～「～を台無しにする，～を混乱させる」

設問6　正解は　C　▶補充するパラグラフの意味は「その時，実験が奇妙な展開になった。間もなく被験者たちは夜の12時を過ぎると少し身動きし始めるようになったのだ。彼らはベッドの中で1時間かそこら目を覚ましたまま横になり，その後，再び眠りについた」。

▶この設問を解く段階では，中世ヨーロッパの人々は睡眠を2つに分割していたことにイーカーチが気づいたという内容が読み取れているはずなので，このパラグラフは，ある実験においても被験者たちの睡眠が二分割の睡眠に変化したという内容のものだとわかる。その二分割の睡眠に着目すると，Cの直後の段落の第1文に，「それはイーカーチが歴史的記録の中で発見したのと同じ類の二分割の睡眠だった」とあり，主語のItは，補充するパラグラフの内容を受けたものと判断できる。また，補充するパラグラフの第1文のThatは，補語にwhen節をとることから「時」を指すとわかり，Cの直前の文のAfter a few weeks＝「実験が奇妙な展開を見せた時」と解釈できることからも，Cが適切。

設問7　正解は　2・8・10・15　▶1.「中世ヨーロッパでは，海から遠く離れたところに暮らす村人たちでさえ，星の位置から自分たちの運命を判断する能力があった」　第4段第3文で海を見たことがない田舎の農民たちが，星の位置からtime and direction「時間と方角」を知る方法を心得ていたとあるが，自分たちの運命を判断することができたとは述べられていない。fortune「運命，運勢」の意味が判別できれば消去できる。

▶2.「中世の小作農たちは，統治者たちが儀式を行った時，それが明るく照らされていたことに驚いたに違いない」　第4段第4文および最終文ではmonarch「君主」や bishop「司教」たちが何百ものたいまつに火を灯して凝った儀式や舞踏会を開き，見る者たちに感銘を与え，小作農たちはその眩しさに目をくらませたという内容が述べられているので，小作農たちがその様子に驚いていたことがわかる。よって一致。

本文および選択肢に登場する put on *A*〔put *A* on〕「*A*（劇，競技など）を上演する，催す」は，やや難しい表現ではあるが，目的語の ceremonies「儀式」に着目して意味を推測したい。また lit が light「〜を明るくする，照らす」の過去分詞として機能し，本文中では elaborate ceremonies and dances を補足説明し，選択肢の中では ceremonies を修飾している点に気づけたかどうかも内容を把握する上でポイントとなる。選択肢に含まれる ruler「支配者，統治者」は，本文中の monarch，bishop を言い換えた表現なので語彙力も問われている。

▶3.「15 世紀に書かれた医学書は『第一睡眠』から目覚めた後，ベッドの位置を変えるよう読者に勧めている」 15 世紀の医学書については第 6 段第 2 文で言及されている。その医学書では第一睡眠では右側を下にして眠り，その後は左側を下にして横になるように指示されており，ベッドの位置を変えるように勧めているわけではないので不一致。

▶4.「ロジャー=イーカーチは，1 棟のアパートの中で 2 回に分けた睡眠をとるのは，中世ヨーロッパではあまり一般的なことではなかったことに気づいた」 イーカーチが発見したのは中世ヨーロッパの人々が睡眠を 2 つに分割していたことであり，選択肢のような内容は本文中で述べられていない。

選択肢に含まれる a single block of flats「アパートの 1 棟」は意味がとりづらい表現だが，第 8 段第 1 文では，イーカーチが発見した睡眠の分割について，a fact of life that was once as ordinary as eating breakfast「かつては朝食を食べるのと同じくらい普通のことであった生活の事実」とあり，選択肢の it was not really common in medieval Europe to have the two halves of one's sleep の部分だけでも誤りと判断できる。

▶5.「睡眠を分割することは私たちの体にとって極めて自然なことだと考えられるが，それはヨーロッパの外では行われてこなかった」 第 18 段第 2 文で人工的な明かりがない地域では今でも二分割の睡眠法が存在しているとあり，同段最終文でも二分割の睡眠をとるナイジェリアのティブ族の例が述べられているので不一致。

▶6.「エジソンが電球を発明する前，ロンドンの店主が夜 10 時以降に店を開けておくことは，ほぼ不可能であった」 第 22 段で，エジソンが登場する前にも人工照明はあり，ロンドン市ではガス灯が設置されたことで店主たちは夜 10 時を過ぎても店を開けていられたとあるので不一致。

▶7.「エジソンは 1860 年代に電信係として働いている間，非常に退屈だったので，新しい人工照明の発明に着手した」 第25段では，エジソンが退屈した電信係だった時，電信機を使って一度に2つ以上のメッセージを送る方法を考え出そうとし，数年後には蓄音機を発明したという内容が述べられているが，その時に人工照明の発明に着手したわけではないので不一致。

▶ 8.「あるアメリカの街の建物の上に設置されたアーク灯は非常に明るく，その光は5マイル離れたところまで達したと言う人もいた」 installed は過去分詞で arc lights を修飾する形容詞句を形成している。so ～ that …「とても～なので…」の表現に気づいて選択肢の内容を正確に把握することがポイント。

> 選択肢の構造
> Some people said【that arc lights (S′) [installed on top of a building in an American town] were (V′) so bright (C′) 〈that the light could reach things five miles away〉】.
> ＊【名詞節】〈副詞節〉[形容詞句]

第27段第2文で，インディアナ州の裁判所の上に取りつけられたアーク灯は，5マイル離れた牛を照らし出すのに十分な明るさだったと言われていたとあるので本文に一致。

> 本文該当箇所の構造
> In Indiana, four arc lights (S) [installed on top of a city's courthouse] were said (V) to be bright 〈enough to light up cows five miles away〉. ＊〈副詞句〉[形容詞句]

▶ 9.「エジソンの電球の中にある，白熱して輝くワイヤーは，それが『U』の文字のような形をしていたため，溶けたり火がついたりすることがなかった」 第28段最終文で，エジソンの電球は真空の中でU字型のワイヤーに電流を流して発光するもので，そのおかげで溶けたり火がついたりすることがなかったと述べられている。ワイヤーが溶けたり，火がついたりすることがなかったのは，それが単にU字型だったためではなく，真空の中にあったためなので不一致。
vacuum「真空」

> 本文該当箇所の構造
> He designed a lightbulb [that glowed from electric currents [passing through a U-shaped wire [set in a vacuum]]], which essentially kept it from melting or catching on fire.
> ＊[形容詞句/形容詞節]

該当箇所の意味は「彼は，真空の中で，U字型のワイヤーに電流を流すことによって光を放つ電球を設計したが，おかげでそれは基本的に溶けたり燃えたりすることはなくなった」である。

set in a vacuum の部分は過去分詞の set が導く形容詞句で直前の a U-shaped wire を修飾している。which は関係代名詞の非制限用法で，「真空中のU字型のワイヤーに電流を流す」というコンマの前の内容を指している。

▶ 10.「エジソンの発明した照明は，安くて安全で，部屋を照らすのに十分な明るさだったので，世界標準のものとなった」 第29段第1文「エジソンの電灯は安くて安全で，ちょうど快適な明るさだったので，世界標準のものとなった」，同段第3文「電球は来客の人々でいっぱいのリビングルームを明るくする均一で安定した光を放っていた」という内容に一致。

illuminate「～を照らす」

▶ 11.「大学の新入生は寮に入った後の1カ月間，それまでより長い睡眠をとっていたことが本文から推測できる」 主語のIt は形式主語で，後方のthat 以下の名詞節が真主語となっている。第31段では，エジソンの電球が普及して夜でも活動ができるようになり，世界の人々は，まるで大学生が寮で最初の1カ月を過ごすかのような反応をし，睡眠が重要ではなくなったという内容が述べられている。したがって，寮に入ったばかりの大学の新入生たちは睡眠を重視していない，すなわち睡眠時間が少なかったことがわかる。よって不一致。

第31段第1文にある these extra hours of possibility「この余分に生まれた，可能性に満ちた時間」とは電球の登場により，昼間と同じように過ごすことが可能になった夜の時間のことを指している。また like college students respond to ～ の like は「～する（のと同じ）ように」という意味の接続詞として機能している。

dormitory (dorm)「寮」

▶ 12.「電灯が導入され，工場の従業員たちの通常の労働時間は2倍になった」 第32段第1文「工場は今や2倍の生産ができることがわかった」，同段第2文「工場は，夜間に働く2つ目のグループの労働者たちを雇い，明かりをつけたままにしておくだけでよかった」という内容から，2交代制の勤務にすることで工場の生産が2倍となったのであって，個々の従業員の労働時間が2倍になったわけではないとわかるので不一致。

▶ 13.「アーク灯を除いて，明るい電灯は非常に混乱を招き，夜に建物にぶつかる野鳥を引き寄せた」 第27段最後の2文で，アーク灯の設置された建物に混乱した鳥がぶつかったという内容が述べられているので不一致。

except for ～「～を除いて」

▶ 14.「もし明るく照らされた部屋に，数日間閉じ込められても，概日時計が遺伝子によってコントロールされているので，一日がいつ始まり，そして終わるのか正確にわかるだろう」

選択肢主節の構造

you(S) would know(V) 〈with accuracy〉【when the day begins and ends】(O) 〈because the circadian clock is controlled by genes〉 ＊【名詞節】〈副詞句/副詞節〉

選択肢の内容を正確に把握することがポイント。you would know with accuracy when ～ の部分は with accuracy「正確に」が with＋抽象名詞の形で副詞句として機能し，when 以下の名詞節が know の目的語となっている。第 41 段第 1 文では「夜の電灯は『概日時計』を狂わせる」とあり，明るく照らされた部屋に数日間閉じ込められれば，概日時計が狂ってしまうことがわかるので不一致。なお，ここで言われている the day「一日」は日中，すなわち太陽の出ている時間帯を指す。

mess with ～「～とトラブルを起こす，～に干渉する」

▶ 15.「夜，あまりにも多く人工的な明かりにさらされることは，肉体的な問題だけではなく，精神的な問題をも引き起こす原因となる可能性がある」 第 42 段最終文で，夜に多くの明かりを見すぎることが，うつ病や心臓病などの病気と関係している可能性があるとわかってきたと述べられている。心臓病などの肉体的な問題に加え，うつ病という精神的な問題も人工的な明かりとの関連性が示されているので正解となる。

depression「うつ病」

解答

設問 1　最も気が短くなり，最も恐怖心が大きくなり，視界が最も悪くなる時，ありとあらゆる争いが起こる可能性が高くなった

設問 2　日が沈むとまもなく眠りにつき，夜の 12 時過ぎに目を覚まし，1 ～ 2 時間過ごした後，再び朝まで眠るという二分割の睡眠パターン。

設問 3　その照明は，家を焼失させたいと思わない限り，台所に置きたいと思うようなものではなかった。

設問 4　artificial light makes the night sky more than ten times as bright as it would be under natural conditions

設問 5　毎年マンハッタンでは 1 万羽，北米全域では 1 億羽以上もの鳥が，夜に明るく照らされたビルに衝突して死んでしまうなど，人工的な明かりが様々な生物にとって脅威となり，世界中の生態系を乱したこと。

設問 6　C

設問 7　2・8・10・15

18

2015年度〔2〕

次の英文を読んで，以下の設問に答えよ。

We are being flooded every day with computational findings, conclusions, and statistics. In op-eds [*1], policy debates, and public discussions, numbers are presented with the finality of a door slammed shut. In fact we need to know how these findings were reached, so we can evaluate their relevance, their credibility, resolve conflicts when they differ, and make better decisions. (1)Even figuring out where a number came from is a challenge, let alone trying to understand how it was determined.

This is important because of how we reason. In the thousands of decisions we make each day, seldom do we engage in a deliberately rational process anything like gathering relevant information, distilling it into useful knowledge, and comparing options. In most situations, standing around weighing pros against cons is a pretty good way to ensure defeat, either metaphorical or real, and miss out on pleasures in life. So of course we don't very often do it ; instead, we make quick decisions based on instinct, intuition, heuristics, and shortcuts honed over millions of years.

Computers, however, are very good at components of the decision-making process that we're not : They can store vast amounts of data accurately, organize and filter it, carry out blindingly fast computations, and beautifully display the results. Computers can't (yet?) direct problem solving or contextualize findings, but for certain important sets of questions they are invaluable in enabling us to make much more informed decisions. They operate at scales our brains can't, and they make it possible to tackle problems at ever greater levels of complexity.

The goal of better decision making is behind the current excitement surrounding big data, the emergence of "evidence-based" everything—policy, medicine, practice, management, and issues such as climate change, fiscal predictions, health assessment, even what information you are exposed to online. (2)The field of statistics has been addressing the reliability of results derived from data for a long time, with many successful contributions.

The scientific method suggests skepticism[＊2] when interpreting conclusions and a responsibility to communicate scientific findings transparently so others may evaluate and understand the result. We need to bring these notions into our everyday expectations when presented with new computational results. We should be able to dig in and find out where the statistics came from, how they were computed, and why we should believe them. (3)結果が公表されるとき，そうした考え方はほとんど考慮されない。

I'm not saying we should independently verify every fact that enters our daily life—there just isn't enough time, even if we wanted to—but the ability should exist where possible, especially for knowledge generated with the help of computers. Even if no one actually tries to follow the chain of reasoning and calculations, more care will be taken when generating the findings when the potential for inspection exists. If only a small number of people look into the reasoning behind results, they might find issues, provide needed context, or be able to confirm their acceptance of the finding as is. In most cases, the technology exists to make this possible.

Here's an example. When news articles started appearing on the World Wide Web in the 1990s, I remember eagerly anticipating hot-linked statistics—being able to click on any number in the text to see where it came from. More than a decade later, (4)this still isn't routine, and facts are asserted without the possibility of verification. For any conclusions that enter the public sphere, it should be expected that all the steps that generated the knowledge are disclosed, including making the data they're based on available for inspection whenever possible and making available the computer programs that carried out the data analysis—open data, open source, scientific reproducibility.

Without the ability to question findings, we risk fooling ourselves into thinking we are capitalizing on the Information Age when we're really just making decisions based on evidence that no one, except perhaps the people who generated it, can actually understand. That's the door closing.

＊1 op-ed : a newspaper page opposite the editorial page, devoted to personal opinions

＊2 skepticism : an attitude that questions or doubts accepted opinions

〔Adapted from Victoria Stodden, "Where Did You Get That Fact?" *What*

Should We Be Worried About? Real Scenarios That Keep Scientists Up at Night. Ed. John Brockman. New York: Harper-Perennial, 2014, 340-42.]

設 問

1 下線部(1)を日本語に訳せ。

2 下線部(2)を日本語に訳せ。

3 下線部(3)を英語に訳せ。

4 下線部(4) this の指す内容を日本語で簡潔に説明せよ。

5 以下の(1)から(4)の答えとしてもっとも適切なものをAからEの中から選び，記号で答えよ。

(1) In paragraph 1, what does "a door slammed shut" refer to?

A. lack of sufficient time to research how facts were derived
B. narrow-minded refusal to consider any numerical data
C. our embarrassment about our grasp of complex data
D. our inability to enjoy life if we are constantly analyzing data
E. overconfidence in popular discourse when it comes to numerical data

(2) In paragraph 4, why is the phrase "evidence-based" in quotation marks?

A. The author is critical of the term "evidence-based."
B. The author is emphasizing the importance of evidence.
C. The author is indicating that the term "evidence-based" is of foreign origin.
D. The author is repeating what a famous person said.
E. The author is uncertain of the meaning of "evidence-based."

(3) Which statement is **NOT** mentioned in the text regarding the implications of applying the scientific method to the use of data?

A. We would be suspicious of data that lacked transparency regarding its origins.

B. We would discuss the trustworthiness of the data as a matter of course.

C. We would expect others to be able to find the same results using the same raw data, calculations, and analytical methods.

D. We would rely on evaluations of the accuracy, validity, and reliability of data.

E. We would sue those who concealed their data collection and analysis procedures.

(4) Which of the following worries the author most?

A. Artificial intelligence may result in statisticians losing their jobs.

B. Humans rely on mental shortcuts to make quick decisions.

C. It is often difficult to check how data has been produced.

D. Many people do not consult the World Wide Web when making decisions.

E. The capacity of the human brain to process large amounts of data is limited.

全 訳

■数値データの信頼性について

❶ 我々の日常は，コンピュータによって処理された所見，結論，そして統計データで溢れ返っている。新聞の論説欄，政策論争，公開討論では，ぴしゃりとドアを閉めるような決定的な調子で数字が示されている。実際は，そういった調査結果がどのようにして得られたのか知る必要があり，そうすることによって，その妥当性や信憑性を判断し，それらが異なるときには矛盾を解決し，よりよい決定を下すことができる。(1)数字がどのようにして決められたのかを理解しようとすることはもちろん，その数字がどこから出てきたのかを明らかにすることさえ困難である。

❷ 我々の論理的な判断方法を考慮すると，これは重要なことである。我々が日々行う膨大な決定において，関連した情報を集め，それを有益な知識へとまとめあげ，他の選択肢と比較するといった時間と手間をかけた合理的なプロセスをとることはめったにできない。多くの場合，良い点と悪い点を検討するだけで何もしないでいることは，隠喩的または現実的な負けを確実なものとし，人生における楽しみを逃してしまうなかなか良いやり方となる。だからもちろん，そのようなことを頻繁に行うわけにはいかない。そうする代わりに，我々は長い間かけて改善してきた本能，直感，経験則，そして近道に基づいて素早く決断しているのだ。

❸ しかし，コンピュータには，我々が得意ではない意思決定プロセスを構成する要素が見事に備わっている。コンピュータは大量のデータを正確に蓄え，それらを整理して取捨選択し，目がくらむほどの速い速度で計算し，その結果を見事に表示する。コンピュータは問題解決を指揮したり，到達した結論の前後関係を考慮したりすることは（今のところ？）できないが，我々がはるかに多くの情報に基づいた決定を行うことを可能にするという点で，いくつかの重要な問題に対しては非常に有効なものとなっている。コンピュータは，人間の脳では行えないスケールで機能しており，ますます複雑なレベルで問題に対処することが可能になっている。

❹ ビッグ・データをめぐる昨今の熱狂，すなわち，「証拠に基づいた」あらゆるもの――政策，医療，訴訟業務，経営，そして気候変化や財政予想，健康評価といった問題や，ネット上で触れるあらゆる情報さえ――が登場した背景には，よりよい意思決定を行うという目標がある。(2)統計学の分野は，データから得られた結果の信頼性という問題に長い間取り組んできており，多くの成果を上げることに成功している。

❺ 科学的方法では，結論を解釈する際の懐疑的態度と，人々が結果を判断して理解できるよう，科学的に判明したことを明確に伝えることに責任をもつことを勧め

ている。コンピュータによって処理された新しい結果が示されたとき，こうした考え方を日々の予想に適用する必要がある。その統計がどこからきたのか，どのようにして計算されたのか，そして，なぜそれを信じるべきなのかを掘り下げ，見つけられなければならない。結果が公表されるとき，そうした考え方はほとんど考慮されない。

❻ 私は日常生活で出会う全ての事実を個別に検証するべきだと言っているわけではなく――たとえ望んだとしても，そのような時間はない――とりわけコンピュータの助けを借りて生み出された知見に関しては，可能とあらば検証できる能力を持ち合わせているべきだと言っているのだ。たとえその推論や計算の筋を辿ろうとする人が実際にいないとしても，検証できる可能性が存在していれば，結果を示す際にはより多くの注意が払われることになるだろう。一部の人々が結果の背後にある根拠を調べさえすれば，問題を発見し，必要なコンテクストを加え，あるいは結果をそのまま受け入れてもかまわないと確証できるかもしれない。多くの場合，それを可能にしてくれるテクノロジーは存在しているのだ。

❼ ここにある一つの例がある。1990 年代，ニュース記事がインターネット上に出始めたとき，私は統計データがホットリンクされること――本文に出てくるどの数字でもクリックすれば，その数字の出所を確認できること――を待ち望んでいたことを覚えている。あれから 10 年以上経つが，それはまだ定着しておらず，事実は検証できない形で主張されている。公的な領域まで入ってくる結論に関しては，そこに至った全ての段階が公表されるのは当然のことであるが，それには次のことが含まれる。すなわち，根拠としたデータは検証のために，可能であるならいつでも閲覧でき，データ分析を行ったコンピュータプログラムの閲覧も可能にする――オープン・データ，オープン・ソース，科学的再現性――ことである。

❽ 結果に異議を唱えることができなければ，その結果を導き出した人以外，実際は誰もわかっていない証拠に基づいて決定を下しているだけなのに，自分たちは情報化時代の波に乗っているのだと勘違いしてしまう恐れがある。それでは扉を閉めてしまうことになってしまうのだ。

各段落の要旨

❶ 我々の日常は様々な統計データで溢れ返っているが，その数値の出所を特定するのは困難である。

❷ 日常生活における膨大な決定において，あらゆる情報から全ての選択肢を比較し決定することはできないので，我々は経験則などをもとに素早く決断をしている。

❸ コンピュータを使えば，多くの情報に基づいた決定を下すことが可能で，人間の脳では不可能な，かなり複雑なレベルで問題に対処することができる。

❹ 統計学の分野はデータから得られた結果の信頼性という問題に長く取り組んできた。

❺ コンピュータによって処理された結果を示す場合，その統計の出所が明らかにされ

るべきだが，そういった考え方はほとんど考慮されていない。

❻ コンピュータを利用して生み出された知見に関しては，それが検証可能なものである必要があり，それを可能にするテクノロジーは存在している。

❼ データや事実はいまだ検証できない形で主張されているが，公的領域の結論は，そこに至る全ての段階が公表されるべきである。

❽ 結果に異議を唱えることができなければ，根拠のはっきりしない証拠に基づいて決定を下しているだけなのに，情報化時代をうまく利用していると勘違いしてしまう恐れがある。

解　説

設問 1　Even figuring out where a number came from is a challenge, let alone trying to understand how it was determined.

▶ Even figuring out where a number came from という動名詞句が文の主部。where は名詞節を導く疑問副詞で，where a number came from「数字がどこから出てきたのか」の部分が figure out の目的語となっている。また，この部分は関係副詞 where の前に先行詞 the place が省略された用法と捉えることも可能なので「～する所，場所」と訳してもよい。figure out *A*〔figure *A* out〕は「*A* を明らかにする，*A* を見つけ出す」，補語の challenge は「困難なこと，難題」という意味。

▶ let alone ～ は否定的文脈の後につなげ「まして～ない，～はいうまでもなく」という意味になる。数字の出所を明らかにすることさえ困難で，ましてそれがどのように決められたのか理解することはさらに難しいという内容になるよう訳出する。主部にある副詞の even「～さえ」を考慮し，「数字がどのようにして決められたか理解しようとするのはもちろん，～さえ困難である」と訳してもよい。how 以下は名詞節で understand の目的語となっているが，この how も疑問副詞または先行詞を含む関係副詞の用法のどちらにも捉えることができるので，「それがどのようにして決められたのか」，「それが決められた方法」といった2パターンの訳出が可能。

設問 2　The field of statistics has been addressing the reliability of results derived from data for a long time, with many successful contributions.

▶述語動詞の address の処理がポイント。address は多義語で，ここでは「(問題など) に取り組む」という意味だが，その意味が瞬時に思い浮かばない受験生もいると思われる。「統計学という分野」が，「データから得られる結果の信頼性」というものを address してきたとはどういうことなのだろうというアプローチから「〜に取り組む」という意味に近づけて，和訳を成立させたい。また直訳では「信頼性に取り組む」となるが文脈を考慮して，「信頼性という問題に取り組む」といった訳にするとよい。

▶ derived from data の部分は，derive *A* from *B*「*B* から *A* を得る」という表現が過去分詞として機能し，直前の results を修飾する形容詞句となっている。「同伴，付帯」の意味を表す with に導かれた文末の with many successful contributions という副詞句は，直訳すると「多くの成功した貢献を伴い」となるが，統計学の分野が信頼性の問題に取り組み，それにどのようなことが付随したのか考慮して訳出する。「統計学の分野は…に取り組み，多くの成果を上げることに成功している」というように，副詞句を結果として訳すような形にするとよい。
statistics「統計（学）」

設問 3　**結果が公表されるとき，そうした考え方はほとんど考慮されない。**

▶そうした考え方はほとんど考慮されない

● 主語の「そうした考え方」は第 5 段第 2 文で登場する these notions がそのまま使える。また way「方法」を使って such a way of thinking といった表現も可能。

● 「ほとんど考慮されない」は「*A* を考慮に入れる」take *A* into consideration〔account〕という表現を受動態にして，hardly，scarcely などの準否定語の副詞を入れれば表現できる。「ほとんど〜ない」を程度ではなく頻度と解釈すれば，seldom や rarely を用いることができる。

▶結果が公表されるとき

● 「結果」は本文中でも使われている通り findings や results といった複数形にしておく。

● 「公表される」は publish や announce などの動詞を使って受動態で表現すればよい。

設問 4　▶下線部(4)を含む文は「10 年以上経つが，これはまだ定着しておらず，事実は検証できない形で主張されている」という意味。直前の第 7 段第 2 文では，ニュース記事がインターネットに出始めたとき，筆者はそこに出てくる統計データがホットリンクされることを待ち望んでいた（I remember eagerly anticipating hot-linked statistics）とあるので，this が指しているのは hot-linked statistics だと判断できる。

▶ hot-linked statistics の内容はダッシュ以下（being able to click on any number in the text to see where it came from）で述べられており，ニュースの本文に出てくる数字をクリックすると，その数字の出所を確認することができることとあるので，この点をまとめればよい。

設問5 (1) 正解は E ▶設問は「第1段の“a door slammed shut”という表現は何を示しているか」というもの。a door slammed shut は「バタンと閉められたドア」という意味で，該当部分の意味は「新聞の論説欄，政策論争，公開討論では，ぴしゃりとドアを閉めるような決定的な調子で数字が示されている」である。

▶直後の第1段最後の2文では，本来はそういった数字の信憑性を判断するため，それらの数字がどのようにして得られたか知る必要があるが，その出所を確認することさえ困難であるという内容が述べられている。一般に議論されている話の中で示される数字の出所を確認しようとしても，それが受け付けられていないことの比喩として，a door slammed shut という表現が用いられており，そういった数字は，必ずしも信憑性があるとは限らないということが示されているとわかる。したがって選択肢の中では，E.「数字のデータに関して，一般大衆向けの論説の中に見られる過信」が最も適切。

overconfidence「過信」 discourse「論説」

▶それぞれの選択肢の意味は次の通り。

A.「主張されたことがどのように導かれたのかを調べる十分な時間がないこと」

B.「狭い心で，いかなる数字的データの考慮をも拒むこと」

narrow-minded「狭い心の」 numerical「数字の」

C.「複雑なデータを把握することに対する我々の困惑」

grasp「把握」

D.「常にデータを分析していると生活を楽しめなくなること」

設問5 (2) 正解は A ▶設問は「第4段で“evidence-based”という表現に引用符がついているのはなぜか」というもの。第5段の内容をしっかり読み取ることで正解にたどり着ける。ポイントは以下の通り。

1. 科学的方法においては懐疑的態度が必要。
2. 統計データはその出所や計算方法などが検証できるようになっていなければならない。
3. ところが実際は結果が公表されるとき，2のようなことはほとんど考慮されていない。

以上の点から，筆者は検証できないデータが，“根拠に基づいた”データとして出回ることはおかしいという考えをもっていることがわかる。したがって，A.「筆者は“evidence-based”という表現に対して批判的である」が正解となる。

▶それぞれの選択肢の意味は次の通り。

B.「筆者は証拠の重要性を強調している」

C.「筆者は“evidence-based”という表現は，外国に起源があるということを示している」

D.「筆者はある有名な人が言ったことを繰り返している」

E.「筆者は“evidence-based”の意味に確信がもてない」

設問5 (3) 正解は E ▶設問は「科学的方法をデータの利用に適用することの影響に関して，本文で述べられていない記述はどれか」というもの。regarding は「～に関して」という意味の前置詞で，implication は「影響，結果」という意味。

▶第5段の内容から scientific method「科学的方法」には，結論を解釈する際の懐疑的態度と，示された結果がどのようにして得られたのかが検証できることが必要とわかる。そういった手法がデータの利用に応用された場合の影響として，データや手順を隠した人が告訴されるという内容は本文中で言及されていないので，E.「私たちは収集データや分析手順を隠した人々を告訴するだろう」が正解となる。sue「～を告訴する」という単語は難易度が高いため，現実的には「収集データや分析手順を隠した人々」に関する言及がないという点から判断することになるかもしれない。

▶A.「私たちは，その出所に関して透明性に欠けるデータに疑念を抱くだろう」 第5段第3文では，ある統計がどこからきたもので，どのように計算されたか，そしてなぜそれを信じるべきなのか掘り下げ，見つけられなければならないという内容が述べられ，数値データは科学的方法，すなわち検証可能な形で示されなければならないと筆者は訴えている。その方法が取られていれば信憑性はあるが，もし検証不可能，すなわち，その数値の出所が不透明であれば，そのデータは信じられるものではなくなるという内容が読み取れるので本文に一致。

▶B.「私たちは，当然データの信頼性について議論するだろう」 第6段第2文および第3文では，データを検証できる可能性が存在していれば，結果を示す際には多くの注意が払われること，結果の背後にある根拠を調べる人がいれば，問題点を発見したり，必要なコンテクストを加えたり，あるいはその結果をそのまま受け入れてもかまわないと確証できたりする可能性も出てくるという内容が述べられている。したがって，科学的手法（検証可能な手法）がデータ利用に適用されれば，その信頼性について検証が行われることが読み取れるので本文に一致。

▶C.「同一の未加工データ，計算，分析手法を使えば，他の人々も同じ結果を見つけることができると私たちは期待するだろう」 第7段最終文に，公的な結論は，そこに至った全ての段階が公表されるべきだとあり，それには scientific reproducibility「科学的再現性：同じ条件であれば，何度でも同じ結果が得られること」が含まれるとあるので本文に一致。

▶D.「私たちは，データの正確性，妥当性，信頼性の評価を信頼するようになるだろう」 本文全体，特に第5・6段から，データの検証が可能な科学的手法が適用されれば，データの質に評価が下されることになる，と筆者は期待していることが読み取れる。現在は提示されたデータそのものを信頼するしかない状況だが，データの正確性や妥当性，信頼性に対する評価があれば，我々はそちらをより信頼するだろうと推測できるので本文に一致。

設問5 (4) 正解はC ▶設問は「筆者を最も心配させているのは以下のうちどれか」というもの。本文全体を通して，筆者は様々な数値データがどのようにして導き出されたのか検証できない形で示されているのを懸念していることが読み取れるので，C.「多くの場合，データがどのように生み出されたか確認するのが難しい」が正解となる。

▶それぞれの選択肢の意味は次の通り。

A.「人工知能によって統計学者たちはその職を失うことになるかもしれない」 statisticians「統計学者」は動名詞 losing の意味上の主語。

B.「人間は素早い決定を下すため，頭の中で考えた簡単な方法を頼りにする」

D.「多くの人々が決定を下すとき，インターネットを使わない」

E.「人間の脳が膨大なデータを処理する能力は限られている」

解答

設問1 数字がどのようにして決められたのかを理解しようとすることはもちろん，その数字がどこから出てきたのかを明らかにすることさえ困難である。

設問2 統計学の分野は，データから得られた結果の信頼性という問題に長い間取り組んできており，多くの成果を上げることに成功している。

設問3 When findings are published, these notions are hardly taken into consideration.

設問4 インターネット上のニュース記事に出てくる数字をクリックすると，その数字の出所が確認できること。

設問5 (1)―E (2)―A (3)―E (4)―C

19

2014 年度〔1〕

次の英文を読んで，以下の設問に答えよ。

Ours is the era of transnational corporations, global electronic outsourcing, just-in-time deliveries, the automation of jobs, corporate lay-offs and multiple rounds of job cutting. The term "globalization" has become a kind of cultural shorthand for capturing these tumultuous socio-economic changes, and—whilst the debate over globalism has been widespread in the social sciences—it is widely agreed that globalization has given rise to the emergence of a "new economy" in which financialization, communications and services come to the fore in the polished, expensive cities of the West.

The impact of multinational corporations, able to export industrial production to low-wage spots around the globe, and to restructure investment in the West away from manufacture to the finance, service and communications sectors, has spelt major changes in the ways people live their lives, how they approach work, as well as how they position themselves within the employment marketplace. Whilst employment has become much more complex than in previous periods as a result of the acceleration of globalization, one key institutional fact redefining the contemporary condition has been the rapid decline of lifetime employment. The end of a job-for-life, or of a career developed within a single organization, has been interpreted by some critics as heralding the arrival of a "new economy"—flexible, mobile, networked. Global financier and philanthropist George Soros argues that (①) in the modern economy.

Reference to the "new economy" has become a stereotype within recent discussions of globalization, and (1) I want to clarify its meaning here—as I am going to subsequently suggest that a better term is the "project-based economy", a term especially relevant for grasping the widespread trend towards career reinvention. The new economy, as referenced by economists and sociologists especially, refers to the emergence of computer-based production technology, largely in the service, finance and communication sectors ; the spread of new information technologies, which underpin spatially dispersed global production and consumption ; and new ways of organizing work, primarily around the imperatives of adaptability and flexibility.

All of these features of the new economy have spelt rapid change throughout both public and private life, and arguably nowhere more so than in people's fears over their professional self-worth, the splintering of personal identity and the fragmentation of family life. Indeed, it is in the shift from the traditional work contract (long-term job security, orderly promotions, longevity-linked pay and pensions) to the new work deal (short-term contracts, job hopping and options shopping, high risk-taking) that a new kind of economy nests. This is what I shall call the "project-based economy", one in which professionals move from a world of "lifetime careers" to a world of "project-based assignments". Robert Reich, Chancellor's Professor of Public Policy at the University of California, Berkeley, captures well the new marketplace logics of project-based work : "It's a spot auction market. What you're paid is what you're worth at that particular time".

I mentioned earlier that globalization plays a key role in the emergence of the new project-based economy. (2)いかにグローバリズムが経済に浸透し，雇用や生活を再構成するかについては，さらにもう少し考察する価値がある。For this is an especially important point for grasping why and how the reinvention of careers has moved to centre-stage in professional life in our own time. Some writers have argued that time—specifically, a new and different conception of the temporal conditions of social life—is of key significance in this connection. Over a period since the Second World War, according to this argument, a faith in the durability of social relationships and trust in social and economic institutions has weakened. Experience—the idea that things, including human beings, develop and mature over time—has been sidelined, replaced instead with a focus on the here-and-now of the moment. The central institutional force driving this shift in perceptions of time is globalization. The culture of globalization, as the American sociologist Richard Sennett puts it, is that of acute "short-termism". (3)It is not just that social life is speeding up with technological advances, nor that people are in a great hurry to live life to the fullest. It is rather that contemporary women and men now calculate that things—including human relationships—(②). Short-term thinking increasingly takes precedence over long-term planning—not only in politics, but in the workplace too. Authors such as Sennett see the flexibility demanded of workers by multinational corporations as demonstrating the corrosive power of globalization, promoting a dominant conception of individuals as dispensable, even ultimately disposable. And it is against this backdrop of globalism that Sennett cites statistics showing that average American college graduates today can expect in their lifetime to hold 12 positions or posts, plus they will be required to change their skills base at least three times. From this viewpoint, yesteryear's job-for-life is replaced today by short-term contract work.

If downsizing, flexibility and job insecurity have become the mark of our times, how might this influence how women and men think about their working lives? How do such economic changes impinge upon people's sense of professional identity? And how might the building of a long-term successful career be pursued in a world devoted to the short-term? Let me return briefly to Sennett's arguments about the rise of the imperatives of flexibility and risk-taking in the globalizing world of work. Sennett's contention, bluntly put, is that we have moved from a work world of rigid, hierarchical organizations, in which self-discipline shaped the durability of the self, to a brave new economy of corporate re-engineering, innovation and risk, in which demands for employment flexibility move to the fore.

According to Sennett, the rise of flexible capitalism — however much flexibility and risk-taking are said to give people more freedom to shape the direction of their professional and personal lives—actually leads to crushing new burdens and oppressions. Flexible capitalism is "flexible" only in as far as its workers and consumers accept the dictates of a post-hierarchical world, accept that it is they, and they alone, who must strive to be ever-more flexible, and accept the abandonment of traditional models of work as well as standard definitions of success. (4)<u>This is a redefinition of success away from past achievements and towards future flexibility and readiness to embrace change</u>. This is, in short, makeover[*1] culture lifted to the spheres of work and employment.

When people are inserted into a world of detachment and superficial co-operativeness, of weak ties and interchangeable relationships, and when all this is shaped by the pursuit of risk-taking and self-reinvention, the hold of traditional ways of doing things radically diminishes. This can be potentially liberating: employees find new thrills and spills in redefining work identities and creating fluid and innovative working relationships. (③) A working life that is fashioned largely through episodic encounters and short-term projects has little emotional consistency ; and it is this drift of character, of the "corrosion of character", that Sennett fixes his attention firmly upon. According to Sennett, as the coherent working narrative breaks down, so does the symbolic texture of the self. In the 24/7[*2] world of advanced globalization, the durability of a career is replaced by a kind of supermarket experience of the working life — an assemblage of scraps, random desires, chance encounters, the accidental and the fleeting. The fast, short-term, techy culture of globalization is unleashing—it is being suggested—a new paradigm of self-making in work and employment. In a world of short-term contracts, endless downsizings, just-in-time deliveries and multiple careers, the capacity to change and reinvent oneself is fundamental. A faith in flexibility, plasticity and incessant reinvention—all this means we are no longer judged on what we have done and achieved ; we're now judged on our flexibility, on our readiness for personal makeover.

How does this brave new corporate world of short-termism affect professional identities ? Acclaimed sociologist Zygmunt Bauman provides some useful observations in this connection, particularly in his underscoring of the increasing fragility and liquidity of fears, anxieties and troubles that beset contemporary women and men. In his provocative book *Wasted Lives,* Bauman contends that the key anxiety of the twenty-first century is that of the fear of disposability. This is the fear people today have of being dumped, dropped, displaced, discarded and disowned. Bauman's contention speaks to the fear women and men have today of being made redundant, which can often come at a moment's notice. (5)<u>これは，文字どおり一晩のうちに，多国籍企業が活動を他国に移す世界において，労働者が直面する不安をとらえた概念である</u>。And it is an idea that scoops up many contemporary fears concerning global electronic offshoring, outsourcing and other new forms of technological change.

Bauman's underscoring of the fear of disposability obviously chimes with a world of intensive globalization and expanding mobilities, of instant communications and of enforced mass migrations. Yet whatever the precise adequacy of this social diagnosis, I now want to argue that Bauman's contention concerning fear of disposability sheds light on new social forces motivating people to demand instant self-reinvention through career makeovers.

[*1] makeover : a complete transformation of the appearance of someone or something

*2 24/7 : working twenty-four hours a day, seven days a week

[Adapted from Anthony Elliott, *Reinvention*, Abingdon : Routledge, 2013, 40-44.]

設　問

1　下線部(1)のように述べた後，筆者は“new economy”の意味をどのように明確化しているか。句読点を含めて60字以内の日本語で答えよ。

2　下線部(2)を英語に訳せ。

3　下線部(3)を日本語に訳せ。

4　下線部(4)を日本語に訳せ。

5　下線部(5)を英語に訳せ。

6　本文中の空欄①，②，③に入れるのにもっとも適切なものをAからEの中から選び，記号で答えよ。

空欄①

A. “communications” now substitute for “financialization”
B. “financialization” now substitutes for “transactions”
C. “globalization” now substitutes for “communications”
D. “relationships” now substitute for “globalization”
E. “transactions” now substitute for “relationships”

空欄②

A. are becoming relevant
B. are getting out of control
C. do not last for long
D. essentially stay the same
E. repeat themselves

空欄③

A. And yet nothing is more thrilling than creative jobs.
B. But there is also something more unsettling at work.
C. Moreover, anything can hinder each employee's potential.
D. There is nothing fluid about workers' mutual ties, though.
E. When this happens, however, something reassuring appears.

7 下の1から10の文から，本文の内容に一致するものを3つ選び，番号で答えよ。

1. As a result of the acceleration of globalization, financial industries have been replaced by service industries in the West.
2. New information technologies have led multinational corporations to concentrate their production in polished modern cities.
3. Globalization creates fear in people concerning their personal identities and family life, and their belief in themselves as capable and effective workers.
4. There has been a shift in perceptions of time since World War II, and an increasing emphasis has been put on the durability of human relationships.
5. According to Sennett, globalization has brought about various improvements in working conditions, which have benefited the moral welfare of workers.
6. As flexibility and job insecurity become prevalent, people are getting more and more absorbed in pursuing successful careers over the long term.
7. Sennett suggests that, although flexible capitalism may allow us to shape our lives more freely, it also puts us under new pressure to change ourselves constantly.
8. Emotional consistency at one's workplaces is rarely established through short-term projects, which undermines working narratives.
9. The achievements of individual workers are getting less important these days, compared with their readiness to reinvent themselves as a group.
10. Zygmunt Bauman's book *Wasted Lives* has provoked women and men to anger because they face the fear of being displaced at any moment.

全 訳

■グローバル化が社会経済に及ぼす影響

❶ 現代は多国籍企業，電子通信によるグローバルな外部委託，ジャストインタイムの納品方式，仕事のオートメーション化，企業による一時解雇，そしてさまざまな形で人員削減が行われる時代である。「グローバル化」という言葉は，こういった無秩序な社会経済的変化を表現する一種の簡潔な文化的表現である。グローバリズムの議論は社会科学の分野にまで広がっているが，グローバル化により，洗練され生活費の高い欧米の都市で金融化，通信，サービスが大きくクローズアップされる「新しい経済」が生まれたということで広く意見が一致している。

❷ 世界中の賃金の低い地域に工業生産を移転し，欧米における資本の投下先を製造業から金融，サービス，通信部門へと再編することを可能にした多国籍企業の影響は，人生の送り方や仕事への取り組み方，また雇用市場において自分たちをどのように位置づけるのかについても，大きな変化をもたらした。グローバル化が加速した結果，雇用は以前に比べはるかに複雑なものになっているが，現状を再定義する一つの重要な制度的事実は，終身雇用の急速な減少である。生涯の仕事や一つの組織内だけで積み上げた職歴の終焉は，一部の評論家たちによって，柔軟で移動性がありネットワーク化された「新しい経済」の到来を告げるものとして説明されている。世界的な投資家であり慈善家でもあるジョージ=ソロスは，現代の経済においては，今や「取引」が「関係性」に取って代わっていると述べている。

❸ グローバル化に関する近年の議論で，「新しい経済」について言及することはおきまりになっているが，ここでその意味について明確化しておきたい――「プロジェクト型経済」がより適切な表現であり，それが仕事のあり方を刷新しようとする広く普及した動向を把握するのにとりわけ適した表現であることを後ほど示そうと思っているからである。特に経済学者や社会学者たちが言及している新しい経済とは，主にサービス，金融，通信分野におけるコンピュータを基礎にした生産技術の出現，空間的に分散しているグローバルな生産と消費を支える新しい情報技術の普及，そして主に順応性と柔軟性の強い要請に基づき仕事を組織化する新しい方法のことである。

❹ 新しい経済に関するこれらすべての特徴が，公的生活および私的生活の至るところで急速な変化をもたらしているが，プロとしての自尊心に対する不安，個人のアイデンティティーの崩壊に対する不安，家族生活の崩壊に対する不安といった部分で，最も変化が起きているのは間違いない。実際，新しい種類の経済が宿っているのは，伝統的な労働契約（長期の雇用保障，年功序列の昇進，勤続年数による給

与と年金額）から新しい労働契約（短期契約，転職とよりよい条件の仕事を探すこと，ハイリスク）への変化の中である。これが私が「プロジェクト型経済」と呼んでいるもので，そこでは，ある分野に専門的に従事している人たちが，「一生涯の仕事」の世界から「プロジェクトに基づいて与えられた仕事」の世界へと移っている。カリフォルニア大学バークレー校公共政策大学院首席教授のロバート=ライシュは，プロジェクト型労働の新しい市場の論理をうまく表現している。「そこは即金のオークション市場です。あなたが支払われたものが，その時点でのあなたの価値なのです」

❺ 私は新しいプロジェクト型経済の出現において，グローバル化が重要な役割を果たしているということを先ほど述べた。いかにグローバリズムが経済に浸透し，雇用や生活を再構成するかについては，さらにもう少し考察する価値がある。というのも，これは私たちの時代の職業人生において，仕事のあり方を刷新することがなぜ，そしてどのようにして中心的なものになったのかを理解する上で，特に重要な点となるからである。一部の文筆家たちは，このつながりにおいては，時間というもの――特に社会生活におけるその時々の状況に関する今までにないさまざまな考え――がカギとなる重要な意味をもっていると主張している。この主張によると，第二次世界大戦以降の一定期間において，社会的関係と社会経済制度に対する信頼はいつまでも続くという信仰は弱まっているという。経験というもの――人間を含むさまざまなものは時間とともに発達し，成熟していくという考え――は脇に追いやられ，その瞬間の目の前のことを重視するという考えに取って代わられた。この時間認識における変化を後押ししている制度上の中心的な原動力がグローバル化である。アメリカの社会学者であるリチャード=セネットが言っているように，グローバル化の文化は非常に「短期主義」の文化なのである。(3)単に科学技術の進歩とともに社会生活が加速しているというわけではなく，人々が精一杯生きようと大慌てしているということでもない。どちらかと言えば，今，現代の人々は，物事――人間関係を含む――は長くは続かないものだと考えるようになっているのだ。政治だけではなく職場においても，長期的な計画よりも短期的思考がますます優先されるようになっている。セネットのような著者は，多国籍企業が労働者に求める柔軟性を，グローバル化がもつ腐食力を示すもの，すなわち，個人は重要ではなく，むしろ究極的には使い捨てさえできるという支配的な考え方を促すものとみなしている。セネットが，以下の統計を引き合いに出しているのは，まさにこのグローバル化がその背景にあるのだ。そこでは，今日の平均的な大卒のアメリカ人は生涯で12の職業や地位につくと思っており，その上，彼らは，自分たちがもつスキルを少なくとも3回は変えなければならなくなると示されている。この点から言うと，これまでの生涯にわたる仕事は，現在，短期契約の仕事に取って代わられ

ている。

❻ もし合理化，柔軟性，職の不安定といったものが現代の特徴になったのであれば，これは，人々の職業生活に関する考え方にどのような影響を及ぼすのであろう？　そういった経済的な変化は，人々の職業上のアイデンティティーの感覚にどのような影響を与えるのだろう？　さらに，短期主義に傾倒した世界で，長期的に成功を収める職業キャリアの構築は，いかに求められるのであろう？　少しの間，グローバル化する仕事の世界で，柔軟性とリスクを負うことを強く求める傾向が生じたことに関するセネットの主張に戻ってみたい。単刀直入に言うと，セネットの主張は，私たちは自己鍛錬が自己の永続性を形成する厳格な階級組織の仕事の世界から，企業の再構築とイノベーションとリスク志向の勇敢で新しい経済へと移行しており，その新しい経済の下では，雇用の柔軟性を求める要望が顕著なものとなっているという主張である。

❼ セネットによれば，柔軟な資本主義の台頭は——どれほど柔軟性とリスクを取ることが，人々に自身の職業生活および私生活の指針を形成する上で，より多くの自由を与えると言われていても——実際には新たな重荷や抑圧を押しつける原因となっている。柔軟な資本主義は，労働者と消費者が，ポスト階層組織社会の命令を受け入れ，そして，これまで以上に柔軟になろうとしなければならないのは自分たちだけであることを認め，一般的な成功の定義だけでなく伝統的な労働規範を捨て去ることを認める場合に限って，「柔軟」なのである。(4)これは，成功の定義を，過去の業績から離れ，将来の柔軟性と変化を進んで受け入れる態度に定義し直すことである。要するに，これは仕事や雇用の領域までに達する大きく姿を変えた文化なのである。

❽ 人々が，個々が分離され協働は表面的なものに留まり，人々の結びつきが弱く関係性が取り替え可能な世界に投げ込まれ，それらすべてのことが，リスクを取ることや自己改革の追求によって形成されると，物事を行う伝統的な方法の影響力は急速に小さくなる。これは，場合によっては自由な感覚を与えてくれる可能性がある，すなわち，従業員は，職業上のアイデンティティーを再定義し，流動的で進取的な仕事上の関係を創り出すことにワクワクしドキドキする気持ちを新たに見出すのだ。しかし，同時に，仕事をしていてさらに不安なこともある。主に一時的な出会いや短期間のプロジェクトを通して作り上げられる職業人生は，気持ちの面での一貫性がほとんどないのだ。そして，セネットがずっと注目しているのが，この個性の漂流，すなわち「個性腐食」の漂流なのである。セネットによると，一貫した労働の物語が崩れると，自身の象徴的な本質も崩れてしまうという。グローバル化が進み，人々が常に働き続けている世界において，職業の永続性は，職業人生における一種のスーパーマーケットの体験のようなもの——不用品の集まり，手当た

り次第の欲求，偶然の巡り合わせ，偶発性とつかの間のもの——によって取って代わられている。グローバル化という名の，スピードが速く，短期で，気の短い文化は，仕事と雇用における自己改革の新しいパラダイムを引き起こしていることが示されつつある。短期契約，終わりなき合理化，ジャストインタイムの納品方式，そして複数の職歴からなる世界においては，自分自身を変化させ，新しく作り直す能力が欠かせないものとなる。柔軟性，可塑性，絶え間ない刷新に対する信仰——これらすべてが，私たちはもはや行ったことや達成したことによって判断されるのではないことを意味している。つまり，今や私たちは，柔軟性や自分を根本的に変えるのを厭わない気持ちがあるかどうかによって判断されるのだ。

❾ この短期主義の勇敢なる新しい企業世界は，職業上のアイデンティティーにどのような影響を及ぼしているのだろう？　高く評価されている社会学者のジグムント=バウマンは，この関係性，とりわけ現代の人々につきまとっている恐怖，不安，そして悩みをもたらす脆弱性や流動性の増大を強調している点で，有益な所見を提供してくれている。彼の物議を醸した著書『廃棄された生』の中で，バウマンは21世紀の主要な不安は，使い捨てされるという恐怖に関する不安だと強く主張している。これは今日の人々がもつ，首にされ，蹴落とされ，追い出され，処分され，所属を認められないという恐怖である。バウマンの主張は，余剰人員になってしまうことに関して，今日の人々が抱えている恐怖を物語っているのだが，しばしばその事態は突如として訪れるのだ。これは，文字どおり一晩のうちに，多国籍企業が活動を他国に移す世界において，労働者が直面する不安をとらえた概念である。そしてそれは，世界規模の電子通信による海外への外注や外部委託，そしてその他の技術的変化の新形態に関して，多くの人々が抱いている現代の恐怖をすくい取った概念なのである。

❿ バウマンが使い捨てられることに関する恐怖について強調している点は，激しいグローバル化と拡大する流動化，即時的なやり取り，強制的に集団移動が起こる世界像と明らかに一致するものだ。しかし，この社会的分析の厳密な妥当性がどうであれ，私はここで，使い捨てられる恐怖に関するバウマンの主張は，職業を大きく変えることを通してすぐに自己改革をしたいという思いに人々を駆り立てる新たな社会の力に解明の光を当てるものになると言っておきたい。

各段落の要旨

❶ グローバル化により，金融，通信，サービスがクローズアップされる「新しい経済」が誕生した。

❷ 多国籍企業の登場とグローバル化の加速により，雇用形態は複雑なものになった。終身雇用は減少し，一つの組織内だけで積み上げていく職歴は終焉しつつあるが，これは「新しい経済」の到来を告げるものである。

❸「新しい経済」とは「プロジェクト型経済」とも呼ぶことができ，コンピュータを基

礎にした新しい生産技術の出現，新しい情報技術の普及，順応性と柔軟性の要請に対応できる新しい仕事の組織方法のことを指している。

❹ プロジェクト型経済では，長期の雇用保障などの伝統的な労働契約よりも，短期契約などの新しい労働契約が求められており，専門職の人々は「一生涯の仕事」という世界から「プロジェクトごとの仕事」という世界に移っている。

❺ グローバル化により時間に対する認識が変化し，長期的な計画よりも短期的思考が優先され，グローバル化の文化とは非常に短期主義の文化と言える。

❻ グローバル化する仕事の世界では，企業がイノベーションとリスクを恐れないことを重視する経済へと移行しており，そこでは雇用の柔軟性が顕著に求められている。

❼ 柔軟な資本主義の台頭は，実際には新たな重荷や抑圧を押しつける原因となっている。

❽ 短期主義の仕事を通して作り上げられる職業人生は，気持ちの面での一貫性がなく，その結果，自分自身の象徴的な本質も崩れてしまう。さらに，グローバル化という短期主義の世界では，達成したことではなく，自分を根本的に変えることを厭わない気持ちがあるかどうかで評価される。

❾ 社会学者のバウマンによれば，短期主義の企業の世界において，労働者たちが抱える大きな不安は，自分たちも使い捨てされるのではないかという恐怖に関するものである。

❿ バウマンの見解は，職業を変えることで自分自身を刷新していくことを求める新たな社会の力を解明するカギとなる。

解　説

設問1　▶下線部を含む文は，「グローバル化に関する近年の議論で，『新しい経済』について言及することはおきまりになっているが，ここでその意味について明確化しておきたい」という意味。該当箇所は次文に The new economy, ～ とあるので比較的わかりやすいが，60 字以内という字数制限があるため，解答に入れるべき内容を吟味する必要がある。ポイントは以下の通り。

● the emergence of computer-based production technology, largely in the service, finance and communication sectors

字数を考慮すると，largely 以下の内容は入れられないので，「コンピュータを基礎にした生産技術の出現」という内容のみ入れる。

● the spread of new information technologies, which …

この部分も字数制限から which 以下の内容は省き，「新しい情報技術の普及」という内容だけを抜きだす。

● new ways of organizing work, primarily …

この部分も同様に primarily 以下の内容は省き，「仕事を組織化する新しい方法」の部分だけをピックアップする。

最後に解答をまとめるにあたっては，下線部(1)直後のダッシュ以下で，この新しい経済の適切な表現が「プロジェクト型経済」だと述べられているので，上記の3つの特徴を入れた上で，「～が特徴のプロジェクト型経済」といった形でまとめておく。

設問2　いかにグローバリズムが経済に浸透し，雇用や生活を再構成するかについては，さらにもう少し考察する価値がある。

▶文構造としては，主部が長いので形式主語を使い，述部の「～する価値がある」の部分は be worth〔worthwhile〕*doing* の定型表現を使えばよい。「考察する」は consider，「さらにもう少し」の部分は a little further という副詞表現が使える。

▶**いかにグローバリズムが経済に浸透し，雇用や生活を再構成するかについては**
主部は疑問副詞の how を用いて名詞節を作る。前半の動詞の「浸透する」は penetrate という単語を使うが，他動詞と自動詞のどちらでも使えるので，penetrate the economy としても，penetrate into the economy としてもよい。後半の動詞「再構成する」は本文中でも使われている restructure で表現すればよい。

設問3　It is not just that social life is speeding up with technological advances, nor that people are in a great hurry to live life to the fullest.

▶英文の構造は，it is not just that ～「単に～というわけではない」という構文が用いられ，2つの that 節が接続詞 nor によって結ばれているので，「単に～というわけではなく，～ということでもない」という骨格になる。

▶最初の that 節は「科学技術の進歩とともに社会生活が加速している」という内容。

▶ nor 以下の that 節では to に導かれた2つの副詞句の処理がポイント。in a great hurry「大慌てで，大急ぎで」という表現の後ろに続く to live life to the fullest の部分は不定詞の副詞用法で「人々が精一杯生きようと大慌てしている」と訳し上げても，「人々は大慌てで，精一杯生きている」と訳し下げてもどちらでもよい。to the fullest は「精一杯，最大限に」という意味で to は到達点を表す前置詞。

設問4　This is a redefinition of success away from past achievements and towards future flexibility and readiness to embrace change.

▶文構造は「これは成功の再定義である」というシンプルな第2文型なので，away from 以下，および towards 以下が a redefinition of success を修飾する形容詞句であることを見抜いて適切に処理することがポイントとなる。

▶ redefinition は，「再び，新たに」という意味の接頭辞 re- が definition についた単語なので，接頭辞の知識から「再定義，定義し直すこと」という訳出にたどり着きたい。さらに後方の形容詞句の away from ～ と towards ～ に着目すれば，成功の定義をどのようなことから，どのようなことに再定義するのだろうという発想で訳出できる。

▶最初の and は away from 以下の形容詞句と towards 以下の形容詞句を結び，2つ目の and は future flexibility と readiness to embrace change を結んでいる。これらはともに前置詞 towards の目的語となっている。

▶ to embrace change の部分は不定詞の形容詞用法で直前の readiness「進んで（～を）すること，準備ができていること（態度，心構え）」を修飾しており，be ready to *do*「進んで～する」が名詞化した表現。embrace は「（人）を抱きしめる」という意味で用いることが多いが，目的語が change「変化」なので「～を受け入れる」という意味が適切。

設問 5 **これは，文字どおり一晩のうちに，多国籍企業が活動を他国に移す世界において，労働者が直面する不安をとらえた概念である。**

▶文の骨格は「これは～な概念である」というシンプルな第 2 文型で表現できる。「概念」は idea や conception などを使えばよいが，後置修飾の部分が長いので，まずは「労働者が直面する不安をとらえた概念」の部分から考える。主格の関係代名詞を使い，動詞は capture「～をとらえる」を用いて表現する。また「労働者が直面する不安」も後置修飾で the anxieties（that / which）workers face や the anxieties facing workers などとすればよい。

▶「文字どおり一晩のうちに，多国籍企業が活動を他国に移す世界において」という副詞句の中でも，後置修飾による処理が求められているので，関係詞節を用いて in a world where〔in which〕～ の形で表現する。

- 「多国籍企業」は本文中に登場する transnational corporations や multinational corporations をそのまま使えばよい。
- 「移す」は transfer，shift，move などの動詞を使うことが可能で，「活動」は operations，activities などで表現できる。
- 「文字どおり一晩のうちに」は literally overnight となる。

設問 6 ① **正解は E** ▶空所を含む文は「世界的な投資家であり慈善家でもあるジョージ=ソロスは，現代の経済においては，…と述べている」という意味。ソロスの言葉を引用し，グローバル化によって到来した新しい経済を表現した部分である。第 2 ～ 4 段の内容から「新しい経済」の内容を把握し，それを表す適切な表現を選ぶ。それぞれの段落のポイントは以下の通り。

●第２段：「新しい経済」の到来により，生涯の仕事や終身雇用といったものが急速に減少している。

●第３段：「新しい経済」とは「プロジェクト型経済」であり，仕事は順応性と柔軟性に基づいて組織化される。

●第４段：人材の雇用に関して「プロジェクト型経済」では，必要な人材の要件はプロジェクトごとに定義される。

▶以上のポイントを考慮すると，プロジェクト型経済（新しい経済）における労働市場では，企業と労働者の間に，長期的な利害関係に代わって，短期的なニーズに基づいた雇用関係が生じることがわかる。こうした状況を説明した文言としては，E.「今や『取引』が『関係性』に取って代わっている」が最も適切。

▶それぞれの選択肢の意味は次の通り。

A.「今や『コミュニケーション』が『金融化』に取って代わっている」

B.「今や『金融化』が『取引』に取って代わっている」

C.「今や『グローバル化』が『コミュニケーション』に取って代わっている」

D.「今や『関係性』が『グローバル化』に取って代わっている」

設問6 ② 正解は C ▶空所を含む部分は「どちらかと言えば，今，現代の人々は人間関係を含む物事は…だと考えている」という意味。空所直後の文では，職場においては長期的な計画よりも短期的思考が優先されるという内容が述べられているので，現代の人々が物事は長く続かないものだと考えているという内容になるC.「長くは続かない」が最も適切。

precedence「優先」

▶それぞれの選択肢の意味は次の通り。

A.「適切なものになりつつある」

B.「コントロールできなくなりつつある」

D.「本質的には同じままである」

E.「同じことを繰り返す」

設問6 ③ 正解は B ▶空所の前の第８段第１文および第２文では，関係性の薄い世界や，自己改革の追求が常に求められる世界では，進取的な仕事上の関係を創り出すことでワクワクした気持ちになることもあるという柔軟な資本主義社会における働き方のプラスの側面が述べられている。ところが空所直後の２文では，短期的な職業人生では気持ちの面での一貫性がなく，自分自身の本質も崩れてしまう可能性があるというマイナスの側面が述べられている。したがって，空所には対比を表す But を含むB.「しかし，同時に，仕事をしていてさらに不安なこともある」が最も適切。

▶それぞれの選択肢の意味は次の通り。

A.「それにもかかわらず，創造的な仕事よりもワクワクすることはない」

C.「さらに，あらゆることが，従業員がもつ可能性の妨げとなりえる」

D.「だが，労働者の相互の結びつきに関して変化しやすいものはない」

E.「しかし，このことが起こると，安心できることが現れる」

▶A，D，Eは対比を表す語句を含んでいるがいずれも文意が通じず，Cはマイナスの内容を順接で述べているので不適。

設問7　正解は 3・7・8　▶1.「欧米では，グローバル化が加速した結果，金融業がサービス業に取って代わられた」 第1段最終文および第2段第1文では，欧米では金融，通信，サービス部門が重視されているという内容が書かれており，金融業がサービス業に取って代わられたという内容は述べられていない。第1段最終文にある come to the fore は「目立つ，表面化する」という意味。

▶2.「新しい情報技術により，多国籍企業は，生産を洗練された現代都市に集中することができた」 第2段第1文の able to export industrial production to low-wage spots around the globe の部分は，主語の The impact of multinational corporations「多国籍企業の影響」について補足説明した部分で，工業生産を世界中の賃金の低い地域に移したと述べているので不一致。

▶3.「グローバル化は人々の中に，自身のアイデンティティーや家族生活，そして自分は有能で能力のある働き手だという思いに関して不安を創り出す」 concerning は「～に関して」という意味の前置詞で，their personal identities，family life，their belief が，この前置詞の目的語となっている。

本文の該当箇所は第4段第1文。前半ではグローバル化の影響を受けた新しい経済の特徴が，至るところで急速な変化をもたらしているという内容が述べられ，and arguably nowhere 以下では，プロとしての自尊心に対する不安，個人のアイデンティティーの崩壊に対する不安，家族生活の崩壊に対する不安といったところで，最も変化がみられるとある。したがって本文に一致。

more so than ～ は，前述の形容詞や副詞を受けて「～よりももっと」という意味になるが，前方に否定の意味の nowhere があるため，than 以下で最も急速な変化がみられるという内容を読み取れたかがポイント。

arguably「ほぼ間違いなく」

splintering「崩壊，分化」

fragmentation「崩壊，分裂」

▶4.「第二次世界大戦以来，時間の認識に変化があり，人間関係の永続性にますます重点が置かれるようになっている」 第5段第5文で，第二次世界大戦以来，社会的関係と社会経済制度に対する信頼の永続性への信仰は弱まっているという内容が述べられているので不一致。

durability「永続性，耐久性」

▶ 5.「セネットによると，グローバル化は労働環境においてさまざまな改善をもたらし，それは労働者の精神的幸福のためになっている」 第5段第12文では，セネットらは多国籍企業が労働者に求める柔軟性を，グローバル化がもつ腐食力，具体的には個人は使い捨て可能であるという考えを促すものだと考えていると述べられている。さらに第7段第1文でも，柔軟な資本主義の台頭（≒グローバル化）は新しい重荷や抑圧を押しつける原因となっているとあり，セネットはグローバル化のマイナス部分を強調しているので不一致。

moral welfare「精神的幸福」

▶ 6.「柔軟性と職の不安定が広まるにつれ，人々はますます長期的な出世を追い求めるようになっている」 第5段では，グローバル化の影響を受けた新しい経済において，現代の人々は，物事を長く続かないものだと考えるようになり，職場においても長期的な計画よりも短期的思考が優先されるようになっているという内容が述べられているので不一致。

従属節にある prevalent「普及している」は，やや難しい単語だが，主節の「人々が長期的な出世を追い求めるようになっている」という内容で判断できる。

get absorbed in ～「～に没頭する」

▶ 7.「柔軟な資本主義によって，私たちは以前より自由に人生を作り上げることができるが，同時に，常に自分を変化させなければならないという新しい重圧のもとに置かれることになったとセネットは主張している」 第7段第1文のセネットの主張と一致。本文の該当箇所はダッシュで挿入された部分が長いので，the rise of flexible capitalism actually leads to crushing new burdens and oppressions という主節の構造をしっかりとらえることがポイント。however much flexibility and risk-taking are … は「どんなに…でも」という意味（譲歩）の副詞節。

▶ 8.「職場における気持ちの面での一貫性は，短期間のプロジェクトを通して構築されることはめったになく，それは労働の物語を台無しにする」 第8段第4文で，一時的な出会いや短期間のプロジェクトを通して作り上げられる職業人生は，気持ちの面での一貫性がほとんどないという内容が述べられている。

本文該当箇所の構造

A working life(S) [that is fashioned largely 〈through episodic encounters and short-term projects〉] has(V) little emotional consistency(O)　＊〈副詞句〉［形容詞節］

fashion「～を作る」
episodic「一時的な」
encounter「出会い」
consistency「一貫性」
さらにこの内容を受けた同段第5文では，as the coherent working narrative breaks down「一貫した労働の物語が崩れると」と続いており，「気持ちの面での一貫性」がなければ，「一貫した労働の物語」を崩してしまうという流れが読み取れるので一致。
undermine「～を台無しにする」

▶ 9.「労働者たちが，集団として進んで自分たち自身を刷新していくことに比べ，個々の労働者の業績は，最近，重要ではなくなってきている」 本文中にこのような内容が述べられている部分はない。選択肢の内容を正確に把握することがポイント。compared with ～ は「～と比べて」という意味の副詞句。
reinvent「～を刷新する」

▶ 10.「ジグムント=バウマンの著書『廃棄された生』は，女性も男性もいつでも辞めさせられるという恐怖に直面しているので，彼らを怒らせようと挑発している」 第9段で，バウマンは著書の中で現代の人々がもつ不安は the fear of disposability「使い捨てされる恐怖」だと主張していると述べられているが，その著書が人々を怒らせようと挑発しているという内容は述べられていないので不一致。
provoke *A* to *do*「*A* を～させようと挑発する」

解答

設問1 コンピュータを基礎にした生産技術の出現，新しい情報技術の普及，仕事を組織化する新しい方法が特徴のプロジェクト型経済。(60字以内)

設問2 It is worth considering a little further how globalism penetrates into the economy and restructures employment and life.

設問3 単に科学技術の進歩とともに社会生活が加速しているというわけではなく，人々が精一杯生きようと大慌てしているということでもない。

設問4 これは，成功の定義を，過去の業績から離れ，将来の柔軟性と変化を進んで受け入れる態度に定義し直すことである。

設問5 This is an idea that captures the anxieties workers face in a world where multinational corporations shift their operations to other countries literally overnight.

設問6 ①―E ②―C ③―B

設問7 3・7・8

20

2014年度〔2〕

次の英文を読んで，以下の設問に答えよ。

When it came to solving the riddle of the peacock's tail, Charles Darwin's powers of evolutionary deduction were second to none—the more extravagant their feathered displays, he reasoned, the greater their chances of attracting a peahen. But when he tried to account for the human propensity *1 to weep, Darwin found himself at a loss. "We must look at weeping as an incidental result, as purposeless as the secretion of tears from a blow outside the eye," he wrote in 1872.

In this Darwin was almost certainly wrong. In recent decades, scientists have offered several accounts of how the capacity for tears may have given the ancestors of humans an adaptive advantage. (1)These range from the aquatic ape theory, according to which tears were an adaptation to saltwater living, to the notion that, by blurring our vision, tears may serve as a "white flag" to potential aggressors—a signal that the crier is incapable of harm. Then there are the straightforward biological theories, such as the claim that tears evolved to keep the eye moist and free of harmful bacteria.

But perhaps the theory enjoying the widest currency is the notion that tears are a form of social signalling that evolved from distress calls—a clear visual signal that someone is in pain or danger and needs help.

"Tears are highly symbolic," says Ad Vingerhoets, a Dutch psychologist who has spent 20 years studying why and when we weep. "They signal helplessness, especially during childhood when humans are at their most vulnerable."

Vingerhoets is not the only thinker to point to the social significance of tears. The psychiatrist John Bowlby highlighted the role of crying in engendering attachment between mother and child, while the British neurologist Michael Trimble recently linked crying to the human capacity for empathy—hence our propensity to weep during inspiring music.

However, in his new book, *Why Only Humans Weep*, Vingerhoets argues that none of these explanations is sufficient. Although crying has been documented in apes, elephants and even camels, it seems that only humans produce emotional tears, and it is only in humans that crying behaviours persist into adulthood. (2)The challenge is to explain why, given that tears also run the risk of signalling our presence to predators, animals that threaten us.

Vingerhoets's explanation is novel: although in certain situations weeping can be risky, he suggests it is far less risky than screaming or emitting some other loud acoustic signal. This is particularly true in the case of interactions at close quarters, such as occur during the extended period of human childhood, when a tear may be all that is required to alert a mother to her baby's suffering.

"When other animals grow old, most no longer emit distress signals, presumably because it is too dangerous," says Vingerhoets. "By contrast, in humans there is a shift from the acoustic signal, emitted in all directions, toward the visual signal of tears, which especially fit closer, more intimate interactions."

In support of his theory, Vingerhoets points to the enlarged visual cortex in humans and old-world primates—a structure, he argues, that most probably evolved to read the nuances of facial musculature and other strong visual clues. In addition, crying is an emotional expression that signals appeasement in adults—something that he argues would have been advantageous for early humans by promoting social connectedness.

But of course crying is not only associated with the human need for attachment. Tears can also be moral, signifying our sympathy with an injustice. Moreover, as the cultural historian Thomas Dixon points out, tears are sometimes associated with joy and ecstasy rather than grief and sorrow.

The trouble with tears is that they are always "thick" with description. "Tears are intellectual things," argues Dixon. "They are produced both by thoughts and the lachrymal glands*2. In each age, different texts collaborate with different bodies to produce tears with different meanings."

To be fair, Vingerhoets is alive to the way that crying is both a product of involuntarily neurophysiological*3 processes and cognition. Sometimes, as when we weep while chopping an onion, tears may signify nothing at all; at other times they may be an expression of profound grief or sadness.

The trouble is that quite often—as when people cry when driving alone, a common phenomenon according to Vingerhoets—our tears catch us unawares, prompting us to become upset where perhaps no upset is called for. (3)In such cases, it seems, tears are mother to the emotion rather than the other way round.

More than any other form of emotional expression, tears are also subject to shifting historical readings, symbolising piety and sensitivity in one age and hysteria and weakness in another.

Whatever the precipitant, however, there is a widespread belief that crying is cathartic[*4]. However, even this may be a construct, says Vingerhoets. Although people frequently report feeling better after watching a Hollywood "tearjerker" with a friend, when asked to watch a similar movie in a laboratory setting they usually report no improvement in mood at all. For Vingerhoets this is further evidence of the social function of crying. "(4)_____," he says.

But while we may prefer to cry in the presence of friends and family, this need not be the case. As the pious tears shed by monks in contemplation of God attest, we can also shed tears for distant and highly symbolic attachment figures. (5)<u>大切なのは，私たちの無力さを認めてもらえているという気持ちであるようだ。</u>

[*1] propensity : a natural tendency to behave in a particular way
[*2] lachrymal gland : an organ at the upper outer edge of the eye that produces tears
[*3] neurophysiological : relating to the functions of the nervous system
[*4] cathartic : helping one to remove unhappy memories or strong emotions such as anger or sadness

[Adapted from *The Guardian Weekly*, 26 April 2013.]

設　問

1　下線部(1) these の指す内容を日本語で記せ。

2　下線部(2)を日本語に訳せ。

3　下線部(3)を日本語に訳せ。

4　本文中の下線部(4)に入れるのにもっとも適切なものをAからEの中から選び，記号で答えよ。

A．Catharsis is something we generally experience in groups
B．In actual fact, tears are a means by which we can deepen our sense of humanity
C．Sad American movies move us very much when we're alone
D．Tears are less important when you are alone because there is no one to witness them
E．You can't easily achieve a change in mood by making yourself cry

5　下線部(5)を英語に訳せ。

6　本文の内容に合うように文を完成させるのにもっとも適切なものをAからEの中から選び，記号で答えよ。

(1) Darwin's ability to deduce evolutionary reasons for natural phenomena was
A．equal to any problem
B．responsible for the modern understanding of why we weep
C．so great that he was never at a loss
D．unequal to the question of the peacock's tail
E．without equal

(2) The double-underlined clause in paragraph 11 (they are always "thick" with description) is intended to mean that
A．different ethnic groups shed tears that are chemically distinguishable
B．each age has produced biological explanations and intellectual accounts that give tears meaning
C．tears are a product of bodily functions
D．tears are a product of complicated mental processes
E．it would seem that tears can only be accurately described by multiple scientific theories

7 下の1から10の文から，本文の内容に一致するものを3つ選び，番号で答えよ。

1. The main purpose of this passage is to emphasize how much Charles Darwin contributed to the study of evolution.
2. Humans tend to look aggressive when their eyes are filled with tears.
3. Ad Vingerhoets, John Bowlby and Michael Trimble all regard weeping as a way of communicating among humans.
4. Michael Trimble's recent theory of tears is thoroughly supported by Ad Vingerhoets.
5. It is thought that apes and humans are the only animals that shed emotional tears in adulthood.
6. According to Ad Vingerhoets, most animals including humans tend to rely on acoustic signals rather than visual ones when they get older.
7. Ad Vingerhoets is unique among many researchers in suggesting that weeping is sometimes much safer than screaming or other acoustic signals.
8. Thomas Dixon, a cultural historian, asserts that emotions such as joy or ecstasy never cause humans to shed tears.
9. We cannot weep without experiencing strong emotions.
10. In a lab setting a lift in spirits after viewing sentimental Hollywood movies is seldom observed.

全 訳

■人間が涙を流す理由

❶ クジャクの尻尾の謎を解くということになると，チャールズ=ダーウィンの進化論による演繹法の力に勝るものはない――オスの羽飾りが派手になればなるほど，メスのクジャクを引きつける可能性が高くなると彼は推論している。しかし，人間の涙を流すという性向を説明しようとすると，彼は途方に暮れてしまう。「涙を流すという行為は，目の外に攻撃を受けて涙を分泌するのと同じ位無意味な，偶発的な結果だと考えざるをえない」と彼は1872年の著書で書き記している。

❷ この点において，ダーウィンはほぼ確実に間違っていた。ここ数十年の間に，科学者たちは，涙を流す能力がどのようにして人間の祖先に適応上の利点を与えたのかに関するいくつかの説明を提示してきた。それらの説明は，涙は海水の中での生活に適応するためのものだったという水生類人猿説から，視界をぼやかすことにより，涙が攻撃してくる可能性のある者に対する「白旗」として，つまり泣いている者は危害を与えることはないという合図としての役割を果たしているという考えにまで及んでいる。そのほかに，目の潤いを保ち有害なバクテリアを排除するため涙は進化したという主張のようなわかりやすい生物学的理論もある。

❸ しかし，最も幅広く普及している理論は，涙は救難信号から進化した社会的な情報伝達の一種――ある人が痛みを抱えている，あるいは危険な状態で，助けを必要としているというわかりやすい視覚的な合図――であるという考えだろう。

❹「涙は極めて象徴的なものです。とりわけ人間が最も弱い幼少期，涙はどうしようもない無力さを伝えようとしているのです」と，オランダ人の心理学者で，人間はなぜ，そして，どのようなときに涙を流すのかを20年研究しているアド=ヴァンジェールオエは述べている。

❺ 涙がもつ社会的な意味を指摘しているのはヴァンジェールオエだけではない。精神科医のジョン=ボウルビィは，母親と子供の間に愛着が生まれる際に泣くことが果たす役割を明らかにし，イギリス人神経学者のマイケル=トリンブルは最近の研究で泣くことと人間が感情移入することができる能力とを関連づけた――それゆえ，私たちは感動的な音楽を聞くと涙を流す傾向があるのだ。

❻ しかし，ヴァンジェールオエは，彼の新しい著書である *Why Only Humans Weep* の中で，こういった説明で十分なものは一つもないと主張している。泣くという行為は類人猿，象，ラクダにおいてさえ確認されているが，人間だけが感情的な涙を流すようで，泣くという行為が大人になっても続くのは人間だけなのである。(2)涙は私たちを脅かす動物である捕食者に自分たちの存在を知らせる危険もともな

うということを考慮すると，その理由を説明するのは難題である。

❼ ヴァンジェールオエの説明は斬新なもので，ある状況によっては，涙を流すことは危険なことになりえるが，悲鳴を上げたり，その他の大きな音の合図を出すよりは，はるかに危険は少ないと彼は主張している。これは，母親に赤ん坊の苦痛を知らせるには涙だけでよい長期間に及ぶ人間の幼児期に起こるような，近い距離での関係性における状況で特に当てはまる。

❽「他の動物は年を取ると，大半は苦痛の合図を発することはありませんが，これは恐らくその行為があまりにも危険だからです。対照的に，人間の場合，あらゆる方向に放出される音の信号を出すことから，涙という視覚的合図への変化があるのですが，これは特により近く親密な関係に適しているのです」とヴァンジェールオエは述べている。

❾ 自身の理論を支えるものとして，ヴァンジェールオエは人間や太古の霊長類の脳の視覚野が大きくなっている点を指摘している――視覚野は顔の筋肉組織の微妙な変化やその他の有力な視覚的手がかりを読み取るために発達した部分にほぼ間違いないと彼は主張している。さらに，泣くという行為は大人が宥和を示す感情表現であるとしている――そういった表現は，古代の人々にとって社会的な結びつきを促す点で，都合のよいものであったのだろうと彼は主張している。

❿ しかし，もちろん，泣くことは人間の愛情欲求と関連しているだけではない。涙は道徳的で，不当行為に対する同情の気持ちを意味することもある。さらに，文化史学者であるトーマス=ディクソンが指摘しているように，涙は時として悲嘆や悲しみよりも，むしろ喜びや恍惚と関連しているのだ。

⓫ 涙に関して問題になるのは，それに関する説明が常に「厚みのある」ものになってしまうという点である。「涙は知的なものです。涙は思考と涙腺の両方によって作られます。それぞれの時代において，さまざまなテクストがさまざまな体と協調し，さまざまな意味の涙を創り出すのです」とディクソンは述べている。

⓬ とは言うものの，ヴァンジェールオエは泣くという行為が不随意の神経生理学的作用と認知の両方から生み出されるものだという仕組みには気づいている。時々，玉ねぎを切っていると涙が出てくるときのように，涙が何も意味しないこともあるが，ある時には，涙が深い悲しみを表すこともあるだろう。

⓭ 困ったことに，不意に涙が私たちを襲い，そのせいで取り乱す必要がないときに動揺してしまうこともかなり頻繁に起こる――ヴァンジェールオエによれば，車を一人で運転しているときに泣いてしまうといった，一般的によく起こる現象がその類である。(3)このような場合，むしろ涙が感情を生み出しており，その逆ではないようだ。

⓮ また涙は，他のいかなる感情表現の形態と比べても，歴史的解釈の変化に影響

を受けやすく，ある時代では，敬虔さや感受性を象徴するものであり，また別の時代ではヒステリーや弱さを象徴するものとなる。

⓯ しかし，涙を引き起こすものがどのようなものであれ，泣くことには精神を浄化する作用があるという広く知られた信仰がある。だが，これでさえ一種の構成概念かもしれないとヴァンジェールオエは言う。人々は「涙を誘う」ハリウッド映画を友人と見た後は，気分がよくなったとしばしば口にするが，実験環境で，同じような映画を見せられると，通常気持ちの面では何らよくなっていないと口にする。ヴァンジェールオエにとって，これは泣くことによる社会的効用を示すさらなる証拠となる。「一人でいるときに流す涙は重要ではありません，なぜならそれを見ている人が誰もいないからです」と彼は語っている。

⓰ しかし，私たちは友人や家族がいる前で泣くことの方が好きかもしれないが，これが事実であるとは限らない。神のことを想い修道士が流す敬虔な涙が証明しているように，手の届かない崇高で象徴的な愛着の対象に対して涙を流すこともあるのだ。大切なのは，私たちの無力さを認めてもらえているという気持ちであるようだ。

各段落の要旨

❶ ダーウィンは人間の涙を流す行為は無意味なものだと考えていた。
❷ ダーウィンの考えに反し，ここ数十年の間に，涙を流す能力がどのようにして人間の祖先に適応上の利点を与えたのかに関するいくつかの説明が示されてきた。
❸ 涙は救難信号から進化した社会的な情報伝達の一種であるというのが現在では最も普及している理論である。
❹ アド=ヴァンジェールオエによれば，どうしようもない無力さを伝えるために人間は涙を流すという。
❺ ジョン=ボウルビィやマイケル=トリンブルらも涙がもつ社会的な意味を指摘している。
❻ 涙が捕食者に自分たちの存在を知らせる危険をともなうことを考慮すると，人間が感情的な涙を流す，また大人になっても泣く理由を説明するのは難しい問題である。
❼ ヴァンジェールオエによれば，涙を流すことは，大きな音の合図を出すよりは，危険がはるかに少ない。
❽ 人間の場合は，苦痛を知らせる場合，音の信号から涙という視覚的合図への変化があるが，これは特に親密な関係の場合に適している。
❾ 泣くという行為は宥和を示す感情表現で，昔の人々にとって社会的な結びつきを促す点で都合のよいものであった。
❿ 泣くことは人間の愛情欲求と関連しているだけではなく，同情の気持ちを意味することもあり，時として悲しみよりも喜びと関連していることもある。
⓫ 涙は知的なもので，思考と涙腺の両方によって作られる。
⓬ 泣くという行為は不随意の神経生理学的作用と認知の両方から生み出される。

⑬ 不意に涙が私たちを襲う場合もあり，これは感情が涙を生み出すのではなく，涙が感情を生み出すケースと言える。
⑭ 涙は，それぞれの時代によって，その解釈が変化しやすい。
⑮ 泣くことは精神を浄化するという考えは，一種の構成概念にすぎない可能性もある。
⑯ 涙は，自分たちの無力さを認めてもらえているという気持ちを表す場合もある。

解 説

設問1 ▶該当箇所は直前の第2段第2文。ここ数十年で科学者たちが示してきた涙に関する説明のことを指しており，具体的な内容は several accounts of 以下の部分で述べられている。

▶ how 以下の名詞節の主語 capacity は「能力」という意味で，涙を流す能力のこと。述部は may have *done*「～だったかもしれない」という過去の可能性を表す表現で，直接目的語の an adaptive advantage は人間が進化していく上での適応上の利点のことを意味している。

▶下線部の These は several accounts を指しているので，最後に解答をまとめる際は「～説明」としておく。

設問2 The challenge is to explain why, given that tears also run the risk of signalling our presence to predators

▶ to explain why の部分は不定詞の名詞用法で，補語として機能しているので文構造はシンプルな第2文型となっている。主語の challenge は「難題，難問」という意味。

文法的に why は疑問詞でも関係副詞でも処理できる。後方の内容が省略されているが，その内容を明示するように指示が出ていないので，「それがなぜなのか」，「その理由」といった訳出にすればよい。

▶ given that ～は「～を考慮に入れると」という意味の定型表現。predator は「捕食者」という意味で，直後の animals that threaten us と同格関係となっている。

run the risk of *doing*「～する危険を冒す」
signal「(合図で) ～を知らせる」

設問3 In such cases, it seems, tears are mother to the emotion rather than the other way round.

▶ it seems の挿入の処理がポイント。直後に that 節を続けることのできる動詞はこのような形で文中に挿入されることがあるので，訳出の際には it seems that in such cases tears are ～ と考えて処理する。

▶ mother to the emotion の mother をそのまま「母親」と訳すと不自然な表現になるので，文脈を考慮して適切な訳出を探る。第 13 段第 1 文では，不意に涙が私たちを襲い，それによって動揺してしまうことがあるという内容が述べられている。本来は感情に起因して涙が出るのだが，その反対のケースに言及した部分で，下線部に含まれる In such cases とは，この涙が先に流れ，その後に感情が続く場合を指している。したがってこの mother は「生み出すもの，源」という意味だと判断できる。

▶ *A* rather than *B* の形は「*B* というよりはむしろ *A*」と訳すケースが多いが，*B* の部分にある慣用表現の the other way round「反対に，逆に」の意味を考慮すると，「むしろ *A* であり，*B* ではない」と訳した方が自然な日本語になる。

設問 4　正解は D　▶第 15 段第 3 文では，涙を誘うハリウッド映画を友人と見た後は気分がよくなると口にする人が多いが，同じような映画を実験環境で見ても気持ちの面での改善はみられないという事例が挙げられ，続く同段第 4 文ではヴァンジェールオエにとって，この事例は泣くことによる社会的効用を示す証拠だと述べられている。涙を流すという行為が社会的な情報伝達の一種，つまり誰かに何らかの情報を伝える信号だと主張していると考えられるので，この事例を踏まえたヴァンジェールオエの発言としては，D.「一人でいるときに流す涙は重要ではない，なぜならそれを見ている人が誰もいないからだ」が最も適切。to witness them は直前の no one を修飾する不定詞の形容詞用法。

▶それぞれの選択肢の意味は次の通り。

A.「カタルシス（精神の浄化）は，一般に私たちが集団の中で経験することである」

B.「実際に，涙は人間性の感覚を深めることができる手段である」

C.「一人のとき，悲しいアメリカ映画は，私たちを非常に感動させる」

E.「自分を泣かせても，簡単には気分転換できない」

設問 5　**大切なのは，私たちの無力さを認めてもらえているという気持ちであるようだ。**

▶主語は関係代名詞の what を使った名詞節にして，述部は seem〔appear〕to be ～ の第 2 文型で表現すればよい。

「大切なのは」what is important / the important thing

▶「～という気持ち」の部分は，接続詞 that の同格の用法で表現すればよい。
「気持ち」feeling / sense

▶「私たちの無力さを認めてもらえている」の「無力さ」は第4段最終文で登場している helplessness がそのまま使える。述部の「認めてもらえている」は受動態の進行形「be 動詞＋being *done*」で，recognize や acknowledge といった動詞を使って表現できる。

設問6 ⑴ 正解は E ▶設問は「自然現象の進化上の理由を推論するダーウィンの力は…」というもの。to deduce 以下は直前の Darwin's ability を説明する不定詞の形容詞用法で deduce は「～を推論する」という意味。

▶第1段第1文で，クジャクの尻尾の例を挙げ，進化論によるダーウィンの演繹法の力に勝るものはないと述べられているので，E.「匹敵するものがない，並ぶものがない」が正解となる。第1段第1文の second to none は「誰（何）にも負けない」。

▶それぞれの選択肢の意味は次の通り。
A.「いかなる問題にも一様であった」
B.「私たちが泣く理由の現代における理解をもたらしてくれた」
C.「非常にすばらしいもので，彼は決して途方に暮れることはなかった」
D.「クジャクの尻尾の問題を解くには不十分であった」

▶A～Cは第1段第2文の，人間の涙を流すという性向を説明しようとすると，ダーウィンは途方に暮れてしまうという内容に合わず，Dは同段第1文の内容に合わない。

設問6 ⑵ 正解は B ▶設問は「第11段の二重下線が引かれた一節は…を意味することが意図されている」というもの。

▶二重下線部を含む部分の逐語訳は「涙に関して問題になるのは，それに関する説明が常に『厚みのある』ものになってしまうという点である」となり，引用符がついた thick の解釈がポイント。

▶直後のディクソンの発言がこの部分を補足説明した部分で「涙は知的なものです。涙は思考と涙腺の両方によって作られます。それぞれの時代において，さまざまなテクストがさまざまな体と協調し，さまざまな意味の涙を創り出すのです」とある。したがって，涙の意味に関して，それぞれの時代で，多くの説明がなされていることを「厚みのある」と表現していることがわかる。また，思考と涙腺が，それぞれ次文でテクストと体と表現され，これらが知性的側面と生物学的側面に対応するという点から，B.「それぞれの時代で，涙に意味を与える生物学的説明と知性的な説明がなされてきた」が最も適切。

一般的な英文の構成は，抽象→具体の流れになるので，わかりづらい表現がでてきても，その後で説明が続くのではないかと予想する姿勢が大切。

▶それぞれの選択肢の意味は次の通り。

A.「さまざまな民族のグループが，化学的に区別することができる涙を流す」

C.「涙は肉体的な作用によって生み出されるものである」

D.「涙は複雑な精神的プロセスによって生み出されるものである」

E.「涙は複数の科学的理論によってのみ正確に説明ができるようだ」

設問7　正解は　3・7・10　▶1.「この文章の主な目的は，チャールズ=ダーウィンがどれだけ進化の研究に貢献したかを強調することである」 人間が涙を流す理由を明らかにしていくことが本文のテーマ。第2段第1文で涙についてのダーウィンの考えが間違ったものだと述べられ，それ以降ダーウィンについて言及されていないので不適。

▶2.「目に涙があふれると，人間は攻撃的に見える傾向がある」 第2段第3文後半では，人間が涙を流す理由の一つとして，涙は攻撃してくる可能性のある者に対して，危害を加えることはないということを知らせる合図であるという内容が述べられているため，本文とは反対の内容になる。

▶3.「アド=ヴァンジェールオエ，ジョン=ボウルビィ，マイケル=トリンブルらは全員，涙を流す行為が，人間の意思を伝達する手段であると考えている」 第3段で，人間が涙を流す理由として広く普及しているのは，涙が社会的な情報伝達の一種であるという理論だと述べられ，第4・5段では，その支持者として，アド=ヴァンジェールオエ，ジョン=ボウルビィ，マイケル=トリンブルの3人が紹介されているので正解となる。

- アド=ヴァンジェールオエ：幼少期における涙は無力さを伝えようとしている。
- ジョン=ボウルビィ：母親と子供の間に愛着が生まれる際に涙がその役割を果たしている。
- マイケル=トリンブル：泣くことと人間が感情移入することができる能力には関連性がある。

▶4.「涙に関するマイケル=トリンブルの最近の理論は，アド=ヴァンジェールオエによって全面的に支持されている」 マイケル=トリンブルについては第5段最終文で言及されているが，第6段第1文でヴァンジェールオエはトリンブルらの理論は十分ではないと指摘しているので不一致。

thoroughly「完全に，全面的に」

▶5.「類人猿と人間だけが大人になっても感情的な涙を流す唯一の動物だと考えら

れている」 第6段第2文の主節で，人間だけが感情的な涙を流し，泣くという行為が大人になっても続くのも人間だけだとあるので不一致。

shed「(涙など) を流す」

▶ 6.「アド=ヴァンジェールオエによると，人間を含む大半の動物は，年齢を重ねると，視覚的な合図よりも聴覚的な合図に頼るようになる」 第8段第2文で，人間は年を取ると音の信号を出すことから，視覚的合図へと変化するという内容が述べられているので不一致。

acoustic「聴覚の」

▶ 7.「多くの研究者の中で，アド=ヴァンジェールオエは，時として涙を流すという行為は，悲鳴を上げたり，その他の音の合図を出すよりは，はるかに安全であると主張している点で他に類を見ない」 第7段第1文前半で，ヴァンジェールオエの泣くという行為の説明は斬新なものだと述べられ，コロン以下では，涙を流すことは，悲鳴を上げたり，大きな音の合図を出すより，はるかに危険が少ないと主張していると続いているので正解となる。novel (本文)→ unique (選択肢)，far less risky (本文)→ much safer (選択肢) とパラフレーズされた語句を判断できたかがポイント。

▶ 8.「文化史学者のトーマス=ディクソンは，喜びや恍惚のような感情は決して人間に涙を流させないと主張している」 第10段最終文で，ディクソンの指摘によると，涙は時に喜びや恍惚と関連しているという内容が述べられているので本文と反対の内容となる。

▶ 9.「私たちは，強い感情を経験することなく，涙を流すことはできない」 第12段最終文で，玉ねぎを切っていると涙が出てくるという感情と無関係の例が述べられているので不一致。

▶ 10.「実験環境では，涙を誘うハリウッド映画を見た後の気分の高揚はほとんど観察されなかった」 文頭のIn a lab setting「実験環境では」は副詞句で，主語はa lift in spirits「気分の高揚」。第15段第3文後半で，実験環境でハリウッドのtearjerker「涙を誘う映画」を見ても，気持ちの面での改善はみられなかったという内容が述べられているので正解となる。

設問１　涙を流す能力がどのようにして人間の祖先に適応上の利点を与えた可能性があるかについて，科学者たちがここ数十年で示してきた説明。

設問２　涙は捕食者に自分たちの存在を知らせる危険もともなうということを考慮すると，その理由を説明するのは難題である。

設問３　このような場合，むしろ涙が感情を生み出しており，その逆ではないようだ。

設問４　D

設問５　What is important seems to be the feeling that our helplessness is being recognized.

設問６　(1)―E　(2)―B

設問７　3・7・10

解　答

21

2013年度〔1〕

次の英文を読んで，以下の設問に答えよ。

In the Cardamom Mountains of southwest Cambodia, the rain forest grows thick. During monsoon season, a canopy of phayom, rosewood, pinang baik, and white meranti trees blocks out the sun. At night, the forest emits its own soft orange light, as hunters burn campfires to ward off elephants.

"It's seriously rough country, a wild and beautiful place," says Brendan M. Buckley, a Columbia scientist who led a research expedition here in January. "You move slowly, bashing and slashing your way through the vegetation."

Buckley is here because he thinks these woods, which are among the most remote in Asia, hold secrets to the disappearance of a city that once existed in the jungle some 100 miles north of the mountains. This was the city of Angkor[*1], which, at its pinnacle in the 12th century, was home to 750,000 people and covered some 400 square miles—the largest footprint of any urban development in the preindustrialized world. Its workers built gigantic Hindu temples out of sandstone and planted rice paddies that stretched far over the horizon. Its engineers created dams and reservoirs to irrigate crops, even waterways to travel around the settlement by boat.

And then this civilization vanished. (1)16世紀にポルトガルの宣教師たち（Portuguese missionaries）が到着した頃までには，その都市はおおかた打ち棄てられ，寺院は草木に埋もれてしまっていた。

What happened to Angkor? "There are few written accounts that have survived from the period, so it's an enduring mystery," says Victor Lieberman, a professor of Southeast Asian history at the University of Michigan. "We historians don't have much evidence to grasp onto."

But that's changing now that Buckley is discovering new clues—not in stone carvings or long-lost travelogues, but in the flesh of evergreen trees.

Climbing up a ridge in the Cardamoms, Buckley spots a cluster of evergreens known as *Dacrycarpus imbricatus*, a rare species with no common name in English. With their needle-shaped leaves and shrubby limbs, the trees look out of place in a rain forest.

"Even in the tropics, we find evergreens in the highest, coolest altitudes," says Buckley, an associate research professor at Columbia's Tree-Ring Laboratory. "We look for evergreens because they show their growth rings clearly. They're prized for their soft lumber, too, so we have to go into remote areas to find any old ones still standing. These here are really nice—maybe 500 years old."

Buckley unzips his knapsack and removes a wood borer*2, a hand-operated drill with an extremely long, hollow bit. He presses the borer gently into the side of a tree, aiming it straight for the core. Then, gripping the borer's T-shaped handle with both hands, Buckley leans into the tree and begins rotating the tool as if it were a tire iron. With each half-turn, the scientist lets out a grunt and the wood produces a nasal, birdlike squawk. The oily, slightly floral scent of conifer wafts in the air. After 15 minutes, Buckley stops, the borer having disappeared almost entirely into the tree. He inserts a tiny spoon into the back of the tool's hollow bit and pulls out a long beige dowel partitioned by some 450 orange stripes—a chronicle of this tree's life.

"These rings hold a lot of secrets," he says. "Not just the tree's age, but also its annual growing conditions. In a year when there's little rain, you'll get a skinny ring."

Since the mid-1990s, Buckley has collected cores*3 from thousands of trees across Cambodia, Vietnam, Thailand, and Laos, generating insights into the region's climate history that could have been achieved no other way : Just as ice cores provide a glimpse of past atmospheric conditions and coral reefs indicate historic ocean temperatures, tree rings document annual (①).

And it doesn't hurt the tree. After Buckley takes a core, he doesn't even need to plug up the hole. "It's actually better for the tree if you don't plug it," he says. "Trees are very good at compartmentalizing their wounds, which means they physically and chemically wall off the injured area to prevent pathogens from seeping in."

Over the course of this three-day field expedition, Buckley will collect dozens of cores, slide each one into a clear plastic tube that resembles an oversized drinking straw, and ship them to his lab at the Lamont-Doherty Earth Observatory, in Palisades, New York. (2)<u>Once he's back at the lab, he will sandpaper each core until it's shiny smooth, which enables him to take microscopic measurements of its rings</u>. Then, by analyzing the rings from many trees of the same species—looking for years in which all of the trees grew a skinny ring or a wide ring, for instance—he will identify common patterns in their year-to-year growth variations. With this information, he can estimate past rainfall levels.

"Weather stations started taking routine measurements of rainfall in this area in 1951," Buckley says. "So we start by correlating the newest tree rings against these precise rainfall measurements. Then, we can extrapolate backward into the distant past, based simply on the rings."

Buckley didn't start this work with Angkor in mind. As a climate scientist, he has always had a broader goal : to help fellow scientists design computer models that can predict future rainfall patterns in Asia, based on past monsoon cycles. He has already made important contributions in this area, showing, for instance, that when water temperatures in the Pacific and Indian Oceans have changed over the past millennium, monsoons have typically been disrupted, triggering wild variations in the amount of rainfall they bring.

A few years ago, however, Buckley, who is widely regarded as the foremost tree-ring researcher working in the Asian tropics, started receiving phone calls from (②). Word had spread that he was routinely coring trees as old as 750 years, dating back to Angkor's heyday. Soon, Buckley was collaborating with archaeologist Roland Fletcher, a professor at the University of Sydney and an expert on Angkor's medieval civilization. Buckley began looking for old-growth forest as near as possible to Angkor and helping his colleague interpret the data.

Their big discovery came last spring, when Buckley, Fletcher, and fellow Columbia tree-ring specialists Edward Cook and Kevin Anchukaitis published a paper showing that Angkor, during the century before it is thought to have collapsed, experienced two long and severe droughts. The first lasted an astonishing 30 years, the next 20 years. Each of these dry periods was punctuated by several years of heavy monsoons that, according to Buckley, likely caused devastating floods.

"We're talking about dry spells the likes of which we've never seen in modern history," he says. "And then, the skies open up and the rain won't stop."

(3)That discovery, published in the *Proceedings of the National Academy of Sciences*, has provided the most compelling evidence yet for a theory that most scholars, until now, have dismissed as overly speculative : that climate change contributed to Angkor's collapse. Other, more subtle clues had been found before. A few years ago, Fletcher and his team of archaeologists unearthed evidence that Angkor's main reservoir was renovated around the same time the city is thought to have collapsed, in the early 15th century, to be just half of its original size. The archaeologists hypothesized that this renovation was undertaken during a prolonged drought to ensure that water coming into the reservoir from a nearby river would accumulate rather than seep into a big, half-empty mud basin.

"There are also accounts of drought in China and in India around this same time," says Lieberman, the historian at Michigan. "(4)アンコールも極端な気候に見舞われたかもしれないと考えるのは，理にかなっているだろう。" This was a period when the Earth was undergoing a major climate shift, scientists believe, as it was transitioning from what's commonly called the Medieval Warm Period into the Little Ice Age.

Few historians have considered climate change's effects on Angkor, however. The standard explanation for Angkor's demise, Lieberman says, is that its ruling elite simply abandoned the city when economic activity in Southeast Asia shifted southward toward coastal ports in the 14th century. Other scholars say that Angkor's political structure disintegrated when Buddhism swept through the region in the 13th century, as Angkor's rulers considered themselves earthly representations of Hindu gods.

(5)Lieberman stands alone among prominent historians in that he has suggested for years that climate change hastened Angkor's collapse. "The evidence that Angkor saw severe drought was rather circumstantial before Brendan generated this rainfall data, but I still thought it was the best prima facie*4 explanation we had," he says. "Other historians haven't looked at this issue closely, I think, in part because they don't feel comfortable with their own understanding of the science. So, in the absence of any written accounts of drought or flooding near Angkor, they've preferred to focus on the types of phenomena they're accustomed to writing about, which are the economic, political, and cultural factors."

Now, with Buckley's findings, Lieberman believes that historians are obligated to study how Angkor, as well as several other historic Southeast Asian civilizations, were affected by extreme weather. He points out that Buckley's data reveal prolonged droughts also occurred between 1638 and 1641, just three years before peasant rebellions led to the fall of the Ming Dynasty*5, and between 1756 and 1768, around the same time that three kingdoms in what are now Vietnam, Myanmar, and Thailand all collapsed. In a forthcoming essay coauthored with Buckley, Lieberman exhorts fellow historians to examine why certain civilizations succumbed to these droughts while (③). The answers might lie, they say, in the societies' water-management strategies, the nature of their governments, and the diversification of their economies.

"For the first time," Lieberman and Buckley write, "we have the data to make climate change a part of our regional narrative."

*1 Angkor アンコール（カンボジアの古代クメール王朝の首都。現在ではアンコールワットを含む遺跡群となっている）
*2 borer 穴をあける道具
*3 cores （ドリル等で採った）円筒形標本
*4 prima facie 一見したところでの
*5 the Ming Dynasty （中国の）明朝

[Adapted from David J. Craig, "What Happened to Angkor?" *Columbia Magazine* (Spring 2011), 22-27.]

設 問

1 下線部(1)を英語に訳せ。

2 下線部(2)を日本語に訳せ。

3 本文によれば，下線部(3)冒頭の "That discovery" のほかにも，この理論を裏付ける証拠が少し前に見つかっている。その証拠とは何か，日本語で説明せよ。
〔解答欄：13.4cm×3行〕

4 下線部(4)を英語に訳せ。

5 下線部(5)を日本語に訳せ。

6 本文中の空欄①，②，③に入れるのにもっとも適切なものをAからEの中から選び，記号で答えよ。

空欄①

Just as ice cores provide a glimpse of past atmospheric conditions and coral reefs indicate historic ocean temperatures, tree rings document annual (①).

A．bird populations
B．CO_2 emissions
C．insect damage
D．rainfall levels
E．rituals of local people

空欄②

A few years ago, however, Buckley, who is widely ragarded as the foremost tree-ring researcher working in the Asian tropics, started receiving phone calls from (②).

A．biologists and physicists
B．historians and archaeologists
C．medical and drug researchers
D．weather forecasters and reporters
E．wildlife and nature conservationists

空欄③

In a forthcoming essay coauthored with Buckley, Lieberman exhorts fellow historians to examine why certain civilizations succumbed to these droughts while (③).

A．others declined
B．others ignored them
C．others recorded them
D．others survived
E．others vanished

7 下の1から10の文から，本文の内容に一致するものを3つ選び，番号で答えよ。

1．Angkor grew to a population of 750,000 and was distinguished by its waterworks, enormous wooden temples and vast expanses of surrounding rice fields.

2. There are so many conflicting accounts from the period when Angkor was abandoned that scholars don't know which are the most reliable.

3. None of the evergreen trees in the Cardamom Mountains are old enough to yield data useful for solving the mystery of the collapse of premodern cities and kingdoms in Southeast Asia.

4. Coring doesn't have a damaging effect on trees, because they rarely compartmentalize wounds before regenerating the wood in a damaged area.

5. Brendan Buckley's earlier research in climate science contributed to knowledge of how change in ocean temperatures has affected quantities of rainfall.

6. The people of Angkor experienced periods of drought for about three-quarters of the century before the city's collapse.

7. There was a period of acute change in climate during the early 15th century, and this was framed by shorter periods of instability when global conditions transitioned from cold to warm.

8. Some scholars think the weakening of Hinduism in Southeast Asia was an important factor in the disintegration of Angkor society.

9. Most historians have not been willing to take into account the effects of climate change, and have focused their attention on other factors such as culture and politics.

10. Peasant rebellions led to the end of the Ming Dynasty, and subsequently several kingdoms in Southeast Asia.

全 訳

■アンコール滅亡と気候変動

❶ カンボジアの南西部に位置するカルダモン山脈には，熱帯雨林が生い茂っている。モンスーンの時期には，パヨム，シタン，ペナン・バイク，ホワイト・メランチの木の林冠が太陽の光を遮っている。夜になり，ハンターたちが象を寄せつけないために焚火をすると，その森はやさしいオレンジ色の光を放つ。

❷「そこは本当に手つかずの土地で，自然のままの美しい場所です」と1月にここで調査隊を指揮したコロンビア大学の科学者，ブレンダン・M・バックリーは言う。「草木の中，それらを切り倒し，道を作りながら，ゆっくり進むのです」

❸ 彼がここにいるのは，アジアで最もへんぴな森の一つであるこの森が，カルダモン山脈の北，約100マイルに位置するジャングルの中にかつて存在した都市の消失の秘密を握っていると考えているからである。そこはアンコールの都市で，12世紀の絶頂期には，75万人の人々を抱え，その広さは約400平方マイルにも及んでおり，これは産業革命以前の都市整備の中で最大の足跡である。そこで働く人々は，砂岩を用いて巨大なヒンズー教の寺院を建て，水平線まで続く水田に苗を植えていた。そこに住む技術者たちは，農作物のための水を引くためダムや貯水池を作り，船で集落を移動できる水路までも作っていた。

❹ その後，この文明は突如として姿を消した。16世紀にポルトガルの宣教師たちが到着した頃までには，その都市はおおかた打ち棄てられ，寺院は草木に埋もれてしまっていた。

❺ アンコールに何が起こったのだろう？ 「その時代から残っている文章による記述はほとんどありません。そのためこれは永遠の謎なのです」とミシガン大学の東南アジア史の教授であるビクター・リーバーマンは言う。「我々歴史家たちは，支持できる十分な証拠を手に入れていないのです」

❻ しかし，現在，バックリーが新たな手がかりを見つけつつあり，この状況が変わろうとしている――それは石の彫刻物や，長く行方がわからなかった旅行記の中ではなく常緑樹の中にある。

❼ カルダモン山脈の尾根を登っていった時，バックリーは *Dacrycarpus imbricatus* という名前で知られ，英語の一般名がない珍しい種の常緑樹が集まったところを見つけている。針状の葉と低木に多い形状の枝があり，その木は熱帯雨林の中では場違いに見える。

❽「熱帯地方であっても，高くて涼しい高地では常緑樹を見つけることができます」とコロンビア大学年輪研究所の准研究教授でもあるバックリーは言う。「我々

が常緑樹を探しているのは，年輪がはっきりとわかるからです。また常緑樹は柔らかい木材としても珍重されているので，現在も残っている古いものを見つけるためには遠く離れた場所まで入っていかなければならないのです。この辺りにあるものは非常にすばらしい，おそらく樹齢500年ほどでしょう」

❾ バックリーはナップサックを開け，木に穴を開ける道具――非常に長く中空になったドリル棒がついた手動ドリル――を取り出した。彼は木の中心にまっすぐ向かっていくようにして，優しく木の側面からそれを入れていった。そして，その道具についているT字型の取っ手を両手でつかみ，バックリーは木に寄りかかり，タイヤ交換の道具のように，それを回し始めた。180度ずつ回転させながら，彼はうなり声をあげ，木からも鳥の鳴き声に似た鼻にかかったような音がした。常緑針葉樹の油っぽく，かすかに花のような香りが空気中に漂う。15分後，バックリーは手を止めると，ドリルはほぼすべて木の中に入って見えなくなっていた。彼はその道具の中空のドリル棒の反対側からとても小さなスプーン状のものを入れ，450ほどのオレンジ色のストライプ――この木が今まで歩んできた歴史――が入った長いベージュ色のだぼを抜き取った。

❿「この年輪は多くの秘密を握っています」と彼は言う。「単に木の樹齢だけでなく，毎年の生長状態もわかります。雨がほとんど降らなかった年には，年輪が細くなるのです」

⓫ 1990年代の中頃から，バックリーはカンボジア，ベトナム，タイ，ラオスにまたがる何千本もの木々から円筒形標本を集め，その地域の気候の歴史について，それ以外のやり方では成し得なかった洞察を生み出してきた。ちょうど氷の円筒形標本が過去の大気の状況を垣間見せてくれたり，サンゴ礁がこれまでの海水の温度を教えてくれたりするように，木の年輪も毎年の降雨量を記録しているのだ。

⓬ さらに，この作業は木を傷つけるものではない。バックリーは円筒形標本を採集した後，その穴をふさぐ必要さえない。「穴をふさがないのは，実際は木にとって良いことなのです」と彼は言う。「木は傷を区分するのが非常に得意なのです。どういうことかと言うと，病原菌が広がるのを防ぐために，物理的かつ化学的に傷がある部分を囲んで仕切るのです」

⓭ この3日間の現地調査の中で，バックリーは数十個の円筒形標本を採集して，特大サイズの飲み物のストローに似た透明のプラスチックチューブに一つ一つ移し，ニューヨークのパリセーズにあるラモント・ドハティ地球観測所の彼の研究室に輸送する予定である。(2)彼は研究室に戻るとすぐに一つ一つの円筒形標本を光沢が出てつるつるになるまで紙やすりで磨くのだが，そうすることでその年輪を顕微鏡で測定することができるようになる。そして，同じ種の多くの木の年輪を分析することで――例えば，すべての木が細い年輪を持ったり，すべての木が太い年輪を持

つ年を探す――，彼は年ごとの生長で見られる変異における共通パターンを特定する。この情報から，彼は過去の降雨量を推測することができるのだ。

⑭「気象観測所は，この地域における降雨量を1951年に毎日測定し始めました」とバックリーは言う。「ですから我々は最も新しい年輪と，その正確な降雨量の測定結果とを関連づけることから始めています。そうすれば，ただ年輪に基づいて，遠い過去のことを遡って推定することができるのです」

⑮ バックリーはアンコールのことを念頭において，この作業を始めたのではない。気象学者として，彼は常にもっと大きな目標を持ってきた。それは，過去のモンスーンの周期に基づいて，アジアにおける将来の降雨のパターンを予測できる計算モデルを，仲間の科学者たちが作る手助けをすることである。彼は，例えば太平洋とインド洋の水温が過去1000年にわたり変化している時には，モンスーンの発生が概してバラバラになり，降雨量の激しい変化を誘発することを示すなどして，すでにこの分野では重要な貢献を果たしている。

⑯ しかし，アジアの熱帯地方で活躍する第一線の年輪研究者として広く評価されているバックリーが，数年前に歴史学者や考古学者たちから電話をもらうようになった。彼が定期的に，アンコールの絶頂期にまでさかのぼる750年前の木の円筒形標本を採集しているといううわさが広まったのだ。ほどなくバックリーはシドニー大学の教授で，アンコール中世文明の専門家でもある考古学者のローランド・フレッチャーと共同研究をすることとなった。バックリーはできるだけアンコールに近い場所の原生林を探し始め，仲間たちがデータを解釈する手助けをし始めた。

⑰ 彼らの手による大発見があったのが昨年の春で，バックリー，フレッチャー，そしてコロンビア大学の仲間で年輪の専門家であるエドワード・クックとケビン・アンチュケイティスらによって，アンコールは崩壊したと考えられている時期の前の100年間に，2回の長く厳しい干ばつに見舞われていたことを示す論文が発表された。最初の干ばつは驚くことに30年間も続き，次の干ばつは20年間続いた。それぞれの乾季は，数年間の強力なモンスーンの時期によって中断していたが，バックリーによればこのモンスーンは壊滅的な洪水を引き起こしていた可能性があるという。

⑱「近代史において類を見ないような乾季について我々は言及しています」と彼は言う。「空が晴れわたると，その後は雨が止まらなくなるのです」

⑲『米国科学アカデミー紀要』に発表されたこの発見は，これまで大半の学者たちが推測にすぎないと退けてきた理論，すなわち気候変動がアンコール崩壊の原因となったという理論に対して，今までで最も有力な証拠を与えてくれた。これよりも前に，目立たないが他の手がかりも発見されていた。数年前，フレッチャーと彼の考古学チームは，15世紀初頭のアンコールが滅亡したと思われる時期とほぼ同じ

時期に，アンコールの主要な貯水池が元のサイズのちょうど半分の大きさに改修されていたという証拠を発見した。考古学者たちは，近くの川からこの貯水池に入ってくる水が，半分空になっている大きな泥の貯水池にしみ込まず，確実に蓄積されるようにするため，長引く干ばつの間にこの改修が行われたのではないかという仮説を立てた。

⑳「これと同じころ，中国やインドで干ばつがあったという記述もあります」とミシガン大学の歴史家であるリーバーマンは言う。「アンコールも極端な気候に見舞われたかもしれないと考えるのは，理にかなっているでしょう」 この時期は，いわゆる中世温暖期から小氷期へと移行し，地球が大きな気候変動を経験していたと科学者たちが信じている時期であった。

㉑ しかしながら，気候変動がアンコールの滅亡に影響を及ぼしたと考える歴史家はほとんどいない。14 世紀に東南アジアの経済活動が沿岸部の港の方に向かって南へと移行した際，アンコールを支配していたエリート層がただこの都市を捨て去った，というのがアンコール滅亡の一般的な説明だとリーバーマンは言う。また別の学者によると，アンコールの支配者たちは自分たちのことをヒンズー教の神々の化身だと考えていたので，13 世紀に仏教がこの地域に急速に広まった時，アンコールの政治体制が崩壊したのだと言う。

㉒ (5)<u>リーバーマンは，気候変動がアンコールの崩壊を早めたと何年も示唆してきたという点で，著名な歴史家の中でも目立った存在である。</u>「ブレンダンがこの降雨量のデータを作成する前，アンコールが厳しい干ばつを経験したという証拠はいくぶん付随的なものでしたが，私はそれでも，これが一見したところでのベストな説明だと思っていました」と彼は言う。「他の歴史家たちはこれまでこの問題を綿密に調べてきませんでしたが，それは彼らが科学の理解に慣れていないということが理由の一部としてあると思います。ですから，アンコールの近くでの干ばつや洪水についての記述がないと，経済的，政治的，そして文化的要因といった，彼らが書き慣れている類の現象に焦点を合わせることを好んできたのです」

㉓ 現在，バックリーの発見により，歴史家たちには，他のいくつかの東南アジアの歴史上の文明と同様，アンコールが異常気象によってどのような影響を受けたのかを調査する責務があるとリーバーマンは信じている。彼は，バックリーのデータから長い干ばつが 1638 年から 1641 年の間にも起こったことがわかると指摘しており，これは農民の反乱が明王朝の崩壊へとつながるちょうど 3 年前で，1756 年から 1768 年に干ばつがあった時は，現在のベトナム，ミャンマー，タイの 3 つの王国がすべて崩壊したのとほぼ同じ時期であった。リーバーマンは，もうすぐ発刊されるバックリーとの共著の論文の中で，生き延びた文明もある一方で，ある文明が干ばつによって倒れてしまった理由を研究するよう同業の歴史家たちに勧めている。

その答えは，その社会の水の管理方法，統治機関の特性，経済の多様化の中にあるのかもしれないと２人は語っている。

㉔「気候変動がある地域の物語の一部となるデータを我々は初めて手にしたのです」とリーバーマンとバックリーは記している。

各段落の要旨

❶ カンボジア南西部のカルダモン山脈には熱帯雨林が生い茂っている。
❷ 科学者のブレンダン・M・バックリーがこの熱帯雨林を調査。
❸ この森がかつて存在したアンコールの都市消滅の秘密を握っている。
❹ 16 世紀にはこの文明は姿を消していた。
❺ 当時の文献がなく，アンコールの都市が消滅した理由は謎である。
❻ アンコールの都市消滅の謎を解く手がかりが常緑樹にある。
❼ この熱帯雨林に見られる希少な常緑樹についての説明。
❽ バックリーが常緑樹を探している理由は，その年輪がはっきりとわかるからである。
❾ バックリーが常緑樹の標本を採集する様子を説明。
❿ 採集した常緑樹の年輪から，単に樹齢だけではなく，雨量による木の生長状態もわかる。
⓫ バックリーは東南アジア各国の木々から円筒形標本を集めているが，そういった木の年輪は毎年の降雨量を記録している。
⓬ 標本を採集することで，木が傷つくことがない理由。
⓭ 採集した常緑樹の標本の年輪から，過去の降雨量を測定するまでのプロセスを説明。
⓮ 年輪から遠い過去の降雨量が推測できる理由。
⓯ バックリーがこの作業を始めた元々の理由：モンスーンの周期に基づいて，降雨パターンを予想する計算モデルを作る手助けのため。
⓰ バックリーがアンコールの絶頂期にまで遡り木の標本を採集しているうわさが広まり，歴史家や考古学者と共同研究することとなった。
⓱ アンコールが崩壊したと考えられている時期の前に，２回の長く厳しい干ばつに見舞われていたことがわかった。
⓲ それは近代史において類を見ないような乾季で，その後は雨が止まらなくなった。
⓳ この発見は，気候変動がアンコール崩壊の原因となったという理論に有力な証拠を与えたが，それ以前にも，他の手がかりが見つかっていた。
⓴ アジアの他の国でも同じ時期に干ばつがあった。
㉑ 気候変動がアンコールの滅亡に影響を及ぼしたと考える歴史家はほとんどいない。
㉒ リーバーマンは気候変動がアンコール崩壊を早めたと主張する数少ない歴史家である。
㉓ 干ばつが文明に与えた影響を歴史家たちは研究すべきである。
㉔ 気候変動が文明に影響を与えたというデータが得られた。

解 説

設問1 16世紀にポルトガルの宣教師たちが到着した頃までには，その都市はおおかた打ち棄てられ，寺院は草木に埋もれてしまっていた。

▶英文の組み立てとしては，「16世紀にポルトガルの宣教師たちが到着した頃までには」の部分を従属節とし，主節は「その都市はおおかた打ち棄てられていた」と「寺院は草木に埋もれてしまっていた」の2文を等位接続詞のandで結べばよい。

▶16世紀にポルトガルの宣教師たちが到着した頃までには

- 「～した頃までには」の部分は，主節動詞の行為の完了期限を表すby the time ～を用いて表現する。文構造が続いているので前置詞のby～は不可。なお，「～するまでずっと」という意味で主節動詞の継続期間を表すuntilはここでは使えない。「到着する」は具体的な到着場所を明示していないので自動詞のarriveが適切。目的語が必要な他動詞のreachは不可。

▶その都市はおおかた打ち棄てられ

- 主節の時制は，ある過去の一時点までの完了ととらえ過去完了で表現すればよいが，by the time ～「～までに」という表現が従属節にあり，出来事の前後関係が文脈から明確なので過去形で表現することも可能。
- 「打ち棄てる」はabandonを用いて受動態で表現すればよい。「おおかた」は副詞のmostlyやlargelyを使って表現できるが，「その都市の大部分は打ち棄てられた」と読み替えてmost of the cityを主語にして書くことも可能。

▶寺院は草木に埋もれてしまっていた

- 「寺院」は可算名詞なので単数・複数の表記が必要になるが，寺院が一つだけだったとは考えづらいのでits (the) templesと複数形にしておく。述部の「～に埋もれる」は「～に覆われる」と発想し，be covered with (in) を使えば書きやすくなる。「～を埋める」という表現だけに着目するとburyを受動態にして書けそうだが，buryはto cover something with other things so that it cannot be foundという定義なので文脈を考慮すると不適。
- 「草木」は第2段最終文で登場しているvegetationを使って表現するのがよいが，この表現に気づけなければ，plants and treesなどで表現しておく。
- 時制は1つ目の主節と同様，過去形でも過去完了でもよいが，過去完了を用いる場合は，共通するhad beenを省略してもよい。

設問2 Once he's back at the lab, he will sandpaper each core until it's shiny smooth, which enables him to take microscopic measurements of its rings.

▶最初のコンマの後ろにSVを含む文構造が続いていることから，文頭のOnceは，

「一度，かつて」という意味の副詞ではなく，「〜するとすぐに，いったん〜すると」という意味の接続詞で機能していると判断する。

▶ lab は laboratory「研究室」の略式表現。

▶主節の動詞は sandpaper だが，市販の単語帳などにこの単語が登場するケースは少ない。しかし，「サンドペーパー＝紙やすり」という表現は日本語で定着しており，助動詞 will の後ろに続いていることから動詞で機能していることも明白である。さらに目的語には「(木の) 円筒形標本」が続いている点に着目すれば「〜をサンドペーパー（紙やすり）で磨く」という表現までたどり着けるだろう。なお，この will は「(必ず) 〜する」という意味の習慣・習性を表す用法。

▶ until 以下は主節を修飾する副詞節で，円筒形標本がどのような状態になるまで紙やすりで磨いたのかを説明している部分だと意識しながら訳出する。
shiny「光沢の出た，輝く」　smooth「つるつるになった，滑らかな」

▶関係代名詞の which は「一つ一つの円筒形標本を光沢が出てつるつるになるまで紙やすりで磨く」という先行する節の内容を受けた非制限用法で，文脈を考慮すると，and it enables him to 〜 と読み替えることができる。述部は enable *A* to *do*「*A* が〜するのを可能にする」という表現が使われているが，無生物主語の構文なので，主語を副詞的に訳し，「S のおかげで〜が可能になる」とすると，より自然な日本語になる。

▶ take microscopic measurements of its rings の take は「(ある行為) をする」という意味。この表現は具体的な動作が動詞よりも直後の名詞によって表されているので，measurements を動詞化し「測定する，測る」と訳せばよい。またこのような名詞中心の表現に形容詞が含まれている場合は実質的に副詞の役目をしているので，take microscopic measurements は「顕微鏡で測定する」と訳出すればよい。

●名詞中心の表現の類例
take a close look「よく見る」
have a good sleep「よく眠る」

設問 3　▶下線部で，That discovery「その発見」は，気候変動がアンコール崩壊の原因となったという理論に対して，最も有力な証拠を与えたと述べられているので，その理論を裏付ける他の証拠を抜き出せばよい。また設問でその証拠が少し前に見つかったと書かれている点もヒントになる。下線部直後の第 19 段第 2 文では「目立たないものではあったが，少し前に他の手がかりも発見されていた」とあり，続く同段第 3 文では，数年前，フレッチャーと彼の考古学チームがある証拠を発見したという内容が続いているので，evidence that 〜 の部分が該当箇所だとわかる。

本文該当箇所の構造

evidence【that Angkor's main reservoir was renovated 〈around the same time (when) [the city is thought to have collapsed,]〉〈in the early 15th century,〉 to be just half of its original size】 ＊【名詞節】〈副詞句〉［形容詞節］

evidence の直後の that は同格の名詞節を導く接続詞として機能している。around 以下の副詞句の構造は，the same time の直後に関係副詞の when が省略されており，the city is thought to have collapsed の部分が the same time を修飾する形容詞節となっている。in the early 15th century も副詞句なので，この2つの副詞句を飛ばして読むと，Angkor's main reservoir was renovated to be just half of its original size. という骨格が見えてくる。

▶主語の reservoir「貯水池」は難易度の高い単語だが，同段最終文の考古学者の仮説の中で使われている「近くの川からこの reservoir に入ってくる水」という表現から推測できる。また述語動詞の renovate「～を改修する」という単語も，その後ろに続く不定詞句「元のサイズのちょうど半分の大きさになる」という内容につながるような表現だと推測したい。renovate：re［再び］novate［新しくする］

●類例 innovate：中を新しくする →「～を刷新する」

設問4 アンコールも極端な気候に見舞われたかもしれないと考えるのは，理にかなっているだろう。

▶「～することは，…だろう」という骨格を考慮すると，形式主語構文を用い，推量の意味を表す助動詞の would を使って表現できる。「～だろう」という推量の表現は書き手（話し手）の確信度によって用いる助動詞が変わるが，この文脈を考慮すると would よりも確信度が高くなる推量の will を使っても問題はない。「理にかなっている」は reasonable という形容詞で表現できる。

▶「見舞われたかもしれない」という過去の推量は may〔might〕have *done* の形を用いて表現する。「極端な気候に見舞われる」は「極端な気候を経験した」と読み替え，本文中の第17段第1文でも使われている experience を述語動詞として使えば表現しやすい。また自然災害などがある地域を襲うという場合は hit を使うことが可能で，能動態でも受動態でも表現することができる。 「極端な」extreme

設問5 Lieberman stands alone among prominent historians in that he has suggested for years that climate change hastened Angkor's collapse.

▶構造上のポイントは，in that ～「～という点で」という表現と，for years が suggest を修飾する副詞句であり，また that climate change hastened Angkor's collapseの名詞節がsuggestの目的語となっている点。なお，「提案」の意味を表すsuggestに続くthat節内の動詞はshould+原形もしくは原形となるが，ここではhastenedという過去形（直説法）が用いられており，その場合suggestは「～ということを示唆する，暗示する」という意味になる。

▶主節の述部stand aloneは逐語訳では「1人で立つ」となるが，文脈を考慮して訳出に工夫したい。第21段第1文には気候変動がアンコール滅亡に影響したと考える歴史家はほとんどいないと書かれていることから，リーバーマンの主張は少数派であることがわかる。したがって訳出としては「無類の，他に比を見ない，目立った」といった訳出が適切。　prominent「著名な」　hasten「～を早める」

設問6 ① 正解は D ▶「ちょうど氷の円筒形標本が過去の大気の状態を垣間見せてくれたり，サンゴ礁がこれまでの海水の温度を教えてくれたりするように，木の年輪も毎年の…を記録している」 まずは空所部分が述語動詞document「～を記録する」の目的語になっている点に着目する。木の年輪が毎年記録していることに関する記述を探すと，第10段に木の年輪からは樹齢だけでなく，毎年の生長状態もわかり，雨がほとんど降らなかった年には年輪が細くなるという説明がなされているので，D.「降雨量」が正解となる。

▶それぞれの選択肢の意味は次の通り。

A.「鳥の個体数」　B.「二酸化炭素の排出量」
C.「虫害」　E.「地元の人々の儀式」

設問6 ② 正解は B ▶「しかし，アジアの熱帯地方で活躍する第一線の年輪研究者として広く評価されているバックリーが，数年前に…から電話をもらうようになった」 同じ第16段の第3文で，その後バックリーがarchaeologist「考古学者」のフレッチャーと共同研究をすることとなったと述べられている。選択肢の中でarchaeologistが含まれるのはBだけなので，この部分だけでも判断ができるが，第20段以降，ミシガン大学の歴史家であるリーバーマンも登場しており，第23段では，バックリーとリーバーマンが共同で論文を発表することも述べられているので，historianのリーバーマンからも連絡があったと判断できる。

▶それぞれの選択肢の意味は次の通り。

A.「生物学者と物理学者」　C.「医学と薬の研究者」
D.「気象予報士とレポーター」　E.「野生生物と自然の保護論者」

設問6 ③ 正解は D ▶「もうすぐ発刊されるバックリーとの共著の論文の中で，リーバーマンはなぜある文明が干ばつに屈した一方，…であったかを研究するよう同業の歴史家たちに勧めている」 空所直前に対比を表す接続詞があることから，主節の certain civilizations succumbed to these droughts と反対の内容になる選択肢を選ぶ。動詞の succumb「～に負ける，～に屈する」を知っていれば，正解のD.「他の文明は生き残った」を選ぶことは容易だが，この単語は難易度が高いため，うまく消去法を使って処理したい。選択肢Aの decline「衰退する」と選択肢Eの vanish「消える」はどちらも文明の力が弱まるというマイナスの意味であり，どちらかが入ればもう一方も正解になりえるので消去。B.「他の文明はそれら（干ばつ）を無視した」は文意が通じず，C.「他の文明はそれら（干ばつ）を記録した」も干ばつを記録した文明と記録していない文明があった理由を研究するようリーバーマンが他の歴史家たちに勧めているという内容になり文脈が合わない。以上のプロセスから正解のDにたどり着ける。

exhort *A* to *do*「*A* に～するよう勧める」

設問7 正解は 5・8・9 ▶1.「アンコールは人口が75万人に達し，給水設備，巨大な木造寺院，周囲の広々とした水田で有名であった」 等位接続詞で結ばれた2つ目の述部の be distinguished の部分は「有名である，優れている」という意味でアンコールの特徴を述べた内容。もともと distinguish は「～を区別する」という意味の他動詞であるが，その過去分詞が形容詞的に機能している。「有名である，優れている」という意味を知らなくても，アンコールが何かによって他の地域と区別されていたのだという内容がわかれば設問の真偽を判断することは可能。

第3段第2文ではアンコールが絶頂期には75万人の人々を抱えていたと述べられているので人口の数値は正しい。続く同段第3文でも，水平線まで続く水田について言及されているが，砂岩を用いて巨大なヒンズー教の寺院を建てたとあり，木造寺院ではないので不一致。waterworks「給水設備」については，同段最終文で灌漑設備について言及されている。

waterworks や本文中の rice paddies「水田」など難易度が高い表現は多いものの，寺院の建築材料が wooden と sandstone で異なっている点は気づきやすい。

▶2.「アンコールが棄てられた時期からは非常に多くの対立する記述が見つかっているので，学者たちはどれが最も信頼できるものなのかわかっていない」

選択肢の構造

There(S) are(V) 〈so〉 many conflicting accounts from the period ［when Angkor was abandoned］〈that scholars(S′) don't know(V′) 【which are the most reliable】(O′)〉.

＊【名詞節】〈副詞句〉［形容詞節］

関係副詞の when 以下の後置修飾と，so … that ～「とても…なので～，～ほど…」の構文を見抜くことがポイント。conflicting accounts とはそれぞれ内容が矛盾する記述のことを意味している。
第4段および第5段では，アンコール文明が突如として姿を消すが，その時代から残っている文章による記述はほとんど残っていないと述べられており，アンコールが棄てられた時期について非常に多くの対立する記述があると述べられている部分は本文中にはない。

▶ 3.「東南アジアにおける近代以前の都市や王国の滅亡の謎を解くのに役立つデータを提供してくれるほどの樹齢を持つ常緑樹はカルダモン山脈にはない」 本文全体を通して科学者のバックリーが，アンコール滅亡の謎を解くデータが得られる樹齢の常緑樹の円筒形標本をカルダモン山脈で収集している様子が述べられているので誤り。選択肢に書かれた内容が正確に理解できるかどうかがポイント。

> 選択肢の構造
> None of the evergreen trees [in the Cardamom Mountains] are old 〈enough to yield data [useful for solving the mystery of the collapse [of premodern cities and kingdoms in Southeast Asia]]〉.
> ＊〈副詞句〉［形容詞句］

enough to 以下で，カルダモン山脈の常緑樹の樹齢がどれくらいの樹齢なのかを説明している。yield は市販されている単語帳では多義語として扱われることが多く，他動詞で「～を生み出す，～を譲る」，自動詞で「屈する」などの意味が載っているが，give の意味に近く give に読み替えて読むことができるケースが多い。また useful 以下の形容詞句は直前の data を修飾しているが，2語以上の形容詞句が修飾する名詞の後ろに置かれる後置修飾のパターンは差がつきやすいのでしっかり対応できるようにしたい。

▶ 4.「円筒形標本を抜き取ることが木に損傷を与えるような影響はない。なぜなら損傷を受けた部分の木が再生する前に，木が傷を区分することはめったにないからである」 文構造で複雑な部分はないが，compartmentalize「～を区分する，～を仕切る」の意味を知っている受験生は少なく，選択肢の内容を完全に理解するのはやや難しいと思われる。しかし，第12段最終文のバックリーの発言で，Trees are very good at compartmentalizing their wounds とあり，選択肢の they (＝trees) rarely compartmentalize wounds の部分と内容が一致しないのは明らかである。

▶ 5.「ブレンダン・バックリーの気象科学に関する以前の研究は，海水の温度変化が降雨量にどのように影響を与えるのかを知る助けとなった」 選択肢の内容が正確に把握できるかがポイント。述語動詞の contribute には contribute *A* to *B*「*A*

をBに与える」という他動詞の用法と，選択肢で用いられているようにcontribute to Aという自動詞の用法がある。contribute to Aの訳には「Aに貢献する」，「Aに寄付する」，「Aの一助となる」などがあるが，最終的には文脈によって決まる。knowledgeは「知識」と逐語訳で捉えるのではなく「知る」と動詞化して読んだ方が内容はわかりやすくなる。how以下の名詞節は前置詞ofの目的語として機能している。

バックリーの気象科学に関する研究については第15段で言及されており，同段最終文で，彼がこれまでに太平洋とインド洋の水温が変化している時には，降雨量の激しい変化を誘発することを示し，気象科学の分野で貢献をしたという内容が述べられているので正解となる。なお，該当箇所である第15段最終文は，showing以下の分詞構文の中で，さらにtriggering以下が分詞構文として機能している。

disrupt「～を混乱させる」　trigger「～を誘発する」

▶6.「アンコールの人々は，アンコールが崩壊する前の約75年間，干ばつの時期を経験した」 内容真偽の設問で数値が正しいかどうかを読み取らせる問題は頻出パターン。第17段第1文のバックリーらが発表した論文では，アンコールは崩壊する前の100年間に2回の干ばつに見舞われたとあり，第2文でその期間が30年間と20年間であったと述べられているので不一致となる。

▶7.「15世紀初頭に激しい気候変動の時期があり，これは地球の状況が寒冷期から温暖期へと移行する比較的短い不安定な期間にあてはまっていた」 15世紀初頭（the early 15th century）という時期は，第19段第3文より，アンコールが滅亡したと考えられている時期であることがわかる。第20段最終文では，この時期に地球は大きな気候変動を経験し，中世温暖期から小氷期へと移行する時期であったとあるので不一致となる。ポイントは選択肢に含まれるtransitioned from cold to warmと本文中のtransitioning from what's commonly called the Medieval Warm Period into the Little Ice Ageが合わない点を読み取れるかどうか。the Medieval Warm Period「中世温暖期」，the Little Ice Age「小氷期」とも専門用語で実際の訳出は困難かもしれないが，WarmとIceに着目すれば，内容真偽の判断は比較的容易となる。

文構造に関しては，選択肢および本文（第20段最終文）とも関係副詞のwhenが先行詞のperiod「期間」を説明していることを押さえて読み進める必要がある。

▶8.「一部の学者たちは，東南アジアにおけるヒンズー教の衰退がアンコール社会崩壊の重要な要因だと考えている」 ヒンズー教（Hinduism）とアンコール社会崩壊の関係性については，一部の学者たちの説として，第21段最終文のthat以下で言及されている。

本文該当箇所の構造

Angkor's political structure (S) disintegrated (V) 〈when Buddhism (S′) swept (V′) through the region in the 13th century〉, 〈as Angkor's rulers (S″) considered (V″) themselves (O″) earthly representations (C″) of Hindu gods〉 ＊〈副詞節〉

述語動詞の disintegrate「崩壊する」は integrate「～を統合する」という単語に否定の意味を表す dis- という接頭辞がついたもの。選択肢にも名詞形の disintegration があるのでこの単語は押さえておきたい（派生語の integral は形容詞の「不可欠な」という意味のほかに，名詞で数学の「積分」の意味があり，これも「統合」を表している）。

when 以下の述語動詞 sweep は他動詞で「～を掃く」という意味で用いることが多いが，自動詞で機能すると「急速に広まる」という意味がある。「仏教が広まった時にアンコールの政治体制が崩壊した」という内容だけでは選択肢の真偽を判断することはできないが，続く as 以下の副詞節では，「アンコールの支配者たちは，自分たちのことをヒンズー教の神々の化身（representations）だと考えていた」という理由が述べられている。したがって，ヒンズー教の衰退とアンコール崩壊の関連を述べた説と解釈できるので正解となる。

▶ 9．「大半の歴史家たちは気候変動の影響を考慮することに異議があり，文化や政治といった他の要因に注目してきた」 be willing to *do*「～するのをいとわない」，take *A* into account「*A* を考慮に入れる」などは基本表現。

第 21 段第 1 文で，気候変動がアンコール滅亡に影響を及ぼしたと考える歴史家はほとんどいないと述べられているので，選択肢前半の内容は一致。また第 22 段最終文のリーバーマンの発言の中で，そういった歴史家たちは，政治的，文化的要因といった自分たちに馴染みのある現象に焦点を当てることを好んできたという内容が述べられており正解となる。

▶ 10．「農民の反乱が明王朝の終焉へとつながり，その後，東南アジアのいくつかの王国の終焉につながった」 選択肢および本文の該当箇所とも等位接続詞の and をしっかり分析して読むことができたかどうかが問われている。

選択肢の英文は，等位接続詞の and を分析し，副詞の subsequently「後に」の意味を踏まえた上で，農民の反乱は明王朝終焉へつながった後，東南アジアのいくつかの王国の終焉につながったという時系列の内容を正確に捉えておく必要がある。判断基準となる本文の該当箇所は第 23 段第 2 文で農民の反乱が明王朝の終焉へとつながったとあり，選択肢の前半の部分は一致。しかし，同じ第 2 文の後半では，現在のベトナム，ミャンマー，タイの 3 つの王国が終焉したのと同じ頃の 1756 年から1768年に干ばつがあったと述べられているだけで，明王朝を終焉へと追いやった農民の反乱が，その後東南アジアの王国の終焉につながったという記述はない。

本文該当箇所の構造

prolonged droughts also occurred between 1638 and 1641, 〈just three years before peasant rebellions led to the fall of the Ming Dynasty,〉 and between 1756 and 1768, 〈around the same time【that three kingdoms (S′)【in what are now Vietnam, Myanmar, and Thailand】all collapsed (V′)】〉

＊【名詞句/名詞節】〈副詞節〉

等位接続詞の and は between 1638 and 1641 と between 1756 and 1768 という２つの副詞句を結び，prolonged droughts also occurred が共通。just three years 以下，および around the same time 以下は直前の年代がどのような期間だったのかを補足説明した部分。

解答

設問1 By the time Portuguese missionaries arrived in the 16th century, the city had been mostly abandoned and its temples (had been) covered in vegetation.

設問2 彼は研究室に戻るとすぐに一つ一つの円筒形標本を光沢が出てつるつるになるまで紙やすりで磨くのだが，そうすることでその年輪を顕微鏡で測定することができるようになる。

設問3 15世紀初頭の，アンコールが滅亡したと思われる時期とほぼ同じ時期に，アンコールの主要な貯水池が元のサイズのちょうど半分の大きさに改修されていたという証拠。

設問4 It would be reasonable to think that Angkor may also have experienced extreme weather.

設問5 リーバーマンは，気候変動がアンコールの崩壊を早めたと何年も示唆してきたという点で，著名な歴史家の中でも目立った存在である。

設問6 ①—D ②—B ③—D

設問7 5・8・9

22

2013年度〔2〕

次の英文を読んで，以下の設問に答えよ。

From the language point of view, the present population of the world is not six billion, but something over six thousand.

There are between six and seven thousand communities in the world today identified by the first language that they speak. They are not of equal weight. They range in size from Mandarin Chinese with some 900 million speakers, alone accounting for one sixth of all the people in the world, followed by English and Spanish with approximately 300 million apiece, to a long tail of tiny communities: over half the languages in the world, for example, have fewer than five thousand speakers, and over a thousand languages have under a dozen. This is a parlous time for languages.

In considering human history, the language community is a very natural unit. Languages, by their nature as means of communication, divide humanity into groups: only through a common language can a group of people act in concert, and therefore have a common history. Moreover, (1)ある集団が共有している言語は，まさに彼らの共同の歴史の記憶が共有される媒体である. Languages make possible both the living of a common history, and also the telling of it.

And every language possesses another feature, which makes it the readiest medium for preserving a group's history. Every language is learnt by the young from the old, so that every living language is the embodiment of a tradition. That tradition is in principle immortal. Languages change, as they pass from the lips of one generation to the next, but (2)there is nothing about this process of transmission which makes for decay or extinction. Like life itself, each new generation can receive the gift of its language afresh. And so it is that languages, unlike any of the people who speak them, need never grow infirm, or die.

Every language has a chance of immortality, but this is not to say that it will survive for ever. Genes too, and the species they encode, are immortal; but extinctions are a commonplace of palaeontology*1. Likewise, the actual lifespans of language communities vary enormously. The annals of language history are full of languages that have died out, traditions that have come to an end, leaving no speakers at all.

The language point of view on history can be contrasted with the genetic approach to human history, which is currently revolutionising our view of our distant past. Like membership in a biological species and a matrilineal lineage, membership in a language community is based on (3)a clear relation. An individual is a member of a species if it can have offspring with other members of the species, and of a matrilineal lineage if its mother is in that lineage. Likewise, at the most basic level, you are a member of a language community if you can use its language.

The advantage of this linguistically defined unit is that it necessarily defines a community that is important to us as human beings. The species unit is interesting, in defining our prehistoric relations with related groups such as *Homo erectus* and the Neanderthals, but after the rise of *Homo sapiens* its usefulness yields to the evident fact that, species-wise, we are all in this together. The lineage unit too has its points, clearly marked down the ages as it is by mitochondrial DNA and Y-chromosomes*2, and can yield interesting evidence on the origin of populations if some lineage clearly present today in the population is missing in one of the candidate groups put forward as ancestors. So it has been inferred that Polynesians could not have come from South America, that most of the European population have parentage away from the Near Eastern sources of agriculture, and that the ancestry of most of the population of the English Midlands is from Friesland. But knowing that many people's mothers, or fathers, are unaccounted for does not put a bound on a group as a whole in the way that language does.

Contrast a unit such as a race, whose boundaries are defined by nothing more than a chosen set of properties, whether as in the nineteenth and early twentieth centuries by superficial resemblances such as skin colour or skull proportions, or more recently by blood and tissue groups and sequences of DNA. Likewise, there are insurmountable problems in defining its cultural analogue, the nation, which entail the further imponderables of a consciousness of shared history, and perhaps shared language too. Given that so many of the properties get shuffled on to different individuals in different generations, it remains doubtful as to what to make of any set of characteristics for a race or a nation. But use of a given language is an undeniable functioning reality everywhere ; (4)above all, it is characteristic of every human group known, and persistent over generations. It provides a universal key for dividing human history into meaningful groups.

Admittedly, a language community is a more diffuse unit than a species or a lineage : a language changes much faster than a DNA sequence, and one cannot even be sure that it will always be transmitted from one generation to the next. Some children grow up speaking a language other than their parents'. (5)言語共同体は，数えたり，しっかりと区別したりするのが必ずしも容易でない。But they are undeniably real features of the human condition.

*[1] palaeontology : the study of past life forms as represented in fossils
*[2] chromosome : a tiny part of the body that carries genes

［Adapted from Nicholas Ostler, *Empires of the Word : A Language History of the World*, London : Harper Perennial, 2005, 7-9.］

設　問

1　下線部(1)を英語に訳せ。

2　下線部(2)を日本語に訳せ。

3　下線部(3)の関係が clear と言えるのはなぜか。日本語で説明せよ。
〔解答欄：13.4cm × 2 行〕

4　下線部(4)を，文中の it の内容を明らかにして日本語に訳せ。

5　下線部(5)を英語に訳せ。

6 Choose the correct answer for each question below.

(1) What is an implied purpose of the text ?

A. to define the features of a language community

B. to describe how new languages emerge

C. to explain why some languages have more speakers than others

D. to record the cultural history of people whose language is disappearing

E. to show how the migration of people speeds the evolution of a language

(2) Which group of people would most likely be interested in the text ?

A. people who are interested in artifacts from ancient peoples and societies

B. people who are interested in researching their own family lineage

C. people who are interested in statistics related to population studies

D. people who are interested in the history of group consciousness

E. people who are interested in the geography of human expansion

7 下の1から8の文から，本文の内容に一致するものを2つ選び，番号で答えよ。

1. Quite a few languages are spoken by fewer than twelve people.

2. A language may be considered immortal if it has a writing system.

3. Mothers influence children's language development more than fathers do.

4. The species unit, the lineage unit, and the linguistic unit are crucial concepts in the study of languages.

5. Neanderthals, *Homo erectus*, and *Homo sapiens* used similar languages.

6. Mapping the human genome is a significant project for historians of language.

7. Rapid genetic mutations make it hard to trace a group's biological history accurately.

8. A child can belong to a different language community from that of her or his parents.

全 訳

■言語共同体という観点からの人類

❶ 言語的観点から見ると，現在の世界の人口は60億ではなく，6000を少し超えるほどである。

❷ 今日，世界には話している第1言語による分類で，6000から7000の共同体が確認されている。しかしそれらの優勢は均一ではない。規模的には，話す人は9億人で，これだけで世界の人口の6分の1を占める標準中国語，それに続くそれぞれおよそ3億人の話し手を抱える英語とスペイン語から，末端の非常に小さな共同体までである。例えば，世界の半分以上の言語は，それを話す人が5000人を下回っており，その話し手が12人に満たない言語は1000を超えている。これは言語にとって危険な状態である。

❸ 人類の歴史について考える際に，言語共同体は非常に無理のない構成単位である。言語は，そのコミュニケーションの手段としての性質により，人類をグループ分けする。つまり共通言語を通してのみ，あるグループの人々は協調でき，それゆえ共通の歴史を持つことができるのである。さらに，ある集団が共有している言語は，まさに彼らの共同の歴史の記憶が共有される媒体である。言語は，共通の歴史を生き，またそれを語ることを可能にしてくれるのだ。

❹ さらにすべての言語はもう一つの特徴を持っており，その特徴のおかげで，言語はある集団の歴史を保存するための最も手っ取り早い媒体となっている。すべての言語は年長者から年少者へと教えられるので，すべての生きた言語はある種の伝統を具現化したものである。この伝統は原則として不滅のものである。言語がある世代から次の世代へ口頭で伝わると，その言語は変化するが，(2)この伝承過程には，衰退や消滅に向かう要素は何もない。生命そのものと同じように，それぞれの新しい世代は，言語という贈り物を新たに手にすることができる。したがって，言語は，それを話す人々とは異なり，衰退したり，絶滅したりする必要は決してないのだ。

❺ すべての言語に不朽不滅の可能性はあるが，これは永遠に存続すると言っているのではない。遺伝子や，それがコード化する種もまた不滅のものであるが，古生物学において絶滅はよくあることである。同様に，言語共同体の実際の寿命は大きく変わってくるのだ。言語の歴史の年代記は消滅してしまった言語，話者が全くいなくなり終焉を迎えた伝統であふれている。

❻ 歴史に対する言語的観点は，人類の歴史に対する遺伝子的アプローチと対照されるが，現在これは我々の遠い過去に関する考えを根本的に変えつつある。生物学的種および母系血統の一員であるかどうかと同様に，ある言語共同体の一員である

かどうかは明確な関係性に基づいている。ある個体がその種に属する他の一員と子孫を残すならば，その個体はその種の一員となり，もし，ある個体の母親がある母系血統に属していれば，その個体はその母系血統の一員となる。それと同様に，最も基本的なレベルとなるが，もしその言語が使えるならば，あなたはその言語共同体の一員なのである。

❼ この言語学的に定義された構成単位の長所は，それが必然的に我々人間にとって重要な共同体を定義するという点である。ホモエレクトスやネアンデルタール人のような近親的グループと我々との先史時代の血族関係を定義する際には，種という構成単位は興味深いものであるが，ホモサピエンスが台頭して以降，その有効性は，種の観点からすると，我々はみな一緒であるという明白な事実に屈服している。血統による構成単位にも利点があり，ミトコンドリアDNAとY染色体によって現在まで長い間はっきりと特徴を引き継いできており，ある個体群の中で今日明らかに存在しているある血族が，祖先として名前を挙げられている候補群の中の一つに入っていなければ，その個体群の起源に関する興味深い証拠を示してくれる。それによって，ポリネシア人は南アメリカから来たはずがない，大半のヨーロッパ人の起源は，農耕発祥の地である遠く離れた近東である，イギリス中部のほとんどの人々の祖先はオランダのフリースラント出身であるということがこれまで推測されてきた。しかし，人々の母親や父親の起源がわからないと知ったところで，言語のように，全体として集団ごとに境界線が引けるわけではない。

❽ 19世紀や20世紀初頭の肌の色や頭蓋骨の大きさといった表面的な類似点であれ，あるいは，より最近の血液や細胞組織，DNAの配列であれ，その境界線を定義するものが選別された一連の特徴に過ぎない，人種のような構成単位を対照として考えてみるとよい。それと同様に，人種の文化的類似である国家を定義する際にも，乗り越えられない問題が存在する。なぜなら国家というものは，共有された歴史の認識や，おそらくは共有された言語の認識という，さらに測ることができないものを含んでいるからである。あまりにも多くの特性が様々な世代の様々な個人に混在していることを考えると，ある人種や国家に対して一連の特徴が何であるか決めることに関しては疑いの余地がある。しかし，ある言語の使用はどこにおいても，今起こっている否定できない現実である。(4)とりわけ，ある特定の言語を使うということは，これまでに知られてきたすべての人間集団の特徴であり，何世代にもわたって継続していくものである。それは人類の歴史を意味のあるグループに分類する普遍的な手がかりを与えてくれるのだ。

❾確かに，言語共同体は，ある種やある血統よりも拡散しやすい構成単位である。すなわち，言語はDNA配列よりもずっと速く変化し，それがある世代から次の世代へと必ず継承されるという確信さえ持つことができない。成長して，親とは違

う他の言語を話すようになる子供たちもいる。言語共同体は，数えたり，しっかりと区別したりするのが必ずしも容易でない。しかし，言語共同体が，人間の境遇を実際に特徴づけるものであることは否定できないのだ。

各段落の要旨

❶ 言語的観点から見ると世界の人口は6000ほどである。
❷ 言語共同体は非常に大きな規模のものから，危機的な状況に瀕している非常に小さな共同体まである。
❸ 人類の歴史を考える時，言語共同体は非常に無理のない構成単位である。
❹ 言語は伝統を具現化したものであり，その伝承過程において，原則的には衰退や消滅に向かう要素はない。
❺ すべての言語は消滅せずに生き残る可能性を持ってはいるが，それらがすべて永遠に存続するわけではない。
❻ 生物学的種および母系血統の一員であるかどうかと同様に，ある言語共同体に属するかどうかは，その言語を使えるかどうかという明確な基準によって決定される。
❼ 言語共同体という構成単位は，種という構成単位と異なり，1つの集団ごとに境界線を引いて分類ができるという長所がある。
❽ 人種のような構成単位や国家というもので境界線を引くことには疑いの余地があるが，言語による分類は否定できない現実であり，人類の歴史を意味のあるグループに分類する手がかりを与えてくれる。
❾ 言語共同体が，人間の境遇を実際に特徴づけるものであることは間違いない。

解　説

設問1　ある集団が共有している言語は，まさに彼らの共同の歴史の記憶が共有される媒体である

▶文の骨格は，「～な言語は～な媒体である」という第2文型で組み立て，「言語」と「媒体」を説明する部分をそれぞれ後置修飾で肉付けすればよい。

●**ある集団が共有している言語は～である**

関係代名詞や過去分詞を用いた後置修飾で表現する。

The language (which / that) a group shares is ～

The language shared by a certain〔particular〕group is ～

「ある…」という表現は，形容詞のcertainやparticularなどがあるが，不特定の中の1つを表しているので，不定冠詞だけでも表現できる。また「共有する」はshareの他にhave in commonという表現も使える。

●**まさに彼らの共同の歴史の記憶が共有される媒体**

「媒体」の修飾部分は，前置詞のforやofを使った前置詞句でmediumを後置修飾すればよい。「彼らの共同の歴史の記憶」はmemories of their common history や，形容詞を前に置き，their common historical memories と表現する。また，「媒体」の後置修飾は the medium by〔in〕which memories of their common history are shared のように関係詞節を使って表現することもできる。「まさに」は副詞の precisely を使って precisely the medium や，語順が変わるが，the very medium と表現すればよい。

なお，主語の後ろに後置修飾が続く場合は，主語と動詞の人称で数が一致しないというミスが増えるので注意しておく。

設問 2 there is nothing about this process of transmission which makes for decay or extinction.

▶ this process of transmission とは，直前で書かれている言語がある世代から次の世代へと口頭で伝わる過程のことを指しているので，「伝承過程」や「伝達過程」といった訳にすればよい。

▶ which 以下の関係詞節の先行詞を，process や transmission で処理すると文意が通じないので，先行詞は nothing であると判断し，「この伝承過程について，which 以下のものは何もない」という構造を確定する。関係詞節中の述語動詞は makes for ～となっていることから，make は自動詞として機能していることがわかる。方向性の意味を持つ前置詞 for とセットで「～に向かって進む」という意味になる。なお，ある動詞が第 1 文型で機能した場合，「いる」または「動く」という意味になることが多い。

例：He lives in America.「いる」／He went to America.「動く」

以上の点から「この伝承過程には，衰退や消滅に向かうものは何もない」となるが，文脈を考慮すると，nothing は単に「もの」ではなく「要素，要因」と訳出したい。

decay「衰退」　extinction「消滅，絶滅」

設問 3 ▶下線部を含む文は「生物学的種および母系血統の一員であるかどうかと同様に，ある言語共同体の一員であるかどうかは明確な関係性に基づいている」という意味で，ある言語共同体の一員であるかどうかの判断基準は非常にわかりやすいという内容が述べられている。直後の第 6 段第 3 文では「生物学的種および母系血統の一員であるかどうか」の判断基準が述べられ，続く同段最終文で，解答の該当箇所である言語共同体の一員であるかどうかの判断基準が述べられている。そこでは，you are a member of a language community if you can use its language「ある言語が使えれば，その言語共同体の一員である」と説明されているので，この点において判断基準が明確であるという内容にまとめればよい。

設問 4 **above all, it is characteristic of every human group known, and persistent over generations.**

▶文構造の分析で重要なポイントは等位接続詞 and の分析。直後が persistent「継続している」という意味の形容詞なので，この and は characteristic と persistent という 2 つの補語を結んでいると判断する。be characteristic of ～ で「～の特徴である」という訳となり，persistent は直後の over generations という副詞句とつなげると「何世代にもわたって継続していく」,「世代を超えて続く」といった訳になる。文頭の above all は「とりわけ」という意味の慣用表現で，過去分詞の known は「すでに知られている，既知の」という意味の形容詞として機能し，直前の every human group を修飾している。
以上の点から「とりわけ，それはこれまでに知られてきたすべての人間集団の特徴であり，何世代にもわたって継続していくものである」という訳になるが，この文脈を考慮すると主語の it は直前の use of a given language の部分を指していると判断できる。given は「特定の」という意味の形容詞。

設問 5 **言語共同体は，数えたり，しっかりと区別したりするのが必ずしも容易でない。**

▶構造は，「言語共同体」を主語にして，「～するのが必ずしも容易でない」の述部は形容詞の意味を限定する不定詞の副詞的用法を用いて，S is easy to *do* の形で表現できる。また「必ずしも～ない」の部分否定は not always や not necessarily で表現する。

▶主語の「言語共同体」は本文中の language communities をそのまま用いる。「～を数える」は count,「～を区別する」は distinguish を使い，「しっかりと」という副詞は「明確に」と読み替えて clearly で表現ができる。

Language communities are not always easy to count or distinguish clearly.
なお，この文は主語を it にして，language communities を count と distinguish の目的語の位置に置いた形式主語構文を使って書くことも可能。

It is not always easy to count or clearly distinguish language communities.

設問 6 (1) **正解は A** ▶設問の意味は「この本文で暗に示されている目的は何か」というもので，筆者がどのようなことを伝えようと思って本文を書いたのかを選ぶ問題。

▶A.「言語共同体の特徴を明らかにすること」 第 3 段第 1 文で，language community「言語共同体」が人類の歴史を考える際に，非常に無理のない構成単位であると述べられた後，本文全体を通して，様々な側面からこの言語共同体の特徴について説明をしている。また最終段最終文でも，言語共同体が人間の境遇を特徴づけているものであることは否定できないと締めくくられていることを考慮すると，この選択肢が正解となる。

▶B.「新しい言語がどのように生まれるか説明すること」 新しい言語の誕生について本文で説明されている部分はない。

emerge「現れる」

▶C.「一部の言語が他の言語よりも話者を多く持つ理由を説明すること」 第2段でいくつかの言語の話し手の数について言及されているが，なぜそのような差が生じるのかという理由は説明されていないので不適。

▶D.「消滅しつつある言語を話している人々の文化的歴史を記録すること」 第2段で危機的な言語が存在することは述べられているが，それを話す人々の文化的歴史の記録について述べられている部分はない。

▶E.「人々の移住がどのようにして言語の進化を加速させたか示すこと」 人々の移住と言語の進化の関係性についての説明は本文中にない。

migration「移住，移動」　speed「～を加速させる」

設問6 (2) **正解は D** ▶設問は「どのようなグループの人々が本文に興味を示す可能性が最も高いか」というもの。

▶A.「古代の人々や社会の人工遺物に興味を持っている人々」 本文中に古代の人々や社会の artifacts「人工遺物」について述べられている部分はない。

▶B.「自分の家族の血統を調べることに興味を持っている人々」 本文のメインテーマは言語共同体という観点から人類の歴史を捉えることの利点を明らかにしていくことである。血統や遺伝子などの生物学的観点から人類を分類するアプローチも本文中で説明されているが，これは言語共同体という観点からのアプローチとの対比であり，本文のメインテーマではない。また「自分の家族の血統」という個人的な観点も不適。

lineage「血統」

▶C.「人口調査に関する統計に興味を持っている人々」 本文中に statistics related to population studies「人口調査に関する統計」について説明されている部分はないので不適。

▶D.「集団意識の歴史に興味を持っている人々」 本文全体を通して，遺伝子などの生物学的観点からのアプローチと対比させながら，人類の歴史に対して言語共同体という観点からグループ分けすることの利点が説明されている。第8段第4文 But 以下から筆者の主張が始まるが，セミコロン以下および同段最終文では，「特定の言語を使うことはこれまでに知られてきたあらゆる人間集団の特徴で，何世代にもわたって継続していくものであり，それは人類の歴史を意味のあるグループに分類する普遍的な手がかりを与えてくれる」という内容が述べられている。以上の点を考慮するとこの選択肢が最も適切。

▶E.「人類の拡がりについての地理学に興味を持っている人々」 本文中に the geography of human expansion「人類の拡がりについての地理学」について説明されている部分はないので不適。

設問7　正解は 1・8　▶1.「かなりの数の言語が，12人に満たない人々によって話されている」 第2段第3文後半に，over a thousand languages have under a dozen (speakers)「1000を超える言語で，その話者が12人を下回っている」とあるので本文と一致。

quite a few「かなりの」

▶2.「もしある言語が書記体系を持っていれば，その言語は不滅であると考えられるかもしれない」 第4段第3文から最終文に，言語がある世代から次の世代へと口頭で伝わる伝承過程において，言語が消滅に向かう要素はないという記述はあるが，writing system「書記体系」を持つことが条件だとは述べられていない。

immortal「不滅の」

▶3.「子供の言語発達には父親よりも母親の方が影響を及ぼす」 本文中にこのような内容が述べられている部分はない。

▶4.「種による構成単位，血統による構成単位，そして言語による構成単位は，言語研究において非常に重要な概念である」 本文中でそれぞれの構成単位が比較されているが，それら3つが「言語研究」において重要な概念だと述べられている部分はない。

▶5.「ネアンデルタール人，ホモエレクトス，ホモサピエンスはよく似た言語を使っていた」 第7段第2文で Neanderthals「ネアンデルタール人」，Homo erectus「ホモエレクトス」，Homo sapiens「ホモサピエンス」が登場しているが，それらについては，species-wise, we are all in this together とあり，種の観点（species-wise）からすると我々はみな一緒であると述べられているだけで，よく似た言語を使っていたという内容は述べられていない。

▶6.「ヒトゲノムを解析することは，言語の歴史を研究する者にとって重要なプロジェクトである」 本文中にこのような記述はない。

map「～を測量する，～を解析する」

human genome「ヒトゲノム」

▶7.「遺伝子の突然変異によって，あるグループの生物学的歴史を正確に追跡することが難しくなっている」 本文中にこのような記述はない。

mutation「変化，変異」
trace「～を追跡する」
accurately「正確に」

▶ 8.「ある子供が両親とは違う言語共同体に属する可能性がある」 最終段第2文で Some children grow up speaking a language other than their parents'「成長して，親とは違う他の言語を話すようになる子供たちもいる」と述べられているので正解となる。

other than *A*「*A* 以外の」

設問1 the language (that) a group shares is precisely the medium for sharing memories of their common history

設問2 この伝承過程には，衰退や消滅に向かう要素は何もない。

設問3 ある言語共同体の一員であるかどうかを判断する際には，その言語が使えるかどうかということがわかりやすい基準となるから。

設問4 とりわけ，ある特定の言語を使うということは，これまでに知られてきたすべての人間集団の特徴であり，何世代にもわたって継続していくものである。

設問5 Language communities are not always easy to count or distinguish clearly.

設問6 (1)—A (2)—D

設問7 1・8

解 答

23

2012年度〔1〕

次の英文を読んで，以下の設問に答えよ。

My professional introduction to academia happened in the early 1980s, during my college years, when I volunteered at the American Museum of Natural History in New York City. Aside from the excitement of working behind the scenes in the collections of the museum, one of the most memorable experiences was attending their raucous weekly seminars. Each week a speaker would come to present some esoteric study on natural history. Following the presentation, often a fairly low-key affair, the listeners would pick the talk apart point by point. It was merciless. Frequently, these debates would devolve into shouting sessions with all the high dudgeon and operatic pantomime of an old silent movie, complete with shaken fists and stomped feet.

Here I was, in the hallowed halls of academe, listening to seminars on taxonomy. You know, taxonomy—the science of naming species and organizing them into the classification scheme that we all memorized in introductory biology. I could not imagine a topic less relevant to everyday life, let alone one less likely to lead eminent senior scientists into apoplexy and the loss of much of their human dignity. The injunction "Get a life" could not have seemed more apt.

The irony is that I now see why they got so worked up. I didn't appreciate it at the time, but they were debating one of the most important concepts in all of biology. It may not seem earth-shattering, but this concept lies at the root of how we compare different creatures—a human with a fish, or a fish with a worm, or anything with anything else. It has led us to develop techniques that allow us to trace our family lineages, identify criminals by means of DNA evidence, understand how the AIDS virus became dangerous, and even track the spread of flu viruses throughout the world. Once we grasp this concept, we see the meaning of the fish, worms, and bacteria that lie inside of us.

The articulation of truly great ideas, of the laws of nature, begins with simple premises that all of us see every day. From simple beginnings, ideas like these extend to explain the really big stuff, like the movement of the stars or the workings of time. In that spirit, I can share with you (1)one true law that all of us can agree upon. This law is so profound that most of us take it completely for granted. Yet it is the starting point for almost everything we do in paleontology, developmental biology, and genetics.

This biological "law of everything" is that every living thing on the planet had parents.

Every person you've ever known has biological parents, as does every bird, salamander, or shark you have ever seen. (2)Technology may change this, thanks to cloning or some yet-to-be invented method, but so far the law holds. To put it in a more precise form : every living thing sprang from some parental genetic information. This formulation defines parenthood in a way that gets to the actual biological mechanism of heredity and allows us to apply it to creatures like bacteria that do not reproduce the way we do.

The extension of this law is where its power comes in. Here it is, in all its beauty : all of us are modified descendants of our parents or parental genetic information. I'm descended from my mother and father, but I'm not identical to them. My parents are modified descendants of their parents. And so on. This pattern of descent with modification defines our family lineage. It does this so well that we can reconstruct your family lineage just by taking blood samples of individuals.

Imagine that you are standing in a room full of people whom you have never seen before. You are given a simple task : (3)部屋の中のそれぞれの人があなたとどのくらい近い関係にあるかを調べなさい. How do you tell who are your distant cousins, your super-distant cousins, your great-granduncles seventy-five times removed ?

To answer this question, we need a biological mechanism to guide our thinking and give us a way to test the accuracy of our hypothesized family tree. This mechanism comes from thinking about our law of biology. Knowing how descent with modification works is key to unlocking biological history, because descent with modification can leave a signature, which we can detect.

Let's take a hypothetical humorless, quite unclown-like* couple who have children. One of their sons was born with a genetic mutation** that gave him a red rubber nose that squeaks. This son grows up and marries a lucky woman. He passes his mutated nose gene to his children, and they all have his red rubber nose that squeaks. Now, suppose one of his offspring gets a mutation that causes him to have huge floppy feet. When this mutation passes to the next generation, all of his children are like him : they have a red rubber nose that squeaks and huge floppy feet. Go one generation further. Imagine that one of these kids, the original couple's great-grandchild, has another mutation : orange curly hair. When this mutation passes to the *next* generation, all of his children will have orange curly hair, a rubber nose that squeaks, and giant floppy feet. When you ask "Who is this bozo*** ?" you'll be inquiring about each of our poor couple's great-great-grandchildren.

This example illustrates a very serious point. Descent with modification can build a family tree, or lineage, that we can identify by characters. It has (4)a signature that we immediately recognize. Like a nested set of Russian dolls, our hypothetical lineage formed groups within groups, which we recognize by their unique features. The group of "full bozo" great-great-grandchildren is descended from an individual who had only the squeaky nose and the huge floppy feet. This individual was in a group of "proto-bozos," who are descended from an individual who had only the rubber nose that squeaks. This "pre-proto-bozo" was descended from the original couple, who didn't look overtly clown-like.

This pattern of descent with modification means that you could easily have hypothesized the bozo family tree without me telling you anything about it. If you had a room full of the various generations of bozos, you would have seen that all clown kin are in a group that possesses a squeaky nose. A subset of these have orange hair and floppy feet. Nested within this subset is another group, the full bozos. The key is that the features—orange hair, squeaky nose, big floppy feet—enable you to recognize the groups. These features are your evidence for the different groups, or in this case generations, of clowns.

Replace this family circus with real features—genetic mutations and the body changes that they encode—and you have a lineage that can be identified by biological features. If descent with modification works this way, then our family trees have a signature in their basic structure. (5)この真実は非常に強力なので，わたしたちが遺伝子のデータだけから家系図を再建する手助けとなりうる, as we can see from the number of genealogical projects currently under way. Obviously, the real world is more complex than our simple hypothetical example. Reconstructing family trees can be difficult if traits arise many different times in a family, if the relationship between a trait and the genes that cause it is not direct, or if traits do not have a genetic basis and arise as the result of changes in diet or other environmental conditions. The good news is that the pattern of descent with modification can often be identified in the face of these complications, almost like filtering out noise from a radio signal.

But where do our lineages stop? Did the bozos stop at the humorless couple? Does my lineage stop at my great-great-grandparents? That seems awfully arbitrary. Does it stop at the first humans? Or does it continue to 3.8-billion-year-old pond scum****, and beyond? (6)Everybody agrees that their own lineage goes back to some point in time, but just how far back is the issue.

If our lineage goes all the way back to pond scum, and does so while following our law of biology, then we should be able to marshal evidence and make specific predictions. Rather than being a random assortment of creatures, all life on earth should show the same signature of descent with modification that we saw among the bozos. In fact, the structure of the entire geological record shouldn't be random, either. Recent additions should appear in relatively young rock layers. Just as I am a more recent arrival than my grandfather in my family tree, so the structure of the family tree of life should also have its parallels in time.

*unclown-like: not like a clown. A clown wears funny clothes, has a red nose, and does silly things to make people laugh, especially at a circus.

**genetic mutation: a change in the genetic structure of an animal or plant.

***bozo: someone who seems silly or stupid, like a clown.

****pond scum: any of various organisms that form a usually green film on the surface of stagnant water.

[Adapted from Neil Shubin, *Your Inner Fish: A Journey into the 3.5-Billion-Year History of the Human Body*, New York: Vintage Books, 2009, pp. 173–78.]

設　問

1　下線部(1) "one true law" とはどのような法則か。日本語で説明せよ。

2　下線部(2)を日本語に訳せ（文中の this の内容を明らかにする必要はない）。

3　下線部(3)を英語に訳せ。

4　Look at the underlined part (4). What is the signature of a "pre-proto-bozo"? Answer in English.

5　下線部(5)を英語に訳せ。

6　下線部(6)を日本語に訳せ。

7　下の(あ)から(こ)の文から，本文の内容に一致するものを３つ選べ。

(あ) When the author was a college student, he attended weekly seminars at the American Museum of Natural History, but he found the topics of the presentations dull.

(い) The author could not understand why the discussions at the weekly seminars often devolved into informal talks about their favorite silent films.

(う) The use of DNA evidence in identifying criminals is based on a technique developed by a group of biologists who lost their human dignity.

(え) Ideas that can be developed into explanatory theories are born when scholars are focused on rare or extraordinary phenomena.

(お) To have a proper understanding of your family lineage, you must be well acquainted with the way descent with modification works.

(か) The example of the clown family is cited to illustrate how puzzling and mysterious the mechanism of descent with modification is.

(き) You can easily tell one particular generation of bozos from the others, as they all have a squeaky nose.

(く) It is not so easy to trace a family lineage in the real world, because some bodily changes are rather due to eating food different from the preceding generations.

(け) Just as we improve radio reception by suppressing external noise sources, we can develop a new theory of evolution by ignoring various environmental conditions.

(こ) The author is very knowledgeable about geology, and advocates that the idea of descent with modification should be applied when studying the structure of the earth.

全 訳

■遺伝子情報を継承するメカニズム

❶ 私が本格的に学問の世界に入ったのは，私が大学生で，ニューヨークにあるアメリカ自然史博物館でボランティアをしていた1980年代初めのことであった。博物館の所蔵品の舞台裏で働けるという興奮は別にして，最も忘れられない経験のひとつは，騒々しい週に一度のセミナーに参加していたことだった。毎週，1人の発表者が自然史における何か難解な研究について話をしにきた。多くの場合，発表自体はかなり地味なものだったが，その発表を聞いて，聞き手たちはその話を逐一酷評した。それは情け容赦のないものであった。しばしば，その議論は，ひどく憤慨し，古い無声映画のような芝居じみた身振り手振りをしながら声を荒げる討論へと変わり，拳を振り，足を踏み鳴らす状況にまでなった。

❷ 私は，この神聖な学問の殿堂にいて，分類学のセミナーに耳を傾けていた。ご存知の通り，分類学とは，種に名前をつけ，それらを入門的な生物学で私たち皆が覚える分類体系に整理する科学である。これほど日常生活に関係のない話題を私は想像することはできなかったし，ましてや，これほど著名な先輩の科学者たちを激しく怒らせ，人間の尊厳を大きく失わせてしまうことのなさそうなものは想像できなかった。「いいかげんにしなさい」という禁止令よりも適切な忠告はないように思えた。

❸ 皮肉なことに，今，私は彼らがなぜあれほどまでに興奮していたのかがわかる。その当時の私はよくわかっていなかったが，彼らは生物学全般における最も重要な概念のひとつについて討論をしていたのである。それは，世界を揺るがすようなものには思えないかもしれないが，この概念は，さまざまな生物――人と魚，魚と虫，ある生物と他のどのような生物とも――を比較する方法の根底にあるものなのだ。この概念のおかげで，私たちの家系をさかのぼり，DNA鑑定によって犯罪者を特定し，エイズウイルスがどのようにして危険なものになったのかを理解し，インフルエンザウイルスが世界中に広まる動きを追うことさえできる技術を作り上げてこられたのだ。この概念を理解すれば，魚や虫や人の中に存在するバクテリアというものの意味がわかる。

❹ 真に重大な考えや自然の法則に関する意見の表明は，誰もが毎日目にする単純な前提から始まる。このような考えは，単純なことから始まるが，星の動きや時間の働きのような本当に重大な事柄を説明できるほどまでに拡大していく。その考えのもとで，私はすべての人が同意できるひとつの真の法則を共有できる。この法則は非常に深く浸透しているものなので，私たちの大半が，すっかり当たり前のこと

として考えている。しかし，この法則は，古生物学，発生生物学，遺伝学で私たちが行うほとんどすべての事柄の出発点なのだ。

❺ この生物学上の「すべてに当てはまる法則」とは，地球上のすべての生物には親がいたというものである。

❻ あなたが知っているすべての人間には，生物学的な両親がいて，それはあなたがこれまでに見てきたすべての鳥やサンショウウオやサメにも当てはまる。(2)クローン技術やまだ発明されていない何らかの方法によって，科学技術がこれを変える可能性はあるが，現在までのところ，この法則は有効なものである。より正確な形で述べると，「すべての生物は，何らかの親の遺伝的な情報から姿を現した」となる。この明確な表現は，実際の遺伝に関わる生物学的メカニズムと一致しながら，私たちと同じ方法で繁殖しないバクテリアのような生物にも適用することができる形で，親であることの定義づけをするものだ。

❼ この法則を拡張すると，その力が現れる。まさにそこに，この法則の素晴らしさがある。それは，私たちが皆，両親または両親の遺伝的情報に変異が加わった子孫なのだということである。私は母と父の子孫であるが，彼らとまったく同じというわけではない。私の両親も彼らの両親に変異が加わった子孫である。その他も同様にいろいろ続いていく。そして，この変異を伴う遺伝のパターンによって，私たちの家系は定義されているのだ。これは非常にうまくできていて，個人個人の血液サンプルを採取するだけで，あなたの家系を再現することもできる。

❽ 今まで一度も会ったことがない人たちでいっぱいの部屋の中にあなたが立っている姿を想像してほしい。そしてある単純な課題を与えられる。部屋の中のそれぞれの人があなたとどのくらい近い関係にあるかを調べなさい。誰があなたの遠い親類で，誰が非常に遠い親類で，誰が 75 代離れたおじだと，どのようにすれば見分けられるのだろう？

❾ この問いに答えるには，私たちの思考を導き，仮説として家系図が正確かどうかを検証する方法を与えてくれる生物学的なメカニズムが必要である。このメカニズムは，生物学の法則について考えてみることに端を発する。変異を伴う遺伝がどのような仕組みになっているのか知ることは，生物の歴史を解き明かすカギである。なぜなら，変異を伴う遺伝にはその痕跡が残されることがあり，私たちはそれを見つけることができるからである。

❿ ユーモアがなく，ピエロのような感じもまったくしない，子供がいる仮想の夫婦を取り上げてみよう。彼らの息子の一人は，遺伝的突然変異で，チューチューと音が鳴る赤いゴムの鼻をもって生まれた。この息子が成長し，ある幸運な女性と結婚する。彼は突然変異した鼻の遺伝子を子供たちに伝え，子供たち全員がチューチューと音が鳴る赤いゴムの鼻をもっている。次に，彼の子の一人が大きくてバタバ

タとした足になるという突然変異をしたと仮定してみよう。この突然変異が次の世代へ伝えられると，彼の子供たちはみんな彼と同じようになる。すなわち，チューチュー鳴る赤いゴムの鼻をして，大きくてバタバタとした足になるのだ。さらにもう一世代進んでみよう。この子供たちの一人，すなわち最初のカップルのひ孫の一人がオレンジ色の縮れた髪の毛というまた別の突然変異をしたと想像してみよう。この突然変異が次の世代へ伝わると，彼の子供たちはみんな，オレンジ色の縮れた髪の毛で，チューチュー鳴るゴムの鼻をして，大きくてバタバタとした足をもつことになるだろう。もし「このボゾは誰ですか？」と尋ねれば，それは最初のさえない夫婦の玄孫の一人一人について尋ねていることになる。

⓫ この例は，非常に重大なポイントを示してくれている。それは変異を伴う遺伝から，特徴をもとに識別することができる家系図を作ることができるということだ。この家系図には，私たちがすぐに認識できる特徴がある。入れ子になったロシアの人形のセットのように，仮説上の家系はグループの中にグループを形成し，私たちはその独特の特徴によってそれらを識別できる。玄孫の「完全なボゾ」のグループは音の鳴る鼻とバタバタとした大きな足だけをもつ個人に由来している。この個人は音の鳴るゴムの鼻だけをもつ個人に由来する「初期のボゾ」のグループに属していた。この「初期の前のボゾ」の個人は，はっきりとはピエロのように見えない最初の夫婦に由来している。

⓬ この変異を伴う遺伝のパターンがあるということは，私がそれについて何も説明しなくても，あなたはボゾの家系図に関して簡単に仮説を立てることができたということを意味する。もしさまざまな世代のボゾたちでいっぱいの部屋があったとしても，このすべてのピエロの一族が，チューチューと音の鳴る鼻をもつグループに属していることがわかったであろう。その下位集合には，オレンジ色の髪の毛とバタバタとした足をもつ者もいる。その集団の中では，完全なボゾたちというもうひとつの集団が入れ子となっている。重要なのは特徴——オレンジ色の髪の毛，チューチューと音の鳴る鼻，大きなバタバタとした足——のおかげでグループを識別できるという点である。こういった特徴は，ピエロの異なるグループ，この場合は異なる世代を示す証拠となっている。

⓭ この家族サーカスを現実の体の造形——遺伝子の突然変異とそれが暗号にしている体の変化——に置き換えると，生物学的特徴によって分類できる系統を作ることができる。もし変異を伴う遺伝がこのように働くのだとすれば，私たちの家系図は，その基本構造において，ある特徴をもつことになる。この真実は非常に強力なので，私たちが遺伝子のデータだけから家系図を再建する手助けとなりうるのだが，これは現在進行中の系統学的なプロジェクトの数からもわかる。もちろん，現実の世界は，単純な仮想の例よりも複雑なものである。もしひとつの家系内で何度

も異なるときに特徴が生じていたり，ある特徴とそれを引き起こす遺伝子の間の関係性が直接的なものではなかったり，あるいはその特徴が遺伝子に基づくものではなく，食べ物やその他の環境条件の変化の結果として生じていたりするのであれば，家系図の復元は難しいものとなるかもしれない。しかし，ひとつよい知らせとしては，変異を伴う遺伝のパターンは，こういった複雑な条件に直面しても，ラジオ信号からノイズを取り除くのとほとんど同じように，しばしば識別することができるのである。

⓮ しかし，私たちの系図はどこで止まるのだろう？　ボゾ一族はあのユーモアのない夫婦で止まるのだろうか？　私の家系は高祖父母で止まるのであろうか？　それではあまりにも恣意的に思える。では最初のヒトで止まるのであろうか？　それとも38億年前の藻類，さらにその先まで続くのだろうか？ (6)自分の家系がある時点までさかのぼるという点は誰もが同意するが，正確にどこまでさかのぼるかという点が問題となる。

⓯ もし私たちの系図がはるか藻類にまでさかのぼり，そしてそれを生物学の法則に従って行うのであれば，私たちは証拠を整理し，具体的な予想を立てることができる。地球上のすべての生命は，でたらめに生物が集まったものというよりも，ボゾ一族の中で見たのと同じように，変異を伴う遺伝の痕跡を示すであろう。実際，地質学的な全体記録の構造もでたらめなものであるはずがない。最近加わったものは，比較的歴史の浅い岩石層で現れるはずだ。私の家系図では，私が祖父よりも最近になって現れたのとまったく同じように，生命の家系図の構造にも時間において類似するものがあるはずである。

各段落の要旨

❶ 自然史博物館で自然史の研究に関するセミナーに参加。
❷ そのテーマは分類学であった。
❸ 分類学は生物学全般における最も重要な概念である。
❹ 生物学全般における出発点となるある法則がある。
❺ それは地球上のすべての生物には親がいたという法則である。
❻ すべての生物は，何らかの親の遺伝的な情報から姿を現した。
❼ 私たちは皆，両親の遺伝的情報に変異が加わった子孫である。
❽ 知らない人とどれだけ近い関係なのか見分けることは可能か。
❾ 変異を伴う遺伝は痕跡が残るため，この仕組みを理解することは生物の歴史を解き明かすカギとなる。
❿ 変異を伴う遺伝が痕跡を残す仕組みについて説明。
⓫ 変異を伴う遺伝から，特徴をもとに識別することができる家系図が作れる。
⓬ 変異を伴う遺伝のパターンから家系図に関して仮説を立てることができ，それぞれの個体の特徴からグループを識別することができる。

⓭ 変異を伴う遺伝のパターンは複雑な条件に直面しても，識別することができる。
⓮ 系図はどこまで正確にさかのぼれるかという問題がある。
⓯ 生物学の法則に従えば，系図をはるか昔までさかのぼり具体的な予想を立てることも可能。地球上のすべての生命は，でたらめに生物が集まったものではない。

解　説

設問 1　▶下線部は that 以下の後置修飾の内容も含めると「すべての人が同意できるひとつの真の法則」となる。続く第 5 段第 1 文でこの法則は This biological "law of everything" is that ～ と表現が変わり，that 節以下でその内容が説明されている。したがって every living thing on the planet had parents「地球上のすべての生物には親がいた」の部分を抜き出し，「～という法則」とまとめればよい。なお，第 6 段第 3 文コロン以下で，この法則のより正確な表現として，every living thing sprang from some parental genetic information「すべての生物は，何らかの親の遺伝的な情報から姿を現した」とあるので，この部分を解答してもよい。

sprang〔spring の過去形〕「現れた」

設問 2　Technology may change this, thanks to cloning or some yet-to-be invented method, but so far the law holds.

▶ポイントは some yet-to-be invented method の訳出と，but 以下の節の述語動詞である hold の処理。

▶ thanks to *A* は「*A* のおかげで」という意味の慣用表現。yet-to-be の訳出は，be〔have〕yet to *do*「まだ～していない」という表現に見られる通り，否定の意味を表すことができるので，ここでも「まだ発明されていない方法」と訳出する。なお some は修飾する名詞が method と単数形なので「いくつかの」という訳は不適。不特定であることを示す「何らかの，ある」という訳にしておく。

cloning「クローン技術，クローニング」

▶ but 以下は述語動詞の holds に目的語がないことから，自動詞として機能した第 1 文型の文構造だということがわかる。hold に「有効である」という意味があることを知っていれば問題ないが，たとえ知らなくても，but の前で述べられている内容と，so far「現在までのところ」という頻出表現も合わせると，「科学技術がこれを変える可能性はあるが，現在までのところ，この法則は…である」という意になるので，これを踏まえて hold の訳出を検討する。

設問3 部屋の中のそれぞれの人があなたとどのくらい近い関係にあるかを調べなさい

▶英訳が求められている部分は，今まで一度も会ったことがない人たちがたくさんいる部屋の中で行う課題であるということを念頭に置いて検討する。

▶直後の第8段最終文で，それぞれの人とどういった親類関係にあるのかをどのように見分けるのだろうという問いかけがなされている点に着目すると，「～を調べる」という表現は真実かどうかを詳しく調査するのではなく，「情報を見出す，見分ける」という意味に近くなるので，find out を使って表現するのが適切。

▶目的語である「部屋の中のそれぞれの人があなたとどのくらい近い関係にあるのか」の部分は how＋形容詞＋S V の名詞節で表現する。述部に関しては，間接疑問文になる前の「Sは～と近い関係にある」という表現から検討し，この関係が血縁関係であることを考慮すると，be closely related to ～ といった表現が可能となる。to you の部分は主節の文末に置いてもよい。なお each は単数扱いとなるので直後は単数形の名詞を続け，動詞の呼応にも注意を払う必要がある。

設問4 『初期の前のボゾ』の特徴は何か

▶ pre- は「前」という意味の接頭辞で pre-proto-bozo は proto-bozo の前の代のボゾのことである。この pre-proto-bozo という表現が出てくるのは，第11段最終文だが，その直前の同段第6文では，pre-proto-bozo の子孫である proto-bozo について言及され，who are descended from an individual who had only the rubber nose that squeaks とあり，彼らが音の鳴るゴムの鼻だけをもつ個体に由来していると説明されている。したがって，a rubber nose that squeaks が pre-proto-bozo の特徴であることがわかる。
signature「特徴（比喩的に）」

設問5 この真実は非常に強力なので，わたしたちが遺伝子のデータだけから家系図を再建する手助けとなりうる

▶「非常に～なので…」という表現は so ～ that … という受験生にはお馴染みの構文がそのまま使えるが，理由を表す接続詞（because や since など）で表現することも可能。

▶「わたしたちが～する手助けとなりうる」の部分は，「この真実」を主語に設定し「この真実はわたしたちが～するのを助ける」と英訳しやすい日本語を考える。述部は help *A* (to) *do*「*A* が～するのを助ける」を使って表現すればよい。This truth はすでに登場しているので代名詞の it で表し，「なりうる」の部分は可能性を表す助動詞 can を使って表現できる。

▶「〜を再建する」は第 13 段第 5 文の reconstructing family trees など本文中で使われている表現をそのまま用いればよいが,「再び」という意味をもつ接頭辞の re- の知識は押さえておきたい。

▶「遺伝子のデータだけから」の部分は,他を排除する意味をもつ副詞の only を from genetic data の前に置いたり,形容詞の alone を data の直後に置き,from genetic data alone とすることで表現できる。

設問 6 **Everybody agrees that their own lineage goes back to some point in time, but just how far back is the issue.**

▶ポイントは but 以下の節の処理。

【how far back (their own lineage goes)】 is the issue　　＊【名詞句】
S: how far back　V: is

just が「正確に」という意味の副詞で機能し,how far back が主部で is が述語動詞であることを見抜く。本来であれば how 以下は SV を含む名詞節の構造になっているはずだが,その SV の部分が前方の their own lineage goes と同じであるため省略されている。

lineage「家系」　issue「問題(点)」

▶前半箇所に含まれる some point の some は直後に単数名詞が続いているので,不特定であることを表す「ある,何らかの」と訳出。

設問 7 **正解は ㋐・㋔・㋗** ▶㋐「筆者は大学生のとき,アメリカ自然史博物館の週に一度のセミナーに参加していたが,発表の話題は退屈なものだと思っていた」第 1 段第 4 文で,筆者が出席していたセミナーの発表の補足説明として,often a fairly low-key affair とある。low-key は「地味な,目立たない」という意味で,発表の内容自体は筆者にとって興味がわくようなものではなかったことがわかるが,語彙レベルが高く,ここだけで判断するのは難しいと思われる。第 2 段第 3 文の内容に着目すると,「これほど日常生活に関係のない話題を私は想像できなかった」とあり,この内容を考慮すると,当時の筆者はセミナーの発表内容について否定的な印象をもっていたことがわかるので正解となる。

▶㋑「筆者は,なぜ週に一度のセミナーが,しばしばお気に入りの無声映画についてのくつろいだ話へと変わるのか理解できなかった」「無声映画」(silent movie〔film〕)という表現が登場するのは第 1 段最終文だが,ここで述べられているのは,この週に一度のセミナーが,無声映画のような芝居じみた身振り手振りをしながら,声を荒げる討論へと変わったという内容なので不一致。

▶(う)「犯罪者を特定する際のDNA鑑定の使用は，人間の尊厳を失った生物学者たちのグループによって開発された技術に基づいている」 第2段第3文でthe loss of much of their human dignity「人間の尊厳の喪失」という表現が登場。第3段第4文で犯罪者を特定するDNA鑑定についても言及されているが，この2つは全く別の文脈で登場し，内容的には直接関係がないので不一致。

▶(え)「説明に役立つ理論へと進展する可能性がある考えは，学者たちが珍しいあるいは異常な現象を重点的に扱ったときに生まれる」 第4段第1・2文では，真に重大な考えや自然の法則が明らかになるのは，誰もが毎日目にするような単純な前提から始まり，後にそれが重大な事柄を説明できるほどまでに拡大していくという内容が述べられているので不一致。

explanatory「説明に役立つ」

extraordinary「異常な」

▶(お)「家系について正確に理解するためには，変異を伴う遺伝がどのようにして起こるのかについて十分わかっていなければならない」 選択肢の文構造は，文頭の不定詞が目的を表す副詞用法で，主節の述部はacquaint A with B「AにBを知らせる」が受動態になったbe acquainted with ～「～を知っている」という表現が使われている。the way descent with modification worksの部分はthe way S V「どのようにSがVするか，SがVする方法」の構文。

第9段で，家系図が正確かどうかを検証するためには生物学的なメカニズムを把握することが必要であるという内容が述べられ，同段第3文Knowing以下では，変異を伴う遺伝がどのような仕組みになっているか知ることは生物の歴史を解き明かすカギであると説明されている。したがって正解となる。

▶(か)「ピエロの一族の例は，変異を伴う遺伝のメカニズムがどれほど不可解で不思議なものであるか示すために挙げられている」 英文の構成は一般的に抽象 → 具体という流れとなる。ピエロの一族の例は第10段で挙げられているが，直前の第9段最終文because以下には，変異を伴う遺伝には痕跡が残され，それを見つけることができるということが述べられている。したがって，その痕跡が見つけられる例として，ピエロの一族の例が引用されているのであり，変異を伴う遺伝のメカニズムがいかに不可解で不思議なものであるかを示すためではない。

▶(き)「ボゾはみんなチューチューと音が鳴る鼻をもっているので，ある特定のボゾの世代と他の世代を容易に区別することができる」 本文の内容と照らし合わせて検討するのが原則であるが，全員同じ特徴の鼻をもっているので，ボゾのある世代と他の世代を区別するのが容易になるという因果関係は明らかにおかしい。本文第12段の内容と照らし合わせても，各世代のボゾには音が鳴る鼻以外の特徴があり，そのおかげで各グループを識別できることがわかるので不適。

tell *A* from *B*「*A* と *B* を区別する」

squeaky「(チューチューと) 音が鳴る」

▶(く)「一部の体の変化は，どちらかといえば前の世代とは異なる食べ物を食べていることに起因するので，現実の世界では家系をたどることはあまり容易なことではない」 該当箇所の第 13 段第 5 文の内容を正確に読み取れているかどうかがポイント。

> 本文該当箇所の構造
>
> 【Reconstructing family trees (S)】 can be (V) difficult ①〈if traits (S′) arise (V′) many different times in a family〉, ②〈if the relationship (S″) ［between a trait and the genes ［that cause it］］ is (V″) not direct〉, [or] ③〈if traits (S‴) do not have (V‴) a genetic basis and arise 〈as the result of changes in diet or other environmental conditions〉〉.
>
> ＊【名詞句/名詞節】〈副詞節〉［形容詞句］

if 以下の 3 つの副詞節（①～③）で家系図の復元が難しくなる場合の条件が述べられている。3 つ目の条件では，ある特徴が遺伝子に基づくものではなく，食べ物の変化の結果として生じたものであれば，家系図の復元は難しいと述べられているので正解となる。

▶(け)「外部からのノイズ源を抑えることで，ラジオの受信を改善するのと同じように，様々な環境状況を無視することで，新しい進化の理論を発展させることができる」 第 13 段最終文で almost like filtering out noise from a radio signal「ラジオ信号からノイズを取り除くように」という表現が登場するが，この例えは，the pattern of 以下の「変異を伴う遺伝のパターンは，複雑な条件に直面しても識別することができる」という内容とつながっており，選択肢の後半に述べられている「環境状況を無視」や「新しい進化の理論」といった内容とは関連していないので不一致となる。

▶(こ)「筆者は地質学に非常に精通しており，変異を伴う遺伝という考えは，地球の構造を研究する際にも適用されるべきだと提唱している」 筆者が地質学に非常に精通しているかどうか判断できる記述は本文中にはない。また最終段第 3 文で，the entire geological record「地質学的な全体記録」という表現が登場しているが，この部分は「地質学的な全体記録の構造もでたらめであるはずがない」という内容で，地球上の生物もでたらめに集まったものではなく，生命の家系図にも構造があることを例えるための記述であり不適。

geology「地質学」

advocate「～を提唱する」

解答

設問1 地球上のすべての生物には親がいたという法則。

設問2 クローン技術やまだ発明されていない何らかの方法によって，科学技術がこれを変える可能性はあるが，現在までのところ，この法則は有効なものである。

設問3 find out how closely related to you each person in the room is

設問4 (It is) a rubber nose that squeaks (.)

設問5 This truth is so powerful that it can help us reconstruct family trees only from genetic data

設問6 自分の家系がある時点までさかのぼるという点は誰もが同意するが，正確にどこまでさかのぼるかという点が問題となる。

設問7 (あ)・(お)・(く)

24

2012 年度〔2〕

次の英文を読んで，以下の問いに答えよ。

Many years ago, when I was still in high school, I was extremely fond of chewing gum, especially during class hours. However, sooner or later the chewing gum would either lose its taste or I would become bored with it. After a while, I would start looking around, wondering how I could get rid of the gum nice and quietly. As you might have guessed by now, yes, I was that kid sticking his used gum underneath the desk. And as I grew older, I started noticing that I wasn't the only one deviating from the social norms that society has laid out for us. How often is it that we conveniently forget to return dirty food trays in the cafeteria ? Or let our dogs poop in the park and head off before anyone has a chance to notice ?

I think Thomas Jefferson was on a similar train of thought when he wrote, "Whenever you do a thing, act as if all the world were watching." I always found this to be a particularly interesting quote, (1)as it (　　　). While this may seem obvious, new research points to something far less obvious : it doesn't take a fellow human being to make us feel "as if the world were watching," not even another living organism. All it takes is an image of a pair of human eyes.

A group of scientists at Newcastle University, headed by Melissa Bateson and Daniel Nettle of the Center for Behavior and Evolution, conducted a field experiment demonstrating that merely hanging up posters of staring human eyes is enough to significantly change people's behavior. Over the course of 32 days, the scientists spent many hours recording customers' "littering behavior" in their university's main cafeteria, counting the number of people that cleaned up after themselves after they had finished their meals. In their study, the researchers determined the effect of the eyes on individual behavior by controlling for several conditions (e. g. posters with a corresponding verbal text, without any text, male versus female faces, posters of something unrelated like flowers, etc.). The posters were hung at eye-level and every day the location of each poster was randomly determined. The researchers found that during periods when the posters of eyes, instead of flowers, overlooked the diners, twice as many people cleaned up after themselves.

In fact, this research builds on a long tradition of psychologists being interested in explaining and stimulating human cooperation in matters of the collective. In technical terms, we often speak of (2)a "social dilemma," that is, a situation where personal interests are at odds with that of the collective. (For example, it would be easier for me to throw my trash on the ground, but if everyone thought that way, we would all be stuck with a huge pile of waste.) Robyn Dawes and colleagues showed in the 70's that the presence of other people in the room tends to have a positive effect on people's decision-making when faced with a social dilemma. Yet, it wasn't until a few years ago that Terence Burnham and Brian Hare published an article in *Human Nature* that showed people make more cooperative choices in economic computer games when they are "watched" on the screen by a robot with human-like eyes. (3)いくらか当惑しつつも，多くの研究者たちは最初の発見が正しいことを確認するために，一連の実験を行った。

Ernest-Jones, Bateson and Nettle sought to better understand the effect of staring-eyes on behavior. Part of the added value of the scientists' current research is that the results were generated outside of the laboratory. This is important because it allowed the researchers to document naturally occurring behavior, providing greater confidence that the results obtained are not merely an artefact of experimentation. Equally important, it also served to illustrate that the effect of staring-eyes carries across a range of social behaviors.

While the researchers have convincingly illustrated that displaying a mere image of human eyes is sufficient to actually alter real-life social behavior, the real question is how. Humans (and other animals) have a dedicated neural architecture for detecting facial features, including the presence of eyes. This built-in system, also known as "gaze detection," served as an important evolutionary tool in ancestral environments (e. g. for detecting lurking enemies). Furthermore, the ability to function in social situations hinges on our ability to exploit social information provided by the expressions of the faces and eyes of others. What's interesting is that this system largely involves brain areas that are not under voluntary control. (4)Experiments have shown that people are unable to inhibit responses to gaze even when instructed to. This makes sense, because there is great evolutionary value in being able to quickly assess whether any predators are on the prowl; neural activation of the gaze detection system is fast and automatic. Yet this also means that it's possible to "trick" the system and this is exactly what the new experiment has shown: objects that merely resemble human eyes are sufficient to trigger human gaze detection and subsequently alter social behavior.

These research findings are not just food for theory. Supermarkets could use cameras in the form of "blinking eyes" as a means to reduce theft, and quiet, unsafe areas might benefit from displaying pictures of human eyes. And perhaps images of angry looking eyes will also help schools win their battle against those rascals who stick used gum underneath school property.

[Adapted from Sander van der Linden, "How the Illusion of Being Observed Can Make You a Better Person," *Scientific American*, 3 May 2011]

設　問

1　下線部(1)が以下の日本語の下線部を引いた部分とほぼ同じ意味の英文になるよう，空所に適当な英語を入れよ。

「われわれは見られているとわかっている時には精一杯りっぱにふるまう傾向がある，という事実をそれはわれわれに思い起こさせるので，この引用はとても興味深いとわたしはいつも思うのである。」

2　下線部(2)の指す内容を，本文中の具体例を挙げつつ，簡潔に説明せよ。

3　下線部(3)を英語に訳せ。

4　下線部(4)を日本語に訳せ。

5　Choose the correct answer to each question.

(1) According to the text, what would be an effective strategy to encourage diners at a cafeteria to return their food trays after eating?
(あ) Playing soothing music
(い) Requesting over the loudspeaker that people clean up after themselves
(う) Decorating the cafeteria walls with photos of people's faces

出典追記：How the Illusion of Being Observed Can Make You a Better Person, Scientific American on May 3, 2011 by Sander van der Linden

(え) Posting signs that say, "The world is watching"

(お) Painting landscape murals on the cafeteria walls

(2) Which of the following statements could be true, according to the text?

(あ) When people are in a group, they tend to lose their reserve.

(い) In some cultures, people are more sensitive to gazes than in other cultures.

(う) Robots will never replace humans as guards.

(え) People who avoid eye contact are suspicious.

(お) During a drought, people save water more in public than in private.

(3) Which application of the research findings appears in the text?

(あ) When making a bouquet, try not to use two flowers of the same color.

(い) To prevent shoplifting, install two camera lenses overlooking merchandise.

(う) Place a mirror by the kitchen table in order to lose weight.

(え) When you want to relax, you should wear sunglasses.

(お) To fall asleep more easily, remove pictures of people from around your bed.

(4) How might gaze detection have helped ancient humans?

(あ) It helped them depict realistic hunting scenes on cave walls.

(い) It helped them find footprints of animals on hunts.

(う) It helped them domesticate and tame wild animals.

(え) It helped them protect themselves from wild animals.

(お) It helped them determine when meat was spoiled.

6 Choose the phrase that best fits in the blank space, taking into consideration the context.

(1) And as I grew older, I started noticing that I wasn't the only one ________ the social norms that society has laid out for us.

(あ) departing from

(い) inquiring about

(う) advocating for

(え) depending on
(お) campaigning against

(2) This is important because it allowed the researchers to __________, providing greater confidence that the results obtained are not merely an artefact of experimentation.

(あ) recruit a diverse group of research participants
(い) control variables in the environment
(う) witness the effects of weather on behavior
(え) record naturally occurring behavior
(お) conduct research at night and on weekends

全 訳

■見られることによる人間の行動の変化

❶ 何年も前，まだ私が高校生の頃，私は特に授業中，チューインガムが大好きだった。しかし，そのうちチューインガムの味がなくなるか，または自分がそれに飽きてしまう。しばらくすると，私は周りを見渡し始め，このガムをどうにかうまくそっと始末できないかと思い始める。もうおわかりかもしれないが，そう，私はかみ終わったガムを机の下にくっつけてしまう子供だった。そして年をとるにつれ，私だけが社会が整えた社会規範から逸脱しているのではないと気づき始めた。いったいどのくらい私たちは食堂で，汚れた食事の盆の返却を都合よく忘れるのだろう？ あるいは公園で犬にフンをさせて，誰も気づかないうちにその場を立ち去ることがどれくらいあるだろう？

❷ トーマス=ジェファーソンが「何かあることをするときには，いつも全世界が注目しているかのようにふるまいなさい」と記したとき，私は彼も同じような一連の考えをもっていたのだと思う。われわれは見られているとわかっているときには精一杯りっぱにふるまう傾向がある，という事実をそれはわれわれに思い起こさせるので，この引用はとても興味深いと私はいつも思うのである。このことは明白なことのように思えるかもしれないが，新しい研究では，そこまではっきりとは明白ではない，あることも指摘されている。それは，私たちが「まるで世界が見ているかのように」感じるには，人間が一緒にいる必要はなく，他の生き物さえも必要ないというものである。必要なのは，人間の２つの目のイメージだけなのだ。

❸ 行動・進化センターのメリッサ=ベイトソンとダニエル=ネトルが率いるニューキャッスル大学の研究者グループは，人々の行動が有意に変化するには，じっと見つめる人間の目のポスターを貼るだけで十分であることを示す実地実験を行った。32日間にわたり多くの時間を費やし，研究者たちは，大学の一番大きな食堂での「散らかし行動」を記録し，食事を終えた後に後始末をする人々の数を数えた。この調査で，研究者たちはいくつかの条件を操作し（例えば，関連した文章が記されているポスターとまったく文章がないポスター，男性の顔対女性の顔，花のような関係のないもののポスターなど），個人の行動に対して与える目の効果を測定してみた。それらのポスターは目線の高さに貼られるのだが，それぞれのポスターの場所は毎日無作為に決められた。そして研究者たちは，花のポスター代わりに目のポスターが食事をしている人々を監視している間は，後始末をする人々が２倍になることを発見した。

❹ 心理学者たちは集団内における人間の協調性の説明と促進に以前から興味をも

っており，実際，この調査は，その考えをもとに発展させたものである。専門用語では，しばしば「社会的ジレンマ」という表現を使うのだが，つまりこれは個人の利益が集団の利益と相反する状況を意味する（例えば，自分はごみを地面に捨てる方が楽だが，みんながそのように考えると，巨大なごみの山ができてどうしようもなくなるだろう）。70 年代に，ロビン=ドーズとその仲間たちは，社会的ジレンマに直面したとき，部屋の中に他人がいると，人々の意思決定によい影響を及ぼす傾向があることを示した。しかし，テレンス=バーナムとブライアン=ヘアが『ヒューマン・ネイチャー』誌で，人々は画面上で人間のような目のロボットに「監視」されていると，経済のコンピュータゲームでより協調的な選択をするという記事を発表したのは，まだほんの数年前のことである。いくらか当惑しつつも，多くの研究者たちは最初の発見が正しいことを確認するために，一連の実験を行った。

❺ アーネスト=ジョーンズ，ベイトソン，そしてネトルは，じっと見つめる目が人々の行動に与える効果をさらに理解しようとしていた。科学者たちによる最近の調査で，実験室の外でもこの結果が出たというのが，新たな大事な点のひとつである。これが重要なのは，研究者たちは自然発生の行動を記録できたことで，得られた結果が単なる人為的な実験結果ではないというさらなる確証をもてたためである。同様に重要なのが，このことは，じっと見つめる目の効果が，さまざまな社会的行動に影響するということを示すのにも役立っているという点である。

❻ 研究者たちは，単に人間の目のイメージを掲示するだけで，実際に現実の社会的行動を変えるには十分であることを納得がいくように例証したが，真の問題はそれがどのようにして起こるのかである。人間（およびその他の動物）には，目があることも含め，顔の特徴を検知するための専門の神経構造がある。またの名を「視線検出」ともいうこの内蔵されたシステムが，古代からの環境の中，進化する上での重要な道具として役割を果たしてきた（例えば潜んでいる敵を発見するため）。さらに，社会の中で適切に行動する能力は，他人の顔や目の表情によって得られる社会的情報を活用する能力にかかっている。興味深いのは，このシステムは主として，随意に統御できない脳の部分と関連しているという点である。人間は視線に対して反応を抑えるように指示されたときでさえ，その反応を抑えられないことが実験で明らかになっている。これは理にかなったことである。なぜなら，捕食動物がうろついているかどうかを素早く判断できるのは，進化上非常に重要な価値があるからだ。視線検出システムの神経活性化は速くて無意識のうちに行われる。しかし，これは同時に，このシステムを「だます」こともできるということにもなり，これがまさに新しい実験が示していることである。すなわち，単に人間の目に似ている物体でも，人間の視線検出を誘発し，結果的に社会的行動を変えさせるには十分効果があるということである。

❼ これらの調査結果は，単なる理論構築の材料ではない。スーパーマーケットでは，窃盗を減らす手段として，「瞬きをする目」という形でカメラを活用できる可能性があり，閑散として危険な地域では，人間の目の写真を掲示することで恩恵が得られるかもしれない。また，怒った目でじっと見つめる図を貼れば，学校の所有物にかんだガムをくっつけるいたずらっ子との戦いに，学校が勝利するのを助けてくれるだろう。

各段落の要旨

❶ 社会規範から逸脱した行為を行う人がいる。
❷ 人は見られていると適切な行動をとるが，実際に見られている必要はなく，必要なのは人間の両目のイメージだけである。
❸ 人々に食堂で後始末をさせるのに人間の目のポスターが有効だった。
❹ 人間が社会的ジレンマに直面したとき，実際の人間ではなく，人間のような目をしたロボットに見られているだけで，その行動に影響が出る。
❺ 実験室以外でも，じっと見つめる目が人々の行動に影響を与えるという調査結果が出た。
❻ 人間には「視線検出」というシステムが内蔵されており，進化上，重要な役割を果たしてきた。
❼ この「視線検出」のシステムを逆手に取ると，防犯などに応用できる可能性がある。

解 説

設問1 われわれは見られているとわかっている時には精一杯りっぱにふるまう傾向がある，という事実をそれはわれわれに思い起こさせるので

▶述部の「思い起こさせる」は remind *A* of *B*「*A* に *B* を思い出させる」という表現が使える。また，問題文の「～という事実」という部分は，同格の that 節を使って the fact that ～ と表現すればよい。この2点は英文の骨格となるポイントなので，ここがクリアできなければ解答作成は厳しくなる。

▶同格の that 節の中は，SV の構造が3つ含まれる複文構造となる。

▶精一杯りっぱにふるまう傾向がある

● 述部の「～する傾向がある」は tend to *do*，have a tendency to *do*，be apt to *do* などを使い，「ふるまう」は behave，act などで表現する。

● 「精一杯りっぱに」の部分は，「精一杯」という表現を「できるかぎり」と読み替えて，as ＋原級＋ as possible［S can］の定型表現を使い，well，nicely，properly などの副詞を修飾すればよい。

▶われわれは見られているとわかっている時には

● 「見られている」は受動態の進行形「be 動詞＋being *done*」を使って表現する。

「誰かがわれわれを見ているとき」と読み替えて，能動態で書いてもよい。進行形なので無意志の知覚動詞である see は不可。「わかっている」は know，be aware などの表現が可能。

設問 2 ▶下線部直後の that is は「つまり，すなわち」という意味で，直前の内容を言い換える合図として機能している表現。したがって，that is 以下，a situation where personal interests are at odds with that of the collective の部分が，この「社会的ジレンマ」を説明していると判断できる。where は関係副詞で先行詞の a situation を修飾しており，be at odds with ～は「～と調和しない，～と相反する」という意味のイディオム。このイディオムを知らなくても，「ジレンマ（2つの事柄の間で，どちらとも決めかねて板挟みの状態になっていること)」の説明部分であることと，personal interest「個人の利益」と that of the collective「集団の利益」という表現から対比の文脈を推測したい。

また設問では具体例を挙げて説明することが求められているが，直後のカッコ内，For example 以下で具体例が述べられていることは明白。ごみを地面に捨てるのは楽だが，誰もがそう考えると，ごみの山ができてどうしようもなくなるという内容をまとめればよい。we would all be stuck with a huge pile of waste の be stuck with ～「～で動けなくなる，～に困る」や pile「(同種の物の）山，積み重ね」がわからなくても，誰もが地面にごみを捨てるような考えをもってしまうと，どうなってしまうのかを考慮すればこの具体例の内容を推測してまとめることは可能。

設問 3 **いくらか当惑しつつも，多くの研究者たちは最初の発見が正しいことを確認するために，一連の実験を行った**

▶「多くの研究者たちは一連の実験を行った」という主節を骨格として，「～を確認するために」の部分を不定詞の目的を表す副詞的用法で表現し，「いくらか当惑しつつも」の部分は，though や although を使った副詞節か分詞構文で表現するという指針をまずは決めたい。

主節の述語動詞の「(実験など）を行う」という表現は，conduct や carry out が適切。「一連の～」は a series of ～ や a set of ～ で表現できる。

▶最初の発見が正しいことを確認するために

● 目的を表す in order to *do* という定型表現を使い，「～を確認する」は confirm や make sure，prove などが可能。なお confirm には「(仮説など）を裏付ける」という意味もあるため，単に confirm the first findings だけでも「正しい」という部分まで含めて表現できる。

▶いくらか当惑しつつも

● 「～しつつも」の部分は though や although を使った「譲歩」の副詞節で表現すればよい。「当惑する」は be puzzled, be perplexed, be confused など過去分詞の分詞形容詞を使って表現し,「いくらか」は a little や somewhat といった副詞が使える。また副詞節 Though (they were) a little puzzled の中の「主語＋be 動詞」は省略可能。さらに分詞構文を使っても表現できるので，接続詞と主語を消し，being も省略した A little puzzled, many researchers ～としてもよい。

設問 4 Experiments have shown that people are unable to inhibit responses to gaze even when instructed to.

▶文構造のポイントは even when 以下の 2 カ所の省略を判断できるかどうか。一定の語彙力も試されている。

▶ even when instructed to

● 副詞節の中の主語が主節と同じ場合，S＋be 動詞はワンセットで省略することができるので，they〔people〕are が省略されていることを見抜き，instruct *A* to *do*「*A* に～するように指示する」という表現が受動態になっていると判断する。また文末の to は，前述の動詞表現の反復を避けるために用いる代不定詞の用法で，inhibit responses to gaze が省略されていることにも気づかなければならない。

▶主節の Experiments have shown that ～ は現在完了形が使われているので，以前から行ってきた実験によって that 以下のことが現在明らかになっていることを表している。「S は that 以下を明らかにしている」という逐語訳でもよいが，述語動詞が show で主語が無生物の時には，主語の部分を副詞的にとらえ,「S によって that 以下が明らかになっている」と訳すと自然な日本語になる。

▶ people are unable to inhibit responses to gaze

● responses to gaze は「視線に対する反応」という意味で，to は不定詞句を導いているのではなく,「～に対して」という対象の意味を表す前置詞として機能している。gaze は自動詞で用いる場合が多いが，ここでは「凝視」という意味の名詞として使われている。inhibit は「～を抑える」という意味の他動詞。

設問 5 (1) **正解は (う)** ▶設問の意味は「本文によると，食堂で食事をする人たちに，食後に食事のお盆を返却することを促す効果的な方策はどれか」というもの。食堂での実験については第 3 段で説明されている。strategy「戦略，方策」

▶(あ)「心を静める音楽を演奏すること」 本文に記述なし。

▶(い)「拡声器で自分で後片付けをするよう依頼すること」 本文に記述なし。

▶(う)「食堂の壁を，人間の顔の写真で飾ること」 第3段第1文で，研究者たちによって，じっと見つめる人間の目が描かれたポスターを貼るだけで人々の行動を変えられることを示すための実験が行われたとあり，同段最終文では，花のポスターの代わりに目が描かれているポスターを掲示することで，食事の後に後片付けをする人が2倍になったという実験結果が述べられている。したがってこの選択肢が正解となる。

▶(え)「『世界が見ている』と書かれた紙を貼り出すこと」 第3段第3文で posters with a corresponding verbal text「関連した文章が記されているポスター」が登場しているが，食後の後片付けを促す効果があったのは目のポスターであり，このポスターにそういった効果があったとは述べられていない。

▶(お)「食堂の壁に風景の壁画を描くこと」 (え)と同様に，本文で風景画が食後の後片付けを促す効果があったという内容は述べられていない。

設問5 (2) 正解は (お) ▶設問の意味は「本文によると，真実である可能性があるのは以下のうちどれか」というもの。

▶(あ)「人々は集団の中にいると遠慮しなくなる傾向がある」 人は誰かに見られているときの方が適切な行動をとるという本文の主題と矛盾。

▶(い)「ある文化では，他の文化よりも視線に対して敏感である」 文化による視線に対する敏感度の違いについて本文では一切言及されていないので不適。

▶(う)「ロボットは警備員として，人間の代わりをすることは決してできない」 第4段第5文で，人々は人間のような目のロボットに監視されると，経済のコンピュータゲームでより協調的になるとあり，ロボットが人間の行動に影響を及ぼすことがわかるので不適。

▶(え)「目を合わせることを避ける人は疑わしい」 本文中にこのことを判断できる記述はなされていないので不適。

▶(お)「干ばつの間，人々は誰もいないところよりも人前での方が水を節約する」 本文全体を通して，人に見られているときの方が適切な行動をとるという内容が述べられ，第4段第4文では，他人に見られていると人々の意思決定によい影響を及ぼす傾向があるというロビン=ドーズらの調査結果も紹介されている。選択肢の中の in public「人前で」とは，人に見られていることを意味するので，この選択肢が正解となる。

設問5 (3) 正解は (い) ▶設問の意味は「本文中，調査での発見を応用したもので登場しているのは以下のうちどれか」というもの。

▶(あ)「花束を作るとき，同じ色の２つの花を使わないようにすること」 本文に記述なし。

▶(い)「万引きを防ぐため，商品を監視する２つのカメラレンズを設置する」 最終段第２文で，スーパーマーケットで万引きを減らす手段として「瞬きをする目」の形のカメラを活用することについて言及されているのでこの選択肢が正解となる。

▶(う)「体重を減らすために台所のテーブルのそばに鏡を置く」 本文に記述なし。

▶(え)「リラックスしたいとき，サングラスをかけるとよい」 本文に記述なし。

▶(お)「より楽に寝つくために，ベッドの周りから人が写った写真を取り除く」 本文に記述なし。

設問５ (4) 正解は (え) ▶設問の意味は「視線検出は古代の人間にとって，どのように役立っていた可能性があるか」というもの。

▶(あ)「それは洞窟の壁に写実的な狩りの場面を描くのを助けてくれた」 本文中にこの可能性を判断できる内容が書かれている部分はない。

▶(い)「それは狩りのとき，足跡を見つける手助けとなった」 本文中にこの可能性を判断できる内容が書かれている部分はない。

▶(う)「それは野生動物を家畜化し，飼い馴らす手助けとなった」 本文中にこの可能性を判断できる内容が書かれている部分はない。

▶(え)「それは野生動物から自分たちを守る手助けとなった」 第６段第３文で，視線検出システムが進化上重要なものであったという説明がなされ，潜んでいる敵を発見するために役立つという具体例が挙げられている。また同段第７文で，視線検出のシステムによって，捕食動物がうろついているかどうかを素早く判断できるのは進化上非常に重要な価値があると述べられているので，この選択肢が正解となる。

▶(お)「それはいつ肉が腐るのかを見極める手助けとなった」 本文中にこの可能性を判断できる内容が書かれている部分はない。

設問６ (1) 正解は (あ) ▶文脈を考慮し適切な表現を選ぶ問題で，第１段第５文が設問と同じ英文になっており，本文で deviating from と表現されている部分に近い意味の選択肢を選ぶ。設問の意味は次の通り。「そして年をとるにつれ，私だけが社会が示す社会規範（　　）している人間ではないと気づき始めた」

▶第１段第４文では筆者がガムをかんだ後，机の下にくっつけていたエピソードが紹介され，第５文を挟んで，第６文以降には，社会規範から逸脱する行為を行うケースが一般的にも多く見られるという趣旨の内容が述べられている。したがって，(あ)の「〜から外れる，〜から逸脱する」が最も適切だと判断できる。

▶それぞれの選択肢の意味は次の通り。

(い)「～について尋ねる」
(う)「～を提唱する」
(え)「～に依存している」
(お)「～への反対活動をする」

設問 6 (2) 正解は (え) ▶第 5 段第 3 文が問題文と同じで，document naturally occurring behavior と表現されている部分に近い意味のものを選ぶ。設問の意味は次の通り。「これが重要なのは，研究者たちは（　　）することができ，得られた結果が単なる人為的な実験結果ではないというさらなる確証をもつことができたからである」

▶直後に続く naturally occurring behavior は同じなので，選択肢(え)の record と document が「～を記録する」というほぼ同じ意味の他動詞であることが判断できるかどうかがポイント。

▶それぞれの選択肢の意味は次の通り。
(あ)「実験にさまざまなグループの参加者を採用する」
(い)「環境の中における変数を調整する」
(う)「行動に対する天気の影響を目撃する」
(お)「夜と週末に調査を行う」

解答

設問 1 (as it) reminds us of the fact that we tend to behave as well as possible when we know we are being watched

設問 2 自分はごみを地面に捨てる方が楽だが，誰もがそのように考えると，巨大なごみの山ができてどうしようもなくなってしまうように，個人の利益が集団の利益と相反する状況。

設問 3 Though they were a little puzzled, many researchers conducted a series of experiments in order to confirm that the first findings were right.

設問 4 人間は視線に対して反応を抑えるように指示されたときでさえ，その反応を抑えられないことが実験で明らかになっている。

設問 5 (1)―(う) (2)―(お) (3)―(い) (4)―(え)

設問 6 (1)―(あ) (2)―(え)

25

2011年度〔1〕

次の英文を読んで，以下の設問に答えよ。

The raised eyebrow, the curled lip and the exchange of hormone-laden spittle are very effective ways of communicating at close quarters, but animals also need to send long-distance messages to strangers of their own kind living in other communities. They even on occasion have to converse with individuals of another species. For both purposes, they have to use rather different techniques.

The message most frequently declared by one species to another is simple and straightforward : Go Away ! An angry elephant charging with outstretched ears, trumpeting as it comes, makes its meaning perfectly clear very quickly. Other animals of all kinds are in no doubt about it, whether they are prowling lions or over-confident photographers. But inter-specific* communications can be rather more complicated than that.

The honey-guide** is a lark-sized bird that lives in east Africa. Its diet is insects of all kinds and it has a particular penchant for the grubs of honey-bees. Getting them, however, is not easy. Wild African bees build their nests in hollow trees or clefts in rocks. The honey-guide's beak is slender and delicate so the bird cannot cut away wood, still less chip stone. If it is to get its favourite food, it has to recruit a helper. Usually, that is a man.

In northern Kenya, where honey-guides still live in some numbers, particular men of the semi-nomadic Boran tribe specialise in collecting honey. When one sets out to do so, he begins by walking into the bush and whistling in a very penetrating way, blowing across a snail shell, a seed with a hole in it, or just using his clasped fists. If he is within the territory of a honey-guide, the bird will appear within minutes, singing a special chattering call that it makes on no other occasion. As soon as the two have registered one another's presence, the bird flies off with a peculiar low swooping flight, spreading its tail widely as it goes so that the white feathers on either side of it are clearly displayed. The man follows, whistling and shouting to reassure the bird that he understands its summons and is following.

The bird may now disappear for several minutes. When it comes back, it perches high some distance away, calling loudly and waiting for the man to catch up with it. As the two travel together through the bush, the bird stops and calls more frequently and takes lower and lower perches until, after maybe a quarter of an hour, its song changes into one that is low and less agitated. Having repeated this two or three times, it falls silent and flutters to a perch where it stays. Beside it will be the entrance to a bees' nest.

It is now up to the man to take the initiative. If the day is hot, a stream of bees may be buzzing in and out of the entrance. (1)人と鳥がいずれもひどく刺されないようにするには，蜂をおとなしくさせるために何か手を打たねばならない。The man lights a fire close to the nest and, if possible, pushes burning sticks into holes beneath it so that smoke swirls up around the nest itself. With the bees partially stupefied, he now opens up the tree with his bush knife or pokes out the nest from a rock cleft with a stick and extracts the combs, dripping with rich deep-brown honey. That is what *he* wants. But not the bird. It prefers grubs. Even so, tradition demands that the man should leave at least part of the honeycomb for the bird, spiked on a twig or put in some other prominent place. The honey-guide can now get its share. It flies to the remains of the wrecked nest and pulls out the fat white bee-grubs from the cells of the combs. It also, very remarkably, feeds enthusiastically on the wax. It is one of the very few animals that can digest it.

The bird does not find its bees' nests by accident. It has a detailed knowledge of its territory and knows the exact location of every bee colony within it. Watchers in camouflaged hides have observed a bird visiting every one of its bees' nests, day after day, as though checking on their condition. On a cold day, when the bees are quiescent, it may hop on to the lip of the entrance and peer inquisitively inside. (2)人間の道案内をはじめるとき，鳥は当てずっぽうにうろうろするのではなく，いちばん近い巣へとまっすぐに誘導するのである。And the reason it leaves him for a short period just after their initial meeting is because it makes a quick flight to the nest it has in mind, perhaps to check that it is still flourishing. Furthermore, if having reached the nest the man for some reason does not open it, the bird, after a pause, will once more give its 'follow-me' call and lead him to another.

The fact that the bird has a digestive system specially adapted to dealing with wax suggests that it has been eating from bees' nests for a very long time and that therefore the relationship with man is an ancient one. Human beings have certainly been collecting honey in this part of the world for some twenty thousand years as is proved by rock-paintings in the central Sahara and in Zimbabwe that show them doing so. Perhaps the partnership was forming even then. But the bird probably had other honey-hunting helpers even earlier still. The ratel***, a badger-sized relative of the skunks, with black underparts and a vivid white back, is also a lover of honey. (3)A honey-guide encountering one will behave in just the same way as it does towards the man, persistently calling 'Follow me'. The ratel responds with growls and trots after it. When they reach the bees' nest, the ratel tackles it with great efficiency. It is a powerful digger with very strong forelegs and it can squeeze into very narrow openings. It can even rival a man in pacifying the bees. Like its skunk cousins, it has a large scent gland below its tail which it everts and rubs all round the nest entrance so that the wood or rock is smeared with scent. The smell is so powerful that the bees are stupefied and human beings who have peered inside a plundered nest after a ratel's visit have said that they were made almost as dizzy as the bees.

Messages exchanged between different species are not always sent to friends. Enemies also find it profitable to communicate. Thomson's gazelles, like springbuck and several other small antelope, when chased by hunting dogs or hyaenas, behave in a strange and dramatic way. They stot, leaping into the air with their legs held stiffly straight downwards and landing on all four feet at the same time. Often they make several of these leaps one after the other, so that the animal appears to be bouncing across the ground. It seems very odd that, at a time when its life is in real peril, when its overwhelming priority must be to flee, it should find the time and the energy to indulge in (4)apparently unnecessary gymnastics.

If gazelles are chased by a cheetah, they rarely if ever behave in this way. The cheetah usually starts its hunt with a stalk, approaching closer and closer to the herd and apparently concentrating on one particular animal grazing in an approachable position. When the cheetah gets within range, it breaks cover and bursts into a sprint. Once it has started the chase, it concentrates on its target. It may be distracted by other gazelles running nearby or even crossing in front of it, but it seldom selects another victim, and either overhauls it within a hundred yards or so and pounces, or gives up. In such chases as that, the gazelle does not pause to stot. It runs for dear life.

Dogs, however, hunt in a quite different manner. They work in packs. Once they find the gazelles, they pursue the herd relentlessly. (5)They show no sign at this stage of having selected one particular victim and often attack different individuals in turn. It is at this stage that the gazelles start stotting. Each is sending a message about its fitness and therefore its ability to outrun the dogs. The higher and more frequently it stots, the stronger it must be. The animal upon which the dogs finally focus their attention will be one of those whose leaps were relatively feeble. The high-stotters escape without having had their fitness put to the test.

But if an individual gazelle is so strong that it really can outrun the hunting dogs, why should it spend time and energy in stotting just to say so? The answer may be that by doing this it avoids an even greater expenditure of energy in a long chase, that it does not risk injuring itself in collisions or falls, and that if it is threatened by a second hunter immediately after the first, it will not already be exhausted and vulnerable.

The message of the stot is, necessarily, a truthful one. A gazelle cannot appear to be fitter than it is. A plover, on the other hand, tells lies to its enemies. If, during the breeding season, you approach a ringed plover incubating its eggs on a pebbly English beach, it will sit tight, relying on its excellent camouflage for concealment until you are within a few yards of it. Then, when discovery seems inevitable, it will suddenly run off, shrieking loudly, with one wing raised above its back, the other held low and trailing as though it were crippled and unable to fly. If you were hunting for food you might well follow it, thinking that such an injured bird would be easily caught. You would be wrong. After some yards, as you get close to the bird, it opens both wings and effortlessly takes to the air. And you have had your attention distracted from its eggs which still lie safely in their scrape.

[Adapted from David Attenborough, *The Trials of Life : A Natural History of Animal Behaviour*, London : Collins ; BBC Books, 1990, pp. 229–34.]

*inter-specific : occurring between different species
**honey-guide : ミツオシエ
***ratel : ラーテル，ミツアナグマ

設 問

1 下線部(1)を英語に訳せ。

2 下線部(2)を英語に訳せ。

3 下線部(3)を 'one' が何を指すか明らかにしながら日本語に訳せ。

4 下線部(4)の 'apparently unnecessary gymnastics' がどのようなものであるか，①と②についてそれぞれ定められた字数以内の日本語で説明せよ（句読点を含む）。
①誰に何を伝えようとして，そのようなことをするのか。(30字)
②その最終的な目的は何か。(45字)

5 下線部(5)を日本語に訳せ。

6 以下の(A)から(E)までの問いに関してもっとも適切なものを一つ選び，記号で答えよ。

(A) Which situation, described in the text, illustrates inter-specific communications among enemies?
ア a ratel growls at a honey-guide bird
イ gazelles jump stiffly in front of hyaenas
ウ people disguised in animal hides follow a honey-guide bird
エ a person shouts at a ringed plover to scare it away from its eggs

(B) Which of the following does the author of this text assume about inter-specific communications?
ア sound is the primary means of communication between species
イ animals will enjoy communicating with animals of other species
ウ humans cannot understand messages sent between non-human species
エ messages between species can be transmitted through bodily movement

(C) Which animal uses deception when under attack?
ア an elephant hunted by a lion
イ a gazelle hunted by a cheetah

ウ a gazelle hunted by a pack of dogs
エ a ringed plover hunted by a human

(D) Which of the following had to exist for humans to be useful inter-specific partners in raiding honeycombs?
ア fire
イ compasses
ウ camouflage clothing
エ seed and snail shell whistles

(E) The text gives examples of all of the following topics EXCEPT ONE. Which is mentioned but not depicted with examples?
ア how prey communicate with predators of other species
イ how members of different species communicate in pursuit of a common goal
ウ how animals send long-distance messages to strangers within their own species
エ how animals protect or compete with members of their own species through communication with other species

全 訳

■異なる種の間のコミュニケーション

❶ 眉を上げたり，口をゆがめたり，ホルモンを含む唾液を取り交わしたりすることは，ごく近距離でのコミュニケーションにおいては，非常に有効な手段であるが，同時に動物は，同じ種ではあるが，他の群集に属する見知らぬ者に対して，長距離に及ぶメッセージを送る必要もある。時に動物たちは，別の種の個体とやりとりをする必要さえある。彼らが両方の目的を成し遂げるためには，非常に異なる手法を使わなければならない。

❷ ある種から別の種へ最も頻繁に発せられるメッセージは，単純で単刀直入なものである。すなわち「立ち去れ！」というメッセージだ。耳を広げ，大きな鳴き声をあげて突進してくる怒った象の姿は，すぐにその意味することが完全にはっきりとわかる。相手が辺りをうろつくライオンであろうが，自信過剰なカメラマンであろうが，他のあらゆる種の動物たちもこれに関しては疑いの余地はない。しかし，異なる種の間で取り交わされるコミュニケーションは，これよりもかなり複雑なものとなることがある。

❸ ミツオシエは，東アフリカに生息するヒバリほどの大きさの鳥である。その餌はあらゆる種類の昆虫だが，特にミツバチの幼虫が大好物である。ところが，その幼虫を捕まえるのは簡単なことではない。アフリカの野生のミツバチは，中の空いた木や岩の割れ目の中に巣をつくる。ミツオシエのくちばしは細長く弱いので，木を切り取ることができず，ましてや石を砕いたりすることなどできない。もし大好きな餌を食べたいのであれば，助けを求める必要がある。通常，それは人間なのだ。

❹ 現在でもミツオシエがいくらか生息しているケニアの北部では，半遊牧民であるボラン族の特定の人たちが，はちみつ集めを専門にしている。ある者がはちみつ集めに出かけると，まずは茂みの中に歩いていき，カタツムリの殻や穴をあけた種などを吹いたり，単に握りあわせた両こぶしを使ったりして，非常によく通るように音を鳴らす。彼がミツオシエの縄張りの中にいれば，他の場合には出さない特別な鳴き声でさえずりながら，その鳥はすぐに現れる。両者がお互いの存在を確認するとすぐに，鳥はかなり低い位置にまで，さっと舞い下りてきて，その尻尾を大きく広げ，その片側の部分の白い羽をはっきりと見せる。人間はその呼びかけに気づいていて，ついていっているということを伝えて，鳥を安心させるため，音を鳴らし大声を出しながらついていくのだ。

❺ そして鳥は数分の間，姿を消すこともある。戻ってくると，少し離れた高いところに止まり，大きな鳴き声で鳴き，人間が追いつくのを待つ。両者が茂みの中を

一緒に進んでいくと，鳥は止まってさえずる回数をさらに増やし，だんだん低い木に止まるようになり，15分ほどで，そのさえずりが小さくてより落ち着いた鳴き声へと変わる。これを2，3度繰り返し，鳥はさえずるのをやめ，あるとまり木へと飛んでいきそこに止まる。そのそばが，ミツバチの巣の入口なのだ。

❻ 次に主導権を取るのは人間の役目である。もしその日が暑い日なら，ミツバチたちは入口を出たり入ったり忙しく動いているだろう。人と鳥がいずれもひどく刺されないようにするには，蜂をおとなしくさせるために何か手を打たねばならない。人が巣の近くに火をつけ，可能であれば，煙が巣全体に渦巻いていくよう，巣の下の穴に燃えた木の枝を押し込む。ミツバチたちの感覚がある程度鈍ると，次に人はブッシュナイフで木を切り広げたり，棒を使って岩の割れ目から巣を突いたりして，豊潤な濃い茶褐色のはちみつがポタポタと落ちる蜂の巣を取り出す。それこそ人間が欲しかったものである。しかし，これは鳥の欲しかったものではない。鳥は幼虫の方が好きなのである。人間が蜂の巣を取り出したとしても，少なくとも蜂の巣の一部を木の枝に吊るしたり，どこか目立つ場所へ置いたりして，鳥のために残しておくことが昔からのしきたりである。こうしてミツオシエは自分の分け前を手にすることができるのだ。ミツオシエは，破壊された蜂の巣の残骸のところへ飛んできて，そのひとつひとつの小部屋から，まるまると成長した白いミツバチの幼虫を取り出す。また非常に珍しいことだが，ミツオシエは蜜ろうを好んで食糧とする。ミツオシエは蜜ろうを消化することができる非常に珍しい動物の1つなのだ。

❼ 鳥はミツバチの巣を偶然見つけるのではない。縄張りについて詳細な知識を持ちあわせ，その中にあるミツバチの全群棲地の正確な位置を知っている。わからないように偽装した隠れ場所から見ると，1羽の鳥が，一日一日，まるでその状況を確認するかのように，すべての蜂の巣のところへいっている様子が観察できた。ミツバチが活動しない寒い日には，巣の入口のふちのところへ飛び乗り，中の様子を熱心にのぞいている。人間の道案内をはじめるとき，鳥は当てずっぽうにうろうろするのではなく，いちばん近い巣へとまっすぐに誘導するのである。そして鳥が最初に人間に出会った後，しばらくの間，人間の元から離れる理由は，自分が連れていこうと決めている巣へと素早く飛んでいくためであり，これはおそらくその巣がまだちゃんとした状態なのかを確認するためである。さらに，人間が何らかの理由で開けない巣のところへ来てしまうと，少し間をおいて，鳥はもう一度「ついて来て」と鳴き，別の巣へと導いてくれる。

❽ その鳥が蜜ろうを処理するのにとりわけ適した消化システムを持っているという事実は，この鳥が非常に長い間，ミツバチの巣から餌を得ていて，それゆえ人間との関係が古代からのものであることを示している。それを示す中央サハラやジンバブエの岩窟壁画が証明するとおり，世界の中でこの地域において，約2万年もの

間，人類がはちみつを採集してきたことは確かである。おそらく，そのときでさえ人類と鳥の協力関係が発生していたのだろう。しかし，きっと鳥にはそれよりもずっと以前から，他にはちみつ狩りを助ける者がいたと考えられる。体の下部が黒く，背中は鮮やかな白色の，スカンクの仲間でアナグマほどの大きさのラーテルもまた，はちみつが大好物である。(3)ラーテルに出くわしたミツオシエは，「ついて来て」としつこく鳴きながら，人間に対してするのと全く同じように振る舞うのだ。するとラーテルはうなり声で応じ，早足でこれを追う。彼らがミツバチの巣に到着すると，ラーテルが非常に効率よくこれに対処する。ラーテルは前足の力がとても強く，力強く穴を掘り，非常に狭い隙間にも入っていくことができる。ミツバチたちを制圧するということとなると，ラーテルは人間にさえ匹敵しうるのだ。ラーテルは，同じ仲間であるスカンクのように，尻尾の下に発達した臭腺があり，それを外翻させて巣の入口の周りじゅうにこすりつけ，木や岩ににおいをつける。そのにおいはあまりにも強烈で，ミツバチは感覚が麻痺し，ラーテルが訪れた後，奪われてしまった蜂の巣の中をのぞいた人間は，ミツバチたちとほとんど同じように目まいがしたと言う。

❾ 異なる種の間で取り交わされるメッセージは，必ずしも仲間に送られるものとは限らない。敵に意思を伝えるのも有益である。スプリングボックやその他の小型のアンテロープに似たトムソンガゼルは，狩りをする犬やハイエナに追いかけられると，風変わりで印象的な行動をとる。彼らは足を真っすぐ下に伸ばして空中に跳び，同時に4本すべての足で着地して，弾むのだ。多くの場合，彼らはこの行為を何度か繰り返して行うので，地面全体を飛び跳ねているように見える。自らの命が本当に危険で，最優先事項が逃げることであるはずのときに，見たところ不必要な動きにふける時間とエネルギーがあるのは，非常に奇妙に思える。

❿ もしガゼルがチーターに追いかけられれば，まずめったにこのような行動はとらない。通常，チーターはこっそり忍び寄って狩りを始め，だんだんと群れに近づき，仕留められる位置で草を食べている特定の動物に集中しているようだ。チーターはその射程圏内に入ると，姿を現し，突然全速力で走り出すのだ。チーターはいったん獲物を追いかけ始めると，その獲物に集中する。近くを走ったり，目の前を横切ったりすることさえある他のガゼルに，気を散らされることもあるかもしれないが，めったに他の獲物を選ぶことはなく，100ヤードほどで追いついて襲いかかるか，諦めるかのいずれかである。このように追いかけられる場合，ガゼルは弾むために立ち止まるようなことはない。ガゼルは必死に走るのだ。

⓫ しかしながら，犬たちは全く違った方法で狩りをする。彼らは群れで狩りをするのだ。いったんガゼルを見つけると，絶え間なくその群れを追い続ける。(5)この段階で，彼らが特定の獲物1頭を決めている様子はなく，異なる個体に次々に襲い

かかることが多い。ガゼルが弾み始めるのはまさにそのときである。自分の体力と犬たちから逃げ切れる能力についてのメッセージを，それぞれのガゼルが発信しているのだ。ガゼルが高く，そして頻繁に弾めば弾むほど，それはより体力のあるガゼルに違いない。最終的に犬たちが注意を向ける動物は，跳躍が比較的弱々しいガゼルの１頭になるだろう。高く跳べるガゼルはその体力の真価が問われることなく逃れられるのだ。

⓬ しかし，もしあるガゼルの個体に非常に体力があるため実際に狩りをする犬から逃げ切れるなら，一体なぜそれを伝えるためだけに，弾むのに時間とエネルギーを使うのであろうか。その答えとしては，そうすることで，長時間追いかけられることで必要となるより多くのエネルギー消費を避けたり，衝突や転倒でケガをする危険をなくしたり，最初に襲ってきた直後に第二弾の狩猟者に脅かされても，力を使い切って攻撃されやすい状態にまだならないことなどが考えられる。

⓭ 弾むというメッセージは，必ず本当のメッセージなのだ。ガゼルは実際以上に丈夫に見せることはできない。一方，チドリは敵に対してうそをつく。繁殖期に，小石の多いイギリスの浜辺で卵を孵化させているハジロコチドリに近づいてみると，数ヤード以内に近づくまで，そのチドリは隠れるための巧みな擬態を使い，しっかりと腰を据えている。そして発見が避けられないもようになると，チドリはまるで翼が不自由で飛べないかのように，一方の翼を背中の方に上げ，もう一方の翼を低く引きずりながら，大きな鳴き声をあげて突然走り出す。仮に食べ物を求めて狩りをしているのであれば，こんなケガをした鳥は簡単に捕まえられると思って，そのチドリの後をついていくだろう。しかしこれは間違いである。もう数ヤードいってその鳥に近づくと，鳥は両方の翼を広げ，楽々と空へ飛んでいく。こうして，困難な状況にあってまだ無事なままでいる卵から気をそらされてしまう。

各段落の要旨

❶ 動物が近くの仲間と行うコミュニケーションの方法と，遠くの仲間や他の種の個体に対する方法とは異なる。

❷ 異なる種との間のコミュニケーションは，単純明快なことが多いが，複雑なものもある。

❸ ミツオシエという鳥は，好物のミツバチの幼虫を手に入れるのに人間の助けを借りる。

❹ ケニア北部のボラン族の人ははちみつ集めをしようとすると，まずミツオシエを呼び寄せる。互いに合図を送りながら，人間は鳥のあとをついていく。

❺ 茂みの中を進んでいくとミツオシエのさえずり方がいろいろ変わってきて，最後に鳴くのをやめる。それでミツバチの巣の入口に来たことを人間に伝える。

❻ 今度は人間が，火を使ってミツバチの感覚を鈍らせ，蜂の巣を取り出してはちみつを手に入れる。蜂の巣の一部は残しておいて，ミツオシエはそこから好物の幼虫や

蜜ろうを手に入れる。

❼ ミツオシエは日常的に蜂の巣の位置や状態を確認していて，いちばん近い巣へと人間を誘導している。人間が巣を開けないとわかると別の巣へと導く。

❽ ミツオシエと人間の関係は２万年前から続いていると推測されるが，それ以前からミツオシエはラーテルと協力関係にあったと思われる。巣に導かれたラーテルは強烈なにおいでミツバチの感覚を麻痺させる。

❾ 異なる種に対するメッセージは敵に対して発せられる場合もある。トムソンガゼルは犬やハイエナに追いかけられると，弾むという奇妙な行動を繰り返す。

❿ ガゼルはチーターに追いかけられたときにはこのような行動はとらずにすぐに逃げる。チーターはこれと決めた獲物に集中して，他のガゼルに気を散らさないからである。

⓫ 犬は最初から特定の１頭に狙いを定めることはない。ガゼルは高く頻繁に弾むことによって体力を誇示し，狙いを跳躍の弱いガゼルに向けさせることで逃げる。

⓬ そのような行動の理由は，無駄なエネルギーの消費を避けたり，衝突や転倒の危険をなくしたりするためだと考えられる。

⓭ 敵に対して偽りのメッセージを送る動物もいる。繁殖期のチドリは見つかりそうになると，飛べないかのような行動をとる。捕まえられると思って追っていくと難なく飛び立ち，卵から注意をそらすのである。

解　説

設問１　人と鳥がいずれもひどく刺されないようにするには，蜂をおとなしくさせるために何か手を打たねばならない。

▶まず英文の組み立てをどうするか考える。「何か手を打たねばならない」を主節にして，「人と鳥がいずれもひどく刺されないようにするには」と「蜂をおとなしくさせるために」の２つの目的を表す修飾句あるいは修飾節をつける。

▶人と鳥がいずれもひどく刺されないようにするには

- 目的を表す副詞節 so that ～ を使うことができる。また不定詞や，in order to *do*，so as to *do* などの目的を表す副詞句で表現することも可能である。
- 「人と鳥がいずれも」の部分は肯定で表せば both the man and the bird，否定で表せば neither the man nor the bird となるので，「刺されない」の部分を文字通り否定で表すか，prevent などを使い「刺されることを防ぐ」と言い換えて肯定にするかで使い分けることになる。
- 「～を刺す」 sting を使えばよい。活用は sting-stung-stung。「刺される」は be stung。
- 「ひどく」badly / seriously

●以上から次のような表現が可能になる。
so that neither the man nor the bird will〔may〕be badly stung
in order for neither the man nor the bird to be stung badly
in order to prevent both the man and the bird from being badly stung

▶蜂をおとなしくさせるために
●「～させるために」は不定詞を使って表す。
●「～をおとなしくさせる」は本文中の表現を借りれば第8段に出てくる pacify を使うことができるし，同じ段落中の stupefy も可能であろう。しかしどちらもあまり一般的ではないので，calm (down) を使うのが妥当である。
●to calm (down) the bees とか to pacify the bees とする。

▶何か手を打たねばならない
●能動態にすると主語は「人」だから the man か he となるが，同一文中に the man が使われるので he を使うほうがよい。しかしここでは受動態にするほうがすっきりするであろう。
●「何か手を打つ」 この場合の「手」は hand でないことは明白であろう。「対策」とか「手段」の意味だから measures とか action とし，動詞は take を使う。あるいは単純に「何かをする」と言い換えて書くことも可能。
●以上から，some measures〔action〕must be taken とか something must be done となる。

設問2 **人間の道案内をはじめるとき，鳥は当てずっぽうにうろうろするのではなく，いちばん近い巣へとまっすぐに誘導するのである。**

▶英文の構造は特に難しく考えることはなく，「～するとき」を when で始まる節にして，あとは日本語をそのまま英訳していけばよい。「～ではなく…」は not ～ but … の構文にする。「当てずっぽうにうろうろする」をどう表現するかが少し難しい。

▶人間の道案内をはじめるとき
●「道案内をする」は guide や lead を使えばよい。主語は当然「鳥」である。
●「～しはじめる」は start や begin を使い，目的語には to 不定詞，動名詞どちらでもとれる。When the bird begins〔starts〕guiding the man などとする。

▶鳥は当てずっぽうにうろうろするのではなく
●「当てずっぽうに」は「でたらめに」と言い換えて at random，randomly などで表せる。
●「うろうろする」は wander around〔about〕としてもよいし，この場合鳥なので「あちこち飛ぶ，飛び廻る」と考えて fly around とするのもよい。

▶いちばん近い巣へとまっすぐに誘導するのである

- 「いちばん近い巣」は the nearest nest でよい。ただし near は原級のままでは，the near nest のように直接名詞を修飾することはできないこともしっかり覚えておこう。
- 「まっすぐに」 straight とか directly を使う。
- 「誘導する」 前出の「道案内をする」と同じ lead や guide で表せるし，「連れていく」と置き換えて take を使ってもよいであろう。

設問 3 A honey-guide encountering one will behave in just the same way as it does towards the man, persistently calling 'Follow me'.

▶この文は A honey-guide が主語で will behave が述語動詞の SV の構文である。encountering one が主語の A honey-guide を修飾し，in just the same way 以下が will behave を修飾している。

▶ A honey-guide encountering one の one が何を指すかが問われている。encountering は現在分詞で直前の A honey-guide を修飾しているので「one に出くわしたミツオシエ」となることから，one は前文に出てくる The ratel「ラーテル」を指していることは明らか。ここで one は a＋名詞の代わりに使われる代名詞と教わったのに，the ratel を指すのはおかしいではないかと疑問に思った人もいるかもしれない。前の文の The ratel で始まる文はラーテルという動物の一般的な説明をしていて，この the は種族一般を表す場合に使われる定冠詞である（例えば The dog is a faithful animal.「犬は忠実な動物である」のように)。一方，この文のミツオシエが出くわすのは特定のラーテルではなく，ラーテルという種に属す不特定のラーテルであるから a ratel となる。その代わりをするのだから one が使われているわけである。

▶ will behave「振る舞うものである」 will はここでは未来ではなく習性とか習慣を表す（Accidents will happen.「事故は起こるものだ」のように)。

▶ in just the same way as ～「～と全く同じように」 just は強調。

▶ it does＝the honey-guide behaves　does は代動詞でこの文の前の部分に出てくる behave を受けて，behaves の代わりに使われている。

▶ towards「～に対して」

▶ persistently calling 'Follow me'　分詞構文で behave の内容をより具体的に説明している。「『ついて来て』としつこく鳴きながら（，人間に対してするのと全く同じように振る舞う)」と付帯状況を表すように訳してもよいし，「(人間に対してするのと全く同じように振る舞って，)『ついて来て』としつこく鳴く」と前の部分を先に訳してから後につけ足すように訳してもよいであろう。

設問4 ▶下線部(4) apparently unnecessary gymnastics は「見たところ不必要な体操」の意味。まずこれが具体的に何を述べているかを明らかにしなくてはならない。同じ第9段第3～5文，特に第4文にその内容が詳しく述べられている。「トムソンガゼルは狩りをする犬やハイエナに追いかけられると，風変わりで印象的な行動をとる。彼らは足を真っすぐ下に伸ばして空中に跳び，同時に4本すべての足で着地して，弾むのだ。多くの場合，彼らはこの行為を何度か繰り返して行うので，地面全体を飛び跳ねているように見える」 この行為のことを「見たところ不必要な体操」と言っているのである。

① ▶この設問の「誰に」は本文中いくつかの表現で出てくる。第9段第3文の hunting dogs or hyaenas，第11段第1文の Dogs，第12段第2文 hunter などである。どれにしても特に問題はないであろう。「何を伝えようとして」に当たる部分は，第11段第5・6文に It is at this stage …. Each (gazelle) is sending a message …「ガゼルが弾み始めるのはまさにそのときである。それぞれ（のガゼル）がメッセージを送っている…」とあるのがヒントになるであろう。その後に続くメッセージの中身，about its fitness and therefore its ability to outrun the dogs「自分の体力と犬たちから逃げ切れる能力について」が伝えたい内容である。
fitness「健康，体力」　outrun「～より速く走る，～から逃げる」

② ▶第12段冒頭の疑問文に注目。続く第12段第2文「その答えとしては，そうすることで，長時間追いかけられることで必要となるより多くのエネルギー消費を避けたり，衝突や転倒でケガをする危険をなくしたり，最初に襲ってきた直後に第二弾の狩猟者に脅かされても，力を使い切って攻撃されやすい状態にまだならないことなどが考えられる」という部分が該当箇所。

The answer may be
① that by doing this it avoids an even greater expenditure of energy in a long chase
② that it does not risk injuring itself in collisions or falls
③ and that if it is threatened by a second hunter immediately after the first, it will not already be exhausted and vulnerable

この文は The answer may be ～という SVC の構文で，～の部分に3つの that で始まる名詞節が来ている。
expenditure of energy「エネルギーの消費」
chase「追跡」
injure *oneself*「ケガをする」
collision「衝突」
immediately after ～「～の直後に」

exhausted「疲れ果てた」
vulnerable「傷つきやすい」
飛び跳ねるという行為自体によっておこるのは第11段に述べられているように，犬などの捕食者の注意を弱い者に向けさせることで自分の命が助かることである。これをふまえた上で，第12段に書かれているように，そうすることで可能になる無駄な労力や危険の回避，体力の温存などが最終的な目的であると考えることができる。「長い逃走によっておこる体力消耗やケガの危険を避けることで，新たな捕食者に備えること」とまとめるとよい。

設問5 **They show no sign at this stage of having selected one particular victim and often attack different individuals in turn.**

▶この文の骨格は They show no sign and (they) attack individuals. で，SVO の文が2つ and で結ばれている重文である。

```
                          ┌ of having selected one particular victim
                          ↓
They show no sign
     ↑
     └ at this stage

and
often attack different individuals
       ↑
       └ in turn
```

▶ sign「気配，様子」
▶ at this stage「この段階で」は show にかかる副詞句であり，直前の sign を修飾するのではないことに注意。
▶ of having selected one particular victim は直前の at this stage にかかるのではなく，離れているが sign から続く。of は同格を表す前置詞で「〜という」の意味。例えば The news of his safe arrival surprised the whole world.「彼が無事に戻ったというしらせは世界中を驚かせた」のように使われる。
▶ having selected は完了形の動名詞。
▶ one particular victim「特定の1頭の獲物」
▶ in turn「順番に」

設問6 (A) 正解は イ ▶設問の意味は「本文中で述べられているどの状況が，異なる種の間で取り交わされるコミュニケーションで，敵との間で行われるものを説明しているか」というもの。

▶ア「ラーテルがミツオシエに対してうなり声をあげる」 第8段第4文以下からラーテルとミツオシエは協力関係にあることがわかるので，このうなり声は敵に対するものではなく味方に対して送られるメッセージである。

▶イ「ガゼルがハイエナの前で，体をこわばらせて飛び跳ねる」 第9段から第12段までガゼルが敵に対してとる行動が述べられている。第9段第3・4文にハイエナなどに襲われたときに自分の体を弾ませることが書かれているので，これが正解である。

▶ウ「動物の皮で変装した人間がミツオシエのあとをついていく」 第4段から第7段に書かれているように人間とミツオシエは敵対関係にはないし，人間が動物の皮で変装するという記述はない。

▶エ「人間が，卵から追い払うためにハジロコチドリに対して叫び声をあげる」 ハジロコチドリについての説明は最終段にあるが，人間がハジロコチドリに対して叫び声をあげるという記述はない。

設問6 (B)　正解は エ　▶設問の意味は「異なる種の間で取り交わされるコミュニケーションに関して，この文章の筆者が推測しているのは以下のうちどれか」というもの。

▶ア「さまざまな種の間で取り交わされるコミュニケーションの中で，音が最も重要な手段である」 ミツオシエと人間の間のコミュニケーションでは鳴き声や笛など音が使われることは第4段に書かれているが，ガゼルと狩りをする犬やハイエナなどの間でのコミュニケーションでは，体の動きだけで音によるメッセージの伝達は全く述べられていない。それゆえ，筆者は音が最も重要な手段だと想定しているとは考えられない。

▶イ「動物は他の種の動物とのコミュニケーションをすることを楽しむものである」 他の種の動物とのコミュニケーションは味方に対してだけでなく，ガゼルやチドリのように敵との命がけのやりとりの場合もあるので，「楽しむ」とは言えない。

▶ウ「人間は，人間以外の種同士の間で送られるメッセージを理解することはできない」 第8段でミツオシエとラーテルの間のメッセージ伝達や，第9段から第12段でガゼルと犬などとの間のメッセージ伝達が説明されているということは，人間は人間以外の種同士の間のメッセージを理解できていることになる。

▶エ「異なる種の間のメッセージは，体の動きを通して伝えることができる」 第5段で述べられているミツオシエの飛び方，第9段のガゼルの跳躍運動などが体の動きによるメッセージ伝達の例となるので，これが正解となる。

設問6 (C)　正解は エ　▶設問の意味は「攻撃されたとき，だますことを利用するのはどの動物か」というもの。

▶ deception「だますこと」は deceive の名詞形であるが，本文中には使われていないので，この語の意味がわかるかどうかがまずポイントになる。

▶ア「ライオンに追われる象」 本文に記述はない。

▶イ「チーターに追われるガゼル」 第10段にガゼルがチーターに追われたときの様子が書かれているが，ガゼルはただ逃げるだけでチーターをだますわけではない。

▶ウ「犬の群れに追われるガゼル」 第9段で犬などに追われたガゼルは飛び跳ねるという奇妙な行動に出ると書かれているが，最終段第1・2文にあるように，「弾むというメッセージは，必ず本当のメッセージである。ガゼルは実際以上に丈夫に見せることはできない」のであって，相手をだましているのではない。

▶エ「人間に追われるハジロコチドリ」 最終段第3文に「チドリは敵に対してうそをつく」とあり，人間に対しケガをしたふりをして卵から注意をそらそうとする様子がその後に書かれている。これが正解。

設問6 (D) 正解は ア ▶設問の意味は「蜂の巣を襲撃するときに，人間が異なる種に対する協力者として役立つため，以下のうちどれがなくてはならないか」というもの。

▶ア「火」 第6段第3～5文に，ミツオシエに巣のありかを教えてもらった人間が，火を使って蜂をおとなしくさせ，はちみつのはいった巣を手に入れる様子が書かれている。これが正解。

▶イ「コンパス」 本文に記述なし。

▶ウ「迷彩服」 本文に記述なし。

▶エ「種とカタツムリの殻の笛」 第4段第2文に記述はあるが，ミツオシエを呼ぶために使われるのであって，蜂の巣を襲撃するときに使うのではない。

設問6 (E) 正解は ウ ▶設問の意味は「本文では，以下の話題のうち1つを除いてすべての例が挙げられている。本文で言及はされているが，その具体例が挙げられていないのはどれか」というもの。

▶ア「獲物が他の種の捕食者とどのようにコミュニケーションをとるか」 predator「捕食者」は大部分の受験生にとって初めて出会う語であろう。この語の意味がわからない場合は prey「獲物」から類推するしかない。ガゼルと犬などとの例が第9段から第12段で，また人間とハジロコチドリとの例が最終段で挙げられている。

▶イ「異なる種のメンバーが共通の目標を追い求めてどのようにコミュニケーションをとるか」 人間とミツオシエとの協力関係が第4段から第7段で，ラーテルとミツオシエとの関係が第8段で紹介されている。

▶ウ「動物が同じ種の中の見知らぬ者に対して，どのように長距離メッセージを送るか」 第１段で同一種の間での長距離メッセージの伝達は言及されているが，具体的な例は挙げられていない。これが正解となる。

▶エ「動物が，他の種とのコミュニケーションを通じて，どのように自分と同じ種のメンバーを守ったり，メンバーと競ったりするか」「守る」例は，ハジロコチドリがケガをしたふりをして人間の注意をそらして，卵を守ることが最終段に記述されている。「競う」例は少しわかりにくいかもしれない。第11段に，ガゼルは跳躍することで犬などに自分を捕まえるのは難しいというメッセージを送るが，仲間のうちで跳躍が弱々しい者が餌食になることが書かれている。これが結果的には「競う」ことになると考えられる。

解答

設問１　＜解答１＞ Some measures must be taken to calm the bees down so that neither the man nor the bird will be badly stung.

＜解答２＞ In order to prevent both the man and the bird from being badly stung, something must be done to pacify the bees.

設問２　＜解答１＞ When the bird starts to guide the man, it does not fly around at random but leads him to the nearest nest directly.

＜解答２＞ When the bird begins guiding the man, it does not wander around randomly but guides him straight to the nearest nest.

設問３　ラーテルに出くわしたミツオシエは，「ついて来て」としつこく鳴きながら，人間に対してするのと全く同じように振る舞うのだ。

設問４　① 捕食者に自分に体力があり逃げ切る力があることを伝えるため。(30字以内)

② 長い逃走によっておこる体力消耗やケガの危険を避けることで，新たな捕食者に備えること。(45字以内)

設問５　この段階で，彼らが特定の獲物１頭を決めている様子はなく，異なる個体に次々に襲いかかることが多い。

設問６　Ⓐ―イ　Ⓑ―エ　Ⓒ―エ　Ⓓ―ア　Ⓔ―ウ

26

2011年度〔2〕

次の英文を読んで，以下の設問に答えよ。

A demographic* time bomb is ticking in the world economy. Citizens in wealthy countries are not having enough babies—and they are living longer, creating an acute shortage of labor in most advanced industrial economies. Meanwhile, populations are exploding in many other parts of the world.

It is estimated that (1)the United States needs to bring in more than ten million immigrants per year just to keep the ratio of workers to retired people steady. The European Union will need more than a million immigrants a year just to keep its working age population stable between now and the year 2050, and in Japan the ratio of retired people to workers is expected to double in twenty years. Who will take care of all those retirees?

One answer is to increase immigration. (2)Contrary to popular belief, in most countries, legal immigrants rarely depend on public assistance and their children are usually among the most motivated students at school. In the U.S. high-tech industry, for example, immigrants provide 30 percent of the manpower and 20 percent of the managerial talent. In England, Indian restaurants employ more people than the entire British steel industry—and many of those employees are immigrants.

Unskilled immigrants also help the economy by doing the jobs most people in wealthy industrial countries refuse to do. An eighteen-year-old British college student may not think it is "trendy" to work in an old age home, but for someone from India, going to London to work, even in a retirement home, could be a dream come true.

(3)もし移民がいなかったら，1990年代終わり頃の合衆国の高い成長率は，きっと深刻な労働力不足とインフレの悪化に繋がっていただろう。Nevertheless, many people, especially labor unions, oppose immigration, saying that immigrants depress the wages. A German plan to import software programmers from India brought cries of "Kinder statt Inder" (children instead of Indians), implying that the lack of skilled workers should be solved by training the young. Paradoxically, the countries with the lowest birth rates — Austria, Italy,

Germany, and Japan, for example—are sometimes the ones protesting legal immigrants the most. (4)The fact is that immigrants often provide the skills and manpower necessary to make the economy stronger, meaning, in the end, still higher wages for everyone.

Illegal immigration poses even greater problems. When fifty-eight Chinese people hidden in a tomato cargo truck were found dead after crossing the English Channel, a whole different side of immigration was exposed : the large-scale trafficking** of human beings.

It has been estimated that more than thirty million people are smuggled*** across international borders each year, bringing the smugglers billions of dollars in revenue. (A)Sometimes whole villages pay to have family members smuggled into wealthy countries abroad, expecting to be repaid ten-fold when the money starts flowing in from lucrative jobs in rich countries. Many of these immigrants end up working as prostitutes or "soldiers" for illegal gangs. It can take several years to pay off the debt owed to smugglers for getting illegal immigrants into rich countries. The smuggling of human beings has become a form of slavery—except in this case (B)(   ).

(C)Unlike migrations of the past, when hordes of people crossed borders all together, modern illegal migration usually occurs in secret. People cross borders—such as the Rio Grande between Mexico and the United States—in the dark of night or use modern modes of transport such as ships, planes, or even the backs of produce trucks. According to the International Organization for Migration (IOM), the Geneva-based intergovernmental agency that keeps track of international immigration, there are from twenty to forty million "irregular" immigrants in the rich countries of the world, and the problem is getting worse.

As long as (D)(   )—and as long as hunger and poverty are allowed to exist in the Third World—immigration, legal or otherwise, will be part of the world economy.

[Adapted from Randy Charles Epping, *A Beginner's Guide to the World Economy*, New York : Vintage Books, 2001, pp. 170-172.]

*demographic：人口統計の　**trafficking：違法売買
***smuggle：～を密輸する，～を密入国させる

設 問

1　下線部(1)を日本語に訳せ。

2　下線部(2)を日本語に訳せ。

3　下線部(3)を英語に訳せ。

4　下線部(4)を日本語に訳せ。

5　下線部(A)および(C)を他の英語で言い換えたものとしてもっとも適切なものを一つ選び，記号で答えよ。

下線部(A)

ア　Smuggling whole families abroad may result in lucrative income.
イ　Desperate families smuggle members into poor countries to generate extra income.
ウ　Family members often pay for immigrants to work for them to generate extra money.
エ　Family members are smuggled abroad to generate income in excess of the cost of smuggling.

下線部(C)

ア　In modern times illegal immigrants cross borders in secret.
イ　People cross borders in the dark of night using planes and ships.
ウ　In the past, hordes of people crossed borders all together in secret in planes.
エ　In modern times illegal immigrants cross borders all together in broad daylight.

6　下線部(B)および(D)の空所に入るものとしてもっとも適切なものを一つ選び，記号で答えよ。

下線部(B)

ア　the “soldiers” are paid for by prostitutes

イ　the “soldiers” are paid by family members

ウ　the “slave-traders” are paid for by illegal gangs

エ　the “slave-traders” are paid by the victims themselves

下線部(D)

ア　skilled workers exist in the world

イ　huge disparities in wealth exist in the world

ウ　illegal gangs exist in wealthy industrial countries

エ　birth rates continue to rise in wealthy industrial countries

全訳

■移民の役割と不法移民の問題

❶ 人口統計の時限爆弾が，世界経済の中でカチカチと音を立てて動いている。豊かな国の人々は，十分な数の子どもをもたず，以前より長生きするようになり，大半の先進的な産業経済分野では，深刻な労働力不足が生じている。その一方で，人口が爆発的に増えている地域も世界には数多くある。

❷ (1)アメリカ合衆国は，退職者に対する労働者の割合を一定に保つためだけに，毎年1,000万人を超える移民を受け入れる必要があると推定されている。ヨーロッパ連合は，現在から2050年までの間，就労人口を不変に保つためだけに，毎年100万人を超える移民を受け入れる必要があり，日本においては，労働者に対する退職者の割合が20年で2倍になると予想されている。誰がこの退職者たちみんなの面倒をみるのだろうか。

❸ その一つの答えは移民の受け入れを増やすことである。(2)一般に信じられていることとは反対に，ほとんどの国において，合法的な移民が公的扶助に頼ることはめったにないし，移民の子どもたちもたいていの場合，学校で最もやる気のある生徒たちである。例えば，合衆国のハイテク産業においては，労働力の30％と，経営部門の人材の20％を移民が提供している。イギリスでは，インド料理のレストランが，イギリス全体の鉄鋼業界よりも多くの人を雇用しており，その従業員の多くが移民なのである。

❹ また，技術訓練を受けていない移民は，豊かな工業国の大半の人々が嫌がる仕事をすることで，その国の経済を助けている。18歳のイギリス人大学生は，老人ホームで働くことを「流行に合う」とは思わないかもしれないが，インド出身の者にとっては，たとえ老人ホームであったとしても，ロンドンへ働きにいくことは，夢がかなうことになるのだ。

❺ もし移民がいなかったら，1990年代終わり頃の合衆国の高い成長率は，きっと深刻な労働力不足とインフレの悪化に繋がっていただろう。それにもかかわらず，多くの人々，とりわけ労働組合は，移民は賃金を引き下げると言って，移民の受け入れに反対している。インドからソフトウェアのプログラマーを受け入れようとしたドイツの計画には，“Kinder statt Inder”（インド人たちの代わりに子どもたちを）という声が上がったのだが，これは，熟練労働者の不足は，若者たちを訓練して解決するべきだという意味である。逆説的ではあるが，出生率の最も低い国々，例えば，オーストリア，イタリア，ドイツ，日本といった国々が，時として合法的な移民に対して最も異議を唱えている。(4)実際のところは，移民は経済をより強く

するのに必要な技術と人的資源をしばしば提供しており，結局はすべての人々の賃金がより一層高くなることになるのだ。

❻ 不法移民により，さらに大変な問題が生まれる。トマトを積んだ貨物トラックに隠れた58人の中国人がイギリス海峡を渡った後に，遺体で発見されたとき，移民に関する全く違った側面が明らかになった。それは大規模な人間の違法売買である。

❼ 毎年3,000万人を超える人々が国境を越えて密入国し，密入国を斡旋している者たちに，数十億ドルもの収益をもたらしていると推定されている。ときには，村全体が家族のメンバーを海外の豊かな国に密入国させるため，お金を出すこともあるのだが，これは，豊かな国のもうかる仕事からお金が村に入り始めれば，資金が10倍になって戻ってくると期待しているのだ。結局，こういった移民の多くは，売春婦や非合法のギャングの「兵隊」として働くこととなる。豊かな国へ不法に入国するのに斡旋業者に借りた借金を全部返済するのには何年もかかる可能性がある。人間を密入国させることは奴隷制度の一形態となっている――この場合は，「奴隷商人」が犠牲者自身からお金を受け取っているという点を除いて。

❽ 多くの人々が群れをなして皆一緒に国境を越えてきた過去の移住と違い，現代の非合法な移住は，通常こっそりと行われる。人々は夜の闇にまぎれて，メキシコと合衆国の間を流れるリオグランデ川のような国境を越えたり，船，飛行機，さらには農産物を運ぶトラックの荷台など，近代的な形態の輸送手段を利用したりする。ジュネーブに本部があり，国際的な移民の動きを追っている政府間レベルの機関である国際移住機関（IOM）によると，世界の豊かな国には，2,000万人から4,000万人の「不法」移民がいて，問題はさらに悪化しているという。

❾ 世界に大きな貧富の差がある限り――そして，第三世界における飢餓と貧困の存在が許容されている限り――合法であろうが非合法であろうが，移民は世界経済の一部であるだろう。

各段落の要旨

❶ 先進国の少子化，高齢化，労働力不足，発展途上国の爆発的人口増加が世界経済において大きな問題になってきている。

❷ アメリカ，EU，日本では退職者に対する就労人口の割合が今後ますます減少し続けるため，退職者の面倒を誰がみるかが大きな問題となっている。

❸ 移民を増やすことが一つの解決法であり，すでにアメリカのハイテク産業やイギリスのインド料理のレストランでは多くの移民が働いている。

❹ 豊かな工業国で，大部分の人が嫌う熟練を要さない仕事に就いている移民も多い。

❺ 移民は先進国の経済強化につながるのに，受け入れ反対を叫ぶ人々が多い。出生率が低い国々が合法的な移民に対して最も異議を唱えている。

❻ 不法移民は大規模な人間の違法売買という問題を引き起こしている。

❼ 多数の密入国者がおり，多額の収益が斡旋業者にもたらされているが，移住しても期待した金はもうけられず，何年も借金を返済し続けることが多い。これは奴隷制度の一形態と言ってよい。

❽ 現代の非合法な移住はこっそり行われる。夜の闇にまぎれて川を越えてきたり，近代的な輸送手段を利用したりする。先進国における不法移民の問題はますます悪化している。

❾ 第三世界の貧困と飢餓が続く限り，移民は世界経済の一部であり続けるであろう。

解　説

設問 1　the United States needs to bring in more than ten million immigrants per year just to keep the ratio of workers to retired people steady.

▶ just to keep 以下の不定詞が述語動詞の needs を修飾している。

the United States needs to bring in more than ten million immigrants per year
↑
just to keep the ratio of workers to retired people steady

▶ bring in ～「～を受け入れる」 in は前置詞ではなく副詞なので，目的語はこの文のように in の後に来ることもできるし，bring ～ in のように間に入ることもある。

▶ more than ten million immigrants「1,000 万人を超える移民」 more than ～「～を超える」 immigrant「(国内に入ってくる) 移民」 *cf.* emigrant「(国外へ出て行く) 移民」

▶ per year「1 年につき」 per は「～につき」の意味。ちなみに「パーセント」per cent は「100 (cent) につき」の意味。

▶ just「ただ，単に」 直後の不定詞を修飾する。

▶ to keep the ratio of workers to retired people steady「退職者に対する労働者の割合を一定にしておくために」 この不定詞は目的を表す副詞的用法で述語動詞の needs を修飾する。keep は目的語と補語をとり，目的語が the ratio で，補語が steady。keep the ratio steady「割合を一定にしておく」となる。また，the ratio of *A* to *B* は「*A* の *B* に対する割合」。

設問 2　Contrary to popular belief, in most countries, legal immigrants rarely depend on public assistance

▶ contrary to ～「～に反して」

▶ popular belief「多くの人々が信じていること，世間一般に信じられていること」ここの popular は「人気のある」という意味ではなく「一般の人々の」の意。また belief も「信念」という訳はここではふさわしくなく,「信じていること」くらいに訳すのが適切である。belief は believe の名詞形であることを思い出そう。

▶ legal「合法的な」

▶ rarely 「めったに〜ない」という意味の準否定語。

▶ depend on 〜「〜に頼る」

▶ public assistance「公的扶助,生活保護」

設問 3 もし移民がいなかったら,1990 年代終わり頃の合衆国の高い成長率は,きっと深刻な労働力不足とインフレの悪化に繋がっていただろう。

▶この日本語を見ただけですぐに,過去の事実と反対の仮定を表す仮定法過去完了の文にすればよいとわかるだろう。

▶もし移民がいなかったら

- If it had not been for immigrants とか,if を省略して倒置にした Had it not been for immigrants とすればよい。あるいはもっと簡潔に Without immigrants, But for immigrants とすることもできる。「もし〜がなかったら」は仮定法過去完了の場合,if it had not been for 〜 という決まった言い方があるが,仮定法過去の場合には if it were not for 〜 となるのできちんと覚えておこう。without 〜 や but for 〜 は節ではないので,仮定法過去でも仮定法過去完了でもどちらでもそのまま使える。

▶ 1990 年代終わり頃の合衆国の高い成長率は,きっと…に繋がっていただろう

- 「1990 年代終わり頃の」 at the end of the 1990s〔nineteen nineties〕あるいは in the late 1990s。
- 「高い成長率」 the high growth rate だが,ここは「経済」成長率だということをはっきりさせて the high economic growth rate としたほうがベターであろう。
- 「〜に繋がる」 lead to 〜 とすればよい。「〜をひきおこす」と考えて bring about 〜 を使ってもよいであろう。仮定法過去完了の結論を表す部分であるから would have *done* の形にして,would have led to 〜,would have brought about 〜 とする。
- 以上から,the high economic growth rate of the United States at the end of the 1990s〔nineteen nineties〕would have surely led to … などとする。

▶深刻な労働力不足とインフレの悪化

- 「深刻な労働力不足」は本文の第 1 段第 2 文に an acute shortage of labor とあるのがそのまま使える。あるいは a serious labor shortage とする。
- 「インフレの悪化」→「より悪いインフレ」worse inflation, worsening infla-

tion

●以上から，an acute shortage of labor and worse inflation とか a serious labor shortage and worsening inflation とする。

設問 4 The fact is that immigrants often provide the skills and manpower necessary to make the economy stronger, meaning, in the end, still higher wages for everyone.

▶ The fact is that … 直訳すれば「事実は…ということである」だが，一般的に信じられていることと異なる事実を述べるときに用いられ，「実際のところは…である」とか「実は…なのである」と訳すとよい。

▶ provide「～を提供する」

▶ manpower「人的資源」

▶ necessary to *do*「～するのに必要な」は直前の the skills and manpower を修飾する。

▶ make the economy stronger「経済をより強力にする」 ここでの make の用法は目的語と補語をとって「OをCにする」という意味。

▶ meaning 以下は分詞構文で，前に書かれている内容を受け「そのことは…を意味する」というのが直訳であるが，mean には例えば Poor digestion means poor nutrition.「不十分な消化は栄養不良を意味する」→「消化が悪いと栄養不良になる」のように，「(結果として) ～になる」というニュアンスを含む用法がある。本文の場合もこのように訳すのがよいであろう。

▶ in the end「結局」

▶ still higher wages「より一層高い賃金」 この場合の still は比較級の前について比較級を強調する。「さらに，一層」という意味で，even と同じ用法。still は多義語であり，この用法以外にも形容詞で「静止した，動かない」，副詞で「まだ」，また接続詞的に「それでも」という意味もあるので注意が必要。

設問 5 (A) 正解は エ ▶下線部(A)の意味は「ときには，村全体が家族のメンバーを海外の豊かな国に密入国させるため，お金を出すこともあるのだが，これは，豊かな国のもうかる仕事からお金が村に入り始めれば，資金が 10 倍になって戻ってくると期待しているのだ」というもの。

have family members smuggled into ～「家族のメンバーを～に密入国させる」 have *A done* の構文で「*A* を～させる」という意味。

expecting to be repaid は分詞構文で「払い戻されることを期待して」。

ten-fold「10 倍」 lucrative「もうかる」

▶ア「家族全員を海外に密入国させれば大きな収入になるかもしれない」「家族全員」という部分が下線部とは違う。下線部では「村全体が家族のメンバーを密入国させる」となっている。result in ～「(結果として) ～になる」

▶イ「追い詰められた家族は余分な収入を生み出すために，貧しい国にメンバーを密入国させる」「追い詰められた家族」という記述は下線部にはないし，密入国させるのは「貧しい」国にではなく「豊かな」国にである。desperate「必死な，追い詰められた」

▶ウ「家族のメンバーは，移民が自分たちのために余分なお金を生み出すため働いてくれることに対してお金を払うことが多い」「家族のメンバーがお金を払う」という部分が下線部と食い違う。下線部では「村全体がお金を出す」となっている。

▶エ「家族のメンバーは，密入国にかかる費用を超える収入を生み出すため，海外に密入国させられる」 下線部と合致する。

設問 5 (C) 正解は ア ▶下線部(C)の意味は「多くの人々が群れをなして皆一緒に国境を越えてきた過去の移住と違い，現代の非合法な移住は通常こっそりと行われる。人々は夜の闇にまぎれて，メキシコと合衆国の間を流れるリオグランデ川のような国境を越えたり，船，飛行機，さらには農産物を運ぶトラックの荷台など，近代的な形態の輸送手段を利用したりする」というもの。

unlike「～と違って」 hordes of people「人々の群れ」

in secret「こっそりと」 produce truck「農産物を運ぶトラック」

▶ア「現代では不法移民はこっそりと国境を越える」 下線部の前半の文をごく簡潔に言い換えているので，これが正解である。

▶イ「人々は飛行機や船を使って夜の闇にまぎれて国境を越える」 下線部では飛行機や船を使うのは夜だとは書かれていない。夜の闇にまぎれて国境を越えるのはリオグランデ川のような国境の場合である。

▶ウ「昔は，人々は群れをなして皆一緒にこっそりと飛行機で国境を越えた」 下線部によれば「飛行機」を使うのは現代の非合法な移住である。

▶エ「現代において，不法移民は白昼皆一緒に国境を越える」 下線部に「白昼」という記述はないし，「皆一緒に」移住をするのは過去のことだと書かれている。

設問 6 (B) 正解は エ ▶下線部(B)の含まれる文全体の意味は「人間を密入国させることは奴隷制度の一形態となっている――この場合は（　　）という点を除いて」である。except in this case（　　）の部分は，（　　）に入るべき選択肢はすべて SV の備わった文となっているので，except that … の接続詞の that が省略されているものと考えられ，さらに in this case「この場合」が挿入されている。「この場合は（　　）という点を除いて」という意味になる。現代の密入国と奴隷制度と異なる点がこの空所に入ることになる。

▶ア「売春婦によって『兵隊』の代金が支払われる」 この文は能動態にすると prostitutes pay for the "soldiers" となる。pay for ～ は普通は「～の代金を支払う」という意味で，前置詞 for は交換の意味を表す用法である。それゆえここでは「売春婦が（だれかに）お金を払って『兵隊』を雇う」ということになる。このような事実は本文中に記述がないし，奴隷制度との相違点とはなりえないから不適である。

▶イ「家族のメンバーによって『兵隊』にお金が支払われる」「家族のメンバーが『兵隊』にお金を払う」という記述は本文中にないし，奴隷制度との相違点とは言えない。

▶ウ「非合法のギャングによって『奴隷商人』の代金が支払われる」 この文も選択肢アと同様，能動態は illegal gangs pay for the "slave-traders" となり「非合法のギャングが（だれかに）お金を払って『奴隷商人』を雇う」という意味となる。これも本文中に記述はないし奴隷制度との相違点とは言えない。

▶エ「犠牲者自身によって『奴隷商人』にお金が支払われる」 第7段第3・4文では，不法移民の多くが結局は売春婦やギャングの「兵隊」として働くことになってしまい，密入国するのに借りたお金を密入国斡旋業者に返すのに何年もかかる可能性があると書かれている。このことは密入国した当人である犠牲者が，密入国の斡旋業者（言い換えれば奴隷商人）に，密入国に際して負った負債を払うということである。奴隷制度の場合は，奴隷自身がお金を払って入国することはないし，また，お金を得ることもないのだから，犠牲者自身が奴隷商人に直接お金を支払うことはありえない。それゆえ，これが現代の密入国と奴隷制度との違いであり，正解ということになる。

設問6 (D) 正解は イ ▶下線部(D)を含む文の意味は「（　　）である限り――そして，第三世界における飢餓と貧困の存在が許容されている限り――合法であろうが非合法であろうが，移民は世界経済の一部であるだろう」である。as long as ～「～である限り」は条件を表す節を導くので，空所には移民が世界経済の一部であるための条件が入ることになる。

▶ア「熟練労働者が世界に存在している」 熟練労働者の記述は第5段にあるが，ドイツで，熟練労働者の不足はインドからの移民ではなく，若者たちを訓練して解決すべきだという声があがったという内容であって，移民存在の条件とは言えない。

▶イ「富の大きな不平等が世界に存在している」 本文中に直接「富の大きな不平等」などの表現はないが，第6～8段に，移民がより多くのお金を求めて豊かな国へと密入国していることが書かれている。ということは当然世界に大きな貧富の差があるということになる。本文の記述を抜きにしても，常識的に考えて貧富の差が移民を発生させていることは明白であろう。

▶ウ「非合法のギャングが豊かな工業国に存在している」 第7段に「非合法のギャング」についての記述はあるが，移民の存在の条件とは言えない。

▶エ「出生率が豊かな工業国で上昇し続ける」 第1段で豊かな国は子どもが減っていると述べられているし，第5段に出生率の低い国として挙げられているのはどちらかといえば豊かな工業国である。常識的に考えてもこれが移民存在の条件とは言えないのは明らか。

解答

設問1 アメリカ合衆国は，退職者に対する労働者の割合を一定に保つためだけに，毎年1,000万人を超える移民を受け入れる必要がある。

設問2 一般に信じられていることとは反対に，ほとんどの国において，合法的な移民が公的扶助に頼ることはめったにない。

設問3 ＜解答1＞ If it had not been for immigrants, the high economic growth rate of the United States at the end of the 1990s〔nineteen nineties〕would have surely led to an acute shortage of labor and worse inflation.

＜解答2＞ Without immigrants, the high economic growth rate of the United States in the late 1990s would have surely brought about a serious labor shortage and worsening inflation.

設問4 実際のところは，移民は経済をより強くするのに必要な技術と人的資源をしばしば提供しており，結局はすべての人々の賃金がより一層高くなることになるのだ。

設問5 (A)―エ (C)―ア

設問6 (B)―エ (D)―イ

27

2010年度〔2〕

次の英文を読んで，以下の設問に答えよ。

Fieldwork is one answer—some say the best—to the question of how the understanding of others, close or distant, is achieved. Fieldwork usually means living with and living like those who are studied. In its broadest, most conventional sense, fieldwork demands the full-time involvement of a researcher over a lengthy period of time and consists mostly of ongoing interaction with the human targets of study on their home ground. Fieldwork virtually always is self-transforming as the fieldworker comes to regard an initially strange place and people in increasingly familiar ways.

Fieldworkers present themselves as "marginal natives" or "professional strangers" who bring forth in writing or film or photography or musical recordings, a cultural account. While there are undoubtedly cases where fieldworkers fail to achieve a status among the people studied better than "dull visitors," "meddlesome busybodies," or "hopeless dummies," fieldworkers themselves, by reference to the massive amounts of experience they accumulate in the field, are sure to present their stay as highly instructive.

To do fieldwork apparently requires some of the instincts of an exile, for the fieldworker typically arrives at the place of study without much of an introduction and knowing few people, if any. Fieldworkers, it seems, learn to move among strangers while holding themselves in readiness for episodes of embarrassment, affection, confusion, adventure, fear, pleasure, surprise, insult, and rejection. Accident shapes fieldworkers' studies as much as planning; routine as much as drama; impulse as much as rational choice; mistaken judgments as much as accurate ones. (1)This may not be the way fieldwork is reported, but it is the way it is done.

What I mean by fieldwork is the notion of participant-observation. This method reflects the assumption that "experience" underlies all understandings of social life. Fieldwork asks the researcher, as far as possible, to share firsthand the environment, problems, language, rituals, and social relations of a group of people. (2)その考え方は，こういう方法によれば，研究対象とする社会についての，

豊かで具体的で複雑な，また真実を伝える記録が可能だ，ということである。

The ends of fieldwork involve the catchall idea of culture: a concept as stimulating yet fuzzy to fieldworkers as the notions of life is for biologists. (3)Culture refers to the knowledge members of a given group are thought to more or less share; knowledge of the sort that is said to account for the routine and not-so-routine activities of members of the culture. It is necessarily a loose, slippery concept, since it is anything but unchanging. Culture is not tangible. A culture is expressed only by the actions and words of its members and must be interpreted. To portray culture requires the fieldworker to hear, to see, and to write of what was presumably witnessed and understood during a stay in the field. Culture is not itself visible, but is made visible only through its representation.

This is what makes the study of culture so tricky. Human culture is not something that can be caged. The fieldworker must display culture in a narrative, whether verbally or visually. That narrative, unfortunately, can never be transparent: it is always an interpretation, filtered through the prism of a different culture, a different time. Moreover, one might argue that it is not only the fieldworker who participates in the act of interpretation when trying to understand another culture; it is also the audience who must make sense of what is presented. Cultural consciousness arises from the efforts of the fieldworker to experience and to communicate, and the reader or viewer to comprehend.

[Adapted from John Van Maanen, *Tales of the Field: On Writing Ethnography*, University of Chicago Press, 1988, pp. 2-7.]

設 問

1　下線部(1)の“This”が指している内容を40字以内の日本語でまとめよ（句読点を含む）。

2　下線部(2)を英語に訳せ。

3 下線部(3)を日本語に訳せ。

4 文化の研究が“tricky”である理由を，60字以内の日本語でまとめよ（句読点を含む）。

5 以下の(A)から(D)までの問いに関して適切な答を選び，記号を記せ。

(A) Which is an example of the "participant-observation" research method?
イ Attending a wedding in Laos
ロ Reading about weddings in Laos
ハ Watching a documentary about weddings in Laos
ニ Going to a photography exhibition on weddings in Laos
ホ Asking someone who has visited Laos about weddings there

(B) Which is an example of a "marginal native"?
イ A Japanese college student who likes African fashion
ロ A Japanese college student who listens to African music
ハ A Japanese college student who lives with an African tribe
ニ A Japanese college student who enjoys eating African cuisine
ホ A Japanese college student who speaks an African language at an intermediate level

(C) Choose one statement illustrating the idea that culture is "a loose, slippery concept."
イ All fieldworkers should be able to agree on the representation of a culture.
ロ A fieldworker can know another culture by handling objects from that culture.
ハ A fieldworker can understand modern Egyptian culture by visiting the pyramids.
ニ A fieldworker who cannot come up with a permanent definition of a culture is a failure.
ホ A fieldworker's interpretation of a culture is likely to be out-of-date one hundred years later.

(D) In addition to fieldworkers, audiences participate in the act of interpretation when trying to understand another culture. Choose one example that does NOT demonstrate how an audience might interpret the culture depicted in a foreign film.

イ Writing a blog about the film

ロ Discussing the film with friends

ハ Designing a restaurant like one seen in the film

ニ Watching the film again and again for language pronunciation practice

ホ Composing a piece of music inspired by traditional melodies in the film

全 訳

■フィールドワーク

❶ フィールドワークとは，身近なものであれかけ離れたものであれ，他者への理解をどのように達成するのかという問題に対するひとつの（最善のものだと言う人もいる）答えである。通常，フィールドワークとは，調査対象となる人々とともに，またその人たちと同じように生活することを意味している。最も広く，そして最も伝統的な意味では，フィールドワークは研究者が長い期間，フルタイムで関わることを要求し，現地における調査対象の人々との絶え間ない交流から主として成り立っている。フィールドワーカーは，最初は未知の場所や人々を，徐々に親しみをもってとらえるようになるので，フィールドワークは実質的には常に自己変革的なものである。

❷ フィールドワーカーは自分たちのことを，文書，映画，写真，音楽録音などで文化的な報告を生み出している「周縁的現地人」や「プロのよそ者」と称している。フィールドワーカーたちは調査対象の人々の中で，「退屈な訪問者」「お節介なでしゃばり」「どうしようもないバカ者」以上の地位を築けないケースがあることは間違いないが，彼ら自身はそこで積み上げた豊富な経験を参照することで，きっと自分たちの滞在を非常に有益なものとして提示できるだろう。

❸ フィールドワークを行うには，明らかにさすらい人の天分のようなものが必要である。というのも，一般的にフィールドワーカーはあまり紹介もされず，たとえいたとしても，知っている人がほんのわずかしかいない状態で調査地に到着する。彼らは，困惑，愛情，混乱，冒険，恐怖，喜び，驚き，侮辱，拒絶といった出来事に備えながら，見知らぬ人々の中でも動き回ることができるようになっていくようである。彼らの研究を形成するのは，計画と同様に偶然であり，劇的事件と同様に日々の決まりきった作業であり，合理的選択と同様に衝動であり，正確な判断と同様に誤った判断でもある。これはフィールドワークが報告される仕方ではないかもしれないが，フィールドワークのなされるやり方である。

❹ フィールドワークという言葉で私が言おうとしているのは，参与観察という概念である。この方法は，社会生活をしっかり理解する上で「経験」が基礎となるという前提を反映している。フィールドワークは，ある人々の集団の環境，問題，言語，儀式，そして社会関係を調査者ができる限り直接分かち合うことを求めている。その考え方は，こういう方法によれば，研究対象とする社会についての，豊かで具体的で複雑な，また真実を伝える記録が可能だ，ということである。

❺ フィールドワークの目的は，文化の包括的な考えに関わる。つまり，生命とい

う概念が生物学者にとってそうであるように，文化という概念はフィールドワーカーにとって刺激的ではあるが，曖昧なのである。文化とは，ある特定の集団を構成している人々が，多かれ少なかれ共有していると思われる知識のことである。その知識とは，その文化の構成員の日常的な活動やあまり日常的ではない活動を説明する類のものである。文化は決して不変ではないので，必然的にゆるく，とらえどころのない概念である。文化は有形のものではない。ある文化は，その構成員の行動や言葉によってのみ表現されるものであり，解釈を要する。文化を表現するには，フィールドワーカーは，聞いたり見たりし，現地滞在中におそらく目撃し理解したことについて書かなくてはならない。文化は，それ自体は目に見えるものではなくて，表現したものを通して初めて目に見えるようになるのである。

❻ このことが文化研究を非常に扱いにくいものにしている。人間の文化はかごの中に入れられるようなものではない。言葉であろうと，視覚的に見える形であろうと，フィールドワーカーは文化を物語で示さなければならない。残念ながら，その物語が透明だということは決してない。それはいつもひとつの解釈であり，異なった文化や異なった時代の視点から取捨選択されている。さらに，別の文化を理解しようとするとき，その解釈の行為に参加するのはフィールドワーカーだけではなく，受け手も提示されたものを理解しなければならないと主張する人もいるだろう。フィールドワーカーの体験し伝えようとする努力と，読む者や見る者の理解しようとする努力から，文化意識が生じるのである。

各段落の要旨

❶ フィールドワークは他者理解の方法のひとつである。研究対象となる者と現地で一緒に長時間暮らしをともにし継続的に交流する，自己変革的なものであると言える。

❷ フィールドワーカーは自分を，文化を記録に残す「よそ者」だと自称する。研究対象である人々から軽視されたり馬鹿にされたりすることもあるが，滞在はきっと役に立てられる。

❸ 彼らは研究対象の場所にいきなり行くのだから，何に対しても対処できる心構えで行動する。偶然，決まりきった作業，衝動や誤った判断などもフィールドワークの研究を形成する。

❹ 参与観察は，社会生活の根底には「経験」があるという仮定にたっていて，研究対象である人々の環境，問題，言語，社会関係などを直接共有することが研究者に求められる。

❺ フィールドワークの目的は文化をとらえることであるが，文化はとらえどころがなく形もなく，解釈が必要となる。フィールドワーカーは滞在中の見聞を表現することで，文化を目に見えるものとするのである。

❻ フィールドワーカーは，物語の形で文化を示さなければならない。しかし，それは異なった文化や時代のフィルターをかけられている。また，文化の解釈はそれを読んだり見たりする側の理解も要求する。

解 説

設問1 ▶下線部(1)を含む文の意味は次の通り。「これはフィールドワークが報告される仕方ではないかもしれないが，フィールドワークのなされるやり方である」わかりやすく言えば「まとめのレポートにはこのまま書かれないかもしれないが，実際のフィールドワークとはこういうふうに行われるものだ」ということ。this は近くのものを指すのが原則であり，直前の文を受けることが多い。内容的にも直前の文はフィールドワーカーの研究が何によって形成されているかが具体的に述べられているので，その内容を要約すればよい。

▶ Accident から始まる文は，3つのセミコロンの後のそれぞれの部分に，最初の文と同じ述語部分 shape(s) fieldworkers' studies が省略されていることに気がつかなくてはいけない。すなわち次のようになる。

Accident shapes fieldworkers' studies as much as planning;
routine (shapes fieldworkers' studies) as much as drama;
impulse (shapes fieldworkers' studies) as much as rational choice;
mistaken judgments (shape fieldworkers' studies) as much as accurate ones.

accident「偶然」 as much as ～「～と同程度に」 planning「計画」
routine「日々の決まった作業」 impulse「衝動」
rational choice「合理的選択」 mistaken judgment「誤った判断」
accurate ones = accurate judgments「正確な判断」

▶訳は「計画と同様に偶然が，劇的事件と同様に日々の決まりきった作業が，合理的選択と同様に衝動が，正確な判断と同様に誤った判断が，フィールドワーカーの研究を形成する」となる。

▶これを40字以内にまとめるのだから，as much as の後に来ている比較の対象を入れると長くなりすぎるので削除することになるであろう。

設問2 **その考え方は，こういう方法によれば，研究対象とする社会についての，豊かで具体的で複雑な，また真実を伝える記録が可能だ，ということである。**

▶基本的な文の構造は，「その考え方は…ということである」。The notion is that …の that 節の中に，残りの「こういう方法によれば…可能だ」の部分が入る形とすればよい。

▶**その考え方は…ということである**

● The notion is that … という構文にする。「考え方」は，この下線部と同じ第4段の最初の文に notion が使われているのでそのまま使える。idea を使ってもかまわないであろう。

▶こういう方法によれば，研究対象とする社会についての…記録が可能だ

● 「方法」 同じ第4段第2文でmethodが出てきているのでこれを使う。

● 「記録」 a recordだが，単にa recordとするより，ここでは「記録しておくこと」という感じでto keep a recordとするほうがいいだろう。

● 「研究対象とする社会についての」of the society being studied
現在分詞の受動態being studiedをsocietyの後に置いてthe society being studied「(現在) 研究されている社会」としたり，関係詞を使ってthe society (that) you studyで表せる。また不定詞を後置してthe society to be studiedでも表せるが，この場合は「(これから) 研究される社会」というニュアンスになる。

● この部分はいろいろな文型が考えられるところである。ひとつは日本語の表現通りit is possible to keep a record … by using this methodという形。あるいは主語を人間にしてyou can keep a record … by using this methodとすることもできる。また「この方法が～を可能にする」と考えてthis method makes it possible to keep a record …という形でも表せる。

▶豊かで具体的で複雑な，また真実を伝える

● 「記録」という名詞にそのまま，「豊かな」rich,「具体的な」concrete,「複雑な」complex,「真実を伝える」truthfulの4つの形容詞をつければよい。

設問3　Culture refers to the knowledge members of a given group are thought to more or less share ;

▶文の構造の正確な把握が求められている。

Culture refers to the knowledge
【(that) members are thought to share】
(members ← of a given group)　(share ← more or less)

Culture refers to the knowledgeが主節で，the knowledgeをmembers are … 以下の接触節が修飾している。the knowledgeとmembersの間に関係代名詞のthatあるいはwhichを補って考えてもよい。

▶ refer to ～「～を表す，～のことを言う」 refer to ～は主語が言葉や名前などの場合は，「～を指している，～を表す」という意味である。

例：The serial number refers to the factory in which the car was manufactured.「通し番号は，車が製造された工場を表している」

▶ a given group「ある特定の集団」

▶ are thought to more or less share「多かれ少なかれ共有していると思われる」

▶ to more or less share は分離不定詞と呼ばれるもので，本来なら不定詞は to の直後に動詞の原形が来るから to share more or less となるところ。しかしそうすると，more or less は are thought を修飾するのか share を修飾するのか曖昧になる。more or less を to と share の間に挿入することによって，share を修飾していることがはっきりとわかるようになる。

▶ share は先行詞の the knowledge を目的語とするので，「多かれ少なかれ共有していると思われる知識」とつながる。

設問4 ▶ tricky という語が出てくるのは最終段第1文。tricky は「難しい，扱いにくい」の意。This is what makes the study of culture so tricky.「このことが文化の研究をとても扱いにくくしているのである」とあるから，This の指す内容を答えればよいということはすぐわかる。それゆえ This が何を指すかを把握することがポイントとなる。this は近いものを指す代名詞で，直前（まれに直後）の部分を指すのが普通である。そこで直前の第5段に着目。第3・4文に，文化は a loose, slippery concept「ゆるく，とらえどころのない概念」，anything but unchanging「決して不変ではない」，not tangible「有形のものではない」などと，その性質が述べられている。第5文から最終文に「ある文化は，その構成員の行動や言葉によってのみ表現されるものであり，解釈を要する。文化を表現するには，フィールドワーカーは聞いたり見たりし，現地滞在中におそらく目撃し理解したことについて書かなくてはならない。文化は，それ自体は目に見えるものではなくて，表現したものを通して初めて目に見えるようになる」とある。以上の内容を60字以内でまとめることになる。

設問5 (A) 正解は イ ▶設問の意味は「どれが『参与観察』調査方法の例か」というもの。participant-observation「参与観察」については第4段に書かれていて，第3文に「フィールドワークは，ある人々の集団の環境，問題，言語，儀式，そして社会関係を調査者ができる限り直接分かち合うことを求めている」とある。間接ではなく直接体験の例を選べばよいことになる。

▶それぞれの選択肢の意味は次の通り。

イ「ラオスで結婚式に出席すること」

ロ「ラオスの結婚式について読むこと」

ハ「ラオスの結婚式についてのドキュメンタリー番組を見ること」

ニ「ラオスの結婚式の写真展に行くこと」

ホ「ラオスに行ったことのある人に，その地での結婚式について尋ねること」

▶ラオスの結婚式の直接体験に当たるのはイである。

設問5 (B) 正解は ハ ▶設問の意味は「どれが『周縁的現地人』の例か」というもの。marginal native は第2段第1文に出ていて，フィールドワーカーが自分たちを指す呼称だと書かれている。だからフィールドワーカーの例を選べばよいということになる。第1段第2・3文にフィールドワークとは何かが書かれている。「調査対象となる人たちとともに，またその人たちと同じように生活すること」「長い期間，フルタイムで関わることを要求し，現地における調査対象の人々との絶え間ない交流から主として成り立っている」がその内容である。

▶それぞれの選択肢の意味は次の通り。

イ「アフリカのファッションが好きな日本人大学生」

ロ「アフリカ音楽を聴く日本人大学生」

ハ「アフリカの部族とともに生活している日本人大学生」

ニ「アフリカ料理を食べるのを楽しむ日本人大学生」

ホ「中級レベルでアフリカの言語を話す日本人大学生」

▶実際に研究対象のアフリカ人と生活している例はハで，それ以外はアフリカの文化を外側から見たり楽しんだりしているだけである。

設問5 (C) 正解は ホ ▶設問の意味は「文化は『ゆるく，とらえどころのない概念』であるという考えを例示しているものを一つ選びなさい」というもの。「ゆるく，とらえどころのない概念」は第5段第3文 It is necessarily a loose, slippery concept, since it is anything but unchanging. に出てくる。この文の後半 since it is anything but unchanging「それ（文化）は決して不変ではないので」が，前半の主節の内容，すなわち「文化はゆるく，とらえどころのない概念」の理由を表している。anything but ～ は「決して～ではない」という一種の否定表現。文化は絶えず変化するものだということを言っている。

▶それぞれの選択肢の意味は次の通り。

イ「フィールドワーカーはすべて，ある文化の表現に同意することができるはずである」

ロ「フィールドワーカーはその文化から由来する物を扱うことで別の文化を知ることができる」

ハ「フィールドワーカーはピラミッドを訪れることで現代のエジプト文化を理解することができる」

ニ「フィールドワーカーで文化の永久的な定義を思いつかない人は失敗者である」
come up with ～「～を思いつく」

ホ「あるフィールドワーカーの文化についての解釈は，100年後には時代遅れになっている可能性が高い」 out-of-date「時代遅れで」

▶「文化は変化するからゆるくとらえどころがない」ことの例を示すのは，ホである。

設問5 (D) 正解は ニ ▶設問の意味は「別の文化を理解しようとするときには，フィールドワーカーだけでなく，受け手も解釈の行為に参加する。観客が外国映画に描かれた文化をどのように解釈するのかを示していない例を一つ選びなさい」というもの。他の文化の解釈の行為に受け手も参加しなくてはならないことは，最終段第5文以下に述べられている。しかしその「文化の解釈の行為への参加の仕方」は具体的には書かれていない。選択肢には映画を見た後の行為が列挙されているが，常識的に考えて「文化の解釈」と無縁なものを選ぶことになる。

▶それぞれの選択肢の意味は次の通り。

イ「その映画についてブログを書くこと」

ロ「友人たちとその映画について議論すること」

ハ「映画で見たのと同じようなレストランをデザインすること」

ニ「言語の発音練習のために何度も何度も映画を見ること」

ホ「映画の中の伝統的なメロディーによって着想を得た音楽を作曲すること」

▶イの「ブログを書く」とかロの「議論する」という行為は当然映画という文化の内容の解釈に関わっている。ハやホも映画の中に出てくる建築や音楽という文化に触発された行為である。ニの「言語の発音練習」は，言語習得という面については一種の文化活動と言えるが，映画という文化の内容の解釈とは無縁である。それゆえニが正解である。

解答

設問1 偶然，日常の行い，衝動，誤った判断もフィールドワーク研究の構成要因であること。(40字以内)

設問2 ＜解答1＞ The notion is that this method makes it possible to keep a rich, concrete, complex, and truthful record of the society being studied.

＜解答2＞ The idea is that it is possible to keep a rich, concrete, complex, and truthful record of the society to be studied by using this method.

設問3 文化とは，ある特定の集団を構成している人々が，多かれ少なかれ共有していると思われる知識のことである。

設問4 文化は形がなくとらえどころがないもので，フィールドワークをする人が見聞したものを表現して初めて目に見えるようになるから。(60字以内)

設問5 (A)―イ (B)―ハ (C)―ホ (D)―ニ

28

2009年度〔2〕

次の英文を読んで，以下の設問に答えよ。

Reflection may be the pivotal way we learn. Consider some of the ways of reflecting: looking back, dreaming, talking it out, watching last week's game, asking for advice, going on retreats—even telling jokes. Jokes are a way of making whatever-it-was understandable and acceptable.

(1)Unfortunately, too often it is people's failures that get them to reflect on their experiences. When you're going along and everything is working well, you don't sit down and reflect, which is exactly the moment when you should do it. If you wait for a giant mistake before you reflect, two things happen. One, since you're down, you don't get the most out of it, and two, you tend only to see the mistake, instead of all the moments in which you've also been correct.

It's true. Most of us are shaped more by negative experiences than by positive ones. A thousand things happen in a week to each of us, but most of us remember the few lapses rather than our triumphs, because we don't reflect. We merely react. Playwright Athol Fugard* said that (2)he worked his way out of a depression by starting every day thinking of ten things that gave him pleasure. Thinking of the small pleasures around one—the glow of the morning light on the ocean, the fresh roses, the drink waiting at the end of a morning walk, even the dog that wants to be fed—is a much better way to deal with a perceived failure than to spend time thinking about it. When you're down, think of the things you have to look forward to. (3)失敗のショックから何とか立ち直ったとき，その失敗についてじっくり考える心構えができるのだ。

In fact, mistakes contain powerful lessons—but only if we think them through calmly, see where we went wrong, mentally revise what we're doing, and then act on the revisions. When great batters strike out in a baseball game, they don't linger for a moment over the setback, but instead set about to improve their stance or swing. And great batters do strike out—Babe Ruth** not only set a home run record, he set a strikeout record as well. Think what a great batting average is: .400. This means a great batter fails to get a hit more than half the time. Most of the rest of us, on the other hand, are paralyzed by our mistakes.

We're so haunted by them, so afraid that we're going to do the same thing again, that we become fearful of doing anything. When horseback riders are thrown, they get back on the horse, because they know if they don't, their fear may stop them. Most of us have lesser fears to face, but most of us have to cope with them through thought, before we act again. Reflection comes first, and then positive action. Reflection permits us to process our feelings, understand them, resolve our questions, and get on with our work.

The point is (4)<u>not to be the victims of our feelings</u>, jerked this way and that by unresolved emotions, not to be used by our experiences, but to use them and to use them creatively. Just as writers turn experiences from their lives into novels and plays, we can each transform our experiences into something practical and usable. Isak Dinesen*** said, "Any sorrow can be borne if we can put it in a story." Your total experience becomes your life, and (5)<u>that base is solid and sound to the degree that you have reflected on it, understood it, and arrived at a workable resolution</u>.

*Athol Fugard 南アフリカ共和国の劇作家。1932 年生。

**Babe Ruth 米国の野球選手で国民的英雄（1895-1948）。本名は George Herman Ruth で，主な記録は生涯本塁打数 714 本，生涯打率 .342（3割4分2厘）。

***Isak Dinesen デンマークの作家（1885-1962）。

設 問

1 下線部(1)を日本語に訳せ。

2 下線部(2)を日本語に訳せ。

3 下線部(3)を英語に訳せ。

4 下線部(4)とはどういうことか，本文中の具体例を用いて 50 字以内の日本語で説明せよ。

5 下線部(5)を日本語に訳せ。

出典追記：On Becoming a Leader : The Leadership Classic by Warren Bennis, Basic Books

全 訳

■経験をじっくり考えることの重要性

❶ じっくり考えることは我々が身につけるとても重要な方法かもしれない。じっくり考えるいくつかの方法を考えてみよう。すなわち，過去を振り返る，夢を見る，話し合う，先週のゲームを見る，助言を求める，黙想会に参加する――冗談を言うことさえそのひとつである。冗談は，過去のどんなことでも理解可能に，受け入れ可能にする方法である。

❷ (1)残念ながら，人々に自分の経験についてじっくり考えさせるのは，失敗であることがあまりにも多い。調子よく何もかもがうまくいっていると，腰を据えてじっとものを考えることをしないが，実はそのときこそがそうすべきときなのである。大きな間違いをしてからじっくり考えるならば，2つのことが起こる。1つ目は気落ちしているのでその間違いを最大限に生かすことができないということで，2つ目は正しくもあったすべての瞬間を見ないで間違いだけを見てしまいがちになるということである。

❸ 確かにそうである。我々の大部分は肯定的な経験よりも否定的な経験に影響される。我々一人一人に一週間にたくさんのことが起こるが，我々のほとんどは成功例よりも数少ない間違いのほうを覚えている。なぜならじっくり考えないからである。ただ反応しているだけなのである。劇作家のアソル=フガードは，(2)彼に喜びを与えてくれる10のことを考えて毎日を始めることによって，うつ状態から何とか抜け出したと語った。身のまわりの些細な喜び――海に映る朝の光の輝き，みずみずしいバラ，朝の散歩の後に待っている飲み物，えさをもらいたがっている犬でさえ――を考えることは，認識している失敗について考えることに時を費やすより，はるかにその失敗に対処するよい方法である。気落ちしているときには，心待ちにしないではいられないことを考えなさい。失敗のショックから何とか立ち直ったとき，その失敗についてじっくり考える心構えができるのだ。

❹ 実際，間違いは強力な教訓を含んでいる――しかしそれは間違いを冷静に考え抜き，どこで間違えたかを理解し，自分がやっていることを知的に見直して，その見直しに基づいて行動すればの話である。大打者は野球の試合で三振しても，まったくその失敗にこだわらないで，構えやスイングの改善に取りかかる。そして，大打者は三振するものなのだ――ベイブ=ルースはホームランの記録をつくっただけではなく三振の記録もまたつくった。偉大な打率がどんなものか考えてみよう。それは4割である。このことは大打者は半分以上ヒットは打てないということである。一方，我々のほとんどは自分の犯した間違いによって麻痺させられてしまう。あま

りに間違いにとりつかれて，また同じ間違いを犯すことを恐れるあまり，何をするのも怖くなってしまう。騎手は投げ出されるとまた馬に乗る。なぜなら，もしそうしなければ，怖くなってやめてしまうかもしれないことを知っているからである。我々のほとんどが直面するのは，より小さい恐怖であるが，再び行動する前に，考えることによってそれに対処しなければならない。じっくり考えることがまず第一で，それから積極的な行動がくる。じっくり考えることで感情を処理し，理解し，自分たちの疑問を解決し，仕事を続けることができる。

❺ 大切なことは，感情の犠牲になって，整理のつかない感情にあれこれつき動かされないことであり，経験に使われるのではなく，経験を使う，そしてそれも創造的に使うことである。作家が自分の人生の経験を小説や戯曲に変えるのとまったく同じように，我々一人一人が自分の経験を実用的で利用可能なものに変えることができる。イサク=ディーネセンは「どんな悲しみも物語に書くことができれば耐えられる」と言った。自分の全経験が自分の人生になる，そして(5)その全経験を，いかにじっくり考え，理解し，実行可能な解決策に到達したかの程度によって，その基盤は堅固でしっかりしたものとなる。

各段落の要旨

❶ じっくりものを考えることは，その方法はいろいろあるが，大切なことである。

❷ 人は失敗してから経験についてじっくり考えることが多いが，そうすると失敗にばかり目がいってその誤りを生かすことができない。物事が順調にいっているときこそ，じっくり考えるべきときなのである。

❸ 我々は成功例よりも数少ない失敗を覚えているものであるが，失敗したときには，その失敗について考えるよりも，喜びを与えてくれることを考えるほうがよい対処の仕方といえる。

❹ 失敗から教訓を得てそれを生かすには，悪かった点をじっくり考え修正し，それに基づいて行動することである。我々は行動する前にじっくり考えることで不安を克服して仕事を継続しなくてはならない。

❺ 感情に翻弄されてしまうのではなく，経験を利用することが大切である。すべての経験は，じっくり考え，理解し，現実的で利用可能なものにすることで，自分の人生にすることができるのである。

解　説

設問1 Unfortunately, too often it is people's failures that get them to reflect on their experiences.

▶ Unfortunately は文全体を修飾する副詞で，「残念ながら」の意味。

▶ too often「あまりにもしばしば」

▶ it is people's failures that …「…なのは人々の失敗なのである」 it is ～ that … の強調構文。people's failures get them to reflect on their experiences という文の主部である people's failures「人々の失敗」が強調されている。

▶ get *A* to *do*「*A* に～させる」

▶ reflect on ～「～についてじっくり考える」

※文修飾に使われる副詞には，certainly，possibly，apparently，fortunately，happily などがある。形容詞にして it is ～ that … の形に書き換えられるものが多い。

例：Certainly, he will win the game. = It is certain that he will win the game.
ただし，happily などのように書き換えられないものもある。

設問 2 **he worked his way out of a depression by starting every day thinking of ten things that gave him pleasure.**

▶文の構造は he worked his way out of a depression という主部に by starting ～「～を始めることによって」以下の修飾部分がついている。

he worked his way out of a depression
  └by starting every day
    └thinking of ten things
      └—that gave him pleasure

▶ he worked his way out of ～「彼は～から何とか抜け出した」
work *one's* way「（努力して）進む」　out of ～「～から（外へ）」

▶ depression　ここでは「うつ状態」の意味。経済用語で「不景気，不況」の意味でもよく使われるのでそれも覚えておきたい。

▶ by starting every day「毎日を始めることによって」 ここでは every day は副詞ではなく名詞で，他動詞 start の目的語になっている。

▶ thinking of 以下は同時進行の意味の分詞構文で，starting を修飾する。

▶ ten things that gave him pleasure「彼に喜びを与える 10 のこと」 that は ten things を先行詞とする主格の関係代名詞。

※他動詞 + *one's* way は make *one's* way「進む」が基になって，使われる動詞の意味に応じてどのように進むかが表現される，と考えるとわかりやすい。

例：He pushed his way through a crowd of passengers in the car.「彼は車両内の乗客を押しのけて進んだ」
She felt her way out of the dark room.「彼女は手探りで暗い部屋から抜け出した」

また，空間的に「進む」意味から本文の場合のように抽象的に「進む」意味にも使われる。

設問3 **失敗のショックから何とか立ち直ったとき，その失敗についてじっくり考える心構えができるのだ。**

▶構文は特に難しく考えることはなく，日本語の表現のまま素直に英文を作っていけばよい。主語は前の文と同じ一般的な人を表す you を使うのが自然である。

▶失敗のショックから何とか立ち直ったとき

- 時制は，「立ち直った」とあるが，文全体を見たときに過去形にするのはおかしいということはすぐにわかるであろう。現在形か現在完了形にするのがよい。
- 「何とか〜する」は manage to *do* を使えばよい。
- 「〜から立ち直る」get over 〜 / recover from 〜

▶その失敗についてじっくり考える心構えができるのだ

- 「〜についてじっくり考える」 reflect on 〜 が本文でも使われているので，そのまま使えばよい。
- 「〜する心構えができる」be ready to *do* / be prepared to *do*

設問4 ▶下線部の意味は「感情の犠牲にならないこと」。「感情の犠牲になる」ということは直後の「整理のつかない感情にあれこれつき動かされる」ということであり，第4段第7文（We're so …）「あまりに間違いにとりつかれて，また同じ間違いを犯すことを恐れるあまり，何をするのも怖くなってしまう」ということである。具体的な例は第4段第8文「騎手は投げ出されるとまた馬に乗る。なぜなら，もしそうしなければ，怖くなってやめてしまうかもしれないことを知っているからである」を取り上げるのがよいであろう。同じ第4段第2文に野球の大打者の例が挙がっている。こちらも失敗してもそれにこだわらずに前向きに取り組む姿勢を述べている。これを取り上げてもよいが，「感情」という面がはっきりと書かれていないので，どちらかと言えば騎手の例のほうがベターと言える。それゆえ第4段の第7文を参考にして，第8文の具体例を挙げて50字以内にまとめるのがよいであろう。

▶ We're so haunted by them, so afraid that 〜, that …「あまりに間違いにとりつかれて，〜することを恐れるので…」 so 〜 that … の構文である。that が2つあるが，afraid の直後の that は afraid と組む。2番目の that が so 〜 that … 構文に使われる that である。

horseback rider「騎手」

get back on 〜「また〜に乗る」

if they don't (get back on the horse) と省略を補って考える。

設問5 that base is solid and sound to the degree that you have reflected on it, understood it, and arrived at a workable resolution.

▶文の構造は，that base is solid and sound という主節に，to the degree that … という副詞句がついている。to the degree that の that は接続詞で，その後に you have reflected on it，(you have) understood it，(you have) arrived at a workable resolution の3組のSVが続いている。

that base is solid and sound to the degree
↑
that you have reflected on it
(you have) understood it
(you have) arrived at a workable resolution

▶ base「基盤」
▶ solid and sound「堅固でしっかりしている」
▶ to the degree that …「…の程度によって（応じて）」
▶ workable resolution「実行可能な解決策」

解答

設問1 残念ながら，人々に自分の経験についてじっくり考えさせるのは，失敗であることがあまりにも多い。

設問2 彼に喜びを与えてくれる10のことを考えて毎日を始めることによって，うつ状態から何とか抜け出した。

設問3 ＜解答1＞ When you manage to get over the shock of your failure, you are ready to reflect on it.
＜解答2＞ After you recover from the shock of the failure, you are prepared to reflect on that failure.

設問4 落馬した騎手が恐怖心がわく前にすぐに騎乗するように，失敗を恐れて何もしないことがないようにすること。(50字以内)

設問5 その全経験を，いかにじっくり考え，理解し，実行可能な解決策に到達したかの程度によって，その基盤は堅固でしっかりしたものとなる。

29

2008年度〔1〕

次の英文を読んで，以下の設問に答えよ。

The evolution of modern humans in Asia is a complex and not easily told story. (1)Many questions remain to be answered, and not all the answers collected to date will stand the test of time. However, one thing is certain : that no one kind of explanation is adequate to solve the many issues involved in the history of human evolution. Scientific analyses must be combined with historical inquiry to arrive at the truth. It is possible that the complete truth may never be known but some facts appear to be acknowledged by all scientists and scholars working on this question. Modern humans arrived in Asia between 50,000 and 60,000 years ago. They quickly took the place of all earlier species of humans. This story has been accepted as fact by an overwhelming majority of researchers. Between 40,000 and 30,000 years ago, Homo sapiens* had arrived in Japan. (2)This process mirrors what happened elsewhere in the world, with our species establishing its rule over the Earth within a relatively short time in evolutionary terms.

The disappearance from history of such earlier populations of other species of humans remains a mystery. (a)(① appeared/ ② evidence/ ③ genetic/ ④ has/ ⑤ no/ ⑥ prove/ ⑦ strong/ ⑧ to) that Homo sapiens interbred with earlier varieties of humans. We are not the descendants of any humans other than our own species. So was Homo sapiens simply better suited to survive the physical environment of 50,000 years ago or might Homo sapiens have eliminated all earlier varieties of humans ? It is possible to assemble arguments in favor of both assumptions. Or, did something happen to these earlier humans that no one has yet imagined ? Whatever the case, (3)the result is clear. The last great ice age during this period adds a complicating factor, as it would have caused the disappearance of most humans, whether Homo sapiens or not, thus suggesting that Homo sapiens was better equipped to handle such crises than earlier species of humans.

The land now known as Japan has at different times been connected to and disconnected from the Asian continent, and various groups of humans have made their way there. It seems that during the last great ice age, about 15,000 to 10,000 years ago, humans survived in Japan and migrations from the Asian continent added different groups to the mix ; yet all were modern humans, all were Homo sapiens. The vast majority of the current inhabitants of Japan are the descendants of these people, although (4)that too is a complex story, and not necessarily one that is perfectly understood.

When we consider our prehistory as a single human species, our present difficulties and disagreements, which all too often have resulted in conflict and war, can appear to fade away, replaced by the knowledge that we are truly one people despite the numerous variations in language and custom, and the differences in appearance between us. In this way, the study of prehistory provides a valuable perspective on what it is to be human and can assist us to take the long view of humanity as a whole. Prehistory therefore may help in resolving some of our conflicts and differences by reminding us that as a species Homo sapiens has survived much over the past 40,000 years, and if it is to survive for another 40, 000 years, (b)common purpose and identity (① be essential/ ② elements/ ③ for/ ④ into/ ⑤ may/ ⑥ that long journey/ ⑦ the future).

*Homo sapiens　ホモサピエンス，人類

設 問

1　下線部(1)，(2)を日本語に訳せ。

2　下線部(3)，(4)の指す内容としてもっともふさわしいものを次の選択肢から選び，記号で答えよ。

(3) the result

(A) Homo sapiens mingled with other species to become modern humans.

(B) No species but Homo sapiens won the struggle for survival.

(C) The environment was too severe for Homo sapiens to be well suited to.

(D) We are the descendants of the human species including Homo sapiens.

(4) that

(A) how different groups mixed in Japan

(B) how humans survived the ice age in Japan

(C) how Japan separated from the continent

(D) how technologies advanced in ancient Japan

3 以下の日本語訳に合うように下線部(a)，(b)のカッコ内にあるそれぞれの選択肢を並べ替えて英文を完成したとき，最初から3番目と5番目にくる選択肢の組み合わせとして正しいものはどれか。(イ)〜(ニ)の記号で答えよ。

(a) ホモサピエンスが昔のさまざまな種類の人類と交配したことを証明するような，強い遺伝学的証拠はこれまでなかった。

(イ) ①—⑧　(ロ) ②—⑦　(ハ) ③—④　(ニ) ⑦—①

(b) 共通の目的とアイデンティティを持つことが，将来に向けてのそんなにも長い旅の重要な要素になるかもしれない。

(イ) ②—①　(ロ) ②—⑥　(ハ) ⑤—①　(ニ) ⑥—⑤

4 筆者は，なぜ先史時代について学ぶことが大切だと言っているか。50字以内の日本語で説明せよ。ただし，句読点も字数に数える。

全　訳

■先史時代を学ぶことの意義

❶ アジアにおける現代の人間の進化は，複雑で簡単には語れない話である。(1)まだ答えの出ていない疑問はたくさんあり，今日までに集められたすべての答えが時の試練に耐えられるわけでもないであろう。しかし，確かなことがひとつある，それは，どのようなものであれ，一種類の説明では人類の進化の歴史に関わる多くの問題を解決するのに十分ではないということである。科学的分析は真理に到達するために歴史研究と結びつかなくてはならない。ひょっとしたら完全な真理は決してわからないかもしれないが，この問題に関して研究をしているすべての科学者や学者によって認められている事実がいくつかあるように思われる。現代の人間は６万年前から５万年前の間にアジアにやってきた。彼らはすぐに昔の人類の種すべてに取って代わった。この説明は圧倒的多数の研究者に事実として受け入れられてきている。４万年前から３万年前の間にホモサピエンスは日本にやってきていた。(2)この過程は世界の他の場所で起こったこととほぼ同じであり，我々の種は，進化という観点からみると比較的短期間のうちに地球上の支配を確立したのである。

❷ そのような早期の他の種の人類が歴史から消えたのは依然として謎のままである。ホモサピエンスが昔のさまざまな種類の人類と交配したことを証明するような，強い遺伝学的証拠はこれまでなかった。我々は我々自身の種以外のいかなる他の人類の子孫でもない。それでは，ホモサピエンスは５万年前の物理的環境を生き延びるのにより適していただけなのだろうか，それともホモサピエンスが昔の人類の種をすべて滅亡させてしまったのだろうか？　両方の仮定に有利な主張を集めることは可能である。あるいは，これらの昔の人類にまだ誰も想像したことのない何かが起こったのだろうか？　事実がどうであれ，結果は明白である。この期間の最後の大氷河時代は，ホモサピエンスであろうとなかろうと，たいていの人類の消滅を引き起こしていたであろうから，理解をさらに複雑にする要因を付け加えることになる。したがって，ホモサピエンスには他の昔の人類の種よりも，そのような危機を処理するより優れた能力があったことを暗示している。

❸ いま日本として知られている陸地は，さまざまな時期にアジア大陸とつながったり離れたりしていて，さまざまな人類の集団が日本へとやってきている。１万５千年前から１万年前頃の最後の大氷河時代に人類は日本で生き延び，アジア大陸からの移住者がその混血にさまざまな集団を付け加えた。だが，すべては現生人類であり，すべてがホモサピエンスであった。現在の日本の住民の圧倒的多数はこれらの人々の子孫である。といっても，それもまた込み入った話であり，必ずしも完全

に理解できている話ではないのだが。

❹ 先史時代の我々を単一の人間の種と考えると，それがもとであまりにもしばしば紛争や戦争が起こる現在の争いや意見の不一致は消えてなくなる可能性がある。そして，我々の間にはさまざまな種類の言語や習慣があり外見も異なるけれど，我々は真にひとつの人類なのだという知識がそれに取って代わる。このようにして，先史時代の研究は人間であるということはどういうことかについて貴重な見方を提供してくれて，我々が人類を全体として長期的に考えるのを助けてくれる。それゆえ，先史時代は，ホモサピエンスがひとつの種として過去4万年以上生き延びてきたことを我々に思い出させることで，紛争や不和を解決するのに役立つかもしれない。そして，さらに4万年生き延びることになれば，共通の目的とアイデンティティを持つことが，将来に向けてのそんなにも長い旅の重要な要素になるかもしれない。

各段落の要旨

❶ アジアの現代の人間の進化は複雑で，今後の研究によっても完全には解明できないかもしれない。しかし，ホモサピエンスは比較的短期間のうちに地球上の支配を確立した。

❷ 以前の他の種の人類がなぜ滅んだのかは謎であるが，ともかく，我々の祖先であるホモサピエンスは生き延びた。

❸ 日本はアジア大陸と地続きだったこともあり，いろいろな集団がやってきて，1万年前頃の大氷河時代以後もそれは続いたが，やってきたのはすべてホモサピエンスであった。

❹ 先史時代を学ぶことで，我々人類はすべて4万年以上生き延びてきた単一の種の子孫だということがわかる。それを知ることは，地球上に現在ある紛争や不和を解決するのに役立つかもしれない。

解　説

設問1 (1) Many questions remain to be answered, and not all the answers collected to date will stand the test of time.

▶ remain to be *done*「まだ～されていない，これから～する必要がある」の理解がポイント。remain to be answered「まだ答えられていない」

▶ not all the answers「すべての答えが～というわけではない」 not all は部分否定。

▶ collected to date「今日までに集められた」 collected は前の answers を修飾する過去分詞。

▶ stand the test of time「時の試練に耐える」

設問1 (2) This process mirrors what happened elsewhere in the world, with our species establishing its rule over the Earth within a relatively short time in evolutionary terms.

▶ mirror「～を反映する，～とよく似ている」

▶ what happened elsewhere「他の場所で起こったこと」 what は関係代名詞。

▶ with our species establishing its rule「我々の種がその支配を確立して」 付帯状況を表す構文であるが，ここでは「我々の種が支配を確立した」と，主語・述語の関係のように訳すとよい。

▶ rule over ～「～に対する支配」

▶ within a relatively short time「比較的短期間のうちに」

▶ in evolutionary terms＝in terms of evolution「進化の観点からみると」

※付帯状況を表す前置詞 with は頻出である。with O C の形で，C には形容詞，副詞，過去分詞，現在分詞，前置詞句などが来る。「O を C の状態にして」とするのが基本的な考え方だが，日本語に訳す場合には工夫が必要な場合もある。

例：With night coming on, we hurried home.「夜が近づいたので，我々は家路を急いだ」

設問2 (3) 正解は (B) ▶ (A) Homo sapiens mingled with other species to become modern humans.「ホモサピエンスは他の種と混ざって現代の人類になった」

mingle with ～「～と混ざる」

▶(B) No species but Homo sapiens won the struggle for survival.「ホモサピエンス以外のいかなる種も生存競争に勝てなかった」 第2段全体の内容より，これが正解。

but＝except「～以外の」　struggle for survival「生存競争」

▶(C) The environment was too severe for Homo sapiens to be well suited to.「環境はあまりにも厳しすぎてホモサピエンスには適さなかった」

too ～ to *do*「～すぎて…ない」　be well suited to ～「～に適している」

▶(D) We are the descendants of the human species including Homo sapiens.「我々はホモサピエンスを含む人間の種の子孫である」

descendant「子孫」　including「～を含む」

設問2 (4) 正解は (A) ▶下線部を含む文の意味は「現在の日本の住民の圧倒的多数はこれらの人々の子孫である。といっても，それもまた込み入った話であり，必ずしも完全に理解できている話ではないのだが」である。that はこの文の前半「現在の日本の住民の圧倒的多数はこれらの人々の子孫である」を指す。また前文に「アジア大陸からの移住者がその混血にさまざまな集団を付け加えた」と述べられていることから,「これらの人々」は「さまざまな集団が混ざり合ってきた人々」ということになる。それゆえ正解は(A)となる。

▶(A) how different groups mixed in Japan「いかに日本でさまざまな集団が混ざり合ったか」

▶(B) how humans survived the ice age in Japan「いかに日本で人類は氷河時代を生き延びたか」

▶(C) how Japan separated from the continent「いかに日本は大陸から分離したか」

▶(D) how technologies advanced in ancient Japan「いかに古代の日本で技術が進歩したか」

設問3 (a) 正解は (ハ) ▶下線部の日本語訳のうち,並べ替えに該当する箇所は「…を証明するような,強い遺伝学的証拠はこれまでなかった」という部分である。

▶「証拠はなかった」が主語・述語であるから,no evidence appeared という骨組みがまず考えられる。「これまでなかった」だから,時制は現在完了にして has appeared となる。

▶「強い遺伝学的証拠」は strong genetic evidence である。

▶「…を証明するような」の部分は後に…の部分の that 節が続いているので,to prove (that …) とつなげればよい。

▶できあがった英文は No strong genetic evidence has appeared to prove (that Homo sapiens interbred with earlier varieties of humans.) となる。

設問3 (b) 正解は (ロ) ▶下線部の日本語訳のうち,並べ替えに該当する箇所は「将来に向けてのそんなにも長い旅の重要な要素になるかもしれない」という部分である。

▶主語の部分が与えられているので,述語動詞から始まることになる。may be essential elements「重要な要素になるかもしれない」というつながりが考えられる。

▶「将来に向けての旅」は journey into the future で表せる。

▶できあがった英文は (common purpose and identity) may be essential elements for that long journey into the future(.) となる。

設問4 ▶最終段が該当箇所だが,どの文を中心的にまとめればよいかは迷うところである。第2文は確かに「先史時代の研究」が主語になっていて,一見これがよさそうにも思われるが，内容が抽象的なので避け，具体的でわかりやすい第１文と第３文をまとめる。

▶ポイントは２つある。一つは，先史時代を研究することによって我々人間は外見，言語，習慣は異なっているが単一の種であるということがわかるという点，もう一つは，それに気づくことで現在の紛争や不和を解決するきっかけができるかもしれないという点である。

▶最終段第１文の語句・構文は，次の通り。

difficulties「争い」　disagreements「意見の不一致」

which の先行詞は our present difficulties and disagreements で，関係詞節は conflict and war まで。

result in ～「結果として～になる」　fade away「消え去る」

replaced by ～「そして～に取って代わられる」は，分詞構文。

the knowledge that …「…という知識」の that は同格の節を導く接続詞。

despite「～にもかかわらず」

解答

設問１　(1) まだ答えの出ていない疑問はたくさんあり，今日までに集められたすべての答えが時の試練に耐えられるわけでもないであろう。

(2) この過程は世界の他の場所で起こったこととほぼ同じであり，我々の種は，進化という観点からみると比較的短期間のうちに地球上の支配を確立したのである。

設問２　(3)―(B)　(4)―(A)

設問３　(a)―(ハ)　(b)―(ロ)

設問４　地球上の全人類が本来は同一種であることに気づき，紛争や不和を解決する糸口になるかもしれないから。(50 字以内)

30

2008年度〔2〕

次の英文を読んで，以下の設問に答えよ。

Meeting people by chance is something that happens all the time. We bump into someone in the supermarket, playground, or station and get chatting. Mostly we walk away having had a pleasant encounter and forget all about it. But chance meetings can be a valuable opportunity when it comes to achieving your goals.

Many people have made their best contacts at chance meetings. The head of a major bank has done fifteen years' worth of business with a man he met on a beach in Spain. An art gallery owner had his most successful exhibition after sitting next to a bright young artist on a plane.

Think of your own life and the people who mean most to you. Where and when did you meet them ? It's very likely that a good number of them came into your life by chance. Often the best things happen when you least expect them.

If you know how to take advantage of a chance meeting and use it wisely, it can be of enormous value. (あ)But for every chance meeting that bears fruit, another twenty opportunities are lost. Some people are too shy or self-conscious to start chatting, even when they get a friendly smile of invitation. The thought of talking to a stranger can be terrifying and is a major cause of social anxiety that plenty of people would rather just bypass.

For other people it isn't fear that stops them. They simply walk around (i)with their heads in the clouds, deep in thought and totally unaware of the possibilities for contact with people around them. We've all had times when we walk past someone we know well without noticing them, just because we're so distracted. Looking out for chance meetings and handling them well is something you can choose to do. They present a golden opportunity that too many people run away from, or ignore or are simply unaware of.

The key to chance meetings is your attitude towards them. First of all, you don't (い)make chance meetings happen ; you let them happen. So, forget about trying to control events and begin by being relaxed about the whole thing. When you stop expecting it or trying to engineer it, a chance meeting will come along.

When it does, don't kill it with over-enthusiasm. Relax and be willing to learn. If you're determined to get something out of it you'll appear aggressive and nothing is more irritating. Be warm, enthusiastic and genuine. Take an interest in the other person. Forget about pursuing your dream or goal and the place for selling or doing deals. (1)いちばん重要なことは，あなたがた二人が何を言ったかではなく，会った後でどのように感じたかなのである。People remember meetings they enjoyed.

Don't think of the person you meet by chance as a stranger. After all, you're in the same situation so you already have something in common. That's a great place to start. If you build up enough of the right kind of relationship then you'll be able to follow up the chance meeting at a later date. And when you welcome chance meetings and learn from them, amazing things start happening.

In a chance meeting, we should be aiming for a level of involvement with the other person that indicates a desire to understand as much as possible about that person in the time available and under the circumstances. Your attitude should be, "I want to know what interests you and the things we may have in common. I'm interested (ii)beyond work opportunity or personal gain. I'm doing my best not to cloud my mind by judging or looking for right or wrong. I'm listening more than I'm talking." Taking an active interest in another person takes a certain generosity of spirit and energy that doesn't always come easily, especially when you're tired or have a lot on your mind. But it's worth making the effort because (う)at the most unlikely moment you could meet the person who holds the key to the success of your venture.

Chance meetings are all around us. New and interesting people and great opportunities are dished up to us daily if we're willing to spot them and seize them. Don't be someone who (iii)sits on the sidelines and says, "I never seem to meet anyone interesting." If that's you, then it's time to try a little harder. The opportunities are there ; you're just not tuning in to them. Whatever it is you want to succeed in, achieve or communicate to the world, chance meetings can be a valuable tool to help get you there.

設 問

1 下線部(i), (ii), (iii)にもっとも意味が近いものを選択肢から選び記号で答えよ。

(i) with their heads in the clouds

(イ) at a tremendous speed

(ロ) in such bad weather

(ハ) together with too many people

(ニ) with an absent-minded look

(ii) beyond work opportunity or personal gain

(イ) because I'm bored with my job

(ロ) not only for my own benefit or business

(ハ) purely out of my business interests

(ニ) regardless of my personal expenses

(iii) sits on the sidelines

(イ) always forgets important things

(ロ) is complaining all the time

(ハ) is reluctant to take part

(ニ) makes enormous efforts

2 下線部(あ)を日本語に訳せ。

3 下線部(い)とはどのような態度のことか。日本語で説明せよ。

4 筆者があげている下線部(う)の具体例を本文中から一つ選び，日本語で記せ。

5 下線部(1)を英語に訳せ。

6 下の英文は本文の内容を短く書き改めたものである。文中の空欄を補充するのにもっとも適切な単語を下の語群から選び番号で答えよ。ただし，二度同じ単語を使ってはならない。また，語群の中には不要な単語も含まれている。

Unplanned encounters with people can give rise to unexpected (a). But you have to know how to treat these chance meetings if you want them to be valuable to you. You can't be too self-conscious, for instance, or embarrassed. If you are, the chance to turn an accidental encounter into something useful may be (b).

The important thing in all of this is one's (c) toward the meeting. The people who get the greatest advantage out of these are (d) who don't try too hard. If you are actively looking out for "chance meetings" or you think you can control them or make them happen at will, they probably won't come about.

When you do have one, it's also important not to get too (e) about it. Focus on the person you are meeting. Don't try to exploit the person or situation. Make the whole thing as pleasant an experience as possible.

Another vital thing is to focus on the other person's interests and search for things you share. "Am I (f) too much? Am I pushing myself forward selfishly?" These are the things you should be asking yourself.

Your great success in life may be waiting for you in an unexpected place at an unanticipated time. You have to be able to (g) it when it crosses your path and make the most of it.

語　群

1. attitude	2. aware	3. enthusiastic	4. lost
5. opportunities	6. proud	7. recognize	8. search
9. talking	10. them	11. those	

全 訳

■偶然の出会いの活用法

❶ 人々と偶然出会うことはいつでも起こることである。スーパーマーケット，行楽地や駅で誰かにばったり出会い，おしゃべりを始める。たいていは楽しい出会いをした後で歩み去り，そのことをすっかり忘れてしまう。しかし，偶然の出会いはあなたの目標を達成するという点では，貴重なチャンスになりうるのである。

❷ 偶然の出会いで最良の知人を手に入れた人も多い。ある大銀行の頭取はスペインの浜辺で出会った男と15年分の価値のある取引を行った。ある画廊のオーナーは飛行機で才能ある若い画家の隣に座った後で，彼の人生で最も成功した展覧会を開いた。

❸ あなた自身の人生，あなたにとっていちばん重要な人々のことを考えてみなさい。いつどこで彼らに出会ったのか？　おそらく彼らのうちかなり多くが偶然あなたの人生に入り込んできたのだろう。しばしば最良のものは最も期待しないときに起きる。

❹ もし偶然の出会いの利用の仕方を知っていて賢く使えば，それは大変貴重なものになる可能性がある。(あ)しかし，実りある偶然の出会い1回に対して，20の別のチャンスが失われている。にっこり優しく誘ってもらっても，恥ずかしかったり自意識が強くておしゃべりを始められない人もいる。知らない人と話をすると思うことが恐怖を引き起こす場合があり，多くの人々ならただ無視してしまうであろう社交上の不安の主要な原因となるのである。

❺ 他の人々について，彼らを引き止めるのは恐怖ではない。彼らは空想にふけり，思いにふけり，周りの人々と知り合う可能性にまったく気づかずにただ歩き回る。我々は皆，とてもぼんやりしているというだけの理由で，よく知っている人に気づかずに通り過ぎてしまう経験をしたことがある。偶然の出会いに注意を払いうまく対応することは，あなたがそうしようと決められることである。偶然の出会いはまたとないチャンスを提供しているのに，あまりにも多くの人が逃げるか，無視するか，ただ気づかないでいる。

❻ 偶然の出会いのカギはそれに対するあなたの態度である。まず第一に，偶然の出会いを無理に起こしてはいけない。それらが起こるに任せておくのである。出来事をコントロールしようとすることは忘れて，そして万事リラックスすることから始めなさい。偶然の出会いは，それを期待したり操作しようとするのをやめれば，やってくるであろう。

❼ 実際に偶然の出会いがやってきたら，熱心になりすぎて台無しにしてはいけな

い。リラックスして進んで学ぼうとしなさい。もしあなたがそこから何かを得ようと心に決めていると，攻撃的に見えるであろうし，それ以上にいらだたしいものはない。思いやりの気持ちをもち，熱心に，そして誠実でありなさい。相手に興味をもちなさい。あなたの夢や目標を追求することや商いや取引をするのに適当な機会のことは忘れなさい。いちばん重要なことは，あなたがた二人が何を言ったかではなく，会った後でどのように感じたかなのである。人々は楽しかった出会いは覚えているものである。

❽ 偶然出会った人を知らない人と思ってはいけない。とにかくあなたがたは同じ状況にいるのだから，もうすでに何かを共有しているのである。そこは重要な出発点である。もし適切な種類の関係と言えるだけのものを築き上げれば，その偶然の出会いを後につなげることができるであろう。そして，あなたが偶然の出会いを喜んで受け入れそれから学ぶと，驚くべきことが起こり始めるのである。

❾ 偶然の出会いにおいて，我々は与えられた時間と状況のもとで，できるだけその人を理解したいという気持ちを示すくらいの程度での相手との関わりを目指すべきである。あなたの態度は次のようでなくてはならない。「私はあなたが関心をもつものや二人に共通のものは何かを知りたい。私は仕事のチャンスとか個人的な利益を超えたものに関心がある。私は善悪を判断したり探したりすることによって，心を曇らせないように全力を尽くしている。私は自分が話している以上に耳を傾けている」 他の人に積極的な関心をもつためには，ある程度精神とエネルギーを惜しまないことが必要で，それは特に疲れているときや気になることがたくさんあるときには，必ずしも容易ではない。しかし，努力するだけの価値はある。なぜなら最も起こりそうもないときにあなたの事業の成功のカギを握る人と出会うことがありうるからである。

❿ 偶然の出会いは我々の周囲いたるところにある。新しい興味深い人々や大きなチャンスは，もしそれらを進んで発見し，それらをつかまえようとすれば，我々に毎日盛りつけて提供されているのである。サイドラインに座って「興味深い人には決して会えそうにない」と言う人になってはいけない。もしそれがあなただとしたら，もう少し一生懸命やってみるときである。チャンスはそこにある，ただそれにチャンネルを合わせていないだけなのだ。成功したいものや成し遂げたいこと，世間に伝えたいものが何であれ，偶然の出会いはあなたがそこに到達するのに役立つ貴重な道具になりうるのである。

各段落の要旨

❶ 偶然の出会いは日常的に起こることであるが，それは目標達成の貴重なチャンスになることもある。

❷ 偶然の出会いがもとで，大きな取引ができた銀行の頭取や，展覧会に成功した画廊のオーナーもいる。

❸ あなたにとって重要な意味をもつ人のなかにも，そのような偶然の出会いによって知り合った人が多いことに気がつくだろう。

❹ 偶然の出会いをうまく活用できればよいのだが，恥ずかしさや自意識過剰のために見知らぬ人に話しかけるのが怖くて，チャンスを逃してしまうことも多い。

❺ また，ぼんやりしていて貴重な出会いに気づかないことも多い。

❻ 偶然の出会いは無理に起こすものではない。期待したり操作しようとしてもだめである。

❼ 偶然の出会いがやってきたら，そこから何かを得ようとしてはいけない。思いやりの気持ちをもって正直になり，相手に興味をもつことが大切である。人は楽しい出会いを忘れないものだ。

❽ 偶然出会ったということだけですでに何かを共有しているのだから，そこで適切な関係を築き上げれば，その出会いは後につながっていく。

❾ できるだけ相手のことを理解しようと努め，自分の利益よりも相手に関心があるという態度を示すべきである。思いがけないときに，あなたの事業のカギを握るような人との出会いがあるかもしれないので，他人に積極的な関心をもつよう努力する価値はある。

❿ 我々の周りのいたるところに偶然の出会いはあり，それを見つけ，つかまえるのはあなた自身である。それはあなたの成功への貴重な道具になりうるのである。

解　説

設問1 (i) 正解は (ニ) ▶ with their heads in the clouds「頭を雲の中に入れて」が直訳。「空想にふけって，ぼんやりして」の意味。この成句を知らなくても，本文のこの部分は「彼らは（　　），思いにふけり，周りの人々と知り合う可能性にまったく気づかずにただ歩き回る」となるから，おそらく「ぼんやりして」くらいの意味だろうと類推できるであろう。

▶(イ) at a tremendous speed「ものすごいスピードで」

▶(ロ) in such bad weather「こんな悪い天気に」

▶(ハ) together with too many people「あまりにも多くの人々といっしょに」

▶(ニ) with an absent-minded look「ぼんやりした様子で」

設問1 (ii) 正解は (ロ) ▶ beyond work opportunity or personal gain「仕事のチャンスとか個人の利益を超えて」→「仕事のチャンスとか個人の利益だけでなく」

▶(イ) because I'm bored with my job「自分の仕事にうんざりしているので」

▶(ロ) not only for my own benefit or business「自分の利益とか仕事のためだけでなく」

▶(ハ) purely out of my business interests「純粋に仕事の利害から」

▶(ニ) regardless of my personal expenses「個人的な出費に関係なく」

設問1 (iii) 正解は (ハ) ▶ sits on the sidelines「サイドラインに座って」→「傍観して」 本文のこの部分は,「偶然の出会いはいたるところにある」という内容に続いて,「(　　　) して『興味深い人には決して会えそうにない』と言う人になってはいけない」となるところだから, (ハ)が近いと見当をつけることができる。

▶(イ) always forgets important things「常に重要なことを忘れる」

▶(ロ) is complaining all the time「しょっちゅう不平ばかり言っている」

▶(ハ) is reluctant to take part「参加したがらない」

▶(ニ) makes enormous efforts「大変な努力をする」

設問2 But for every chance meeting that bears fruit, another twenty opportunities are lost.

▶後半の another twenty opportunities are lost が主節である。

▶ for every chance meeting「偶然の出会い1回毎に」

▶ that は every chance meeting を先行詞とする主格の関係代名詞。

▶ bear fruit「実を結ぶ」

▶ another「別の」

▶ be lost「失われる」

※ but for ～ はここでは「～がなければ」という熟語ではない。「しかし～につき」という意味で, but と for が基本的な意味で使われている。前後の意味を無視して,成句,熟語を機械的に解釈してはだめだというよい例である。ちなみに「～がなければ」の意味の but for ～ は仮定法の文で使われる。

設問3 ▶ make chance meetings happen「偶然の出会いを無理に起こす」は,この文の後半の let them happen「それら (偶然の出会い) を起こるに任せておく」と対照されている。使役動詞の make と let の違いを知っておこう。make は「強制的に～させる」であり, let は「放任して～させる」である。

▶著者は「偶然の出会いを無理に起こしてはいけない」と言っており，続く2文（第6段第3・4文）で述べられている態度がその内容である。

▶すなわち trying to control events「出来事をコントロールしようとする」，expecting it（=a chance meeting）「偶然の出会いを期待する」，trying to engineer it（=a chance meeting）「偶然の出会いを操作しようとする」がそれにあたる。

設問4 ▶問題になっている下線部の意味は「最も起こりそうもないときにあなたの事業の成功のカギを握る人と出会うことがありうる」である。

▶第2段に2つ例が挙がっているので，そのいずれかを答えればよい。

①大銀行の頭取がスペインの浜辺で出会った男と15年分の価値のある取引を行ったこと。

the head of a major bank「大銀行の頭取」

fifteen years' worth of business「15年分の価値のある取引」

②画廊のオーナーが飛行機で若い画家と隣り合わせたのが縁で，人生最高の展覧会が開けたこと。

exhibition「展覧会」　next to ～「～の隣に」

設問5 **いちばん重要なことは，あなたがた二人が何を言ったかではなく，会った後でどのように感じたかなのである。**

▶いちばん重要なことは，A ではなく B である

- 「いちばん重要なこと」the most important thing / what is most important
- 「A ではなく B である」not A but B

よって，文の骨組みは，The most important thing is not A but B. となる。

▶あなたがた二人が何を言ったか

- 「あなたがた二人」the two of you / each of you
- 「Sが何を言ったか」what S said〔say〕

▶会った後でどのように感じたか

- 「会った後で」after the meeting
- 「どのように感じたか」how you felt〔feel〕

※「言った」「感じた」の時制は文字通りに過去形にしてもよいし，一般論として述べているので現在形にしても，どちらでも問題ないであろう。

設問 6 ▶要約文の意味は次のようになる。

人々との予期しない出会いは思わぬ（a．チャンス）を引き起こすことがある。しかし，これらの偶然の出会いをあなたにとって貴重なものにしたいと思うならば，その扱い方を知らなくてはならない。たとえばあまりに自意識過剰であってはならないし，当惑してはいけない。もしそうだと，偶然の出会いを何か有用なものに変えるチャンスは（b．失われてしまう）かもしれない。

このことすべてにおいて重要なことは，出会いに対する（c．態度）である。これらからいちばん大きな利益を得るのは過度に熱心にやろうとしすぎない（d．人々）である。もし「偶然の出会い」を積極的に求めていたり，それをコントロールしたり，思い通りに起こせると思うと，おそらく偶然の出会いは起こらないであろう。

偶然の出会いが起こったら，あまり（e．熱心に）なりすぎないようにすることもまた重要である。会っている人に集中しなさい。相手や状況を利用したりしようとしてはいけない。その出会いすべてをできるだけ快適なものにしなさい。

もうひとつ肝要なことは，相手の興味に集中して，あなたがたが共有できることを探すことである。「私は（f．しゃべり）すぎているだろうか？　勝手にでしゃばっているのだろうか？」 これらは自問すべきことである。

あなたの人生の大成功は思わぬ場所で予期せぬときにあなたを待っているかもしれない。偶然に出会ったときに，それと（g．認識する）ことができなくてはならないし，それを最大限に活用しなくてはならない。

▶選択肢の語の品詞と意味は以下の通り。

1．attitude（名詞）「態度」
2．aware（形容詞）「気づいて」
3．enthusiastic（形容詞）「熱心な」
4．lost（動詞）「～を失う」の過去分詞形。
5．opportunities（名詞）「チャンス，好機」
6．proud（形容詞）「誇らしげな」
7．recognize（動詞）「～を認識する」
8．search（動詞）「～を探す」
9．talking（動詞）「しゃべる」の現在分詞形。
10．them（代名詞）they「彼ら（それら）」の目的格。
11．those（代名詞）「人々」

▶空所に入るべき選択肢の語の品詞や形がさまざまなので，意味と同時に文法的に考えると入りうる語が限定されてくる。

▶a．give rise to ～「～を引き起こす」の to の後だから名詞が来る。1 か 5 だが，意味の上から 5．opportunities「チャンス，好機」が適切。

▶ｂ．be 動詞に続く補語であるから，文法的には名詞，形容詞，現在分詞，過去分詞などいろいろ考えられるが，ここは意味の上から 4．lost が入る。「もしそうだと，偶然の出会いを何か有用なものに変えるチャンスは（b．失われてしまう）かもしれない」となる。

▶ｃ．one's の後だから名詞が来る。さらに次に toward「～に対する」と続くから 1．attitude「態度」が入る。

▶ｄ．直後に関係代名詞の who があるので，人を表す語が入る。11．those「人々」しかない。

▶ｅ．too「あまりにも～すぎる」の後だから，形容詞か副詞が入る。3 か 6 だが，本文第 7 段第 1 文から 3．enthusiastic が適切。

▶ｆ．後に続く Am I ～ と同じ形の疑問文になると考えるのが自然であるから，9．talking が入る。

▶ｇ．be able to に続くのは動詞の原形。7 か 8 だが，意味の上から 7．recognize が適切である。

解答

設問1　(i)―(ニ)　(ii)―(ロ)　(iii)―(ハ)

設問2　しかし，実りある偶然の出会い 1 回に対して，20 の別のチャンスが失われている。

設問3　偶然の出会いを期待したり支配したり操作しようとする態度。

設問4　＜解答 1 ＞大銀行の頭取がスペインの浜辺で出会った男と 15 年分の価値のある取引を行ったこと。

＜解答 2 ＞画廊のオーナーが，飛行機で隣り合わせた才能ある若い画家との出会いが縁で，彼の人生で最も成功した展覧会を開いたこと。

設問5　＜解答 1 ＞ The most important thing is not what the two of you say, but how you feel after the meeting.

＜解答 2 ＞ What is most important is not what each of you said, but how you both felt after the meeting.

設問6　a－5　b－4　c－1　d－11　e－3　f－9　g－7

31

2007年度〔2〕

次の英文を読んで，以下の設問に答えよ。

A few years ago, a university professor tried a little experiment. He sent Christmas cards to a sample of perfect strangers. Although he expected some reaction, the response he received was astonishing — holiday cards addressed to him came pouring back from people who had neither met nor heard of him. (1)カードを送り返してきた人の大多数は，見ず知らずの教授が誰なのか調べることすらしなかった。They received his holiday greeting card and automatically sent cards in return.

While small in scope, this study shows the action of one of the most (i)potent of the weapons of influence around us — the rule of exchange. The rule says that we should try to repay, in kind, what another person has provided us. If a woman does us a favor, we should do her one in return ; if a couple invites us to a party, we should be sure to invite them to one of ours. (あ)By virtue of the exchange rule we are required to repay favors, gifts, invitations, and the like. Typically, such transactions are accompanied by the feeling that the recipient owes the giver a debt. Hence, a phrase like "much obliged" has become a synonym for "thank you," not only in the English language but in others as well.

I know of no better illustration of the way mutual obligations can reach long and powerfully into the future than the incredible story of $5,000 of relief aid that was exchanged between Mexico and Ethiopia. In 1985, Ethiopia could justly (ii)lay claim to the greatest suffering and poverty in the world. Its economy was in ruins. Its food supply had been diminished by years of drought and internal war. Its inhabitants were dying by the thousands from disease and starvation. Under these circumstances, I would not have been surprised to learn of a $5,000 relief donation from Mexico to that painfully needy country. I remember my feeling of amazement, though, when a brief newspaper item I was reading insisted that the aid had gone in the opposite direction. Officials of the Ethiopian Red Cross had decided to send the money to help the victims of that year's earthquakes in Mexico. According to the Ethiopian Red Cross, despite the enormous needs prevailing in Ethiopia, the money was being sent to

Mexico because, in 1935, Mexico had sent aid to Ethiopia when it was invaded by Italy. The need to return the favor had (iii)transcended great cultural differences, long distances, acute famine, many years, and immediate self-interest. Quite simply, (ア)a half-century later, against all opposing forces, obligation triumphed.

In the late 1960s, psychologist Dennis Regan conducted an experiment demonstrating that the rule of exchange can be exploited. He formed two groups of students and asked each to rate the quality of some paintings. Halfway through the experiment, Dr. Regan's assistant, "Joe," surprised Group A by providing them with free drinks that cost him 10 cents each. Joe gave no drinks to participants in Group B. After the students had finished evaluating the paintings, Joe asked members of both groups if they would buy a few raffle* tickets for 25 cents each. He told them any purchase would help him win a prize for selling the most tickets. On average, members of Group A bought two tickets, at a cost of 50 cents per person. That's a (イ) percent return on Joe's initial investment! Members of Group B, needless to say, bought far fewer tickets. The rule of exchange can be overpowering. Group A members bought the tickets regardless of whether they liked Joe—they felt they owed him something.

Make no mistake, human societies derive a truly significant competitive advantage from the rule of exchange. Yet it is because we are trained to (iv)comply with and believe in it that it can be exploited. Paradoxically, although it developed to promote equal exchanges between partners, it can be used to bring about decidedly unequal results. A small initial favor can produce a sense of obligation to agree to a substantially larger return favor. The rule allows one person to choose the nature of the debt-producing first favor *and* the nature of the debt-cancelling return favor. We can easily be manipulated into an unfair exchange. Our best defense against abuse is not systematic rejection of the initial offers of others. Rather, (い)we should accept initial acts of kindness willingly, but be ready to regard them as tricks should they later be proved as such. Once they are redefined in this way, we will no longer feel a need to respond.

From Influence: The Psychology of Persuasion Revised edition by Robert B Cialdini, HarperCollins Publishers

*raffle 募金等の目的で番号付きの券を売り，当たった人に賞品を渡すくじ

設 問

1 下線部(1)を英語に訳せ。

2 下線部(あ), (い)を日本語に訳せ。

3 下線部(ア)の具体的な内容を 80 字以内の日本語で説明せよ。

4 (イ)に入るもっとも適当な数字を選択肢から選び記号で答えよ。
A) 50 B) 100 C) 500 D) 1000

5 下線部(i), (ii), (iii), (iv)にもっとも意味が近いものを選択肢から選び記号で答えよ。
(i) potent
A) poisonous B) polite C) popular D) powerful
(ii) lay claim to
A) accuse itself of having B) consider itself as having
C) deny having D) worry about having
(iii) transcended
A) overcome B) rejected
C) taken into account D) transformed
(iv) comply with
A) imitate B) obey C) resent D) resist

全 訳

■交換の規則

❶ 2〜3年前に，ある大学教授がちょっとした実験をした。彼は無作為に抽出したまったく知らない人たちにクリスマスカードを送った。何らかの反応は予期してはいたが，彼が受け取った返答は驚くべきものだった。彼宛てのクリスマスカードが，彼に会ったことも彼の名前を聞いたこともない人々から山のように返ってきたのである。カードを送り返してきた人の大多数は，見ず知らずの教授が誰なのか調べることすらしなかった。彼らは教授からのクリスマスカードを受け取って機械的にお返しのカードを送ったのだ。

❷ この研究は，範囲は狭いけれども，我々の周囲で影響力のある武器の中で最も強力なもののひとつの作用を示している――交換の規則である。その規則によれば，我々は誰かがくれたものには同じようなものでお返しをしなくてはいけない。もし，ある女性が親切にしてくれたら，お返しに彼女にも親切にしてあげなくてはいけない。もし，ある夫婦がパーティーに招待してくれたら，必ず自分たちのパーティーにも招待しなくてはいけない。(あ)交換の規則のために，我々は親切や贈り物や招待などに対してお返しをすることを求められる。概して，そのようなやり取りは，受け取った側には与えた側に借りがあるという気持ちに付随して起こる。それゆえ，「大いに恩義がある」という言葉は，英語だけでなく他の言語でも「ありがとう」の同義語となっている。

❸ メキシコとエチオピアの間で交換された5000ドルの救済金援助という驚くべき話ほど，どのように相互の恩義が長い間強力に未来に及ぶかをよく表している例を私は知らない。1985年，エチオピアは世界で一番ひどい苦しみと貧困を抱えていると正当に主張できる状態だった。経済は破綻していた。食糧の供給は何年にもわたる干ばつと内戦で減少していた。住民は病気や飢えのため何千人単位で死んでいた。このような状況では，そのように痛ましいほど貧しい国にメキシコから5000ドルの救済金の寄付があったと知ったとしても，驚きはしなかっただろう。けれども，私が読んでいた短い新聞記事に，援助は反対方向へ行ったと書かれていたときの驚きの気持ちを今でも覚えている。エチオピア赤十字の当局者は，メキシコでその年に起きた地震の被災者を助けるためにその金額を送ることに決めたのだった。エチオピア赤十字によれば，1935年にエチオピアがイタリアに侵略されたとき，メキシコがエチオピアに援助を送ってくれたので，今回エチオピアに広がっている大変な貧困にもかかわらず，そのお金はメキシコに送られたのだった。恩義を返さなくてはという必要が，文化の大きな違い，遠い距離，深刻な飢饉，長い年月，当

面の自国の利益を超越していたのだ。確かに，半世紀後にあらゆる反対の力に抗して，恩義が勝利したのである。

❹ 1960年代の後半，心理学者デニス=リーガンは交換の規則は悪用される恐れがあることを示す実験を行った。学生を2つのグループに分けて，それぞれにいくつかの絵画の質を評価するようにと言った。実験の途中でリーガン博士の助手の「ジョー」が，1人分10セントする飲み物をただで差し入れて，Aグループのメンバーを驚かせた。ジョーはBグループの参加者には飲み物の差し入れをしなかった。学生たちが絵画の評価を終えてから，ジョーは両方のグループのメンバーに1枚25セントでくじを買わないかと尋ねた。買ってくれれば彼が最多くじ販売賞を獲得する助けになるのだが，と学生たちに言った。平均して，Aグループのメンバーは1人50セント出して2枚買った。それはジョーの初期投資の500％のリターンである！　Bグループのメンバーは，言うまでもなく，はるかに少ないくじしか買わなかった。交換の規則には抗いがたい場合がある。Aグループのメンバーはジョーが好きであるかどうかとは無関係にくじを買った――彼に借りがあると思ったのである。

❺ 確かに，人間社会は交換の規則から真に重要な競争上の優位性を得ている。だが，それが悪用される場合があるのは，我々が交換の規則に従うように，またそれがいいものであると信じるように教えられているからである。逆説的に言えば，それは相手との間で平等な交換を促進するために発展したが，決定的に不平等な結果を生み出すために使われることがある。最初のちょっとした親切が，より大きな返礼をすることを承諾してしまう恩義の意識を生み出すことがある。交換の規則は1人の人間に借りを生み出す最初の親切の本質と，借りを返す返礼の親切の本質とを選択させる。我々は簡単に操作されて不公平な交換をすることがある。悪用に対する最大の防衛策は他人からの最初の申し出を一貫して拒否することではない。むしろ，(い)最初の親切な行為は進んで受け入れた方がよいが，後にもしそれが罠だとわかったらすぐにそう認める気持ちでいなくてはいけない。ひとたびこのように見直しができれば，もはや返礼をする必要は感じないであろう。

各段落の要旨

❶ ある大学教授が無作為に選んだ見ず知らずの人々にクリスマスカードを送る実験をした。すると，たくさんのお返しのカードが機械的に送られてきた。

❷ もらったものに対しては同じようなものを返さなくてはならないという交換の規則が働いているのだ。これは，恩義は返さなくてはならないという意識から生まれる。

❸ 干ばつと内戦のため飢えと貧困に苦しむエチオピアが，メキシコの地震の被災者のために救援金を送った。かつてエチオピアがイタリアに侵略されたときにメキシコが援助を送ってくれたことに対する返礼であったのだ。このことは，いかに恩義の力が強いかを示すよい例である。

❹ ある実験からは，この交換の規則が悪用される可能性があることも示されている。
❺ われわれは最初の親切な行為に対して不平等な交換をしてしまうことがある。交換の規則の悪用に対する防衛策は，最初の親切が罠だとわかったら，すぐにそう認めて返礼しないことである。

解 説

設問１ カードを送り返してきた人の大多数は，見ず知らずの教授が誰なのか調べることすらしなかった。

▶カードを送り返してきた人の大多数は

- 「〜を送り返す」send back 〜
- 「カードを送り返してきた」は関係詞節で先行詞の「人」につなげればよいから，the people who sent back the cards となる。
- 「〜の大多数」the majority of 〜

▶見ず知らずの教授が誰なのか調べることすらしなかった

- 「見ず知らずの教授」をどう表現できるかがポイント。
- 「見ず知らずの教授」は，stranger「見知らぬ人」を使って， the professor, who was a complete〔perfect / total〕stranger などとするとよい。a complete〔perfect / total〕stranger で，「赤の他人，面識のない人」の意味となる。
- あるいは「それまで会ったこともない教授」the professor, whom they had never met before としてもよいであろう。いずれの場合も，関係代名詞は前にコンマをおいた非制限用法にするとよい。
- 「教授が誰なのか」→「教授の身元」と言い換えて identity という単語が思い浮かぶ。the identity of the professor とする。この部分だけ取り出せば文字通り who the professor was としてもよいが，「見ず知らずの」のところで前述のように who を使うので，重複を避けたい。
- 「〜を調べる」は，ここでは研究や学術調査ではないので find out 〜 とか discover などがよい。「〜を調べようとする」は，try to find out 〜 とすると，感じが出るだろう。
- 「〜すら」even

設問２ (あ) By virtue of the exchange rule we are required to repay favors, gifts, invitations, and the like.

▶ we are required to repay「我々はお返しをすることを求められる」が，この文の骨格である。

▶ by virtue of ～「～のために，～によって」

▶ exchange rule「交換の規則」

▶ be required to *do*「～することを求められる，～する必要がある」

▶ repay「(～の) お返しをする」

▶ and the like「そのようなもの，など」

設問 2 (い) **we should accept initial acts of kindness willingly, but be ready to regard them as tricks should they later be proved as such.**

▶ accept と be ready to はどちらも助動詞の should から続く，いわゆる共通構文。図示すると次のようになる。

we should [accept initial acts of kindness willingly]

but (should) [be ready to regard them as tricks]

この共通構文は，**a** (**b**＋**c**) という構造。

▶下線部には should が 2 つ出てくるが，それぞれの用法の違いに注意。

▶ should they later be proved as such＝if they should later be proved as such「もしそれら（親切な行為）がそのようなもの（罠）だとわかったとしたら」
仮定法未来の条件節で if が省略されて主語と助動詞の should が倒置されている。
仮定法の if ～ should … は起こる可能性が低いことを仮定するときに使う。

▶ accept「～を受け入れる」

▶ initial acts「最初の行為」

▶ willingly「進んで」

▶ be ready to *do*「～する覚悟（準備）ができている」

▶ regard *A* as *B*「*A* を *B* とみなす」

▶ trick「罠」

設問 3 ▶下線部の意味は「半世紀後にあらゆる反対の力に抗して，恩義が勝利した」
against「～に抗して」　opposing forces「反対の力」
obligation「恩義」　triumph「勝利する」

▶解答には「半世紀後」「反対の力」「恩義の勝利」の具体的な説明が要求されている。

▶第3段に書かれているエチオピアとメキシコの援助の交換の話を要約することになる。その内容は下線部に先行する3つの文（Officials of …. According to …. The need to ….）にまとめられている。

「エチオピア赤十字の当局者は，メキシコでその年（1985年）に起きた地震の被災者を助けるためにその金額を送ることに決めたのだった。エチオピア赤十字によれば，1935年にエチオピアがイタリアに侵略されたとき，メキシコがエチオピアに援助を送ってくれたので，今回エチオピアに広がっている大変な貧困にもかかわらず，そのお金はメキシコに送られたのだった。恩義を返さなくてはという必要が，文化の大きな違い，遠い距離，深刻な飢饉，長い年月，当面の自国の利益を超越していたのだ」

victims「犠牲者」　despite「～にもかかわらず」

enormous needs「莫大な必要物」→「大変な貧困」

invade「侵略する」　acute famine「深刻な飢饉」

▶「半世紀後」は，1935年から50年後の1985年のこと。

▶「反対の力」とは上記の最後の文中の「文化の大きな違い，遠い距離，深刻な飢饉，長い年月，当面の自国の利益」のことである。

▶「恩義が勝利した」というのは，エチオピアが1935年にイタリアに侵略されたときメキシコが援助してくれたことへの返礼に，1985年メキシコが地震の被害にあったときに，今度はエチオピアがメキシコに対して5000ドルの救済金を寄付したことである。

▶解答は80字という制限があるので，「反対の力」は前記の項目をそのまま羅列するわけにはいかない。本文では飢饉と貧困が中心的に書かれているので，それに絞って書くとよいであろう。

設問4　正解は C)　▶問題の箇所の意味は「それはジョーの初期投資の（　　）%のリターンである！」

initial investment「初期投資」　return「リターン（投資から得られる利益）」

▶空所には初期投資とリターンの割合が入るから，初期投資額がいくらでリターンがいくらかということを文中から読み取る。

▶第4段第3文からジョーがAグループの学生1人1人に配ったのは，それぞれ10セントの飲み物だったことがわかる。すなわちこれが初期投資である。同段第7文には，Aグループの学生は平均して1人50セント払ってジョーから2枚のくじを買ったことが書かれている。これがリターンである。

▶10セントの初期投資で50セントのリターンを得たのだから，500%ということになる。

▶本文中の数値を正確に読み取ることがポイント。

設問5 (i) 正解は D) ▶ potent「強力な」

A) poisonous「有毒な」 B) polite「礼儀正しい」
C) popular「人気がある」 D) powerful「強力な」

設問5 (ii) 正解は B) ▶ lay claim to ～「～の所有権を主張する」

A) accuse itself of having「～をもっていることを自己批判する」
B) consider itself as having「～をもっていると自己認識する」
C) deny having「～をもっていることを否定する」
D) worry about having「～をもっていることを心配する」

設問5 (iii) 正解は A) ▶ transcended「～を超越した」

A) overcome「～を乗り越えた」 B) rejected「～を拒絶した」
C) taken into account「～を考慮した」 D) transformed「～を変形させた」

設問5 (iv) 正解は B) ▶ comply with ～「～に従う」

A) imitate「～を模倣する」 B) obey「～に従う」
C) resent「～に腹を立てる」 D) resist「～に抵抗する」

解答

設問1 The majority of the people who sent back the cards did not even try to find out the identity of the professor, who was a complete stranger.

設問2 (あ) 交換の規則のために，我々は親切や贈り物や招待などに対してお返しをすることを求められる。

(い) 最初の親切な行為は進んで受け入れた方がよいが，後にもしそれが罠だとわかったらすぐにそう認める気持ちでいなくてはいけない。

設問3 1935年にイタリアに侵略された際にメキシコから受けた恩を返すべく，エチオピアは半世紀後のメキシコ地震のとき，自国が飢饉で苦しんでいるのに5千ドルの救援金を送った。(80字以内)

設問4 C)

設問5 (i)—D) (ii)—B) (iii)—A) (iv)—B)

32

2006年度〔2〕

次の英文を読んで，以下の設問に答えよ。

The horse's importance to the development of human society over the last 5,000 years is a well-known story. The horse has played a more critical role in humanity's development than any other domesticated animal you can name.

Throughout the centuries, the horse's true potential soon became apparent; and once domesticated, it (i)took on vital roles in transport, sport and warfare. It's hard to see how humans could have gotten by without the horse.

Breeding in captivity led to a whole range of different breeds, varying in size, speed and stamina. This (ii)variety meant that horses could be used for everything from personal transport to the carrying of heavy loads. Breeds of heavy horses enabled these animals to compete with oxen for the unenviable role of chief beast of burden.

In Europe horses appeared as a favorite animal of nobles, who refined the sport of the horse race to their liking. But in Asia the use of horses for sports considerably (iii)predated that in Europe. Mongolia was and is famous for its horse races in festivals and games. And in China, after its introduction from Persia, polo, a sport played on horseback, quickly (iv)caught on and was enjoyed by both men and women.

But (A)the horse's greatest day, as it were, began in the early 18th century. Major innovations in agricultural practices and work methods saw horses become invaluable to many aspects of rural life, something quite different from their position as animals of sport.

Nowadays the relationship between people and horses has changed again, especially in the developed world. The internal combustion engine* was the first technical development to undermine the importance of the horse, followed by numerous other advances in mechanization, (a)結果として，産業界における馬の役割は大いに減少することになった.

But perhaps the cruelest story that one comes across in the long relationship between horses and people is the one centering on the use of horses in warfare. However, (1)had humans not used horses for this purpose, they probably would have found other means to accomplish what the horse did.

The first people to attempt to domesticate the wild horse probably lived semi-nomadic** lives on the vast plains of Asia. Here horses were captured from the wild and bred. They were ridden to drive herds of cattle, and they also pulled carts. It was perhaps from these origins that the horse's involvement in war and battle developed. Skilled swordsmen and riders with bows and arrows put fear into the hearts of their opponents. The earliest known example of a Chinese horse-drawn chariot comes from a grave that is more than 3,000 years old. Horses were used in China by government couriers as well, to carry messages from place to place.

(2)It wasn't long before a range of breeds began to appear in eastern Asian societies in which horses were highly valued. There were breeds of horses specifically created for speed, size, power and endurance. All empires, whether Chinese, Persian, Greek, Roman or modern European, were dependent on the horse ; and all major battles, up to and including those in World War I, relied heavily on horsepower. Their casualties were proportionately as great as those of the warriors they accompanied.

Although the horse was superceded by advanced machinery, (b)戦争におけるその役割は，いくら大げさに言っても言い過ぎることはない, a thing that can be seen in military parades today.

Horses have served humans for millennia, for better and for worse.

From Horses : A Portrait of the Animal World by Paul Sterry, New Line Books

*internal combustion engine　内燃機関
**semi-nomadic　半遊牧民の

設 問

1　下線部(i)，(ii)，(iii)，(iv)の意味にもっとも近いものを一つ選び，記号を記せ。

(i) took on

(ア) began to play　(イ) came to cease
(ウ) got to pursue　(エ) started to spread

(ii) variety

(ア) category　(イ) definition
(ウ) diversity　(エ) variant

(iii) predated

(ア) came across (イ) came after

(ウ) came before (エ) came on

(iv) caught on

(ア) became exciting (イ) became popular

(ウ) became prosperous (エ) became vulgar

2 下線部(A) the horse's greatest day の説明として，最も適切なものを一つ選び，記号を記せ。

(ア) The horse became useless compared to before.

(イ) The horse became very valuable in rural life.

(ウ) The horse was followed by numerous advances in mechanization.

(エ) The horse's relationship with people changed.

3 下線部(a)の意味になるように，下の語句を並べ替えて，直前の部分にうまくつながるようにせよ。

effectively diminished/in industry/that/the horse's role/the result/was/with

4 下線部(1)，(2)を和訳せよ。

5 下線部(b)を英訳せよ。

全訳

■人間生活に馬が果たしてきた役割

❶ この5000年間にわたる人間社会の発展にとって馬が重要だったというのは有名な話である。馬は，人類の発展において，あなた方が名前を挙げることのできるどんな家畜よりも重大な役割を果たしてきたのである。

❷ 何世紀もの間に，馬の真の潜在能力はじきに明らかになった。ひとたび飼い馴らされると，輸送，スポーツ，戦争において重要な役割を担った。馬なしでどのように人間が暮らすことができたかを想像するのは困難である。

❸ 飼育状態で繁殖しているうちに，大きさ，走る速さ，スタミナにおいて異なる，多種多様な品種が生み出された。この多様性のために，馬は人を運ぶことから重い積荷を運ぶことまであらゆる用途に使われることになった。重い馬の品種が生まれたおかげで，この動物は主要な荷物運搬用動物というありがたくない役割を牛と競うことになったのである。

❹ ヨーロッパでは馬は貴族のお気に入りの動物として登場し，彼らは競馬というスポーツを自分たちの気に入るように洗練させたのであった。しかしアジアでは，馬をスポーツに使うのはヨーロッパよりもずっと早かった。モンゴルは昔から祭りやゲームでの競馬で有名であったし，今もそうである。そして中国では，ペルシアから入ってきてから，馬の背に乗ってプレーするスポーツであるポロがすぐに人気を博し，男性も女性も楽しんだ。

❺ しかし，いわば馬の一番重要な時代は，18世紀初頭に始まった。農業の慣習や作業方法の大きな革新のために，馬は農村生活の多くの面で貴重な存在になったのである。これはスポーツの動物としての地位とはまるで異なるものであった。

❻ 今日，人と馬の関係は，特に先進国で，再び変化した。内燃機関が馬の重要性を減ずることになる最初の技術的な成果であった。それに続いて数多くの他の機械化の発展が続き，結果として，産業界における馬の役割は大いに減少することになった。

❼ しかしおそらく，人間と馬の長い関係の中で出くわす一番残酷な話は，戦争における馬の使用に関わる話である。しかし，(1)たとえ人間がこの目的のために馬を使わなかったとしても，たぶん馬の役割を果たす他の手段を見つけていたことであろう。

❽ 野生の馬を飼い馴らそうと試みた最初の人々は，おそらく広大なアジアの平原で半遊牧民の生活をしていたのであろう。ここで野生の馬が捕らえられて，飼育された。馬たちは牛の群れを移動させるのに使われ，また荷馬車も引いた。おそらく

馬の戦争や戦いへの関わりが発展していくのは，このような起源にそのもとがあるのであろう。巧みな剣士や弓矢を持っている騎馬兵士は敵の心に恐怖心を抱かせた。わかっているうちで最も古い例である中国の戦闘馬車は3000年以上も前の墓から出ている。馬は，中国であちこちに書信を運ぶために政府の使者によっても使われた。

❾ (2)まもなく馬が大変重んじられていた東アジアの社会でさまざまな品種が現れ始めた。走る速さ，大きさ，力，持続力のためにそれぞれ特別に生み出された馬の品種ができた。中国であれ，ペルシアであれ，ギリシアであれ，ローマであれ，近代のヨーロッパであれ，すべての帝国は馬に依存していた。その上，第一次世界大戦にいたるまで，そして大戦中も，主要な戦闘はすべて馬の力に大いに依存していた。馬の被害は主人である兵士の死傷に比例して甚大であった。

❿ 馬は進歩した機械に取って代わられたが，戦争におけるその役割は，いくら大げさに言っても言い過ぎることはない。それは今日軍事パレードの中で見られることである。

⓫ 馬は数千年間，良かれ悪しかれ，人間に仕えてきたのである。

各段落の要旨

❶ 人間社会の発展にとって馬は他のどんな家畜よりも重要な役割を果たしてきた。

❷ 馬の潜在能力は何世紀もの間に明らかになり，飼い馴らされると，輸送，スポーツ，戦争において重要な役割を担った。

❸ 多種多様な品種が生み出された結果，馬はあらゆる用途に使われるようになった。特に，重い品種が生まれたおかげで，馬は牛とともに荷物運搬用動物となった。

❹ ヨーロッパ貴族は競馬というスポーツを発展させたが，モンゴルや中国など，アジアではずっと昔から馬をスポーツに使っていた。

❺ 18世紀初頭に農業技術の革新に伴い，馬は農村において重要な存在になった。

❻ 今日では特に先進国において，内燃機関に始まる機械化が進んだ結果，馬の産業界における重要性は減じた。

❼ 人間と馬の長い関係の中で一番残酷なのは，戦争における馬の使用である。

❽ 馬の戦争への関わりは，もともとアジアの半遊牧民が野生の馬を飼い馴らし，牧畜や荷物運搬に使ったというその起源にあるのであろう。3000年以上も前の中国の墓からも，戦闘馬車が出土している。

❾ 東アジアでさまざまな用途に合った馬の品種が現れ，歴史上の帝国はすべて，馬に頼っていた。第一次世界大戦まで主要な戦闘は大いに馬の力に依存しており，馬の受けた被害も主人である兵士の被害に比例して甚大であった。

❿ 進歩した機械に取って代わられても馬の戦争における役割は大きく，今でも軍事パレードにそれが見られる。

⓫ 良かれ悪しかれ，馬は数千年間，人間に仕えてきたのである。

解説

設問 1 (i) 正解は (ア) ▶ took on は後に目的語の vital roles「重要な役割」が続いているので,「引き受けた」の意味である。

(ア) began to play「果たし始めた」 (イ) came to cease「やめるようになった」
(ウ) got to pursue「追求するようになった」 (エ) started to spread「広げ始めた」

設問 1 (ii) 正解は (ウ) ▶ variety「多様性」

(ア) category「範疇」 (イ) definition「定義」
(ウ) diversity「多様性」 (エ) variant「変形」

設問 1 (iii) 正解は (ウ) ▶ predated「～より前に起こった」

▶ pre-が「以前の」を表す接頭辞であることと, date が「日付」の意味であることから類推できる。

(ア) came across「～に偶然出くわした」 (イ) came after「～の後にやってきた」
(ウ) came before「～の前にやってきた」 (エ) came on「やってきた」

※接頭辞や接尾辞の整理をしておくと語彙力のアップになる。

設問 1 (iv) 正解は (イ) ▶ caught on「はやった」

(ア) became exciting「おもしろくなった」
(イ) became popular「人気が出た」
(ウ) became prosperous「繁栄するようになった」
(エ) became vulgar「下品になった」

設問 2 正解は (イ) ▶ the horse's greatest day「馬の一番重要な時代」

▶この直後に「農業の慣習や作業方法の大きな革新は, 馬が農村生活の多くの面で貴重になるのを見た」→「農業の慣習や作業方法の大きな革新のために, 馬は農村生活の多くの面で貴重な存在になったのである」とある。よって, (イ)が正解。

▶(ア) The horse became useless compared to before.「馬は以前と比べて役に立たなくなった」

▶(イ) The horse became very valuable in rural life.「馬は農村生活においてとても貴重になった」

▶(ウ) The horse was followed by numerous advances in mechanization.「馬の後に多くの機械化の進歩が続いた」

▶(エ) The horse's relationship with people changed.「馬の人間との関係は変化した」

設問 3 ▶この問題でまず注意すべきことは，下線部(a)が単独の文ではなくて，文の一部であるということである。もうすでに文全体の主部・述部があることを頭に入れて考えなくてはならない。

▶もし下線部が主部・述部の整った文になるとすると，等位接続詞が必要になる。しかし与えられた語句の中には等位接続詞はない。それゆえ主部・述部を備えた文はこられないことになる。「結果として…になった」を the result was that … とはできないということである。またそうした場合，前置詞の with が宙に浮いて行き場がなくなってしまうことからもだめだということがわかる。

▶その with がカギを握っていることになる。with the result that …「その結果…ということになる」という構文に気がつけば，しめたものである。後は「産業界における馬の役割は大いに減少することになった」という部分を that 節の中に入れればよいだけである。

▶「産業界における馬の役割」the horse's role in industry

▶「大いに」 effectively にこの意味があるのを知っている人は少ないだろうが，与えられた語の中ではこれしか考えられない。was と diminished の間に入る。

▶「減少する」 be diminished と受動態になる。

設問 4 (1) **had humans not used horses for this purpose, they probably would have found other means to accomplish what the horse did.**

▶ would have found を見て仮定法過去完了の文であることに気がつかなくてはいけない。

▶ had humans not used horses「たとえ人間が馬を使わなかったとしても」 仮定法の条件節の if が省略されているので倒置になっている。if を補えば if humans had not used horses となるところ。この if は文脈から「もし…ならば」ではなく even if「たとえ…だとしても」の意味にとるのがよい。

※仮定法の条件節の if の省略で起こる倒置を見抜けるかどうかがポイント。この倒置はよく出題されるので注意。

例：If I were you → Were I you

　　If he should come → Should he come など。

※if は「もし…ならば」だけでなく文脈によって「たとえ…だとしても」(= even if) の意味になることがあるので，主節との意味のつながりに注意すること。

▶ for this purpose「この目的のために」

▶ means「手段」
▶ accomplish「～を達成する」
▶ what the horse did「馬がしたこと」

設問 4 (2) It wasn't long before a range of breeds began to appear in eastern Asian societies in which horses were highly valued.

▶ It wasn't long before …「…する前には長くはなかった」が直訳。「まもなく…」と訳すとよい。

※未来形で It won't be long before …「まもなく…するでしょう」の表現もあるので注意。

例：It won't be long before he returns home.「まもなく彼は帰国するでしょう」

▶ a range of breeds「多種多様な品種」
▶ eastern Asian societies in which horses were highly valued「馬が大変重んじられていた東アジアの社会」 in which は関係副詞の where に置き換えが可能。
▶ be highly valued「高く評価される，重んじられる」

設問 5 戦争におけるその役割は，いくら大げさに言っても言い過ぎることはない

▶戦争におけるその役割は，いくら大げさに言っても言い過ぎることはない

- この文の前半 Although で始まる従属節の部分の主語が the horse となっているので，この文の主語も「その（馬の）役割」its〔the horse's〕role として受動態で表現するほうがよいであろう。能動態で書いてももちろん誤りということはない。
- 「戦争における」in warfare　第７段第１文に使われているのでそのまま使えばよい。in war でももちろん可。
- 「役割」は，role が第１・２段に使われているのでそのまま利用する。
- 「いくら大げさに言っても言い過ぎることはない」→「強調し過ぎることはない」overemphasize を使えば its role cannot be overemphasized。exaggerate「～を誇張する」を使って，「その役割の重要性を誇張することはできない」it is impossible to exaggerate the importance of its role とか we cannot exaggerate the importance of its role とすることも可能。

設問1 (i)—(ア) (ii)—(ウ) (iii)—(ウ) (iv)—(イ)

設問2 (イ)

設問3 with the result that the horse's role in industry was effectively diminished

設問4 (1) たとえ人間がこの目的のために馬を使わなかったとしても，たぶん馬の役割を果たす他の手段を見つけていたことであろう。

(2) まもなく馬が大変重んじられていた東アジアの社会でさまざまな品種が現れ始めた。

設問5 ＜解答1＞ its〔the horse's〕role in warfare cannot be overemphasized

＜解答2＞ it is impossible to exaggerate the importance of its〔the horse's〕role in warfare

解答

33

2005 年度〔2〕

次の英文を読んで，以下の設問に答えよ。

The famous Italian chef, Paolo Campanella, was speaking on the radio the other day about the meaning of the word 'traditional' in the context of 'traditional Italian cooking'. It was a fascinating talk, particularly when he brought up the point about traditions changing with the times.

(1)'Nothing is fixed in Italian cooking, let alone any other aspect of the culture of Italy, be it art, music, architecture or whatever', said the original-thinking magician of the kitchen. (By the way, 'Campanella's Kitchen' can be seen on TV every other Wednesday at 6:30 pm.)

But of all of the fantastic recipes that Campanella has created on his TV show, none has interested me more than the recipe for *spaghetti alla carbonara.* And, strangely enough, it was this very recipe that this master of taste spoke about in his radio interview.

Apparently, according to Campanella, the 'traditional' dish *spaghetti alla carbonara* was not known in Italian kitchens before World War Ⅱ. 'It was created after the war in Roman restaurants', claimed Campanella, 'and was not at all just like your old mother used to make. I can tell you this right here and now : (a)ローマで生まれ育った私の母親は，そんな料理を作るなどということを，夢にも思わなかったろう。And when she first tasted it, some years after the war was over, I might add, she exclaimed to me, "Paolo, this isn't real Italian spaghetti… it's American spaghetti !"'

Why, I wondered listening to this, would this great chef's mother have called the dish 'American' ? Campanella went on to explain.

'You see, it was in about 1947 that this dish began to be served in a number of restaurants in Rome, not to mention, subsequently, in other cities as well. The worst postwar poverty had come and gone in just those few years, and people started eating out again, enjoying the good life, so to speak. (2)These were people deprived a few short years before of what anybody would have called "luxury". *Spaghetti alla carbonara* is a solid dish that fills you up like no other similar pasta. It is also full of nutrition, using, as it does, eggs, bacon (or ham in some variations) and grated cheese'.

Campanella went on to say that it doesn't appear in the traditional cook books, not even in a definitive one published in 1950.

'Apparently', he explained, 'it was an invention of the American army of occupation in Italy. It was common for American soldiers when not on duty to go to little restaurants carrying their own bacon and eggs, distributed to them by the army. (b)彼らは自分たちの持参したものでパスタ料理を作れないか，レストランの料理人にお願いしたものだった。Well, what must have happened is that one inventive Roman cook probably saw the bacon and eggs and decided to mix hot pasta in with them, scramble it all up and put in some grated cheese'.

So that is how this 'now traditional' spaghetti dish began!

But Campanella ended his interview on another note, making the point that 'real Italian spaghetti dishes' are not like this 'American one which uses more sauce than pasta'. Creators of real traditional pasta, according to Campanella, would never cover the pasta with loads of thick sauce, and 'certainly would not dare serve something like meatballs in their spaghetti, like the Americans do. Such a thing', he added in an excited voice, 'would be totally unacceptable in Italy in any era. It's one thing to be inventive. But it's another thing entirely to assume that this inventiveness allows you the right to change the very nature of the art of a country's cooking'.

I think we should all give consideration to (c)Campanella's viewpoint when we contemplate the meaning of tradition in a country's food.

設 問

1 下線部(1)，(2)を和訳せよ。

2 下線部(a)，(b)を英訳せよ。

3 下線部(c)の指している内容を 80 字から 100 字（句読点を含む）の日本語で要約せよ。

全訳

■イタリア料理にみる伝統

❶ 有名なイタリア料理のシェフ，パオロ=カンパネラが先日，「伝統的なイタリア料理」に関連して「伝統的」という言葉の意味についてラジオで語っていた。その話は魅力的で，特に，時代とともに変化する伝統という点を取り上げたあたりがよかった。

❷「(1)絵画，音楽，建築，あるいは何であれ，イタリア文化の他の分野では言うまでもないことですが，イタリア料理においても固定されていることは何もありません」と創意に富む台所の魔術師は語った。(話はそれるが「カンパネラのキッチン」は隔週の水曜日午後 6：30 にテレビで見ることができる。)

❸ しかし，カンパネラが彼のテレビ番組の中で創り出した魅力的なレシピのすべての中でも，スパゲッティ・アラ・カルボナーラのレシピほど私の興味をひくものはなかった。そして非常に奇妙なことに，この味覚の達人がラジオのインタビューで語っていたのもこのレシピのことにほかならなかった。

❹ カンパネラに言わせると，明らかなことなのだが，「伝統的な」料理，スパゲッティ・アラ・カルボナーラは第二次世界大戦以前にはイタリアの台所では知られていなかった。「それは戦後ローマのレストランで創られ，昔の母親が以前に作っていたものとは似ても似つかぬものでした」とカンパネラは言明した。「今ここではっきり申し上げましょう。ローマで生まれ育った私の母親は，そんな料理を作るなどということを，夢にも思わなかったでしょう。そして，戦争が終わって何年か後に母が初めて食べたとき，彼女は『パオロ，これは本当のイタリアのスパゲッティじゃないわ，アメリカのスパゲッティよ！』と叫んだことも付け加えさせていただきましょう」

❺ これを聞きながら私は，なぜこの偉大なシェフの母親はこの料理を「アメリカ料理」と言ったのだろうか？　と思った。カンパネラは説明をさらに続けた。

❻「あのですね，この料理がローマの多くのレストランで出され始めたのは 1947 年頃でした。言うまでもなく，その後には他の町でも出されるようになりました。ちょうどその数年の間に，戦後最悪の貧困が訪れて去っていきました。そして人々はまた外食を始めました――いわば，良い生活が始まったのです。(2)これらの人たちは，みんなが『ぜいたく』と呼んだであろうものをほんの数年前には奪われていた人たちでした。スパゲッティ・アラ・カルボナーラは他の同類のパスタとは異なり，みんなを満腹にする食べごたえのある料理なのです。それはまた，普通は，卵，ベーコン（ハムを使う場合もあります)，おろしたチーズを使った栄養豊かなもの

でもあるのです」

❼ カンパネラはさらに続けて，「伝統的な料理本，1950 年に出版された決定版にさえスパゲッティ・アラ・カルボナーラは載っていません」と述べた。

❽「明らかに，それはイタリアを占領していたアメリカ軍の創案によるものでした。非番のとき，アメリカ兵が軍から支給されたベーコンや卵を持って小さなレストランへ行くのはめずらしいことではありませんでした。彼らは自分たちの持参したものでパスタ料理を作れないか，レストランの料理人にお願いしたものでした。おそらく，独創的なローマの料理人がベーコンと卵を見て，茹でたてのパスタにそれらをミックスしてまんべんなくかき回し，おろしチーズをかけることにした，といったところにまず間違いないでしょう」と彼は説明した。

❾ そんな風にこの「新伝統」スパゲッティ料理が誕生したのだった！

❿ しかし，カンパネラは語調を変えて，「本当のイタリアのスパゲッティ料理」は，このような「パスタよりもソースをより多く使うアメリカ風のもの」ではないという点を強調し，インタビューを締めくくった。カンパネラによると本当の伝統的なパスタの創造者だったら，こってりしたソースをたっぷりパスタにかけたりしないだろうし，「アメリカ人のようにスパゲッティにミートボールみたいなものをわざわざ加えたりはまずしないでしょう。そんなことは」と興奮気味に彼は付け加えた。「どんな時代であってもイタリアではそんなことは絶対に受け入れられないでしょう。独創的であることと，この独創性があればその国の料理法の本質そのものを変える権利があると考えることとはまったく別のことです」

⓫ 一国の料理における伝統の意味を考えるとき，カンパネラの見解には十分に考慮を払うべきだと思う。

各段落の要旨

❶ 有名なイタリア料理のシェフ，パオロ=カンパネラが先日，ラジオでイタリア料理に関連して「伝統的」という言葉の意味について話していた。

❷ 彼は，イタリア料理についても他の芸術分野同様，固定されているものは何もないと語った。

❸ 彼のテレビ番組のレシピの中で私はスパゲッティ・アラ・カルボナーラに一番興味があるが，彼がラジオで話したのもこのレシピについてだった。

❹ 彼によると「伝統的な」料理であるスパゲッティ・アラ・カルボナーラは第二次世界大戦前のイタリアでは知られていなかった。ローマで生まれ育った彼の母親は，これを食べて「アメリカのスパゲッティ」と叫んだ。

❺ 私は彼の母親がなぜ「アメリカ料理」と言ったのか不思議に思った。

❻ 初めてローマのレストランにスパゲッティ・アラ・カルボナーラが現れたのは，最悪の貧困が終わり，人々が外食を始めた 1947 年頃であった。それは栄養豊かな，食べごたえのある料理だった。

❼ 伝統的な料理本には，1950 年発行の決定版にもスパゲッティ・アラ・カルボナーラは載っていない。
❽ それはおそらく，イタリアを占領していたアメリカ兵が非番のときにレストランに持ち込んだ軍支給のベーコンや卵に，料理人がパスタとミックスしてチーズをかけて出来上がったものであろう，とカンパネラは言った。
❾ このようにして「新伝統」スパゲッティが生まれた。
❿ しかしカンパネラによれば，パスタよりもソースのほうが多く，中にミートボールのようなものを入れたアメリカのスパゲッティ料理は，真の伝統的なイタリアの料理とは言えない。独創的であってもその国の料理の本質を変える権利はないと結論づけた。
⓫ 一国の料理の伝統の意味を考える上で，カンパネラの見解は考慮すべきものである。

解 説

設問 1 (1) 'Nothing is fixed in Italian cooking, let alone any other aspect of the culture of Italy, be it art, music, architecture or whatever,'

▶ Nothing is fixed in Italian cooking「イタリア料理には固定したものは何もない」がこの文の骨格で，let alone 以下が付け加えられている。

▶ fixed「固定した」

▶ let alone ～「(否定文を受けて) まして～は言うまでもないが」

▶ aspect「側面，分野」

▶ be it ～「たとえそれが～であっても」(譲歩表現) 動詞の原形を使って譲歩の意味を表している。

例：Be it ever so humble, there is no place like home.「どんなに粗末でも我が家に勝るところはない」

▶ architecture「建築」

▶ or whatever「そのようなもの，その他何でも」

設問 1 (2) These were people deprived a few short years before of what anybody would have called "luxury".

▶ These were people「これらが人々だった」がこの文の骨格で，どういう人々だったかを deprived of 以下が修飾している。図示すると次のようになる。

These were people
　　└ deprived of [what anybody would have called "luxury"]
　　　└【a few short years before】

▶ deprived of ～「～を奪われた」 deprived は過去分詞で後ろから people を修飾している。deprive *A* of *B*「*A* から *B* を奪う」がもとの表現。

▶ deprive と of の間に a few short years before「ほんの数年前に」が挿入されている。

▶ what は先行詞を含む関係代名詞で「…するもの」。

▶ would have called "luxury"「『ぜいたく』と呼んだであろう」 仮定法過去完了。条件は a few short years before「ほんの数年前に」→「ほんの数年前だったら」に含まれる。

設問 2 (a) **ローマで生まれ育った私の母親は，そんな料理を作るなどということを，夢にも思わなかったろう。**

▶ローマで生まれ育った私の母親

- 「母親」を先行詞にして「ローマで生まれ育った」を関係代名詞の who 以下につなげる。その際 who の前にコンマをつけて my mother, who … と非制限用法にする。
- あるいは「ローマで生まれ育った」の部分を分詞構文にして my mother, born and brought up in Rome, とすることもできる。
- 「生まれる」be born
- 「育つ」be brought up

※関係代名詞の制限用法と非制限用法（継続用法）に気をつけよう。

「ローマで生まれ育った私の母親」を my mother who was born and brought up in Rome と制限用法の関係代名詞で表すと，私の母親が複数いてそのうちの「ローマで生まれ育った母親」という感じになるので，ここでは不自然である。コンマ一つにも注意が必要である。

▶夢にも思わなかったろう

- 仮定法過去完了の結論を表す文 would have *done* の形にするのがよい。
- 「～を夢みる」は dream of *doing* だから would have never dreamed of *doing* となる。

▶そんな料理を作る

- 「そんな料理」「料理」は dish が本文で何度も使われている。such a dish とか a dish like that とする。

設問 2 (b) **彼らは自分たちの持参したものでパスタ料理を作れないか，レストランの料理人にお願いしたものだった。**

▶彼らはレストランの料理人に～か，お願いしたものだった

- 「レストランの料理人」the cooks at the restaurants
- 「*A* に～か，お願いする」→「*A* に～することをお願いする（頼む）」「お願いする（頼む）」にあたる動詞は ask / request / beg などがあり，どれも同じ文型で ask *A* to *do* / request *A* to *do* / beg *A* to *do* の形で表現できるが，request は少し改まった言い方になり，beg は「懇願する」感じが強いので，ここでは ask を使うのがよいであろう。
- 「したものだった」は過去の習慣的行為を表す助動詞の would を使う。would *do* だけでも意味の上では可能だが，would often *do* と often を加えるほうが自然な英語になる。

※「～したものだった」という過去の習慣的動作を表す表現に used to *do* と would *do* とがあるが，used to *do* のほうは現在と対比して「昔は～だった」という感じが強い。また，would は頻度を表す副詞の often とともに使われることが多い。

▶自分たちの持参したものでパスタ料理を作れないか

- 「自分たちの持参したもので」は，「彼らが持ってきたもの」と考える。関係代名詞の what を使って what they had brought with them とするのがよい。あるいは，持参したものが具体的に their own bacon and eggs と示されているので，「持ってきた品」として the items that they had brought with them とすることもできる。「持参した」の時制は「お願いした」過去の時点よりも以前に「持参して」いるのだから，過去完了形にするのがよい。また with them はなくてもすむが，付け加えるほうが自然である。
- また，「持参したもので」の「～で」にあたる前置詞は with である。
- 「パスタ料理を作る」make pasta dishes

設問 3 ▶下線部を含む英文の意味は「一国の料理における伝統の意味を考えるとき，カンパネラの見解には十分に考慮を払うべきだと思う」である。

▶ give consideration to ～「～に考慮を払う」　contemplate「～を熟考する」

▶ Campanella's viewpoint「カンパネラの見解」は第 10 段に述べられており，特に最後の 2 文（It's one thing …. But it's another thing ….）で「独創的であることと，この独創性があればその国の料理法の本質そのものを変える権利があると考えることとはまったく別のことである」と述べられているので，それをわかりやすくまとめればよい。

A is one thing. *B* is another thing.「*A* と *B* とはちがう」

inventive「独創的な」 assume「～と考える」
allow *A B*「*A* に *B* を許す」 the right to *do*「～する権利」
the very nature「本質そのもの」
this inventiveness allows you the right to change ～「この独創性があなた方に～を変える権利を許す」が直訳。「この独創性があれば～を変える権利がある」

解答

設問1 ⑴ 絵画，音楽，建築，あるいは何であれ，イタリア文化の他の分野では言うまでもないことですが，イタリア料理においても固定されていることは何もありません。

⑵ これらの人たちは，みんなが『ぜいたく』と呼んだであろうものをほんの数年前には奪われていた人たちでした。

設問2 ⒜ my mother, who was born and brought up in Rome, would have never dreamed of making such a dish.

⒝ They would often ask the cooks at the restaurants to make pasta dishes with what they had brought with them.

設問3 料理を作る際，独創性を働かせて時代に合ったいろいろな料理を作るのはかまわないが，そのことでその国の伝統的な料理法の本質と言えるものまで変えることができると考えてはいけないという見解。（80～100字）

34

2004年度〔1〕

次の英文を読んで，以下の設問に答えよ。

In *Some Thoughts Concerning Education*, the philosopher John Locke argued that the (i)foundations of a good education are play, physical exercise and plenty of sleep. To Locke, these (ii)made up a natural and healthy combination. (1)He went on to say that nothing contributes to the growth and health of children like sleep ; and he recommended that children be permitted as much sleep as they desire. Things have changed since then, and not entirely for the better.

Parents and teachers in our day and age seem to focus on achievement in children. They pay no great attention to plain play and ordinary physical exercise. Furthermore, they virtually ignore sleep. Partly as a consequence of this shift in attitude, (A)子供たちは今では昔より睡眠時間が少ない。In 1693 John Locke felt it necessary to warn the parents of children between the ages of seven and fourteen that if their child was too fond of sleep, they might consider gradually (iii)reducing his or her sleep to about eight hours a day, which Locke regarded as sufficient for most healthy adults. How many contemporary teenagers, for instance, sleep an average of more than eight hours a day ?

Actually, sleep problems and tiredness are extremely common among children. For example, (B)あるアメリカの調査によって，約２割の子供は昼間に眠気を催したり，夜眠れなかったりという問題を抱えていることがわかった。Another study found that a large number of children felt tired when at school.

It is not hard to see why many children are getting less sleep than they need. (2)In many homes sleep is regarded only as something to be squeezed into a busy day's schedule when everything else "necessary" has been done. In wealthy societies, children's bedrooms have increasingly become places of entertainment rather than of rest, with many children having access there to phones, computers and televisions. Furthermore, working parents naturally wish to spend time with their children after they get home from the office, perhaps late in the evening. Bedtime has been pushed later and later into the night. Many years ago being sent to bed was a kind of punishment for children, not a reward. "Go to your room!" was an order to be feared. These days, even when children may want to go to their room to be alone in their "home entertainment center," parents may be urging them to (iv)stay up with them. They want their children to be a part of their adult life. So, many children grow up thinking that going to bed early is for little children only, that teenagers are just like adults and have the right to stay up late in the adult world. (a)Ironically, many parents would like nothing more than to go to bed early and get a good night's sleep. Going to bed early for them is a reward, not a punishment.

設 問

1 下線部(i), (ii), (iii), (iv)にもっとも意味の近いものはどれか。それぞれの記号を記せ。

(i) foundations
(ア) agreement (イ) basis (ウ) condition (エ) discovery

(ii) made up
(ア) brought (イ) decided (ウ) formed (エ) mixed

(iii) reducing
(ア) defining (イ) fixing (ウ) increasing (エ) lessening

(iv) stay up
(ア) go to bed (イ) remain out of bed
(ウ) stand up (エ) study harder

2 下線部(1), (2)を和訳せよ。

3 下線部(A), (B)を英訳せよ。

4 下線部(a)で「皮肉なことに (Ironically)」とあるのはなぜか。文脈にそって説明せよ。

全訳

■子供の睡眠時間

❶『教育に関する考察』の中で，哲学者ジョン=ロックはよい教育の基礎は遊びと運動とたくさんの睡眠であると主張した。ロックにとっては，これらのものは自然で健康的な組み合わせを形成していた。(1)彼はさらに続けて睡眠ほど子供の成長と健康に役立つものはないと言った。そして子供たちは眠りたいだけ眠れるようにすることを彼は勧めた。そのときから事態は変わってきているが，それは完全によい方向に変わってきているというわけではない。

❷ 現代の親や教師は子供の成績に特に注目しているように思われる。単なる遊びや普通の運動には注意を払わない。さらに実質的には睡眠を無視している。一部にはこの態度の変化の結果，子供たちは今では昔より睡眠時間が少ない。1693 年にジョン=ロックは，7 歳から 14 歳の間の子供の親に，もし自分の子があまりにも眠るのが好きなようだったら徐々に睡眠時間を一日約 8 時間に減らすよう考えた方がよい，と警告する必要があると感じていた。なぜならロックは 8 時間の睡眠がたいていの健康な大人にとって十分だと思っていたからである。たとえば，現代のティーンエイジャーのうちで何人が平均して一日 8 時間以上の睡眠をとっているだろう？

❸ 実際，睡眠の問題と疲労は子供たちの間でごく普通にみられる。たとえば，あるアメリカの調査によって，約 2 割の子供は昼間に眠気を催したり，夜眠れなかったりという問題を抱えていることがわかった。別の研究によると，たくさんの子供たちが学校で疲労を感じていることがわかった。

❹ どうして必要とするよりも少ない睡眠時間しかとらない子供たちが多いのか，理解するのは難しくない。(2)多くの家庭では睡眠は，忙しい一日の予定の中に詰め込まれるものにすぎないとみなされている。よって「必要な」他のことが何もかも終わってからになるのである。豊かな社会では，子供たちの寝室は休息の場というより，ますます楽しみの場になってきていて，そこで電話，コンピュータ，テレビを利用する子供がたくさんいる。さらに，働いている親は当然会社から帰宅してから子供と一緒に過ごしたいと思うのだが，それはおそらく夜遅い時間なのである。就寝時間はますます夜遅くに追いやられてきている。昔は寝かされるということは子供たちにとっては褒美ではなく一種の罰だった。「寝なさい！」というのは怖い命令だった。最近は，子供たちが自分の「家庭娯楽センター」で一人になるために部屋に行きたいと思っても，親が一緒に起きていようと子供たちに言う。親は子供たちに自分たち大人の生活の一部分になってもらいたいと思っている。だから多くの子供たちは早く寝ることは小さな子供だけのためであり，ティーンエイジャーは

大人とまったく同じで，大人の世界で遅くまで起きている権利があると思って成長している。皮肉なことに，多くの親は早く寝てたっぷりと睡眠をとることほどよいものは何もないと思っている。大人にとっては早く寝ることは罰ではなくて褒美なのである。

各段落の要旨

❶ 哲学者ロックは遊びと運動と睡眠が教育の基礎だと主張し，子供は好きなだけ眠ることを勧めた。現在，事態は必ずしもよい方向に変わっているわけではない。

❷ 現在，親や教師は子供たちの成績を重視し睡眠を無視している。ロックが理想とした8時間以上の睡眠をとっている子供は少ない。

❸ 睡眠と疲労の問題が子供たちにも普通にみられる。昼間に眠気を催したり，夜に眠れない子供が約2割いて，学校で疲労を感じている子供も多い。

❹ 多くの家庭では睡眠は「必要な」ことがすべて終わってから一日の予定に詰め込まれるものになってしまっている。子供の寝室は休息の場ではなく楽しみの場になっている。また働いている親は帰宅してから遅くまで子供と一緒にいようとする。それで子供たちは早く寝るのは小さな子供だけで，自分たちは大人と同じように遅くまで起きている権利があると思う。けれども，皮肉なことに大人は早く寝てたっぷりと睡眠をとりたいと思っているのである。

解　説

設問1 (i) 正解は (イ) ▶ foundations「基礎」

(ア) agreement「同意」　(イ) basis「基礎」

(ウ) condition「状態」　(エ) discovery「発見」

設問1 (ii) 正解は (ウ) ▶ made up は本文中では combination「組み合わせ」を目的語としてとり，「～を形成した」の意味。

(ア) brought「～を持ってきた」　(イ) decided「～を決めた」

(ウ) formed「～を形成した」　(エ) mixed「～を混ぜた」

設問1 (iii) 正解は (エ) ▶ reducing「～を減らすこと」

(ア) defining「～を定義すること」　(イ) fixing「～を固定させること」

(ウ) increasing「～を増やすこと」　(エ) lessening「～を減少させること」

設問1 (iv) 正解は (イ) ▶ stay up「(寝ないで) 起きている」

(ア) go to bed「寝る」　(イ) remain out of bed「寝ないでいる」

(ウ) stand up「立ちあがる」　(エ) study harder「もっと真剣に勉強する」

設問 2 (1) **He went on to say that nothing contributes to the growth and health of children like sleep ;**

▶ go on の後に動名詞が来た時と，to 不定詞が来た時の意味の違いに注意。go on to *do* は「続けて〜する」。一方，go on *doing* は「〜し続ける」。
go on to say that …「さらに続けて…と言う」

▶ nothing 〜 like …「…ほど〜するものはない」→「…が一番〜する」

▶ contribute to 〜「〜に役立つ，〜に貢献する」

設問 2 (2) **In many homes sleep is regarded only as something to be squeezed into a busy day's schedule**

▶この文の骨格は *A* is regarded as *B*「*A* は *B* と考えられている」である。as の前に only があるので「*A* は *B* とだけ考えられている」→「*A* は *B* としか考えられていない」となる。only「〜だけ」はこの場合のように「しか〜ない」と否定に訳したほうがよいことが多い。

▶ something to be squeezed into 〜「〜に詰め込まれるもの」 to be squeezed は直前の something を修飾する形容詞的用法の不定詞。squeeze *A* into *B*「*B* の中に *A* を詰め込む」が受動態の不定詞になった形。

設問 3 (A) **子供たちは今では昔より睡眠時間が少ない。**

▶子供たちは今では昔より睡眠時間が少ない

● 「子供たちは〜より睡眠時間が少ない」「睡眠時間」の「時間」にあまりこだわらなくてもよい。「〜より少なく眠る」や「〜より少ない睡眠をとる」と考えればよい。

● 本文最終段第 1 文に many children are getting less sleep than 〜 という表現があるので，それを利用して children get less sleep than 〜 とすることができる。あるいは sleep を動詞に使って「〜より少なく眠る」children sleep less than 〜 とすることもできる。

● 「昔より」 than before とするか，「子供たちが昔そうしていたより」と考えて than they used to とする。

設問 3 (B) **あるアメリカの調査によって，約 2 割の子供は昼間に眠気を催したり，夜眠れなかったりという問題を抱えていることがわかった。**

▶あるアメリカの調査によって…ということがわかった

- 「あるアメリカの調査が…ということを明らかにした」と無生物主語の構文にするとすっきりした英文になる。
- 「調査」にあたる英語は survey / study / research / investigation などが考えられる。
- 「…ということを明らかにした」showed that …
- よって，an American survey showed that … となる。
  もちろん日本語の表現のとおり，「～によって」according to ～を使って書いてもかまわない。その場合は「～によると…だった」として「わかった」にあたる日本語は英語に訳さないほうがよい。

▶約 2 割の子供は問題を抱えている

- 「約 2 割の子供」about 20 percent of children
- 「問題を抱えている」→「問題を持っている」have problems

▶昼間に眠気を催したり，夜眠れなかったりという問題

- 「～という問題」は problems of ～。of という前置詞の後は名詞が来なくてはならないから，「眠気を催す」「眠れない」は動名詞にしなくてはならない。
- 「眠気を催す」は「眠くなる」と考えて becoming sleepy。
- 「昼間に」during the day / in the daytime
- 「眠れない」being unable to sleep / not being able to sleep
- 「夜」at night / during the night

設問 4　▶下線部全体は直訳すると「皮肉なことに，多くの親は早く寝てたっぷりと夜の睡眠をとること以上の何も欲しくない」であり，「皮肉なことに，多くの親は早く寝て夜たっぷりと睡眠をとることほどよいものは何もないと思っている」ということ。

would like「欲しい」　go to bed「寝る」
a good night's sleep「十分な夜の眠り」 この good は「よい」ではなく「十分な」の意味である。

▶下線部の前の文，最終段第 10 文に「だから多くの子供たちは早く寝ることは小さな子供だけのためであり，ティーンエイジャーは大人とまったく同じで，大人の世界で遅くまで起きている権利があると思って成長している」とある。

grow up thinking that …「…と思って成長する」
that teenagers are …も thinking から続く。
have the right to *do*「～する権利がある」

▶すなわち，子供たちは遅くまで起きているのは大人の権利だと思っているのに，実際には大人たちは早く寝てたっぷりと睡眠をとりたいと思っているのが「皮肉なこと」なのである。

▶設問に「文脈にそって説明せよ」とあるので，最終段第４・８・９文の要素（子供たちを起こしておくのは大人であるということ）も加えておくとなおよいであろう。

解答

設問1　(i)—(イ)　(ii)—(ウ)　(iii)—(エ)　(iv)—(イ)

設問2　(1) 彼はさらに続けて睡眠ほど子供の成長と健康に役立つものはないと言った。

(2) 多くの家庭では睡眠は，忙しい一日の予定の中に詰め込まれるものにすぎないとみなされている。

設問3　(A) ＜解答1＞ children today get less sleep than before.

＜解答2＞ children nowadays sleep less than they used to.

(B) ＜解答1＞an American survey showed that about 20 percent of children have problems of becoming sleepy during the day or being unable to sleep at night.

＜解答2＞according to a study in the U. S., about 20 percent of children feel sleepy in the daytime or are unable to sleep well at night.

設問4　忙しい大人が子供たちを起こしておきたがるため，子供たちは夜遅くまで起きていることが大人の権利だと思っているのに，大人は実際には早く寝て十分な睡眠がとりたいと思っているから。

35

2004年度〔2〕

次の英文を読んで，以下の設問に答えよ。

My father has always been a passionate man, and one thing that he is especially passionate about is the people of the Everest region—so much so that in 1960 he began the first of many projects aimed at improving their lives. In 1975 he had begun building his second hospital in the Himalayas when tragedy struck our family. My mother and youngest sister Belinda were flying into the mountains to join him when their small airplane crashed soon after takeoff from Kathmandu.

I was in Assam, India, when I heard of the accident but wasn't sure how serious it was. I flew straight to Kathmandu and met my father and elder sister Sarah on a narrow dirt lane on the outskirts of the city. (1)Any hope I had clung to that my mother and sister were still alive was extinguished the moment I saw my father. On his face was an expression of deep hopelessness; and his body was bent like the trunk of an old tree. I knew immediately that my mother and sister would never return.

It was years before Dad fully came out of his period of darkness. Only by plunging himself into more adventures and into ever more projects in Nepal could he get through it. He has now built 42 schools and hospitals there.

As I grew up, some of Dad's restlessness seemed to come over to me. I know many people think that (A)エドマンド=ヒラリー（Edmund Hillary）の息子であれば，当然，登山をしないではいられないだろう。They assume that I need to compete in some way with the legend of my father. Well, for whatever reason, I am, at the age of 48, a mountain man in body and soul. I love to climb them, love to dream about them. I have been on more than 30 mountaineering expeditions, from the Himalayas to the Antarctic. And yes, I have climbed Everest—twice. I guess that I am lucky because I am able to draw on all that my father taught me, too. On one awful day in 1995, it was his advice that saved my life.

I was in a group of eight climbers just below the summit of K2 in the Himalayas. We had just another 400 metres left to climb. But the weather was going from bad to worse, and I became concerned. Something didn't feel right.

At that time I heard my father's voice inside my head : "Down. Go down. (a)Don't let the others persuade you to continue."

Then, from above, I heard the voice of a fellow climber. "Come up," she called. "Use the red rope."

Again my father's voice : "Don't do it. It's not wise."

Finally I told my climbing partner that I was going down. He too was feeling unsure, but decided to go on ahead anyway.

As I headed down, I looked back at my fellow climbers who were all climbing toward the summit. (B)ほどなく私と彼らの間に濃い黒雲が現れて，私は彼らを見失った。

Fear makes you careful. As my father always told me, fear is not something that you should deny. It is something you manage. I descended the mountain for hours toward the camp. When I woke up in my tent the next morning it was silent and still all around. (2)As it turned out, I was the only one who had managed to realize what had to be done. The seven above had died.

設 問

1　下線部(1)，(2)を和訳せよ。

2　下線部(A)，(B)を英訳せよ。

3　下線部(a)の内容を，the others が何を指すかを明らかにしつつ具体的に説明せよ。

全 訳

■私の命を救った父の忠告

❶ 私の父はいつも情熱的な人だった，特に情熱を傾けているひとつのことはエベレスト地域の人々のことである——とても情熱を傾けていたので1960年に彼らの生活を改善することを目指すたくさんの計画のうちの最初のものを始めた。1975年に父がヒマラヤでの2番目の病院を建て始めたその頃，悲劇が我が家を襲ったのだった。私の母と一番下の妹のベリンダが父のところに行こうと飛行機でヒマラヤに向かっていたときに，2人の乗っていた小型飛行機がカトマンズを離陸した直後に墜落したのだ。

❷ 私はインドのアッサムにいてその事故の知らせを聞いたが，それがどんなに深刻かわからなかった。直接カトマンズに飛んで郊外のほこりっぽい狭い小道で父と姉サラに会った。(1)私がすがりついていた母と妹がまだ生きているという希望は父を見た瞬間に消えうせた。父の顔には深い絶望の表情があった。父の身体は古い木の幹のように曲がっていた。母と妹は二度と戻ってこないのだとすぐにわかった。

❸ 父が完全に暗黒の時期から脱するには数年かかった。より多くの冒険や，ネパールでのますます多くの計画に身を投じることによって，彼はやっとその時期を切り抜けることができた。彼は今までにネパールに42の学校や病院を建設してきた。

❹ 私が成長するにつれて，父のじっとしていられない性格がいくぶんか私に乗り移ったようだ。エドマンド=ヒラリーの息子であれば，当然，登山をしないではいられないだろう，と多くの人が考えるということは知っている。彼らは私が何らかの方法で父の伝説と競う必要があると決めてかかっている。さて理由は何であれ，私は48歳だが，身も心も山の男だ。山に登るのが好きで，山について夢見るのが好きだ。ヒマラヤから南極まで今までに30回以上登山遠征に行っている。そしてそう，エベレストには2回登ったことがある。私は父が教えてくれたこともすべて生かすことができるのだから幸運だと思う。1995年のある恐ろしい日，私の命を救ってくれたのは父のアドバイスだった。

❺ 私は8人の登山隊のグループに入っていて，ヒマラヤのK2の頂上の真下にいた。登頂まであとたった400メートルを残すのみだった。しかし天候はますます悪化していたので，私は心配になった。何かがうまくいかない感じだった。そのとき父の声が頭の中で聞こえた。「下りるんだ。下山するんだ。他の登山隊員に説得されて登り続けてはいけない」

❻ そのとき上から仲間の登山隊員の声が聞こえてきた。「登ってきて」と彼女は呼んだ。「赤のロープを使って」

❼ また父の声が聞こえてきた。「やってはだめだ。賢明ではない」

❽ ついに私はパートナーの隊員に自分は下りると言った。彼もまた不安に感じていたが，ともかく先へ進み続けることにした。

❾ 下山しながら，頂上へ向かって登っている仲間の登山隊員たち皆を振り返って見た。ほどなく私と彼らの間に濃い黒雲が現れて，私は彼らを見失った。

❿ 恐怖は人を注意深くする。父がいつも言っていたように，恐怖は否定すべきものではない。うまく処理するものである。私はキャンプに向かって何時間も山を下った。翌朝テントで目を覚ましたとき，あたりは静寂そのものだった。(2)結局のところ，何をなすべきかどうにか理解できていたのは私ひとりだけだったのだ。登った7人は命を落とした。

各段落の要旨

❶ 父は情熱的な人で，特にエベレスト地域の人々の生活改善に力を入れていた。彼が現地に病院を建て始めた頃，父のところに向かった母と一番下の妹が乗っていた飛行機がカトマンズ離陸直後に墜落した。

❷ 私はインドのアッサムにいて知らせを受けたときには信じられなかったが，カトマンズで父の顔を見た瞬間，二人の死を実感した。

❸ 父が悲しみから脱するには数年かかった。より多くの冒険やネパールでの活動に身を投じることで克服したのである。今までに42の病院や学校を建設してきた。

❹ 父エドマンド=ヒラリーのじっとしていられない性格を受け継いだようで，48歳の今，私は身も心も山の男になっている。今までに30回以上の登山遠征に参加して，もちろんエベレストにも2回登っている。父の教えを生かすことができるのは幸運なことである。1995年，私の命を救ってくれたのも彼のアドバイスだった。

❺ 8人でヒマラヤのK2登頂を目指して残り400メートルのところにいた。しかし天候が悪化してきた。そのとき父の「下山するんだ」という声が聞こえた。

❻ そのとき，上にいる隊員が「登ってきて」と叫んだ。

❼ すると，また「賢明ではない」という父の声が聞こえた。

❽ 私はパートナーに下りると言った。彼は不安ながらも登り続けることにした。

❾ 下りながら仲間の隊員たちを振り返ると，黒雲が現れ，彼らの姿はすぐに見えなくなった。

❿ 恐怖は人を注意深くするものである。結局，私ひとりが助かり，登った7人は命を落としたのだった。

解 説

設問1 (1) **Any hope I had clung to that my mother and sister were still alive was extinguished the moment I saw my father.**

▶文全体の主語はAny hope, 述語はwas extinguishedで, あわせて「どんな希望も消えうせた」の意味。

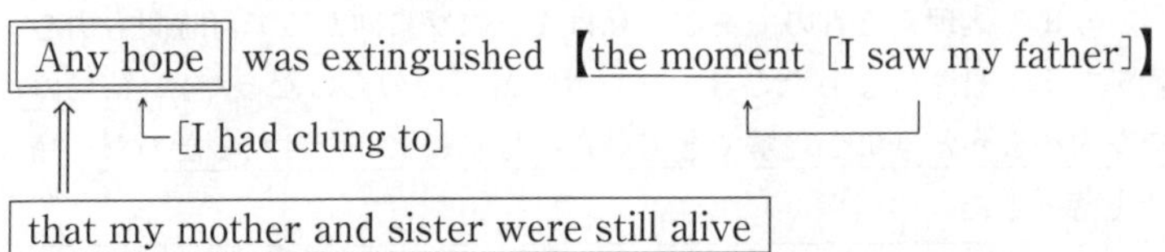

▶主語のAny hopeをI had clung toという接触節とthat my mother and sister were still aliveという同格の節が修飾している。

※接触節とは, 先行詞の後に関係代名詞や関係副詞がこないで修飾する節が直接続くもの。接触節の前に関係代名詞のthatが省略されていると考えてもよい。

▶ cling to ～「～にすがりつく」

▶ still「まだ」

▶ the moment I saw my father「父を見た瞬間に」(副詞節) the momentはもともと「瞬間」という意味の名詞であるが,「…するとすぐに」の意味の接続詞としても使われる。the instant / the minuteなども同じように接続詞としての用法がある。

設問1 (2) **As it turned out, I was the only one who had managed to realize what had to be done.**

▶ As it turned out「後でわかったように」とは,「結局のところ」ということ。

▶ turn out ～「～だと判明する」

▶ I was the only one who …「私は…した唯一の人だった」は「…したのは私ひとりだけだった」と訳すとよい。

▶ manage to *do*「どうにか～する」

▶ realize「～を理解する」

▶ what had to be done「何をしなければいけなかったか」

設問2 (A) **エドマンド=ヒラリーの息子であれば, 当然, 登山をしないではいられないだろう。**

▶エドマンド=ヒラリーの息子であれば

● 「…であれば」という日本語に引きずられて機械的に if …で表すのは早計である。なぜならこの文の筆者はエドマンド=ヒラリーの息子なのだから，「もし」という仮定よりも「エドマンド=ヒラリーの息子なので」と考えるほうが自然だからである。being the son of Edmund Hillary / because I am the son of Edmund Hillary などとできる。

▶当然，登山をしないではいられないだろう

● 「当然」naturally

● 「～しないではいられない」cannot help *doing* / cannot resist *doing*

※この問題の「～であれば」の場合のように日本語の意味を吟味しよう！　和文英訳でまず大切なことは，日本語の意味を正確につかむことである。日本語を機械的に英語に置き換えるのではなく，内容をよく考えてから英訳する習慣をつけよう。

設問２ (B)　ほどなく私と彼らの間に濃い黒雲が現れて，私は彼らを見失った。

▶ほどなく私と彼らの間に濃い黒雲が現れて

● 「ほどなく」before long / soon〔shortly〕after that

● 「A と B の間に」between A and B

● 「濃い黒雲」thick black〔dark〕clouds

● 「現れる」appear / emerge

▶私は彼らを見失った

● 「～を見失う」lose sight of ～

設問３　▶下線部の直訳は「残りの人たちにあなたが続けるように説得させておくな」となる。

▶ let は使役動詞で「(勝手に) ～させておく」の意味。

▶ the others「残りの人たち」 the others はある集団から一部を取り除いた「残り全部」を指す。ここでは８人の登山隊員たちのうち自分を除いた７人を指すことになる。

▶ persuade A to *do*「A に～するよう説得する」

▶ continue「続ける」とはここでは「登り続ける」こと。

▶全体で，他の隊員が登り続けようとあなたを説得しても，あなたはそれに従ってはいけないということ。

解答

設問1 ⑴ 私がすがりついていた母と妹がまだ生きているという希望は父を見た瞬間に消えうせた。

⑵ 結局のところ，何をなすべきかどうにか理解できていたのは私ひとりだけだったのだ。

設問2 Ⓐ ＜解答1＞ being the son of Edmund Hillary, I naturally cannot help climbing mountains.

＜解答2＞ because I am the son of Edmund Hillary, I naturally cannot resist climbing mountains.

Ⓑ ＜解答1＞ Before long, thick dark clouds appeared between us, and I lost sight of them.

＜解答2＞ Soon after that, thick black clouds emerged between them and me, and I lost sight of them.

設問3 他の隊員に登り続けようと説得されても，それに従ってはいけないということ。

第2章　読解②

自由英作文を含むもの

36

2010年度〔1〕

次の英文を読んで，以下の設問に答えよ。

Permafrost, soil at or below the freezing point of water for two or more years, is melting, especially in Siberia. Deer, horses, oxen, cave lions, and mammoths* that roamed these lands and died some 20,000 years ago are emerging from the loosened earth. Not only bones, but skin, flesh and hair are suddenly being exposed. Insects have found these remains and are going to work. It stinks.

(1)The vast supply of organic matter coming to the surface threatens the very foundations of civilization. Since the beginning of the industrial age, humans have released about 450 billion tons of carbon in fossil fuels, a failure of judgment or understanding that already commits us to the greatest warming known in the past 55 million years—the last time atmospheric carbon dioxide (CO_2) levels were this high. Warming is driving the collapse of permafrost soil, whose carbon deposits total 500 billion tons.

Inner Siberia is the most isolated territory on Earth when it comes to water. Nearly all its rain comes from evaporation from land, so it is unusually sensitive to the responses of plants to heat and cold stresses. Inner Siberia is also the coldest place on our planet today. In 1885, explorers recorded temperatures of minus 67.8 degrees Centigrade. This region has almost entirely frozen ground, on top of which is a thin layer of soil, between 0.6 and 4 meters thick, that can support plant life during the summer when it thaws.

Siberia has experienced the greatest 20th-century warming on Earth. Changes in Siberia have global consequences. The Arctic Ocean derives most of its fresh water from four giant Siberian rivers. There has been a marked increase in land runoff in the rivers. (2)春の雪解けが急速すぎて，水が土の中にしみ込めないのかもしれない。The result is a drier landscape. Forest fires have become more frequent and intense, sending carbon stored in the wood into the atmosphere and hastening the breakup of the soil.

The past two million years have been dominated by cycles of glacial and interglacial periods that are some of the coolest and driest climates the Earth has experienced. These, taken together, are called the Pleistocene era (1.8

million to 10,000 years ago). The dryness in older periods led to the evolution of grasses and other plants adapted to dry climates, and these plants came to be widely distributed. The abundance of grasses led to the evolution of herbivores —animals that eat plants—among them, the woolly mammoth. Thus was born the Mammoth Steppe** ecosystem. About 10,000 years ago, there came a time when no more mammoths walked the Earth. The end of that society marks the beginning of the Holocene period, which persists today. Hardly any animals walk in Siberia now, and in the place of steppe grasses are only larch trees, moss, blueberry, and other vegetation of the vast Eurasian forest.

If you follow the discussion on what possible directions global warming might take, the crucial ingredients are: first, how much CO_2 from fossil fuels we are releasing; next, how much the atmosphere will heat from that; and finally, how the land and ocean will react to decrease or increase the warming. Few scientists argue that grazing animals make any mark on the global climate. The Green World Hypothesis influences their bias. It says that even though insects attack wood, koalas eat leaves, and elephants step on plants, the landscape remains largely green. This theory suggests that in the struggle between plant-eating animals and plants, the plants have the upper hand, and therefore it is plants that shape the weather, not animals.

However, if you looked at the bones buried everywhere in Siberia, (3)<u>you would soon come to conclude that mammoths would have crushed nearly every tree in the region, leaving an extensive grassland</u>. The loss of mammoths and consequent northward expansion of forests would have a distinct warming effect. In springtime, while grasses lie dormant under a thin blanket of snow, black trunks of trees tower above the surface and absorb the sun's light. The difference between energy absorbed by trees and energy reflected by snow in those first weeks of spring is what determines whether permafrost grows or shrinks. This is a major reason why land in high latitudes is warming faster than land anywhere else on Earth. Just as the northern advance of forests is accelerating warming today, mammoths and other herbivores kept the climate of their day cool.

The mass extinction*** of the animals of the Mammoth Steppe—mammoths, bison, horses, rhinoceroses, cave lions, beavers, reindeer, elk, deer, and many others—is still a source of active debate between two camps: those who argue that the animals died out and others who argue that human settlers killed the animals on their way to North America. Scientists in the latter group say, "In America, 500 men with guns killed 50 million buffalo in five years. In Australia, the 23 largest herbivores were extinct in the first century after humans arrived. What makes you think Siberia is any different ?" In principle, there is no reason why mammoths could not exist in Siberia now.

(4) What if driving the mammoth to extinction at the end of the Stone Age brought us this warm climate we have today ? If we recreated the Mammoth Steppe, could we engineer global cooling ? This is the logic behind Pleistocene Park, a grand scientific experiment to recreate the complex set of interactions between animals, plants, and their physical setting, to reestablish the Mammoth Steppe as a way of altering the climate system.

Scientists in Siberia are gathering animals such as wild horses with thick fat under their skin, reindeer from Sweden, and oxen from Alaska. But what about mammoths ? Scientists have experimented with a military tank to simulate the effect that mammoths must have had by walking around. Where the tank has driven, grass grows instead of trees. Mammoths were tanks in the former world. Siberian scientists calculate that 5,000 bison shipped from Canada would be enough breeding stock to start a continental-scale effort to restore the Mammoth Steppe and keep 500 billion tons of carbon frozen in permafrost.

On the world market, the current price of CO_2 is about $ 5 per ton or more. If all of the carbon in the Pleistocene Park permafrost were kept from escaping, the value would be $ 9 trillion in CO_2 saved from release. Animals, with the help of scientists, just might save the Siberian permafrost from becoming a melting carbon bomb.

[Adapted from Adam Wolf, "The Big Thaw," *Stanford*, September / October, 2008, pp. 64-66.]

*mammoth：マンモス

**steppe：a large area of land with grass but few trees

***extinction：a situation in which a plant, an animal, or a way of life stops existing

出典追記：The Big Thaw, Stanford Magazine, September / October 2008 by Adam Wolf

設 問

1 下線部(1)は具体的にどのようなものを指しているのか，50字以内の日本語で答えよ（句読点を含む）。

2 下線部(2)を英語に訳せ。

3 下線部(3)，(4)を日本語に訳せ。

4 以下の(A)から(D)までの問いに関してもっとも適切な答えを選び，記号を記せ。

(A) Choose the one correct description of Siberian weather, animals, and plants during the Pleistocene and Holocene time periods.

イ There is no difference between the Pleistocene and Holocene regarding plants, animals, and the weather in Siberia.

ロ The Holocene has been colder than the Pleistocene, with more mammoths and more grassy areas in Siberia.

ハ The Holocene has been colder than the Pleistocene, with no mammoths and more grassy areas in Siberia.

ニ The Holocene has been warmer than the Pleistocene, with fewer mammoths and fewer grassy areas in Siberia.

ホ The Holocene has been warmer than the Pleistocene, with no mammoths and fewer grassy areas in Siberia.

(B) Which animal are scientists NOT considering for reintroduction to Siberia ? Choose the one correct answer.

イ bison

ロ cave lions

ハ horses

ニ oxen

ホ reindeer

(C) According to the text, why would scientists try to prevent forests from growing in Siberia ? Choose the one correct answer.

イ Forests attract insects.

ロ Forests keep the soil from washing away.

ハ Forests remove carbon dioxide (CO_2) from the air.

ニ Forests speed the melting of permafrost soil.

ホ Forests store carbon in wood.

(D) Find the two incorrect statements.

イ According to the Green World Hypothesis, grass-eating goats have little impact on weather systems.

ロ More carbon is deposited in Siberian permafrost than humans have released in the past few hundred years.

ハ One hundred years ago there were more forest fires in Siberia than there are today.

ニ Scientists are certain that humans killed off mammoths.

ホ The amount of carbon dioxide (CO_2) in the air has been, for the past 55 million years, lower than current levels.

5 Describe what would probably happen to the plant life and weather in Siberia if the Mammoth Steppe were NOT recreated. Answer in English.

〔解答欄：13.4cm × 5行〕

全訳

■シベリアの永久凍土層の融解

❶ 永久凍土層とは，2年以上の間，氷点下で凍結した土壌のことであるが，この永久凍土層がとりわけシベリア地方で融け出している。この土地を歩き回り，約2万年前に死んだシカ，ウマ，ウシ，ホラアナライオン，マンモスたちが，融け出した地面から姿を現しつつある。骨だけでなく，皮，肉，毛も突然その姿をあらわにしている。虫がこれらの遺骸を見つけ，活動している。これがひどい悪臭なのだ。

❷ 有機物が大量に地表に現れてくることで，まさに文明の根幹が脅かされている。工業化時代の始まりから，人類は化石燃料の使用で約4500億トンの炭素を放出してきたが，これは過去5500万年——現在同様に大気中の二酸化炭素レベルが高かった最後の時——でわかっているうちで最も深刻な温暖化へと私たちを加担させる原因となった判断ミスおよび理解不足である。温暖化は永久凍土層の崩壊を進めており，その層に含まれる炭素の量は総計5000億トンにもおよぶ。

❸ シベリアの内陸部は，水に関して言えば，地球上で最も隔絶された地域である。ほとんどすべての降雨は陸地からの蒸発作用によるものであるため，高温ストレスと低温ストレスに対する植物の反応に非常に敏感なものになっている。また，シベリアの内陸部は今日の地球上で最も寒い場所である。1885年には，調査隊が摂氏−67.8度を記録した。この地域はほぼ全土で地面が凍っており，その表面は厚さ0.6～4メートルの薄い土の層で，それが融ける夏の間，植物の命を支えてくれる。

❹ シベリアは地球上における20世紀最大の温暖化を経験した。シベリアの変化は地球規模の影響がある。北極海はシベリアにある4つの巨大な川から，真水の大半を得ている。それらの川では，地面に吸収されずあふれた水で，その水の量が著しく増加してきている。春の雪解けが急速すぎて，水が土の中にしみ込めないのかもしれない。その結果，さらに乾燥した地勢となっている。森林火災はより頻繁に，そして激しくなっており，森に蓄積された炭素を大気中に放出したり，土壌の崩壊を早めたりしている。

❺ 過去200万年は，地球が経験してきた最も寒冷で乾燥した気候である，氷期と間氷期のサイクルによって支配されてきた。この時期はひとまとめにして更新世時代（180万年～1万年前）と呼ばれている。古代における乾燥状態は，乾燥した気候に適応した草やその他の植物に進化を引き起こしたため，これらの植物は広く分布するようになった。豊富な草のおかげで，植物を食べる草食動物が進化し，その中にはウーリーマンモスがいた。こうしてマンモス・ステップという生態系が生まれることとなる。約1万年前にもはや一頭のマンモスも地球上を歩かなくなる時が

きた。その生物社会の終焉は，今日まで続く完新世時代の始まりの印である。現在シベリアの地を歩き回る動物はほとんどおらず，ステップの草原の代わりに，カラマツ，コケ，ブルーベリーや，他の広大なユーラシア大陸の森林に見られる植物だけが存在する。

❻ 地球温暖化がどのような方向へと進む可能性があるかについて議論をするにあたり，以下のことが非常に重要な内容となる。まずはじめに，私たちは化石燃料からどれくらいの二酸化炭素を放出しているのだろうか。次に，それが原因で大気がどれくらい暖かくなっているのだろうか。そして最後に，陸地と海がどのように反応して，その温暖化を増進させたり減退させたりするのだろうかという点である。草食動物が地球の気候に何らかの影響を与えたと主張する科学者はほとんどいない。「緑の世界仮説」が彼らの偏見に影響を及ぼしているのである。その仮説によると，たとえ虫が木を襲い，コアラが葉っぱを食べ，象が植物を踏んだとしても，景観は概して緑のままであるというものである。この理論によると，草食動物と植物の間の闘争において，植物が優位に立っていて，それゆえ気候を決定するのは動物ではなく植物であるという。

❼ しかしながら，もしシベリアのいたるところで埋もれている骨を見るとすれば，(3)マンモスがこの地域のほとんどすべての木を踏みつぶし，その結果，広大な草原が残ったのだという結論にすぐにたどり着くだろう。マンモスの絶滅とそれに伴う北への森林の拡大には，明らかに温暖化の効果があるのだろう。春に草が薄い雪の毛布の下で眠っている間，木の黒い幹はその雪の表面よりはるか高くそびえ立って，太陽の光を吸収している。この春先の数週間に木が吸収するエネルギーと雪で反射されるエネルギーの差が，永久凍土層が拡大するのか縮小するのかを決めるものとなる。これが，高緯度の土地が地球上の他のいかなる場所と比べても早く温暖化する大きな理由である。ちょうど森林が北方へと進出し，今日温暖化を加速させているように，マンモスやその他の草食動物は，その時代の気候を寒くしていた。

❽ マンモス・ステップに生息した動物たち――マンモス，バイソン，ウマ，サイ，ホラアナライオン，ビーバー，トナカイ，ヘラジカ，シカ，その他多くの動物たち――の大量絶滅は，今でも2つの陣営の間の活発な議論のもととなっている。それは，動物たちは自然に絶滅したと主張する人々と，人間の移住者が北アメリカに移動する途中でそれらの動物たちを殺したのだと主張する人々である。後者のグループの科学者は「アメリカでは，銃を持った500人の人間が5年間で5000万頭のバッファローを殺した。オーストラリアでは，人間がその地にたどり着いた後，最初の100年で23種の大型草食動物が絶滅した。どうしてシベリアは状況が違うと考えられるだろうか」と言っている。原則として，現在マンモスがシベリアで生存することはできないという理由はない。

❾ (4)石器時代の終わりにマンモスを絶滅に追いやったことが，今日私たちが経験しているこの暖かい気候をもたらしたとしたらどうだろうか。もし，マンモス・ステップを再現すれば，地球の冷却を画策することはできるのだろうか。これが更新世パークの背景にある論理である。更新世パークとは，気候システムを変える手段としてマンモス・ステップを回復させるために，動植物とその物理的環境の間にある相互作用の複雑な状況を再現しようとする，壮大な科学的試みである。

❿ シベリアの科学者たちは，皮下脂肪の多い野生のウマや，スウェーデンのトナカイ，アラスカのウシといった動物たちを集めている。しかしマンモスについてはどうだろうか。科学者たちは，軍事用の戦車を使って，マンモスが歩き回ることで与えたに違いない影響をシミュレーションする実験を行った。戦車が通ったところには，木の代わりに草が成長する。マンモスは前の世界では戦車であったのだ。マンモス・ステップを回復させ，5000億トンの炭素を永久凍土層の中に凍らせたままにしておく大陸規模の取り組みを始めるには，カナダから5000頭のバイソンを連れてくることで十分な種畜となるとシベリアの科学者たちは計算している。

⓫ 世界市場において，二酸化炭素の現在の価格は1トン当たり約5ドルかそれを上回っている。もし，更新世パークの永久凍土層の中にあるすべての炭素が放出されるのを防げば，その価値は，放出せずに済む二酸化炭素に換算すると9兆ドルになるだろう。科学者の助けを借りることで，もしかしたら動物たちはシベリアの永久凍土層が融ける炭素爆弾になることから救ってくれるかもしれない。

各段落の要旨

❶ シベリアの永久凍土層が融け始め2万年前の動物の遺骸が現れてきている。
❷ 工業化以来人類は大量の化石燃料の使用で炭素を放出してきて，深刻な温暖化をもたらしてしまった。そのため大量の炭素を含む永久凍土層の崩壊が進んでいる。
❸ シベリア内陸部は水に関して孤立した地域であり，地球上で最も寒い地域である。凍った地面の表面のわずかな薄い土の層が，夏の間植物の生命を支えてくれる。
❹ シベリアは地球上における20世紀最大の温暖化を経験した。その結果乾燥が加速し，森林火災も増加して，森林内の炭素が放出され土壌の崩壊も早まっている。
❺ 180万年～1万年前乾燥に適した植物が広く分布し草食動物が進化して，マンモス・ステップという生態系が生み出された。約1万年前にはそのマンモスや他の動物も絶滅し，今に続く完新世が始まり，ステップ草原はシベリアから姿を消した。
❻ 地球温暖化の議論で重要なのは，CO_2の放出量とそれによる大気の温暖化，陸地と海が温暖化にどう反応するかである。気候に影響を与えるのは草食動物ではなくて植物だと考える科学者が多い。
❼ マンモスや他の草食動物がいなくなることにより北方へ森林帯が拡大し，地球温暖化が加速した。マンモスや他の草食動物は気候の寒冷化に貢献していたのだ。
❽ マンモスや他の草食動物の絶滅の原因については，自然絶滅を主張する側と，人間

が殺したのだという側で議論が続いているが，現在シベリアにマンモスが生存できない理由はない。

❾ 更新世パークは，マンモス・ステップを再生させることで，地球の温暖化を阻止できないか試みようという壮大な実験である。

❿ 今，シベリアの科学者たちは寒冷地に向いている動物を集めている。彼らは，5000頭のバイソンをもとに繁殖させれば，マンモス・ステップを再現して炭素を永久凍土内へ凍結状態にしておく試みは開始できると考えている。

⓫ 更新世パークの永久凍土内の炭素をすべて放出させずにすめば，その価値は世界市場の価格で9兆ドルに相当するであろう。このように動物が永久凍土層の融解を防ぐことができるかもしれないのである。

解　説

設問1　▶下線部(1)の意味は「莫大な有機物の供給」である。直後に coming to the surface「表面に現れてくる」が続いて，organic matter「有機物」を修飾していることがヒントになる。第1段第2・3文に出てくる are emerging「姿を現しつつある」，are suddenly being exposed「突然露出させられている」も coming to the surface とほぼ同じ意味であるから，この2つの文の主語となっている部分を答えればよいということがわかる。すなわち，Deer, horses, oxen, cave lions, and mammoths that roamed these lands and died some 20,000 years ago「この土地を歩き回り約2万年前に死んだシカ，ウマ，ウシ，ホラアナライオン，マンモスたち」と Not only bones, but skin, flesh and hair「骨だけでなく皮，肉，毛も」である。これに「永久凍土層が融け出したために地表に現れてきた」ことを付け加えてまとめればよい。

設問2　春の雪解けが急速すぎて，水が土の中にしみ込めないのかもしれない。

▶まずどういう構成の文にするかを決めることから始めよう。「～すぎて…できない」だから，ご存知 too ～ to …，so ～ that … not の構文に当てはめて表現することができる。あるいは原因・理由を表す節や句を使って「～なので…できない」とすることももちろん可能である。

▶ too ～ to … 構文を使った場合

- 「春の雪解けが急速すぎて」 日本語の通り「春の雪解け」をそのまま名詞にして「春の雪解けがあまりに速くおこるので」と主語にすることができる。「雪解け」は本文第3段最終文に it thaws と thaw が動詞で使われているが，この語は名詞にも使える。spring thaw あるいは spring snowmelt としてもよい。

the spring thaw is happening too fast とか the spring snowmelt is happening too rapidly となる。また「春には雪があまりに速く解けるので」と雪を主語にして表現することもできる。こちらのほうが文を作りやすいであろう。in spring, the snow thaws out too quickly とか the snow melts too fast in spring などとなる。

- 「水が土の中にしみ込めない」 too ～ to … 構文であるから当然不定詞で表現することになる。「水が」の部分は不定詞の意味上の主語を表すので，不定詞の前に for the water と置けばよい。「土の中にしみ込む」は soak とか be absorbed を使って to soak into the soil，to be absorbed into the earth とする。これらの単語をどうしても思いつかないときは，単に「土の中に入る」と考えて go とか run などの簡単な動詞を使って to go deep into the soil とか to run into the earth とすることも考えられる。
- 「かもしれない」 maybe，perhaps などの副詞を使って表現できる。

▶ so ～ that … not 構文を使った場合

- 「春の雪解けが急速すぎて」 この部分は前掲 too ～ to … 構文の too を so に置き換えればよい。
- 「水が土の中にしみ込めない」 使用する語彙は前掲の説明と同じであるが，節になるので that 以下は SV を備えた形にしなくてはならない。the water cannot soak into the soil とか the water cannot be absorbed into the earth などとなる。

▶原因・理由を表す句や節を使った場合

- 「春の雪解けが急速すぎて」の部分を「春の雪解けが速いので」と原因・理由を表す句や節で表す。句にする場合は because of ～，due to ～ などを使い，「春の雪解けが急速で」の部分はもちろん名詞表現にして「急速な春の雪解け」とする。because of the rapid spring thaw とか due to the fast spring snowmelt となる。節の場合は接続詞に because や since を使って because〔since〕the snow melts very rapidly in spring とする。
- 「水が土の中にしみ込めないのかもしれない」 so ～ that … not 構文を使った場合の that 以下と同じ表現を使えばよい。

設問 3 (3) you would soon come to conclude that mammoths would have crushed nearly every tree in the region, leaving an extensive grassland.

▶ you would soon come to conclude　この文の前半をみると if you looked at … と仮定法過去の文であることがわかる。そのため would が使われている。

▶ come to conclude「結論づけるようになる」→「結論に至る」 conclude の目的

語は直後のthatで始まる節である。このthat節は最後まで続く。

▶ mammoths would have crushed　would have *done* はここでは仮定法過去完了の結論を表すのではなく,「～したのだろう」という過去の推量の意味にとるのがよい。

▶ nearly every tree「ほとんどすべての木」

▶ leaving～　分詞構文で, leaveは「(後に) ～を残す」という意味。この場合は「そして～を残した」「そして後には～が残った」と訳すのが適切であろう。

例：He was suddenly killed in a traffic accident, leaving a large fortune.「彼は交通事故で突然死に, 後には莫大な財産が残った」

設問3 (4) What if driving the mammoth to extinction at the end of the Stone Age brought us this warm climate we have today?

▶ What if～は通例望ましくない出来事を仮定して「もし～だとしたらどうだろうか」という意味の慣用表現である。

例：What if I'm late for the meeting?「会合に遅れたらどうしよう？」

▶ if節はこの文の最後まで続いていて, if節の主部はdrivingからthe Stone Ageまで。それを受ける述語動詞はbroughtである。usが間接目的語でthis warm climateが直接目的語。SVOOの文型となっている。文の構造を図示すると次のようになる。

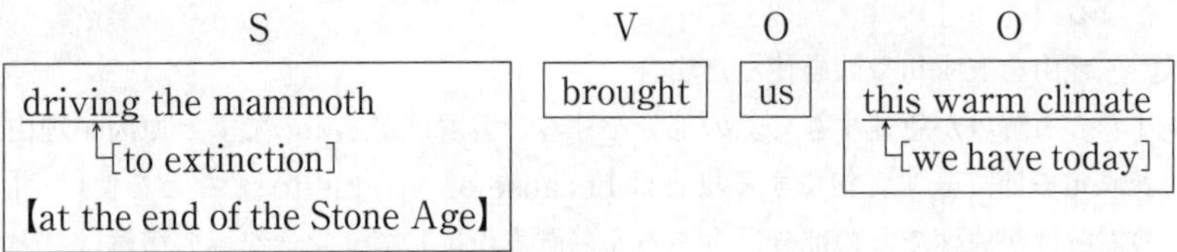

▶ driving the mammoth to extinction「マンモスを絶滅に追いやること」 drivingは動詞driveの動名詞。drive *A* to *B* で「*A* を *B* の状態に追いやる」という意味。extinction「絶滅」

▶ the Stone Age「石器時代」

▶ this warm climate we have today　直訳すれば「今日我々が持っているこの温暖な気候」となるが,「今日の温暖な気候」くらいの訳でも十分であろう。we have todayは接触節（直前に関係詞のthatあるいはwhichが省略されていると考えてもよい）でthis warm climateを修飾している。

設問4 (A)　正解は ホ　▶設問の意味は「更新世と完新世の時代におけるシベリアの

気候と動植物についての説明のうちで正しいものを一つ選びなさい」というもの。更新世と完新世の時代のシベリアの気候や動植物については主に第5段に書かれている。

▶イ「シベリアにおける動植物と気候に関して更新世と完新世の時代の間に違いはない」 動物に関しては第5段第6文に「約1万年前にもはや一頭のマンモスも地球上を歩かなくなる時がきた」とあり，ついで完新世になると書かれている。更新世にはいたマンモスが完新世にはいなくなってしまったということである。植物に関しては第5段第4文で更新世の説明の中で The abundance of grasses「草が豊富なこと」という記述があり，第5段最終文で，「ステップの草原の代わりに，カラマツ，コケ，ブルーベリーや他の広大なユーラシア大陸の森林に見られる植物だけが存在する」と書かれている。これは今，すなわち完新世のことを言っている。草地は更新世のほうが完新世よりも多かったことになる。気候に関しては第7段第2文で，マンモスがいなくなったことで温暖化が起こったのであろうと書かれている。マンモスがいなくなったのは完新世だから，完新世は更新世よりも暖かいことになる。気候，動物，植物すべての点で更新世と完新世には違いがあることになる。

▶ロ「シベリアでは完新世は更新世より寒く，より多くのマンモスがいて草で覆われた地域がより多かった」 全く逆の説明となっている。選択肢イの説明を参照。

▶ハ「シベリアでは完新世は更新世より寒く，マンモスは存在せず，草で覆われた地域がより多かった」 選択肢ロと異なるのは「マンモスは存在せず」というところだけ。この部分は正しいが，ほかは選択肢イで説明した通り誤りである。

▶ニ「シベリアでは完新世は更新世より暖かく，マンモスはより少なく，草で覆われた地域もより少ない」「マンモスはより少なく」という部分が誤り。第5段第6文から「もはや一頭のマンモスも地球上を歩かなく」なったのだから，fewer mammoths「より少ない数のマンモス」は誤りである。

▶ホ「シベリアでは完新世は更新世より暖かく，マンモスは存在せず，草で覆われた地域もより少ない」 第7段第2文および第5段の内容に一致している。

設問4 (B) 正解は ロ ▶設問の意味は「科学者たちがシベリアへの再移入を考えていない動物はどれか。正しいものを一つ選びなさい」というもの。

イ「バイソン」　ロ「ホラアナライオン」　ハ「ウマ」
ニ「ウシ」　ホ「トナカイ」

▶第10段第1文でシベリアの科学者が集めている動物の名前が挙がっている。wild horses「野生のウマ」，reindeer「トナカイ」，oxen「ウシ」である。さらに第10段最終文に bison「バイソン」の導入も言及されている。ロの「ホラアナライオン」の名前は挙がっていない。

設問4 (C) 正解は ニ ▶設問の意味は「本文によると，科学者たちはなぜシベリアで森林が広がるのを防ごうとしているのか。正しいものを一つ選びなさい」というもの。木がシベリアの気候に与える影響については主に第7段に書かれている。

▶イ「森林は昆虫を引き寄せる」 昆虫は第1段に記述があるが，融け出した永久凍土層から露出した動物の遺骸にたかるのであって，森林が引き寄せるとは書かれていない。

▶ロ「森林は土壌の侵食を妨げる」 全くそのような記述はない。

▶ハ「森林は空中の二酸化炭素を取り除く」 二酸化炭素についての記述は何箇所か本文中に出てくるが，いずれも森林との関係は書かれていない。

▶ニ「森林は永久凍土層の融解を速める」 第7段第2文に「北への森林の拡大には，明らかに温暖化の効果がある」，また第2段最終文に「温暖化は永久凍土層の崩壊を進めている」と書かれているから，これが正解となる。

▶ホ「森林は樹木に炭素を蓄える」 全くそのような記述はない。

設問4 (D) 正解は ハ・ニ ▶設問の意味は「正しくない記述を二つ選びなさい」である。

▶イ「『緑の世界仮説』によると，草食のヤギは気象体系にほとんど影響を与えない」 第6段最終文に，「この理論（緑の世界仮説）によると，草食動物と植物の間の闘争において，植物が優位に立っていて，それゆえ気候を決定するのは動物ではなく植物である」と書かれている。本文の内容に一致する。

▶ロ「人類が過去数百年の間に放出してきた炭素よりも多くの炭素がシベリアの永久凍土層に含まれている」 第2段第2文に「工業化時代の始まりから，人類は4500億トンの炭素を放出してきた」とあり，同じ第2段最終文に「永久凍土層に含まれる炭素の量は総計5000億トンにもおよぶ」と書かれているから，正しい。

▶ハ「100年前，シベリアでは今日より多くの森林火災が発生した」 シベリアの20世紀の温暖化について述べている第4段最終文で「森林火災はより頻繁に，そして激しくなっている」と現在完了形で書かれている。ということは，今のほうが森林火災は多いことになるので，この選択肢は本文の内容と一致しない。

▶ニ「科学者たちは，人間がマンモスを殺して絶滅させたと確信している」 第8段第1文，マンモス・ステップの動物たちの絶滅について，自然に死滅したと主張する側と人間が殺したと主張する側との間の議論が続いていると書かれている。この選択肢だと，一般的に科学者はすべて，人間がマンモスを殺したという説を確信していることになる。死滅説を主張する科学者もいるのだから本文に一致するとは言えない。

▶ホ「過去5500万年の間，空気中の二酸化炭素の量は現在のレベルより低かった」

第２段第２文の中に「過去5500万年――現在同様に大気中の二酸化炭素レベルが高かった最後の時」と書かれているので，その後5500万年間のレベルは今よりも低かったことになる。本文の内容に合致する。

設問５ 英作文

設問文の訳

もしマンモス・ステップが再現されないと，シベリアの植生や気候にどんなことが起こるであろうか記述しなさい。英語で答えなさい。

アプローチ

⑴自分独自の考えを書くのではなく，本文の論旨に沿った説明が要求されていることをまず確認しておこう。

⑵マンモス・ステップがシベリアの植生や気候にどのような影響を与えていたか，またそれがなくなったことでどういう結果になっているかを，本文から読み取ることがまず必要となる。

⑶ ⑵を踏まえて，マンモス・ステップの再現ができなければシベリアの植生や気候がどうなるかを，論理的に英語で表現することが求められている。

内容案

●マンモス・ステップが再現されない場合の植生への影響

第５段に，１万年前にマンモスが姿を消すとともに，マンモス・ステップは森林やそこに見られる他の植物に取って代わられ現在に至っている，と書かれている。また第７段には森林の北への拡大と温暖化には密接な関係があることが述べられている。ということは，マンモス・ステップが再現されないと，草地が減り森林地域がさらに北へと拡大することが考えられる。また森林の拡大は温暖化に拍車をかけることになる。

●マンモス・ステップが再現されない場合の気候への影響

第９段に「マンモス・ステップの再現で地球の冷却ができるか」，また第10段に「マンモス・ステップを回復させ，5000億トンの炭素を永久凍土層の中に凍らせたままにしておく取り組み」とあるから，マンモス・ステップの存在は温暖化を防ぐ効果があると考えられる。逆に温暖化が進みマンモス・ステップが再現されないと，永久凍土層が融けて凍土内の炭素が空気中に放出されることになるであろう。炭素の空気中への放出は，第２段に書かれているように，すでに深刻な温暖化をもたらしている。それゆえマンモス・ステップが再現されないと，さらに深刻な温暖化が起こることになる。

●以上をまとめると，次のような論旨になるであろう。

シベリアにマンモス・ステップが再現されない → 森林が北へ拡大する（→ ①）

→ 温暖化が進む → 永久凍土が融ける → 永久凍土内の炭素が空気中に放出される → 温暖化がますます進む（→②）

英語で表現

① もしマンモス・ステップが再現されないと，草地が消滅し森林は北へと拡大して，温暖化が進むことになるだろう。

▶もしマンモス・ステップが再現されないと

- 設問文の表現がそのまま使える。

▶草地が消滅し森林は北へと拡大して，温暖化が進むことになるだろう

- 「草地」grassland　第7段下線部(3)に使われているのでそのまま利用する。
- 「消滅する」disappear
- 「北へと拡大する」expand northward　第7段第2文に northward expansion という表現がある。これを動詞表現に換える。
- 「温暖化が進むことになるだろう」, which would accelerate warming 「草地が消滅し森林は北へと拡大するであろう」という部分を先行詞として，「そのことが温暖化を加速させる」と考える。

② その結果さらに永久凍土が融けて，凍土内の大量の炭素が空中に放出され，温暖化はますます深刻になるであろう。

▶その結果さらに永久凍土が融けて

- 「その結果」as a result
- 「さらに永久凍土が融けて」→「より多くの永久凍土が融けて」more permafrost would be melting　would melt とすると永久凍土がすべて融けてしまうような感じになるので，融ける過程がまだ進行中であることを表すには would be melting とするのがよい。

▶凍土内の大量の炭素が空中に放出され，温暖化はますます深刻になるであろう

- 「大量の炭素」a large amount of carbon
- 「空中に放出される」be released into the air　あるいは第4段最終文に send ～ into the atmosphere という表現があるので，それを使って be sent into the atmosphere とすることもできる。
- 「温暖化はますます深刻になる」→「より深刻な温暖化を引き起こす」 分詞構文にして causing more serious warming とする。

解答

設問 1　シベリアの永久凍土が融けたため，地表に姿を現してきた，約 2 万年前に死んだ動物の骨，皮，肉，毛。(50 字以内)

設問 2　＜解答 1＞ In spring, the snow may melt too fast for the water to soak into the soil.

＜解答 2＞ Perhaps, the snow is melting so quickly in spring that the water cannot be absorbed into the soil.

＜解答 3＞ Because of the rapid spring thaw, the water may not be able to go deep into the earth.

設問 3　(3) マンモスがこの地域のほとんどすべての木を踏みつぶし，その結果，広大な草原が残ったのだという結論にすぐにたどり着くだろう。

(4) 石器時代の終わりにマンモスを絶滅に追いやったことが，今日私たちが経験しているこの暖かい気候をもたらしたとしたらどうだろうか。

設問 4　Ⓐ―ホ　Ⓑ―ロ　Ⓒ―ニ　Ⓓ―ハ・ニ

設問 5　＜解答例＞ If the Mammoth Steppe were not recreated, grassland would disappear and forests would expand northward, which would accelerate warming. As a result, more permafrost would be melting and a large amount of carbon in the permafrost would be released into the air, causing more serious warming.

37

2009年度〔1〕

次の英文を読んで，以下の設問に答えよ。

History suggests that a burst of creative inspiration, or even the solution to a puzzling problem, can spring from the unconscious work of sleep.

Dmitry Mendeleev* credited his discovery of the periodic table to a dream that showed him where to place the elements. Friedrich August Kekulé von Stradonitz** was able to see the ring shape of benzene*** in a vision of a snake biting its tail. And Otto Loewi****, the Nobel Prize winner, said the idea for his prizewinning frog-heart experiment that proved the concept of chemical neurotransmission came to him in a dream.

Loewi famously woke up in the middle of the night to write down his idea, then went to bed and woke up hours later, unable to (①) his own handwriting. Only when he went to sleep the next night did the idea return to him in a second dream.

"This time I did not take any risk," he later wrote. "I got up immediately, went to the laboratory, made the experiment on the frog's heart, and at five o'clock the chemical transmission of nervous impulse was proved."

Were these exceptional cases merely lucky accidents or the most notable examples of sleep's ability to (②) insight? Dismiss them if you choose. But the strongest explanation offered by science is that sleep and dreams have powerful effects on the organization and storage of memories that we're only now beginning to understand. Our ability to get to information stored in our memories—both consciously and unconsciously—is a crucial part of problem solving, and (1)getting to those memories is apparently where sleep comes in.

During sleep, the brain does a lot of heavy lifting. Memories are brought together. Things that we've seen during the day are made into new solid memories. And (2)information is moved from short-term storage to long-term storage, where it can be accessed later for the task at hand. Studies that examine patterns of brainwave activity during sleep and dreaming have hinted at this strongly, but it's also been illustrated in more direct ways.

One of the best examples was a 2004 study in the journal *Nature* that involved training several groups of college students to (③) a memory experiment. Each student learned two rules for converting a string of eight numbers into a new string of numbers, and each group was tested once after training and then again eight hours later. No one was told, though, that (3)there was a third, hidden rule that could reduce the steps in the calculation, allowing the problem to be solved immediately.

Sixty percent of the students who were allowed to sleep in the interval figured out the hidden rule. But only 22 percent of those who stayed awake—some through the night, others through the day—discovered it. At the same time, another group that slept for eight hours without being trained was never able to figure out the rule, suggesting that sleeping helped only if memories of the task were formed first.

What the study demonstrated pretty convincingly is that new memories are manipulated during sleep in a way that stimulates insight, which then filters into consciousness. (4)このことがどのようにして起こるのか，また脳のどの領域が関わっているのか，まだ知られていない。Scientists have learned that explicit memory tasks are usually associated with deep stages of sleep. But some evidence suggests that insight is acquired in dreams, which occur in the rapid eye movement (REM) stage of sleep. It may be that both contribute to the process in different ways.

Whatever the mechanisms behind creative sleep, if a crucial exam or a big presentation is before you, or a complicated problem is weighing on your mind, (5)it might be best to sleep on it.

From *Never Shower in a Thunderstorm* by Anahad O'Connor, Henry Holt and Company

*Dmitry Mendeleev　ロシアの化学者（1834-1907）
**Friedrich August Kekulé von Stradonitz　ドイツの化学者（1829-96）
***benzene　ベンゼン
****Otto Loewi　ドイツ生まれの米国の薬理学者（1873-1961）

設 問

1 空欄①～③に入れるのにもっとも適したものを次の選択肢から選び，記号で答えよ。

(イ) carry out
(ロ) make sense of
(ハ) open the door to
(ニ) round off
(ホ) settle in

2 下線部(1)の意味を，文脈をふまえて70字以内の日本語で説明せよ。

3 下線部(2)，(3)を日本語に訳せ。

4 下線部(4)を英語に訳せ。

5 Read the underlined part (5), and explain in English why the author believes "it might be best to sleep on it." 〔解答欄：13.4cm×5行〕

全訳

■睡眠と記憶および洞察力との関係

❶ 歴史を見ると，眠りという無意識の作業から創造的な霊感が突然湧き出たり，難問の解決法でさえも浮かんだりすることがあるとわかる。

❷ ドミトリー=メンデレーエフが周期表を発見したのは，どこに元素を置くべきか彼に示してくれた夢のおかげだった。フリードリッヒ=アウグスト=ケクレ=フォン=シュトラードニッツはヘビが自分の尻尾をかむという夢の中に，ベンゼンの環の形を見ることができた。そして，ノーベル賞受賞者のオットー=レーヴィは，化学的神経伝達の概念を証明した受賞対象のカエルの心臓の実験という着想は，夢の中で得られたと言った。

❸ よく知られているように，レーヴィは夜中に起きて着想を書き留め，それから寝て数時間後に目を覚ましたが，自分自身の筆跡が理解できなかった。翌日の夜に寝て初めてその着想が別の夢の中で彼に戻ってきたのである。

❹「今度は危険は冒しませんでした」と後に彼は書いた。「すぐに起き上がって実験室に行き，カエルの心臓の実験をして，5時に神経刺激の化学的伝達が証明されたのでした」

❺ これらの例外的な事例は単に幸運な偶然の出来事だったのであろうか，あるいは睡眠が洞察力への道を開くことができるという最も有名な例だったのであろうか？　もしそうしたければ，それらの事例は退けてもかまわない。しかし，科学が提供する最も有力な説明によれば，睡眠と夢は，我々がまだ理解し始めたばかりの記憶の組織化と蓄積に強力な影響力をもっている。記憶の中に蓄積された情報に到達する能力——それは意識的であることも無意識的であることもあるが——は問題解決の重要な一部であり，そしてこれらの記憶に到達するには睡眠が関わっているように思われる。

❻ 睡眠中に脳はたくさんの面倒な仕事をする。記憶はまとめられる。昼のうちに見たことは新たな確固とした記憶になる。そして，(2)情報は，短期記憶貯蔵から長期記憶貯蔵に移され，後にそこから当面する課題を解決するために取り出すことができる。就寝中や夢を見ている間の脳波活動の型を調べる諸研究はこのことを強力に暗示しているが，もっと直接的な方法でも説明されている。

❼ 最もよい例のひとつは『ネイチャー』誌に載った2004年の研究で，それは記憶実験を行うためにいくつかのグループの大学生を訓練することを伴うものだった。それぞれの学生は一連の8つの数字を新しい一連の数字に換える2つの規則を覚えて，それぞれのグループは訓練後一度テストを受けて，8時間後にまたテストされ

た。けれども，(3)計算の段階を短縮でき，問題を即座に解決できる，第三の隠された規則があることは誰にも教えられていなかった。

❽ その間に眠ることを許された学生の60％にはその隠された規則がわかった。しかし，起きていた学生――夜の間中起きていた者もいたし，昼の間中の者もいたが――は22％しかそれを発見できなかった。同時に，訓練を受けずに8時間眠った別のグループは決してその規則を見つけ出せなかった。ということは，最初に作業の記憶が形成されている場合に限り，睡眠は役に立つということを示している。

❾ その研究によって，新しい記憶は睡眠中に洞察力を刺激するように処理されて，そしてそれから洞察力は意識の中に浸透するということが，かなりの説得力をもって明らかにされた。このことがどのようにして起こるのか，また脳のどの領域が関わっているのか，まだ知られていない。明白な記憶の仕事は普通は睡眠の深い段階と関わりがあることを科学者は既に知っている。しかし，ある証拠によると，洞察力は急速眼球運動の睡眠段階（レム睡眠の段階）で起こる夢の中で獲得されることがわかる。どちらもその過程に異なった方法で貢献しているのかもしれない。

❿ 創造的睡眠の裏のメカニズムがどんなものであるにせよ，もしきわめて重大な試験や重要なプレゼンが控えていたり，あるいは複雑な問題が心に重くのしかかっていたりするなら，一晩寝て考えるのが一番いいのかもしれない。

各段落の要旨

❶ 創造的な霊感や難問の解決法が睡眠中の無意識の作業の中から生まれることがあるのを歴史は示唆している。

❷ メンデレーエフの周期表，ケクレのベンゼン環，レーヴィの化学的神経伝達を証明するためのカエルの実験の着想はすべて夢の中から得られたものだった。

❸ レーヴィは最初に夢を見たとき着想を書き留めておいたが，起きてから見てもその筆跡が理解できなかった。

❹ 次に夢を見たときはすぐに起きてカエルの実験をして，神経刺激の化学的伝達を証明できた。

❺ これらは決して例外的なことではなく，睡眠と夢は記憶の組織化と蓄積に重要な役割を果たし，また記憶の中の情報に到達するのも睡眠中だということがわかってきている。

❻ 昼間得た情報は睡眠中にまとめられ，短期記憶貯蔵から長期記憶貯蔵に移されて取り出し可能な状態になることが，睡眠中の脳波の研究からわかってきている。それには直接的な例証もある。

❼ 記憶実験が行われた。8つの数字を並べ替える2つの規則を覚えさせ訓練をし，8時間後にまたテストするというものだったが，簡便な第三の隠れた規則があることは誰にも知らされなかった。

❽ その間眠ることを許された者のほうが，起きていた者よりもその規則を発見できた。訓練を受けずに眠ったグループはその規則を発見できなかった。最初に作業の記憶

がある場合に限り睡眠は有効だったということになる。

❾ 新しい記憶は睡眠中に洞察力を刺激し意識の中に浸透することが，この研究からわかる。だが脳のどの領域が関わっているか詳しくはわからない。深い眠りとレム睡眠どちらもこの過程に関わっているのかもしれない。

❿ いずれにせよ重大な課題や難問を前にしたら，一晩寝て考えるのが最良の策かもしれない。

解　説

設問 1　▶選択肢の動詞句の意味はそれぞれ以下のとおり。

(イ)「～を行う」

(ロ)「～を理解する」

(ハ)「～への道を開く，～を可能にする」

(ニ)「～を締めくくる」

(ホ)「～に落ち着く」

①　**正解は (ロ)**　▶空所を含む部分の意味は「レーヴィは夜中に起きて着想を書き留め，それから寝て数時間後に目を覚ましたが，自分自身の筆跡を（　①　）ことができなかった」。これに続く文に「翌日の夜に寝て初めてその着想が別の夢の中で彼に戻ってきた」とあり，今度はすぐに実験に着手して結果を出したのだから，最初の晩の夢の内容はわからなかったことになる。「筆跡を理解することができなかった」と考えるのが妥当である。

②　**正解は (ハ)**　▶空所を含む部分の意味は「これらの例外的な事例は単に幸運な偶然の出来事だったのであろうか，あるいは睡眠が洞察力を（　②　）ことができるという最も有名な例だったのであろうか」。睡眠が記憶と洞察力に及ぼす影響を述べている箇所で，「偶然の出来事」と対照されている部分であるから「睡眠が洞察力への道を開く」とするのが適切である。

③　**正解は (イ)**　▶空所を含む部分の意味は「記憶実験を（　③　）ためにいくつかのグループの大学生を訓練することを伴うものだった」。これに続く部分で大学生に対する実験の内容が示されていることから，ここは「記憶実験を行う」となる。

設問 2　▶下線部は直訳すると「これらの記憶に到達することはたぶん睡眠が入り込んでくるところのように思われる」。→「これらの記憶に到達するには睡眠が関わっているように思われる」

▶ getting to ～「～に到達すること」 動名詞で述語動詞 is に対する主語となっている。

apparently「多分～らしい」
where「～するところ」 関係副詞で先行詞が省略されている。
come in「入り込む，関わる」

▶問題は下線部の単なる和訳を求めているのではないから，特に「記憶」と「睡眠」について内容を敷衍(ふえん)して述べる必要がある。具体的にはこれに先行する部分（第5段第3文と最終文前半）「睡眠と夢は我々がまだ理解し始めたばかりの記憶の組織化と蓄積に強力な影響力をもっている。記憶の中に蓄積された情報に到達する能力――それは意識的であることも無意識的であることもあるが――は問題解決の重要な一部であり」の部分をふまえて70字以内でまとめればよい。

▶ effects on ～「～に対する影響力」　storage「保存，蓄積」　crucial「重大な」

設問3 (2) information is moved from short-term storage to long-term storage, where it can be accessed later for the task at hand.

▶文の構造は，information is moved からコンマまでが主節で，それに非制限用法の関係副詞 where で始まる節が続いている。

▶ short-term storage「短期保存」，long-term storage「長期保存」が一般的な訳だが，専門用語としては「短期記憶貯蔵」「長期記憶貯蔵」と訳される。term は多義語なので要注意。

▶, where it can be accessed「そしてそこからそれ（情報）は取り出すことができる」　where は関係副詞で先行詞は long-term storage。また前にコンマがあるので非制限用法である。it は information を指す。

▶ access「（情報などを）手に入れる」 また「～にアクセスする」も日本語に定着しているのでそのまま使ってもかまわないであろう。

▶ at hand「手元の，当面の」

設問3 (3) there was a third, hidden rule that could reduce the steps in the calculation, allowing the problem to be solved immediately.

▶文の構造は there was a third, hidden rule という主節に関係代名詞 that に導かれる節がついている形。

▶ a third, hidden rule「第三の隠された規則」

▶ that は主格の関係代名詞で rule「規則」が先行詞。

▶ reduce「～を減らす」

▶ calculation「計算」

▶ allow *A* to *do*「*A* が～することを可能にする」 allow には「～を許す」という意

味もあるが，ここは「～を可能にする」の意味にとるほうが自然である。

▶ allowing 以下は分詞構文となっている。「そして問題が即座に解かれることを可能にする」が直訳だが，to be solved の部分を受動態のまま訳すのは不自然なので，「問題を即座に解くのを可能にする」としたほうがよい。

▶ immediately「即座に」

設問 4　このことがどのようにして起こるのか，また脳のどの領域が関わっているのか，まだ知られていない。

▶文の基本構造は「…はまだ知られていない」という単純なものなので，「…」の部分を主語にして文を作ることができる。「…」の部分には「このことがどのようにして起こるのか」と「脳のどの領域が関わっているのか」という 2 つの節が来るので，そのままでは頭でっかちの文になる。形式主語の it を使うほうがすっきりするであろう。また「…」の部分を目的語にし「…を（我々は）まだ知らない」としてもよいであろう。

▶**このことがどのようにして起こるのか**

● how this happens とできる。「起こる」happen / occur

▶**脳のどの領域が関わっているのか**

● 「脳のどの領域」→「脳のどの部分」what part of the brain / what region of the brain

● 「関わっている」be involved

▶**まだ知られていない**

● S is not yet known / S is yet unknown　あるいは能動表現にして「我々はまだ知らない」we don't know yet としてもよいであろう。

設問 5　英作文

設問文の訳

下線部(5)を読んで，著者がなぜ「それについて一晩寝て考えるのが一番いいかもしれない」と思うのか英語で説明しなさい。

▶ sleep on ～「～について一晩寝て考える」

アプローチ

(1)下線部の正確な理解から始めなくてはならない。sleep on it とはどういうことか，また it「それ」は何を指すのかをはっきりさせる必要がある。

(2)「著者がなぜ一番いいと思うのか」という問いであるから，問題解決には睡眠が大切である理由を，自分の考えではなく，本文の趣旨に沿って説明することが求められている。

▶また全体として本文中に出てきた語彙や表現をできるだけ利用するようにしたい。

内容案

Ⓐ**著者の主張**：何について一晩寝て考えるのが一番いいかもしれないのか，具体的に書く。下線部を含む文の前半に，「創造的睡眠の裏のメカニズムがどんなものであるにせよ，もしきわめて重大な試験や重要なプレゼンが控えていたり，複雑な問題が心に重くのしかかっていたりするなら」とある。sleep on it の it は「重大な試験，重要なプレゼン，複雑な問題」などを指していることがわかる。→ ①

Ⓑ**理由**：なぜ「一晩寝て考えるのが一番いい」かは，本文で一貫して述べられているように，睡眠が記憶や洞察力と深い関係があるからである。第５段第３文・最終文，第６段に睡眠と記憶の関係が，第９段に睡眠と洞察力の関係が記されている。それらを参考にしてまとめるとよいが，あまり詳しくそのメカニズムまで書く必要も，またそのスペースもないであろう。睡眠中に記憶の中の情報にアクセスして，問題解決に必要な洞察力を得ることができるからだ，ということを簡潔に書けばよい。 → ②

英語で表現

①　重大な試験や大切なプレゼンを控えているときには，徹夜して準備するよりも眠るほうがいいと著者は考えている。

▶重大な試験や大切なプレゼンを控えているときには

- 「～を控えているとき」は，「～の前に」と考えて，前置詞 before を使い簡単に表現できる。
- 「重大な試験」 本文中に a crucial exam が最終段第１文に使われているのでそのまま利用する。
- 「大切なプレゼン」 これも本文最終段第１文中の表現をそのまま利用して a big presentation とすればよい。

▶徹夜して準備するよりも眠るほうがいい

- 「徹夜して準備するよりも」「～するよりも」は rather than ～でよい。
「徹夜する」stay〔sit〕up all night
- 「眠るほうがいい」it is better to sleep

②　なぜなら睡眠中に記憶の中に蓄積された情報に到達することができ，問題解決に必要な洞察力を獲得することができるからである。

▶なぜなら睡眠中に記憶の中に蓄積された情報に到達することができ

- 文全体は「なぜなら…だからである」とあるから This is because … で始める。
- 主語は一般的な人を表す we がいいであろう。

- 「睡眠中に」during sleep
- 「記憶の中に蓄積された情報に到達する」 get to information stored in our memories という表現が第5段最終文に使われている。

▶問題解決に必要な洞察力を獲得することができる

- 「問題解決に必要な洞察力」insight necessary for problem solving
  第5段最終文に「問題解決」problem solving が使われているので利用する。
- 「〜を獲得する」acquire　これも本文第9段第4文に出てくるのでそのまま利用できる。

解答

設問1　①―(ロ)　②―(ハ)　③―(イ)

設問2　問題解決のためには記憶に貯蔵された情報を取り出さなければならないが，記憶の蓄積と蓄積された情報へのアクセスは睡眠中に起こるらしいということ。(70字以内)

設問3　(2) 情報は，短期記憶貯蔵から長期記憶貯蔵に移され，後にそこから当面する課題を解決するために取り出すことができる。

(3) 計算の段階を短縮でき，問題を即座に解決できる，第三の隠された規則があった。

設問4　It is not yet known how this happens and what part of our brain is involved.

設問5　＜解答例＞ The author believes it is better to sleep before a crucial exam or a big presentation, rather than staying up all night preparing for it. This is because during sleep, we can get to information stored in our memories and acquire insight necessary for problem solving.

38

2007年度〔1〕

次の英文を読んで，以下の設問に答えよ。

The adaptation of famous novels for the screen has taken place, with greater or lesser success, within specific circumstances that come up in the process. Taking literature off the page and transforming it into film is not as easy as one might think. Readers who admire the book may have already imagined, even visualized, the story. If the screen version differs significantly from the original, it may not please audiences who have expectations based on their own interpretation of "what it is really like."

Filmmakers who adapt stories from novels are, in this way, in competition with people's imaginations. Moreover, (あ)it is a tough competition to win. If the film version follows the book in close detail, the result may be totally unsatisfactory. In other words, if it attempts to stuff in every detail of a complicated literary plot, it might run the risk of being difficult to comprehend as film narrative. On the other hand, if the filmmakers choose to introduce elements into the narrative that were not in the original in order to make the film better as film, they may find themselves accused by fans of the original as not being faithful to the novel itself. (1)しかし，どんな方針が選ばれるにせよ，文学と映画は違った媒体であるということが認められなければならない。 They are created differently, appealing to different senses and targeting different audiences. The problem is whether to be faithful — and how faithful — to the original.

One way for the film director to avoid the dilemma is to choose a story that is not popular in the first place. Take the example of the famous film director Stanley Kubrick*. With the exception of the novel "The Shining" and perhaps one other, Kubrick avoided books that were enormously popular. In fact, the opposite, as it were, happened. Some of the novels on which he based his films became popular only *after* the release of the film. (2)はじめその本の人気がなければないほど，多くの文学ファンが結果にがっかりする可能性は小さくなるだろう。

Presenting the characters gives rise to another problem in this regard. Nowadays many films try to appeal to audiences of all ages, in order to maximize profits. In general it may be said that young audiences like action and adventure, while older audiences prefer deep character studies. (い)Striking a balance between these two can be rather troublesome for the director. And here the choice of leading actor comes into play as well. Ironically, a lesser-known actor might actually be able to successfully play a famous character from a novel because people have no fixed idea of him or her. If a really well-known actor plays a famous character from a novel, it's not at all unlikely that people will say, "I don't think that character looks like that famous actor." And yet, films make money most of the time when famous actors appear in them, further complicating the task of adapting literature to the screen.

All in all, filmmakers basing their film on a novel have to make difficult choices that will decide the success or failure of film as business and art.

*Stanley Kubrick (1928−1999) アメリカの映画監督

設　問

1　筆者が下線部(あ)のように判断している理由を100字以内の日本語で説明せよ。

2　下線部(1), (2)を英語に訳せ。

3　下線部(い)を these two の内容を明らかにしながら日本語に訳せ。

4　If you were a filmmaker making a film based on a novel, would you use a famous actor ? Give your reasons to support your answer. Answer in English in the space provided.
〔解答欄：13.4cm×7行〕

全 訳

■小説の映画化の問題点

❶ 有名な小説の映画化は行われてきたが，成功の度合いはさまざまで，その過程で起こる特定の状況下で行われている。文学を本のページから切り離して映画に変えるのは思うほど容易なことではない。その本を崇拝する読者はその物語をもうすでに想像しており，映像として思い描いてさえいるかもしれない。もし，映画版が原作と大きく異なれば，「本当はどういうことなのか」という自分自身の解釈に基づいた期待を抱いている観客には気に入らないかもしれない。

❷ 小説の物語を脚色する映画制作者は，このように人々の想像力と張り合っている。その上，それは勝つのが困難な競争である。もし，映画版が細部にわたるまで本に従っていると，結果はまったく不満足なものになるかもしれない。言い換えれば，複雑な文学作品の筋のあらゆる細部までも詰め込もうとすると，映画の語りとしては理解しにくくなるという危険を冒すことになるだろう。他方，その映画を映画としてよりよいものにするために原作にない要素を語りの中に導入する道を選ぶと，原作のファンに小説自体に忠実でないと非難されることになるかもしれない。しかし，どんな方針が選ばれるにせよ，文学と映画は違った媒体であるということが認められなければならない。それらは違うふうに創られて，異なった感覚に訴え，異なった観客を対象にしているのである。問題は，原作に忠実であるべきかどうか——いかに忠実であるべきか——ということである。

❸ 映画監督がそのジレンマを避けるひとつの方法は，まず有名でない物語を選ぶことである。有名な映画監督のスタンリー=キューブリックを例にとり上げてみよう。小説『シャイニング』ともうひとつの作品を除いて，キューブリックは桁外れに人気の高い本は避けた。それどころか，いわば逆のことが起こった。彼が映画の基にした小説の中には映画が公開されて初めて人気が出たものもある。はじめその本の人気がなければないほど，多くの文学ファンが結果にがっかりする可能性は小さくなるだろう。

❹ 登場人物の描き方はこの点に関してもうひとつの問題を引き起こす。今日，多くの映画は，利益を最大にするためにあらゆる年代の観客に気に入ってもらおうとする。一般的に若い観客はアクションや冒険ものを好み，一方でそれより年長の観客は深い人間性の考察の方を好むといえよう。この両者の均衡を図るのは，監督にとってかなりやっかいな場合がある。そしてここに主演俳優の選択もまた影響する。皮肉なことに，比較的無名の俳優のほうが，人々に固定観念がないので，小説に出てくる有名な人物をうまく演じることができるかもしれないのである。もし，とて

も有名な俳優が小説に出てくる有名な人物を演じたら，人々が次のように言うであろうことは大いにありうる。「あの人物はあの有名な俳優とは似ていないと思う」と。それなのに，映画は有名な俳優が登場するとたいていは儲かり，それで文学を映画化する仕事がますます難しくなってくるのである。
❺ 総じて，小説に基づく映画の制作者は，その映画がビジネスや芸術として成功か失敗かを決定する難しい選択をしなければならない。

各段落の要旨

❶ 有名な小説は，その物語を読者がすでに知っているだけに，映画にするのは難しいと言える。
❷ 小説の細部にわたるまで忠実に映画化すれば，それは映画としては理解しにくいものとなる危険性がある。一方，原作から外れると小説のファンから忠実でないと非難されるかもしれない。しかし文学と映画は異なった媒体であることを認めなければいけない。
❸ 有名でない小説を映画化すればそのようなジレンマからは解放される。逆に映画の後で小説の人気が出ることもある。
❹ 登場人物の描き方も厄介な問題のひとつであり，あらゆる年代に受け入れられるように配慮しなければならない。有名な俳優を使うと小説の人物のイメージに合わないという非難を受けるかもしれないが，興行的には無名の俳優を使うよりも儲かるというジレンマもあるので，小説の映画化はいっそう難しい。
❺ 映画制作者はビジネスとしてまた芸術として，その映画の成否を決めるいくつもの選択をしなければならないのである。

解　説

設問 1　▶下線部(あ)の意味は「それは勝つのが困難な競争である」。競争というのは前の文に述べられている，小説の物語を脚色する映画制作者と人々（観客）の想像力との競争。

▶その「競争」の具体的な内容は下線部(あ)の直後から下線部(1)の直前までの 3 つの文第 2 段第 3 ～ 5 文に述べられているので，それを要約すればよい。

▶第 2 段第 3・4 文では，映画を文学作品に忠実に作ると映画の話としては理解しにくくなる危険性があるということが書かれている。続く第 5 文は，逆に原作にない要素を映画の中に取り入れると，原作のファンに小説に忠実でないという非難を受けるという内容。そのジレンマを「勝つのが困難な競争」と言っている。100 字以内という指定なので，それほど大幅に削った要約をしなくてもすむだろう。

（第 2 段第 3 文）in close detail「細部にわたるまで」

（第 2 段第 4 文）stuff in ～「～を詰め込む」　literary plot「文学作品の筋」

run the risk of ～「～の危険を冒す」 film narrative「映画の語り」
（第2段第5文）find *oneself* ～「～であると気づく」，accused by ～「～に非難される」より，they may find themselves accused by ～で「～に非難されることになるかもしれない」。

設問2 (1) **しかし，どんな方針が選ばれるにせよ，文学と映画は違った媒体であるということが認められなければならない。**

▶全体を能動態で書こうとすると主語を何にしようかと迷ってしまう。ここは日本語の表現どおり受動態で書くとすっきりする。

▶**しかし，どんな方針が選ばれるにせよ**

- 「どんなSがVするにせよ」は譲歩表現で no matter what S V，whatever S V の構文を使えばよい。
- 「方針」はここでは「方向性」という感じなので，course とか line が適切。
- 「選ばれる」は be taken や be chosen が使える。

▶**文学と映画は違った媒体であるということが認められなければならない**

- 「違った媒体」different media
- 「…ということが認められなければならない」形式主語の it を使って真の主語を that 節で表す。「認める」は admit / accept などが使える。it must be admitted that …とする。

設問2 (2) **はじめその本の人気がなければないほど，多くの文学ファンが結果にがっかりする可能性は小さくなるだろう。**

▶**はじめその本の人気がなければないほど，可能性は小さくなるだろう**

- the＋比較級，the＋比較級の構文が使える。この構文を正しく使えるかどうかがポイント。
- 「はじめ」はここでは「映画の公開前」と考えるのが妥当であろうから，あえて入れるなら before the release of the film となる。しかし前の文からの続きで考えれば，ないほうがすっきりしてよいであろう。
- 「その本はより人気がない」は比較級を使って the book is less popular と表せる。
- 「可能性はより小さい」は the chances are smaller である。
- the＋比較級，the＋比較級の構文にあてはめると，それぞれの比較級の部分が the の後にきて，the less popular the book is，the smaller the chances are となる。

▶多くの文学ファンが結果にがっかりする可能性

- 「結果にがっかりする」be disappointed with the result
- 「SがVする可能性」は同格の接続詞 that を使って the chances that SV で表す。the chances と that 節がくっつくために the smaller the chances are は the smaller are the chances that …と倒置が起こる。

設問 3 Striking a balance between these two can be rather troublesome for the director.

▶ these two は下線部(い)の前文中の「アクションや冒険ものが好きな若い観客」と「深い人間性の考察のほうが好きな年長の観客」を指す。this, these は近いものを指すので，その指示内容は前の文中にあることが多い。

▶ Striking a balance「均衡を図ること」 動名詞でこの文の主語になっている。

▶ can be troublesome「やっかいなことになる場合がある」 助動詞 can には注意すること。「～できる」という能力の意味だけではなく，「～することがある」という一般的可能性の意味もしっかりおさえておきたい。

設問 4 英作文

設問文の訳

もしあなたが小説に基づく映画を作る映画制作者ならば，有名な俳優を使いますか？ 自分の答えの根拠となる理由を挙げなさい。与えられたスペースに英語で答えなさい。

アプローチ

問題に答えるためには，次のことを書かなければならない。

(1) 映画制作者として，小説の映画化にあたって有名な俳優を使うか否か？

(2) どうして有名な俳優を使うのか（使わないのか）？

- 本文の第4段で小説の映画化の場合に無名の俳優を使うことのメリット，有名な俳優を使うことのメリット，デメリットに触れているので参考になる。本文にあるように，有名な俳優を使えば，観客をたくさん集めることができる一方，俳優のもつイメージと観客が小説の人物に対して抱いているイメージとの間にギャップが生じる。無名の俳優の場合は観客に固定観念がない分，自由に映画が作れる。どちらを選ぶかということである。
- ほぼこの線に沿った形で論を進めることになるであろうが，本文をそっくりそのまま使うのは避けたほうがよいだろう。主張が重なるとしてもできるだけ英語の表現は独自のものを使いたい。

内容案

Ⓐ主張：まず有名な俳優を使うか使わないかを簡潔に書く。ここでは使わないという主張をする。 → ①

Ⓑ理由：有名な俳優を使う場合のデメリットを挙げる。有名な俳優はもうすでに自分の固定したイメージを確立していて，観客はそのイメージに合った決まりきった役を演じることを期待する傾向がある。小説の映画化の場合には，その俳優の固定イメージが小説の登場人物のイメージと合わないと観客が感じる危険性がある。 → ②・③

Ⓒまとめ：以上の理由で有名な俳優は使わずに無名の俳優を使う。無名の俳優の中にも演技力のある人はいるだろうから，本当に小説の中の人物に合う俳優を選びたいという結論を述べる。 → ④

英語で表現

① たとえ多くの観客を引き寄せることができるとしても，私は有名な俳優は使わないだろう。

▶たとえ多くの観客を引き寄せることができるとしても

- 「たとえ…だとしても」には even though …の構文が使える。主節は仮定法を使うが，有名な俳優が多くの観客を引き寄せることができるというのは，起こりえないことではないので，ここは仮定法にせず直説法を使う。
- 「多くの観客」a large audience 「観客」audience が多い，少ないは large, small を使い，many, few は使わない。たとえば many audience(s) とは言わない。
- 「引き寄せる」は attract がぴったりだが draw を使うこともできる。

▶私は有名な俳優は使わないだろう

- 「自分が映画制作者だとしたら」という現実とは異なる仮定の上の主張だから，仮定法過去の文にして I would not use ～とする。

② 名声や評判が確立されている俳優は，ある種の決まりきった役柄を演じることを期待されてしまう。

▶名声や評判が確立されている俳優は

- 「俳優」actors が主語で，「名声や評判が確立されている」fame and reputation have already been established の部分を関係代名詞 whose を用いて先行詞の actors につなげる。
- あるいは「すでに名声，評判を得ている俳優」として Actors who have already got fame and reputation とすることもできる。

▶ある種の決まりきった役柄を演じることを期待されてしまう

● 「決まりきった」は stereotyped がぴったり。
● 「役柄を演じる」play roles
● 「〜することを期待されてしまう」は be expected to *do* とすればよい。

③ 観客は，そのような彼らの固定イメージが，小説の登場人物のイメージと衝突しているように感じるだろう。

▶観客は〜が…と衝突しているように感じるだろう
● 「*A* が〜するのを感じる」は知覚動詞＋*A doing* の構文が使える。
● 「観客」は audience を使うこともできるが，一般人称の one を使うほうがこなれた感じになるであろう。
● 「〜と衝突する」clash with 〜

▶彼らの固定イメージが，小説の登場人物のイメージと（衝突している）
● 「固定した」は本文中に fixed が使われているのでそのまま使える。
● 「登場人物」も文中に character が使われているので利用できる。
● 「イメージ」が２回出てくるので，２回目は重複を避けるため images を代名詞の those にする。

④ 無名でも演技力のある俳優はたくさんいるから，私は本当に役柄に合った俳優を使いたい。

▶無名でも演技力のある俳優はたくさんいるから
● 理由を表す節だから because，since などの接続詞で始める。
● 「無名でも演技力のある俳優」は「すばらしい演技力を持つ無名の俳優」と考えて，unknown actors with excellent acting ability と書ける。日本語で発想して英語になりにくい場合はさらに和文和訳をして，自然な英語の表現になるような日本語に置き換えることも時には必要である。

▶本当に役柄に合った俳優
● 「本当に」は really が思いつくが，ここでは really suit より best suit「一番合う」と best を使うほうがしっくりくる。
● 「役柄」role
● 「俳優」は重複を避けるために an actor の代わりに one を使い，関係詞を使って the one who best suits the role とする。

解答

設問1 小説の原作の通りに細部まで再現しようとすると，映画としては理解しにくくなり，映画としてよりよいものにしようとして原作にない要素を入れると，原作のファンに小説に忠実でないと非難されるから。（100字以内）

設問2 ⑴ However, no matter what course is taken, it must be admitted that literature and film are different media.

⑵ The less popular the book is, the smaller are the chances that many literature fans will be disappointed with the result.

設問3 アクションや冒険ものを好む若い観客と，深い人間性の考察のほうが好きな年長の観客との均衡を図るのは，監督にとってかなりやっかいな場合がある。

設問4 ＜解答例＞ I would not use a famous actor even though he or she attracts a large audience. Actors whose fame and reputation have already been established are often expected to play certain stereotyped roles. One can easily see their fixed images clashing with those of the characters in the novel. Since there are several unknown actors with excellent acting ability, I would like to use the one who best suits the role.

39

2006 年度〔1〕

次の英文を読んで，以下の設問に答えよ。

It's two hundred years or so since the appearance of the first of a series of inventions that used electricity to transform the way most people live their lives, and still some people today can barely change a light bulb. When it comes to fixing the video machine or dealing with a computer that freezes before our very eyes, we're as helpless as a baby. We may use the technology freely, but we hardly understand the principles that we are so dependent on.

How many of us could invent electricity and the multitude of electric devices that we use every day ? Easier said than done ! Well, a look at some of the people who gave us these "gifts" brings new respect for the original genius of our inventors, (1)not to mention making us feel humble regarding our own dependence on their achievements.

Although some of the first steps in the process of invention originated in Europe, including the development of the battery by Alessandro Volta (from whose name we get the word "voltage"), it is not surprising that the first real uses of electricity for commercial purposes took place in the boom years before the Civil War in the United States.

The idea of the telegraph emerged in the early 1830s from the work of Joseph Henry, who adapted the theory of electromagnetism. Henry's name is little known because his idea was adopted and patented by Samuel Morse (from whom we get Morse Code), although Henry seems not to have been bitter about what happened. The first commercial telegraph line opened between Washington and Baltimore in 1844. Its impact on the conduct of business was immediate and profound.

In 1875 Alexander Bell used his experiences as a teacher of deaf children to make an electric current reflect voice patterns. Bell and his telephone also owed a considerable debt to Henry, who had given some early advice on how to proceed. (A)Henry is surely the unrecognized hero in these stories. We'd like to think that we're pretty sophisticated these days, with our e-mails, faxes, etc.; but give us some wire, wood and a few other parts of an old phone and see how we'd get along. I doubt if any one of us today could come up with something that worked.

Next came Thomas Edison's light bulb in 1878, and then the electric motor. The social and economic effects of these inventions were enormous. Electric streetcars meant that people could live much farther from where they worked, and so suburbs grew around the major American cities. (a)エレベーターによって階段の問題がひとたび解決されてしまうと，今度はそれらの都市に高いビルを建てることが可能になった。

But all of this is no easily attained success story. Initial attempts to lay a telegraph cable in the Atlantic in the 1850s and early '60s ended in failure. (2)Given the distances and pressures involved, it's natural that a number of cables just snapped. The line that finally worked was laid in 1866 and is presumably still in place, although long unused.

Then there is the brilliant work of Heinrich Hertz (from whose name we get the word "hertz"). The German experimenter died in 1894, aged only 36, but much of his work was picked up by an Italian, Guglielmo Marconi, who developed the wireless telegraph a few years later. Think of it : sending messages through the air ! Were you transported back a hundred years, would you be able to come up with something like that ?

The next step was radio, then television, the Internet, cell phones .... (B)It's easy to take these for granted. But recalling the stories of the amazing inventors who paved the way, and their many trials and hardships, makes us realize that nothing would have been achieved without their blood, sweat, and often long-forgotten tears.

設　問

1　下線部(1)，(2)を和訳せよ。

2　下線部(a)を英訳せよ。

3　Look at the underlined part (A). Explain in English, giving examples, why Henry is "the unrecognized hero."　〔解答欄：13.4cm × 6 行〕

4　下線部(B)のように筆者が考える理由として，最も近いと思われるものを一つ選び，記号を記せ。

(ア) because these are so much a part of our everyday life

(イ) because these were invented by great geniuses

(ウ) because these use less electricity than other inventions like airplanes and cars

(エ) because if we didn't have these we would get more exercise than we do now

5　以下の中から，本文の内容に合うものを二つ選び，記号を記せ。

(ア) Though we are lucky to have so many useful inventions, many of us have no idea how they work.

(イ) Electricity was first invented and put to use in the United States.

(ウ) So far people have experienced few problems with electric inventions.

(エ) The inventions mentioned here were magnificent but of little social or economic significance.

(オ) Most of us would have been unable to think of the wireless telegraph if we had lived in Marconi's day.

(カ) The impact of the first commercial telegraph was not small, but it took many years before it was taken seriously.

全　訳

■電気・通信の発明の先駆者たち

❶ 電気を使った一連の発明の最初のものが現れて大部分の人々の暮らし方を変えるようになって200年かそこらになるのに，今日でもいまだに電球を替えるのがやっとという人がいる。ビデオ機器の修理や，目の前でフリーズしたコンピュータの対処という話になると，われわれは赤ん坊と同じくらい無力である。われわれは確かに科学技術を自由に使えるかもしれないが，自分たちがそれほど依存している原理についてはほとんど理解していない。

❷ 毎日使っている電気やたくさんの電気機器を発明することのできる人がわれわれのうちに何人いるだろうか？　言うは易く行うは難しである。さて，われわれにこれらの「贈り物」をくれた人々の何人かを眺めると，(1)われわれ自身が彼らの業績に依存していることに関して，謙虚な気持ちにさせられることは言うまでもなく，世界の発明家の独創的な才能に対して新たに尊敬の念がわいてくる。

❸ アレッサンドロ=ボルタ（「ボルト」という言葉は彼の名前に由来する）による電池の開発を含む，発明のプロセスの最初の段階の中にはヨーロッパ起源のものもあるが，商業目的で最初に電気が実際に使用されたのは，南北戦争前の好況期，アメリカにおいてであったということは驚くべきことではない。

❹ 電信という発想は，電磁気理論を適応させたジョゼフ=ヘンリーの仕事によって，1830年代初頭に現れた。ヘンリーの発想はサミュエル=モールス（モールス符号は彼の発明である）が採用し特許をとったので，ヘンリーの名前はほとんど知られていない。けれども，そのことにヘンリーは腹を立ててはいなかったようである。最初の商業用電信線は1844年にワシントンとボルティモア間に開設された。そのビジネス活動への影響は，すぐに現れ，またとても大きかった。

❺ 1875年にアレクサンダー=ベルは耳の不自由な生徒を教えていた経験を活かして電流に声のパターンを反映させた。ベルと彼がつくった電話も，進め方について初期にアドバイスを与えたヘンリーに大いに負うところがあった。ヘンリーは間違いなくこれらの話の中で知られざるヒーローなのである。最近われわれは電子メールやファックスなどがあるので，自分たちはかなり優秀だと思いたがっている。だが，われわれに電線や木や古い電話に使われていたわずかな他の部品を与えて，それで何とかできるかどうか見てみればよい。今日われわれのうちで使い物になるものを思いつくことができる人がいるかどうかは疑わしい。

❻ 次に1878年のトーマス=エジソンの電球が，それから電気モーターが続いた。これらの発明の社会的・経済的効果は非常に大きかった。路面電車が出現したこと

で人々は職場からずっと離れたところに住むことができるようになり，それゆえ主要なアメリカの都市の周りに郊外が発達することになった。エレベーターによって階段の問題がひとたび解決されてしまうと，今度はそれらの都市に高いビルを建てることが可能になった。

❼ しかし，これはすべて容易に達成された成功物語というわけではない。1850年代と60年代初頭における，大西洋に電信ケーブルを敷設しようという最初の試みは失敗に終わった。(2)その距離やかかる圧力を考えれば，何本ものケーブルが切れてしまったのは当然である。ついにきちんと使える電線が敷設されたのは1866年のことで，長い間使われていないが，今もまだそこにあるだろう。

❽ それからハインリヒ=ヘルツ（「ヘルツ」という言葉は彼の名前に由来する）のすばらしい仕事がある。そのドイツの実験家は1894年にたった36歳で死んだが，彼の仕事の多くはイタリア人のグリエルモ=マルコーニに引き継がれ，数年後に彼は無線電信を開発した。考えてもみてほしい。メッセージを空中を通して送るということを！　もし仮に100年前に連れ戻されたとして，そのようなことを思いつけるだろうか？

❾ その次の段階はラジオであり，それからテレビ，インターネット，携帯電話……と続く。これらのものを当たり前のこととして受け入れるのはたやすい。しかし，そこまでの道を開いた驚嘆すべき発明家の話や，彼らの多くの試練や苦難を思い起こすと，彼らの血，汗，そして往々にして長く忘れられている涙がなかったら，今までに何も成し遂げられていなかっただろうということに気がつくのである。

各段落の要旨

❶ 電気製品の発明から200年にもなり，われわれはそれらを自由に使ってはいるが，その原理についてはほとんどわからず修理もできないことが多い。

❷ 電気や電気製品の発明の困難さを考えるにつけ，それを発明した人たちの独創的な才能に対して尊敬の念がわく。

❸ アレッサンドロ=ボルタによる電池の開発など，初期の発明はヨーロッパ起源のものもあるが，電気の商業目的での使用は南北戦争前のアメリカであった。

❹ 電信は1830年代初頭にジョゼフ=ヘンリーにより着想され，それをモールスが実用化した。最初の商業用電信線は1844年にワシントンとボルティモアの間に開設された。

❺ 1875年にアレクサンダー=ベルが電話を発明したが，それもヘンリーのアドバイスに負うところが大であった。

❻ それから1878年のトーマス=エジソンの電球の発明，電気モーター，路面電車，エレベーター等々が続き，われわれの生活に大きな変化をもたらした。

❼ しかし，すべてが順調にいったわけではない。たとえば大西洋に電信ケーブルを敷設しようという試みは，1850年代から60年代初頭の失敗を経て1866年にようやく成功した。

❽ 無線電信はハインリヒ=ヘルツの業績の上にグリエルモ=マルコーニにより100年前に開発された。
❾ そしてラジオ，テレビ，インターネット，携帯電話…と続く。しかしそれらの発明家の試練や苦難を思い返すと，彼らの血，汗，涙がなければ何も成し遂げられなかっただろうということに気づく。

解　説

設問1 (1)　not to mention making us feel humble regarding our own dependence on their achievements

▶下線部全体がnot to mentionという独立不定詞が導く部分で，SVを備えた完全な文ではなく，前半の文を修飾していることに注意。

▶ not to mention ～「～は言うまでもなく」

▶ making us feel humble「われわれを謙虚な気持ちにさせること」 makingは動名詞。makeは使役動詞でmake *A do*で，「*A*を～させる」の意味。

▶ regarding「～に関して」

▶ our own dependence on ～「われわれ自身の～への依存」は，「われわれ自身が～に依存していること」と訳すとよい。 we depend on ～の名詞表現である。

※名詞構文の訳し方に注意しよう。英語では名詞を用いた表現が好まれ，よく使われるが，日本語に訳すときには名詞をもとの動詞などの意味に戻して考えるとわかりやすくなる。

例：He has a good knowledge of the country.「彼はその国の十分な知識をもっている」はHe knows the country well.「彼はその国をよく知っている」と考えるとよい。

▶ achievements「業績」

設問1 (2)　Given the distances and pressures involved, it's natural that a number of cables just snapped.

▶ Given「～を考慮に入れると」 Givenは本来は「～を与えられると」という分詞構文からきているが，「～だと仮定すると」「～を考慮に入れると」という意味の前置詞として使われる。

▶ the distances and pressures involved「それに関わる距離や圧力」 involvedは過去分詞で前のthe distances and pressuresを修飾している。

▶ it's natural that …「…は当然である」 itが形式主語で，真主語はthat以下。

▶ a number of ～「多数の～」

▶ snap「ぷつんと切れる」

設問2 **エレベーターによって階段の問題がひとたび解決されてしまうと，今度はそれらの都市に高いビルを建てることが可能になった。**

▶エレベーターによって階段の問題がひとたび解決されてしまうと

- この部分は Once「ひとたび～すると」という接続詞を使った節で表現できる。
- 「エレベーターによって～が解決される」は，文字通りに～を主語にして受動態でも表せるし，「エレベーターが～を解決する」elevators solved ～という能動態の表現にしてもよい。
- 「階段の問題」は，the problem of stairs でもかまわないが，それでは漠然としているので，具体的に「階段を上る問題」the problem of climbing stairs，もっと文脈に沿った形で「たくさんの階段の上り下りの問題」the problem of going up and down many stairs としたほうがよりわかりやすい英文になるであろう。

▶今度はそれらの都市に高いビルを建てることが可能になった

- 「今度は」は前半の Once という接続詞にこのニュアンスが含まれているので，特に訳出しなくてよいだろう。
- 「高いビルを建てることが可能になった」は，it became possible to build tall buildings とすればよいが，もっと単純に「高いビルが建てられた」と考えて tall buildings could be built でも問題ないだろう。

設問3 英作文

設問文の訳

下線部(A)を見なさい。ヘンリーがなぜ「正当に評価されていないヒーロー」なのか，例を挙げて英語で説明しなさい。

※ちなみに，下線部(A)の意味は「ヘンリーは確かにこれらの話の中で正当に評価されていない（知られざる）ヒーローである」。

アプローチ

問題に答えるためには，次のことを書かなければならない。

(1)ヘンリーが「正当に評価されていない（知られざる）ヒーロー」である理由。

(2)その具体例

- この問題は自分の考えを述べるのではなく，本文の内容を正確に読み取って，それをまとめて自分の英語で表現することが要求されている。
- まず，この問題に答えるために必要な情報は本文のどこに書かれているかを探す必要がある。ヘンリーの名前が出てくるのは第4・5段である。

- 「正当に評価されていない（知られざる）ヒーロー」とは，すばらしい業績を残した人であるが世間ではあまり認められていない人ということである。
- 「正当に評価されていない（知られざる）」という点に関しては第4段第2文に「ヘンリーの名前はほとんど知られていない」とある。
- 彼が上げた業績や影響力の具体的な例は，第4段第1・2文と第5段第2文に述べられているので，それらをまとめればよいということがわかる。

内容案

Ⓐ**理由**：ジョゼフ=ヘンリーの名前はサミュエル=モールスやアレクサンダー=ベルの名前ほど有名ではないことを書く。→ ①

Ⓑ**具体例1**：第4段第1・2文「電信という発想は，電磁気理論を適応させたジョゼフ=ヘンリーの仕事によって，1830年代初頭に現れた。ヘンリーの発想はサミュエル=モールス（モールス符号は彼の発明である）が採用し特許をとった」

具体例2：第5段第2文「ベルと彼がつくった電話も，進め方について初期にアドバイスを与えたヘンリーに大いに負うところがあった」

- 以上をまとめて，「モールスの発明もベルの発明もヘンリーの電磁気理論によって可能になった」こと，「それゆえ二人ともヘンリーのおかげをこうむっている」ことを書く。→ ②・③

Ⓒ**結論**：ヘンリーの業績に対しての評価は今日十分なされているとは言えない。→ ④

英語で表現

① サミュエル=モールスやアレクサンダー=ベルの名前は電信や電話の発明者として有名であるが，ヘンリーの名前はあまり知られていない。

▶～の名前は…として有名である

- 日本語では「～の名前は」とあるが，英語には入れないほうがすっきりする。
- 「～として有名である」be well known as ～ / be famous as ～

▶電信や電話の発明者

- 「電信や電話の発明者」は，the inventors of the telegraph system and the telephone であるが，電信と電話はそれぞれモールスとベルによって別々に発明されているわけだから，最後に「それぞれ」にあたる respectively をつける。

▶ヘンリーの名前はあまり知られていない

- 「あまり知られていない」は be not so well known だが，ここではモールスやベルと比べているから，比較級を使って「より知られていない」be less known とするのがよいであろう。また，比べると知名度がかなり低いので，強調して far less known としてもよい。

② だが実際はこれらの発明はヘンリーの電磁気理論によって可能になった。

▶だが実際はこれらの発明は～によって可能になった

- 「だが実際はこれらの発明を可能にしたのは～であった」と強調構文にすると，すっきりした英文になる。
- 「だが実際は」in fact
- 「～なのは…である」はおなじみの it is〔was〕～ that …の強調構文を使おう。
- 「*A* を可能にする」make *A* possible

▶ヘンリーの電磁気理論

- 「電磁気理論」は本文第 4 段に the theory of electromagnetism とある。

③ 二人ともヘンリーのおかげをこうむっていた。

▶二人とも

- 「二人とも」は「モールスとベルのどちらも」ということなので，Both Morse and Bell とすると丁寧。

▶～のおかげをこうむっていた

- 「～のおかげをこうむっている」とは，「～に大いに恩を負っている」ということなので，owe a great debt to ～で表せる。

④ 彼はその業績をたたえられてしかるべきだが，実際には十分評価されているとは言えない。

▶彼はその業績をたたえられてしかるべきだ

- 「彼の業績をたたえる」admire him for his achievement を受動態にする。
- 「～してしかるべきだ」は「～しなくてはならない」と考え，must や ought to を使うとよい。

▶実際には十分評価されているとは言えない

- 「実際には」in reality ／ actually
- 「十分評価されている」は「ふさわしい評価を与えられている」と考えると be given due recognition となる。あるいは「十分に認められている」と考え，be sufficiently recognized でも表せる。

設問 4　正解は ㋐　▶下線部(B)の意味は「これらのものを当たり前のこととして受け入れるのはたやすい」である。

take *A* for granted「*A* を当たり前のこととして受け入れる」 these「これらのもの」は前文のラジオ，テレビ，インターネット，携帯電話を指す。

▶本文中に理由をはっきりと表している文は特には見当たらない。消去法でいくと，

(ウ)・(エ)は問題外であり，全体のニュアンスと常識から判断して(ア)ということになる。

▶各選択肢の意味は次の通り。

(ア) because these are so much a part of our everyday life「なぜならこれらは日常生活の重要な一部だから」

(イ) because these were invented by great geniuses「なぜならこれらは偉大な天才によって発明されたから」

(ウ) because these use less electricity than other inventions like airplanes and cars「なぜならこれらは飛行機や自動車のような他の発明よりも使う電気の量が少ないから」

(エ) because if we didn't have these we would get more exercise than we do now「なぜならこれらがないと今よりもっと多くの運動をするだろうから」

設問5　正解は (ア)・(オ)　▶(ア) Though we are lucky to have so many useful inventions, many of us have no idea how they work.「われわれは運がいいことにとてもたくさんの有用な発明品をもっているが，多くの人はそれがいかにして機能するかはわかっていない」

have no idea「わからない」

第1段最後の文「われわれは確かに科学技術を自由に使えるかもしれないが，自分たちがそれほど依存している原理についてはほとんど理解していない」と，ほぼ同じ内容である。

▶(イ) Electricity was first invented and put to use in the United States.「電気は最初にアメリカで発明され利用された」

put *A* to use「*A* を利用する」

第3段の最初の部分の内容と異なる。「発明のプロセスの最初の段階の中にはヨーロッパ起源のものもある」とあるから，「アメリカで発明された」とは言えない。

▶(ウ) So far people have experienced few problems with electric inventions.「これまで人々は電気の発明品に関してほとんど問題を経験したことがない」

so far「これまで」

第1段第1文に「電球を替えるのがやっとという人がいる」とあり，また同段第2文に「ビデオ機器の修理や，目の前でフリーズしたコンピュータの対処という話になると，われわれは赤ん坊と同じくらい無力である」とあるから内容には合わない。

▶(エ) The inventions mentioned here were magnificent but of little social or economic significance.「ここで名前が挙がっている発明品はすばらしかったが，社会的・経済的重要性はほとんどなかった」

mentioned「名前を挙げられた」 過去分詞で直前の inventions を修飾する。

of little social or economic significance「社会的・経済的重要性がほとんどない」
第6段第2文に「これらの発明の社会的・経済的効果は非常に大きかった」とあるから，内容に合致しない。

▶(オ) Most of us would have been unable to think of the wireless telegraph if we had lived in Marconi's day.「われわれの大部分はマルコーニの時代に生きていたとしたら，無線電信を思いつくことはできなかったであろう」
仮定法過去完了の文である。
第8段最後の文の内容と合致する。「もし仮に100年前に連れ戻されたとして，そのようなことを思いつけるだろうか」 この文は修辞疑問文で「いや思いつけない」と言っているのである。
Were you transported = If you were transported

▶(カ) The impact of the first commercial telegraph was not small, but it took many years before it was taken seriously.「最初の商業用電信の衝撃は小さくなかったが，まじめに取り上げられるようになるまでに多くの年月がかかった」
take *A* seriously「*A* をまじめに受け取る」
第4段最後の文に「そのビジネス活動への影響は，すぐに現れ（た）」とあるから，内容に合致しない。

解答

設問1 (1) われわれ自身が彼らの業績に依存していることに関して，謙虚な気持ちにさせられることは言うまでもなく
(2) その距離やかかる圧力を考えれば，何本ものケーブルが切れてしまったのは当然である。

設問2 ＜解答1＞ Once the problem of climbing stairs was solved by the introduction of elevators, it became possible to build tall buildings in those cities.
＜解答2＞ Once elevators solved the problem of going up and down many stairs, tall buildings could be built in those cities.

設問3 ＜解答例＞ Samuel Morse and Alexander Bell are well known as the inventors of the telegraph system and the telephone, respectively; however, Joseph Henry is a far less known name. In fact, it was Henry's theory of electromagnetism that made these inventions possible. Both Morse and Bell owed a great debt to Henry. Although he must be admired for his achievement, he is, in reality, not given due recognition.

設問4 (ア)

設問5 (ア)・(オ)

40

2005年度〔1〕

次の英文を読んで，以下の設問に答えよ。

In considering today's cyberspace technology, it is important to keep in mind two essential elements.

The first of these has to do with the growing interconnection of the world's computers. Computers have, historically, played a series of roles, beginning with numerical calculations. Ever since the earliest days of computing, (1)no one who cared about progress could ignore the great advantages connected with group effort. In the old days, it was people getting together who computed. Together they accomplished tasks that no single one of them could do alone. Originally the word "computer" signified a job given to people who sat at desks, read numbers written on paper and punched them into mechanical calculators, writing down the results. So, if you had happened to visit an advanced scientific laboratory some 50 years ago and asked, "Where are the computers?" your host might have replied, "They'll be coming back from lunch in a moment." Sound strange? Well, (A)this was the usage of the word at the time. The machine simply took on the task that was done by people.

And so, a machine that could push its own buttons and remember what it had done began its career by calculating numbers. While retaining its original name, the computer has taken on additional tasks, such as data processing. This new role began when memory got cheap enough to allow the introduction and processing of text by such machines. Today's computers have taken on a new role, acting as windows on the world for their users. And this gave birth to what we know as the networked world. Not just of the internet, but intranets within corporations, plus all the public and private voice and data networks that serve the general public, corporations, government agencies, etc. (2)It seems nothing short of a miracle that hundreds of millions of these machines can exchange information with one another on a reasonably dependable basis. The second essential element in cyberspace technology is the emerging dominance of electronic information sources.

There was a time when people got their information from other people.

Spoken and written words were dominant, and people relied on newspapers, magazines, libraries filled with paper correspondence, stories and even rumors. But so much now depends upon the explosive growth of information appliances. There are, according to some estimates, more than 100 million computers being produced annually around the world. Some people called World War II the war fought by geniuses because of its technology—radar, advanced weapons and countless other technological innovations. World War II was fought with something like a billion electronic devices on each side. Today the number of transistors in a single personal computer exceeds the number of vacuum tubes employed by the United States during all the years of that war. As information appliances grow in number, their use grows even faster. The number of computers produced annually is going up by something over 20 percent a year, doubling, therefore, every three or four years. But the internet doubles the amount of information it sends from place to place every few months. At this rate—if it continues—there is no telling how humans will deal with, let alone process, (i)<u>the flood of information</u> that can be expected.

出典追記：Technology and the Rest of Culture : Keynote, Technology and the rest of culture, Vol. 64, No. 3 by Arno Penzias, The Johns Hopkins University Press

設 問

1 下線部(1)，(2)を和訳せよ。

2 下線部(A)の "this" の内容に合うものを一つ選び，記号を記せ。

(a) that people were the computers
(b) that computers were strange at the time
(c) that computers were taken out of the room at lunch time
(d) that people didn't ever ask about computers

3 以下の中から，本文の内容に合うものを二つ選び，記号を記せ。

(a) Computers are now linked to the internet, but in the future the two will become separate.
(b) Computers tell human beings what to do, but human beings will never truly be controlled by them.
(c) In cyberspace, computers have a new and growing role linking and coordinating electronic information sources.
(d) Geniuses actually are controlling computers from inside cyberspace.
(e) In recent years there has been a greater emphasis on electronic means of communication than non-electronic ones.
(f) Transistors are, without a doubt, the most vital invention of the last decades of the 20th century.

4 Look at the underlined part (i). How do you think "the flood of information" should be managed in the future? *Answer in English on the lines provided.*

〔解答欄：13.4cm× 7 行〕

全 訳

■サイバースペース

❶ 今日のサイバースペース・テクノロジーについて考える際には，二つの本質的な要素を心に留めておくことが重要である。

❷ その第一は，世界のコンピュータがしだいに相互接続を進めていることに関連する。歴史的にみると，コンピュータは数値計算から始まって一連の役割を果たしてきた。コンピュータを使い始めたごく初期の時代からずっと，(1)進歩に関心をもつ人は誰しも，グループ作業と結びついた大きな利点を無視できなかった。かつて，コンピュータに相当する作業をしたのは人間の集合体であった。彼らは，一人だったらそのメンバーの誰一人としてできないであろう仕事を協力してやり遂げた。もともと，「コンピュータ」という言葉は，机に座り，紙に書かれた数字を読み取り，それらを計算機に打ち込み，結果を書き出す人たちに課せられた仕事の意味であった。だから，もしあなたがたまたま約50年前の先進的な科学実験室を訪れ，「コンピュータはどこでしょう？」と尋ねたなら，相手は「もうすぐ昼食から戻ってきますよ」と答えたかもしれない。奇妙に聞こえるだろうか？　だが，これがその当時のコンピュータという語の使い方だったのである。この機械（コンピュータ）は人間がしていた仕事をただ単に引き受けていただけなのだ。

❸ そういうわけで，自らのボタンを押し，遂行したことを記憶することのできる機械は，数値計算からそのスタートを切った。コンピュータはもとの名前を留めながら，情報処理のような追加的な仕事を引き受けたのである。この新しい役割が始まったのは，こういった機械によって文字データの導入や処理ができるくらいメモリが安価になってからのことであった。今日のコンピュータは，利用者のための世界に向けられた窓という新しい役割を果たしている。そしてこれがネットワーク世界として知られているものを生み出した。それはインターネットのみならず，会社内でのイントラネット，加えて一般ユーザーの人々や会社，政府機関などに提供される公私にわたる音声およびデータの情報ネットワークなのである。(2)何億ものこれらの機械がかなり信頼できる基盤に基づいて互いに情報交換できるということは，ひとつの奇跡にほかならないように思われる。サイバースペース・テクノロジーの第二の本質的要素は，（ネットワークを通した）電子情報源の優位が明らかになってきているということである。

❹ かつて人々は，他の人から情報を手に入れていた。話し言葉と書き言葉が支配的であり，人々は新聞，雑誌，書簡集，物語，うわさにさえも頼っていた。しかし現在，非常に多くの情報が，急激に増加している情報家電に依存している。概算に

よると，毎年1億台以上のコンピュータが世界で生産されている。第二次世界大戦は，その科学技術――レーダー，進化した武器，その他の科学技術革新による無数の発明品――ゆえに，天才たちによって戦われた戦争だったという人もいた。第二次世界大戦は，両陣営でおおよそ10億の電子機器を使っての戦いであった。今日，ひとつのパソコン内のトランジスタの数は第二次世界大戦の全期間中にアメリカ合衆国で使用された真空管の数を上回っている。情報家電の数が増えると，その利用度合いはさらに速まる。年間のコンピュータ生産台数は年ほぼ20％以上も上昇しており，したがって，3・4年毎に2倍になっている。しかし，いろいろなところから送り出すインターネットの情報量は数カ月ごとに2倍になっている。この割合だと――もし続くとすればの話だが――予想される情報の大量流入を人間がいかに扱うか，ましてやいかに処理するか，わからないのである。

各段落の要旨

❶ 今日のサイバースペース・テクノロジーを考えるとき，二つの本質的な要素を頭に入れておかなくてはならない。

❷ 第一はコンピュータの相互接続に関わるものである。グループ作業の利点は人間が計算をしていたときから認められていた。本来コンピュータという語は数字を計算機に打ち込んで結果を書き出す人の仕事を意味した。その計算の仕事をコンピュータが代わりに引き受けただけである。

❸ そのように数値計算から始まったコンピュータは文字データの処理ができるようになり，情報処理という新しい役割を担うようになった。そしてさまざまな情報ネットワーク世界を生み出したのである。ここから第二の本質的要素である電子情報源による支配が始まった。

❹ かつては新聞や雑誌などから言葉を通して手に入れていた情報は，現在はコンピュータなどの情報家電に依存している。コンピュータの生産は急激に増加しており，インターネットの情報量はそれをはるかに上回る速さで増えている。この割合でいくと，人間がこの情報の氾濫をいかに処理するか，予測がつかない。

解　説

設問1 (1)　no one who cared about progress could ignore the great advantages connected with group effort.

▶文型と修飾関係を正確におさえることが大切である。

S	V	O
no one	could ignore	the great advantages
↑[who cared about progress]		↑[connected with group effort]

▶この文の骨格は no one could ignore the great advantages「誰も大きな利点を無視できなかった」という SVO の文型。

▶ no one を関係詞節 who cared about progress が修飾している。care about ～「～に関心がある」

▶ the great advantages を connected with group effort が後ろから修飾している。connect with ～「～に関連する」

設問 1 (2) It seems nothing short of a miracle that hundreds of millions of these machines can exchange information with one another on a reasonably dependable basis.

▶全体の構文は It seems ～ that …「…は～のように思われる」 It は形式主語で真主語は that 以下。

▶ nothing short of a miracle「奇跡以外の何ものでもない」

▶ hundreds of millions of ～「何億もの～」 百万の百倍だから「億」。漠然とした数の表現に注意。

例：tens of thousands of ～「何万もの」 千の十倍だから「万」。

▶ one another「お互いに」

▶ a reasonably dependable basis「かなり信頼できる基盤」

設問 2 正解は (a) ▶下線部(A)を含む文の意味は「これがその当時のこの単語の用法だった」。この単語（the word）とは computer。それゆえ this は前の文のコンピュータをめぐるやりとりの内容を指している。「computers はどこでしょう？」という問いに「もうすぐ昼食から戻ってきますよ」と答えている。すなわち computer という単語がある人々のことを指す言葉として用いられていたということ。

▶(a) that people were the computers「人々がコンピュータであったということ」これが正解。

▶(b) that computers were strange at the time「コンピュータはその当時珍しかったということ」

▶(c) that computers were taken out of the room at lunch time「昼食時にコンピュータは部屋からもち出されたということ」

▶(d) that people didn't ever ask about computers「人々はコンピュータに関して決して尋ねなかったということ」

設問3　**正解は** ⓒ・ⓔ　▶ⓐ Computers are now linked to the internet, but in the future the two will become separate.「今はコンピュータはインターネットにつながっているが，将来両者は分離されるであろう」
the two「(コンピュータとインターネットの) 両者」　separate「分離した」
コンピュータとインターネットが分離されるであろうという記述はない。

▶ⓑ Computers tell human beings what to do, but human beings will never truly be controlled by them.「コンピュータは人間に何をなすべきか教えるが，人間はコンピュータに支配されることは決してないであろう」
本文に記述なし。

▶ⓒ In cyberspace, computers have a new and growing role linking and coordinating electronic information sources.「サイバースペースにおいては，コンピュータは電子情報源をつないだり整理する新たな役割をもち，その役割は大きくなりつつある」
a new and growing role「新たな増大しつつある役割」　linking and coordinating「つないだり整理したりする」は，前の role を後ろから修飾する現在分詞。第3段第4文の「今日のコンピュータは新たな役割を引き受け，利用者のための世界に向けられた窓の働きをしている」，同段第5文の「これがネットワーク世界として知られているものを生み出した」，同段最終文の「電子情報源による支配が始まっている」などから判断して内容に合うと言える。

▶ⓓ Geniuses actually are controlling computers from inside cyberspace.「実は天才がサイバースペースの内側からコンピュータを管理している」
from inside cyberspace「サイバースペースの内側から」
最終段第5文が「天才」についてふれているが，これは第二次世界大戦での技術革新の文脈で用いられており，まったく異なる内容である。

▶ⓔ In recent years there has been a greater emphasis on electronic means of communication than non-electronic ones.「近年電子によるコミュニケーションの方法は電子によらない方法よりも重視されている」
a greater emphasis on ～「～のより大きな重視」　means「手段，方法」
最終段第1・2文に，かつては話し言葉や書き言葉を用いて他人から新聞，雑誌，書簡集，物語，うわさなどを通じて情報を手に入れていたとある。すなわち電子によらない方法だったということである。同段第3文に，現在では多くの情報が情報家電に依存しているとある。電子に依存したコミュニケーションということであるから，内容と合致すると言える。

▶(f) Transistors are, without a doubt, the most vital invention of the last decades of the 20th century.「トランジスタは確かに20世紀最後の数十年間の最も重要な発明である」
without a doubt「疑いもなく」
最終段第7文（Today the number of …）に「トランジスタ」が出てくるが，パソコンに使われる数の話であって，その評価については書かれていない。

設問4 英作文

設問文の訳

下線部(i)を見なさい。将来「情報の洪水」をどのように処理したらよいと思いますか？　与えられた行に英語で答えなさい。

アプローチ

問題に答えるためには，将来の「情報の洪水」を処理するにはどのような手を打てばよいかについて書かなければならない。

- 「情報」は新聞，ラジオ，テレビなどのマスコミも含めて幅広く考えられるが，ここでは本文の内容に沿ってインターネット上の情報として考えるのがよいだろう。
- インターネットの情報過多の問題は将来の問題というより，もう既に現実の問題であると言える。よくマスコミの話題にもなるし，インターネットを利用している人は自ら実感として感じているであろう。法規制やプロバイダーの責任などを含むいろいろな意見が考えられる。
- ここでは，情報の取捨選択はあくまでも利用者である我々が行うものであるという立場で，ひとつの提案を考えてみる。

内 容 案

Ⓐ**前提**：自分の考え方の基本的な態度をまず示そう。情報は自由に発信・受信できるべきで，法律による規制はよくないという考え方を述べる。 → ①

Ⓑ**提案**：具体的にどうするのがよいかの提案を行う。あらゆる種類の情報を集めた，いわば「電子情報の図書館」を作って，コンピュータで容易に検索ができるようにしたい。 → ②

Ⓒ**補足**：あくまでも情報判断の主体は我々であることを最後に念押しをする。 → ③

英語で表現

① もちろん情報の洪水を法律で制限することはできないし，またそうすべきではない。

▶もちろん情報の洪水を法律で制限することはできない

- 「もちろん」of course
- 「～を制限する」regulate

② 我々がコンピュータを使って必要な情報を容易にまた即座に手に入れられるように，あらゆる種類の情報が収集され分類された「電子情報の図書館」を作るのがよいのではないだろうか？

- 「我々は『電子情報の図書館』を作るのがよい」が主節となる。
- 「我々は～を作るのがよい」we should have ～
- 「あらゆる種類の情報が収集され分類された」は図書館を先行詞として関係副詞の where でつなげる。
- 「分類される」be classified
- 「必要な情報を容易にまた即座に手に入れられるように」は目的を表す節の so that を使い so that we can get ～とする。
- 「必要な情報」は，前に information が出ているので，定冠詞の the をつけて the required information とする。

③ どの情報が必要で有用か，どれがそうでないかを決めるのは我々にかかっている。

- 「～するのは我々にかかっている」It is up to us to *do*
- 「どの情報が必要で有用か」what information is necessary and useful

解答

設問1 ⑴ 進歩に関心をもつ人は誰しも，グループ作業と結びついた大きな利点を無視できなかった。

⑵ 何億ものこれらの機械がかなり信頼できる基盤に基づいて互いに情報交換できるということは，ひとつの奇跡にほかならないように思われる。

設問2 (a)

設問3 (c)・(e)

設問4 ＜解答例＞ Of course, we cannot or should not regulate the flood of information by law. I think we should have “a library of electronic information”, where every kind of information will be collected and classified, so that we can get the required information easily and immediately by using computers. It is up to us to decide what information is necessary and useful and what is not.